수능 국어
1등급을 위한
기본기 강화 필독서

KB206272

일등급을 만드는

국어

공 부 전 략

구성과 특징 Structure

INTRO

수능 국어,
무엇을 어떻게 준비해야 할까?

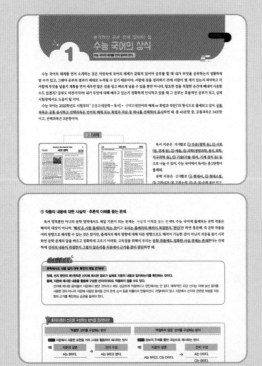

공통과목과 선택과목으로 구성된 수능 국어 전체의 체계를 안내합니다. 또한 문제 유형을 중심으로 수능 국어 독서에서 무엇을 물어보는지를 분석하고, 유형 단권 전략 에서 각 유형의 문제에 대한 접근법을 제시합니다.

PART 1

수능 국어 독서 독해 전략

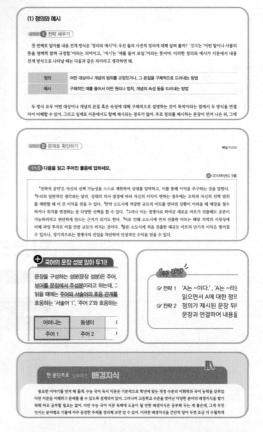

'문장 읽기 → 문단 읽기 → 글(지문) 읽기'로 범위를 확장해 나가며 바르고 정확한 독해를 위한 전략을 소개합니다. ➕ 에서는 학습 내용에 관해 더 알아두면 좋을 정보를, 1줄 전략 에서는 독해 전략의 핵심을 정리하였습니다. 한 문단으로 살펴보는 배경지식 에서는 수능 국어 독서 각 영역에서 자주 등장하는 개념에 대한 배경지식을 제공하고 관련 기출 지문을 안내합니다.

1 쉽고 친절하게, 꼼꼼하고 자세하게!

수능 국어 공부를 처음 시작하는 학생들도, 수능 국어의 기본 개념을 다시 한번 정리하고 싶은 고3, N수생도 편하게 볼 수 있도록 학습 내용을 쉽고 친절한 말투로, 꼼꼼하고 자세하게 설명하였습니다.

2 단계별로 차근차근!

PART 1의 STEP ❶ 에서는 구체적인 예를 들어 학습 내용을 자세하게 설명하고 STEP ❷ 에서는 확인 문제로 학습 내용에 대한 이해를 점검합니다. PART 2에서는 기출 문제를 통해 실전 감각을 키웁니다. PART 1의 STEP ❷ 와 PART 2에서는 고1 → 고2 → 고3 순서로 문제를 제시하여 다양한 난이도의 문제를 단계별로 풀어볼 수 있도록 구성하였습니다.

3 혼자서도 어려움 없이, 강의와 Q&A로 막힘없이!

독학용 교재로 활용이 가능하도록 구성하였으나, 보다 깊고 넓게 학습할 수 있도록 교재에 대한 강의(유료)를 제공하고 Q&A 게시판을 운영합니다.
*강의는 대성마이맥 홈페이지(www.mimacstudy.com), 교재 질문은 도서출판 홀수 홈페이지(www. holsoo.com) Q&A 게시판을 이용해 주세요.

 PART 2 수능 국어 독서 실전 훈련

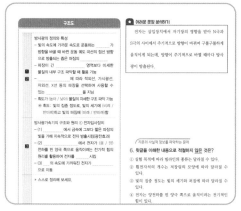

영역별·유형별 기출 지문을 통해 PART 1에서 학습했던 문장, 문단, 글 단위의 독해 전략을 적용해 보는 훈련을 합니다. 구조도의 빈칸을 채우고 각 지문에서 선별된 어려운 문장을 분석하며 자신의 힘으로 독서 지문을 분석하는 역량을 기를 수 있습니다.

정답과 해설

해설에도 지문을 수록하고, 지문을 읽으며 파악했어야 할 요소들을 시각화하였습니다. 📄 **지문 파고들기** 를 활용하면 지문을 더 효율적으로 독해하기 위한 단서를 얻을 수 있습니다. 모든 선지를 상세하게 풀이한 것은 물론 ✕ 표시로 선지에서 적절하지 않은 부분을 직관적으로 확인할 수 있도록 제시하였습니다. ✅ 짚고 가기 에서는 각 문항이나 선지에서 눈여겨볼 부분, 함정 요소, 문제 풀이 힌트 등을 제공합니다.

목차 Contents

PART 2

**수능 국어 독서
실전 훈련**

3주 완성 학습 PLAN

DAY	문제 책 페이지	학습 내용	학습 체크 1회	2회	3회
		INTRO. 수능 국어, 무엇을 어떻게 준비해야 할까?			
01	P.011~ P.028	**1. 본격적인 공부 전에 알아야 할 수능 국어의 상식**	☐	☐	☐
		2. 수능 국어 독서에 대한 이해			
		PART 1. 수능 국어 독서 독해 전략			
02	P.032~ P.042	**1. 어려운 문장은 어떻게 읽어야 할까? (문장 읽기)**	☐	☐	☐
		(1) 문장의 전체 주어와 전체 서술어를 찾아 뼈대 정보를 파악하자.			
		(2) 수식하는 말은 괄호로 묶어 놓고 읽자.			
		(3) 낯설고 어려운 개념은 ☐☐☐☐ 표시하고 풀이한 내용과 연결하자.			
		(4) 연결된 문장을 나누어 문장들 사이의 의미적 관계를 파악하자.			
03	P.044~ P.055	**2. 독서 영역에서는 무엇을 어떻게 읽어야 할까? (문단 읽기)**	☐	☐	☐
		(1) 정의와 예시			
04	P.056~ P.064	(2) 비교와 대조	☐	☐	☐
05	P.065~ P.072	(3) 분류와 나열	☐	☐	☐
06	P.073~ P.080	(4) 원인과 결과	☐	☐	☐
07	P.081~ P.091	(5) 원리와 과정	☐	☐	☐
08	P.092~ P.099	**3. 지문 주제별 독해 전략에는 무엇이 있을까? (글 읽기)**	☐	☐	☐
09	P.100~ P.109	(1) 인문 · 예술	☐	☐	☐
10	P.110~ P.114	(2) 사회	☐	☐	☐
11	P.115~ P.124		☐	☐	☐
12	P.125~ P.130	(3) 과학 · 기술	☐	☐	☐
13	P.131~ P.142		☐	☐	☐
14	복습	PART 2 실전 훈련에 들어가기 전에 PART 1을 다시 한번 읽고 정리해 보세요.	☐	☐	☐

DAY	문제 책 페이지	학습 내용	학습 체크		
			1회	2회	3회
		PART 2. 수능 국어 독서 실전 훈련			
15	P.146 ~ P.151	**1. 인문 · 예술** (1) 니체의 예술 철학과 표현주의 (2) 레비나스의 타자 중심 철학	☐	☐	☐
16	P.152 ~ P.158	(3) 영화와 역사의 관계 **2. 사회** (1) 재산권의 사회적 제약과 특별한 희생	☐	☐	☐
17	P.159 ~ P.166	(2) 합리적 선택을 위한 기업의 의사 결정 (3) 보험	☐	☐	☐
18	P.168 ~ P.173	**3. 과학 · 기술** (1) 초고층 건물 건축 기술 (2) 방사광가속기	☐	☐	☐
19	P.174 ~ P.181	(3) 반추 동물의 탄수화물 분해 **4. 주제 복합** (1) (가) 사랑에 대한 아퀴나스의 관점 　　(나) 사랑에 대한 칸트의 관점	☐	☐	☐
20	P.182 ~ P.189	(2) (가) 이타적 행동에 대한 진화론 옹호자들의 견해 　　(나) 이타적 행동에 대한 진화적 게임 이론의 견해 (3) (가) 변증법을 바탕으로 한 헤겔의 미학 　　(나) 변증법을 바탕으로 한 헤겔의 미학에 대한 비판	☐	☐	☐
21	복습	어려웠던 지문이나 문제를 다시 한번 분석해 보면서 자신의 약점 분야를 극복해 보세요.	☐	☐	☐

3주 완성 1회독 공부가 끝났다면, 2, 3회독을 해 보세요.
이때에는 2~3일 분량을 묶어 하루치로 학습하는 것이 효율적입니다.

INTRO

수능 국어,
무엇을 어떻게 준비해야 할까?

1 본격적인 공부 전에 알아야 할
수능 국어의 상식
수능 국어의 체계를 먼저 알아야 한다.

2 # 수능 국어 독서에 대한 이해
독서 영역에서는 무엇을 물어볼까?

수능 국어, 무엇을 어떻게 준비해야 할까?

이 책은 수능 국어 공부를 본격적으로 시작하는 단계에서 무엇을 어떻게 준비해야 하는지 알려주는 수능 국어 개념서입니다! 지금까지 학교 내신 위주로 국어 공부를 했다면, 이제는 수능 국어 시험을 위해 준비할 시간이에요. 그런데 생각보다 많은 학생들이 수능 국어 시험에 대해 불안감을 느끼고 있어요. 왜 이렇게 수능 국어에 대해 불안해하는 것일까요? 아마도 수능 국어가 정확히 어떤 시험인지, 무엇을 어떻게 준비해야 하는지 제대로 알지 못하기 때문일 거예요.

국어 모의고사(모의평가, 학력평가 등)는 따로 공부하지 않아도 종종 고득점을 받는 경우가 있기 때문에 수능 시험 때까지도 공부를 체계적으로 하지 않는 학생들이 의외로 많아요. 그러나 수능 국어와 관련된 모든 시험에서 일관되게 고득점을 받는 학생은 사실 극히 드물죠. 모의고사에서 점수가 잘 나온다고 해서 실제 수능 시험에서도 높은 점수가 나올 거라고는 확신할 수 없어요. 수능 국어는 다른 과목에 비해 각 국어 시험마다 개인이 느끼는 체감 난이도의 차이가 큰 편이기 때문에 불안정성이 높은 시험이라고 할 수 있어요.

한편 수능 국어 시험에 자신이 없는 학생들 중에는 중학생 때부터 수능 국어 준비를 하며 국어 공부에 시간을 많이 투자하는 경우도 있어요. 그러나 제대로 된 수능 국어 공부 방법을 모른 채 시간과 공부의 양만 늘리게 되면 오히려 결과에 대한 기대와 두려움만 커져서 부정적인 영향이 미칠 수 있어요. 예컨대 '이렇게 열심히 준비했는데, 시험을 망치면 어떻게 하지?', '수능 날, 이해하기 어려운 지문이 나오면 어쩌지?', '선지 두 개가 남아 결정을 못 하다가 시간 관리에 실패하면 어떻게 하지?' 등과 같은 걱정과 불안감은 수능 국어 공부를 제대로 철저하게 준비하지 못했기 때문에 발생해요.

사실, 수능 국어 시험은 그 실체를 규정하기도 어렵고 단 하나의 분명한 공부 방법을 제시하기도 어려워요. 그래서 선생님마다 중요하다고 강조하는 것도 다르고, 학생들도 어떻게 공부해야 할지 모른 채 우왕좌왕하다가 시험을 보러 가는 경우가 많죠. 그렇다면 수능 국어는 그 자체가 불안정한 시험일까요? 만약 평가원이 일관된 기조 없이 주먹구구식으로 문제를 출제했다면 불안정성의 원인을 수능 국어 그 자체에서 찾을 수 있겠지만, 기출 문제를 자세히 분석해 보면 유형과 내용 면에서 일관성과 체계를 갖춘 시험이기에 충분히 대비 가능하다는 것을 알 수 있어요.

따라서 수능 국어 시험에 대한 불안감을 극복하고 제대로 준비하기 위해서는 먼저 수능 국어가 무엇인지 정확히 알고 기초부터 체계적으로 쌓아가야 합니다. 이 책은 우리가 수능 국어를 준비하기 위해 무엇을, 어떻게 공부해야 할지 알려주는 이정표 같은 역할을 하게 될 거예요. 이제부터는 바로 옆에서 선생님이 1:1 강의를 해주는 것처럼 친근하고 자세하게 설명하기 위해 구어체 반말을 사용할 거예요. 이 점은 미리 양해 바라요! 그럼 지금부터 본격적으로 수능 국어 공부를 시작해 볼까요?

본격적인 공부 전에 알아야 할
수능 국어의 상식
수능 국어의 체계를 먼저 알아야 한다.

수능 국어의 체계를 먼저 소개하는 것은 머릿속에 국어의 체계가 갖춰져 있어야 공부를 할 때 내가 무엇을 공부하는지 정확하게 알 수가 있고, 그래야 공부의 결과가 제대로 누적될 수 있기 때문이야. 서랍에 짐을 정리하기 전에 서랍이 몇 개가 있는지 파악하고 각 서랍에 무엇을 넣을지 계획을 먼저 세우면 많은 짐을 쉽고 빠르게 넣을 수 있을 뿐만 아니라, 필요한 짐을 적절한 순간에 빼내어 사용할 수도 있겠지? 공부도 마찬가지야! 내가 무엇에 대해 배우고 있는지 정확하게 인식하고 있을 때 그 공부는 효율적인 공부가 되고, 실제 시험장에서도 도움이 될 거야.

수능 국어는 2022학년도 시험부터 '공통과목(문학 + 독서) + 선택과목(언어와 매체 or 화법과 작문)'의 형식으로 출제되고 있어. 공통과목은 공통 응시하고 선택과목은 언어와 매체 또는 화법과 작문 중 하나를 선택하여 응시하면 돼. 총 45문항 중, 공통과목은 34문항이고, 선택과목은 11문항이야.

공통과목

독서 | 문학

독서 지문은 제재별로 ① 인문(철학 등), ② 사회(법, 경제 등), ③ 예술, ④ 과학(생명과학, 물리, 화학, 지구과학 등), ⑤ 기술(기술 원리, 기계 장치 능) 능으로 나눌 수 있어. 수능 국어에서 독서는 총 17문항이 출제돼.

문학 지문은 갈래별로 ① 현대시, ② 현대소설, ③ 고전시가, ④ 고전소설, ⑤ 극, ⑥ 수필 등이 있고, 수능 국어의 문학은 독서와 마찬가지로 총 17문항이 출제돼.

○ 공통과목은 어떻게 준비해야 할까?

공통과목에서는 '고등학교 3학년이라면 갖춰야 한다고 여겨지는 배경지식과 어휘력, 독해력 등'을 바탕으로 지문을 이해하고 문제를 풀어갈 것을 요구해. 다만 이때 '지문의 무엇을 이해해야 하는지', '출제자가 무엇을 묻고자 하는지'를 정확하게 알지 못하면 고등학교 3학년 수준의 사고력과 배경지식을 갖췄다고 하더라도 실전에서 어려움을 느낄 수 있지. 그러니 수능 국어를 준비하는 학생이라면 내신 공부를 통해 기본적인 지식을 쌓아가는 것뿐만 아니라, 이 책이 제시하는 것과 같이 수능 국어 영역의 체계에 대한 이해를 바탕으로 지문에서 무엇을 눈여겨보아야 하는지, 출제자의 의도는 무엇인지를 파악하여 이를 실전에 적용해 보는 공부 과정도 필요해.

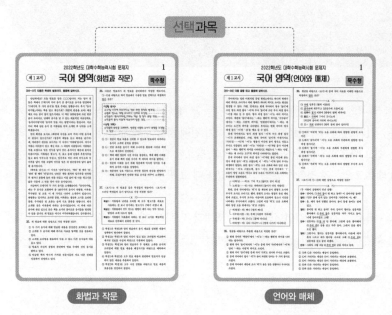

화법과 작문

언어와 매체

선택과목은 화법과 작문, 언어와 매체 중 하나를 선택하면 돼. 화법과 작문에서는 '대화, 면담, 토의, 토론, 발표' 등 다양한 담화 유형과, '설명문, 보고서, 주장문, 감상문' 등 다양한 쓰기 양식에 따라 문제가 구성돼. 또한 언어와 매체는 문법적 지식과, 매체의 생산과 수용과 관련된 문제들로 구성되지. 이때 선택 과목은 영역별로 각 11문항이 출제돼.

○ **선택과목은 어떻게 준비해야 할까?**

선택과목의 경우 문법, 즉 언어를 제외하면 본격적인 공부는 고3 때 해도 늦지 않아서 급하게 공부할 필요는 없어. 다만 언어는 고3 때부터 공부하기 시작하면 시간 투자를 많이 해야 하기 때문에, 언어와 매체를 선택하려는 수험생이라면 언어만큼은 늦어도 고2 때부터 공부를 시작해야 해. 특히 언어는 전체적인 체계를 익히는 과정에서 암기해야 하는 개념과 이론들이 꽤 있어서 반복적인 학습이 중요해. 고3 전에 이러한 체계와 기초적인 개념들을 미리 학습해 두고 고3 때에는 문제 풀이 위주로 공부하는 것을 추천해!

공통과목과 선택과목의 전체적인 구성을 간단히 정리해 보면 다음과 같아.

	공통**과목** (문학 + 독서)	선택**과목** (언어와 매체 or 화법과 작문)	→ 총 80분
문항 수	34문항 (문학 17문항, 독서 17문항)	11문항	→ 총 45문항
배점	76점	24점	→ 총 100점

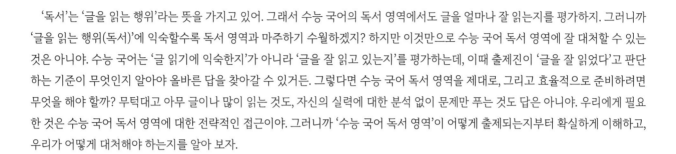

수능 국어 독서에 대한 이해
독서 영역에서는 무엇을 물어볼까?

'독서'는 '글을 읽는 행위'라는 뜻을 가지고 있어. 그래서 수능 국어의 독서 영역에서도 글을 얼마나 잘 읽는지를 평가하지. 그러니까 '글을 읽는 행위(독서)'에 익숙할수록 독서 영역과 마주하기 수월하겠지? 하지만 이것만으로 수능 국어 독서 영역에 잘 대처할 수 있는 것은 아니야. 수능 국어는 '글 읽기에 익숙한지'가 아니라 '글을 잘 읽고 있는지'를 평가하는데, 이때 출제진이 '글을 잘 읽었다'고 판단하는 기준이 무엇인지 알아야 올바른 답을 찾아갈 수 있거든. 그렇다면 수능 국어 독서 영역을 제대로, 그리고 효율적으로 준비하려면 무엇을 해야 할까? 무턱대고 아무 글이나 많이 읽는 것도, 자신의 실력에 대한 분석 없이 문제만 푸는 것도 답은 아니야. 우리에게 필요한 것은 수능 국어 독서 영역에 대한 전략적인 접근이야. 그러니까 '수능 국어 독서 영역'이 어떻게 출제되는지부터 확실하게 이해하고, 우리가 어떻게 대처해야 하는지를 알아 보자.

(1) 지문

먼저 수능 국어 독서 영역에서 우리가 마주하게 되는 읽기 자료인 지문에 대해 알아보자. 독서 영역에서는 일반적으로 4개의 지문이 제시되는데, 각 지문의 주제는 '독서론, 인문(철학, 역사 등), 사회(법, 경제 등), 예술, 과학, 기술' 등 다양한 분야에서 선정돼. 이때 각 지문에서 다루는 주제는 꼭 하나의 분야에 한정되지 않고, 서로 다른 분야가 섞여서 나타나기도 해. 예를 들어 2017학년도 9월 모의평가(고3)에서 '콘크리트의 과학적 특성(과학 분야)'과 '콘크리트 건물의 예술적 가치(예술 분야)'를 복합적으로 다룬 글이 하나의 지문으로 제시되었던 것처럼 말이야.

약점 분야 파악하기!

학생들은 자신의 약점 분야의 주제를 더 어렵게 느낄 수 있어. 예를 들어 과학 과목을 어려워하는 학생은 물리, 화학, 생물 등과 관련된 주제의 지문을 더 어렵게 느낄 거야. 이 책을 통해 다양한 분야의 지문을 접해 보면서 자신이 어떤 분야의 글 읽기를 어려워하는지 알아 두자. 더 열심히, 더 많은 시간을 들여 공부해야 하는 자신의 약점 분야가 무엇인지 파악하면 더 효율적으로 공부 계획을 세울 수 있거든.

독서 지문의 형식은 아래와 같이 하나의 글을 제시하는 '단일형'으로 나타날 수도 있고, 분야나 관점이 서로 다른 두 개의 글을 묶어서 제시하는 '복합형'으로 나타날 수도 있어. 이때 '복합형'은 주로 (가), (나)와 같은 표시가 붙지.

최근에 출제된 독서 영역의 지문을 분석해 보면, 공통영역에 출제되는 4개의 독서 지문 중 3개는 단일형, 1개는 복합형으로 나타나는 경향이 확인돼. 참고로 복합형에서는 (가)와 (나)가 담고 있는 내용을 각각 정확하게 읽었는지 확인하는 문제뿐 아니라, (가)와 (나)의 공통점과 차이점을 비교해야 하는 문제가 함께 출제될 가능성이 높으니 잘 대비하자.

단일형 지문

복합형 지문

지문이 길다고 무조건 어려운 건 아냐!

'복합형'은 '단일형'보다 지문의 길이가 길기 때문에 어려울 것이라고 생각하는 경우가 많아. 하지만 학생들이 많이 틀리는 문제는 '복합형'과 '단일형'에서 비슷한 비율로 나타나. 즉 지문의 길이가 꼭 지문의 난이도를 나타내는 것은 아니라는 거지. 지문의 길이만 보고 긴장하지 말고, 차분하게 차근차근 독해하면 돼.

마지막으로 지문의 구조에 대해 알아보자. 수능 국어 독서 영역의 지문은 대부분 특정 개념이나 현상에 대해 설명하는 설명문이나 글쓴이의 주장이 담긴 논설문 형태로 제시돼. 일반적으로 설명문은 '머리말-본문-맺음말'로, 논설문은 '서론-본론-결론'의 구조를 가지는데, 이 점을 고려하면 독서 지문은 크게 '처음-중간-끝'의 3단 구조를 취한다고 볼 수 있어. 물론 세부적으로 들어가면 전개 방식별로 더욱 다양하고 복잡한 구조가 있지만, 크게는 이렇게 3단계로 나눌 수 있다는 의미야. 우리가 알아 두어야 할 것은 이러한 3단 구조에서 어떤 정보에 주목하며 읽어야 하는지야.

구조	주목해야 할 정보	
처음	☑ 글의 화제를 파악하기 　└ 글쓴이가 어떤 개념이나 현상을 제시하고 있는가? 　└ 글쓴이가 무엇에 대해 묻거나 문제 삼고 있는가? ☑ 앞으로 전개될 내용 예측하기 　└ 화제에 대해 다음 문단부터 어떤 내용을 설명/주장할 것인가?	
중간	☑ 중심 정보와 세부 정보 구분하기 　└ 중심 정보는 무엇인가? 　　(각 문단에서 가장 중요한/핵심적인 정보를 요약할 수 있는가?) 　└ 세부 정보는 무엇인가? 　　(중심 정보를 어떻게 설명하고 있는가?)	공통 사항 ☑ 지문의 내용이 어떻게 흘러가고 있는지 파악하기 　└ 어떤 전개 방식을 활용하고 있는가? 　　(전개 방식: 정의와 예시, 비교와 대조, 분류와 나열, 원인과 결과, 통시, 문제와 해결, 원리와 과정 등)
끝	☑ 앞에 제시된 내용의 요약 · 정리 · 평가 확인하기 　└ 앞서 언급한 내용을 요약 · 정리하며 마무리하고 있는가? 　└ 앞서 언급한 대상의 의의 · 한계 · 전망을 제시하고 있는가?	

　지문의 '처음' 부분(주로 1 2문단 정도)은 지문 전체의 큰 흐름을 안내하는 부분이야. 그러니 이 부분에서는 '화제'가 무엇인지 파악하고 그것에 대해 어떠한 방향으로 내용이 전개될 것인지를 예측해 보면 돼. '중간' 부분에서는 '처음' 부분에 제시된 화제에 대한 본격적인 설명이 이어질 거야. 이 부분이 글의 알맹이에 해당한다고 볼 수 있지. 글쓴이가 무엇을 이야기하고 싶은지는 보통 '중간' 부분에 제시되니까, 모든 내용을 꼼꼼히 읽어야 해. 이때 각 문단에서 문장 단위로 제공되는 세세한 정보는 세부 정보가 되고, 문단의 내용을 한두 문장으로 요약한 것은 그 문단의 중심 정보가 돼. 그리고 '끝' 부분은 대개 앞서 제시한 내용들에 대한 요약 · 정리 · 평가가 나타나는 부분이야. 참고로 수능 국어 독서 지문에서는 '끝' 부분이 제시되지 않고 마무리되기도 하니까 이런 경우 너무 당황하지는 말자!
　다음으로 '전개 방식'은 정보를 제시하는 방식을 뜻해. 글쓴이는 특정 대상에 대해 설명하거나 무언가를 주장하려 할 때, 글의 목적에 따라 다양한 전개 방식을 취할 수 있어. 예를 들어 '사과'에 대해 설명하려 할 때, 사과의 사전적 '정의'를 제시할 수도 있고, 다양한 '예시'를 들어 가며 설명할 수도 있지. 또는 다른 과일들과 '비교'하여 사과만의 특성을 강조할 수도 있고, 사과 씨앗이 사과 열매가 되기까지의 '과정'을 설명할 수도 있어. 이때 나타나는 정의, 예시, 비교, 과정 등이 '전개 방식'에 해당돼. 이러한 전개 방식은 문장과 문장을 연결하거나 문단과 문단을 연결하는 과정에서 드러나기 때문에 지문 전반에 걸쳐 다양하게 나타날 수 있어. A에 대해 설명하는 지문의 경우 1문단에서는 A의 정의를, 2문단에서는 A의 예시를, 3문단에서는 B와 구별되는 A의 특성을 강조하고 있다면, 1문단~2문단에서는 '정의와 예시'라는 전개 방식이, 3문단에서는 '비교와 대조'라는 전개 방식이 나타난다고 볼 수 있는 것처럼 말이야.

(2) 문제

수능 국어 독서 영역에서는 지문을 얼마나 잘 읽었는지 평가하기 위해 지문과 관련된 문제가 제시돼. 한 지문에 보통 4~6개의 문제가 출제되는데, 이때 문제의 '질문'에 해당하는 '발문'은 출제자가 우리에게 지문의 어떤 부분에 대해 묻는지 알려 주는 역할을 해. 다음과 같은 식으로 말이야.

발문	지문에서 어디를 확인해야 하는가?
윗글에 대한 이해로 적절하지 않은 것은?	지문 전반
[A]에 대한 이해로 적절한 것은?	[A]로 표시하여 묶은 범위(주로 한 문단 정도) 위주
디지털세에 대한 이해로 가장 적절한 것은?	디지털세라는 개념에 대해 설명하는 부분
㉠, ㉡을 이해한 내용으로 적절한 것은?	㉠, ㉡으로 표시된 개념이나 문장에 대해 설명하는 부분

🖋 '적절한' vs. '적절하지 않은'을 반드시 확인해야 한다!

발문이 우리에게 '적절한' 정보를 찾으라고 하는 것인지, '적절하지 않은' 정보를 찾으라고 하는 것인지도 꼼꼼히 확인해야 해! 보통 발문에서는 '적절하지 않은' 것을 물어볼 때 이렇게 밑줄로 표시해 두지만, 시간에 쫓기며 문제를 풀다 보면 이 부분을 놓칠 가능성이 있으니 주의하자.

수능 국어 독서 영역의 지문은 셀 수 없이 다양한 주제로 나타날 수 있지만, 지문과 관련하여 출제되는 문제는 크게 몇 가지의 유형으로 나누어 정리할 수 있어. 문제 유형은 보통 발문을 통해 알 수 있는데, 문제 유형을 알면 우리가 지문을 어떻게 이해해야 정답을 찾아갈 수 있는지 알 수 있어.

문제 유형	지문을 어떻게 이해해야 하는가?
① 지문의 전개 방식을 확인하는 문제	지문의 전체 구조와 내용 파악
② 지문의 사실적 정보를 파악하는 문제	지문의 주요 정보와 세부 정보를 사실적으로 이해
③ 지문의 정보를 바탕으로 추론하는 문제	지문에 제시된 정보들을 연결하여 추론적으로 이해
④ 지문의 정보나 관점을 평가 · 비판 · 분석하는 문제	지문에 제시된 정보들을 비교하여 비판적으로 이해
⑤ 구체적인 사례 · 상황에 적용하는 문제	지문의 추상적 정보들을 구체적 사례에 적용하여 이해
⑥ 단어, 구절, 문장의 의미를 파악하는 문제	단어, 구절, 문장의 문맥적인 의미 파악

그럼 다음 페이지부터 각 유형에 따라 어떻게 문제를 풀어야 하는지 조금 더 자세히 살펴보자.

① 지문의 전개 방식을 확인하는 문제

앞서 설명했듯, 지문의 전개 방식은 문장과 문장을 잇는 과정, 문단과 문단을 잇는 과정에서 나타나는 정보 제시 방식을 의미해. 즉 전개 방식은 글의 주제나 목적에 맞게 정보를 효과적으로 제시하기 위한 지문 설계 방식이야. 지문의 전개 방식을 확인하는 문제는 보통 다음과 같은 발문들을 통해 지문 전체, 혹은 일부 문단에서 나타나는 전개 방식을 파악할 수 있는지를 물어봐.

> ☑ 윗글의 내용 전개 방식으로 가장 적절한/적절하지 <u>않은</u> 것은?
> ☑ [A]의 서술 방식에 대한 설명으로 가장 적절한/적절하지 <u>않은</u> 것은?

이때 정보를 제시하는 방식인 지문의 전개 방식은 지문의 정보에 해당하는 '내용'과 밀접하게 연관돼. 그래서 지문의 전개 방식을 확인하는 문제는 보통 다음의 두 가지 요소가 지문에 나타나는지를 확인하면서 선지를 판단해야 해.

첫째, 지문에 나타나는 전개 방식 (정의와 예시, 비교와 대조, 분류와 나열, 원인과 결과, 원리와 과정 등)
둘째, 지문에서 다루는 주요 내용 (주제, 주요 정보, 주요 개념 등)

전개 방식 위주로 물어보는 경우

교3 2015학년도 수능A

24. [A]의 서술 방식에 대한 설명으로 가장 적절한 것은?

① 대상의 특성이 변화되는 과정을 기술하고 있다.
② 대상의 특성을 사례와 더불어 설명하고 있다.
③ 대상의 가치와 효용을 비유적으로 기술하고 있다.
④ 대상이 지닌 문제점의 원인을 다각도로 살펴보고 있다.
⑤ 대상에 대한 인식의 변화를 시간 순서에 따라 서술하고 있다.

지문에서 확인해야 하는 부분

① 대상의 변화 과정을 다루고 있는가?
② 대상의 정의(특성)와 예시(사례)가 제시되었는가?
③ 대상의 의의(가치, 효용)를 비유를 통해 설명했는가?
④ 대상의 문제와 그 원인(들)이 제시되었는가?
⑤ 대상에 대한 인식 변화를 통시적으로(시간 순서에 따라) 서술했는가?

전개 방식과 내용을 모두 물어보는 경우

교3 2020학년도 수능

37. 윗글의 내용 전개 방식으로 가장 적절한 것은?

① 특정한 국제적 기준의 내용과 그 변화 양상을 서술하며 국제 사회에 작용하는 규범성을 설명하고 있다.
② 특정한 국제적 기준이 제정된 원인을 서술하며 국제 사회의 규범을 감독 권한의 발생 원인에 따라 분류하고 있다.
③ 특정한 국제적 기준의 필요성을 서술하며 국제 사회에 수용되는 규범의 필요성을 상반된 관점에서 논증하고 있다.
④ 특정한 국제적 기준과 관련된 국내법의 특징을 서술하며 국제 사회에 받아들여지는 규범의 장단점을 설명하고 있다.
⑤ 특정한 국제적 기준의 설정 주체가 바뀐 사례를 서술하며 국제 사회에서 규범 설정 주체가 지닌 특징을 분석하고 있다.

지문에서 확인해야 하는 부분

① [내용] 특정한 국제적 기준의 내용, 국제 사회에 작용하는 규범성 / [전개 방식] 대상의 변화 과정
② [내용] 특정한 국제적 기준의 제정, 국제 사회의 규범, 감독 권한의 발생 / [전개 방식] 대상의 발생 원인, 원인에 따른 분류
③ [내용] 특정한 국제적 기준, 국제 사회에 수용되는 규범 / [전개 방식] 상반된 관점에서 논증
④ [내용] 특정한 국제적 기준과 관련된 국내법, 국제 사회에 받아들여지는 규범 / [전개 방식] 대상의 정의(특징, 장단점)
⑤ [내용] 특정한 국제적 기준의 설정 주체, 국제 사회에서의 규범 설정 주체 / [전개 방식] 예시(사례)를 통한 설명, 대상의 분석

전개 방식과 관련하여 '적절하지 않은' 선지를 고르는 방법

첫째, 전개 방식을 확인하는 과정에서 선지에 언급된 '과정', '사례', '비교', '원인' 등의 전개 방식이 지문에 나타나지 않았다면 적절하지 않은 선지이다.

지문의 전개 방식을 확인하는 문제에서는 우선적으로 선지에 나타난 전개 방식과 관련된 키워드를 파악할 수 있어야 해. 예를 들어 '대상의 특성이 변화되는 과정을 기술하고 있다.'라는 선지에서는 대상의 '특성'이 기술되고 있는지보다는 대상의 특성 변화를 다루는 '과정'이 제시되고 있는지를 확인해야 지문의 전개 방식을 확인할 수 있지. 즉 이 경우에는 '과정'이 전개 방식을 확인하기 위한 중요 키워드가 되는 거야. 이때 지문에서 해당 대상의 '특성'을 설명하고 있고 그 대상이 '변화'했다는 언급도 있지만, 그러한 설명 과정에서 대상의 특성이 변화하는 '과정'을 제시하지 않았다면 해당 선지는 적절하지 않은 것이 돼.

둘째, 전개 방식과 내용을 모두 확인하는 과정에서
    ① 선지에 언급된 내용이 지문의 내용과 다르다면 (혹은 지문에 언급되지 않는다면) 적절하지 않은 선지이다.
    ② 선지에 언급된 전개 방식과 내용 모두 지문에 나타나지만, 지문이 해당 전개 방식으로 해당 내용을 설명하지 않았다면 (선지와 지문에 나타난 전개 방식과 내용의 연결 관계가 서로 다르다면) 적절하지 않은 선지이다.

기본적으로 선지에 나타나는 내용이 지문과 일치하지 않는다면 해당 선지는 적절하지 않아. 그런데 때로는 선지에 언급된 '전개 방식'과 '내용'의 연결 관계가 지문과 다르게 나타나서 적절하지 않은 선지가 되는 경우가 있어. 예를 들어볼까? 지문과 관련하여 'A의 특성을 나열하면서 B를 설명하고 있다.'라는 선지가 제시된 경우를 생각해 보자. 이때 정작 지문에서는 B의 특성을 나열하면서 A를 설명하고 있다면, 지문과 선지에 'A'와 'B'라는 내용 요소와 '나열'이라는 전개 방식이 모두 제시되었다고 해도 해당 선지는 적절하지 않은 것이 돼.

② 지문의 사실적 정보를 파악하는 문제 (사실적 이해를 확인하는 문제)

수능 국어 독서 영역은 '글을 잘 읽는지'를 평가한다고 했잖아? 그래서 '지문의 사실적 정보를 파악하는 문제'는 독서 영역의 기본이 되는 문제 유형이라 할 수 있어. 이 유형의 문제는 선지의 내용이 지문에 제시되어 있는지, 즉 선지와 지문의 내용이 일치하는지를 확인하는 문제야. 그래서 '사실적' 정보를 파악하는 문제라고 하는 거지. 따라서 지문을 꼼꼼하고 정확하게 읽고 이해하는 것이 중요해. 이런 유형의 문제는 보통 다음과 같은 발문으로 시작하며, 각 지문마다 적어도 한 문제씩은 꼭 출제돼.

    ☑ 윗글의 중심 화제로 가장 적절한/적절하지 <u>않은</u> 것은?   ☑ (가)에서 알 수 있는 것으로 적절한/적절하지 <u>않은</u> 것은?
    ☑ 윗글의 내용과 일치하는/일치하지 <u>않는</u> 것은?   ☑ [A]에 대한 설명으로 적절한/적절하지 <u>않은</u> 것은?
    ☑ 윗글에 대한 이해로 적절한/적절하지 <u>않은</u> 것은?   ☑ ⓐ를 이해한 내용으로 적절한/적절하지 <u>않은</u> 것은?
    ☑ 윗글을 통해 답을 찾을 수 있는/<u>없는</u> 질문은?

선지의 성격까지 고려하면 문제 유형이 더욱 잘 보인다!

때로는 발문만으로 문제의 유형을 확인하기 어려울 수도 있어. 예를 들어 '윗글에 대한 이해로 적절한 것은?'이라는 발문은 대개 지문의 사실적 정보를 파악하는 문제로 제시되지만, 때로는 지문의 전개 방식을 묻는 문제에서 나타나는 경우도 있거든. 따라서 제시된 선지도 함께 보면서 문제의 성격을 판단하고 대처하도록 하자.

지문의 화제나 주제, 중심 정보를 파악하는 문제를 풀기 위해서는 지문을 전체적으로 살펴보아야 해. 이때 중심 화제는 지문 전반에 걸쳐 빈번하게, 그리고 중요하게 활용된 주요 개념을 통해 확인할 수 있어. 다음 예시에서처럼 말이야.

고3 2016학년도 6월B

17. 윗글의 중심 화제로 가장 적절한 것은?
① 고도의 몰입을 통한 소통과 합일의 의의
② 장자의 호접몽 이야기에 담긴 물아일체의 진정한 의미
③ 정신과 육체의 조화를 위해 장자가 제시한 수행의 방법
④ 자아와 세계의 상호 의존적 관계를 위한 정적 상태의 극복
⑤ 마음의 두 가지 상태와 그 상보적 관계에 대한 장자의 견해

지문

나비가 되어 자신조차 잊을 만큼 즐겁게 날아다니는 꿈을 꾸다 깨어난 장자는 자신이 나비가 되는 꿈을 꾼 것인지 나비가 자신이 된 꿈을 꾸고 있는 것인지 의아해한다. 이 호접몽 이야기는 나를 잊은 상태를 묘사함으로써 '물아일체' 사상을 그 결론으로 제시하고 있다. (…) 장자가 나비가 되어 자신조차 잊은 채 자유롭게 날 수 있었던 것은 나비를 있는 그대로 온전하게 받아들일 수 있었기 때문에 가능했다. 만물과 조화롭게 합일한다는 '물아일체'로 호접몽 이야기를 끝맺는 까닭이 여기에 있다.

↓

선지
② 장자의 호접몽 이야기에 담긴 물아일체의 진정한 의미

 문단 요약과 구조도 그리기를 통해 지문 전체 내용을 한눈에 파악할 수 있어!

지문의 주제와 중심 정보를 찾기 위해서는 먼저 지문의 전체적인 구조를 파악할 수 있어야 해. 지문의 전체적인 구조를 한눈에 파악할 수 있는 좋은 방법은 각 문단의 핵심 내용을 간단히 정리하거나, 구조도를 그려 가면서 지문을 읽는 거야. 그렇게 하면 지문의 큰 흐름이 어떠한지를 쉽게 파악할 수 있을 뿐 아니라, 나중에 문제를 풀 때 지문 여기저기에 흩어져 있는 근거를 어디(지문의 어느 문단, 어느 문장)에서 찾아야 할지도 빠르게 판단할 수 있게 돼!

지문의 세부 정보를 파악하기 위해서는 지문을 문장 단위로 세세하게 살펴보아야 해. 세부 정보를 다루는 선지는 지문에 제시된 문장들의 일부 단어나 표현들을 그대로 활용하기도 하지만, 지문의 내용을 재구성하여 새로운 형태로 재진술하는 방식으로 제시하는 경향이 있어. 그러니까 '표현'이 일치하는지의 여부보다는 '내용'이 일치하는지의 여부를 바탕으로 선지의 적절성을 판단해야 해.

고3 2022학년도 9월

10. 윗글에 대한 설명으로 적절하지 <u>않은</u> 것은?
① 유물론적 인간관은 영혼의 존재를 인정하지 않는다.
② 유물론적 인간관은 인간의 선택을 물리적 사건으로 본다.
③ 종교적 인간관은 인간이 물리적 실체로만 구성된다고 보지 않는다.
④ 종교적 인간관은 인간의 선택에서 비물리적 실체가 하는 역할을 인정한다.
⑤ 반자유의지 논증은 임의의 선택이 선결정되지 않을 가능성을 고려하지 않는다.

지문

유물론적 인간관에 따르면, 인간은 물리적 몸에 지나지 않는다. 물리적 몸 이외에 영혼은 존재하지 않는다. 따라서 인간의 결정은 단지 뇌에서 일어나는 신경 사건이다.

↓

선지
① 유물론적 인간관은 영혼의 존재를 인정하지 않는다.
= 유물론적 인간관에 따르면 영혼은 존재하지 않는다.
 (지문의 표현을 거의 그대로 사용함)
② 유물론적 인간관은 인간의 선택을 물리적 사건으로 본다.

= 유물론적 인간관에 따르면 인간의 결정(선택)은 물리적 몸에 지나지 않는 인간의 뇌에서 일어나는 신경 사건이다.
 (지문의 표현을 재구성하여 재진술함)

사실적 이해를 확인하는 문제에서 '적절한/적절하지 않은' 선지를 구성하는 방식

첫째, 출제자들이 '적절한' 선지를 구성하는 방식을 알아 둔다.

출제자가 선지를 어떻게 만드는지 그 원리를 미리 알아 두면, 실제로 문제를 풀 때 '적절한' 선지와 '적절하지 않은' 선지를 고르는 데 도움이 될 거야. 물론 문제 유형마다 묻는 내용이 조금씩 달라지기 때문에 선지를 구성하는 방식도 차이가 있기는 하지만, 독서 영역의 기본이 되는 사실적 정보를 파악하는 문제 유형을 중심으로 출제자들이 선지를 구성하는 방식을 알아 두자. 먼저 '적절한' 선지를 구성하는 방식에 대해 알려줄게! (참고로 수능 국어 문제에서 '선택지'라고도 부르는 '선지'는 보통 오지선다(五枝選多)의 형태로 제시돼. 우리 책에서는 '선지'라고 통일해서 부를게!)

> **고1** 2020학년도 9월
>
> **지문**
>
> 아렌트는 사적 영역과 공적 영역을 엄격하게 분리했지만, 그렇다고 사적 영역을 부정하지는 않았다.

방식 1 지문에서 사용한 표현을 거의 그대로 활용하여 제시하는 방식
⟨선지 예⟩ 아렌트는 공적 영역과 사적 영역을 분리해서 인식했다. ◉

방식 2 지문의 정보를 재진술하여 제시하는 방식
⟨선지 예⟩ 아렌트는 공적 영역과 분리된 사적 영역이 존재함을 인정했다. ◉

위에서 우리가 주목해야 할 것은 **방식 2**의 '재진술'이라는 말이야. 일반적으로 재진술한다는 것은 앞서 제시되었던 말을 다시 한번 반복해서 말해 준다는 의미를 가져. 다만 독서 영역에서의 재진술은 지문에서 했던 말을 똑같이 반복하는 것이 아니라, 지문에 제시된 문장의 일부 표현이나 구성을 바꾸어 제시하거나, 긴 문장 혹은 여러 개의 문장으로 제시된 정부를 요약해서 제시하는 경우를 의미하기도 해

둘째, 출제자들이 '적절하지 않은' 선지를 구성하는 방식을 알아 둔다.

'적절하지 않은' 선지는 기본적으로는 지문에 제시된 정보와 선지의 정보가 맞물리지 않게 구성하는데, 대표적인 예로는 다음과 같은 방식을 들 수 있어.

> **고1** 2021학년도 6월
>
> **지문**
>
> 주희는 인간의 기질이 맑으면 선한 행위를 하고 탁하면 악한 행위를 할 수 있다고 보았다. 그러나 정약용은 선한 행위와 악한 행위의 원인을 기질이라는 선천적 요인으로 본다면 행위에 인간의 의지가 개입되지 않으므로 악한 행위를 한 사람에게 윤리적 책임을 물을 수 없다고 주희의 관점을 비판하였다.

방식 3 정보의 주체를 틀린 대상으로 제시하는 방식
⟨선지 예⟩ 주희는 행위의 원인을 기질이라는 선천적 요인으로 보는 관점을 비판했다. ✕
　　　→ 주희가 아닌 정약용이 비판함

방식 4 내용의 관계, 순서 등을 바꾸어 제시하는 방식
⟨선지 예⟩ 정약용은 악한 사람에게 윤리적 책임을 물을 수 없으므로 악한 행위에는 인간의 의지가 개입되지 않는다고 보았다. ✕
　　　→ 정약용은 악한 행위에 인간의 의지가 개입되지 않으므로(원인) 악한 사람에게 윤리적 책임을 물을 수 없게 되는(결과) 주희의 관점을 비판함 (선지에서는 원인과 결과를 바꾸어 진술함)

방식 5 지문에 나오지 않은 내용을 제시하는 방식
⟨선지 예⟩ 정약용은 악한 행위를 한 사람이라도 윤리적 책임을 물어서는 안 된다고 하며 주희의 관점을 비판했다. ✕
　　　→ 정약용은 악한 행위를 한 사람에게 윤리적 책임을 물어서는 안 된다고 한 것이 아니라, 물을 수 없게 하는 주희의 관점을 비판함

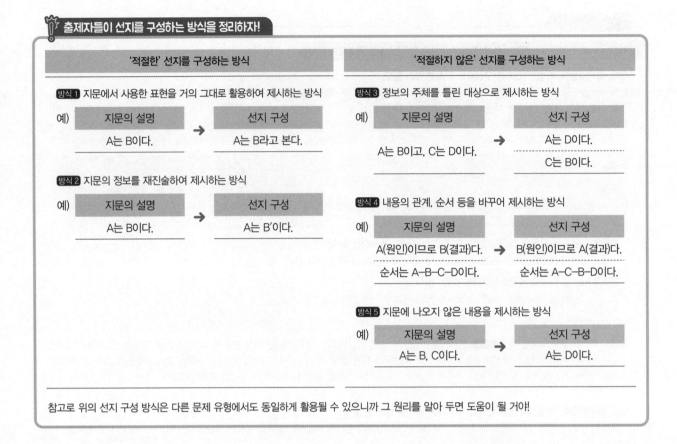

③ 지문의 정보를 바탕으로 추론하는 문제 (추론적 이해를 확인하는 문제)

지문의 정보를 바탕으로 추론하는 문제는 지문에 직접적으로 제시되지 않은 정보를 이끌어낼 수 있는지를 평가해. 이때 중요한 점은 '지문에 직접적으로 제시되지 않은 정보'는 '지문 속에 있는 정보'를 바탕으로 이끌어 내야 한다는 점이야. 즉 자신이 추론해낸 정보의 '근거'가 지문 속에 있어야 한다는 거지. 우리는 글을 읽다가 어제 읽은 책이나 그저께 본 인터넷 동영상의 내용 등을 생각하며 지문에 없는 배경지식을 떠올리게 될 수 있어. 혹은 글에서 주장하는 내용에 대해 개인적인 의견을 갖게 될 수도 있지. 그러나 이러한 읽기 습관은 일반적인 책이나 칼럼 등을 읽을 때에는 유용하지만, 수능 국어 독서 지문을 읽을 때에는 위험할 수 있어. 지문에 제시되지 않은, 우리의 기억이나 주관적 의견 같은 불확실한 근거에 따라 선지를 판단할 수 있기 때문이지. 지문의 정보를 바탕으로 추론하는 문제는 보통 다음과 같은 발문으로 시작해!

> ☑ 윗글을 바탕으로 추론할 수 있는 내용으로 적절한/적절하지 <u>않은</u> 것은?
> ☑ 윗글을 고려할 때 ㉠의 의미를 추론한 내용으로 가장 적절한/적절하지 <u>않은</u> 것은?
> ☑ ㉠의 이유로 가장 적절한/적절하지 <u>않은</u> 것은?

이때 지문에 직접적으로 제시되지 않은 내용을 추론하는 것은, 지문에 있는 정보들을 서로 연결하여 정보들 사이의 관계를 파악하는 것과 같다고 할 수 있어. 예를 들어 지문에 'A는 어린 시절부터 용돈을 계획적으로 사용하며 지속적으로 저금했다.'라는 정보와 '○○연구소의 연구원은 어린 시절부터 경제관념이 잘 자리잡은 사람들은 80% 이상 경제적 성공을 거두었다고 보고했다.'라는 정보가 제시될 경우, 이 두 정보를 결합해서 추론할 수 있어야 해. 즉, '○○연구소의 연구원'이 말하는 '어린 시절부터 경제관념이 잘 자리잡은 사람'이 'A'와 같은 사람이라는 점을 파악하고 '○○연구소의 연구원은 A가 높은 확률로 경제적 성공을 거둘 것이라고 볼 것이다.'라는 내용을 추론하는 거지.

그럼 아래의 문제를 통해 실제 기출에서는 어떠한 추론 과정을 거쳐 선지의 적절성을 판단할 수 있는지 살펴보자.

고3 2018학년도 9월

27. 문맥을 고려할 때 ㉠의 의미를 추론한 내용으로 가장
적절한 것은?

① 많은 사람들이 항상 달을 관찰하고 있으므로 달이 존재한다.
② 달은 질량이 매우 큰 거시 세계의 물체이므로 관찰 여부와
상관없이 존재한다.
③ 달은 관찰 여부와 상관없이 존재하므로 누군가 달을 관찰
하기 이전에도 존재한다.
④ 달은 원래부터 있었지만 우리가 관찰하지 않으면 존재
여부에 대해 말할 수 없다.
⑤ 달이 있을 가능성과 없을 가능성이 반반이므로 관찰
이후에 달이 있을 가능성은 반이다.

발문

문맥을 고려할 때 ㉠의 의미를 추론한 내용으로 가장 적절한
것은?

지문

　배타적인 상태의 공존과 관찰 자체가 물체의 상태를 결정
한다는 개념을 받아들이기 힘들었기 때문에, 아인슈타인은
㉠"당신이 달을 보기 전에는 달이 존재하지 않는 것인가?"라는
말로 양자 역학의 해석에 회의적인 태도를 취하였다.

추론

아인슈타인은 관찰 자체가 물체의 상태를 결정한다는 생각을 받아들일 수
없었음

→ '관찰 = 달을 보는 것', '물체의 상태 = 달의 존재'

→ 달의 존재(물체의 상태)는 달을 보았는지 여부(관찰 여부)와 상관없음

→ ㉠의 의미: 달은 누군가 달을 보지 않을 때에도 존재함

선지

③ 달은 관찰 여부와 상관없이 존재하므로 누군가 달을 관찰
하기 이전에도 존재한다. ◉

💡 지문에서 추론할 수 있는 정보의 유형

지문에서 우리가 추론할 수 있는 정보의 유형은 다양한데, 각 요소에 대해서는 다음과 같은 근거를 지문에서 찾을 수 있어야 해.

추론 가능한 정보	지문에서 찾아야 하는 근거
특정 대상 · 현상 · 이론에 대한 특정 인물의 관점	특정 대상 · 현상 · 이론에 대한 설명 주어진 대상에 대한 특정 인물의 관점이 드러나는 표현
특정 현상의 원인 · 조건 · 결과	특정 현상에 대한 설명 특정 현상이 발생하는 과정에 관여하는 요소들
정보 간의 관계(인과, 비례, 상대적 특성 등)	각 정보에 대한 설명 두 정보가 관계를 맺는 지점(공통 이론, 원리 등) 두 정보 간 차이가 나타나는 지점(차이점, 상대적 관계 등)

선지판단 전략

추론을 할 때 주의할 점!

첫째, 지문에 제시되지 않은 배경지식이나 개인적 의견을 개입시키는 것은 적절한 추론이 아니다.

둘째, 지문에 제시된 정보 간 관계와 선지에 제시된 정보 간 관계가 일치하지 않는다면 적절한 추론이 아니다.

④ 지문의 정보나 관점을 평가 · 비판 · 분석하는 문제 (비판적 이해를 확인하는 문제)

독서를 한다는 것은 단순히 제시된 정보를 잘 받아들이는 것만으로 끝나는 것이 아니야. 능동적으로 글을 읽는 독자라면 자신이 읽은 글에 대해 '지금 읽은 내용이 정말 맞는 내용인지', '같은 주제에 대해 다른 관점에서 바라본 글은 없는지'를 생각하며 이해의 폭을 확장할 수 있어. 이를 비판적 이해라고 하기도 해. 그래서 수능 국어 독서 영역에서도 지문의 정보나 관점을 특정한 기준에 따라 평가 · 비판 · 분석할 수 있는지 묻는 문제를 출제하고 있어. 이러한 유형의 문제는 보통 다음과 같은 발문으로 시작해.

> ☑ A의 관점에서 B의 이론을 분석한 것으로 적절한/적절하지 <u>않은</u> 것은?
> ☑ 윗글의 A와 〈보기〉의 B의 견해를 비교하여 이해한 것으로 가장 적절한/적절하지 <u>않은</u> 것은?
> ☑ 윗글에 등장하는 이론가들이 상대의 견해에 대해 평가할 수 있는 말로 적절한/적절하지 <u>않은</u> 것은?
> ☑ 윗글의 ㉠에 대한 비판으로 가장 적절한/적절하지 <u>않은</u> 것은?
> ☑ ㉠에 대한 반응으로 적절한/적절하지 <u>않은</u> 것은?

추론적 이해를 확인하는 문제와 마찬가지로, 이러한 유형의 문제에서 선지의 적절성을 판단하는 기본 근거는 학생의 배경지식이나 개인적 의견이 아니라, 지문 · 발문 · <보기>에 제시된 정보나 관점, 기준 등이야. 따라서 지문에서 주제와 관련하여 특정한 관점을 지닌 학자나 유파의 이름이 제시되면, 그 인물이나 유파가 무엇을 주장하고 있는지 꼼꼼하게 확인해야 이러한 유형의 문제에 잘 대처할 수 있어.

> **고3** 2021학년도 9월
>
> **22. (가)에 등장하는 이론가와 예술가들이 상대의 견해나 작품을 평가할 수 있는 말로 적절하지 <u>않은</u> 것은?**
> ① **모방론자가 뒤샹에게:** 당신의 작품「샘」은 변기를 닮은 것이 아니라 변기 그 자체라는 점에서 예술 작품이 되기 위한 필요충분 조건을 갖추고 있습니다.
> ② **낭만주의 예술가가 모방론자에게:** 대상을 재현하기만 하면 예술가의 감정을 표현하지 않은 작품도 예술 작품으로 인정하는 당신의 견해는 받아들일 수 없습니다.
> ③ **표현론자가 낭만주의 예술가에게:** 당신의 작품은 예술가의 마음을 표현했으니 대상을 있는 그대로 표현하지 않았더라도 예술 작품입니다.
> ④ **뒤샹이 제도론자에게:** 예술계에서 일정한 절차와 관례를 거치면 예술 작품이라는 당신의 주장은 저의 작품「샘」외에 다른 변기들도 예술 작품이 될 수 있음을 인정하는 것입니다.
> ⑤ **예술 정의 불가론자가 표현론자에게:** 당신이 예술가의 관념을 예술 작품의 조건으로 규정할 때 사용하는 명제는 참과 거짓을 판단할 수 없기 때문에 받아들일 수 없습니다.

지문은 단 한 사람의 관점만 다루기도 하지만, 위의 예시에서 '모방론자', '뒤샹', '낭만주의 예술가', '표현론자', '제도론자', '예술 정의 불가론자' 등의 관점을 다룬 것처럼 다양한 관점을 제시할 수도 있어. 특히 둘 이상의 관점이 등장하게 되면 관점 간의 공통점과 차이점을 분명히 파악하고 넘어가야 해.

고3 2022학년도 수능

7. (나)의 글쓴이의 관점에서 ㉠과 ㉡에 대한 헤겔의 이론을 분석한 것으로 적절하지 <u>않은</u> 것은?

① ㉠과 ㉡ 모두에서 첫 번째와 두 번째의 범주는 서로 대립한다.

② ㉠과 ㉡ 모두에서 두 번째와 세 번째 범주 간에는 수준상의 차이가 존재한다.

③ ㉠과 달리 ㉡에서는 범주 간 이행에서 첫 번째 범주의 특성이 갈수록 강해진다.

④ ㉡과 달리 ㉠에서는 세 번째 범주에서 첫 번째와 두 번째 범주의 조화로운 통일이 이루어진다.

⑤ ㉡과 달리 ㉠에서는 범주 간 이행에서 수렴적 상향성이 드러난다.

참고로 위의 문제에서처럼 지문을 작성한 '글쓴이'의 관점을 고려해야 하는 경우도 있어. 예를 들어 지문에 '이에 대해 A, B, C와 같은 관점이 있다.'라는 설명과 관련하여 평가의 주체가 제시되지 않은 상황에서 '그중 A의 관점은 이러한 측면에서 적절하지 않다.'라는 주장이 등장한다면, A의 관점이 적절하지 않다고 보는 글쓴이의 관점이 제시되었다고 볼 수 있어.

고3 2018학년도 6월

19. 윗글의 '율곡'과 〈보기〉의 '플라톤'의 견해를 비교하여 이해한 것으로 가장 적절한 것은?

> **보기**
>
> 플라톤은 물질적이고 가변적인 사물들이 존재하는 현실 세계와 비물질적이고 불변적이고 완벽한 이데아들이 존재하는 이상 세계를 구분한다. 이데아는 물질로부터 떨어져 있고 또한 시간과 공간의 제약도 받지 않지만, 마음속의 추상적 개념이 아니라 실제로 존재하는 것이다. 이상 세계에서 영혼으로 존재하면서 이데아를 직접 접했던 인간은, 태어나기 위해 이 땅에 내려오는 과정에서 그에 대한 모든 기억을 상실한다. 물질의 한계로 인해 이데아의 완벽함이 현실 세계에서 똑같이 구현되지는 않지만, 그래도 이데아를 가장 잘 기억하는 사람이 통치자가 되어 그것을 이 땅에서 구현해 내려 한다면 그만큼 좋은 국가를 만들게 될 것이다. 이 통치자가 바로 플라톤이 말하는 '철학자 왕'이다.

지문의 정보나 관점을 평가·비판·분석하는 문제에서는 〈보기〉를 통해 새로운 관점을 제시하거나, 우리가 지문의 내용에 대해 논리적으로 판단할 수 있도록 돕는 자료들을 제시해 주는 경우가 많아. 이때 〈보기〉의 내용은 지문의 주제나 지문에 제시된 특정 관점과 관련되어 있기는 하지만, 지문에 설명된 것과는 다른 내용을 설명하기도 해. 즉, 위의 문제에서처럼 지문에서는 '율곡'의 견해에 대해 설명하고, 〈보기〉에서는 '플라톤'의 견해를 설명한 후 두 견해를 비교해 보라고 하는 문제가 이런 경우에 해당하지. 이러한 경우 〈보기〉의 내용도 지문을 읽듯 중심 정보와 세부 정보가 무엇인지 꼼꼼하게 읽고 파악해야 해. 그리고 〈보기〉에 대한 이해를 바탕으로, 선지의 내용이 적절한 평가·비판·분석에 해당하는지 확인해야 하지.

선지판단 전략

특정 대상과 관련된 정보나 관점을 평가·비판·분석하는 문제에서 주의할 점!

첫째, 특정 관점이 기준으로 주어진다면 이를 바탕으로 대상이나 관점을 평가·비판·분석해야 한다.

만약 기준이 되는 특정 관점으로 선지에 제시된 내용에 대한 평가, 비판 또는 분석이 이루어질 수 없다면 적절하지 않다고 판단하면 돼!

둘째, 선지가 특정 대상과 관계 없는 정보를 근거로 삼아 그 대상을 평가·비판·분석하고 있다면 적절하지 않다.

⑤ 구체적인 사례·상황에 적용하는 문제

독서 지문은 특정 개념에 대해 설명하거나, 자신의 의견을 주장하는 과정에서 설명 내용이나 의견을 적용해 볼 수 있는 구체적인 사례나 상황을 제시하기도 해. 그런데 이러한 구체적인 사례가 반드시 지문에 등장하는 것은 아니야. 지문에서는 이론이나 원리, 관점만 설명한 후 문제의 <보기>나 선지에 구체적인 사례를 제시하고 지문의 설명 내용을 적용해 보라고 요구하는 경우도 많거든. 구체적인 사례나 상황에 지문의 정보를 적용해 보는 문제는 보통 다음과 같은 발문과 함께 시작해.

☑ 윗글을 참고할 때, <보기>에 대한 설명으로 가장 적절한/적절하지 않은 것은?
☑ A의 개념을 적용한 것으로 적절한/적절하지 않은 것은?

지문의 정보나 관점을 평가·비판·분석하는 문제에서 <보기>를 통해 지문에 제시되지 않은 새로운 관점을 제시했을 때처럼, <보기>가 지문에 제시되지 않은 구체적인 사례를 제시하고 있을 경우에도 그 내용을 지문을 읽듯 꼼꼼하게 독해해야 해. 이때 중요한 것은 지문에 제시된 정보를 <보기>의 내용과 대응시키면서 읽는 거야. <보기>를 읽을 때, <보기>의 사례와 그에 대응하는 지문의 정보를 연결해 가며 읽어 두면 선지의 적절성을 판단하는 시간을 크게 줄일 수 있어.

고3 2020학년도 9월

25. 윗글을 바탕으로 <보기>를 이해한 내용으로 적절하지 **않은** 것은? [3점]

> **보기**
>
> 1982년 작 영화 「마르탱 게르의 귀향」은 16세기 중엽 프랑스 농촌의 보통 사람들 간의 사건에 관한 재판 기록을 토대로 한다. 당시 사건의 정황과 생활상에 관한 고증을 맡은 한 역사가는 영화 제작 이후 재판 기록을 포함한 다양한 문서들을 근거로 동명의 역사서를 출간했다. 1993년, 영화 「마르탱 게르의 귀향」은 19세기 중엽 미국을 배경으로 하여 허구적 인물과 사건으로 재구성한 영화 「서머스비」로 탈바꿈되었다. 두 작품에서는 여러 해 만에 귀향한 남편이 재판 과정에서 가짜임이 드러난다. 전자는 당시 생활상을 있는 그대로 복원하는 데 치중했다. 반면 후자는 가짜 남편을 마을에 바람직한 변화를 가져온 지도자로 묘사하면서 미국 근대사를 긍정적으로 평가하고자 하는 대중의 욕망을 반영했다.

① 「서머스비」에 반영된, 미국 근대사를 긍정적으로 평가하려는 대중의 욕망은 영화가 제작된 당시 사회의 집단적 무의식에 해당하는군.

② 실화에 바탕을 둔 영화 「마르탱 게르의 귀향」을 가공의 인물과 사건으로 재구성한 「서머스비」에서는 영화에 대한 역사적 독해를 시도하기 어렵겠군.

③ 영화 「마르탱 게르의 귀향」은 실제 사건의 재판 기록을 토대로 제작됐지만, 그 속에도 역사에 대한 영화인 나름의 시선이 표현 기법으로 나타났겠군.

④ 영화 「마르탱 게르의 귀향」은 역사적 고증에 바탕을 두고 당시 사건과 생활상을 충실히 재현하기 위해 노력했다는 점에서 개연적 역사 서술 방식에 가깝겠군.

⑤ 역사서 「마르탱 게르의 귀향」은 16세기 프랑스 농촌의 평범한 사람들의 삶의 모습을 서사적 자료에 근거하여 다루었다는 점에서 미시사 연구의 방식을 취했다고 볼 수 있군.

보기

1982년 작 영화 「마르탱 게르의 귀향」은 16세기 중엽 프랑스 농촌의 보통 사람들 간의 사건에 관한 재판 기록을 토대로 한다. 당시 사건의 정황과 생활상에 관한 고증을 맡은 한 역사가는 영화 제작 이후 재판 기록을 포함한 다양한 문서들을 근거로 동명의 역사서를 출간했다. (…) 전자(「마르탱 게르의 귀향」)는 당시 생활상을 있는 그대로 복원하는 데 치중했다.

지문

영화인은 자기 나름의 시선을 서사와 표현 기법으로 녹여 내어 역사를 비평할 수 있다. 역사를 소재로 한 역사 영화는 역사적 고증에 충실한 개연적 역사 서술 방식을 취할 수 있다.

분석

당시 생활상을 있는 그대로 복원하는 데 치중한 영화 「마르탱 게르의 귀향」은 (<보기>의 정보) → 역사적 고증에 충실한 개연적 역사 서술 방식을 취했다고 볼 수 있다. (<보기>에 대응하는 지문의 정보)

선지

④ 영화 「마르탱 게르의 귀향」은 역사적 고증에 바탕을 두고 당시 사건과 생활상을 충실히 재연했다는 점에서 개연적 역사 서술 방식에 가깝겠군. ◉

6. (가)에 따라 직관·표상·사유 의 개념을 적용한 것으로 적절하지 않은 것은?

① 먼 타향에서 밤하늘의 별들을 바라보는 것은 직관을 통해, 같은 곳에서 고향의 하늘을 상기하는 것은 표상을 통해 이루어지겠군.

② 타임머신을 타고 미래로 가는 자신의 모습을 상상하는 것과, 그 후 판타지 영화의 장면을 떠올려 보는 것은 모두 표상을 통해 이루어지겠군.

③ 초현실적 세계가 묘사된 그림을 보는 것은 직관을 통해, 그 작품을 상상력 개념에 의거한 이론에 따라 분석하는 것은 사유를 통해 이루어지겠군.

④ 예술의 새로운 개념을 설정하는 것은 사유를 통해, 이를 바탕으로 새로운 감각을 일깨우는 작품의 창작을 기획하는 것은 직관을 통해 이루어지겠군.

⑤ 도덕적 배려의 대상을 생물학적 상이성 개념에 따라 규정하는 것과, 이에 맞서 감수성 소유 여부를 새로운 기준으로 제시하는 것은 모두 사유를 통해 이루어지겠군.

일반적으로 '구체적 상황에 적용'하는 문제 유형은 <보기>를 통해 사례를 제시하는 경우가 많아. 하지만 꼭 <보기>의 형태가 아니더라도, 위의 문제와 같이 지문의 정보를 적용할 수 있는 구체적인 사례들을 선지를 통해서만 제시할 수 있다는 점도 참고하자.

참고로 <보기>로 제시될 수 있는 자료의 유형은 줄글로 상황이나 관점을 설명하는 것 외에도 다양하게 나타날 수 있어. 상황이나 실험의 결과를 표나 그래프 형태로 제시할 수도 있고, 지문에 나타난 정보를 적용할 수 있는 그림 자료를 제시한 뒤 정보를 적용해 보라고 할 수도 있지. 최근에는 '학생의 학습 활동'과 연계하여 추론적인 사고를 하도록 유도하는 문제도 자주 출제되고 있어. (실제 <보기>의 예시는 다음 페이지를 참고하자!) 이처럼 <보기>의 유형은 다양하게 제시되지만, 지문의 정보와 <보기>에 제시된 정보를 대응해 가며 독해해야 한다는 기본적인 원리는 동일해. <보기> 문제가 어렵게 느껴진다면 기출을 통해 여러 가지 형태의 <보기> 문제를 풀어 보면서 '지문-<보기>-선지'를 대응시키는 연습을 충분히 해 두자.

선지 판단 전략

구체적인 사례·상황에 적용하는 문제를 풀 때도 내용 일치부터 따지자!

첫째, <보기>로 구체적인 사례가 제시되었을 경우
   ① 선지에 제시된 <보기>의 정보가 실제로 <보기>의 내용과 일치하지 않는다면 적절하지 않다.
   ② 선지에 제시된 지문의 정보가 실제로 지문의 내용과 일치하지 않는다면 적절하지 않다.
   ② 선지에서 <보기>와 무관하거나 어긋나는 지문의 내용을 근거로 사례를 분석하고 있다면 적절하지 않다.
둘째, 선지로 구체적인 사례가 제시되었을 경우
   ① 선지에 제시된 사례가 지문의 정보에 부합하지 않는다면 적절하지 않다.
   ② 선지에서 사례와 무관하거나 어긋나는 지문의 내용을 근거로 사례를 분석하고 있다면 적절하지 않다.

고3 2019학년도 9월 　　　　　　　　　　　　　표를 제시하는 형태

32. 윗글을 바탕으로 할 때, 〈보기〉에 대한 설명으로 옳지 않은 것은?
[3점]

＜보기＞

STM을 사용하여 규소의 표면을 관찰하는 실험을 하려고 한다. 동일한 사양의 STM이 설치된, 동일한 부피의 진공 통 A~E가 있고, 각 진공 통 내부에 있는 기체 분자의 정보는 다음 표와 같다. 진공 통 A 안의 기체 압력은 10^{-9}토르이며, 모든 진공 통의 내부 온도는 20℃이다. (단, 기체 분자가 규소 표면과 충돌하여 달라붙을 확률은 기체의 종류와 관계없이 일정하며, 제시되지 않은 모든 조건은 각 진공 통에서 동일하다. N은 일정한 자연수이다.)

진공 통	기체	분자의 질량 (amu*)	단위 부피당 기체 분자 수 (개 / cm³)
A	질소	28	4N
B	질소	28	2N
C	질소	28	7N
D	산소	32	N
E	이산화 탄소	44	N

*amu: 원자 질량 단위.

고3 2013학년도 수능 　　　　　　　　　　　　　그래프를 제시하는 형태

31. 윗글을 바탕으로 〈보기〉에 대해 탐구할 때, 적절한 것은? [3점]

＜보기＞

종류가 다른 실제 기체 A, B와 이상 기체 C 각 1몰에 대해, 같은 온도에서의 부피와 압력 사이의 관계를 그래프로 나타내었다.

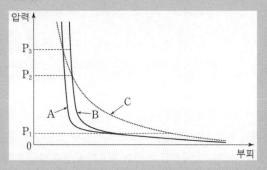

① 압력이 P_1에서 0에 가까워질수록 A와 B 모두 분자 간 상호 작용이 증가되고 있음을 알 수 있군.
② 압력이 P_1과 P_2 사이일 때, A가 B에 비해 반발력보다 인력의 영향을 더 크게 받는다고 볼 수 있군.
③ 압력이 P_2와 P_3 사이일 때, A와 B 모두 반발력보다 인력의 영향을 더 크게 받는다고 볼 수 있군.
④ 압력이 P_3보다 높을 때, A가 B에 비해 인력보다 반발력의 영향을 더 크게 받는다고 볼 수 있군.
⑤ 압력을 P_3 이상에서 계속 높이면 A, B, C 모두 부피가 0이 되겠군.

고3 2021학년도 수능 　　　　　　　　　　　　　그림 자료를 제시하는 형태

37. 다음은 3D 애니메이션 제작을 위한 계획의 일부이다. 윗글을 바탕으로 할 때 적절하지 않은 것은? [3점]

	〔장면 구상〕	〔장면 스케치〕
장면 1	주인공 '네모'가 얼굴을 정면으로 향한 채 입에 아직 불지 않은 풍선을 물고 있다.	
장면 2	'네모'가 바람을 불어 넣어 풍선이 점점 커진다.	
장면 3	풍선이 더 이상 커지지 않고 모양을 유지한 채, '네모'는 풍선과 함께 하늘로 날아올라 점점 멀어지는 모습이 보인다.	

고3 2020학년도 수능 　　　　　　　　　　　　　학생의 학습 활동 형태

19. 다음은 윗글을 읽은 학생의 독서 활동 기록이다. 윗글을 참고할 때, [A]에 들어갈 내용으로 적절하지 않은 것은? [3점]

〔독서 후 심화 활동〕

글의 내용을 다른 상황에 적용해 보자.

○상황
병과 정은 공동 발표 내용을 기록한 흰색 수첩 하나를 잃어버렸다는 것을 알게 되었다. 그 수첩에는 병의 이름이 적혀 있다. 이와 관련해 병과 정은 다음 명제 ㉮가 참이라고 믿지만 믿음의 정도가 아주 강하지는 않다.

㉮ 병의 수첩은 체육관에 있다.

병 혹은 정이 참이라고 새롭게 알게 될 수 있는 명제는 다음과 같다.

㉯ 체육관에 누군가의 이름이 적힌 흰색 수첩이 있다.

㉰ 병의 이름이 적혀 있지만 어떤 색인지 확인이 안 된 수첩이 병의 집에 있다.

병과 정은 ㉯와 ㉰ 이외에는 ㉮와 관련이 있는 어떤 명제도 새롭게 알게 되지 않고, 조건화 원리에 의해서만 자신들의 믿음의 정도를 바꾼다.

○적용
　　　　　　　　　　　　　[A]

⑥ 단어, 구절, 문장의 의미를 파악하는 문제

지문을 구성하는 것은 여러 개의 '문단'이고, 각 문단은 '문장'들로 이루어져 있으며, 각 문장은 여러 개의 '단어'들로 구성되어 있어. 따라서 글을 정확하게 읽으려면 단어의 의미부터 정확히 이해해야 해. 수능 국어 독서 영역에서는 단어의 의미를 파악하도록 하는 문제가 2~3개 정도 출제되고 있어. 정확히는 단어뿐만 아니라 특정 구절이나 문장의 의미를 묻기도 하지. 이 문제 유형은 대개 다음과 같은 발문으로 시작해.

☑ 문맥상 ⓐ~ⓔ와 바꿔 쓰기에 적절한/적절하지 않은 것은?
☑ ⓐ~ⓔ의 사전적 의미로 적절한/적절하지 않은 것은?
☑ 문맥상 ⓐ~ⓔ의 단어와 가장 가까운 의미로 쓰인 것은?

단어의 의미를 파악하는 문제 유형을 예시와 함께 정리하여 제시하면 다음과 같아.

한자어로 바꿔 쓰기

고3 2022학년도 9월

9. 문맥상 ⓐ와 바꿔 쓰기에 가장 적절한 것은?

① 반입(搬入)되므로
② 삽입(挿入)되므로
③ 영입(迎入)되므로
④ 주입(注入)되므로
⑤ 투입(投入)되므로

지문
상품의 생산에는 근로자의 노동, 기계나 설비 같은 생산 요소가 ⓐ들어가므로, 생산 활동이 증가하면 결과적으로 고용이나 투자가 등가한다.

고유어로 바꿔 쓰기

고3 2015학년도 9월A

30. 문맥상 ㉠과 바꿔 쓰기에 가장 적절한 것은?

① 가늠할
② 가져올
③ 기다릴
④ 떠올릴
⑤ 헤아릴

지문
각국의 이해를 조절하여 전쟁의 참화를 막고 인류의 평화와 번영을 ㉠실현할 수 있다고 믿었다.

단어의 사전적 의미 파악하기

고3 2016학년도 6월A

26. ⓐ~ⓔ의 사전적 뜻풀이로 옳지 않은 것은?

① ⓐ: 판별하여 결정함.
② ⓑ: 규칙에 의해 일정한 한도를 정함.
③ ⓒ: 서로 의견이 일치함.
④ ⓓ: 의견이나 문제를 내어 놓음.
⑤ ⓔ: 서로 반대되어 어긋남.

지문
즉 과학적 판단이 '참' 또는 '거짓'을 ⓐ판정할 수 있는 명제를 나타내고 이때 참으로 판정된 명제를 과학적 진리라고 부르는 것처럼,

---

다의어·동음이의어 의미 파악하기

고3 2022학년도 수능

17. 문맥상 ⓐ의 의미와 가장 가까운 것은?

① 그때 동생이 탄 버스는 교차로를 지나고 있었다.
② 그것은 슬픈 감정을 지나서 아픔으로 남아 있다.
③ 어느새 정오가 훌쩍 지나 식사할 시간이 되었다.
④ 물의 온도가 어는점을 지나 계속 내려가고 있다.
⑤ 가장 힘든 고비를 지나고 나니 마음이 가뿐하다.

지문
이 장치에서 사용하는 광각 카메라는 큰 시야각을 갖고 있어 사각지대가 줄지만 빛이 렌즈를 ⓐ지날 때 렌즈 고유의 곡률로 인해 영상이 중심부는 볼록하고

구절·문장 의미 파악하기

고3 2020학년도 수능

42. 문맥상 ⓐ~ⓔ와 바꿔 쓰기에 적절하지 않은 것은?

① ⓐ: 반영하여 산출하도록
② ⓑ: 8%가 넘도록
③ ⓒ: 바젤위원회에 가입하지
④ ⓓ: 권고적 효력이 있을 뿐이라는
⑤ ⓔ: 조약이나 국제 관습법이 될지

지문
여기에서 BIS 비율의 위험가중자산은 신용 위험에 대한 위험 가중치에 자산의 유형과 신용도를 모두 ⓐ고려하도록 수정되었다.

앞서 제시한 문제들은 공통적으로 단어의 '문맥적' 의미를 파악하도록 유도하고 있어. 왜냐하면 수능 국어 시험은 우리가 문맥을 보고 단어의 의미를 잘 이해하고 있는지 확인하기 위한 것이지, 국어사전을 얼마나 잘 외웠는지 확인하기 위한 시험이 아니기 때문이야. 따라서 우리는 선지에 제시된 표현을 원기호로 표시된 표현과 바꾸어 보거나, 선지로 제시된 뜻풀이(사전적 정의)를 적용하여 해당 단어가 사용된 문장의 내용이 '앞뒤가 맞는지', '뜻이 변형되지는 않는지'를 판단할 수 있어야 해.

다의어의 의미를 파악하는 문제를 예로 들어 어떻게 문제를 풀어가야 하는지 살펴볼까?

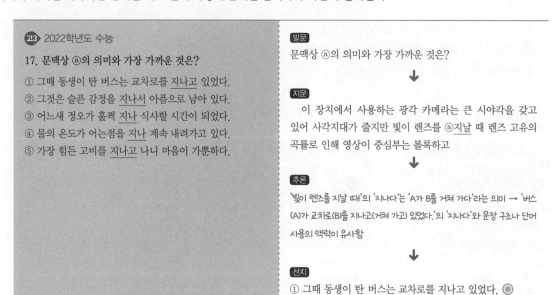

위와 같이 '다의어'를 활용하거나, '동음이의어'를 활용한 문제의 경우 단어의 표현이 동일하기 때문에 모든 선지에 제시된 단어의 문맥적 의미까지 고려하여 미묘한 의미 차이를 구별한 후 정답을 고를 수 있어야 해. 그리고 지문의 특정 구절이나 문장 단위를 바꿔 쓰도록 하는 문제의 경우에는 지문의 특정 내용을 적절하게 '재진술'했는지 판단할 수 있어야 한다는 점을 기억해 두자.

단어, 구절, 문장의 의미를 파악하는 문제를 대비하는 방법!

첫째, 선지에 제시된 사전적 의미나 표현을 지문의 해당 단어나 구절 또는 문장 대신 넣고 문맥이 자연스러운지 확인해 본다.

둘째, 지문에 사용된 단어의 문맥적 의미와 가장 가까운 것을 고르라는 문제에서는 지문에서 해당 단어가 쓰인 방식(문장 구조, 단어 사용 맥락 등)이 선지와 유사한지 확인한다.

MEMO

PART

1

수능 국어 독서 독해 전략

바르고 정확한 독해를 위한 세 가지 목표

지금까지 수능 국어 독서 영역이 어떻게 출제되고 무엇을 물어보는지 알아 보았어. 이제부터는 실전 적으로 독해를 잘하는 방법에 대해 배워보지. 우리의 궁극적인 목표는 수능 국어 독서 지문을 제대로 읽고 문제를 잘 푸는 거잖아? 그렇다면 우리가 독해할 대상은 크게 지문과 문제겠네! 수능 국어 독서 지문은 대략 4~8개의 문단으로 이루어진 글인데, 각 문단은 여러 문장들로 이루어져 있어. 그리고 문제의 발문과 선지도 일반적으로 문장 단위로 제시되지. 따라서 PART 1에서는 먼저 문장부터 학습하고, 차츰 '문장 → 문단 → 글'의 순서로 범위를 확장하여 학습하도록 구성했어. 이를 통해 우리는 바르고 정확한 독해를 위한 아래의 세 가지 목표를 달성할 수 있을 거야!

목표 ① 정확하게 읽기
목표 ② 중요한 정보를 파악하기
목표 ③ 글의 전체적인 주제와 흐름 파악하기

위의 세 가지 목표에서 '정확하게 읽기'와 '중요한 정보를 파악하기'는 언뜻 보면 비슷한 의미 같지? 그러나 '정확하게 읽기'가 문장 단위의 독해에 해당하는 것이라면, '중요한 정보를 파악하기'는 문장이나 문단 간의 관계 속에서 파악하는 것이야. 그리고 각각의 중요 정보들이 모여 정보들 간의 관계가 잡히면 글의 전체적인 주제와 흐름이 무엇인지 파악할 수 있게 되는 거야.

1 어려운 문장은 어떻게 읽어야 할까?
(문장 읽기)

목표 1 정확하게 읽기

첫 번째 목표인 '정확하게 읽기'를 달성하기 위해 문장부터 공부해 보자! 문장은 무엇일까? 표준국어대사전에서는 문장을 '생각이나 감정을 말과 글로 표현할 때 완결된 내용을 나타내는 최소의 단위'라고 설명하고 있어. 쉽게 생각하면 '.'(마침표), '?'(물음표), '!'(느낌표) 등으로 끝나는 것이 하나의 문장이야. 문장이 모여 문단을 이루고 문단이 모여 글(지문)이 되는 만큼, 문장에 대한 확실한 이해가 없으면 지문을 정확하게 이해하기 힘들겠지?

➕ 국어의 문장 성분 알아 두기!

문장을 구성하는 성분(문장 성분)은 주어, 서술어, 목적어, 보어, 관형어, 부사어, 독립어의 7가지로 나눌 수 있어. 이 중 주어, 서술어, 목적어, 보어를 문장에서 주성분이라고 하는데, 그중에서도 가장 핵심적 의미를 담고 있는 부분은 바로 주어와 서술어야. 그러니 기본적으로 문장을 읽을 때에는 주어와 서술어의 호응 관계를 파악하며 읽는 것이 중요해. 특히 긴 문장에서는 주어와 서술어가 여러 개 나올 수 있으니 '주어 1'과 호응하는 '서술어 1', '주어 2'와 호응하는 '서술어 2'와 같이 서로 호응하는 주어와 서술어의 짝을 지으며 읽어야 문장의 내용이 머릿속에서 엉키지 않아.

어머니는	동생이	대학에	합격한	후에	동생에게	새	노트북을	주셨다.
주어 1	주어 2	부사어	서술어 2	부사어	부사어	관형어	목적어	서술어 1

주어와 서술어를 중심으로 문장 성분을 이해하면 문장의 뼈대 정보를 찾을 수 있어. 뼈대 정보란 문장의 전체 주어와 전체 서술어 외에 문장의 기본적인 의미가 성립하기 위하여 필요로 하는 내용까지 포함한 정보를 의미해. 그래서 위 문장에서 전체 문장(안은문장)의 뼈대가 되는 부분은 '어머니는 동생에게 노트북을 주셨다.'가 돼. 이 문장에서 서술어는 '주다'이므로 의미적으로 '누구에게', '무엇을'에 해당하는 내용이 필요하지. 그래서 '동생에게'는 부사어로 주성분은 아니지만, 문장의 기본적인 의미를 완성하기 위해서 반드시 필요한 성분이 되는 거야. '주다' 이외에도 '같다, 비슷하다, 닮다, 다르다' 등은 반드시 부사어를 필요로 하는데, 이러한 부사어를 필수적 부사어라고 해.

물론 우리는 지금 수능 국어 독서 지문을 잘 읽기 위해 공부하는 것이니까, 여기서 문법적으로 문장 성분을 하나하나 공부하려 하는 건 아니야. 앞서 설명한 내용은 참고만 해 두면 돼. 중요한 건 문장의 뼈대가 되는 부분을 분명하게 파악해 두면 다소 복잡한 구성의 문장이라도 더 쉽게 이해할 수 있다는 거야. 앞으로는 복잡하고 어려운 문장들을 분석해 보면서 실전적인 문장 독해에 도움이 되는 방법을 공부해 보자.

STEP 1 전략 세우기

글을 읽고 이해할 때에는 사람마다 이해하기 편한 의미 단위가 조금씩 다르기 때문에 하나의 문장 분석 방법을 모든 문장에 적용하기는 어려워. 여기에서는 일반적으로 우리가 한눈에 이해하기에 어려움을 느낄 수 있는 길고 복잡한 문장들을 모아 그 원인을 분석해 보려고 해. 이때 어려운 문장의 유형은 다음과 같이 네 가지로 나누어 볼 수 있어.

어려운 문장 유형

유형 1 주어와 서술어의 짝을 파악하기 어려운 경우
유형 2 수식하는 말이 문장 속에 복잡하게 안겨 있는 경우
유형 3 낯설고 어려운 개념이 등장하는 경우
유형 4 조건, 순서, 인과, 비교 등의 의미에 주목하며 읽어야 하는 경우

그렇다면 어려운 문장 유형에 속하는 문장을 독해하는 방법은 무엇일까? 설명에 앞서 먼저 다음 문장을 읽고 이해해 보자.

고3 2016학년도 수능B

> 폴라니는 명확하게 표현되지 않고 주체에게 체화된 암묵지 개념을 통해 모든 지식이 지적 활동의 주체인 인간과 분리될 수 없다는 것을 강조했다.

어때? 이 문장, 한 번에 이해했니? 이 문장은 구조가 복잡해서 주어와 서술어의 짝이 한눈에 들어오지 않을 거야. 그리고 수식하는 말이 길고 '암묵지 개념'이라는 낯설고 어려운 개념까지 등장해서 이해하기 쉽지 않았을 거야. 이 문장은 어려운 문장 유형 중 유형①, 유형②, 유형③에 모두 해당한다고 볼 수 있지. 그럼 다음의 설명과 활동을 통해 해당 문장을 분석하며 다시 읽어 보자.

(1) 문장의 전체 주어와 전체 서술어를 찾아 뼈대 정보를 파악하자.

– 어려운 문장 유형① 을 읽을 때 적용하기

문장에서 뼈대 정보를 파악하기 위해서는 먼저 서술어를 찾아 그 의미를 떠올려 보고 기본적인 의미가 성립하기 위해 어떤 내용이 필요한지를 생각해 보면 돼! 문법적으로 말하면 문장 성분 중 주성분(필수 성분)부터 파악하라는 뜻이야. 이렇게 파악한 뼈대 정보는 문장의 가장 기본적인 구조를 파악할 수 있게 해 주거든.

> 폴라니는 명확하게 표현되지 않고 주체에게 체화된 암묵지 개념을 통해 모든 지식이 지적 활동의 주체인 인간과 분리될 수 없다는 것을 강조했다.
>
> → 폴라니는 어떤 것을 강조했구나!

문장에서는 기본적으로 전체 주어와 전체 서술어를 찾을 수 있어야 해. 특히 문장이 복잡할수록 뼈대 정보를 먼저 찾고 나머지 세부 정보를 덧붙여 나가며 읽으면 문장을 이해하는 데 도움이 되지. 어려운 문장 읽기 연습을 할 때 뼈대 정보는 눈에 띄게 표시하며 읽는 게 좋겠지? 이 책에서는 뼈대 정보를 주황색으로 표시할게. 참고로 문장은 주어와 서술어가 있는 것을 기본으로 하지만, 주어는 생략될 수 있기 때문에 먼저 서술어부터 찾는 게 좋아. 만약 서술어가 '영수는 키가 크다'의 '키가 크다'처럼 둘 이상의 어절로 이루어진 서술절로 나타난다면, 그 서술절은 하나의 덩어리로 파악하고 뼈대 정보로 체크하면 돼.

➕ 주어를 찾기 어려울 때

문장에서 전체 주어를 찾기 어려울 때에는 일반적으로 문장의 마지막 부분에 나타나는 전체 서술어를 먼저 찾고, 이와 대응하는 주어를 찾으면 돼. 만약 문장들이 나란히 이어진 경우라면 뼈대 정보는 각 문장에서 하나씩 나타날 테니, 먼저 각각의 이어진문장에서 서술어를 찾은 후 나머지 뼈대 정보를 찾아 나가면 되겠지?

(2) 수식하는 말은 괄호로 묶어 놓고 읽자.

– 어려운 문장 유형 ②를 읽을 때 적용하기

> 폴라니는 {(명확하게 표현되지 않고 / 주체에게 체화된) 암묵지 개념을 통해 / 모든 지식이 (지적 활동의 주체인)
>
> 인간과 분리될 수 없다는} 것을 강조했다.
>
> → 폴라니는 암묵지 개념을 통해 모든 지식이 인간과 분리될 수 없다는 것을 강조했구나!

　　긴 문장은 이어진문장이나 안긴문장이 포함되어 있을 가능성이 높아. 이때 전체 문장 속에 (주로 뼈대를 제외한 부분에 해당하는) 안긴문장이 있는 부분은 { }로, 안긴문장 속에 또 다른 문장이 안겨 있는 부분은 ( )로 묶어 보자. 위 문장을 분석한 것처럼 말이야! 이때 ( )로 묶인 안긴문장 속에 또 문장이 안겨 있다면 [ ], < > 등과 같이 서로 구별되는 다양한 괄호를 활용하면 돼. 그리고 문장들이 나란히 이어진 경우나 의미적으로 나누어 읽기 편한 부분이 보인다면, /를 사용하여 끊어 읽어 보자! 수식하는 말을 괄호로 묶어 놓고 읽으면 뼈대 정보에 내용이 덧붙더라도 문장의 구조를 명확하게 파악할 수 있을 거야.

➕ 괄호로 묶는 부분은 이해하기 편한 단위로!

우리가 이 책에서 문장을 분석하는 법을 배우는 이유는 수능 국어 독서 지문을 잘 읽고 이해하기 위한 것이라고 했지? 국어 문법에서 문장을 분석하는 것처럼 아주 정확하게 모든 안긴문장을 괄호로 묶게 되면 아래와 같이 '분리될'과 '수' 사이에도 괄호를 넣어 주어야 하는데, 이렇게 문법적으로 정확한 문장 분석에만 집중하는 것은 오히려 내용 이해에 방해가 될 수 있어.

> 폴라니는 {(명확하게 표현되지 않고 / 주체에게 체화된) 암묵지 개념을 통해 / [모든 지식이 (지적 활동의 주체인)
>
> 인간과 분리될] 수 없다는} 것을 강조했다.

따라서 ①안긴문장이 한 단어로만 이루어진 경우, ②관형격 조사 '의'만 붙어 수식하는 말이 된 경우, ③수식하는 말과 의존 명사의 결합이 복잡하지 않은 경우에는 자신이 가장 이해하기 편한 방식으로 괄호를 묶는 단위를 결정하면 돼! 즉, 복잡한 안긴문장과 수식어는 괄호로 묶어 가며 읽되, 굳이 괄호로 묶지 않아도 한 번에 이해가 가능한 부분은 넘어가는 식으로 유연하게 읽어 나가면 돼!

(3) 낯설고 어려운 개념은 ⬜ 표시하고 풀이한 내용과 연결하자.

– 어려운 문장 유형 ③을 읽을 때 적용하기

> 폴라니는 {(명확하게 표현되지 않고 / 주체에게 체화된) 암묵지 개념을 통해 / 모든 지식이 (지적 활동의 주체인)
>
> 인간과 분리될 수 없다는} 것을 강조했다.
>
> → 폴라니는 암묵지 개념을 통해 모든 지식이 인간과 분리될 수 없다는 것을 강조했는데, 이때 암묵지 개념이란 명확하게 표현되지 않고 주체
>   에게 체화된 것을 의미하는구나!

　　낯설고 어려운 개념이 등장하면 문제를 풀 때 지문에서 해당 개념을 빠르게 찾을 수 있도록 ⬜ 표시를 해 두자. 그리고 같은 문장 안에서, 혹은 이웃하는 문장에서 그 개념을 풀이하여 설명한 내용이 등장한다면 밑줄을 긋고 해당 개념과 연결해 두면 좋아. 그런데 만약 지문에서 낯선 개념에 대해 아무런 설명을 하지 않고 글을 전개한다면, 그냥 '아 그렇구나!' 하고 내용 정리만 하고 넘어가면 돼. 이 경우에는 문제에서 해당 개념의 정의와 관련된 내용은 묻지 않을 거거든. 또한 '이, 그, 저' 등과 같은 지시어가 가리키는 내용이 정확히 파악되지 않는 경우에도 지시어에 ⬜ 표시를 하고 가리키는 대상과 연결을 해 두면 좋겠지?

(4) 연결된 문장을 나누어 문장들 사이의 의미적 관계를 파악하자.

– 어려운 문장 유형④를 읽을 때 적용하기

이어진문장에서는 일반적으로 문장들이 연결되면서 연결 어미나 접속어 등을 통해 조건, 순서, 인과, 비교 등과 같은 의미 관계가 나타나. 따라서 문장에 이러한 의미가 덧붙으면 이에 주목하며 문장 독해를 해야 해. 다음 문장을 보면서 설명해 볼게.

고1 2020년 11월

> 선발 기업이 자신들의 기존 기술을 최대한 활용하고 싶은 미련을 버리지 못해 새로운 기술의 도입을 주저할 때 후발 기업이 새로운 기술을 도입한다면 선발 기업보다 유리한 상황에 놓인다.

여러 문장들이 나란히 이어진 문장을 이해하기 어렵다면 어떻게 해야 할까? 먼저 / 표시를 이용하여 연결된 문장들 사이를 끊어 볼 수 있어. 이때 주의해야 할 점은 문장의 주어가 생략되어 나타날 수 있기 때문에 먼저 서술어를 찾아 그와 대응하는 주어가 무엇인지 정확히 확인하며 읽어야 한다는 거야. 연결된 문장들을 나누고 각 문장에서 짝이 되는 주어와 서술어를 정확히 찾아야 문장들 사이의 의미 관계를 제대로 파악할 수 있거든.

> ¹선발 기업이 자신들의 기존 기술을 최대한 활용하고 싶은 미련을 버리지 못해(원인) / ²(선발 기업이) 새로운 기술의 도입을 주저할 때(결과) / ³후발 기업이 새로운 기술을 도입한다면(원인+조건) / ⁴(후발 기업이) 선발 기업보다 유리한 상황에 놓인다.(결과)
>
> → 선발 기업이 ~을 버리지 못해 ~을 주저할 때 후발 기업이 ~을 도입한다면 ~에 놓이게 되는구나!

이어진 문장이 4개의 문장으로 분리되었어. 문장 1과 문장 2는 주어가 '선발 기업'으로 동일하고, '원인-결과'의 관계를 나타내고 있네. 또한 문장 3과 문장 4는 주어가 '후발 기업'으로 동일하고, 문장 2와 문장 3은 문장 4의 '원인'이자 '조건'에 해당한다는 것을 알 수 있어. 이때 문장 1과 문장 2, 그리고 문장 3과 문장 4 사이의 의미 관계가 두드러지게 나타나는 '버리지 못해'와 '도입한다면'에 동그라미를 쳐서 체크해 두는 것이 좋아. 이렇게 문장 간의 의미 관계를 파악할 수 있는 부분을 기호로 표시해 두면 문장의 이해가 한층 수월해질 거야.

앞에서 배운 문장 독해 방식을 이 문장에 모두 적용하면 다음과 같이 분석할 수 있어.

> ¹선발 기업이 [자신들의 기존 기술을 최대한 활용하고 싶은] 미련을 버리지 못해(원인) / ²(선발 기업이) [새로운] 기술의 도입을 주저할 때(결과) / ³후발 기업이 [새로운] 기술을 도입한다면(원인+조건) / ⁴(후발 기업이) [선발 기업보다 유리한] 상황에 놓인다.(결과)
>
> → 선발 기업이 기존 기술을 활용하고 싶은 미련을 버리지 못해 새로운 기술의 도입을 주저할 때 후발 기업이 새로운 기술을 도입한다면 유리한 상황에 놓이게 되는구나!

독서 지문의 문장에는 이어진문장의 의미 관계를 나타내는 부분 외에도 꼭 짚고 넘어가야 하는 표현들이 있어. 다음은 문장을 읽을 때 체크하지 않으면 문제를 풀 때 올바른 답을 찾기 어려워질 수 있는 표현들이야.

① 모든, 모두   고3 2020학년도 3월

> 비례 희생 균등의 원칙에 따르면 과세 이전 총소득으로부터 얻는 총효용에서 납세로 인한 효용의 상실, 즉 희생이 차지하는 비율이 **모든** 개인에게 동일해야 한다.
>
> → 비례 희생 균등의 원칙에 따르면 희생이 차지하는 비율이 일부에게만 적용되어서는 안 됨.

② 항상   고3 2018학년도 6월

> '이'와 '기'는 사물의 구성 요소로서 서로 다른 성질을 갖지만, '이'는 현실 세계에서 **항상** '기'와 더불어 실제로 존재한다.
>
> → 현실 세계에서 '기'와 함께하지 않는 '이'는 존재하지 않음.

③ 일부   고3 2018학년도 수능

> 17세기의 과학은 실험을 통해 과학적 설명의 참 · 거짓을 확인할 것을 요구했고, 그런 경향은 생명체를 비롯한 세상의 모든 것이 물질로만 구성된다는 물질론으로 이어졌으며, 물질론 가운데 **일부** 는 모든 생물학적 과정이 물리 · 화학 법칙으로 설명된다는 환원론으로 이어졌다.
>
> → 물질론 가운데 일부는 환원론으로 이어지지 않은 부분도 있음.

④ 각, 각각   고3 2018학년도 수능

> 그(마이어)는 생명체가 분자, 세포, 조직에서 개체, 개체군에 이르기까지 단계적으로 점점 더 복잡한 체계를 구성하며, 세포 이상의 단계에서 **각** 체계의 고유 활동은 미리 정해진 목적을 수행한다고 생각한다.
>
> → 세포의 고유 활동, 조직의 고유 활동, 개체의 고유 활동, 개체군의 고유 활동은 미리 정해진 목적을 수행함.

⑤ 도, 만   고3 2020학년도 6월

> 에피쿠로스는 인간의 세계가 신에 의해 결정되지 않으며, 인간의 행복 **도** 자율적 존재인 인간 자신에 의해 완성된다고 본다.
>
> → 자율적 존재인 인간 자신에 의해 완성될 수 있는 것은 인간의 행복뿐만이 아님.

고3 2020학년도 6월

> 금융을 통화 정책의 전달 경로로 **만** 보는 전통적인 경제학에서는 금융감독 정책이 개별 금융 회사의 건전성 확보를 통해 금융 안정을 달성하고자 하는 미시 건전성 정책에 집중해야 한다고 보았다.
>
> → 전통적인 경제학은 금융이 '통화 정책의 전달 경로' 이외의 역할을 한다고 보지 않음.

⑥ 동시에, 동일한

🅘3 2016학년도 수능A

물체에 속한 점 X와 회전축을 최단 거리로 잇는 직선과 직각을 이루는 **동시에** 회전축과 직각을 이루도록 힘을 X에 가한다고 하자.

→ 이 가정에서 X에는 'X와 회전축을 최단 거리로 잇는 직선과 직각을 이루는 힘'과 '회전축과 직각을 이루는 힘'이 순차적으로 가해지는 것이 아니라, 'X와 회전축을 최단 거리로 잇는 직선과 직각을 이루'면서 '회전축과 직각을 이루'는 두 조건이 모두 충족되는 힘이 가해짐.

🅘3 2018학년도 수능

수신기에서는 송신기와 **동일한** 기준 신호를 사용하여, 전압의 변화가 있으면 1로 판단하고 변화가 없으면 0으로 판단한다.

→ 수신기는 송신기와 다른 기준 신호를 사용하지 않음.

⑦ 여러, -들

🅘3 2017학년도 6월

퍼셉트론은 입력값들을 받아들이는 **여러** 개의 입력 단자와 이 값을 처리하는 부분, 처리된 값을 내보내는 한 개의 출력 단자로 구성되어 있다.

→ 퍼셉트론에서 입력값들을 받아들이는 입력 단자는 하나가 아님.

🅘3 2020학년도 수능

자기자본은 은행의 기본자본, 보완자본 및 단기후순위 채무의 합으로, 위험가중자산은 보유 자산에 각 자산의 신용 위험에 대한 위험 가중치를 곱한 값**들**의 합으로 구하였다.

→ 위험가중자산은 여러 개의 값을 합하여 구해짐.

⑧ -수록

🅘3 2019학년도 9월

진공이란 기체 압력이 대기압보다 낮은 상태를 통칭하며 기체 압력이 낮을**수록** 진공도가 높다고 한다.

→ 진공도는 기체 압력에 따라 바뀜.

이외에도 개념의 의미를 한정짓거나 개념 간의 관계를 알려주는 표지는 다양하게 나타날 수 있어. 문장 속에서 반드시 체크해야 하는 표현들까지 꼼꼼하게 챙기며 문장을 정확하게 읽도록 하자.

지금까지 어려운 문장 유형 네 가지와 이를 독해할 때 활용할 수 있는 방법을 배워 봤어. 이러한 방법을 활용하면 문장의 핵심을 놓치지 않고 지문을 읽어나갈 수 있어서 정보량이 많은 글에서 헤매는 학생들에게 도움이 될 거야! 그런데 여기서 꼭 기억하고 넘어가야 할 게 있어. 앞에서도 여러 번 말했지만, 바로 모든 문장을 문법적으로 세세하게 분석하며 읽을 필요는 없다는 거야. 자연스럽게 이해가 되는 문장까지 세세하게 분석하며 읽는다면 오히려 독해에 방해가 되겠지? 우리는 수능 국어 독서 지문을 잘 읽고 문제를 잘 풀기 위해 문장 독해 공부를 하는 중이니 문법적으로 문장 성분을 하나하나 정확하게 분석하기 보다는 자신이 이해하기 편한 의미 단위로 묶거나 끊어 읽는 게 훨씬 중요해!

STEP 2에서는 길고 복잡한 문장들과 간단한 OX 문제를 제시했으니, 이를 통해 바르고 정확한 문장 읽기 훈련을 할 수 있을 거야. 참고로 해설에서 제시하는 문장 분석 방식과 자신의 문장 분석 방식이 완전하게 똑같을 필요는 없어. 처음 공부할 때에는 이 책에서 가르쳐준 방식대로 따라 해 보다가 점차 자신만의 가장 효율적인 문장 독해 방식을 만들어 나가면 돼!

1등급 전략

- ☑ 전략 1 문장의 전체 주어와 전체 서술어를 찾아 뼈대 정보를 파악한다.
- ☑ 전략 2 수식하는 말은 괄호로 묶어 놓고 읽는다.
- ☑ 전략 3 낯설고 어려운 개념은 ☐☐ 표시하고 풀이한 내용과 연결한다.
- ☑ 전략 4 연결된 문장을 나누어 문장들 사이의 의미적 관계를 파악한다.

해설 P.004

1. 뼈대 정보는 색깔 형광펜으로 강조하기
2. 전체 문장 속 안긴문장은 ( )로, 안긴문장 속 안긴문장은 ( )로 표시하기
3. 의미적 관계가 두드러지는 표현은 ◯ 치기
4. 낯설고 어려운 개념은 ☐ 표시하고, 개념 풀이가 있다면 밑줄 치고 연결하기
5. 나란히 이어진 문장들 사이에는 / 로 표시하기

STEP 1에서 배운 전략을 활용하여 문장을 정확하게 읽고 아래에 제시된 문제에서 O 또는 X에 정답을 표시해 보자.

형광펜이나 색연필 등과 같이 색깔을 표시할 수 있는 필기도구를 활용하여 문장 분석 훈련을 해 보자. 어려운 문장을 정확하게 읽는 훈련을 하기 위해 시간에 구애받지 말고 문장을 분석하며 정확히 이해해 보는 거야. 문장 분석을 충분히 연습한 후에 실제 시험장에서는 자신만의 가장 효율적인 방식으로 문장을 읽으면 돼!

고1 2016학년도 6월

HDD(Hard Disk Drive)의 대안으로 제시된 것이 바로 'SSD(Solid State Drive)'이다. SSD의 용도나 외관, 설치 방법 등은 HDD와 유사하다.

1. HDD를 설치하는 것보다 SSD를 설치하는 방법이 복잡하다.

고1 2017학년도 6월

세포가 일을 할 때 여러 가지 노폐물이 발생하는데, 이 노폐물들을 인체 밖으로 내보내야 한다. 그래야만 몸이 늘 일정한 상태, 즉 항상성을 유지하게 된다.

2. 세포가 생성하는 여러 가지 노폐물을 제거해야 인체의 항상성을 유지할 수 있다.

고1 2018학년도 3월

19세기 말 등장한 인상주의와 후기 인상주의는 전통적인 회화에서 중시되었던 사실주의적 회화 기법을 거부하고 회화의 새로운 경향을 추구하였다.

3. 전통 회화는 대상을 사실적으로 묘사하는 것을 중시했다.

고1 2018학년도 6월

고대 중국인들은 인간이 행하지 못하는 불가능한 일은 그들이 신성하다고 생각한 하늘에 의해서 해결 가능하다고 보았다.

4. 고대 중국인들은 하늘이 인간이 할 수 없는 불가능한 일을 해결할 수 있다고 인식하였다.

경매를 통한 가격 결정 방식은 수요자들이 해당 재화의 가치를 서로 다르게 평가하고 있거나, 해당 재화의 가치를 정확히 가늠할 수 없을 때 주로 사용된다.

5. 경매는 수요자가 재화의 가치를 서로 다르게 평가할 때 주로 쓴다.

국가는 자국의 힘이 외부의 군사적 위협을 견제하기에 충분치 않다고 판단할 때나, 역사와 전통 등의 가치가 위협받는다고 느낄 때 다른 나라와 동맹을 맺는다. 동맹결성의 핵심적인 이유는 동맹을 통해서 확보되는 이익이며 이는 동맹 관계 유지의 근간이 된다.

6. 국가는 동맹에 참여하여 자국의 이익을 확보할 수 있다.

감상자의 시선을 작품에만 집중시키는 단순하고 추상적인 작품들은 대개 미술 전시장의 전형적인 화이트 큐브, 즉 출입구 이외에는 사방이 막힌 실내 공간 안에서 받침대 위에 놓여 실제적인 장소나 현실로부터 분리된 느낌을 주었다.

7. 화이트 큐브는 현실로부터 작품이 분리된 느낌을 완화해 주는 역할을 하였다.

보이스 코일은 보빈에 감겨 있는 도선으로, 이 코일에 전류가 흐르면 영구 자석이 형성하는 자기장과 상호 작용을 하여 생성되는 힘이 보이스 코일을 위아래로 움직이게 한다.

8. 보이스 코일이 받은 힘은 전류와 자기장의 상호 작용을 유도한다.

유동 IP 주소는 DHCP라는 프로토콜에 의해 부여된다. DHCP는 IP 주소가 필요한 컴퓨터의 요청을 받아 주소를 할당해 주고, 컴퓨터가 IP 주소를 사용하지 않으면 주소를 반환받아 다른 컴퓨터가 그 주소를 사용할 수 있도록 해 준다.

9. DHCP를 이용하는 컴퓨터는 IP 주소를 요청해야 IP 주소를 부여받을 수 있다.

채권 투자에는 발행자의 지급 능력 부족 등의 사유로 이자와 원금이 지급되지 않을 가능성인 신용 위험이 수반된다. 이에 따라 각국은 채권의 신용 위험을 평가해 신용 등급으로 공시하는 신용 평가 제도를 도입하여 투자자를 보호하고 있다.

10. 채권 발행자의 지급 능력이 커지면 신용 위험은 커진다.

보험금 지급은 사고 발생이라는 우연적 조건에 따라 결정되는데, 이처럼 보험은 조건의 실현 여부에 따라 받을 수 있는 재화나 서비스가 달라지는 조건부 상품이다.

11. 보험 사고 발생 여부와 관계없이 같은 보험료를 납부한 사람들은 동일한 보험금을 지급받는다.

아리스토텔레스는 자연물이 단순히 목적을 갖는 데 그치는 것이 아니라 목적을 실현할 능력도 타고나며, 그 목적은 방해받지 않는 한 반드시 실현될 것이고, 그 본성적 목적의 실현은 운동 주체에 항상 바람직한 결과를 가져온다고 믿는다.

12. 아리스토텔레스에 따르면, 자연물의 목적 실현은 때로는 그 자연물에 해가 된다.

부력은 어떤 물체에 의해서 배제된 부피만큼의 유체*의 무게에 해당하는 힘으로, 항상 중력의 반대 방향으로 작용한다. 빗방울에 작용하는 부력의 크기는 빗방울의 부피에 해당하는 공기의 무게이다.

•**유체:** 기체와 액체를 아울러 이르는 말.

13. 균일한 밀도의 액체 속에 완전히 잠겨 있는 쇠 막대에 작용하는 부력은 서 있을 때보다 누워 있을 때가 더 크다.

소비학파는 근대 도시인이 내면세계를 상실한 사물로 전락한 것은 아니라고 하면서 생산학파를 비판하기 시작했다. 예를 들어, 콜린 캠벨은 금욕주의 정신을 지닌 청교도들조차 소비 양식에서 자기 환상적 쾌락주의를 가지고 있었다고 주장하였다.

14. 소비학파는 근대 도시인의 소비 정신이 금욕주의 정신에 의해 만들어졌다고 본다.

케플러는 우주의 수적 질서를 신봉하는 형이상학인 신플라톤주의에 매료되었기 때문에, 태양을 우주 중심에 배치하여 단순성을 추구한 코페르니쿠스의 천문학을 받아들였다. 하지만 그는 경험주의자였기에 브라헤의 천체 관측치를 활용하여 태양 주위를 공전하는 행성의 운동 법칙들을 수립할 수 있었다.

15. 태양 주위를 공전하는 행성의 운동 법칙들을 관측치로부터 수립한 케플러의 우주론은 신플라톤주의에서 경험주의적 근거를 찾은 것이었다.

독서 영역에서는 무엇을 어떻게 읽어야 할까? (문단 읽기)

목표 2 중요한 정보를 파악하기

지금까지 '정확하게 읽기'를 위해 독해하기 어려운 문장 유형과 그에 따른 독해 전략에 대해 알아보았어. 이제는 '중요한 정보를 파악하기'를 위해 독서 지문을 읽을 때 어떠한 부분을 눈여겨보아야 하고, 이를 어떻게 읽어야 하는지 알아보도록 하자. 앞서 문장을 '정확하게 읽기'를 배웠으므로 챕터 2에서는 문장 간의 관계를 바탕으로 글의 핵심 정보를 정확하게 파악하기 위한 전략을 학습하게 될 거야.

수능 국어 독서 지문은 많은 문장이 모여서 이루어지므로, 그 문장들이 담고 있는 여러 가지 정보 중에서 핵심적인 정보가 무엇인지 파악하는 것은 아주 중요해. 지문의 핵심 정보를 파악하는 것은 문제에서 정답 선지를 고르기 위한 필수 조건이기 때문이지. 그리고 이러한 핵심 정보는 글의 내용 전개 방식과 밀접한 관련이 있어. 우리가 어떠한 주제에 대해 글을 쓴다고 하면, 읽는 이에게 주제를 최대한 효과적으로 전달할 수 있는 방법을 활용하여 내용을 구성하겠지? 따라서 글을 읽을 때에도 글의 구성 의도를 고려하여 '글이 이런 방식으로 구성되었으니, 이 부분이 중요한 내용이겠지?'와 같은 식으로 사고하며 읽어 나갈 수 있는 거지.

이를 위해 지금부터는 지문을 읽으면서 핵심 정보를 정확하게 파악하기 위해 꼭 알아 두어야 하는 내용 전개 방식들에 대해 알아볼 테니 집중해서 잘 따라오도록 해!

(1) 정의와 예시

STEP 1 전략 세우기

첫 번째로 알아볼 내용 전개 방식은 '정의와 예시'야. 우선 둘의 사전적 정의에 대해 살펴 볼까? '정의'는 '어떤 말이나 사물의 뜻을 명백히 밝혀 규정함.'이라는 의미이고, '예시'는 '예를 들어 보임.'이라는 뜻이야. 이러한 정의와 예시가 지문에서 내용 전개 방식으로 나타날 때는 다음과 같은 의미라고 생각하면 돼.

정의	어떤 대상이나 개념의 범위를 규정짓거나, 그 본질을 구체적으로 드러내는 방법
예시	구체적인 예를 들어서 어떤 원리나 법칙, 개념의 속성 등을 드러내는 방법

두 방식 모두 어떤 대상이나 개념의 본질 혹은 속성에 대해 구체적으로 설명하는 것이 목적이라는 점에서 두 방식을 연결 지어 이해할 수 있어. 그리고 실제로 지문에서도 함께 제시되는 경우가 많아. 주로 정의를 제시하는 문장이 먼저 나온 뒤, 그에 대한 예시를 드는 문장이 나오는 구성이라고 할 수 있지. 즉, 앞서 설명한 정의의 내용을 구체적인 예시를 통해 더 쉽고 정확하게 이해할 수 있도록 하기 위해 이 두 가지 내용 전개 방식을 함께 묶어서 사용하는 거야.

먼저 '정의'에 대해 자세히 알아보도록 하자.

지문에서 정의가 나타나는 문장은 주로 'A는 ~이다.', 'A는 ~라는/하는 것을 말한다.', 'A란 ~을 뜻/의미한다.'와 같은 문장 구조로 표현돼.

- 손해보험은(A는) 계약에서 정한 보험 사고가 발생했을 때 보험가입자 측에게 생긴 재산상의 손해를 보상하는 보험이다.(~이다.)
- '전략적 공약'은(A는) 자신의 선택 가능성을 스스로 제한하여 상대를 압박하고, 이를 통해 이익을 추구하는 것을 말한다.(~하는 것을 말한다.)
- 선이란(A란) 자신에게 좋은 것으로 자신의 본성에 적합하거나 자신에게 기쁨을 주는 것을 뜻한다.(~을 뜻한다.)

위와 같은 문장의 구조를 통해 정의가 제시되었다면 그 내용은 절대 대충 읽고 넘겨서는 안 돼. 지문에서 어떤 대상이나 현상, 이론 등의 정확한 뜻을 설명했다는 것은, 그것이 앞으로 이어질 지문의 내용을 이해하는 과정에서 반드시 필요한 정보라는 의미거든. 즉 정의된 개념을 충분히 이해하지 못하면, 이후의 지문 독해 과정에서 엄청난 어려움을 겪을 수 있어.

그러므로 지문에서 정의를 제시한 문장이 나오면 반드시 체크하고 넘어가도록 하자! 특히 정의가 꽤 길고 자세하게 제시되는 경우에는, 문제에서 그 개념 자체를 제대로 이해했는지 물어볼 가능성이 높아. 따라서 조금 시간을 들이더라도 정의에 해당하는 문장을 차분히 끊어 읽으면서 정확히 이해하고 넘어가는 게 중요해. 아래에 제시한 독해의 흐름과 같이 말이야!

고1 2021학년도 11월

손해보험은 계약에서 정한 보험 사고가 발생했을 때 보험가입자 측에게 생긴 재산상의 손해를 보상하는 보험이다.

손해보험은 계약에서 정한 보험 사고가 발생했을 때 보험가입자 측에게 생긴 재산상의 손해를 보상하는 보험이다.

'A는 ~이다.'의 구조로 '손해보험'의 정의를 제시하고 있으니 체크하자!

손해보험은 [(계약에서 정한) 보험 사고가 발생했을 때 / (보험가입자 측에게 생긴) 재산상의 손해를 보상하는] 보험이다.

손해보험은 보험 사고가 발생했을 때 보험가입자의 재산상의 손해를 보상하는 보험이구나!

한편 정의를 제시하지만 내용이 그리 길지 않고 아주 간단하게만 설명하는 경우도 있어. 이때는 정의한 대상·현상·이론 등이 지닌 '특성'을 중심으로 내용이 전개될 가능성이 높아. 따라서 정의가 나타난 문장만 집중해서 보는 것이 아니라, 이어지는 특성에 대한 설명도 함께 눈여겨보는 것이 필요하지. 이때 앞서 제시된 정의를 제대로 확인하고 넘어가야, 특성에 대한 정보도 정확히 처리할 수 있겠지? 다음을 읽고 정의와 특성을 확인해 보자.

고2 2021학년도 9월

헌법은 국민의 기본권과 국가의 통치 조직을 규정한 최고의 기본법이다. 헌법의 특질인 '최고규범성'은 헌법이 국민적 합의에 의해 제정되었기 때문에 인정된다. 헌법의 하위에 있는 법규범들은 헌법으로부터 그 효력을 부여 받으며 존속을 보장 받으므로, 법률은 헌법에 합치되어야 하며 헌법을 위반하는 내용의 법률은 무효가 된다. 따라서 법률은 헌법에 모순되어서는 안 될 뿐만 아니라 적극적으로 헌법적 가치를 실현하여야 한다.

첫 문장에서 'A는 ~이다.'의 구조로 '헌법'에 대한 정의를 제시하고, 이어서 '최고규범성'이라는 헌법의 특성에 대한 설명으로 화제가 전환되고 있어!

➕ 정의가 반드시 정형화된 문장 구조로 나타나는 것은 아니다!

정의는 일반적으로 'A는 ~이다.'와 같은 몇 가지의 정형화된 문장 구조를 통해 제시된다고 했는데, 모두 다 그런 것은 아니야. 특정한 문장 구조를 취하고 있지는 않지만, 내용상 어떤 대상의 '정의'에 해당하는 정보를 나타내는 경우도 있거든. 아래의 예시를 통해 확인해 보자.

고1 2021학년도 9월

북아메리카 원주민들에게는 독특한 방식으로 선물을 주는 '포틀래치(potlatch)'라는 관습이 있다. 행사를 연 마을의 수장은 자신이 쌓아온 재물을 초대받은 다른 마을의 수장들에게 무료로 나누어 주기도 하고, 심지어 그것을 파괴하기도 한다.

첫 문장을 보면, '포틀래치'는 북아메리카 원주민이 선물을 주는 방식과 관련된 것임을 알 수 있지? 그리고 이어지는 문장을 통해 그 방식이란 수장의 재물을 초대받은 사람에게 무료로 나누어 주거나 파괴하는 행위를 말한다는 점을 알 수 있어. '포틀래치는 ~이다.'와 같은 문장 구조를 취한 것은 아니지만, 두 문장 간 내용 연결을 통해 '포틀래치'라는 관습이 무엇을 의미하는지, 즉 포틀래치의 정의가 무엇인지를 제시한 것이나 다름없다고 할 수 있는 거지.

지문을 독해할 때는 이처럼 맥락상 정의에 해당하는 정보가 제시된 경우에도 그 내용을 체크한 뒤, 정확히 이해하고 넘어가야 한다는 점을 기억하자.

지금까지 설명한 내용을 잘 이해했니? 그렇다면 아래의 기출 지문을 활용하여 '정의'가 제시된 글의 독해 전략을 익혀 보자.

고1 2017학년도 9월

¹금리는 이자 금액을 원금으로 나눈 비율로 '이자율'이라고 한다. 'A는(금리는) ~라고 한다('이자율'이라고 한다.)'라는 문장 구조를 따르고 있네. '금리'의 정의를 제시한 문장이야. ²자금의 수요자에게는 자금을 빌린 대가로 지급하는 비용이 발생하며, 공급자에게는 현재의 소비를 희생한 대가로 이자 수익이 생긴다. ³금융시장에서 금리는 자금의 수요자와 공급자를 연결시키는 역할을 한다. 앞서 '금리'의 정의를 제시한 이후, 여기서는 금리의 역할을 제시하였네. 이처럼 대상의 특성을 설명하는 문장은 정의를 제시한 문장과 연결하여 잘 정리해 두어야겠지?

⁴금리는 일반적으로 '명목금리'와 '실질금리'로 구분한다. ⁵명목금리는 금융 자산의 액면 금액에 대한 금리이며, 여기서도 'A는 ~이다.'라는 문장 구조가 나타나네? '명목금리'에 대해서도 정의를 제시했음을 알 수 있어. 실질금리는 물가상승률을 감안한 금리로 명목금리에서 물가상승률을 빼면 알 수 있다. '명목금리'의 정의를 제시했으니, '실질금리'도 그냥 넘어갈 수는 없지. '실질금리는 물가상승률을 감안한 금리'라는 부분에서 정의가 제시되었어. ⁶물가상승률이 높아지면 돈의 실제 가치인 실질금리는 낮아지고, 물가상승률이 낮아지면 실질금리는 높아진다. 물가상승률과 연관된 실질금리의 특성이 제시되었어. 이들은 서로 반비례하는 관계이군.

윗글에는 '금리', '명목금리', '실질금리'의 정의가 각각 제시되어 있고, 이 중 '금리'와 '실질금리'에 대해서는 특성에 대한 설명도 덧붙인 것을 확인할 수 있지? 따라서 해당 문장들을 중심으로 핵심 정보를 파악하며 읽었다면 아주 잘 독해한 거야.

아래는 해당 지문과 관련해 실제로 출제되었던 선지를 ◉ ⊗ 문항으로 바꾸어 놓은 거야. 한번 가볍게 풀어 보자.

Q1. 금리 = (이자 금액 ÷ 원금) × 100   ◉ ⊗
Q2. 실질금리 = 금융 자산의 액면 금액 – 물가상승률   ◉ ⊗

정의와 특성을 중심으로 핵심 정보를 파악하며 읽었다면 쉽게 정오를 판단할 수 있는 수준이었어. 자세히 한번 살펴볼까? 두 문항 모두 윗글에서 언급한 정의를 그대로 가져와 수식 형태로만 바꾸어 놓은 것임을 눈치챘니? 정의가 제시된 문장을 정확하게 이해하고 넘어가는 것이 왜 중요한지 체감했을 거라고 생각해.

먼저 **Q1**부터 보면, 이는 윗글에 제시된 금리의 정의를 제대로 이해했는지 확인하고 있어. 따라서 문장 1을 참고하면, 바로 정답을 판단할 수 있지.

¹금리는 이자 금액을 원금으로 나눈 비율로 '이자율'이라고 한다.

금리는 이자 금액을 원금으로 나눈 '비율'이라고 했기 때문에 '(이자 금액 ÷ 원금)'이라는 수식 뒤에 '× 100'이 붙어야 해. 따라서 정답은 ◉야.

다음으로 **Q2**와 관련해서는 문장 5의 내용을 참고해야 했어.

⁵명목금리는 금융 자산의 액면 금액에 대한 금리이며, 실질금리는 물가상승률을 감안한 금리로 명목금리에서 물가상승률을 빼면 알 수 있다.

Q2의 를 판단하기 위해 실질금리에 대해 정의하고 있는 뒤 구절의 내용을 눈여겨보았을 거야. '실질금리는~명목금리에서 물가상승률을 빼면 알 수 있다.'를 수식으로 바꾸면 '실질금리 = 명목금리 - 물가상승률'이 되겠지? 그런데 Q2에서는 이를 '금융 자산의 액면 금액 - 물가상승률'이라고 했으므로, '금융 자산의 액면 금액'과 '명목금리'가 같은 의미인지에 대한 판단이 추가로 필요했어. 이를 위해서는 실질금리의 정의뿐만 아니라 명목금리의 정의가 제시된 부분까지도 정확히 확인했어야 해.

문장 5에서 명목금리는 금융 자산의 액면 금액이 아니라, '금융 자산의 액면 금액에 대한 금리'라고 했으므로, Q2의 수식은 '실질금리 = 금융 자산의 액면 금액에 대한 금리 - 물가상승률'이 되어야 적절하겠지? 따라서 정답은 ⊗야.

이 경우처럼 지문에서 정의가 여러 개 제시될 때, A라는 개념의 정의가 B라는 개념의 정의와 연관 있다면 특히 눈여겨봐야 해. 즉, 단순히 A와 B 각각의 개념을 정확히 이해하는 데에서 그치는 것이 아니라, 두 개념 간의 의미 관계도 정확히 짚고 넘어가야 한다는 점을 명심하자!

1등급 전략

- ☑ 전략 1 'A는 ~이다.', 'A는 ~라는/하는 것을 말한다.', 'A란 ~을 뜻/의미한다.'라는 표현이 나오면, 문장을 천천히 끊어 읽으면서 A에 대한 정의를 정확히 이해하고 넘어간다.
- ☑ 전략 2 정의가 제시된 문장 뒤에 해당 대상·현상·이론 등이 지니는 '특성'에 대한 설명이 이어지면, 정의가 나타난 문장과 연결하여 내용을 정리하고 넘어간다.

다음으로 '예시'에 대해서 살펴보자.

예시는 주로 '예를 들어', '가령'과 같은 표지나 '다음의 상황을 생각해 보자.', '~라고 가정해 보자.' 등의 진술과 함께 나타나기 때문에 알아보기 쉬울 거야.

- 예를 들어 단맛이 나에게 기쁨을 준다면 감각적 욕구는 사탕을 추구하겠지만, 지적 욕구는 사탕이 충치를 유발할 수도 있으므로 선이 아니라고 판단한다면 추구하지 않을 수도 있다.
- 가령 "추위 때문에 강물이 얼었다."는 직접 관찰한 물리적 사실을 진술한 것이 아니다.

그런데 별다른 표지 없이 바로 구체적인 사례가 제시되는 경우도 있어. 이러한 경우 앞부분에는 다소 관념적이거나 추상적인 설명이 제시되고 뒷부분에는 구체적인 사례를 활용한 자세한 설명이 제시되기 때문에, 예시가 제시되었다는 점을 어렵지 않게 파악할 수 있을 거야.

이렇듯 예시는 주로 어떠한 대상이나 현상, 이론 등에 대해 정의한 내용을 조금 더 이해하기 쉽도록 하기 위해 활용돼. 따라서 지문에 무언가에 대한 정의가 제시된 뒤 예시가 이어진다면, 정의와 연결해서 이해하면 돼. 즉, 정의와 예시의 내용을 서로 긴밀하게 대응시키고 정리하며 읽어야 한다는 거지!

고1 ▶ 2021학년도 11월

손해의 전제로서 피보험자는 보험의 목적에 경제상의 이익을 가져야 하고, 이를 피보험이익이라 한다. 시가 100원의 주택을 소유한 사람은 화재로 주택이 전소하면 100원을 잃는데, 이렇게 보험 사고 발생으로 잃어버릴 염려가 있는 이익이 피보험이익이다.

손해의 전제로서 **피보험자는 보험의 목적에 경제상의 이익을 가져야** 하고, **이를 피보험이익**이라 한다. **시가 100원의 주택을 소유한 사람은 화재로 주택이 전소하면 100원을 잃는데**, 이렇게 **보험 사고 발생으로 잃어버릴 염려가 있는 이익이 피보험이익이다.**

앞 문장에서는 '피보험이익'의 정의를 제시하고, 이어지는 문장에서는 '시가 100원의 주택을 소유한 사람'이 화재로 그 주택을 잃은 경우라는 구체적인 예시를 들어 설명하고 있네.

손해의 전제로서 **피보험자는** 보험의 목적에 **경제상의 이익을 가져야** 하고, **이를 피보험이익**이라 한다. **시가 100원의 주택을 소유한 사람은 화재로 주택이 전소하면 100원을 잃는데**, 이렇게 **보험 사고 발생으로 잃어버릴 염려가 있는 이익이 피보험이익이다.**

(정의) 피보험이익 = 피보험자가 보험의 목적에 경제상의 이익을 갖는 것
(예시) 시가 100원의 주택을 소유한 사람이 화재로 주택이 전소하면 잃는 이익(100원) = 보험 사고 발생으로 잃어버릴 염려가 있는 이익(피보험이익)
→ 이렇게 정의와 예시의 내용을 각각 대응시키며 정확히 이해하고 넘어가야겠군!

그런데 모든 예시가 항상 정의를 알려주는 문장 뒤에 덧붙어서 나타나는 것은 아니야. 지문에 따라서는 구체적인 사례를 제시하면서 글을 시작하는 경우도 있지. 읽는 이의 관심을 중심 화제로 빠르게 집중시키기 위해 먼저 사례를 제시한 뒤 본론으로 들어가는 거야.

고1 2022학년도 6월

어떤 제약 회사에서 특정한 병에 효과가 있는 새로운 약을 만들고 있다고 가정해 보자. 신약 개발은 엄청난 자본이 들어가는 일이기 때문에 경영자는 신중하게 판단을 해야 한다. 경영자는 신약이 효과가 있다는 것을 확인하기 위해 가설 검정의 방법을 사용할 수 있다. 가설 검정은 모순된 관계에 있는 두 개의 가설을 세우고 실험을 통해 얻은 통계 자료로 가설의 참 또는 거짓을 판단하는 것이다.

제약 회사에서 신약을 만드는 상황을 예로 들며 지문을 시작한 뒤, '가설 검정'이라는 중심 화제에 대해 설명하는 구성이야!

혹은 선지나 <보기>에서 사례를 제시하는 경우도 있어. 지문에서는 일반적인 내용만을 다룬 뒤, 이와 대응시켜 이해해야 하는 구체적인 사례를 선지에서 보여주거나, <보기>의 내용으로 제시하는 거지.

고3 2016학년도 수능B

23. 지식 변환의 사례에 대한 설명으로 가장 적절한 것은?

① A사의 직원이 자사 오토바이 동호회 회원들과 계속 접촉하여 소비자들의 느낌을 포착해 낸 것은 '연결화'의 사례이다.
② B사가 자동차 부품 관련 특허 기술들을 부문별로 재분류하고 이를 결합하여 신기술을 개발한 것은 '표출화'의 사례이다.
③ C사의 직원이 경쟁 기업의 터치스크린 매뉴얼들을 보고 제품을 실제로 반복 사용하여 감각적 지식을 획득한 것은 '내면화'의 사례이다.
④ D사가 교재로 항공기 조종 교육을 실시하고 직원들이 반복적인 시뮬레이션 학습을 통해 조종술에 능숙하게 된 것은 '연결화'의 사례이다.
⑤ E사의 직원이 성공적인 제품 디자인들에 동물 형상이 반영되었음을 감지하고 장수하늘소의 몸체가 연상되는 청소기 디자인을 완성한 것은 '공동화'의 사례이다.

→ 선지에 사례가 제시된 경우

고3 2022학년도 수능

13. 윗글을 참고할 때, <보기>에 대한 반응으로 가장 적절한 것은? [3점]

▶ 보기 ◀

브레턴우즈 체제가 붕괴된 이후 두 차례의 석유 가격 급등을 겪으면서 기축 통화국인 A국의 금리는 인상되었고 통화 공급은 감소했다. 여기에 A국 정부의 소득세 감면과 군비 증대는 A국의 금리를 인상시켰으며, 높은 금리로 인해 대량으로 외국 자본이 유입되었다. A국은 이로 인한 상황을 해소하기 위한 국제적 합의를 주도하여, 서로 교역을 하며 각각 다른 통화를 사용하는 세 국가 A, B, C는 외환 시장에 대한 개입을 합의했다. 이로 인해 A국 통화에 대한 B국 통화와 C국 통화의 환율은 각각 50%, 30% 하락했다.

→ <보기>에 사례가 제시된 경우

이 중 어떤 경우이든 중요한 것은, 예시의 내용은 반드시 핵심 정보와 대응된다는 점이야. 그러므로 예시를 들어주는 부분은 절대로 대충 읽고 넘어가서는 안 돼. 오히려 '예시까지 들어서 설명해 주는 것을 보니 이 부분이 핵심 정보인가 봐!'라고 생각하며, 정의가 제시된 부분만큼이나 집중해서 읽어야 해!

자, 그럼 아래의 기출 지문을 활용하여 '예시'가 제시된 글의 독해 전략을 익혀 보자.

고1 2017학년도 9월

[1]이 시기의 대표적인 작가인 겸재 정선은 중국의 화법인 남종문인화 기법을 바탕으로 우리 산하를 주체적으로 그려 내었다. [2]성리학에 깊은 이해를 가졌던 겸재는 재구성과 변형, 즉 과감한 생략과 과장으로 학문적 이상과 우리의 산하에 대한 감흥을 표현했다. [3]또한 겸재는 음과 양의 조화를 화폭에 담고자 했다. 1문단에서는 겸재 정선의 화풍에 나타나는 특징을 설명하였어.

[4]〈구룡폭도〉에서 물줄기가 내 눈 앞에서 쏟아지는 듯한 감흥을 표현하기 위해 겸재는 앞, 위, 아래에서 본 것을 모두 한 그림에 담아냈다. 〈구룡폭도〉라는 작품을 예로 들며 1문단에서 언급한 특징을 자세히 설명해 주려나 봐. [5]폭포수를 강조하기 위해 물줄기를 길고 곧게 내려 긋고 위에서 본 물웅덩이를 과장되게 둥글게 변형하였다. [6]그림을 보는 이들이 폭포수의 감흥에 집중할 수 있도록 실재하는 폭포 너머의 봉우리를 과감히 생략했다. [7]절벽은 서릿발 같은 필선을 통해 강한 양의 기운을 표현한 반면 절벽의 나무는 먹의 번짐을 바탕으로 한 묵법을 통해 음의 기운을 그려냈다. 여기까지 제시된 〈구룡폭도〉에 대한 설명은 1문단에서 언급한 정선의 화풍이 지닌 특징과 대응시켜서 정리해 볼 수 있겠군!

윗글의 핵심 정보는 겸재 정선의 화풍이 지닌 특징이라고 할 수 있어. 그런데 사실 1문단에서 설명한 '재구성', '변형(과감한 생략과 과장)', '음과 양의 조화'라는 특징들이 정확히 무엇을 말하는 것인지는 잘 와닿지 않을 거야. 그래서 2문단에서 <구룡폭도>라는 정선의 실제 작품을 예로 들며, 1문단의 내용을 자세히 설명해 주고 있네. 그리고 정말 친절하게도 1문단에서 언급한 내용 순서에 따라, 즉 '재구성 → 변형(과감한 생략과 과장) → 음과 양의 조화' 순으로 <구룡폭도>의 특성을 설명하고 있다는 점도 확인할 수 있을 거야. 따라서 이러한 구성에서는 정보 간의 대응 관계를 정확히 확인하고, 정리해 가면서 읽어야 해!

자, 그럼 윗글의 내용을 다시 읽어 보면서 아래 표의 빈칸을 한번 채워 볼까?

겸재 정선 화풍의 특징	〈구룡폭도〉의 특징
재구성	Q1. _____에서 본 물줄기를 모두 한 그림에 담아냄
변형(과감한 생략과 과장)	Q2. 위에서 본 물웅덩이를 _____ 둥글게 변형함 / 폭포 너머의 _____를 생략함
음과 양의 조화	Q3. 절벽은 필선을 통해 ___의 기운을 표현함 / _____는 묵법을 통해 음의 기운을 그려냄

먼저 1문단에서 겸재 정선은 그림을 그릴 때 '재구성'을 통해 '우리의 산하에 대한 감흥을 표현했다.'라고 하였어. 이 내용과 대응되는 2문단의 설명은 무엇일까? 바로 문장 4에서 확인할 수 있어.

[4]〈구룡폭도〉에서 물줄기가 내 눈 앞에서 쏟아지는 듯한 감흥을 표현(우리의 산하에 대한 감흥을 표현)하기 위해 겸재는 앞, 위, 아래에서 본 것을 모두 한 그림에 담아냈다. (재구성)

따라서 Q1에 들어갈 답은 바로 '앞, 위, 아래'임을 알 수 있어.

다음으로 '변형(과감한 생략과 과장)'에 대해 설명할 때는, 2문단에서 특별한 재진술 없이 과장과 생략이라는 단어를 그대로 가져와 사용한 것을 확인할 수 있어. 그래서 1문단에서 언급한 정보와의 대응 관계를 쉽게 찾아낼 수 있었지.

---

[5]폭포수를 강조하기 위해 물줄기를 길고 곧게 내려 긋고 위에서 본 물웅덩이를 과장되게 둥글게 변형하였다. [6]그림을 보는 이들이 폭포수의 감흥에 집중할 수 있도록 실재하는 폭포 너머의 봉우리를 과감히 생략했다.

'과장'되게 표현한 것은 '위에서 본 물웅덩이'고, '생략'한 것은 '실재하는 폭포 너머의 봉우리'야. 따라서 **Q2**에 들어갈 답은 '과장되게'와 '봉우리'야.

마찬가지로 '음'과 '양'이라는 표현도 2문단에서 그대로 사용하고 있기 때문에, '음과 양의 조화'와 대응되는 내용도 쉽게 찾아낼 수 있었을 거야.

---

[7]절벽은 서릿발 같은 필선을 통해 강한 양의 기운을 표현한 반면 절벽의 나무는 먹의 번짐을 바탕으로 한 묵법을 통해 음의 기운을 그려냈다.

위의 문장 7을 참고할 때, **Q3**에 들어갈 답은 순서대로 '양', '절벽의 나무'임을 알 수 있지.

☑ 전략 1 예시로 제시된 내용이 있다면 핵심 정보를 자세히 설명한다고 생각한다.
☑ 전략 2 지문에서 '정의 + 예시'의 구성이 나타나는 경우, 두 내용을 서로 긴밀히 대응시키면서 읽고 정리한다.

1~3 다음을 읽고 주어진 물음에 답하세요.

고1 2016학년도 9월

> ¹'전략적 공약'은 자신의 선택 가능성을 스스로 제한하여 상대를 압박하고, 이를 통해 이익을 추구하는 것을 말한다. ²우리의 일반적인 생각과는 달리, 상대의 의사 결정에 따라 자신의 이익이 변하는 경우에는 오히려 자신의 선택 범위를 제한할 때 더 큰 이익을 얻을 수 있다. ³만약 소도시에 적당한 규모의 마트를 연다면 상황이 어려울 때 매장을 철수하거나 위치를 변경하는 등 다양한 선택을 할 수 있다. ⁴그러나 이는 경쟁사로 하여금 새로운 마트가 진출해도 공존이 가능하리라고 판단하게 만드는 근거가 되기도 한다. ⁵이로 인해 소도시에 먼저 진출한 마트는 해당 지역의 시장성에 비해 과잉 투자로 비칠 만큼 규모가 커지는 것이다. ⁶물론 소도시에 처음 진출한 대규모 마트의 단기적 이익은 떨어질 수 있으나, 장기적으로는 경쟁사의 진입을 차단하여 안정적인 수익을 얻을 수 있다.

1. 윗글에서 정의와 관련 예시가 함께 제시된 문장을 찾아 그 번호를 적어 보세요.

　　정의: 문장 (　　　)
　　예시: 문장 (　　～　　)

2. 윗글의 내용을 참고하여, 아래 표의 빈칸을 채워 보세요.

전략적 공약의 정의와 특징	
① 자신의 ＿＿＿＿＿＿＿을 스스로 제한하여	소도시에 먼저 진출할 때 규모를 (크게 / 작게 / 적당하게) 함
② 상대를 ＿＿＿하고	경쟁사가 해당 소도시에 들어오지 못하게 함
③ 이를 통해 이익을 추구함	(단기적 / 장기적)으로 안정적인 수익을 얻을 수 있음

3. '전략적 공약'에 대한 이해로 가장 적절한 것은?

　　① 해당 기업의 선택 범위를 넓힌다.
　　② 해당 기업의 시장 분석을 방해한다.
　　③ 경쟁 기업의 단기적 이익을 높인다.
　　④ 해당 기업의 초기 투자 비용을 줄여 준다.
　　⑤ 경쟁 기업의 해당 시장 진출을 어렵게 한다.

¹소쉬르는 사람들이 언어 체계에 맞춰 현실 세계를 새롭게 인식한다는 것을 설명하기 위해 '랑그'와 '파롤'이라는 개념을 제시한다. ²랑그란 언어가 갖는 추상적인 체계이고, 파롤은 랑그에 바탕을 두고 개인이 실현하는 구체적인 발화이다. ³소쉬르는 어떤 사람이 어떠한 발화를 하더라도 그 발화의 표현 방식이나 범위는 사실상 그가 사용하는 언어 체계인 랑그에 의해서 지배되거나 제약받는다고 주장한다. ⁴예를 들어 한국어에서는 빨강 계통의 색을 '빨갛다', '시뻘겋다', '새빨갛다', '불긋불긋하다' 등 다채롭게 표현할 수 있다. ⁵하지만 영어에서는 한국어만큼 빨강 계통의 색을 다채롭게 표현할 수 있는 단어가 많지 않다. ⁶따라서 소쉬르는 영어를 사용하는 사람들이 실제로는 다양하게 존재하는 빨강 계통의 색을 그들이 사용하는 랑그에 맞게 인식한다고 본다. ⁷이는 결국 랑그의 차이에 따라 사람들이 현실 세계를 인식하는 방식이 달라진다는 것을 의미하는 것이다.

⁸일반적으로 사람들은 어휘를 선택하고 그것을 언어 체계에 맞추어 발화하는 주체가 자신이라고 생각한다. ⁹하지만 소쉬르는 발화의 진정한 주체는 발화자가 아닌 랑그라는 사실을 전제하고 있다. ¹⁰결국 소쉬르의 언어학은 언어가 현실 세계를 수동적으로 재현하는 수단이 아니며, 오히려 언어가 현실 세계를 구성한다는 생각을 함축하고 있는 것이다.

4. 윗글에서 정의와 관련 예시가 함께 제시된 문장을 찾아 그 번호를 적어 보세요.

정의: 문장 (   )

예시: 문장 (~   )

5. 윗글의 내용을 참고할 때, 괄호 안에 들어갈 말로 적절한 것을 찾아 표시해 보세요.

> 한국어에서 빨강 계통의 색을 지칭하는 '빨갛다, 시뻘겋다, 새빨갛다' 등의 다양한 표현은 **(랑그 / 파롤)**에 해당한다.

6. 랑그, 파롤에 대한 이해로 가장 적절한 것은?

① 랑그는 현실 세계를 재현하는 수단이다.
② 파롤은 언어의 추상적 체계를 지칭한다.
③ 랑그는 개인이 실현하는 구체적인 발화이다.
④ 파롤의 표현 방식은 랑그에 의해서 제약을 받는다.
⑤ 랑그는 파롤을 바탕으로 발화자가 주체임을 드러낸다.

¹논리실증주의자와 포퍼는 지식을 수학적 지식이나 논리학 지식처럼 경험과 무관한 것과 과학적 지식처럼 경험에 의존하는 것으로 구분한다. ²그중 과학적 지식은 과학적 방법에 의해 누적된다고 주장한다. ³가설은 과학적 지식의 후보가 되는 것인데, 그들은 가설로부터 논리적으로 도출된 예측을 관찰이나 실험 등의 경험을 통해 맞는지 틀리는지 판단함으로써 그 가설을 시험하는 과학적 방법을 제시한다. ⁴논리실증주의자는 예측이 맞을 경우에, 포퍼는 예측이 틀리지 않는 한, 그 예측을 도출한 가설이 하나씩 새로운 지식으로 추가된다고 주장한다.

⁵하지만 콰인은 가설만 가지고서 예측을 논리적으로 도출할 수 없다고 본다. ⁶예를 들어 ⓐ새로 발견된 금속 M은 열을 받으면 팽창한다는 가설만 가지고는 ⓑ열을 받은 M이 팽창할 것이라는 예측을 이끌어낼 수 없다. ⁷먼저 지금까지 관찰한 모든 금속은 열을 받으면 팽창한다는 기존의 지식과 M에 열을 가했다는 조건 등이 필요하다. ⁸이렇게 예측은 가설, 기존의 지식들, 여러 조건 등을 모두 합쳐야만 논리적으로 도출된다는 것이다. ⁹그러므로 예측이 거짓으로 밝혀지면 정확히 무엇 때문에 예측에 실패한 것인지 알 수 없다는 것이다. ¹⁰이로부터 콰인은 개별적인 가설뿐만 아니라 ⓒ기존의 지식들과 여러 조건 등을 모두 포함하는 전체 지식이 경험을 통한 시험의 대상이 된다는 총체주의를 제안한다.

(중략)

¹¹총체주의는 특정 가설에 대해 제기되는 반박이 결정적인 것처럼 보이더라도 그 가설이 실용적으로 필요하다고 인정되면 언제든 ㄱ와 같은 반박을 피하는 방법을 강구하여 그 가설을 받아들일 수 있다. ¹²그러나 총체주의는 "A이면서 동시에 A가 아닐 수는 없다."와 같은 논리학의 법칙처럼 아무도 의심하지 않는 지식은 분석 명제로 분류해야 하는 것이 아니냐는 비판에 답해야 하는 어려움이 있다.

---

7. 윗글에서 정의와 관련 예시가 함께 제시된 문장을 찾아 그 번호를 적어 보세요.

정의: 문장 (　　)

예시: 문장 (　　~　　)

---

8. 윗글의 내용을 참고하여, 아래 표의 빈칸을 채워 보세요.

콰인의 총체주의

가설
+
_____
+
여러 조건 등
↓
예측 도출

_____ 는 가설
+
지금까지 관찰한 모든 금속은 열을 받으면 팽창함
+
M에 열을 가했음 등
↓
_____ 이라는 예측 도출

∴ 예측이 거짓으로 밝혀지면 정확히 무엇 때문에 예측에 실패한 것인지 알 수 **(있다 / 없다)**.

---

9. 윗글을 바탕으로 총체주의의 입장에서 ⓐ~ⓒ에 대해 평가한 것으로 적절하지 <u>않은</u> 것은?

① ⓑ가 거짓으로 밝혀지더라도 그것이 ⓐ 때문이라고 단정하지 못하겠군.

② ⓑ는 ⓐ와 ⓒ로부터 논리적으로 도출된다고 하겠군.

③ ⓑ가 거짓으로 밝혀지면 ⓒ를 수정하는 방법으로는 ⓐ를 받아들일 수 없다고 하겠군.

(2) 비교와 대조

이번에 알아볼 내용 전개 방식은 '비교와 대조'야. '비교'의 사전적 정의는 '둘 이상의 사물을 견주어 서로 간의 유사점, 차이점, 일반 법칙 따위를 고찰하는 일.'이고, '대조'는 '서로 달라서 대비가 됨.'이라는 뜻이야. 이러한 비교와 대조가 지문에서 내용 전개 방식으로 나타날 때는 아래와 같은 의미라고 생각하면 돼.

비교와 대조	유사점 또는 차이점을 밝히는 방법

즉 비교와 대조의 방식이 나타난다는 것은 지문에 둘 이상의 서로 다른 대상이나 특성이 제시되고, 이들 간의 공통점이나 차이점을 중심으로 내용이 전개된다는 의미이므로, 우리는 그러한 정보들을 잘 정리해 가며 독해해야 한다는 점을 알 수 있지.

그럼 지문에서 '비교와 대조'가 나타났음을 알려주는 표지부터 살펴보도록 하자.
'㉮는 A가 아니라 B이다.'와 같은 문장 구조를 통해 대상에 대한 정보를 제시하는 형식이 가장 대표적이라고 할 수 있어. 이때 'A가 아니라 B' 외에도 'A [와 달리 / 반면에 / 대신에 / 보다 / 에 비해] B'와 같은 식의 다양한 표현을 통해 제시될 수도 있지. 혹은 이처럼 한 문장 안에서가 아니라, '달리, 반면에, 한편' 등의 접속어를 활용하여 문장 간의 연결 관계 속에서 대상들의 특징을 설명하는 방식으로 나타나기도 해.

- 변증법은(㉮는) 대등적 위상을 지니는 세 범주의 병렬이 아니라,(A가 아니라) 대립적인 두 범주가 조화로운 통일을 이루어 가는 수렴적 상향성을 구조적 특징으로 한다.(B이다.)
- 규정적 판단은(A는) 명제의 객관적이고 보편적인 타당성을 지향하므로 하나의 개별 대상뿐 아니라 여러 대상이나 모든 대상을 묶은 하나의 단위에 대해서도 이루어진다. 이와 달리, 취미 판단은(이와 달리 B는) 오로지 하나의 개별 대상에 대해서만 이루어진다.
- 종교적 인간관에 따르면,(A는) 인간에게는 물리적 실체인 몸 이외에 비물리적 실체인 영혼이 있다. 영혼은 물리적 몸과 완전히 구별되며 인간의 결정의 원천이다. 반면 유물론적 인간관에 따르면,(반면에 B는) 인간은 물리적 몸에 지나지 않는다.
- 기존 입체 작품의 재료인 청동의 금속재 대신에 합성수지, 폴리에스터, 유리 섬유 등을(A 대신에 B) 사용하고 에어브러시로 채색하여 사람 피부의 질감과 색채를 똑같이 재현하였다.
- 주류적 배치는 출연자가 상품을 사용·착용하거나 대사를 통해 상품을 언급하는 것이고, 주변적 배치는 화면 속의 배경을 통해 상품을 노출하는 것인데, 시청자들은 주변적 배치보다 주류적 배치(A 보다 B)에 더 주목하게 된다.
- 점유란(A는) 물건에 대한 사실상의 지배 상태를 뜻한다. 이에 비해 소유란(이에 비해 B는) 어떤 물건을 사용·수익·처분할 수 있는 권리를 가진 상태라고 정의된다.

따라서 지문을 읽을 때 위와 같은 표현이 나온다면, 비교와 대조의 대상인 A와 B에 초점을 맞추어 이를 정리해 나가며 읽어야 해.
예를 들어, '내일 시험 볼 과목은(㉮는) 영어가 아니라(A가 아니라) 국어다.(B이다.)'와 같은 문장이 제시되면, '내일 시험 볼 과목은 국어다.(㉮는 B이다.)'라는 사실을 중심으로 정보를 재구성할 수 있어야 하는 거지. 문제에서는 이 문장의 내용을 '내일 시험 볼 과목은 영어다.(㉮는 A이다.)'와 같이 변형하여 적절하지 않은 선지로 제시할 가능성이 높으니까, 이러한 함정 선지에 속지 않으려면 지문을 읽을 때부터 비교와 대조가 나타난 내용을 정확히 정리해 놓아야 하는 거야. 따라서 눈으로만 읽고 넘기기보다는 간단한 표로 A와 B에 해당하는 내용을 구분하면서 읽는 경우에, 관련 문제에서 더 빠르고 정확한 판단을 내릴 수 있을 거야!

변증법은 대등적 위상을 지니는 세 범주의 병렬이 아니라, 대립적인 두 범주가 조화로운 통일을 이루어 가는 수렴적 상향성을 구조적 특징으로 한다.

변증법은 대등적 위상을 지니는 세 범주의 병렬이 아니라, 대립적인 두 범주가 조화로운 통일을 이루어 가는 수렴적 상향성을 구조적 특징으로 한다.

'㉮는 A가 아니라 B이다.'의 구조로 '변증법'의 특징에 대해 설명하고 있군.

변증법은 (대등적 위상을 지니는) 세 범주의 병렬이 아니라, / (대립적인 두 범주가 조화로운 통일을 이루어 가는)
A
수렴적 상향성을 구조적 특징으로 한다.
B

변증법은 '수렴적 상향성'이라는 구조적 특징을 가진다는 점은 확실히 기억하고 넘어가자!

한편 지문에서 어떤 대상인 A와 B를 비교ㆍ대조하면서 각각의 정보량이 서로 비슷한 수준으로 길게 제시되고 있다면, 이 둘을 구별하는 기준이 무엇인지를 먼저 살펴보는 것도 도움이 될 거야. 기준을 파악하면, 그에 따라 세부 내용의 공통점과 차이점을 찾아 정리하기가 더 수월해질 테니까 말이야. 특히 지문에서는 차이점을 중심으로 내용을 전개하고 있더라도, 그러한 내용들 속에서 파악해낼 수 있는 공통점이 있지는 않은지도 눈여겨볼 필요가 있어. 이는 문제에서 물어볼 가능성이 높은 내용이므로, 차이점에 대한 설명과 함께 정리해 놓을 필요가 있는 거지!

디지털 회로는 출력을 결정하는 방법에 따라 조합 논리 회로와 순차 논리 회로로 나눌 수 있다. 조합 논리 회로는 현재의 입력 값들만 이용하여 출력 값을 결정한다. 즉 회로를 구성하는 논리 게이트들이 입력 신호들을 받는 즉시 그것들을 조합하여 출력 신호를 발생시킨다. 반면 순차 논리 회로는 과거의 출력 값이 현재의 출력에 영향을 미친다. 출력값이 그 시점의 입력 값뿐만 아니라 이전 상태의 출력 값에 의해서도 결정되는 것이다. 가령 디지털 장치에서 수를 셀 때, 이전 상태의 출력 값과 현재의 값을 논리 연산하여 출력하므로 다음 상태로 변화할 때까지 현 상태를 기억하는 기능이 필요하다. 이러한 특성 때문에 순차 논리 회로는 조합 논리 회로와 달리 기억 기능을 가지고 있다. 이전 상태의 출력 값은 다음 단계의 순차 논리 회로 동작을 위해 피드백 경로를 통해 다시 순차 논리 회로의 입력으로 들어가게 된다.

디지털 회로를 '출력을 결정하는 방법'이라는 기준에 따라 '조합 논리 회로'와 '순차 논리 회로'로 구분하고, 각각의 특성을 비교와 대조의 방식을 통해 설명하고 있어.

지문에 따라서는 비교·대조의 대상이 중심 화제에 대한 서로 다른 이론 혹은 견해들로 제시되는 경우도 있어. 이러한 경우에도 지문에 나타난 다양한 관점들의 분류 기준을 찾고, 이에 맞추어 각각의 관점과 그에 대한 근거, 그리고 제시된 여러 관점 간의 공통점과 차이점을 파악할 수 있어야 해.

즉 우리는 '누가' '어떤' 관점을 드러냈는지를 중심으로 지문의 내용을 하나하나 짚고 넘어갈 필요가 있는데, 이를 위해서 지문에 '주장, -론/-설, -주의'와 같은 표현, 혹은 인물·학파의 이름, 책의 명칭 등이 구체적으로 나타나면 눈여겨보아야 해.

- 고려의 용어들을 그대로 싣자는 주장과 유교적 사대주의에 따른 명분에 맞추어 고쳐 쓰자는 주장이 맞서는 등 세종 대까지도 논란이 계속되었지만,(주장)
- 육체는 원자로 이루어져 있으며 화학적 조성을 띠지만 정신은 비물리적 대상이라고 주장하는 이론이 이원론이다. 이에 견줘 동일론은 정신은 육체, 그중에서 두뇌의 물리적 상태와 동일한 것으로 존재하지, 육체와 독립되어 존재하지 않는다고 주장한다. (-론)
- 준칙주의와 대비되는 '재량주의'에서는 경제 여건 변화에 따른 신축적인 정책 대응을 지지하며 준칙주의의 엄격한 실천은 현실적으로 어렵다고 본다. (-주의)
- 오랫동안 지배적인 관점으로 받아들여진 것은 삶의 양식 중 노동 양식에 주목하는 생산학파의 견해였다. (…) 이에 대하여 소비학파는 근대 도시인이 내면세계를 상실한 사물로 전락한 것은 아니라고 하면서 생산학파를 비판하기 시작했다. (학파의 이름)
- 박제가가 인식한 청의 현실은 단순한 현실이 아니라 조선이 지향할 가치 기준이었다. 그가 쓴 「북학의」에 묘사된 청의 현실은 특정 관점에 따라 선택 및 추상화된 것이었으며, (…) 이덕무는 「입연기」를 저술하면서 청의 현실을 객관적 태도로 기록하고자 하였다. (인물 이름, 책 명칭)

위와 같은 표현이 나타나면, 비교·대조되고 있는 각각의 관점과 그 내용이 무엇인지를 정확히 짝지어서 정리할 수 있어야 해. 또한 단순히 관점 간의 공통점과 차이점을 찾는 것에서만 그치는 게 아니라, 어떤 관점이 다른 관점을 '강화'하거나 '약화'하지 않는지도 살피면서 읽어야 해. 어떤 관점이 다른 관점을 뒷받침한다면 강화, 반대로 어떤 관점이 다른 관점에 대해 반박하거나 예외를 제시한다면 약화하는 것이라고 보면 돼. 특히 한 관점이 다른 관점을 약화하는 내용이 나타난다면 이는 문제화될 가능성이 상당히 높다는 점을 알아 두자!

2017학년도 9월

열과 일에 대한 이러한 이해는 카르노의 이론에 대한 과학자들의 재검토로 이어졌다. 특히 톰슨은 칼로릭 이론에 입각한 카르노의 열기관에 대한 설명이 줄의 에너지 보존 법칙에 위배된다고 지적하였다. 카르노의 이론에 의하면, 열기관은 높은 온도에서 흡수한 열 전부를 낮은 온도로 방출하면서 일을 한다. 이것은 줄이 입증한 열과 일의 등가성과 에너지 보존 법칙에 어긋나는 것이어서 열의 실체가 칼로릭이라는 생각은 더 이상 유지될 수 없게 되었다. 하지만 열효율에 관한 카르노의 이론은 클라우지우스의 증명으로 유지될 수 있었다. 그는 카르노의 이론이 유지되지 않는다면 열은 저온에서 고온으로 흐르는 현상이 생길 수도 있을 것이라는 가정에서 출발하여, 열기관의 열효율은 열기관이 고온에서 열을 흡수하고 저온에 방출할 때의 두 작동 온도에만 관계된다는 카르노의 이론을 증명하였다.

'카르노의 이론'이 '줄의 에너지 보존 법칙에 위배된다고 지적'한 '톰슨'의 관점은 '카르노의 이론'을 약화하는 반면 '카르노의 이론을 증명'한 '클라우지우스'의 관점은 '카르노의 이론'을 강화한다고 볼 수 있어.

'관점'에 대한 내용은, 비교와 대조만이 아니라 뒤에서 설명할 다른 내용 전개 방식에서도 공통적으로 나타날 수 있는 요소 중 하나야. 따라서 여기서 이야기한 내용들을 잘 이해하고 넘어가자!

자, 그럼 아래의 기출 지문을 활용하여 '비교와 대조'가 제시된 글의 독해 전략을 익혀 보자.

¹정서의 본질에 대한 전통적인 논의는 크게 두 방향의 이론으로 설명할 수 있는데, 하나는 '감정 이론'이고 다른 하나는 '인지주의적 이론'이다. 이 글에서 비교하려는 대상은 '감정 이론'과 '인지주의적 이론'인가 봐. ²다음 사례에서 드러나는 정서의 요소를 바탕으로 두 이론의 대립하는 방향성을 확인할 수 있다. ³민호가 전신주 옆에서 버스를 기다리고 있을 때, 전신주 변압기에서 연기가 솟아났고 민호는 갑자기 공포에 빠져들게 된 상황을 가정해 보자. ⁴이때 민호의 공포라는 정서에서 감정적 요소에 해당하는 것은 민호가 느끼는 공포감이라는 느낌이고, 인지적 요소에 해당하는 것은 민호가 연기를 보았을 때 '민호 자신이 위험한 상황에 처했다.'라는 명제로 표현될 수 있는 판단이나 믿음이다. ⁵감정 이론은 전자를 중심으로 정서를 정의하는 이론이고, 인지주의적 이론은 후자를 중심으로 정서를 정의하는 이론이다. 감정 이론과 인지주의적 이론은 '무엇을 중심으로 정서를 정의하는가'라는 기준에 따라 아래와 같이 구분할 수 있겠네.

감정 이론	감정적 요소(느낌)를 중심으로 정서를 정의하는 이론
인지주의적 이론	인지적 요소(판단, 믿음)를 중심으로 정서를 정의하는 이론

⁶감정 이론은 특정 정서를 그 정서가 내포하는 특정 감정 즉 자신도 모르게 생기는 느낌과 동일시하는 이론이다. 먼저 감정 이론에 대한 자세한 설명이 이어질 모양이니, 이후 인지주의적 이론과의 비교를 위해 중요한 특징들은 잘 정리해 두도록 하자. ⁷감정 이론에 따르면, 정서를 이해하는 것은 인지적인 요소가 아니라 감정적인 요소를 통해서 가능하다. '⑦는 A가 아니라 B이다.'라는 문장 구조를 통해 감정적인 요소를 중시하는 감정 이론의 특징을 부각하고 있어. ⁸즉 상황에 대해서 어떻게 판단하고 믿느냐가 아니라 어떻게 느끼느냐를 이해하는 것을 통해서만 가능하다는 것이다. ⁹감정 이론은 앞의 예에서 공포라는 민호의 정서를 공포감이라는 감정적 요소와 동일시하면서 민호의 정서를 이해하는 데 있어 인지적 요소는 배제한다. ¹⁰인지적 요소인 판단과 믿음은 앞의 예에서 민호가 연기를 보았다고 가정했을 때 그 '연기'와 같은 구체적인 대상을 전제하는데, 감정 이론은 판단과 믿음을 배제하기 때문에 정서의 지향적인 성격을 부정한다. ¹¹또한 감정 이론을 바탕으로 할 때, 감정은 정서와 동일시되므로 의지에 의해 통제되기 힘든 감정의 속성은 그대로 정서의 속성이 된다.

(중략)

¹²인지주의적 이론은 정서의 인지적 요소를 정서와 동일시하거나 적어도 정서의 필수적인 요소로 인정하는 이론이다. 다음으로 인지주의적 이론의 특징에 대해 설명하고 있네. ¹³이 이론에 따르면, 감정 자체는 정서와 동일시될 수 없고 판단이나 믿음과 같은 인지적 요소들의 복합체에 의해 초래되는 결과일 뿐이다. ¹⁴인지주의적 이론은, 앞의 예에서 민호가 자신의 머리 위에 변압기가 떨어질 수 있다고 판단하여 위험한 상황에 처했다고 믿는 것을 민호가 경험하는 공포라는 정서 상태와 동일시하거나 적어도 이 공포라는 정서를 규정하는 데 필수적인 요소로 인정한다. ¹⁵그리고 민호의 공포감은 민호의 판단과 믿음의 결과로 가지게 된 감정일 뿐이라고 본다. 여기까지 읽어보니, 감정 이론과 인지주의적 이론은 정서에 대해 정반대되는 관점을 취하고 있으므로, 서로 약화 관계에 있는 이론들이라고 볼 수 있어.

윗글에는 정서의 본질에 대한 두 가지 서로 다른 이론이 비교 대상으로 제시되고 있어. 따라서 두 이론을 구분 짓는 기준이 무엇인지, 이론 간의 공통점이나 차이점은 무엇인지, 두 이론 사이에서 '강화'나 '약화' 관계를 발견할 수 있는지 등에 초점을 맞추어 읽었다면 아주 잘 독해한 거야.

윗글에서는 두 이론의 특징을 비교하는 과정에서 '민호가 전신주 옆에서 버스를 기다리고 있을 때, 변압기에서 연기가 솟아났고 민호는 갑자기 공포에 빠져들게 된 상황'이라는 구체적인 사례를 활용하여 설명하고 있네. '(1) 정의와 예시'에서 학습했던 내용도 다시금 떠올려 보는 차원에서, 다음 표의 빈칸을 채우며 자신이 두 이론에 대한 설명과 사례에 대한 내용을 제대로 이해했는지 점검해 보자.

민호의 상황	감정 이론	인지주의적 이론
변압기에서 연기가 솟아나는 것을 보고 공포(정서)에 빠짐	**Q1.** 위험한 상황에 처했다는 생각과 **(관계 있음 / 관계 없음)**	**Q3.** 위험한 상황에 처했다는 생각과 **(관계 있음 / 관계 없음)**
	Q2. 정서 = _____ 요소(느낌)와 동일시	**Q4.** 정서 = _____ 요소(판단이나 믿음)와 동일시

먼저, 민호의 상황과 감정 이론을 연결지어 물어본 **Q1**과 **Q2**의 정답부터 확인해 볼까?

> [6]감정 이론은 특정 정서를 그 정서가 내포하는 특정 감정 즉 자신도 모르게 생기는 느낌과 동일시하는 이론이다. + [9]감정 이론은 앞의 예에서 공포라는 민호의 정서를 공포감이라는 감정적 요소와 동일시하면서 민호의 정서를 이해하는 데 있어 인지적 요소는 배제한다.

2문단에서 감정 이론은 공포감과 같은 감정적 요소를 공포라는 정서와 동일시하며, 해당 정서를 이해하기 위한 중요한 요소로 여긴다고 설명했어. 또한 정서를 이해하는 과정에서 감정적인 요소 외에 판단과 같은 인지적인 요소는 배제한다고 했으므로, **Q1**의 답은 '관계 없음'이고, **Q2**의 답은 '감정적'이 됨을 알 수 있어.

다음으로, 민호의 상황과 인지주의적 이론을 연결하여 물어본 **Q3**과 **Q4**는 3문단에서 판단의 근거를 찾을 수 있어.

> [13]이 이론(인지주의적 이론)에 따르면, 감정 자체는 정서와 동일시될 수 없고 판단이나 믿음과 같은 인지적 요소들의 복합체에 의해 조래되는 결과일 뿐이다. [14]인지주의적 이론은, 앞의 예에서 민호가 자신의 머리 위에 변압기가 떨어질 수 있다고 판단하여 위험한 상황에 처했다고 믿는 것을 민호가 경험하는 공포라는 정서 상태와 동일시하거나 적어도 이 공포라는 정서를 규정하는 데 필수적인 요소로 인정한다. [15]그리고 민호의 공포감은 민호의 판단과 믿음의 결과로 가지게 된 감정일 뿐이라고 본다.

인지주의적 이론에서는 판단이나 믿음과 같은 인지적 요소를 어떠한 정서 상태와 동일시하거나 혹은 그 정서를 규정하는 데 필수적인 요소로 본다고 했지? 즉 민호가 변압기에서 연기가 솟아나는 것을 보고 위험에 처했다고 판단한 것은, 민호가 그 상황에서 느낀 공포라는 정서와 동일하거나 혹은 그 공포를 규정하기 위한 필수 요소에 해당한다고 본다는 거야. 따라서 **Q3**의 답은 '관계 있음'이고, **Q4**는 '인지적'이 됨을 알 수 있어.

1등급 전략

- ✓ **전략 1** 어떤 두 대상 A와 B를 비교·대조하는 전개 방식이 나타나면, A와 B에 해당하는 내용에 간단하게 표시하면서 읽고, 사실 중심으로 내용을 재구성할 수 있도록 한다.
- ✓ **전략 2** 비교·대조의 대상인 A와 B를 구분하는 기준이 무엇인지를 파악하고, 이에 따라 공통점과 차이점에 해당하는 세부 내용을 정리할 수 있도록 한다.
- ✓ **전략 3** 비교·대조의 대상이 관점(견해, 이론)으로 제시되는 경우에는, 관점 간의 공통점과 차이점뿐만 아니라, '강화'와 '약화' 관계도 파악하며 읽을 수 있도록 한다.

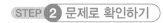

1~2 다음을 읽고 주어진 물음에 답하세요.

고1 2021학년도 6월

¹주희는 인간의 본성을 '본연지성(本然之性)'과 '기질지성(氣質之性)'으로 설명하였다. ²'본연지성'은 인간이 하늘로부터 부여 받은 순수하고 선한 본성이고, '기질지성'은 본연지성에 사람마다 다른 기질이 더해진 것으로 사람에 따라 다양하게 나타난다. ³그래서 주희는 인간의 기질이 맑으면 선한 행위를 하고 탁하면 악한 행위를 할 수 있다고 보았다. ⁴그러나 정약용은 선한 행위와 악한 행위의 원인을 기질이라는 선천적 요인으로 본다면 행위에 인간의 의지가 개입되지 않으므로 악한 행위를 한 사람에게 윤리적 책임을 물을 수 없다고 주희의 관점을 비판하였다.

⁵정약용은 인간의 본성을 '기호(嗜好)'라고 보았다. ⁶기호란 즐기고 좋아한다는 뜻으로, 생명이 있는 모든 존재는 각각의 기호를 본성으로 갖는다고 보았다. ⁷꿩은 산을 좋아하는 경향성을 갖고 벼는 물을 좋아하는 경향성을 갖는 것처럼, 인간도 어떤 경향성을 갖는다는 것이다. ⁸정약용은 인간에게 '감각적 욕구에서 비롯된 기호'와 '도덕적 욕구에서 비롯된 기호'가 있다고 보았다. ⁹먼저, 감각적 욕구에서 비롯된 기호는 생명이 있는 모든 존재가 지니는 육체의 경향성으로, 맛있는 것을 좋아하고 맛없는 것을 싫어하는 것을 예로 들 수 있다. ¹⁰다음으로, 도덕적 욕구에서 비롯된 기호는 인간만이 지니는 영혼의 경향성으로, 선을 좋아하거나 악을 싫어하는 것을 예로 들 수 있다. ¹¹정약용은 감각적 욕구가 생존에 필요하고 삶의 원동력이 된다는 점에서 일부 긍정했으나, 감각적 욕구에서 비롯된 기호를 제어하지 못할 경우 악한 행위가 나타날 수 있고, 도덕적 욕구에서 비롯된 기호를 따를 경우 선한 행위가 나타난다고 보았다. ¹²정약용은 선한 행위를 하거나 악한 행위를 하는 것이 온전히 인간의 자유 의지에 달려 있으므로, 악한 행위를 한 사람에게 윤리적 책임을 물을 수 있다고 보았다.

1. 윗글의 내용을 참고하여 아래 표의 빈칸을 채워 보세요.

	주희	정약용
인간의 본성	_____과 _____으로 설명	_____ 욕구에서 비롯된 기호와 _____ 욕구에서 비롯된 기호로 설명
행위의 원인	· 선한 행위: _____ 기질 · 악한 행위: _____ 기질	· 선한 행위: 도덕적 욕구에서 비롯된 기호를 _____ · 악한 행위: 감각적 욕구에서 비롯된 기호를 _____하지 못함

2. 윗글의 내용과 일치하지 <u>않는</u> 것은?

① 주희는 인간에게 하늘로부터 부여 받은 본연지성이 있다고 보았다.

② 주희는 기질의 맑고 탁함에 따라 선하거나 악한 행위가 나타날 수 있다고 보았다.

③ 정약용은 감각적 욕구가 악한 행위를 유도하므로 제거해야 한다고 보았다.

④ 정약용은 주희의 관점으로는 악한 행위를 한 사람에게 윤리적 책임을 물을 수 없다고 보았다.

¹일반적으로 매복형 육식동물은 양쪽 눈으로 초점을 맞춰 대상을 보는 양안시로, 각 눈으로부터 얻는 영상의 차이인 양안시차를 하나의 입체 영상으로 재구성하면서 물체와의 거리를 파악한다. ²그런데 이러한 양안시차뿐만 아니라 거리지각에 대한 정보를 주는 요소로 심도 역시 중요하다. ³심도란 초점이 맞는 공간의 범위를 말하며, 심도는 눈동자의 크기에 따라 결정된다. ⁴즉 눈동자의 크기가 커져 빛이 많이 들어오게 되면, 커지기 전보다 초점이 맞는 범위가 좁아진다. ⁵이렇게 초점의 범위가 좁아진 경우를 심도가 '얕다'고 하며, 반대인 경우를 심도가 '깊다'고 한다.

⁶이런 원리로 매복형 육식동물은 세로로는 커지고, 가로로는 작아진 눈동자를 통해 세로로는 심도가 얕고, 가로로는 심도가 깊은 영상을 보게 된다. ⁷세로로 심도가 얕다는 것은 영상에서 초점이 맞는 범위를 벗어난, 아래와 위의 물체들 즉 실제 세계에서는 초점을 맞춘 대상의 앞과 뒤에 있는 물체들이 흐릿하게 보인다는 것이고, 가로로 심도가 깊다는 것은 초점을 맞춘 대상이 더욱 뚜렷하게 보인다는 것을 말한다. ⁸세로로 길쭉한 눈동자를 통해 사냥감은 더욱 선명해지고, 사냥감을 제외한 다른 물체들이 흐릿해짐으로써 눈동자가 원형일 때보다 정확한 거리 정보를 파악하는 데 유리해진다.

⁹한편, 대부분의 초식동물은 가로로 길쭉한 눈동자를 지니고 있으며 눈의 위치가 좌우로 많이 벌어져 있다. ¹⁰이는 주변을 항상 경계하면서 포식자의 출현을 사전에 알아채야 하는 생존 방식과 관련이 있다. ¹¹초식동물은 가로로 길쭉한 눈동자를 통해 세로로는 심도가 깊고 가로로는 심도가 얕은 영상을 얻게 되는데, 이로 인해 초점이 맞는 범위의 모든 물체가 뚜렷하게 보여 거리감보다는 천적의 존재 자체를 확인하는 데 더욱 효과적이다. ¹²게다가 눈동자가 가로로 길쭉하기 때문에 측면에서 들어오는 빛이 위아래에서 들어오는 빛보다 많아 영상을 밝게 볼 수 있다. ¹³또한 양안시인 매복형 육식동물과 달리 초식동물은 한쪽 눈으로 초점을 맞추는 단안시여서 눈의 위치가 좌우로 많이 벌어질수록 유리하다. ¹⁴두 시야가 겹쳐 입체 영상을 볼 수 있는 영역은 정면뿐이지만 바로 뒤를 빼고 거의 전 영역을 볼 수 있기 때문이다.

3. 윗글의 내용을 참고하여 아래 표의 빈칸을 채워 보세요.

	매복형 육식동물	초식동물
초점을 맞추는 방식	양안시	_____
눈과 눈동자의 모양	세로로 크고 가로로 작은 _____	눈동자가 가로로 _____ 하며 눈의 위치가 _____로 많이 벌어짐
심도	세로로 얕고, 가로로 _____ → 초점을 맞춘 대상은 더욱 _____하게, 그 앞뒤 물체들은 흐릿하게 보임	세로로 _____, 가로로 _____ → 초점이 맞는 범위의 모든 물체가 _____ 하게 보임
생존 방식과의 관련성	_____ _____	_____ _____

4. 윗글을 참고할 때, 〈보기〉의 ㉠, ㉡에 대한 답으로 가장 적절한 것은?

보기

| | 늑대 | 바위 | 양 | 나무 |

양을 사냥하기 위해 매복하고 있는 늑대는 사냥감에 초점을 맞춘 후 거리를 파악하고 있다. 모든 물체들은 일직선상에 위치하고 있으며, 양과 늑대는 움직이지 않고 있다. 이때, ㉠<u>양과 늑대가 얻는 영상의 심도는 어떨까?</u> 그리고 ㉡<u>양과 늑대의 눈에는 다른 물체들이 어떻게 보일까?</u>

		㉠	㉡
①	양	가로로 심도가 깊음. 세로로 심도가 얕음.	바위와 늑대보다 나무가 더 어두워 보임.
②	양	가로로 심도가 얕음. 세로로 심도가 얕음.	늑대와 나무, 바위가 모두 뚜렷해 보임.
③	늑대	가로로 심도가 깊음. 세로로 심도가 얕음.	나무와 양보다 바위가 더 뚜렷해 보임.
④	늑대	가로로 심도가 깊음. 세로로 심도가 얕음.	양보다 바위와 나무가 더 흐릿해 보임.
⑤	늑대	가로로 심도가 깊음. 세로로 심도가 깊음.	나무가 바위와 양보다 더 뚜렷해 보임.

¹자연 현상과 인간사를 인과 관계로 설명하는 동아시아의 대표적 논의는 재이론(災異論)이다. ²한대(漢代)의 동중서는 하늘이 덕을 잃은 군주에게 재이를 내려 견책한다는 천견설과, 인간과 하늘에 공통된 음양의 기(氣)를 통해 하늘과 인간이 서로 감응한다는 천인감응론을 결합하여 재이론을 체계화하였다. ³그에 따르면, 군주가 실정(失政)을 저지르면 그로 말미암아 변화된 음양의 기를 통해 감응한 하늘이 가뭄과 홍수, 일식과 월식 등 재이를 통해 경고를 내린다. ⁴이때 재이는 군주권이 하늘로부터 비롯된 것임을 입증하는 것이자 군주의 실정에 대한 경고였다.

⁵양면적 성격의 재이론은 신하가 정치적 논의에 참여할 수 있는 명분을 제공하였고, 재이가 발생하면 군주가 직언을 구하고 신하가 이에 응하는 전통으로 구체화되었다. ⁶하지만 동중서 이후, 원인으로서의 인간사와 결과로서의 재이를 일대일로 대응시켜 설명하는 개별적 대응 방식은 억지가 심하다는 평가를 받았다. ⁷이 방식은 오히려 ㉠예언화 경향으로 이어져 재이를 인간사의 징조로, 인간사를 재이의 결과로 대응시키는 풍조를 낳기도 하였고, 요망한 말로 백성을 미혹시켰다는 이유로 군주가 직언을 하는 신하를 탄압하는 빌미가 되기도 하였다.

⁸이후 재이에 대한 예언적 해석은 비판의 대상이 되었고, 천인감응론 또한 부정되기도 하였다. ⁹하지만 재이론은 여전히 정치 현장에서 사라지지 않았다. ¹⁰송대(宋代)에 이르러, 주희는 천문학의 발달로 예측 가능하게 된 일월식을 재이로 간주하지 않는 경향을 수용하였고, 재이를 근본적으로 이치에 의해 설명되기 어려운 자연 현상으로 간주하였다. ¹¹하지만 당시까지도 재이에 대해 군주의 적극적인 대응을 유도하며 안전한 언론 활동의 기회를 제공했던 재이론이 폐기되는 것은, 신하의 입장에서 유용한 정치적 기제를 잃는 것이었다. ¹²이 때문에 그는 군주를 경계하는 적절한 방법을 찾고자 재이론을 고수하였다. ¹³그는 재이에 대한 개별적 대응 대신 군주에게 허물과 잘못이 쌓이면 이에 하늘이 감응하여 변칙적인 자연 현상이 일어날 것이라는 ㉡전반적 대응설을 제시하고, 재이를 군주의 심성 수양 문제로 귀결시키며 재이론의 역사적 수명을 연장하였다.

5. 윗글의 내용을 참고하여 아래 표의 빈칸을 채워 보세요.

	동중서	주희
재이론	– 천견설 + 천인감응론 → 재이론을 _____함 – 재이는 군주의 실정에 대한 ____라고 봄 – 개별적 대응 방식을 주장함	– 군주를 경계하는 방법으로서 재이론을 _____함 – 재이는 이치로 설명하기 어려운 _____ 이라고 봄 – _____ 대응설을 제시함

6. ㉠, ㉡에 대한 설명으로 가장 적절한 것은?
① ㉠은 군주의 과거 실정에 대한 경고로서 재이의 의미가 강조되어 신하의 직언을 활성화하는 방향으로 활용되었다.
② ㉠은 이전과 달리 인간사와 재이의 인과 관계를 역전시켜 재이를 인간사의 미래를 알려 주는 징조로 삼는 데 활용되었다.
③ ㉡은 개별적인 재이 현상을 물리적 작용이라 보고 정치와 무관하게 재이를 이해하는 기초로 활용되었다.
④ ㉡은 누적된 실정과 특정한 재이 현상을 연결 짓는 방식으로 이어져 군주의 권력을 강화하는 데 활용되었다.
⑤ ㉡은 과학적 인식을 기반으로 군주의 지배력과 변칙적인 자연 현상이 무관하다는 인식을 강화하는 기초로 활용되었다.

(3) 분류와 나열

STEP 1 전략 세우기

다음으로 살펴볼 내용 전개 방식은 '분류와 나열'이야. '분류'의 사전적 정의는 '종류에 따라서 가름.'이고, 나열의 사전적 정의는 '죽 벌여 놓음. 또는 죽 벌여 있음.'이야. 이러한 분류와 나열이 지문에서 내용 전개 방식으로 나타날 때는 다음과 같은 의미라고 할 수 있어.

분류	어떤 대상들이나 개념들을 공통적인 특성에 따라 나누는 방법
나열	둘 이상의 대상이나 개념 등을 서로 대등한 층위에서 제시하는 방법

지문에서 중심 화제를 언급하고, 이를 특정한 기준에 따라 몇 가지의 하위 요소로 세분화하여 하나하나 설명하고 있다면 '분류와 나열'의 전개 방식이 나타났다고 할 수 있어. 참고로 '분류'와 유사한 의미로 '구분'(일정한 기준에 따라 전체를 몇 개로 갈라 나눔)이라는 표현이 사용될 수 있다는 점도 기억해 두자!

'수능 국어 독서 지문은 출제 영역에 따라 크게 인문, 사회, 예술, 과학, 기술로 나눌 수 있다.'라는 문장을 예로 들어볼게. 이 문장은 '수능 국어 독서 지문'이라는 중심 화제를 '출제 영역'이라는 기준에 따라 '인문, 사회, 예술, 과학, 기술'이라는 하위 요소로 분류하고 있어. 그리고 각각의 하위 요소들이 쉼표(,) 부호를 통해 연결되고 있으므로, 나열의 방식이 사용되었음을 알 수 있지. 이렇듯 분류는 나열과 함께 짝을 지어 나타나고는 하는데, 이때 나열된 정보들은 서로 같은 층위의 내용으로 볼 수 있어. 중심 화제인 '수능 국어 독서 지문'과 그 하위 요소인 '인문, 사회, 예술, 과학, 기술'은 의미상 서로 상하 관계를 이루지만, 쉼표를 통해 나열된 '인문, 사회, 예술, 과학, 기술'끼리는 서로 대등한 관계라는 뜻이야!

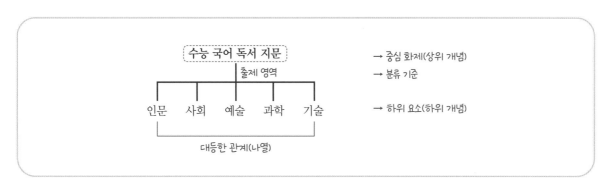

지문에서 '분류와 나열'의 전개 방식이 나타났음을 알려주는 대표적인 표지로는 '㉮에는 A, B, C가 있다.'와 같은 문장 구조를 들 수 있어. 다만 그러한 기본 구조에서 다양하게 변형된 형태의 문장으로 표현되는 경우도 아주 많기 때문에, 내용의 흐름을 살피는 과정에서 분류와 나열의 전개 방식이 나타났음을 판단할 수 있어야 해. 위에서 살펴본 것처럼 중심 화제와 이를 나누는 기준이 제시되고, 이에 따라 몇 가지의 하위 요소가 언급되고 있는지를 확인해 보는 거지. 바로 아래의 도식과 예문에서처럼 말이야!

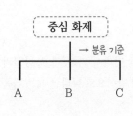

중심 화제

→ 분류 기준

A   B   C

- 우리는 무엇을 '진리'(중심 화제)라고 하는가? 이 문제에 대한 대표적인 이론에는 대응설(A), 정합설(B), 실용설(C)이 있다.
- 동물의 길찾기 방법(중심 화제)에는 '장소기억'(A), '재정위'(B), '경로적분'(C) 등이 있다.
- 어떤 철학자들은 (…) 그런 운을 '도덕적 운'(중심 화제)이라고 부른다. 그들에 따르면 세 가지 종류의 도덕적 운(A, B, C)이 거론된다.

중심 화제를 A, B, C 등의 하위 요소로 세분화한 문장이나 내용 뒤에는 '첫째', '둘째', '셋째', '우선', '먼저', '다음으로', '마지막으로', '끝으로' 등과 같이 나열되는 하위 요소들의 순서를 알려주는 표지가 나타날 때도 있어. 이럴 경우에는 나열된 순서에 따라 A, B, C 등의 하위 요소를 상세하게 설명해 주는 내용이 전개될 거야.

고3 2016학년도 수능B

그런데 어떤 철학자들은 운에 따라 도덕적 평가가 달라지는 일이 실제로 일어난다고 주장하고, 그런 운을 '도덕적 운'(중심 화제)이라고 부른다. 그들에 따르면 세 가지 종류의 도덕적 운(A, B, C)이 거론된다. 첫째는 태생적 운이다. (…) 둘째는 상황적 운이다. (…) 셋째는 우리가 통제할 수 없는 결과에 의해 도덕적 평가가 좌우되는 결과적 운이다.

'도덕적 운'이라는 중심 화제가 세 가지 종류로 세분화된다는 설명 이후, '첫째', '둘째', '셋째'라는 표지를 통해 각각의 도덕적 운에 대해 상세히 설명해 주는 내용 전개 흐름이 나타나네.

따라서 분류와 나열의 전개 방식이 나타나면, 우리는 이를 통해 앞으로 지문의 내용이 어떤 방향으로 전개될지에 대한 정보를 예측할 수 있어. 따라서 지문을 읽을 때 분류와 나열의 전개 방식을 확인했다면, 중심 화제와 분류 기준에 따른 하위 요소, 즉 A, B, C에 해당하는 대상이 무엇인지 잘 표시해 두고, 그 순서대로 제시될 정보들을 잘 정리해 가면서 독해해 나가면 돼.

고3 2012학년도 9월

우리는 무엇을 '진리'라고 하는가? 이 문제에 대한 대표적인 이론에는 대응설, 정합설, 실용설이 있다.

↓

우리는 무엇을 '진리'라고 하는가? 이 문제에 대한 대표적인 이론에는 대응설, 정합설, 실용설이 있다.

'진리'라는 화제를 언급한 뒤, 이어 대한 '대표적인 이론'이라는 기준에 따라 세 가지의 이론을 하위 요소로 제시하고 있군.

↓

우리는 무엇을 '진리'라고 하는가? 이 문제에 대한 대표적인 이론에는 대응설, 정합설, 실용설이 있다.
                                                      A   B   C

이후로는 '대응설', '정합설', '실용설'의 순서대로 구체적인 내용이 전개될 것이라는 점을 염두에 두고 독해해 나가면 되겠네.

➕ 분류 vs. 분석

분류와 함께 알아 두면 좋을 만한 내용 전개 방식으로 '분석'이라는 것이 있는데, 이에 대해서도 여기서 잠시 설명하고 넘어갈게. '분석'은 사전적 정의로 '얽혀 있거나 복잡한 것을 개별적인 요소나 성질로 나눔.'을 의미해. 이러한 분석이 지문에서 내용 전개 방식으로 나타날 때는 다음과 같은 의미라고 보면 돼.

분석	개념을 하나하나의 작은 구성 요소로 나누는 방법

분석은 주로 과학이나 기술 분야의 지문에서 많이 볼 수 있는 전개 방식인데, 중심 화제를 제시하고서 이를 구성하고 있는 요소를 하나하나 언급하는 과정에서 나열이 나타난다는 점이 특징이야. 따라서 '분류'와 어느 정도 유사하다고 볼 수 있지만, 한 가지 차이점은 '분류'의 방식에서는 중심 화제와 하위 요소가 의미상 상하 관계를 이루는 데 반해, '분석'에서는 중심 화제와 하위 요소가 전체-부분의 관계를 이룬다는 점이야.

'자전거는 핸들, 브레이크, 페달, 프레임, 안장, 바퀴 등의 구성 요소로 이루어진다.'라는 문장을 예로 들어보자. 이 문장은 '자전거'를 구성하는 요소에는 무엇이 있는지 하나하나 나열하고 있는데, 이때 '핸들, 브레이크, 페달, 프레임, 안장, 바퀴' 등은 모두 '자전거'의 한 부분에 해당하는 것들이잖아? 그러므로 중심 화제인 '자전거'와 그 구성 요소로 언급된 내용들은 전체-부분의 관계가 성립함을 알 수 있지.

이러한 '분석'은 주로 '②는 A, B, C로 구성된다./이루어진다.'와 같은 문장 구조를 통해 나타나. 그러므로 이러한 문장 구조를 통해 아래와 같이 전체-부분의 관계로 도식화할 수 있는 내용이 나타나면 '분석'의 내용 전개 방식이 나타났다고 판단하면 돼.

- 디지털 통신 시스템은(전체) 송신기, 채널, 수신기(부분)로 구성된다.
- 애벌랜치 광다이오드는(전체) 크게 흡수층, 애벌랜치 영역, 전극(부분)으로 구성되어 있다.
- 2극 진공관은(전체) 진공 상태의 유리관과 그 속에 들어 있는 필라멘트와 금속판(부분)으로 이루어져 있다.

중심 화제를 이루고 있는 구성 요소에는 무엇이 있으며, 각각의 요소가 어떠한 기능이나 역할을 하는지에 대한 정보는 문제에서 물어보기 좋은 내용이야. 따라서 각 구성 요소에 대한 정보를 정리하면서 읽는 게 좋겠지?

자, 그럼 아래의 기출 지문을 활용하여 '분류와 나열'이 제시된 글의 독해 전략을 익혀 보자.

---

¹정부는 국민 생활에 영향을 미치는 활동의 총체인 정책의 목표를 효과적으로 달성하기 위해 정책 수단의 특성을 고려하여 정책을 수행한다. ²정책 수단은 강제성, 직접성, 자동성, 가시성의 네 가지 측면에서 다양한 특성을 갖는다. '정책 수단'이라는 중심 화제의 네 가지 특성을 하위 요소로 언급하였어. 이제 네 가지 특성에 대한 설명이 순서대로 제시되겠군. ³강제성은 정부가 개인이나 집단의 행위를 제한하는 정도로서, 유해 식품 판매 규제는 강제성이 높다. 역시나 정책 수단의 특성 중 '강제성'에 대해서부터 설명하는 것을 확인할 수 있어. 이어질 특성에 대한 설명들도 하나하나 표시해가며 잘 정리해 놓도록 하자. ⁴직접성은 정부가 공공 활동의 수행과 재원 조달에 직접 관여하는 정도를 의미한다. ⁵정부가 정책을 직접 수행하지 않고 민간에 위탁하여 수행하게 하는 것은 직접성이 낮다. ⁶자동성은 정책을 수행하기 위해 별도의 행정 기구를 설립하지 않고 기존의 조직을 활용하는 정도를 말한다. ⁷전기 자동차 보조금 제도를 기존의 시청 환경과에서 시행하는 것은 자동성이 높다. ⁸가시성은 예산 수립 과정에서 정책을 수행하기 위한 재원이 명시적으로 드러나는 정도이다. ⁹일반적으로 사회 규제의 정도를 조절하는 것은 예산 지출을 수반하지 않으므로 가시성이 낮다. 정책 수단의 네 가지 특성을 순서대로 설명하며, 특성별로 구체적인 예시도 하나씩 들어주는 일관된 구성이 눈에 띄는 문단이었어.

정책 수단의 네 가지 특성에 대한 설명이 윗글의 핵심 정보였어. '강제성', '직접성', '자동성', '가시성'이라는 특성의 정의를 차례대로 제시하면서, 이를 이해하는 데 도움이 되는 사례를 함께 들어주고 있지. 따라서 각각의 특성마다 번호를 매겨 표시해 두고, 이어질 내용 전개의 흐름을 머릿속으로 인식하면서 읽었다면 아주 잘 독해한 거야.

내용 전개 방식 중 '정의와 예시'에서 윗글처럼 정의를 제시하는 문장 뒤에 이를 보충 설명하는 예시가 뒤따르면 이는 핵심 정보에 해당하며 문제에서 물어볼 가능성이 높다고 했던 것 기억나지? 실제로 윗글과 관련해서는 정책 수단의 네 가지 특성과 그 사례에 대한 이해도를 확인하는 문제가 출제됐어. 해당 문제의 선지 일부를 아래와 같이 ◉ ⊗ 문항으로 바꾸어 두었으니, 함께 풀어 보도록 하자.

Q1. 다자녀 가정에 출산 장려금을 지급하는 것은, 불법 주차 차량에 과태료를 부과하는 것보다 강제성이 높다. ◉ ⊗

Q2. 전기 제품 안전 규제를 강화하는 것은, 학교 급식을 제공하기 위한 재원을 정부 예산에 편성하는 것보다 가시성이 높다. ◉ ⊗

Q3. 담당 부서에서 문화 소외 계층에 제공하던 복지 카드의 혜택을 늘리는 것은, 전담 부처를 신설하여 상수원 보호 구역을 감독하는 것보다 자동성이 높다. ◉ ⊗

먼저, **Q1**은 '강제성'에 대한 내용이니, 문장 3을 토대로 정오를 판단해 보도록 하자.

---

³강제성은 정부가 개인이나 집단의 행위를 제한하는 정도로서, 유해 식품 판매 규제는 강제성이 높다.

강제성은 '정부가 개인이나 집단의 행위를 제한하는 정도'를 말한다고 했지? 강제성이 높은 정책의 예시로 든 것은 '유해 식품 판매 규제'였어. 이때 '규제'란 '규칙이나 규정에 의하여 일정한 한도를 정하거나 정한 한도를 넘지 못하게 막음.'이라는 뜻이야. 따라서 이는 정부가 유해 식품을 판매하는 개인이나 집단의 행위를 제한하는 정도가 강한 편임을 알려 주는 표현이라고 할 수 있지. 강제성이 높다는 말이 어떤 의미인지 잘 이해되지?

자, 그럼 이를 토대로 **Q1**에서 말한 두 가지 상황을 비교해 보자. '다자녀 가정에 출산 장려금을 지급'하는 것과 '불법 주차 차량에 과태료를 부과'하는 것 중 무엇이 더 강제성이 높다고 할 수 있을까? '장려금'은 '어떤 특정한 일을 힘써 할 수 있도록 북돋아 주려는 뜻으로 보조하여 주는 돈.'을 말하고, '과태료'는 '어떠한 의무 이행을 제대로 하지 않은 사람에게 벌로써 물게 하는 돈.'을 의미해. 이 중 개인이나 집단의 행위를 '제한'하려는 의도가 있는 것은 '불법 주차 차량에 과태료를 부과'하는 경우라고 볼 수 있겠지? 따라서 **Q1**의 정답은 ⊗야.

다음으로 '가시성'과 관련해 질문하고 있는 **Q2**는 문장 8과 9의 내용을 통해 정오를 판단할 수 있었어.

> [8]가시성은 예산 수립 과정에서 정책을 수행하기 위한 재원이 명시적으로 드러나는 정도이다. [9]일반적으로 사회 규제의 정도를 조절하는 것은 예산 지출을 수반하지 않으므로 가시성이 낮다.

가시성의 정의를 제시한 문장 8에서 '재원'이란, '재화나 자금이 나올 원천.'을 뜻해. 즉 정책 수행 과정에서 필요한 재화나 자금에 대한 진술이 가시성과 관련된다는 의미인 거지. 만약 재원이라는 단어의 뜻을 알지 못해 문장 8에서 설명한 가시성의 정의를 충분히 이해하지 못했더라도, 이어지는 문장 9의 내용을 통해서 **Q2**의 진술을 판단하는 것이 가능했어.

문장 9에서는 '사회 규제의 정도를 조절'하는 것은 '예산 지출을 수반하지 않'기 때문에 가시성이 낮다고 했잖아? 이를 **Q2**의 선지 내용에 대응시켜 보자. **Q2**에서 '전기 제품 안전 규제를 강화하는 것'은 문장 9의 '사회 규제의 정도를 조절'하는 것과 대응되고, 학교 급식을 제공하기 위한 재원을 '정부 예산에 편성하는 것'은 '예산 지출을 수반'한다는 것과 대응된다고 볼 수 있겠지? 이러한 대응 관계를 고려할 때, 사회 규제의 정도를 조절하는 것에 해당하는 '전기 제품 안전 규제' 강화는 학교 급식을 제공하기 위한 재원을 정부 예산에 편성하는 것보다 가시성이 낮음을 알 수 있었어. 따라서 **Q2**의 정답도 ✖였어.

마지막으로 '자동성'에 대해 묻고 있는 **Q3**은 문장 6과 7의 내용을 참고하면 답을 찾을 수 있겠지?

> [6]자동성은 정책을 수행하기 위해 별도의 행정 기구를 설립하지 않고 기존의 조직을 활용하는 정도를 말한다. [7]전기 자동차 보조금 제도를 기존의 시청 환경에서 시행하는 것은 자동성이 높다.

자동성은 정책을 수행할 때 '기존의 조직을 활용하는 정도'와 관련된 특성으로, 새로운 행정 기구를 설립하지 않고 기존의 조직을 활용해 정책을 수행한다면 자동성이 높다고 볼 수 있어. 이를 토대로 **Q3**의 정오를 판단해 보자. '담당 부서에서 문화 소외 계층에 제공하던 복지 카드의 혜택을 늘리는 것'은 기존 부서에서 수행하는 정책 내용의 변화만 나타날 뿐, 새로운 행정 기구의 설립과는 관련이 없어. 따라서 상수원 보호 구역을 감독하기 위해 '전담 부처를 신설'하는 경우보다 자동성이 높다고 볼 수 있지. 따라서 **Q3**의 정답은 ⬤야.

- ☑ 전략 1　중심 화제를 어떤 기준에 따라 몇 가지의 하위 요소로 나누어 제시한다면, 분류 기준과 하위 요소가 각각 무엇인지를 정확히 확인한다.
- ☑ 전략 2　A, B, C로 나열된 하위 요소의 순서에 따라 지문의 내용이 전개될 것임을 염두에 두면서, 각각의 핵심 정보들을 잘 정리해 가며 읽는다.

1~2 다음을 읽고 주어진 물음에 답하세요.

고1 2021학년도 6월

> [1]수요의 법칙에 따르면 어떤 상품의 가격 변화에 따라 그 상품의 수요량은 변화한다. [2]수요의 가격탄력성은 가격이 변할 때 수요량이 변하는 정도를 나타내는 지표다. [3]가격 변화에 따른 수요량의 변화가 민감하면 탄력적이라 하고, 가격 변화에 따른 수요량의 변화가 민감하지 않으면 비탄력적이라고 한다.
>
> [4]수요의 가격탄력성에 영향을 주는 대표적인 요인에는 세 가지가 있다. [5]첫째, 대체재의 존재 여부이다. [6]어떤 상품에 밀접한 대체재가 있으면, 소비자들은 그 상품 대신에 대체재를 사용할 수 있으므로 그 상품 수요의 가격탄력성은 탄력적이다. [7]예를 들어 버터는 마가린이라는 밀접한 대체재가 있기 때문에 버터 가격이 오르면 버터의 수요량은 크게 감소하므로 버터 수요의 가격탄력성은 탄력적이다. [8]반면에 달걀은 마땅한 대체재가 없으므로, 달걀 수요의 가격탄력성은 비탄력적이다. [9]둘째, 필요성의 정도이다. [10]필수재 수요의 가격탄력성은 대체로 비탄력적인 반면에, 사치재 수요의 가격탄력성은 대체로 탄력적이다. [11]예를 들어 필수재인 휴지의 가격이 오르면 아껴 쓰기는 하겠지만 그 수요량이 급격하게 줄어들지는 않는다. [12]그러나 사치재인 보석의 가격이 상승하면 그 수요량이 감소한다. [13]셋째, 소득에서 지출이 차지하는 비중이다. [14]해당 상품을 구매하기 위한 지출이 소득에서 차지하는 비중이 높을수록 수요의 가격탄력성은 커진다. [15]소득에서 차지하는 비중이 큰 상품의 가격이 인상되면 개인의 소비 생활에 지장을 초래할 수 있으므로 그만큼 가격 변화에 민감하게 반응할 수밖에 없다.

1. 윗글의 내용을 참고하여 아래 표의 빈칸을 채워 보세요.

중심 화제	_____
분류 기준	중심 화제에 영향을 주는 대표적인 요인
하위 요소	– _____ – _____ – _____

2. 윗글을 참고할 때, 〈보기〉의 ㉮~㉰에 들어갈 말을 바르게 짝지은 것은?

> 보기
>
> 쌀을 주식으로 하는 갑국은 밀을 주식으로 하는 나라에 비해 쌀 수요의 가격탄력성은 (㉮)이고, 자동차보다 저렴한 오토바이가 주요 이동 수단인 을국은 자동차가 주요 이동 수단인 나라에 비해 자동차를 (㉯)로 인식하여 자동차 수요의 가격탄력성은 (㉰)이다.

	㉮	㉯	㉰
①	비탄력적	사치재	비탄력적
②	비탄력적	사치재	탄력적
③	비탄력적	필수재	탄력적
④	탄력적	사치재	비탄력적
⑤	탄력적	필수재	탄력적

¹급성감염은 일반적으로 짧은 기간 안에 일어나는데, 바이러스는 감염된 숙주 세포를 증식 과정에서 죽이고 바이러스가 또 다른 숙주 세포에서 증식하며 질병을 일으킨다. ²시간이 흐르면서 체내의 방어 체계에 의해 바이러스를 제거해 나가면 체내에는 더 이상 바이러스가 남아 있지 않게 된다. ³반면 지속감염은 급성감염에 비해 상대적으로 오랜 기간 동안 바이러스가 체내에 잔류한다. ⁴지속감염에서는 바이러스가 장기간 숙주 세포를 파괴하지 않으면서도 체내의 방어 체계를 회피하며 생존한다. ⁵지속감염은 바이러스의 발현 양상에 따라 잠복감염과 만성감염, 지연감염으로 나뉜다.

⁶잠복감염은 초기 감염으로 증상이 나타난 후 한동안 증상이 사라졌다가 특정 조건에서 바이러스가 재활성화되어 증상을 다시 동반한다. ⁷이때 같은 바이러스에 의한 것임에도 첫 번째와 두 번째 질병이 다르게 발현되기도 한다. ⁸잠복감염은 질병이 재발하기까지 바이러스가 감염성을 띠지 않고 잠복하게 되는데, 이러한 상태의 바이러스를 프로바이러스라고 부른다. ⁹만성감염은 감염성 바이러스가 숙주로부터 계속 배출되어 항상 검출되고 다른 사람에게 옮길 수 있는 감염 상태이다. ¹⁰하지만 사람에 따라서 질병이 발현되거나 되지 않기도 하며 때로는 뒤늦게 발현될 수도 있다는 특성이 있다. ¹¹지연감염은 초기 감염 후 특별한 증상이 나타나지 않다가, 장기간에 걸쳐 감염성 바이러스의 수가 점진적으로 증가하여 반드시 특정 질병을 유발하는 특성이 있다.

3. 윗글의 내용을 참고하여, 아래 표의 빈칸을 채워 보세요.

중심 화제	지속감염
분류 기준	_____
하위 요소	– _____ – _____ – _____

4. 윗글을 참고할 때, 〈보기〉에 대한 반응으로 적절하지 <u>않은</u> 것은?

보기

• '수두-대상포진 바이러스(VZV)'에 감염되면, 처음에는 미열과 발진성 수포가 생기는 수두가 발병한다. 시간이 지나면 자연적으로 치료되나 'VZV'를 평생 갖고 살아가게 된다. 그러다가 신체의 면역력이 저하되면 피부에 통증과 수포가 생겨날 수 있는데, 이를 대상포진이라 한다.

• 'C형 간염 바이러스(HCV)'에 감염된 환자의 약 80%는 해당 바이러스를 보유하고도 증세가 나타나지 않아 감염 여부를 인지하지 못하다가 우연히 알게 되기도 한다. 하지만 감염 환자의 약 20%는 간에 염증이 나타나고 이에 따른 합병증이 나타나기도 한다.

① 수두를 앓다가 나은 사람은 대상포진이 발병하지 않았을 때 'VZV' 프로바이러스를 갖고 있겠군.
② 'VZV'를 가진 사람의 피부에 통증과 수포가 발생하는 것은 'VZV'가 다시 활성화되는 특정 조건이 되겠군.
③ 'HCV'에 감염된 사람은 간 염증을 앓고 있지 않더라도 타인에게 바이러스를 옮길 수 있겠군.
④ 'HCV'에 감염된 사람은 나이와 상관없이 간 염증이 나타날 수도 있고 전혀 나타나지 않을 수도 있겠군.
⑤ 'VZV'나 'HCV'에 의한 질병이 발현된 상황이라면, 모두 체내에 잔류한 바이러스가 주변 세포를 감염시키고 있겠군.

 2016학년도 9월B

[1]'왜?'라는 질문에 대한 답으로 제시되는 '설명'이 무엇인지를 분명히 하고자 과학철학에서는 여러 가지 설명 이론을 제시해 왔다. [2]처음으로 체계적인 설명 이론을 제시한 헴펠에 따르면 설명은 몇 가지 요건을 충족하는 논증이어야 한다. [3]기본적으로 논증은 전제로부터 결론이 논리적으로 도출되는 형식을 띤다. [4]따라서 설명을 하는 부분인 설명항은 전제에 해당하며 설명되어야 하는 부분인 피설명항은 결론에 해당한다. [5]헴펠에 따르면 설명은 세 가지 조건을 모두 충족해야 한다. [6]첫째, 설명항에는 '모든 사람은 죽는다.'처럼 보편 법칙 또는 보편 법칙의 역할을 하는 명제가 하나 이상 있어야 한다. [7]둘째, 보편 법칙이 구체적으로 적용되는 맥락을 나타내는 '소크라테스는 사람이다.'와 같은 선행 조건이 설명항에 하나 이상 있어야 한다. [8]셋째, 피설명항은 설명항으로부터 '건전한 논증'을 통해 도출되어야 한다. [9]이때 건전한 논증은 '논증의 전제가 모두 참'이라는 조건과 '논증의 전제가 모두 참이라면 결론도 반드시 참'이라는 조건을 모두 만족하는 논증이다. [10]이처럼 헴펠의 설명 이론은 피설명항이 보편 법칙의 개별 사례로서 마땅히 일어날 만한 일이었음을 보여 주기 위한 설명의 요건을 제시했다는 점에서 의의가 있다.

[11]하지만 헴펠의 설명 이론은 설명에 대한 우리의 일상적 직관, 즉 경험적으로 파악할 수 없는 추상적 문제에 대해 대부분의 사람들이 공유하는 상식적 판단과 충돌하기도 하는 문제가 있다. [12]먼저 일상적 직관에 따르면 설명으로 인정되지만, 헴펠에 따르면 설명이 아니라고 판단해야 하는 경우가 있다. [13]또 일상적 직관에 따르면 설명이 되지 못하지만, 헴펠에 따르면 설명으로 분류해야 하는 경우가 있다. [14]이는 헴펠의 이론이 설명을 몇 가지 요건을 충족하는 논증으로 국한했기 때문에 이들 요건을 충족하는 논증이기만 하면 모두 설명으로 인정해야 하는 동시에, 그렇지 않으면 모두 설명에서 배제해야 하는 데서 비롯된 것이다.

5. 윗글의 내용을 참고하여, 아래 표의 빈칸을 채워 보세요.

중심 화제	헴펠의 _____ 이론
분류 기준	설명의 조건
하위 요소	– 보편 법칙 또는 보편 법칙의 역할을 하는 _____가 _____ 이상 있어야 함 – _____이 설명항에 하나 이상 있어야 함 – 피설명항은 설명항으로부터 _____을 통해 도출되어야 함

6. 윗글에 따를 때, 헴펠의 설명 이론에 관한 이해로 적절하지 <u>않은</u> 것은?

① 어떤 것이 건전한 논증이면 그것은 반드시 설명이다.

② 일상적 직관에서 설명으로 인정된다고 해서 모두 설명은 아니다.

③ 어떤 것이 설명이라면 설명항에 포함되는 명제들은 반드시 참이다.

④ 피설명항은 특정한 맥락에서 보편 법칙에 따라 발생한 개별 사례이다.

⑤ 어떤 것이 설명이라면 피설명항은 반드시 설명항에서 논리적으로 도출된다.

(4) 원인과 결과

STEP 1 전략 세우기

    다음으로 알아볼 내용 전개 방식은 '원인과 결과'야. 원인의 사전적 정의는 '어떤 사물이나 상태를 변화시키거나 일으키게 하는 근본이 된 일이나 사건.'이고, 결과는 '원인으로 생겨난 결말의 상태.'라는 뜻이야. 이 둘을 합쳐서 '인과'라고 하는데, 지문에 내용 전개 방식으로서 나타나는 인과는 다음과 같이 정리해 볼 수 있어.

원인과 결과(인과)	'왜'에 초점을 맞추어 글을 전개하는 방법

    즉 어떤 결과를 발생시키는 원인이 무엇인지를 밝히며 전개되는 방식이 인과라고 할 수 있어. 따라서 지문을 읽을 때는 제시된 정보들이 어떻게 연결되는지에 주목하면서 이를 원인-결과의 의미 관계로 파악하며 독해하려는 태도가 필요해.

    지문에서 인과의 전개 방식이 나타났음을 알려주는 표지로는 '-(으)니, -(으)니까, -아서/-어서' 등의 연결 어미나 '따라서, 그래서, 왜냐하면'과 같은 접속어를 들 수 있어. 다만, 인과 역시 특정한 표지에 의해서만 나타난다기보다는 다양한 문장 형태로 표현될 수 있어. 따라서 내용의 흐름을 파악하는 과정에서 인과를 확인할 수 있어야 해. 이때 원인에 해당하는 정보, 결과에 해당하는 정보를 각각 정확히 확인하며 독해해야 하는데, 원인에 대한 설명이 어떤 결과가 성립하기 위한 '조건'이나 '가정'에 해당하는 내용을 포함하고 있으면 특히 더 꼼꼼히 확인해야 해.

> • 아이슬란드가 위치한 판의 경계에서는 새로운 암석이 생성되면서 두 판이 서로 멀어지고 있다.(원인) 그래서 아이슬란드에서는 다른 판의 경계에서 거의 볼 수 없는 지질학적 현상이 나타난다.(결과)
> • 근로자의 노력은 객관적으로 확인할 수 없기 때문에,(원인) 노력 대신에 노력의 결과인 성과에 기초하여 근로자에게 보상(결과)하는 약속이 명시적인 인센티브 계약이다.
> • 빛의 작용으로 공변세포 내부의 이온 농도가 높아지면(조건+원인) 수분 퍼텐셜이 낮아진다.(결과)

    지문에 따라서는 원인과 결과의 관계가 위와 같이 단일하게 나타나는 것이 아니라, 복잡하게 얽혀서 나타나는 경우도 있어. 예를 들어 '원인 1 → 결과 1(= 원인 2) → 결과 2'처럼 어떤 결과가 다시 원인이 되어 또 다른 결과를 불러일으킨다는 내용으로 전개될 수도 있는 거지. 이처럼 원인과 결과의 관계가 복잡하게 제시될 때, 문제에서는 가운데 단계를 뛰어넘어 '원인 1'로 인해 '결과 2'가 발생하는지를 물어보는 식으로 우리의 판단을 어렵게 만들 수 있어. 이는 지문의 구체적인 내용에 따라 적절할 수도 혹은 적절하지 않을 수도 있기 때문에 우리에게 좀 더 세심하고 정확한 지문 독해를 요구하겠다는 의미가 돼. 한편 문제에서는 원인과 결과의 관계를 뒤바꾸거나 '원인 2'로 인해 '결과 1'이 나타났다는 식으로 틀린 선지를 만들어 우리를 함정으로 유도할 수도 있어. 따라서 원인과 결과의 관계가 여러 번 이어져 나올 때는 그 순서와 각각의 원인, 결과를 확실하게 파악하며 읽어야 해!

아이슬란드가 위치한 판의 경계에서는 새로운 암석이 생성되면서 두 판이 서로 멀어지고 있다. 그래서 아이슬란드에서는 다른 판의 경계에서 거의 볼 수 없는 지질학적 현상이 나타난다.

아이슬란드가 위치한 판의 경계에서는 새로운 암석이 생성되면서 두 판이 서로 멀어지고 있다. **그래서** 아이슬란드에서는 다른 판의 경계에서 거의 볼 수 없는 지질학적 현상이 나타난다.

'그래서'라는 접속어가 사용된 것을 보아, 두 문장은 서로 원인-결과에 해당하는 내용이라고 볼 수 있겠군.

아이슬란드가 위치한 판의 경계에서는 새로운 암석이 생성되면서 두 판이 서로 멀어지고 있다.(원인) **그래서** 아이슬란드에서는 다른 판의 경계에서 거의 볼 수 없는 지질학적 현상이 나타난다.(결과)

아이슬란드가 위치한 판의 경계에서 두 판이 서로 멀어지고 있다는 원인으로 인해 발생한 결과, 즉 '다른 판의 경계에서 거의 볼 수 없는 지질학적 현상'에 대한 구체적인 설명이 이어진다면 집중해서 독해해야겠어.

한편 원인과 결과는 '문제-해결'의 관계로 나타날 수도 있어. 문제의 해결책은 문제의 원인으로부터 나오기 때문이지. 즉 어떤 문제 상황이 제시되는 경우 '문제의 원인 → 문제 상황 → 해결책' 사이의 인과 관계를 파악하며 글을 읽어야 해. 이때 일반적으로 문제가 두 가지라면 해결책도 두 가지가 제시되니까, 문제와 해결책은 짝을 지으며 읽는 것이 좋다. 그리고 제시된 해결책의 한계나 문제점을 언급하며, 다시 이를 해결하기 위한 또 다른 방안을 언급하는 식으로 문제-해결의 관계 역시 복잡하게 얽혀 나올 수 있다는 점도 참고해 두자!

디지털 환경에서는 저작물을 원본과 동일하게 복제할 수 있고 용이하게 개작할 수 있다. 따라서 저작물이 개작되더라도 그것이 원래 창작물인지 이차적 저작물인지 알기 어렵다. 그 결과 디지털화된 저작물의 이용 행위가 공정 이용의 범주에 드는 것인지 가늠하기가 더 어려워졌고 그에 따른 처벌 위험도 커졌다.
이러한 문제를 해소하기 위한 시도의 하나로 포괄적으로 적용할 수 있는 '저작물의 공정한 이용' 규정이 저작권법에 별도로 신설되었다. 그리하여 저작권자의 동의가 없어도 저작물을 공정하게 이용할 수 있는 영역이 확장되었다.

디지털 환경에서는 저작물의 복제와 개작이 용이함(문제의 원인) → 디지털화된 저작물의 이용 행위가 공정 이용의 범주에 드는 것인지 가늠하기 어려움(문제 상황) → 저작권법에 '저작물의 공정한 이용' 규정이 신설됨(해결책)

자, 그럼 아래의 기출 지문을 활용하여 '원인과 결과'가 제시된 글의 독해 전략을 익혀 보자.

2011학년도 6월

¹저위도의 사막은 북회귀선이나 남회귀선이 지나는 곳에 위치하는데, 이 지역은 지구의 대기 대순환에 의해 반영구적인 고기압대가 형성되어 덥고 건조한 기후를 만들어낸다. ²북회귀선에 위치한 사하라 사막, 아라비아 사막과 같은 열대 사막은 이러한 요인으로 형성되었다. 열대 사막의 형성 요인을 설명하였어. 이때 반영구적인 고기압대가 형성되어 나타난 건조한 기후는 '원인', 이로 인해 생성된 열대 사막은 '결과'에 해당한다고 볼 수 있겠군.

³중위도 지역에 위치한 미국 서부의 그레이트솔트레이크 사막과 중국 서부의 타클라마칸 사막의 형성 과정은 이와 다르다. 이번에는 중위도 지역에 위치한 사막의 형성 과정에 대해 설명하려나 봐. 마찬가지로 원인-결과의 관계에 주목하면서 내용을 정리해 보면 좋겠지? ⁴그레이트솔트레이크 사막은 시에라네바다 산맥이 해양에서 유입되는 습윤한 공기의 수분 이동을 차단하여 형성되었다. ⁵이는 수분을 함유한 공기가 높은 산맥을 넘어 반대쪽에 도달할 때 수분을 잃게 되어 건조해지기 때문이다. '시에라네바다 산맥이 해양에서 유입되는 습윤한 공기의 수분 이동을 차단'(원인) – '그레이트솔트레이크 사막'의 형성(결과) ⁶한편, 타클라마칸 사막은 히말라야 산맥에 의해 해양과 차단되어 있을 뿐만 아니라 대륙의 한가운데에 위치하고 있다는 조건 때문에 형성되었다. ⁷대륙 내부로의 이동 과정에서 생기는 공기 중의 수분 손실도 사막 형성의 한 원인인 것이다. '히말라야 산맥에 의해 해양과 차단' + '대륙 한가운데에 위치'(원인) – '타클라마칸 사막'의 형성(결과) ⁸이와 같이 사막은 대기 대순환, 지형적 특성, 지리적 위치 등의 요인에 의해 형성된다. 마지막으로 지금까지 설명한 사막의 사례들에서 확인할 수 있었던 형성 요인을 크게 세 가지('대기 대순환, 지형적 특성, 지리적 위치')로 요약 정리하였어.

윗글은 원인과 결과의 내용 전개 방식을 활용하여 사막의 형성 요인을 설명하고 있어. 저위도의 사막과 중위도의 사막이 어떤 원인으로 인해 형성되었는지를 나누어서 설명하고 있으므로, 각각의 내용을 잘 정리해 가며 읽었다면 아주 잘 독해한 거야.

그럼 아래의 ◎ ✕ 문제를 같이 풀어보면서, 다양한 사막의 형성 과정에서 드러나는 원인-결과의 관계를 제대로 파악했는지 확인해 보자.

Q1. 시에라네바다 산맥의 형성은 그레이트솔트레이크 사막의 영향을 받았다.   ◎ ✕
Q2. 타클라마칸 사막의 형성에는 지형적 특성뿐만 아니라 지리적 위치도 중요하게 작용하였다.   ◎ ✕

먼저 **Q1**부터 보면, 이는 '시에라네바다 산맥'과 '그레이트솔트레이크 사막'을 언급하고 있으므로 문장 4와 5의 내용을 통해 적절한지 여부를 판단할 수 있었어.

⁴그레이트솔트레이크 사막은 시에라네바다 산맥이 해양에서 유입되는 습윤한 공기의 수분 이동을 차단하여 형성되었다. ⁵이는 수분을 함유한 공기가 높은 산맥을 넘어 반대쪽에 도달할 때 수분을 잃게 되어 건조해지기 때문이다.

이를 원인과 결과의 관계로 정리하면, '시에라네바다 산맥'의 높은 고도가 원인이 되어 '그레이트솔트레이크 사막'이라는 결과가 만들어진 것임을 알 수 있지? 그런데 선지에서는 반대로 그레이트솔트레이크 사막이 원인이 되어 시에라네바다 산맥이 형성되었다고 말하고 있어. 즉 지문에 제시된 원인과 결과의 관계를 뒤바꾸어 진술하고 있는 거지. 이는 지문에서 원인과 결과의 내용 전개 방식이 나타날 때 흔히 사용할 수 있는 오답 선지 구성 방법이라고 앞에서도 설명했었지? 따라서 **Q1**의 정답은 ✕야.

다음으로 **Q2**를 보자. 이는 '타클라마칸 사막'의 형성에 작용한 요인에 대해 말하고 있으므로, 문장 6과 7의 내용을 확인해야 했어.

> **6**한편, 타클라마칸 사막은 히말라야 산맥에 의해 해양과 차단되어 있을 뿐만 아니라 대륙의 한가운데에 위치하고 있다는 조건 때문에 형성되었다. **7**대륙 내부로의 이동 과정에서 생기는 공기 중의 수분 손실도 사막 형성의 한 원인인 것이다.

타클라마칸 사막의 형성이라는 결과를 만들어낸 원인은, '히말라야 산맥에 의해 해양과 차단'되어 있다는 것과 '대륙의 한가운데에 위치하고 있다는 조건', 이렇게 두 가지라고 볼 수 있어. 여기서 잠깐, 지문에서 설명한 여러 사막의 사례를 토대로 사막의 형성 요인을 세 가지로 다시금 요약 정리했던 문장 8의 내용도 다시 한번 살펴볼까?

> **8**이와 같이 사막은 대기 대순환, 지형적 특성, 지리적 위치 등의 요인에 의해 형성된다.

이를 참고하면, '히말라야 산맥에 의해 해양과 차단'되어 있다는 것은 사막의 형성 요인 중 '지형적 특성'에 해당하고, '대륙의 한가운데에 위치하고 있다는 조건'은 '지리적 위치'에 해당하는 원인임을 알 수 있어. 따라서 **Q2**의 정답은 ◉가 되지.

> ☑ 전략 1 지문에서 원인-결과의 의미 관계가 나타나면 그 내용과 순서를 정확히 확인하며 읽고, 조건·가정에 해당하는 내용이 포함되어 있을 경우 더욱 주의해서 읽도록 한다.
> ☑ 전략 2 지문에서 원인-결과가 '문제-해결책'의 관계로 나타나면 문제와 해결책을 서로 짝지어 정리하고, 문제 상황과 그 원인, 해결책 사이의 순서와 내용을 정확히 확인하며 읽도록 한다.

➕ '통시적 구성'이란?

'통시적'은 '어떤 시기를 종적으로 바라보는 것.'을 의미해. 더 쉽게 설명하자면 역사적인 흐름을 여러 시대나 시기에 걸쳐 살펴보는 것을 의미한다고 이해하면 돼. 이는 하나의 시기에서 발생한 현상을 넓게 살펴보는 '공시적 구성'과 대비되는 개념으로 이해할 수 있어. **통시적 구성**이 지문에서 내용 전개 방식으로 나타날 때는 아래와 같은 방식으로 나타난다고 볼 수 있지.

통시적 구성	특정 대상의 변화를 시간의 흐름에 따라 제시

일반적으로 지문에 '통시적 구성'이 나타난다고 보는 경우는 보통 '15세기→16세기→17세기'와 같이 시간의 흐름을 분명하게 알 수 있는 시간적 배경을 명시해 주는 경우를 말해. 예를 들면 다음과 같은 식이지.

고3 2009학년도 6월

현대 산업 체계에서 도량형의 통일된 표준이 없다면 큰 혼란을 초래할 수 있다. 이를 방지하기 위하여 18세기 말부터 국제적인 표준을 만들려는 노력이 꾸준히 이루어졌다.

1791년에 처음으로 프랑스 과학아카데미는 북극에서 파리를 지나 적도까지 이르는 자오선 길이의 1000만분의 1을 '1미터'라고 정의하였다. (…) 그 뒤 1875년에 미터 조약이 만들어졌고 이에 따라서 1889년에 열린 제1차 국제도량형총회(CGPM)는 안정성 높은 백금-이리듐 합금 막대로 제작된 '미터 원기(原器)'를 새 표준으로 정의하였다. (…) 20세기 과학의 발달로 원자 수준의 현상에 대한 정밀 측정이 가능해졌다. (…) 따라서 1960년 제11차 총회는 크립톤이라는 원자에서 나오는 오렌지색 복사선의 파장을 길이의 표준으로 정의하였다. (…) 1960년대 이후 개발된 레이저 빛은 멀리까지 퍼지지 않고 직진하기 때문에 길이 측정에 유용함이 입증되었다. (…) 이 의견은 1983년 제17차 총회에 반영되어 미터 정의가 현재와 같이 개정되었다.

윗글에서 '1791년→1875년→1889년→1960년→1960년대 이후→1983년'으로 이어지는 시간의 흐름이 나타나고 있는 걸 확인할 수 있지? 간단히 설명하자면 윗글은 18세기 말부터 20세기에 이르기까지 학자들이 '도량형'이라는 기준을 세우기 위해 노력한 과정을 다뤄. 즉 '도량형'이라는 대상이 시간의 흐름에 따라 바뀌어 간 과정을 설명한다고 볼 수 있지. (참고로 '도량형'이란 '길이, 부피, 무게 따위의 단위를 재는 법'을 말해.)

통시적 구성이 나타나는 지문에서는 사건의 선후 관계(즉, 어떤 사건이 먼저 발생했고 어떤 사건이 나중에 발생했는가)나 인과 관계를 잘 파악했는지 묻는 문제가 출제될 가능성이 높아. 선후 관계에서 따지는 '먼저 일어난 사건'과 '이후에 일어난 사건', 그리고 인과 관계에서 따지는 '(나중에 일어난) 특정 사건의 원인'과 '(이전에 발생한) 특정 사건으로 인한 결과'는 모두 시간의 흐름과 밀접하게 연관되어 있거든. 그러니까 통시적 구조로 된 지문을 읽을 때에는 각 시기별 특성을 꼼꼼하게 정리하며 살펴보되, 특정 시기의 사건이 발생하게 된 원인과 특정 시기의 사건이 초래한 결과도 함께 꼼꼼하게 짚어가는 것이 좋아.

1~2 다음을 읽고 주어진 물음에 답하세요.

고1 2017학년도 9월

> ¹종이가 개발되기 전, 인류는 동물의 뼈나 양피지 등에 필요한 정보를 기록해 왔다. ²하지만 담긴 정보량에 비해 부피가 방대하였고 그로 인해 보존과 가독에 어려움을 겪었다. ³그런데 종이의 개발로 부피가 줄어들면서 종이로 된 책이 주된 기록 매체가 되었고 책의 보존성과 가독성, 휴대성 등을 더욱 높이기 위한 제책 기술의 발달이 요구되었다.
>
> ⁴서양은 종이 책을 만들기 시작했을 때 제지 기술이 동양에 비해 미숙했고 질 나쁜 종이로 책을 제작해야 했기에 책의 내구성을 높이기 위한 기술이 필요했다. ⁵그래서 표지에 가죽을 씌우거나 나무판을 덧대는 방법을 개발했는데 이를 양장(洋裝)이라 한다. ⁶양장은 내지 묶기와 표지 제작을 따로 한 후에 합치는 방법이다. ⁷내지는 실매기 방식을 활용해 실로 단단히 묶고, 표지는 판지에 천이나 가죽 등의 마감 재료를 접착하여 만든다. ⁸표지와 내지를 결합할 때는 책등*과 결합되는 내지 부분에 접착제를 발라 책등에 붙인다. ⁹또한 내지보다 두껍고 질긴 종이인 면지를 표지와 내지 사이에 접착제로 붙여 이어줌으로써 책의 내구성을 높인다. ¹⁰표지 부착 후에는 가열한 쇠막대로 앞뒤 표지의 책등 쪽 가까운 부분을 눌러 홈을 만들어 책의 펼침성이 좋도록 한다.
>
> ¹¹18세기 말에 유럽은 산업혁명으로 인쇄가 기계화되면서 대량 생산을 위한 기반이 갖추어지고, 경제의 발전으로 일부 계층에만 국한됐던 독서 인구가 확대되어 제책 기술도 대량 생산이 가능한 방식으로 발전해야 했다. ¹²이를 위해 간편하게 철사를 사용해 매는 제책 기술이 개발되었는데 처음에는 '옆매기'라 불리는 기술을 사용하였다. ¹³그러나 옆매기는 책장 넘김이 용이하지 않아 '가운데매기'라 불리는 중철(中綴)이 주된 방식으로 자리 잡았다. ¹⁴중철은 인쇄지를 포개놓고 책장이 접히는 한가운데 부분을 ㄷ자형 철침을 이용해 매었는데, 보통 2개의 철침으로 표지와 내지를 고정하지만 표지나 내지가 한가운데서부터 떨어지는 경우가 잦아 철침을 4개로 박기도 하였다. ¹⁵중철은 광고지, 팸플릿 등 오랜 보관이 필요 없거나 분량이 적은 인쇄물에 사용해 왔으며, 중철된 책은 쉽게 펼치거나 넘길 수 있고 두루마리처럼 말아서 간편하게 휴대할 수도 있다.
>
> ●책등: 책을 매어 놓은 쪽의 표지 부분.

1. 윗글의 내용을 참고하여 아래 표의 빈칸을 채워 보세요.

원인	결과
종이가 개발되면서 종이책이 주요 기록 매체가 됨	_____이 요구됨
서양에서 책의 내구성을 높이기 위한 기술이 요구됨	양장 기술의 개발: 내지는 _____을 활용, 표지와 내지 사이에 _____를 붙임
_____ _____	_____이 가능한 방식으로 제책 기술 발전: 철사를 사용해 매는 옆매기 → _____

2. 윗글의 표제와 부제로 가장 적절한 것은?

① 제책 기술의 발전과 한계
   – 문제점 진단과 보완 방안을 중심으로

② 제책 기술 현대화의 경향
   – 화학 접착제의 개발을 중심으로

③ 제책 기술의 등장 배경과 유형
   – 책 묶기 방식의 발전 과정을 중심으로

④ 제책 기술의 발전과 사회적 영향
   – 기술 개발의 방향과 문제점을 중심으로

⑤ 제책 기술의 필요성과 의의
   – 책의 내구성 향상 단계를 중심으로

3~4 다음을 읽고 주어진 물음에 답하세요.

¹도시에서 업무, 상업, 주거, 공업 등 각종 기능 지역이 나름의 질서를 가지고 배치되어 있는 것을 '도시내부구조'라고 한다. ²그렇다면 이러한 도시내부구조는 어떻게 형성될까? ³20세기 전반에 이를 설명하기 위해 동심원모델과 선형(扇形)모델이 제시되었다.

⁴먼저 동심원모델은 1920년대 시카고를 대상으로 도시내부구조를 모형화한 것으로, 도시가 도심을 중심으로 동심원을 이루며 커진다고 보았다. ⁵즉 도심의 인접 지역에 인구가 유입되면 점차 이곳이 과밀화되고 여기에 거주하던 사람들이 도심 인접 지역 바깥으로 이동하게 된다. ⁶한편 쾌적한 환경을 찾아 도심으로부터 벗어나려는 일부 거주자들이 더 외곽으로 이동하게 되면서 동심원의 형태를 띤 도시가 이루어졌다고 본 것이다. ⁷하지만 동심원모델은 시카고만의 특성을 반영한 모형이기 때문에 도시의 일반적인 구성 요소인 지형, 철도, 공업 지대의 위치 등이 반영되지 않아 다른 도시에 적용하기에는 한계가 있었다.

⁸이에 지대(地代)*와 교통로에 따라 도시가 도심을 중심으로 부채꼴 모양처럼 형성된다고 본 선형모델이 등장하게 된다. ⁹이 모델은 도심에서 외곽으로 부챗살 모양의 간선 교통로가 생기게 되면 이를 중심으로 지대가 상승하여 고급 주거 지구가, 여기에 인접하여 중급 주거 지구가 형성된다고 보았다. ¹⁰또한 철도나 수로(水路)와 같이 화물을 운반할 수 있는 대규모 교통시설이 입지하는 곳에는 경공업 지구가, 그 주변은 지대가 싼 저급 주거 지구가 형성된다고 보았다.

¹¹하지만 교통이 발달하고 도시 내부가 더욱 복잡해지면서 이전의 두 모델로는 도시내부구조를 설명할 수 없게 되었다. ¹²이에 등장한 것이 도시가 여러 개의 핵심을 중심으로 형성된다는 다핵심모델이다.

• **지대:** 지료(地料). 지상권자가 토지 사용의 대가로 토지 소유자에게 지급하는 금전이나 그 외의 물건.

3. 윗글의 내용을 참고하여, 아래 표의 빈칸을 채워 보세요.

동심원모델	도시가 도심을 중심으로 _____ 을 이루며 커진다고 봄

↓

동심원모델의 한계: _____

선형모델	_____ 에 따라 도시가 도심을 중심으로 _____ 모양처럼 형성된다고 봄

↓

동심원모델과 선형모델의 한계: _____

다핵심모델	도시가 _____ 을 중심으로 형성된다고 봄

4. 윗글의 내용과 일치하지 <u>않는</u> 것은?

① 도시의 기능 지역은 나름의 질서를 가지고 배치된다.
② 동심원모델은 여러 도시의 내부 구조를 분석한 모델이다.
③ 선형모델은 주거 지구의 형성이 교통로의 발달과 관련 있다고 보았다.

고3 2016학년도 9월B

¹근대에 접어들어 과학 혁명과 청교도 윤리의 등장으로 활동적 삶과 사색적 삶에 대한 인식은 달라지기 시작했다. ²16, 17세기 과학 혁명으로 실험 정신과 경험적 지식이 중시되면서 사색적 삶의 영역에 속한 과학적 탐구와 활동적 삶의 영역에 속한 기술 사이의 거리가 좁혀졌다. ³또한 직업을 신의 소명으로 이해하고, 근면과 검약에 의한 개인의 성공을 구원의 징표로 본 청교도 윤리는 생산 활동과 부의 축적에 대한 부정적 인식을 불식하는 계기가 되었다. ⁴이로써 활동적 삶과 사색적 삶이 대등한 위상을 갖게 된 것이다.

⁵18, 19세기 산업 혁명을 계기로 활동적 삶은 사색적 삶보다 중요성이 더 커지게 되었다. ⁶생산 기술에 과학적 지식이 응용되고 기계의 사용이 본격화되면서 기계의 속도에 기초하여 노동 규율이 확립되었고, 인간의 삶은 시간적 규칙성을 따르도록 재조직되었다. ⁷나아가 시간이 관리의 대상으로 부각되면서 시간-동작 연구를 통해 가장 효율적인 작업 동선(動線)을 모색했던 테일러의 과학적 관리론은 20세기 초부터 생산 활동을 합리적으로 조직하는 중요한 원리로 자리 잡았다. ⁸이로써 두뇌에 의한 노동과 근육에 의한 노동이 분리되어 인간의 육체노동이 기계화되는 결과가 초래되었다. ⁹또한 과학을 기술 개발에 활용하기 위한 시스템이 요구되어 공학, 경영학 등의 실용 학문과 산업체 연구소들이 출현하였다. ¹⁰이는 전통적으로 사색적 삶의 영역에 속했던 진리 탐구마저 활동적 삶의 영역에 속하는 생산 활동의 논리에 포섭되었음을 단적으로 보여 준다.

¹¹이처럼 산업 혁명 이후 기계 문명이 발달하고 그에 힘입어 자본주의 시장 메커니즘이 사회를 전면적으로 지배하게 됨에 따라 근면과 속도가 강조되었다. ¹²활동적 삶이 지나치게 강조된 데 대한 반작용으로, '의미 없는 부지런함'이 만연해진 세태에 대한 ⊙비판의 목소리가 나타나 성찰에 의한 사색적 삶의 중요성을 역설하기도 하였다.

5. 윗글의 내용을 참고하여, 아래 표의 빈칸을 채워 보세요.

16, 17세기	_____으로 실험 정신과 경험적 지식이 중시됨	→ 활동적 삶–사색적 삶의 거리가 _____
	_____가 생산 활동, 부의 축적에 대한 부정적 인식을 없애는 계기가 됨	→ 활동적 삶의 위상 ≒ 사색적 삶의 위상
18, 19세기	– _____으로 생산 기술에 과학적 지식 응용, 기계 사용 본격화 – 시간은 관리의 대상으로 부각, 인간의 육체노동 기계화	_____ 삶의 영역이던 진리 탐구마저 _____ 삶의 영역에 포섭됨 → 활동적 삶 (> / <) 사색적 삶

↓

_____ 삶이 지나치게 강조되자 _____ 삶의 중요성이 강조되기도 함

6. ⊙의 내용과 가장 가까운 것은?

① 기계 기술은 정신 기술처럼 가치 있으며, 산업 현장은 그 자체로 위대하고 만족스럽다.

② 인간은 일하기 위해서 사는 것이며, 더 이상 할 일이 없다면 괴로움과 질곡에 빠지고 말 것이다.

③ 자극에 즉각적으로 반응하지 않고 여유롭게 삶의 의미를 되새기는 사유의 방법을 배워야 한다.

④ 나태는 녹이 스는 것처럼 사람을 쇠퇴하게 만들며 쇠퇴의 속도는 노동함으로써 지치는 것보다 훨씬 빠르다.

⑤ 인간은 기계이므로 인간의 행동, 언어, 사고, 감정, 습관, 신념 등은 모두 외적인 자극과 영향으로부터 생겨났다.

(5) 원리와 과정

마지막으로 알아볼 내용 전개 방식은 '원리와 과정'이야. '원리'는 '사물의 근본이 되는 이치.'라는 뜻을, '과정'은 '일이 되어 가는 경로.'라는 뜻을 가지고 있어. 즉 대상이 어떻게 작동하거나 작용하는지, 현상이 어떻게 발생하는지와 관련된 것이 '원리'이고, 그러한 일이 이루어지기 위해 거쳐야 하는 단계들을 순차적으로 제시한 것이 '과정'이라고 볼 수 있지. 이러한 원리와 과정이 지문에서 내용 전개 방식으로 나타날 때는 다음과 같은 의미라고 볼 수 있어.

원리와 과정	'어떻게'에 초점을 맞추어 시간의 흐름에 따라 단계적으로 글을 전개하는 방법

즉 원리와 과정이 나타난다는 것은 지문에서 어떠한 일이 진행되어 가는 과정을 A→B→C→D와 같이 시간의 흐름(순서)에 따라 단계적으로 설명한다는 거야. 그러니까 원리와 과정이 나타날 때에는 기본적으로 '단계'를 잘 정리해 가며 읽을 수 있어야 해.

원리와 과정이 나타나는 부분에서는 먼저 '원리', '과정', '순서' 등을 알아볼 것이라고 소개하거나, 대상의 작용이나 현상의 발생이 '어떻게' 이루어지는 것인지 직접적으로 질문하거나, '~(하)고', '~(하)면', '~한 (이)후'와 같이 순서 혹은 시간의 흐름을 알려줄 수 있는 다양한 표지를 사용하는 등의 방식이 활용될 수 있어.

- 연료전지에서 전기에너지가 생성되는 과정은(과정에 대한 설명 예고) 수소를 저장한 연료 탱크로부터 수소가 −극으로, 공기공급기로 유입되는 외부의 공기 속 산소가 +극으로 공급되며 시작된다.(과정의 첫 번째 단계 제시) −극에 공급된 수소는 촉매 속 백금에 의해 수소 양이온(H^+)과 전자(e^-)로 분리되고, (⋯) +극에서는 공급된 산소가 외부 회로를 통해 이동해 온 전자(e^-)와 결합해 산소 음이온(O^-)이 된 후,(→) 수소 양이온(H^+)과 만나 물(H_2O)이 되어 외부로 배출된다.
- 일반적으로 대기 중에서 만들어질 수 있는 물기둥의 최대 높이는 10m 정도이다. 그런데 지구상의 나무 중에는 그 높이가 110m를 넘는 것들도 있다. 어떻게 뿌리에서 흡수된 물이 높이 110m의 나무 꼭대기에까지 전달될 수 있는 것일까?(현상의 발생 원리에 대해 질문 → 이후 원리와 관련된 설명이 이어질 것)
- 돌고 있던 팽이가 쓰러지려고 할 경우 팽이채로 팽이의 측면에 힘을 가하면(→) 그 측면과 90도를 이루는 팽이의 회전축으로 힘이 전달되어(→) 회전축이 더 빨리 회전하게 되면서(→) 팽이가 쓰러지지 않고 계속 돌게 된다.

다만 지문에서는 '앞으로 과정을 설명할 것'이라는 구체적인 안내 없이 바로 과정을 제시하는 경우도 많고, 표지만으로 과정이 제시되고 있다고 판단하기 어려운 경우도 있어. '~(하)고', '~(하)면'과 같은 표지들은 내용상 순서나 시간의 흐름을 알려줄 수도 있지만, 동시에 일어난 두 사건을 설명하거나 일어나지 않은 사건을 가정하는 경우에도 사용될 수 있거든. 따라서 원리와 과정의 전개 방식이 나타나고 있는지 확인할 때에는 그와 관련하여 'A→B→C→⋯'의 순서로 연이어 발생하는 사건들에 대한 설명이 제시되고 있는지 파악하는 것이 중요해. 이렇게 원리와 과정이 나타났음을 확인한 후에는 연이어 발생한 사건들에 순서대로 번호를 매겨 가면서 내용을 정리해 보는 게 좋아. 이때 어떤 사건이 먼저 발생했고, 어떤 사건이 뒤에 발생했는지 따지는 선후 관계를 정확히 파악하며 읽는 것이 중요하다는 점 참고하자!

예시를 통해 사건의 순서에 번호를 매겨 가며 정리하는 방식을 알아볼까?

돌고 있던 팽이가 쓰러지려고 할 경우 팽이채로 팽이의 측면에 힘을 가하면 그 측면과 90도를 이루는
팽이의 회전축으로 힘이 전달되어 회전축이 더 빨리 회전하게 되면서 팽이가 쓰러지지 않고 계속 돌게 된다.

돌고 있던 팽이가 쓰러지려고 할 경우 팽이채로 팽이의 측면에 힘을 가하면
그 측면과 90도를 이루는 팽이의 회전축으로 힘이 전달되어 회전축이 더 빨리 회전하게 되면서
팽이가 쓰러지지 않고 계속 돌게 된다.

쓰러지려던 팽이가 쓰러지지 않고 계속 돌게 되는
원리를 설명하기 위해 그 과정에서 연이어 발생하는 사건들이 제시되었음을 체크!

돌고 있던 팽이가 쓰러지려고 할 경우 ①팽이채로 팽이의 측면에 힘을 가하면
②그 측면과 90도를 이루는 팽이의 회전축으로 힘이 전달되어 ③회전축이 더 빨리 회전하게 되면서
④팽이가 쓰러지지 않고 계속 돌게 된다.

쓰러지려는 팽이를 계속 돌게 하는 원리(과정)를 순서대로 정리해 두자!
①쓰러지려는 팽이의 측면에 힘 가함 → ②팽이의 회전축으로 힘 전달됨 → ③회전축이 더 빨리 회전함 → ④팽이가 계속 돎

원리와 과정을 제시하는 전개 방식은 보통 과학·기술 지문이나 경제 영역을 다루는 지문에서 자주 활용돼. 이때 하나의 문단, 혹은 지문 전체가 일련의 과정을 설명하는 방식을 취하기도 하지만, 때로는 다음 예시와 같이 앞부분에서 전체 과정을 요약적으로 제시한 후 뒷부분에서는 단계별로 세부적인 내용을 채워 나가는 식으로 지문을 전개하기도 해. 이 경우 처음에 제시된 요약적인 과정에 이후 부연 설명하는 세부적인 내용이 어떻게 대응되는지 확인하면서 정리하는 과정이 필요해.

인체의 거의 모든 장기의 혈액 순환은 혈액이 동맥으로 들어와 모세혈관을 거치면서 산소와 영양소의 교환이 이루어진 다음에 정맥을 통해 나가는 방식이다. 그러나 간의 혈액 순환은 예외적으로 ①혈액이 간동맥과 간문맥이라는 2개의 혈관을 통해서 들어와 ②미세혈관을 지나 ③중심 정맥으로 흘러 나간다. 이 과정을 자세히 살펴보면 ①동맥인 '간동맥'을 통해서 들어오는 혈액은 산소를 운반하고, 소장과 간을 연결하는 혈관인 '간문맥'을 통해서 들어오는 혈액은 위나 장에서 흡수된 영양소를 간으로 이동시킨다. 이 두 혈관들은 간소엽 내부에서 점차 가늘어져 ②'시누소이드'라는 미세혈관으로 합쳐지는데, 시누소이드는 밭이랑처럼 길게 배열되어 있는 간세포들 사이에 위치해 있다. 시누소이드를 흐르는 혈액은 대사 활동에 필요한 산소와 영양소를 간세포에 공급하고, 간세포의 대사 활동의 결과물인 대사산물과 이산화탄소 같은 노폐물 등을 흡수하는데 이러한 과정을 '물질 교환'이라 한다. 이렇게 시누소이드를 거친 혈액은 ③중심 정맥으로 유입된 후, 다시 간정맥으로 합쳐져 심장으로 들어가는 것이다.

간의 혈액 순환 과정에 대해 처음에는 요약적으로, 이후에는 자세하게 세부적인 내용을 채워 나가며 설명하고 있군. 정리해 볼까?

[요약] 혈액이 ①간동맥과 간문맥으로 들어옴 → ②미세혈관을 지나감 → ③중심 정맥으로 흘러 나감

[상세] 혈액이 ①간동맥과 간문맥을 통해 들어오면서 산소와 영양소를 운반함 → ②미세혈관 '시누소이드'를 지나가며 물질 교환(간세포의 대사 활동에 필요한 산소와 영양소 공급, 노폐물 흡수)을 함 → ③중심 정맥으로 흘러 나가 심장으로 들어감

참고로 어떤 일의 진행 과정이 A→B→C→D와 같은 순서로 이루어진다고 해도, 지문에서 반드시 이러한 순서에 따라 각 단계별 정보를 제시하는 것은 아니야. 예를 들어 글의 초반에 어떤 일의 가장 마지막 순서인 D부터 제시한 후 나머지 단계를 A부터 순서대로 제시할 수도 있고, A를 계기로 D가 이루어진다는 내용을 먼저 제시한 뒤 B→C의 중간 과정을 설명할 수도 있지. 이렇게 순서가 뒤바뀌어 제시되었을 때에도 이를 순서대로 재구성해서 파악할 수 있어야 해.

또한 다음 예시에서처럼 진행 과정 가운데 특정 단계를 아주 구체적으로 소개하는 경우도 있어. 어떤 과정에 대해 설명하면서 그 순서를 A→B(B1→B2→B3)→C→D와 같은 방식으로 제시하고 있다면, 이는 'B'라는 특정 단계에서 다양한 조건을 고려하거나 더 세부적인 원리를 살펴보아야 한다는 뜻으로 이해할 수 있어.

2017학년도 11월

선반에 고정된 스프링 끝에 추를 매달면 추의 무게와 스프링이 추를 당기는 힘이 같아지는 지점에서 추는 멈추게 된다. 이 상태에서 ①추를 아래로 잡아당겨 보자. (…) ②당겼던 추를 놓으면 ③탄성력에 의해 추는 상하로 진동하다가 ④추를 당기기 전과 동일한 지점에서 멈추게 된다. 이 지점을 평형점이라고 한다.

이러한 ③추의 진동 과정은 에너지의 전환 과정으로도 설명될 수 있다. 순서 ③에 대해 더 자세히 설명하려 하는군. 추를 잡아당길 때, 추를 잡아당기는 데에 사용한 에너지가 스프링에 저장되었다고 할 수 있는데 이때 저장된 에너지를 탄성력에 의한 '퍼텐셜 에너지'라고 한다. 당겼던 추를 놓으면 [③-⑴스프링은 탄성력에 의해 스프링에 저장된 퍼텐셜 에너지만큼 추를 수직 방향으로 상향, 가속시키는 일을 한다. (…) 수직 상향하던 추는 ③-⑵평형점을 지날 때에 속력이 가장 빠르고 운동 에너지는 최대가 된다. ③-⑶이후 추는 계속 상향하면서 스프링을 누르는 일을 하여 ③-⑷결국 속도가 0인 최고점에 도달하게 된다. (…) ③-⑸이후 스프링에 저장된 퍼텐셜 에너지는 상향으로 운동할 때와 방향이 반대일 뿐, 같은 과정을 거쳐 운동 에너지로 전환되어 추를 수직 하향하게 한다. ③-⑹만약 추의 운동을 방해하는 힘이 없고 공기 저항 등으로 인한 손실이 전혀 없다고 가정한다면 이러한 에너지 전환 과정이 반복되면서 스프링과 추는 계속 진동하게 될 것이다. 즉 퍼텐셜 에너지와 운동 에너지의 합은 일정한 상태로 유지되는 것이다. ③-⑺하지만 실제로는 공기와 스프링의 마찰 등에 의해 추의 운동 에너지가 열에너지로 전환되므로 에너지 전환 과정이 반복될수록 진동은 점차적으로 줄기 마련이다. 이를 '감쇠 현상'이라고 한다.]

스프링에 달린 추를 당겼다가 놓았을 때, 추가 위아래로 진동하다가 멈추는 일련의 과정에서 '추가 위아래로 진동'하는 부분에 초점을 맞추어 이를 더 자세히 설명하고 있군. 정리해 보면 다음과 같겠어.

①스프링에 달린 추를 당겼다가 → ②놓았을 때, → ③추가 [⑴스프링의 탄성력에 의해 상향(위쪽 방향으로) 가속(점차 빨라짐)하다가 → ⑵평형점을 지나는 시점에서 가장 빠르게 움직였다가 → ⑶계속 상향하고 → ⑷속도가 0인 최고점에 도달하여 → ⑸반대 방향으로 ⑴~⑷의 과정을 거치고 → ⑹이러한 ⑴~⑸의 과정을 반복하며 상하로 진동함 → ⑺추의 진동이 '감쇠 현상'에 의해 점차 줄어듦] → ④추를 당기기 전과 동일한 지점에서 멈추게 됨

이외에도 A→B→C(C1 혹은 C2)→D의 과정을 제시한 뒤, 'B'에서의 조건이나 상황에 따라 그 다음 단계는 'C1'이나 'C2'가 될 수 있다는 식으로 전개될 수도 있어. 이때 각 단계에서 설명하는 개념의 정의와 개념 간의 관계(비례 관계, 상관관계, 인과 관계 등), 조건은 잘 정리하고 넘어가는 것이 좋아. 특히 개념 간의 관계는 수학 공식이나 벤다이어그램 같은 그림을 통해 제시되는 경우도 있으니 참고하자!

한 가지 주의할 점은, 중간중간에 끼어 들어가는 세부 정보들에 집중하다가 정작 A→B→C→D라는 큰 흐름을 놓쳐 버려서는 안 된다는 점이야. 예를 들어 A→B까지는 과정의 흐름을 잘 따라가며 읽었는데, C에 이르러 어려운 개념과 함께 긴 설명이 시작되면 쏟아지는 정보들에 정신을 빼앗기기가 쉽겠지? 그렇게 되면 자신이 지금 어떤 단계에 해당하는 내용을 독해하는 중인지조차 파악하지 못해 혼란스러워질 수 있어. 따라서 원리와 과정의 큰 흐름을 항상 염두에 두면서, 각 단계별로 나누어 읽는 연습을 해야 해!

자, 그럼 아래의 기출 지문을 활용하여 '원리와 과정'이 제시된 글의 독해 전략을 익혀 보자.

고1 2017학년도 11월

¹심장 박동은 구체적으로 어떤 과정을 거쳐 일어나며, 심장음은 왜 발생하는 것일까?

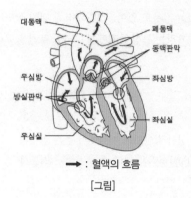

대동맥
폐동맥
동맥판막
우심방
좌심방
방실판막
좌심실
우심실

→ : 혈액의 흐름

[그림]

²이 궁금증을 해결하기 위해서는 우선 심장의 구조와 <mark>혈액의 순환 과정</mark>을 살펴볼 필요가 있다. 심장의 구조와 혈액의 순환 과정에 대해 설명하려나 보군. ³심장은 [그림]과 같이 우심방과 우심실, 좌심방과 좌심실로 구성되어 있다. ⁴각 심방과 심실 사이에는 방실판막이 있고, 우심실과 폐동맥 사이, 좌심실과 대동맥 사이에는 동맥판막이 있다. 심장의 구조와 관련하여 이해할 때 옆에 제시된 [그림]을 참고해야겠어. '우심방', '우심실', '좌심방', '좌심실', '방실판막', '동맥판막'의 이름과 위치를 잘 기억해 두자. ⁵여기서 판막은 혈액을 한 방향으로만 흐르게 하는 역할을 한다는 점에서 마치 한쪽으로만 열리는 출입문에 비유될 수 있다. ⁶방실판막은 심방에서 심실로만 열리는데, 심방의 압력이 심실의 압력보다 높을 경우에만 열린다. ⁷동맥판막 역시 압력의 차이로 인해 심실에서 동맥으로만 열린다. 두 판막에 대해 자세히 설명하고 있네. 혈액이 심방 → 심실로 흐를 때는 방실판막이, 심실 → 동맥으로 흐를 때는 동맥판막이 열린다는 것을 잘 기억해 두자. ⁸그리고 <mark>혈액의 순환 과정은 다음과 같다.</mark> ⁹①혈액은 몸 전체의 세포와 조직에 산소를 공급하고 이들로부터 이산화탄소를 받은 후 ②우심방, 우심실을 거쳐 ③폐동맥을 통해 폐로 이동된다. ¹⁰이후 ④폐에서 산소를 공급받은 혈액은 ⑤좌심방으로 되돌아와 좌심실을 거쳐 ⑥대동맥을 통해 몸 전체로 나가게 된다. 심장을 중심으로 혈액이 순환하는 과정을 설명했어. 앞서 자세히 설명한 '방실판막', '동맥판막'의 위치와 기능까지 고려해서 과정을 정리해 두면 좋겠네. ¹¹이 과정에서 우심실과 좌심실은 동시에 수축됨으로써 같은 양의 혈액을 폐나 몸 전체로 내보내는데, 혈액을 폐로 보내는 것보다 몸 전체로 보낼 때 더 강한 힘이 필요하므로 좌심실 벽이 우심실 벽보다 더 두껍다.

윗글에서는 심장의 구조와 혈액의 순환 과정을 살펴보고 있어. 앞부분에서 먼저 심장의 구성에 대해 자세하게 설명하는 것이 눈에 띄지? 일반적으로 원리와 과정을 다루는 과학·기술 영역의 지문은 대상을 구성하는 여러 요소들이 어떠한 순서로 작동하는지를 다루는 경우가 많기 때문에, 이해를 돕기 위해 먼저 대상의 구성 요소에 대해 자세히 설명할 거야. 윗글에서 심장을 구성하는 각 요소의 위치를 확인할 수 있게 [그림]까지 제시해 가면서 설명한 것처럼 말이야. 만일 [그림]이 없었거나, '우심방', '우심실', '좌심방', '좌심실', 두 '판막'에 대한 안내가 없었다면 각 구성 요소를 거쳐 가는 혈액의 흐름을 이해하기 쉽지 않았겠지? 그러니까 지문에서 구성 요소를 설명하는 부분은 꼼꼼하게 읽고 파악하는 것이 좋아.

그럼 심장의 구조에 대한 이해를 바탕으로, 아래 표의 빈칸을 채우며 윗글에 제시된 혈액의 순환 과정을 정리해 보자.

혈액의 순환
Q1. 혈액이 몸 전체의 세포·조직에 산소를 공급하고 _____를 받아 옴
→ **Q2.** 혈액이 _____ → (방실판막) → _____을 거쳐 감
→ **Q3.** 혈액이 (동맥판막을 거쳐) _____으로 흐름
→ **Q4.** 혈액이 폐에서 _____를 공급받음
→ **Q5.** 혈액이 _____ → (방실판막) → _____을 거쳐 감
→ **Q6.** 혈액이 (동맥판막을 거쳐) _____을 통해 몸 전체로 나감

빈칸의 정답은 다음의 문장들에서 찾을 수 있어.

> [8]그리고 혈액의 순환 과정은 다음과 같다. [9]①혈액은 몸 전체의 세포와 조직에 산소를 공급하고 이들로부터 이산화탄소를 받은 후 ②우심방, 우심실을 거쳐 ③폐동맥을 통해 폐로 이동된다. [10]이후 ④폐에서 산소를 공급받은 혈액은 ⑤좌심방으로 되돌아와 좌심실을 거쳐 ⑥대동맥을 통해 몸 전체로 나가게 된다.

먼저 몸 전체에 산소를 공급한 혈액은 이들로부터 '이산화탄소'(**Q1**)를 받아 오고, 심장의 '우심방'과 '우심실'(**Q2**)을 거치게 되지. 여기서 잊지 말아야 하는 것은 앞서 심장의 구조를 설명할 때 언급한 방실판막과 동맥판막에 대한 내용이야.

> [4]각 심방과 심실 사이에는 방실판막이 있고, 우심실과 폐동맥 사이, 좌심실과 대동맥 사이에는 동맥판막이 있다. + [6]방실판막은 심방에서 심실로만 열리는데, 심방의 압력이 심실의 압력보다 높을 경우에만 열린다. [7]동맥판막 역시 압력의 차이로 인해 심실에서 동맥으로만 열린다.

이러한 내용을 고려하여 앞의 표에서처럼 혈액이 우심방 → 우심실로 가는 과정에서는 방실판막을 거쳐 간다는 점도 함께 정리해 두는 게 좋아. 이렇게 우심실을 거쳐 간 혈액은, 이번에는 심실과 동맥 사이에 있는 동맥판막을 거쳐 '폐동맥'(**Q3**)으로 흐르게 돼. 폐동맥을 통해 폐로 흘러들어간 혈액은 폐에서 '산소'(**Q4**)를 공급받지. 그리고 혈액은 '좌심방'과 '좌심실'(**Q5**)을 거쳐 가며 이동하고(이때에는 좌심방과 좌심실 사이의 방실판막을 거쳐 가겠지?), 이후에는 동맥판막을 거쳐 '대동맥'(**Q6**)을 통해 몸 전체로 나가게 돼. 정리하면, **Q1**의 답은 '이산화탄소', **Q2**의 답은 '우심방', '우심실', **Q3**의 답은 '폐동맥', **Q4**의 답은 '산소', **Q5**의 답은 '좌심방', '좌심실', **Q6**의 답은 '대동맥'이야.

이렇게 몸 전체로 나간 혈액은 다시 온몸의 세포와 조직에 산소를 공급하고 이산화탄소를 받아서 심장으로 돌아오는 과정을 반복하게 될 거야. 이렇게 해서 혈액의 '순환'이 이루어지게 되는 거지. 대상의 구성 요소와 과정을 잘 연계해 가며 읽으니 심장의 구조와 혈액의 순환 과정을 좀 더 잘 이해할 수 있었지?

1등급 전략

- ☑ 전략 1　어떤 대상의 작동·작용, 현상의 발생과 관련해 그 원리와 과정을 제시하는 전개 방식이 나타나면, 단계마다 순서대로 번호를 매겨 가면서 핵심 내용을 정리할 수 있도록 한다.
- ☑ 전략 2　원리나 과정이 순차적으로 제시되지 않았을 경우에는, 순차적으로 각 단계에 해당하는 내용을 재구성하고 정리하며 읽을 수 있도록 한다.
- ☑ 전략 3　특정 단계에 대한 설명이 아주 자세하게 제시되거나, 다음 단계와 연관되는 전제 조건·상황이 제시된 경우에는, 해당 부분이 문제로 출제될 가능성이 높음을 이해하고 꼼꼼하게 정리하며 읽을 수 있도록 한다.
  ※ 이때 중간에 끼어든 설명에 너무 집중해서 큰 흐름(단계)을 놓치지 않도록 주의한다.

1~2 다음을 읽고 주어진 물음에 답하세요.

고1 2021학년도 6월

¹'식욕'은 음식을 먹고 싶어 하는 욕망으로, 인간이 살아가는 데 필요한 영양분을 얻기 위해서 반드시 필요하다. ²식욕은 기본적으로 뇌의 시상 하부*에 있는 식욕 중추*의 영향을 받는데, 이 중추에는 배가 고픈 느낌이 들게 하는 '섭식 중추'와 배가 부른 느낌이 들게 하는 '포만 중추'가 함께 있다. ³우리 몸이 영양분을 필요로 하는 상태가 되면 섭식 중추는 뇌 안의 다양한 곳에 신호를 보낸다. ⁴그러면 식욕이 느껴져 침의 분비와 같이 먹는 일과 관련된 무의식적인 행동이 촉진된다. ⁵그러다 영양분의 섭취가 늘어나면, 포만 중추가 작용해서 식욕이 억제된다.

[A]
⁶그렇다면 뇌에 있는 섭식 중추나 포만 중추는 어떻게 몸속 영양분의 상태에 따라 식욕을 조절하는 것일까? ⁷여기에서 중요한 역할을 하는 것이 혈액 속을 흐르는 영양소인데, 특히 탄수화물에서 분해된 '포도당'과 지방에서 분해된 '지방산'이 중요하다. ⁸먼저 탄수화물은 식사를 통해 섭취된 후 소장에서 분해되면, 포도당으로 변해 혈액 속으로 흡수된다. ⁹그러면 혈중 포도당의 농도가 높아지고, 이를 줄이기 위해 췌장에서 '인슐린'이라는 호르몬이 분비된다. ¹⁰이 포도당과 인슐린이 혈액을 타고 시상 하부로 이동하여 포만 중추의 작용은 촉진하고 섭식 중추의 작용은 억제한다. ¹¹반면에 지방은 피부 아래의 조직에 중성지방의 형태로 저장되어 있다가 공복 상태가 길어지면 혈액 속으로 흘러가 간(肝)으로 운반된다. ¹²그러면 부족한 에너지를 보충하기 위해 간에서 중성지방이 분해되고, 이 과정에서 생긴 지방산이 혈액을 타고 시상 하부로 이동하여 섭식 중추의 작용은 촉진하고 포만 중추의 작용은 억제한다. ¹³이와 같은 작용 원리에 따라 우리의 식욕은 자연스럽게 조절된다.

•시상 하부: 사람이 의식적으로 통제하지 못하는 다양한 신체 시스템을 감시하고 조절하는 뇌의 영역.
•중추: 신경 기관 가운데, 신경 세포가 모여 있는 부분.

1. 윗글의 내용을 참고하여 아래 표의 빈칸을 채워 보세요.

식욕 조절의 기본 원리	_____ 중추	영양분이 필요할 때 뇌에 신호를 보내 식욕을 느끼게 함
	_____ 중추	영양분의 섭취가 늘어났을 때 작용하여 식욕을 억제시킴

영양분의 상태에 따른 식욕 조절 과정	
포도당의 경우	지방산의 경우
탄수화물이 소장에서 분해되어 _____이 됨	피부 밑에 중성지방이 저장됨
↓	↓
포도당이 혈액에 흡수되면서 혈중 포도당 농도가 (높아짐 / 낮아짐)	_____가 길어지면 지방이 혈액으로 흘러가 ___으로 운반됨
↓	↓
혈중 포도당을 (높이기 / 낮추기) 위해 췌장에서 _____이 분비됨	부족한 에너지를 보충하기 위해 간에서 _____이 분해됨
↓	↓
_____과 _____이 시상 하부로 이동함	_____이 시상 하부로 이동함
↓	↓
포만 중추 작용 (촉진 / 억제) 섭식 중추 작용 (촉진 / 억제)	포만 중추 작용 (촉진 / 억제) 섭식 중추 작용 (촉진 / 억제)

2. [A]를 바탕으로 〈보기〉에 대해 설명한 내용으로 가장 적절한 것은?

보기

다음은 탄수화물이 포함된 식사 전후에 혈액 속을 흐르는 물질이 식욕 중추에 끼치는 영향 관계를 표현한 모식도이다.

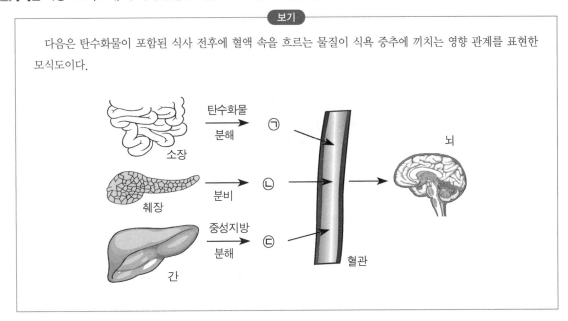

① 혈관 속에 ㉠의 양이 줄어들면 ㉡이 분비된다.
② 혈관 속에 ㉠과 ㉡의 양이 많아지면 배가 고픈 느낌이 든다.
③ 공복 상태가 길어지면 ㉠과 ㉢은 시상 하부의 명령을 식욕 중추에 전달한다.
④ 공복 상태가 길어지면 혈관 속에 ㉠의 양은 줄어들고 ㉢의 양은 늘어난다.
⑤ 식사를 하는 동안에 ㉡은 ㉢의 도움으로 피부 아래의 조직에 중성지방으로 저장된다.

고2 2015학년도 6월

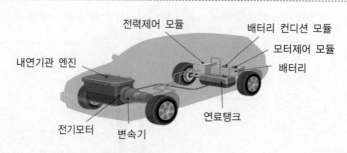

〈하이브리드 자동차의 구조〉

¹하이브리드 자동차는 만드는 방법에 따라 구동 방식이나 구조상 차이가 있지만, 대체로 위의 그림과 같은 핵심 구성요소들로 이루어져 있다. ²내연기관 엔진은 기관 내부에서 연료를 연소시켜 열에너지를 기계적 에너지로 바꾼다. ³전기모터는 자동차의 주행 상태에 따라 전동기나 발전기 역할을 할 수도 있고 작동하지 않을 수도 있다. ⁴전동기 역할을 할 때는 전력을 사용하여 자동차를 움직이게 하고, 발전기 역할을 할 때는 회전 에너지를 전력으로 바꾸어 배터리를 충전한다. ⁵배터리는 전기모터가 필요로 하는 에너지를 공급하는 장치로, 자동차의 주행 상태에 따라 에너지가 충전되기도 한다. ⁶그 외 구성 요소에는 내연기관 엔진과 전기모터의 회전 운동을 바퀴에 전달하는 변속기, 연료를 보관하는 연료탱크, 전력이나 전기모터를 제어하는 모듈˙, 배터리 상태를 확인하는 모듈 등이 있다.

⁷하이브리드 자동차는 차량 속도나 주행 상태 등에 따라 내연기관 엔진과 전기모터의 힘을 적절히 조절하여 에너지 효율을 높인다. ⁸시동을 걸 때는 전기모터만 사용하지만, 가속하거나 등판˙할 때처럼 많은 힘이 필요하면 전기모터가 엔진을 보조하여 구동력을 높인다. ⁹정속 주행은 속도에 따라 두 유형이 있는데, 저속 정속 주행할 때는 전기모터만 작동하지만, 고속 정속 주행할 때는 엔진과 전기모터가 함께 작동한다. ¹⁰반면에 감속할 때는 연료 공급이 중단되어 엔진이 정지되고 전기모터는 배터리를 충전한다. ¹¹또한 잠깐 정차할 때는 엔진이 자동으로 정지하여 차량의 공회전˙에 따른 불필요한 연료 소비와 배기가스 발생을 차단한다.

- •**모듈:** 프로그램이나 기계 또는 시스템의 구성 단위.
- •**등판:** 차량 따위가 비탈길을 올라가는 일.
- •**공회전:** 기계 따위가 헛도는 일.

3. 윗글의 내용을 참고하여 아래 표의 빈칸을 채워 보세요.

하이브리드 자동차의 주행 원리	
시동 걸 때	_____ 사용
↓	
가속 · 등판할 때	_____와 _____ 모두 사용하여 구동력 높임
↓	
정속 주행할 때	(저속) _____ 작동
	(고속) _____ 와 _____ 모두 작동
↓	
감속할 때	_____ 정지, 전기모터는 (**전동기 / 발전기**) 역할을 함
↓	
정차할 때	엔진 _____ 하여 불필요한 연료 소비 · 배기가스 발생 차단

4. 윗글을 바탕으로 〈보기〉에 대해 이해한 내용으로 적절하지 <u>않은</u> 것은?

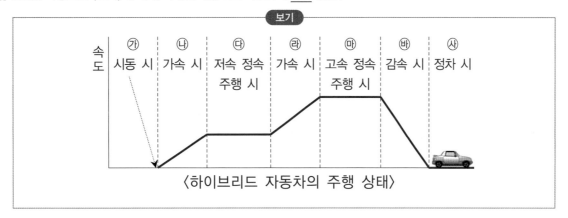

〈하이브리드 자동차의 주행 상태〉

① ㉮에서는 전기모터만 작동한다.

② ㉯와 ㉱에서는 엔진과 전기모터가 함께 작동한다.

③ ㉰와 달리 ㉲에서는 엔진도 작동한다.

④ ㉲에서는 전기모터가 전동기의 역할을 한다.

⑤ ㉴에서는 엔진이 자동으로 정지한다.

¹건강 상태를 진단하거나 범죄의 현장에서 혈흔을 조사하기 위해 검사용 키트가 널리 이용된다. ²키트 제작에는 다양한 과학적 원리가 적용되는데, 적은 비용으로 쉽고 빠르고 정확하게 검사할 수 있는 키트를 제작하는 것이 요구된다. ³이러한 필요에 따라 항원-항체 반응을 응용하여 시료에 존재하는 성분을 분석하는 다양한 형태의 키트가 개발되고 있다. ⁴항원-항체 반응은 항원과 그 항원에만 특이적으로 반응하는 항체가 결합하는 면역 반응을 말한다. ⁵항체 제조 기술이 발전하면서 휴대성이 높고 분석 시간이 짧은 측면유동면역분석법(LFIA)을 이용한 다양한 종류의 키트가 개발되고 있다.

⁶LFIA 키트를 이용하면 키트에 나타나는 선을 통해, 액상의 시료에서 검출하고자 하는 목표 성분의 유무를 간편하게 확인할 수 있다. ⁷LFIA 키트는 가로로 긴 납작한 막대 모양인데, 시료 패드, 결합 패드, 반응막, 흡수 패드가 순서대로 나란히 배열된 구조로 되어 있다. ⁸시료 패드로 흡수된 시료는 결합 패드에서 복합체와 함께 반응막을 지나 여분의 시료가 흡수되는 흡수 패드로 이동한다. ⁹결합 패드에 있는 복합체는 금-나노 입자 또는 형광 비드 등의 표지 물질에 특정 물질이 붙어 이루어진다. ¹⁰표지 물질은 발색 반응에 의해 색깔을 내는데, 이 표지 물질에 붙어 있는 특정 물질은 키트 방식에 따라 종류가 다르다. ¹¹일반적으로 한 가지 목표 성분을 검출하는 키트의 반응막에는 항체들이 띠 모양으로 두 가닥 고정되어 있는데, 그중 시료 패드와 가까운 쪽에 있는 가닥이 검사선이고 다른 가닥은 표준선이다. ¹²표지 물질이 검사선이나 표준선에 놓이면 발색 반응에 의해 반응선이 나타난다. ¹³검사선이 발색되어 나타나는 반응선을 통해서는 목표 성분의 유무를 판정할 수 있다. ¹⁴표준선이 발색된 반응선이 나타나면 검사가 정상적으로 진행되었음을 알 수 있다.

¹⁵LFIA 키트는 주로 ㉠직접 방식 또는 ㉡경쟁 방식으로 제작되는데, 방식에 따라 검사선의 발색 여부가 의미하는 바가 다르다. ¹⁶직접 방식에서 복합체에 포함된 특정 물질은 목표 성분에 결합할 수 있는 항체이다. ¹⁷시료에 목표 성분이 포함되어 있다면 목표 성분은 이 항체와 일차적으로 결합하고, 이후 검사선의 고정된 항체와 결합한다. ¹⁸따라서 검사선이 발색되면 시료에서 목표 성분이 검출되었다고 판정한다. ¹⁹한편 경쟁 방식에서 복합체에 포함된 특정 물질은 목표 성분에 대한 항체가 아니라 목표 성분 자체이다. ²⁰만약 시료에 목표 성분이 포함되어 있으면 시료의 목표 성분과 복합체의 목표 성분이 서로 검사선의 항체와 결합하려 경쟁한다. ²¹이때 시료에 목표 성분이 충분히 많다면 시료의 목표 성분은 복합체의 목표 성분이 검사선의 항체와 결합하는 것을 방해하므로 검사선이 발색되지 않는다. ²²직접 방식은 세균이나 분자량이 큰 단백질 등을 검출할 때 이용하고, 경쟁 방식은 항생 물질처럼 목표 성분의 크기가 작은 경우에 이용한다.

5. 윗글의 내용을 참고하여 아래 표의 빈칸을 채워 보세요.

LFIA 키트		
구성 요소	작용 원리	
시료 패드	목표 성분이 포함된 _____를 흡수	
	↓	
결합 패드	직접 방식	경쟁 방식
	시료가 복합체(표지 물질 + _____)와 결합	시료가 복합체(표지 물질 + _____)와 이동
반응막	시료가 검사선의 _____와 결합	시료가 검사선의 _____와 결합하기 위해 경쟁
	↓	
	검사선 발색 시 목표 성분이 충분히 **(검출되었다고 / 검출되지 않았다고)** 판정	검사선 발색 시 목표 성분이 충분히 **(검출되었다고 / 검출되지 않았다고)** 판정
	↓	
	표준선 발색 시 검사가 **(정상적으로 / 잘못)** 진행되었다고 판단	
	↓	
흡수 패드	여분의 _____ 흡수	

6. ㉠과 ㉡에 대한 이해로 가장 적절한 것은?

① ㉠은 ㉡과 달리, 시료에 들어 있는 목표 성분은 검사선에 도달하기 이전에 항체와 결합을 하겠군.

② ㉠은 ㉡과 달리, 시료에서 목표 성분을 검출했다면 검사선에서 항체와 목표 성분의 결합이 존재하지 않겠군.

③ ㉡은 ㉠과 달리, 시료가 표준선에 도달하기 이전에 검사선에 먼저 도달하겠군.

④ ㉡은 ㉠과 달리, 정상적인 검사로 시료에서 목표 성분을 검출했다면 반응막에 아무런 반응선도 나타나지 않았겠군.

⑤ ㉠과 ㉡은 모두 시료에 들어 있는 목표 성분이 표지 물질과 항원−항체 반응으로 결합하겠군.

3 지문 주제별 독해 전략에는 무엇이 있을까? (글 읽기)

목표 ③ 글의 전체적인 주제와 흐름 파악하기

먼저 지문을 구성하는 문장을 살펴보고, 다음으로 보통 문단 단위로 제시되는 전개 방식을 살펴보았으니 이번에는 '글의 전체적인 주제와 흐름 파악하기'에 대해 살펴보려고 해. 지문은 하나의 주제를 바탕으로 완결된 글 형태로 제시돼. 이때 지문은 주제를 논리적으로, 설득력 있게 제시하기 위해 특정한 전개 방식을 취하는데, 때로는 하나의 지문 안에 여러 개의 전개 방식이 제시되기도 해. 예를 들어 설명해 볼까?

'엑스레이 아트'라는 대상에 대해 설명하는 고1 2019학년도 3월 학력평가의 지문은 다음과 같은 구조로 이루어져 있어.

구조	각 문단의 중심 내용	정리	전개 방식
처음	**1문단** 엑스레이 아트는 엑스레이 사진을 활용하여 만든 예술 작품을 의미한다.	'엑스레이 아트'의 정의	정의와 예시
중간	**2문단** 엑스레이 아트의 거장인 닉 베세이는 「튤립」과 「셀피」와 같은 작품을 만들어 자신의 창작 의도를 나타냈다.	'엑스레이 아트'의 예시	
	3문단 엑스레이 아트의 창작 의도를 구현하기 위해서는 오브제의 특성을 고려하여 촬영해야 한다.	'엑스레이 아트'의 창작 의도 구현 원리	원리와 과정
	4문단 촬영 후, 창작 의도를 구현하기 위해 여러 장의 사진을 합성하기도 한다.		
끝	**5문단** 엑스레이를 활용한 엑스레이 아트는 현대 예술에 기여하였다는 평가를 받는다.	'엑스레이 아트'의 의의	

표에 제시되어 있듯, 일반적으로 지문은 '처음-중간-끝'으로 나누어 생각해볼 수 있는데, 각 요소를 구성하는 문단에는 주제를 효과적으로 설명하기 위한 전개 방식이 반영되어 있어. 위 구성을 보면 하나의 지문 안에서 '정의와 예시', '원리와 과정'이라는 두 가지 전개 방식이 함께 나타나고 있다는 것을 확인할 수 있지? (참고로 윗글에서 5문단에 제시된 엑스레이 아트의 의의는, 주요 정보 뒤에 추가적인 설명이 덧붙은 것이라고 볼 수 있어.)

기본적으로 지문이 어떠한 전개 방식을 취하고 있는지는 파악해 두는 게 좋아. 지문의 전개 방식을 파악한다는 것은 곧 지문의 구조를 이해한다는 것이고, 지문의 구조를 이해하면 지문의 전체적인 흐름을 파악하면서 읽기 수월해지거든. 이렇게 글의 중심 내용과 전개 방식을 손으로, 혹은 (숙련된 독해 능력을 가진 경우) 머릿속으로 정리해 가며 지문을 읽는다면 지문의 내용을 이해하고, 문제의 근거를 파악하기 수월해질 거야.

결국 지문을 올바르게 이해하기 위해서는 주제에 따른 지문의 특성과 지문의 구조를 알아 두어야 해. 앞으로 인문·예술, 사회, 과학·기술이라는 분야에 따라 지문이 어떠한 성격과 구조를 지니는지 설명하고, 실제 기출을 통해 지문의 구조를 직접 파악해 보는 활동을 할 테니 잘 따라와!

(1) 인문 · 예술

STEP 1 지문 살펴보기

① 인문 · 예술 분야의 지문이란?

인문 분야는 인문학과 관련된 주제를 다뤄. '인문학'의 사전적인 의미는 '언어, 문학, 역사, 철학 따위를 연구하는 학문.' 인데, 쉽게 생각하면 결국 인간과 문화에 대해 탐구하는 학문이라고 볼 수 있어. 철학은 '인간과 세계에 대한 근본 원리와 삶의 본질 따위를 연구하는 학문'으로, '인간이란 무엇인가?', '세계는 무엇으로 구성되어 있는가?'와 같은 질문과 관련되어 있어. 각 질문에 대해 서양과 동양에서는 독자적인 연구 과정을 거쳐 답을 찾아갔는데, 인문 영역에서는 이러한 '서양 철학'과 '동양 철학'을 자주 다뤄. 물론 이 외에 언어, 문화, 심리, 역사 등과 관련된 주제도 다루지. 또한 특정 주제에 대한 학자들의 견해나 관점을 중심으로 전개되면서 학자들의 논리적인 사고 과정 자체, 즉 논리학에 관심을 가지는 경우도 많아. 예를 들면 논증법의 일종인 '연역', '귀납', '변증법' 등을 주제로 삼는 경우를 생각해볼 수 있지. 고3 평가원 시험에 등장한 인문 분야의 대표적 지문 들을 살펴보면 다음과 같아.

관련 주제	지문명
서양 철학	에피쿠로스의 자연학과 윤리학 2020학년도 6월 아리스토텔레스의 목적론 2018학년도 수능 도덕적 운과 도덕적 평가 2016학년도 수능B
동양 철학	서양 의학의 영향을 받은 이익과 최한기의 인체관 2019학년도 6월 장자의 물아일체 사상 2016학년도 6월B 맹자의 '의' 사상 2015학년도 9월B
논리학	반자유의지 논증과 이에 대한 비판적 입장 2022학년도 9월 가능세계의 개념과 성질 2019학년도 수능 지식의 구분 2017학년도 수능
역사학	(가) 『신어』에 담긴 육가의 사상 / (나) 『치평요람』에 담긴 세종과 편찬자들의 사상 2023학년도 6월 신채호의 역사관 2015학년도 수능B 고고학의 유물 자료 해석 2015학년도 6월A

예술 분야는 '아름다움'을 표현하기 위한 인간의 활동이나 기술과 관련된 분야야. 미술, 음악, 사진, 영화, 건축 양식 등에 대해 다룬 지문이 예술 분야에 포함된다고 볼 수 있지. 고대에서 시작하여 현대에 이르기까지, 시기에 따라 미술 · 음악 · 건축 등이 다른 양식으로 나타났던 것은 알고 있지? 예술은 이 점을 전제해서 특정 시기에 나타나는 예술의 경향, 즉 예술 사조를 주제로 다루는 경우가 많아. 특정 시기에 나타난 작품의 특징이나 예술가, 혹은 유파(생각이나 방법 경향이 비슷한 사람들이 모여서 이룬 무리)의 생각을 탐구해 가는 거지. 또한 예술과 밀접하게 연관된 '미학', 즉 '자연이나 인생 및 예술 따위에 담긴 미의 본질과 구조를 해명하는 학문'에 대한 다양한 학자의 이론을 다루는 경우도 있어. 이 또한 인간에 대한 물음과 관련되다 보니, '미학'을 다루는 지문은 인문 분야에도 속한다고 볼 수 있지. 고3 평가원 시험에 등장한 예술 분야의 주제별 지문 들을 제시하면 다음과 같아.

관련 주제	지문명
미술	하이퍼리얼리즘 2018학년도 9월 회화주의 사진 2016학년도 9월AB 추사 김정희의 묵란화 2015학년도 9월AB
영화	작가주의 2015학년도 6월AB 영화적 관습의 유동성 2012학년도 9월
음악	베토벤 교향곡의 음악사적 의의 2014학년도 수능B 바로크 시대 음악, 정서론과 음형론 2012학년도 수능
건축	선암사 승선교에 담긴 미의식 2014학년도 수능A 한옥의 창호 2014학년도 9월A 캄피돌리오 광장 2014학년도 6월AB
미학	칸트의 취미 판단 이론 2015학년도 수능AB 미학이론으로 본 뮤지컬 2011학년도 수능

➕ 인문 지문에서 추상적인 주제나 이론이 제시될 때

인문 분야는 보다 현실적인 문제를 다루는 사회 분야나 원리 체계가 명확한 과학·기술 분야에 비해 추상적인 주제를 다루는 경향이 있어. 즉 '정신이란 무엇인가?'와 같이 우리가 감각적으로 경험하거나 검증하기 어려운 분야를 다루는 것이지. 이때 대개의 인문 지문에서는 추상적인 이론을 적용해 볼 수 있는 구체적인 예시를 제시하는데, 예시를 제시할 수 없는 경우에는 가능한 자세하게 말로 풀어서 설명해 줘. 그러니 추상적인 주제와 이론이 제시되었다고 해서 너무 당황하지 말고, 함께 제시되는 상세한 설명이나 예시를 잘 확인해 가면서 지문을 이해해 가는 것이 좋아. 이는 예술 분야에서 미학 이론을 다룰 때에도 동일하게 적용해볼 수 있으니 참고하자.

② 인문·예술 분야에서 눈여겨볼 전개 방식

인문·예술 분야에서는 기본적으로 특정 인물이나 유파의 관점을 다루는 경우가 많아. 일반적으로 '관점'을 다루는 인문·예술 분야의 독서 지문에서 흔히 나타나는 전개 방식으로는 다음과 같은 것들을 들어볼 수 있어.

구조	분야별 주요 내용	주요 전개 방식
특정 인물(유파)의 관점	**인문** – 특정 인문학자(유파)의 주장과 근거, 예시, 한계, 의의 **예술** – 특정 예술가(유파)나 예술 작품의 표현 방법·활용 소재·사용 기법 – 특정 미학자의 주장과 근거, 예시, 한계, 의의	특정 관점에 대해 예를 들어 자세히 설명함(정의와 예시)
여러 인물(유파)들의 관점	**인문** – 특정 주제에 대한 다양한 인문학자(유파)의 관점 나열 – 특정 주제에 대한 기존의 인문학자(유파)의 견해를 강화·약화하는 다른 인문학자(유파)의 견해 제시 **예술** – 서로 다른 예술 작품의 표현 방법·활용 소재·사용 기법 비교 – 특정 주제나 작품에 대한 다양한 예술가(유파)·미학자들의 관점 나열 – 특정 주제나 작품에 대한 기존의 사조나 견해를 강화·약화하는 다른 예술가(유파)·미학자들의 견해 제시	– 특정 주제에 대한 여러 견해를 나열하여 제시함(나열) – 서로 다른 견해들을 비교하며 제시함(비교와 대조) – 이전의 견해를 강화·약화하기 위해 발생한 다른 견해를 제시함(원인과 결과)

사람의 관점이나 생각은 살아가면서 변하기도 해. 그러다 보니 지문에서 단 한 인물(혹은 유파)의 관점을 다룬다고 하더라도, '통시적 구성'에 따라 전개되면서 관점이 '초기', '후기' 등으로 나뉘어 다르게 나타날 수 있어. 이 경우에는 여러 인물(유파)의 관점을 다룬 지문을 읽을 때처럼, '초기'에 나타나는 관점과 '후기'에 나타나는 관점을 구분해서 이해해야 해. 이때에는 어떠한 원인에 의해 '초기'에서 '후기'로 사고의 변화가 나타났는지를 탐구하거나 '초기'와 '후기'의 관점을 비교하는 과정에서 '원인과 결과', '비교와 대조'와 같은 전개 방식이 나타날 수 있겠지. 이 외에도 특정한 문제 상황에 대한 다양한 학자들의 의견을 제시하면서 '문제와 해결'의 전개 방식이 나타나는 등 다른 전개 방식도 활용될 수 있으니 참고하자.

➕ '독서론' 지문이란?

2014학년도 수능 이후 평가원 시험에서 다시 '독서론'을 주제로 다루기 시작한 건 2022학년도 6월 모의평가부터야. 2014학년도의 평가원 독서론 기출 문제를 살펴볼까? 아래와 같이 짧은 지문에 문항도 한두 개 정도라. 다른 영역의 지문들만큼 부담이 큰 영역은 아니었어.

고3 **2014학년도 9월B**

12세기 이전까지 유럽에서의 독서는 신앙심을 고취하기 위하여 주로 성경이나 주석서를 천천히 반복해서 읽는 방식으로 이루어졌다. 그런데 12세기 들어 그리스 고전이 이슬람 세계로부터 대거 유입되고 학문적 저술의 양이 폭발적으로 늘어나게 되자 독서 문화에도 변화가 일어나기 시작했다.

이 시기의 독서는 폭넓고 풍부한 지식의 습득을 목적으로 삼게 되었다. 하지만 방대한 양의 저서를 두루 구해 읽는다는 것은 시간적으로나 경제적으로나 불가능한 일이었다. 이에 책의 중요한 내용을 뽑아 간략하게 정리한 요약집, 백과사전과 같은 다양한 참고 도서의 발행이 성행하였다. 이러한 책들은 텍스트가 장, 절로 나누어져 있고 중요한 구절 표시가 있는가 하면, 자례나 찾아보기 같은 보조 장치가 마련되어 있는 등 이전과 다른 새로운 방식으로 편집되었다. 이를 활용하여 독자들은 다양한 정보와 해석을 편리하고 빠르게 찾고, 이렇게 얻은 지식들을 논증의 도구로 활용할 수 있게 되었다.

그러나 이와 같은 참고 도서를 위주로 한 독서가 유행하면서 사람들은 점차 원전 독서를 등한시하여 원전이 담고 있는 풍부함을 맛볼 수 없게 되었다. 주요 부분을 발췌하여 읽는 것은 텍스트의 의미를 효율적으로 파악하게 하는 이점은 있었지만 그 속에 담긴 깊은 뜻을 이해하는 데에는 방해가 되었다.

그런데 2022학년도에 들어 수능 국어가 '공통과목 + 선택과목'의 형태로 바뀌게 되면서, '독서 + 문학'으로 구성된 공통과목의 시작 부분에 '독서론'에 해당하는 지문이 관련 문제 3문항과 함께 제시되기 시작했어.

고3 **2022학년도 수능**

어떤 독서 이론도 이 한 장의 사진만큼 독서의 위대함을 분명하게 말해 주지 못할 것이다. 사진은 제2차 세계 대전 당시 처참하게 무너져 내린 런던의 한 건물 모습이다. ㉠폐허 속에서도 사람들이 책을 찾아 서가 앞에 선 이유는 무엇일까? 이들은 갑작스레 닥친 상황에서 독서를 통해 무언가를 구하고자 했을 것이다.

독서는 자신을 살피고 돌아볼 계기를 제공함으로써 어떻게 살 것인가의 문제를 생각하게 한다. 책은 인류의 지혜와 경험이 담겨 있는 문화유산이며, 독서는 인류와의 만남이자 끝없는 대화이다. 독자의 경험과 책에 담긴 수많은 경험들의 만남은 성찰의 기회를 제공함으로써 독자의 내면을 성장시켜 삶을 바꾼다. 이런 의미에서 독서는 자기 성찰의 행위이며, 성찰의 시간은 깊이 사색하고 스스로에게 질문을 던지는 시간이어야 한다. 이들이 책을 찾은 것도 혼란스러운 현실을 외면하려 한 것이 아니라 자신의 삶에 대한 숙고의 시간이 필요했기 때문이다.

또한 ㉡독서는 자신을 둘러싼 현실을 올바로 인식하고 당면한 문제를 해결할 논리와 힘을 지니게 한다. 책은 세상에 대한 안목을 키우는 데 필요한 지식을 담고 있으며, 독서는 그 지식을 얻는 과정이다. 독자의 생각과 오랜 세월 축적된 지식의 만남은 독자에게 올바른 식견을 갖추고 당면한 문제를 해결할 방법을 모색하도록 함으로써 세상을 바꾼다. 세상을 변화시킬 동력을 얻는 이 시간은 책에 있는 정보를 이해하는 데 그치는 것이 아니라 그 정보가 자신의 관점에서 문제를 해결할 수 있는 타당한 정보인지를 판단하고 분석하는 시간이어야 한다. 서가 앞에 선 사람들도 시대적 과제를 해결할 실마리를 책에서 찾으려 했던 것이다.

독서는 자기 내면으로의 여행이며 외부 세계로의 확장이다. 폐허 속에서도 책을 찾은 사람들은 독서가 지닌 힘을 알고, 자신과 현실에 대한 이해를 구하고자 책과의 대화를 시도하고 있었던 것이다.

독서론 지문이 다시 출제되기 시작하였다는 것을 통해, 우리는 '인문·예술, 사회, 과학·기술'에 대해 다룬 글을 얼마나 잘 이해하였는지 위주로 평가하던 기존의 방식을 넘어서서, '글을 잘 읽는 방식'에도 어느 정도 관심을 두어야 한다는 것을 알 수 있어. 이러한 독서론 지문을 통해 무엇을 물어보는지는, 2022학년도 수능에 출제된 독서론 지문 관련 문항들의 발문만 봐도 확인할 수 있지.

---

1. 윗글을 바탕으로 할 때, ㉠의 답으로 적절하지 <u>않은</u> 것은?
2. 〈보기〉는 ㉡과 같이 독서하기 위해 학생이 찾은 독서 방법이다. 이에 대한 반응으로 적절하지 <u>않은</u> 것은?
3. 다음은 윗글을 읽은 학생의 독서 기록장 일부이다. 이에 대한 설명으로 가장 적절한 것은?

첫 번째 문제는 지문에 대한 사실적·추론적 이해를 묻고 있기는 하지만, 2번 문제와 3번 문제에서는 '독서 방법'이나 '독서 기록장'과 같은 단어가 눈에 띄지? 이처럼 독서론 지문에서는 적절한 읽기 활동, 읽기 전략과 관련된 질문을 던질 가능성이 높아. 다만 '독서론'이라는 분야를 중점적으로 다루는 지문이 다시 등장한지 얼마 되지 않았고, 앞으로의 출제 경향에 따라 지문의 난이도와 문제의 유형이 어떻게 변화해 갈지는 아직 미지수야.

'독서론'이라는 분야를 다루는 지문이 새로 등장했다는 것을 제외하면, 독서론 지문의 문제를 푸는 방식은 다른 분야의 독서 지문 문제를 푸는 방식과 크게 다르지 않아. 지문에 제시되어 있는 독서 방식에 대한 견해를 꼼꼼하게 읽고 이해해서 선지에서 그러한 관점에 맞는 답을 찾아가면 되는 거지. 또한 독서론 지문은 '인문·예술, 사회, 과학·기술' 등을 다루는 지문에 비해 길이가 길지 않고, 전개 방식이나 설명하는 내용도 상대적으로 크게 복잡하지 않아. 그러니까 지문의 소재가 조금 낯설다고 해도 당황하지 말고 차분하게 읽어 가면서 적절한 선지를 골라내는 연습을 이어 가자.

STEP 2에서는 인문·예술 지문의 특성이 반영된 실제 기출을 통해 지문을 구조적으로 읽는 방법을 학습할 거야.

지문을 읽으며 주요 내용을 정리한 거야. 빈칸을 채워 가면서 주요 내용이 무엇인지 파악해 보자.

지문을 제대로 이해했는지 점검할 수 있는 기출 문제나 변형 문제야. 문제는 관련된 문단 옆에 있으니 판단의 근거를 찾으며 문제를 풀어 보자.

1 귀납은 현대 논리학에서 연역이 아닌 모든 추론, 즉 전제가 결론을 개연적*으로 뒷받침하는 모든 추론을 가리킨다. 귀납은 기존의 정보나 관찰 증거 등을 근거로 새로운 사실을 추가하는 지식 확장적 특성을 지닌다. _____의 정의와 특성을 제시하면서 시작하고 있군. 이 특성으로 인해 귀납은 근대 과학 발전의 방법적 토대가 되었지만, 한편으로 귀납 자체의 논리적 한계를 지적하는 문제들에 부딪히기도 한다. (귀납의 논리적 한계가 지적받는 문제 상황이 제시되었어. 앞으로 이 문제와 해결·해소 방안을 다루는 전개 방식이 이어지겠지?)

전개 방식을 파악하기 위해 눈여겨봐야야 하는 부분이야. 글의 흐름을 파악하면서 읽어 보자.

지문 이해 ◎ⓧ 문제

Q1. 귀납의 지식 확장적 특성은 이미 알고 있는 사실을 근거로 아직 알지 못하는 사실을 추론하는 데에서 비롯된다. ◎ⓧ

1~2 다음 글을 읽으며 빈칸을 채운 후 문제를 풀어 보세요.

고3 2016학년도 수능A

1 귀납은 현대 논리학에서 연역이 아닌 모든 추론, 즉 전제가 결론을 개연적˚으로 뒷받침하는 모든 추론을 가리킨다. 귀납은 기존의 정보나 관찰 증거 등을 근거로 새로운 사실을 추가하는 지식 확장적 특성을 지닌다. _____의 정의와 특성을 제시하면서 시작하고 있군. 이 특성으로 인해 귀납은 근대 과학 발전의 방법적 토대가 되었지만, 한편으로 귀납 자체의 **논리적 한계를 지적하는 문제들에 부딪히기도 한다.** (귀납의 논리적 한계가 지적받는 문제 상황이 제시되었어. 앞으로 이 **문제와 해결·해소** 방안을 다루는 전개 방식이 이어지겠지?)

2 **먼저**(귀납의 논리적 한계, 즉 문제를 지적하는 의견이 순차적으로 두 가지 이상 제시되려나 봐. '먼저' 귀납의 첫 번째 **문제**부터 설명하려 하고 있어.) 흄은 과거의 경험을 근거로 미래를 예측하는 귀납이 정당한˚ 추론이 되려면 미래의 세계가 과거에 우리가 경험해 온 세계와 동일하다는 자연의 일양성, 곧 한결같음이 가정되어야˚ 한다고 보았다. 그런데 자연의 일양성은 선험적˚으로 알 수 있는 것이 아니라 경험에 기대어야 알 수 있는 것이다. 즉 "귀납이 정당한 추론이다."라는 주장은 "자연은 일양적이다."라는 다른 지식을 전제로 하는데 그 지식은 다시 귀납에 의해 정당화되어야 하는 경험적 지식이므로 귀납의 정당화는 순환 논리에 빠져 버린다는 것이다. 이것이 귀납의 정당화 문제이다. 귀납의 논리적 한계 ①흄: 귀납의 정당화는 자연의 _____(한결같음)을 가정함 → 자연의 일양성은 귀납에 의해 정당화되어야 하는 _____ 지식임 → 귀납의 정당화는 _____ _____에 빠짐

3 귀납의 정당화 문제로부터 과학의 방법인 **귀납을 옹호하기 위해 라이헨바흐는 이 문제에 대해 현실적 구제책을 제시한다.** (귀납의 첫 번째 논리적 한계로부터 귀납을 옹호하려 하는 입장, 즉 문제를 **해소**하려는 시도가 제시되겠군.) 라이헨바흐는 자연이 일양적일 수도 있고 그렇지 않을 수도 있음을 전제한다. 먼저 자연이 일양적일 경우, 그는 지금까지의 우리의 경험에 따라 귀납이 점성술이나 예언 등의 다른 방법보다 성공적인 방법이라고 판단한다. 자연이 일양적이지 않다면, 어떤 방법도 체계적으로 미래 예측에 계속해서 성공할 수 없다는 논리적 판단을 통해 귀납은 최소한 다른 방법보다 나쁘지 않은 추론이라고 확언한다. 결국 자연이 일양적인지 그렇지 않은지 알 수 없는 상황에서는 귀납을 사용하는 것이 옳은 선택이라는 라이헨바흐의 논증은 귀납의 정당화 문제를 현실적 차원에서 해소하려는 시도로 볼 수 있다. 라이헨바흐: 자연이 일양적인지 아닌지 알 수 없는 상황에서는 귀납을 사용하는 것이 _____이라고 주장 → 귀납의 정당화 문제를 _____ 차원에서 해소하려 함

4 귀납의 **또 다른 논리적 한계**로(귀납의 논리적 한계를 지적하는 또 하나의 의견, 즉 귀납의 두 번째 **문제**가 제시될 거야.) 어떤 현대 철학자는 미결정성의 문제를 지적한다. 이 문제는 관찰 증거만으로는 여러 가설 중에 어느 하나를 더 나은 것으로 결정할 수 없다는 것이다. **가령**(예시를 통해 앞의 내용을 구체적으로 설명하겠군.) 몇 개의 점들이 발견되었을 때 그 점들을 모두 지나는 곡선은 여러 개이기 때문에 어느 하나로 결정되지 않는

지문 이해 ◎ ⓧ 문제

Q1. 귀납의 지식 확장적 특성은 이미 알고 있는 사실을 근거로 아직 알지 못하는 사실을 추론하는 데에서 비롯된다. ◎ ⓧ

Q2. 흄에 따르면, 귀납의 정당화는 귀납에 의한 정당화를 필요로 하는 지식에 근거해야 가능하다. ◎ ⓧ

Q3. 많은 관찰 증거를 확보하면 귀납의 정당화에서 나타나는 순환 논리 문제는 해소된다. ◎ ⓧ

Q4. 라이헨바흐의 논증은 귀납이 현실적으로 옳은 추론 방법임을 밝히기 위해 자연의 일양성이 선험적 지식임을 증명한 데 의의가 있다. ◎ ⓧ

Q5. 라이헨바흐의 논증은 귀납이 지닌 논리적 허점을 완전히 극복한 것은 아니라는 비판의 여지가 있다. ◎ ⓧ

Q6. '어떤 현대 철학자'는 관찰 증거에 따른 예측이 가능하다고 할지언정 그 예측이 다른 예측보다 낫다고 보지는 않을 것이다. ◎ ⓧ

다. 예측의 경우도 마찬가지이다. 다음에 발견될 점을 예측할 때, 기존에 발견된 점들만으로는 다음에 찍힐 점이 어디에 나타날지 확정할 수 없다. 아무리 많은 점들을 관찰 증거로 추가하더라도 하나의 예측이 다른 예측보다 더 낫다고 결정하는 것은 여전히 불가능하다는 것이다. 귀납의 논리적 한계 ②어떤 현대 철학자: 아무리 많은 _____가 있어도 특정한 가설이나 예측이 다른 것보다 더 낫다고 판단할 수 없음

5 그러나 미결정성의 문제가 있다고 하더라도(귀납의 두 번째 논리적 한계로부터 귀납을 옹호하려 하는 입장이 제시되겠군. **'문제−문제 해소 시도'**의 구조가 반복되고 있어.) 대부분의 현대 철학자들은 귀납을 과학의 방법으로 인정하고 있다. 이들은 귀납의 문제를 직접 해결하려 하기보다 확률을 도입하여 개연성이라는 귀납의 특징을 강조하려 한다. 이에 따르면 관찰 증거가 가설을 지지하는 정도 즉 전제와 결론 사이의 개연성은 확률로 표현될 수 있다. 또한 하나의 가설이 다른 가설보다, 하나의 예측이 다른 예측보다 더 낫다고 확률적 근거에 의해 판단할 수 있다는 것이다. 이처럼 확률 논리로 설명되는 개연성은 일상적인 직관에도 잘 들어맞는다. 이러한 시도는 귀납의 문제를 근본적으로 해결하는 것은 아니지만, 귀납은 여전히 과학의 방법으로서 그 지위를 지킬 만하다는 사실을 보여 준다. 대부분의 현대 철학자: _____로 설명되는 귀납의 개연성이 일상적인 _____에 잘 들어맞음 → 귀납의 근본적 문제는 해결되지 않지만 이는 _____으로 인정할 만하다고 봄

Q7. 관찰 증거가 가설을 지지하는 정도를 확률로 표현할 수 있다는 입장은 귀납을 옹호한다. ◎ ✕

Q8. 직관에 들어맞는 확률 논리라 하더라도 귀납의 논리적 문제를 근본적으로 해결하지 못한다. ◎ ✕

📖 **알아두자! 필수 어휘**

- **개연적:** 그럴 법한.
- **찡링하나.** 이시에 빛나 홀바르고 바쌍하나.
- **가정하다:** 결론에 앞서 논리의 근거로 어떤 조건이나 전제를 내세우다.
- **선험적:** 경험에 앞서 대상에 대한 인식이 선천적으로 가능한.

1. 다음 표의 빈칸을 채우고 적절한 말을 선택하여 지문의 전체적인 구조를 파악해 보세요.

문단	귀납에 내재된 논리적 한계

문단 ❶ — 귀납의 정의와 특징

귀납	정의	_____을 제외한, 전제가 결론을 개연적으로 뒷받침하는 모든 추론
	특징	기존의 정보나 관찰 증거 등을 근거로 새로운 사실을 추가하는 _____ 특성
		과학 발전의 방법적 토대가 되었으나, _____를 지적받는 문제가 있음

문단 ❷ ❸ — 귀납의 논리적 한계 ① 귀납의 정당화 문제에 대하여

흄		라이헨바흐	
사고 과정	귀납의 _____를 위해 자연의 일양성이 가정되어야 함 → 자연의 일양성은 경험적 지식이므로 _____에 의해 정당화되어야 함 → 귀납은 _____을 전제로 정당화되어야 함	사고 과정	자연의 일양성 여부를 알 수 없음 → 자연이 일양적일 경우: 경험에 따라 귀납이 다른 방법보다 _____이라고 판단 가능 → 자연이 일양적이지 않을 경우: 논리적 판단을 통해 귀납이 다른 방법보다 (좋지 않은 / 나쁘지 않은) 추론이라고 판단 가능
결론	귀납의 정당화는 _____에 빠짐	결론	귀납을 사용하는 것이 _____ 차원에서 옳은 선택임

← 관련하여 '귀납' 옹호

문단 ❹ ❺ — 귀납의 논리적 한계 ② 귀납의 미결정성 문제에 대하여

어떤 현대 철학자		대부분의 현대 철학자들	
사고 과정	몇 개의 점들이 발견되었음 → 그 점들을 모두 지나는 곡선은 여러 개이므로 어떤 하나로 (결정됨 / 결정되지 않음) → 다음에 찍힐 점이 어디에 나타날지 확정할 수 (있음 / 없음)	사고 과정	관찰 증거가 가설을 지지하는 정도(_____)는 확률로 표현할 수 있음 → 하나의 가설·예측이 다른 것보다 낫다고 _____ 근거로 판단할 수 있음 → 확률 논리에 의한 개연성은 일상적 직관에 잘 (맞음 / 맞지 않음)
결론	_____만으로 여러 가설·예측 중 어느 하나가 다른 것보다 낫다고 결정할 수 (있음 / 없음)	결론	귀납은 _____으로서 지위를 지킬 만함

← 관련하여 '귀납' 옹호

2. 윗글의 내용 전개에 대한 설명으로 가장 적절한 것은?

① 귀납에 대한 흄의 평가를 병렬적으로 소개하고 있다.

② 귀납이 지닌 장단점을 연역과 비교하여 설명하고 있다.

③ 귀납의 위상이 격상되어 온 과정을 역사적으로 고찰하고 있다.

④ 귀납의 다양한 유형을 소개하고 각각의 특징을 상호 비교하고 있다.

⑤ 귀납에 내재된 논리적 한계와 그에 대한 해소 방안을 검토하고 있다.

지문 이해 ◉ ⊗ 문제

1 근대 이전의 조각은(근대 이전이라는 시간적 배경과 '조각'이라는 화제가 제시되었군. 시간적 배경에 변화가 나타나는지 눈여겨보자.) 고유한 미술 영역의 독립적인 작품으로서가 아니라 신전이나 사원, 왕궁과 같은 장소의 일부로서 존재했다. 중세 유럽의 성당 곳곳에 성서와 관련 있는 각종 인물이 새겨지거나 조각상으로 놓였던 것, 왕궁 안에 왕이나 귀족의 인물상들이 놓였던 것이 그 예이다. (예시를 통해 근대 이전 조각의 성격을 구체적으로 설명해 주네.) 이러한 조각은 그것이 놓여 있는 장소의 성격에 따라 종교적인 분위기를 조성하거나 왕의 권력을 상징함으로써 사람들을 감화*시키는 기능을 수행하였다. 근대 이전의 조각: _____의 일부로서 종교적 분위기 조성, 왕권 상징을 통해 사람들을 _____시키는 기능을 수행함

Q1. 왕권이 약해짐에 따라 왕의 모습을 담은 인물상에 부여되는 상징적 의미가 변화되었다. ◉ ⊗

2 조각이 장소와 긴밀한 관련성을 지니고 그 장소의 맥락과 의미를 강조하는 수단으로 활용되는 경향은 근대에 들어서면서 큰 변화를 맞이했다. (근대 이전에서 근대로 시간적 배경이 바뀌었어. 시간의 흐름에 따른 대상의 변화를 다루는 **통시적 구성**으로 전개되려나 봐.) 종교의 영향력 및 왕권이 약화되면서 관련 장소가 지녔던 권위도 퇴색하여, 그 장소에 놓인 조각에 부여되었던 종교적, 정치적 의미도 약해진 것이다. 또 특정 장소의 상징으로서의 조각이 원래의 장소에서 물리적으로 분리되어 기존의 맥락*을 상실하는 경우도 생겨났다. 이러한 상황이 전시 및 교육을 목적으로 하는 박물관, 미술관 등 근대적 장소가 출현하는 상황과 맞물리면서 조각에 대한 새로운 관점이 부각되기 시작했다. 조각이 박물관이나 미술관에 놓이면서 미적 감상의 대상인 '작품'으로서의 성격이 강조된 것이다. 사람들은 조각을 예술적인 기법이나 양식 등 순수한 미적 형상이 구현된 독립적인 작품으로 감상하게 되었다. 근대의 조각: 종교의 영향력 및 왕권의 _____, 원래의 장소로부터 _____된 상징적 조각, 박물관이나 미술관 등과 같은 _____의 출현으로 인해 독립적인 _____으로서의 성격이 강조됨

Q2. 중세의 종교 건축물의 일부였던 조각상이 원래의 장소에서 물리적으로 분리되면 원래의 종교적 신비감이 유지되기 어려울 것이다. ◉ ⊗

3 이러한 경향은 19세기 이후 미술의 흐름 속에서 더욱 두드러졌고, (시간적 배경이 19세기 이후로 바뀌었어.) 작품 외적 맥락에 구속되기보다는 작품 자체에서 의미의 완결을 추구하는 경우가 많아졌다. 그래서 작품 바깥의 대상을 지시하거나 재현하기보다는(작품 _____에 구속되기보다는) 감상자의 시선을 작품에만 집중시키는(작품 자체에서 _____을 추구하는) 단순하고 추상화*된 작품들이 이 시기부터 많이 등장하였다. 이러한 작품들은 대개 미술 전시장의 전형적인 화이트 큐브, 즉 출입구 이외에는 사방이 막힌 실내 공간 안에서 받침대 위에 놓여 실제적인 장소나 현실로부터 분리된 느낌을 주었다. 19세기 이후의 조각: _____에 있는 받침대 위에 놓여 실제적 장소나 현실에서 분리된 느낌을 주며, 감상자의 시선을 작품에만 집중시키는 단순하고 _____된 작품들이 많이 등장함

Q3. 19세기 이후의 추상 조각은 감상자의 시선을 작품 외적 맥락보다 작품 자체에 집중시키는 경향이 있었다.

4 이렇게 조각이 특정 장소로부터 독립해 가는 경향 속에서 미니멀리즘이 등장하였다. 미니멀리즘은 1960년대에 미국을 중심으로 발달한 예술 사조로, (1960년대의 '미니멀리즘'이 등장했군. 예상대로 글이 시간의 흐름에 따라 진행되고 있어.) 작품의 의미가 예술가의 의도에 의해 결정되는 것을 최소화하고 꾸밈과 표현도 최소화하여 극단적으로 단순화된 기하학적 형태를 추구했다. 미니멀리즘 작가들은 가공하지 않은 있는 그대로의 산업 재료들을 사용하는 등의 방법으로 무의도성과 단순성을 구현했기 때문에, 그 결과물은 작품이라기보다는 사물로 인식되기도 하였다. 또한 미니멀리즘 조각은 감상자들이 걸어 다니는 바닥이나 전시실 벽면과 같은 곳에 받침대 없이

Q4. 미니멀리즘 작가들은 가공하지 않은 산업 재료들을 사용하여 무의도성과 단순성을 구현하기도 하였다.

놓음으로써 감상자와 작품 간의 거리를 축소하고, 동선°에 따라 개별적이고 다양한 경험과 의미 형성이 가능하도록 하였다. 미니멀리즘 조각: 극단적으로 _____된 기하학적 형태를 추구하며, 무의도성과 단순성을 구현함. 미니멀리즘 조각은 감상자와 작품 간의 거리를 _____하고 다양한 _____과 _____ 형성이 가능한 형태로 전시됨 그 결과 미니멀리즘 조각은 단순성과 추상성을 특징으로 한다는 점에서 이전 시기의 추상 조각과 <mark>공통점을 지니면서도,</mark> 전시장이라는 실제 장소의 물리적 특성을 작품에 의도적으로 결부하여 활용했다는 점에서 <mark>차별성을 띠게 되었다.</mark> 이런 특징은 근대 이전의 조각이 장소의 특성에 종속되어 있었던 것과도 <mark>차별화된다.</mark> ('근대 이전', '19세기 이후' 등 이전 시기의 조각들과 미니멀리즘 조각을 **비교·대조**하고 있네.) 미니멀리즘 조각 vs. 이전 시기(19세기 이후)의 추상 조각: (공통점) _____과 추상성, (차이점) 전시장의 물리적 특성을 _____으로 작품에 결부했는지의 여부 / 미니멀리즘 조각 vs. 근대 이전의 조각: (차이점) 장소의 특성에 _____되는지의 여부

5 이후(근대 이전에서 시작하여 1960년대 이후의 시간까지 이어지는군. 따라서 이 지문은 시간의 흐름에 따른 조각의 변화 **과정**과 각 시대별 조각의 특성을 **나열**했다고 볼 수 있어.) 미술에서는 미니멀리즘을 통해 부각된 작품과 장소 간의 관련성을 새롭게 실현하려는 시도들이 이어져 왔다. 미니멀리즘 작품이 장소와의 관련성을 모색하고 구현한 것이기는 해도 미술관이라는 공간 내부에 제한된다는 점을 간파한° 일부 예술가들은, 미술관 바깥의 도시나 자연을 작업의 장소이자 대상으로 삼아 장소와의 관련성을 다양한 방식으로 실현하려 하였다. 대지 미술은 이러한 시도 중 하나로, 대지의 표면에 형상을 디자인하고 자연 경관 속에 작품을 만들어 냄으로써 지역이나 환경 자체를 작품화하였다. 구체적인 장소의 특성을 작품 의미의 근원°으로 삼는 이러한 작품들에서는 작품과 장소, 감상자 간의 상호 작용을 통해 의미가 형성된다는 특징이 드러났다. 미니멀리즘 이후의 조각: 작품과 장소 간의 _____을 새롭게 실현하려는 시도들(_____ 등)이 이어지면서 구체적 _____의 특성을 작품 의미의 _____으로 삼는 작품들 등장, 작품-장소-감상자의 _____을 통해 의미가 형성된다는 특징이 드러남

Q5. 대지 미술가들은 자연을 창작 작업의 장소이자 대상으로 삼았다.

📖 **알아두자! 필수 어휘**

- **감화:** 좋은 영향을 받아 생각이나 감정이 바람직하게 변화함. 또는 그렇게 변하게 함.
- **맥락:** 사물 따위가 서로 이어져 있는 관계나 연관.
- **추상화:** 어떤 사물이 직접 경험하거나 지각할 수 있는 일정한 형태와 성질을 갖추고 있지 않은 것으로 됨.
- **동선:** 건축물의 내외부에서, 사람이나 물건이 어떤 목적이나 작업을 위하여 움직이는 자취나 방향을 나타내는 선.
- **간파하다:** 속내를 꿰뚫어 알아차리다.
- **근원:** 사물이 비롯되는 근본이나 원인.

3. 다음 표의 빈칸을 채우고 적절한 말을 선택하여 지문의 전체적인 구조를 파악해 보세요.

문단	조각 예술의 변천		

❶

– 근대 이전의 조각

특징	– 신전, 사원, 왕궁 등과 같은 _____의 일부로서 존재 – _____ 조성(예: 성당에 새겨진 성서 관련 인물), _____ 상징 (예: 왕궁에 놓인 왕·귀족의 인물상) → 사람들을 _____시키는 기능 수행

❷

– 근대 조각

배경	– 종교의 영향력, 왕권 (강화 / 약화) → 관련 장소의 권위 (강화 / 약화) → 종교적·정치적 의미 (강화 / 약화) – 특정 장소의 _____으로서의 조각이 원래의 장소에서 물리적으로 분리됨 → 기존의 _____ 상실 – 박물관, 미술관 등의 _____ 출현

↓

특징	– 박물관에 놓이게 되어 미적 감상의 대상인 _____으로서의 성격이 강조됨 – 순수한 _____ 이 구현된 독립적 작품으로 감상됨

❸

– 19세기 이후의 조각

배경	– 조각을 _____으로 감상하는 경향이 강화됨 – 작품의 _____ (작품 바깥의 대상을 지시·재현)에 구속되기보다 작품 자체에서 _____을 추구(감상자의 시선을 작품에만 집중)하려는 경우 증가

↓

특징	– _____하고 _____화된 작품들이 많이 증가함 – 화이트 큐브의 받침대 위에 놓여 실제적 장소·현실과 (융합 / 분리)된 느낌이 부여됨

❹

– 1960년대 미니멀리즘 조각

배경	– 조각이 특정 장소로부터 _____해 가는 경향이 이어짐 – 미국을 중심으로 _____이 발달함

↓

특징	– 작품의 의미가 예술가의 의도에 의해 결정되는 것, 꾸밈, 표현을 (최대화 / 최소화)하며 극단적으로 단순화된 기하학적 형태 추구 – 가공하지 않은 _____들을 사용하여 무의도성과 단순성을 구현 – 감상자와 작품 간의 거리를 _____하고, _____에 따라 개별적이고 다양한 경험·의미 형성이 가능한 곳(바닥, 전시실 벽면 등)에 전시됨		
	근대 이전의 조각과	차이점	_____의 특성에 종속되지 않음
	이전 시기의 추상 조각과	공통점	_____과 _____을 지님
		차이점	_____이라는 실제 장소의 물리적 특성을 작품에 의도적으로 결부하여 활용함

5

– 미니멀리즘 이후의 조각

| 배경 | – 미니멀리즘을 통해 부각된 _____을 새롭게 실현하려는 시도들이 이어짐
– 미술관 바깥을 작업 장소이자 대상으로 삼는 예술가들이 등장함 |

↓

| 특징 | 대지 미술
– 지역이나 환경 자체를 작품화하여 _____을 작품 의미의 근원으로 삼음
– 작품–장소–감상자의 _____을 통해 의미가 형성됨 |

4. 윗글의 논지 전개 방식으로 가장 적절한 것은?

① 논쟁이 벌어지게 된 배경을 다각도로 분석하고 있다.

② 통념에 대한 비판을 통해 특정 이론을 도출하고 있다.

③ 하나의 현상을 해석하는 대립적인 관점을 절충하고 있다.

④ 역사적 사건에 영향을 미친 요소를 구체적으로 나열하고 있다.

⑤ 논의의 대상이 변모해 온 양상을 시간적 순서로 설명하고 있다.

중요한 이야기를 먼저 해 둘게. 수능 국어 독서 지문은 기본적으로 학년에 맞는 적정 수준의 어휘력과 국어 능력을 갖추었다면 지문을 이해하고 문제를 풀 수 있도록 설계되어 있어. 그러니까 고등학교 수준을 벗어난 다양한 분야의 배경지식을 쌓기 위해 따로 공부할 필요는 없어. 다만 수능 국어 지문 독해에 도움이 될 만한 배경지식은 공부해 두는 게 좋은데, 그게 무엇인지는 분야별로 기출에 자주 등장한 주제를 정리해 보면 알 수 있어. 이러한 배경지식을 간단히 알아 두면 조금 더 수월하게 지문을 이해할 수 있지. 예를 들어 '이(理)'나 '기(氣)'라는 개념을 처음 본 사람보다는 간단하게라도 '이(理)'는 우주의 원리, '기(氣)'는 그 원리를 드러내는 현상이라고 알고 있는 사람이 '이기론'과 관련된 글을 읽을 때 덜 긴장하고 차분하게 독해할 수 있겠지? 그러니 여기에서는 각 분야에서 비교적 자주 등장하는 주제와 관련된 개념을 가볍게 살펴보도록 하자.

① 서양 철학 - 플라톤의 이데아론

고1 2022학년도 3월

플라톤은 초월 세계인 이데아계와 감각 세계인 현상계를 구분했다. 영원불변의 이데아계는 현상계에 나타난 모든 사물의 근본이 되는 보편자, 즉 형상(form)이 존재하는 곳으로 이성으로만 인식될 수 있는 관념의 세계이다. 반면 현상계는 이데아계의 형상을 바탕으로 만들어진 세계로 끊임없이 변화하는 사물이 감각에 의해 지각된다. 플라톤에 따르면 현상계의 모든 사물은 형상을 본뜬 그림자에 불과하다.

플라톤 (Platon)	고대 그리스의 철학자. 소크라테스의 제자로, 아카데미를 개설하여 생애를 교육에 바쳤다. 대화편(對話篇)을 다수 쓰고, 초월적인 이데아가 참 실재(實在)라고 하는 사고방식을 전개하였다. 철학자가 통치하는 이상 국가의 사상으로 유명하다. 저서로는 『소크라테스의 변명』, 『향연』, 『국가』 등이 있다.
이데아 (Idea)	순수한 이성에 의하여 얻어지는 최고 개념. 플라톤에게서는 존재자의 원형을 이루는 영원불변한 실재(實在)를 뜻하고, 근세의 데카르트나 영국의 경험론에서는 인간의 주관적인 의식 내용, 곧 관념을 뜻하며, 독일의 관념론 특히 칸트 철학에서는 경험을 초월한 선험적 이데아 또는 순수 이성의 개념을 뜻한다.

서양 철학을 다루는 지문에서 소크라테스, 플라톤, 아리스토텔레스, 니체, 칸트 등의 철학자는 자주 등장해. 그중에서도 소크라테스의 제자이자 아리스토텔레스의 스승인 플라톤의 '이데아론'은 서양 철학사에서 중요한 위치를 차지하고 있고, 미학이나 사회학 등과 관련지어 다루어지기도 해.

플라톤의 이데아론은 주로 '동굴의 비유'를 통해 설명돼. 어떤 사람들이 태어날 때부터 동굴 속에 묶인 채, 출입구 반대편의 벽만 바라보고 살아가는 상황을 생각해 보자. 그들의 등 뒤에서는 불빛이 동굴 안을 비추어주고 있는데, 사람들은 그들의 등 뒤에서 지나가는 무언가의 그림자와 동굴 안에 울리는 소리만이 세상의 전부라고 생각하고 살아가. 만일 그중에 한 사람이 자유로워져서 동굴 밖으로 나가게 된다면, 실제 햇빛과 동식물이 어우러져 살아가는 바깥 세상을 보고 큰 충격을 받겠지만 곧 자신이 지금까지 보아 온 것이 진짜 세상의 그림자에 불과하다는 것을 알게 될 거야. 그 사람은 동굴로 돌아가서 이 사실을 알려줄 수 있지만, 눈앞의 '그림자'가 곧 세상이라고 믿는 사람들은 그것을 쉽게 믿을 수 없겠지.

이때 동굴을 빠져나온 사람이 보게 된 '실제 세상'이 곧 '선의 이데아'이자 초월적 세계인 '이데아계'라고 볼 수 있어. 그리고 동굴 속 사람들이 인식하는 그림자의 세계가 곧 '현상계'라고 볼 수 있지. 참고로 플라톤의 제자인 아리스토텔레스는 이 '선의 이데아'의 존재를 부정하면서 좀 더 현실적인 차원에서 인간이 추구해야 하는 선함을 탐구했다고 해. 제자라고 해서 반드시 관점이 똑같지는 않은 거지. 결국 철학은 세상을 바라보는 여러 사람의 관점들로 이루어진 것이니, 지문에 둘 이상의 관점이 드러나면 어떤 점에서 두 관점이 비슷한지, 어떤 부분에서 차이가 발생하는지 주의하며 읽는 게 좋아.

② 동양 철학 – 수기치인과 이기론

고3 2018학년도 6월

유학은 수기치인(修己治人)을 통해 성인(聖人)이 되기 위한 학문으로 성학(聖學)이라고도 불린다. '수기'는 사물을 탐구하고 앎을 투철히 하고 뜻을 성실하게 하고 마음을 바르게 하여 자신을 닦는 일이며, '치인'은 집안을 바르게 하고 나라를 통치하고 세상을 평화롭게 하는 것을 의미한다. 수기치인을 통해 하늘의 도리인 천도(天道)와 합일되는 경지에 도달한 사람이 바로 '성인'이다. 이러한 유학의 이념을 적극 수용했던 율곡 이이는 수기치인의 도리를 밝힌 『성학집요』(1575)를 지어 이 땅에 유학의 이상 사회가 구현되기를 소망했다.

고2 2017학년도 6월

조선시대 유학자들은 도덕적이고 규범적이며 사람다운 삶을 강조하는 성리학을 받아들였다. 성리학은 우주의 근원과 질서, 그리고 인간의 심성과 질서를 '이(理)'와 '기(氣)' 두 가지를 통해 설명하고, 이를 바탕으로 인간과 세계를 연구하는 학문이다. 그래서 성리학을 '이기론' 또는 '이기 철학'이라고도 부른다. 성리학에서 일반적으로 '이'는 만물에 내재하는 원리이고, '기'는 그 원리를 현실에 드러내 주는 방식과 구체적인 현실의 모습이라 할 수 있다. '이'는 '기'를 통해서 드러난다. '이'는 언제나 한결같지만 '기'는 여러 가지 모습으로 존재하므로, 우주 만물의 원리는 그대로지만 형체는 다양하다. 이러한 '이'와 '기'를 어떻게 보는가에 따라 성리학자들이 현실을 해석하고 인식하는 자세가 달라진다.

수기치인 (修己治人)	자신의 몸과 마음을 닦은 후에 남을 다스림.
이기론 (理氣論)	만물의 이치·원리·질서이자 우주의 근본이 되는 도리인 이(理)와 그 현상인 기(氣)를 통해 세상의 체계와 운동을 설명하는 이론 체계.

동양 철학은 기본적으로 인간이 자연과 조화를 이루어 살아가야 한다는 관점을 가지고 있어. 이러한 가치관에 따라 동양 사회를 주도한 것이 바로 유교 사상이야. 유교 사상은 중국의 춘추 전국 시대에 공자에 의해 창시되었어. 도덕적으로 타락한 사회의 질서를 바로 세울 방법을 고민하던 공자는 유교 사상을 통해 도덕적 본성을 행동으로 옮겨 도덕적인 사회를 만들 수 있는 사회 지도자인 군자(君子)를 만들고자 했어. 아주 올바르고 도덕적인 사람이 있다면 그 사람의 주변, 국가, 더 나아가 온 세상이 도덕적인 사회로 거듭날 수 있다고 생각한 거지. 그래서 공자의 사상을 따르는 유가(儒家)에서는 도덕적 경지를 이룬 군자가 반드시 정치에 참여해야 한다는 수기치인(修己治人)을 주장했어. 자신의 선한 마음을 북돋아서 바른 마음과 행실을 갖도록 수양하는 것이 학문의 절반이고(수기, 修己) 가르침과 다스림을 통해 다른 사람을 완성시키는 것이 학문의 나머지 절반(치인, 治人)이라고 보았기 때문이야.

송나라에 이르자, 유교가 불교와 도가의 사상을 비판적으로 수용하면서 성리학이 등장했어. 성리학은 사람이 가지고 있는 본성과 만물을 통합적으로 설명하고자 했는데, 모든 만물은 자연의 다양한 재료를 의미하는 '기(氣)'와 자연 운행의 도리인 '이(理)'가 만나 생성되는 것이라고 보았어. 이때 '이'는 선한 속성을 가지고, '기'는 선도 되고 악도 될 수 있는 속성을 가진다고 보았지. 주희는 성리학을 종합적으로 체계화하는 데 크게 기여한 인물인데, 사람이 자신의 마음속에 있는 자연의 원리인 '이'에 순응하고 감정과 욕구를 나타내는 '기'를 절제하며 살면 올바른 삶을 살 수 있다고 믿었어.

조선의 유학자들은 고려 말에 도입된 성리학을 주체적으로 수용했어. 도덕적인 사회를 만들기 위해서는 사람들에게 '선한 행동'을 실천하게 해야 하는데, 이를 위해 '성리학에서 추구하는 '선한 행동'의 원리는 무엇일까?'와 같은 논의를 한 거지. 특히 '이'와 '기' 중 무엇을 중시할 것인가, 이 둘이 어떻게 결합하여 작용하는가에 대해 서로 다른 관점을 가진 학자들이 충돌 하여 논쟁을 벌이기도 했어. 결코 쉽게 답이 나올 수 없는 주제이지만, 이러한 논의들이 있었기에 우리나라의 성리학은 중국 과 구분되는 학문적 성취를 이룰 수 있었지. 그리고 성리학을 토대로 삼아 서학과 고증학을 수용하면서 '실생활의 유익', 즉 기술을 존중하고 백성의 경제생활을 향상하는 방향에 대해 연구하는 실학이 성장하게 되었어. 이때 실학의 대표 학자로는 정약용을 들 수 있다는 점까지 참고해 두자.

읽어 볼 만한 지문	학년	출처	주제
	고1	2021학년도 6월 [21~25]	인간의 본성에 대한 주희와 정약용의 관점
	고2	2017학년도 6월 [30~33]	'이'와 '기'에 대한 성리학자들의 해석
	고3	2018학년도 6월 [16~21]	율곡 이이의 법제 개혁론

③ 논리학 – 명제, 연역과 귀납

고2 2012학년도 6월AB

우리가 알고 있는 학문적 이론들은 대체로 가설연역법으로 확립된 것이다. 가설연역법은 귀납과 연역의 원리를 활용하여 학문적 진리를 탐구하는 대표적인 추론 방법이다. 귀납은 이미 알고 있는 개별적인 사실들에서 그러한 사실들을 포함하는 일반적인 명제를 이끌어내는 추론이므로, 개별적인 사실들이 모두 옳을지라도 결론이 반드시 옳지는 않은 속성이 있다. 반면 연역은 이미 알고 있는 일반적인 명제를 전제로 삼아 구체적인 사실을 이끌어내는 추론이므로, 전제가 옳다면 결론은 반드시 옳은 속성이 있다.

명제 (命題)	어떤 문제에 대한 하나의 논리적 판단 내용과 주장을 언어 또는 기호로 표시한 것. 참과 거짓을 판단할 수 있는 내용이라는 점이 특징이다.
연역 (演繹)	어떤 명제로부터 추론 규칙에 따라 결론을 이끌어 냄. 또는 그런 과정. 일반적인 사실이나 원리를 전제로 하여 개별적인 사실이나 보다 특수한 다른 원리를 이끌어 내는 추리를 이른다. 경험을 필요로 하지 않는 순수한 사유에 의하여 이루어지며 그 전형은 삼단 논법*이다. •삼단 논법: 두 개의 전제와 하나의 결론으로 구성된 추리 방식. 전제가 모두 참일 때 거짓인 결론이 도출될 수 없다면 타당하다고 본다.
귀납 (歸納)	개별적인 특수한 사실이나 원리로부터 일반적이고 보편적인 명제 및 법칙을 유도해 내는 일. 추리 및 사고 방식의 하나로, 개연적인 확실성만을 가진다.

'1 더하기 1은 2이다.'처럼 판단 내용을 언어나 기호로 표시한 것을 명제라고 해. 명제는 참과 거짓을 판단할 수 있다는 특징이 있는데, 세상에는 명제의 옳고 그름을 직관적으로 판단하기 어려운 경우가 많아. '나는 생각한다. 고로 존재한다.'와 같은 철학적인 명제에 대해 참이라고도, 거짓이라고도 판단하기 어려운 것처럼 말이야. 그래서 사람들은 명제에 대한 판단을 할 때 납득할 만한 이유나 근거를 제시하면서 그 명제가 참인지 거짓인지의 여부를 밝히는데, 이러한 과정을 논증이라고 해. 논증의 방식에는 여러 가지가 있는데, 연역과 귀납이 대표적인 방식이야.

연역은 이미 옳다고 알고 있는 명제를 전제로 삼아 새로운 명제가 참인지 거짓인지 밝히는 것을 말해. 대표적인 예로 보편적 사실인 '모든 인간은 죽는다.'와 '소크라테스는 인간이다.'를 전제로 삼아 '소크라테스는 죽는다.'라는 결론을 내는 경우가 있어. '모든 인간은 죽는다.'라고 했는데, '소크라테스' 역시 '인간'이니까, 다른 모든 인간과 마찬가지로 죽음을 맞이할 수밖에 없다는 거지. 하지만 이때 '인간'인 '소크라테스'가 죽는다는 결론을 새로운 지식이라고 볼 수는 없어. 왜냐하면 전제에서 이미 소크라테스를 포함한 '모든 인간'은 죽는다고 했으니까! 즉 연역을 통해 얻어낸 결론은 전제가 사실이라는 것을 확인하는 또 다른 방식일 뿐이기 때문에, 연역은 새로운 지식을 이끌어낼 수 없다는 한계를 지녀.

반면, 귀납은 개별적인 사실들을 통해 새로운 보편적 명제를 도출해 내. 예를 들어 까마귀가 가득한 섬에서 살고 있는 사람 A가 있다고 가정해 보자. A가 매일 아침, 점심, 저녁에 보는 까마귀들의 색깔이 검다는 것을 관찰했어. 그럼 자연히 '까마귀는 검다.'라고 생각하게 되겠지? 이렇게 축적된 관찰 내용과 경험을 토대로 '모든 까마귀는 검다.'라고 판단하는 경우가 귀납에 해당돼. 지금까지 관찰한 모든 까마귀는 검은색이었으니까 직접 관찰하지 않은 까마귀까지 포함해서 '모든 까마귀는 검다.' 라는 새로운 보편적 지식을 이끌어낼 수 있는 거야. 하지만 귀납에도 한계는 있어. A가 살고 있는 섬의 까마귀 떼는 검은색이 었지만, 다른 섬으로 가면 까마귀가 알록달록한 색을 가지고 있을 가능성이 전혀 없다고 단정할 수 없거든. 즉 아무리 많은 사례를 관찰했다고 하더라도 이를 반박할 수 있는 사례가 단 하나라도 나올 경우 그 논증은 통째로 오류가 된다는 거지.

읽어 볼 만한 지문	학년	출처	주제
	고1	2020학년도 6월 [37~41]	고전 논리학의 기본 명제 수정
	고2	2012학년도 6월B [16~19]	귀납과 연역의 원리를 활용한 가설연역법
	고3	2016학년도 9월B [17~20]	과학철학에서의 설명 이론

④ 예술 – 사조와 주의

고2 2014학년도 9월B

신고전주의는 감성보다 이성을 중시한 합리주의 철학을 바탕으로 18세기 중반부터 19세기 전반에 걸쳐 유럽에서 발생한 미술 사소이다. 신고선주의는 이선의 관능적이며 향탁적인 로코코 양식에 반기를 들어 나타났다. 또한, 고대 그리스·로마 미술을 토대로 엄격한 윤리와 도덕성을 추구하고 장엄하고 웅장한 복고적 취향을 반영하여 질서 정연한 통일감과 입체감 있는 형태로 대상을 표현한 것이 이 사조의 특징이다. 신고전주의는 역사와 신화 등에 한정되지 않고 당대의 사건을 다루는 등 자유롭게 주제를 선택하여 고전주의와 차이를 두었다.

사조 (思潮)	한 시대의 일반적인 사상의 흐름.
주의 (主義, –ism)	체계화된 이론이나 학설.

고전주의, 자연주의, 낭만주의, 현실주의, 매너리즘, 다다이즘 등 예술 분야를 다루고 있는 지문에서 우리는 종종 '○○주의', 혹은 '○○이즘(-ism)'이라는 예술적 사상과 마주하게 돼. 물론 '주의'라는 단어 자체는 말 그대로 체계화된 이론이나 학설을 이야기하는 것이니까 꼭 예술 지문이어야 하는 것은 아니고 인문과 사회 지문에서도 나타날 수 있지, 우리가 흔히 아는 '민주주의'라든가 '인문주의', '계몽주의'와 같은 말들처럼 말이야. 하지만 인문·사회·예술 영역을 모두 통틀어서 '○○주의'를 설명한다면 너무 범위가 넓어지니까, 예술 분야에만 한정하여 예술의 사조와 그 흐름을 설명하려 해. 먼저 서양 미술의 흐름을 간단히 정리해 줄게.

르네상스	르네상스 미술	매너리즘
	정교한 표현을 통한 현실과 인간, 자연의 사실적 아름 다움과 형식미 재현(고전주의)에 관심	높은 기교로 표현한 인위적·형식적·몽상적 분위기의 작품 창작

17세기 ~ 18세기	바로크 미술	로코코 미술
	르네상스의 고전주의적 표현에 반발, 감성에 호소하는 과장되고 극적인 표현에 관심	귀족 여가 문화를 중심으로 발달하여 우아하고 섬세한 화풍으로 일상적 주제를 표현

19세기	신고전주의	낭만주의	자연주의
	프랑스 혁명의 영향으로 고전주의로 회귀하려는 경향 반영	독일·프랑스를 중심으로 산업화에 반발하여 엄격한 양식의 고전주의에서 벗어나 감정을 극적으로 표출	영국에서 풍경과 자연 경관의 아름다움을 충실히 묘사하여 드러내는 화풍 추구

	사실주의	인상주의	신인상주의
			무수히 많은 점을 찍는 점묘법을 통해 대상 표현
	산업화로 인한 현실의 실제적인 문제들에 집중, 신고전주의나 낭만주의와 달리 현실을 객관적으로 표현	광학과 색채학의 발달, 사실주의의 영향으로 빛과 눈에 의해 형성된 미묘한 인상 포착	**후기 인상주의**
			지나친 과학성에 반발하여 작가의 개성과 내면의 표현 강조

20세기	야수파	입체주의	표현주의	미래주의
	후기 인상주의의 영향으로 작가의 주관에 따른 강렬한 색채 표현과 거친 붓질을 통해 묘사	고정된 시점이 아닌 복합적 시점에서 대상의 형태를 해체하고 재구성하여 표현	후기 인상주의 영향으로 강렬한 색채와 형태 왜곡을 통한 작가의 주관과 비판적 시각 표현	과거의 예술이 갖는 전통과 관습 부정, 신문물의 역동성을 표현
	다다이즘	초현실주의	극사실주의	미니멀리즘
	1차 세계대전 후, 전통적 작업 방식을 거부하고 극단적이고 파괴적으로 무의미한 예술 지향	다다이즘의 극단적 측면에서 벗어나 사고와 심리 상태에 근거한 무의식과 초현실적 세계관 표현	사진을 찍은 것처럼 대상을 완벽하게 묘사하여 현대 사회의 획일적인 모습 재현	최소한의 조형 수단, 극도의 절제를 통해 단순성·무의도성 구현

다음으로 음악 사조가 등장한 예시 문단과, 서양 음악 사조의 흐름을 간단히 소개해 줄게.

고2 2015학년도 3월

16세기 이후 바로크 음악에서는 음악이 구체적인 감정을 모방하고 재현할 수 있다는 믿음 아래 '언어'의 기술인 수사학을 음악에 적용하는 음악수사학이 태동하였다. 음악수사학이 도입된 초창기에는 가사를 위주로 작곡을 하여 감정을 표현하는 방식을 따랐지만, 마테존에 와서는 가사 없이 기악곡만으로도 감정을 표현할 수 있다고 생각하였다. 음악수사학을 체계화한 마테존은 청중에게 감정을 효과적으로 전달하기 위해 음형*의 사용을 강조하였다.

•음형: 연속한 몇 개의 음이 특징 있는 형태를 이루고 있는 모양.

르네상스	르네상스 음악
	교회 미사 음악과 세속 노래의 발달, 기악 음악의 등장, 악보의 광범위한 보급

17세기	바로크 음악
	귀족과 왕족을 위한 오페라와 관현악단 등장, 기악 형식의 음악 발전

18세기 ~ 19세기	고전주의	낭만주의	민족주의
	선율과 화성이 명확하고 균형 있는 음악의 형식미 중시, 교향곡/소나타/론도 등의 새 형식 발달	자유로운 형식을 통한 감정 표현에 초점, 관현악법과 오페라 발달, 악극과 교향시 등 창시	민족 고유의 전설, 설화, 자연, 리듬, 선율을 소재로 하여 음악 표현

20세기	인상주의	표현주의	원시주의	미니멀리즘	불확정성 음악
	섬세한 음색을 표현하며 자극적이면서도 모호한 분위기를 형성하는 데 초점	자유로운 리듬, 협화음과 불협화음의 활용으로 주관적 감정 표출	낭만주의의 세련됨에 대한 반동으로 대담한 불협화음과 격렬한 리듬을 표현	고도의 사고 과정을 요구하는 음악에 반발하여 단순하고 간결한 음악을 추구	정밀하게 구성된 음악에 반발하여 작곡이나 연주에 우연성을 가미함

참고로 미술 분야와 음악 분야에서 예술 사조가 공통적으로 나타나는 경우도 있었는데, '인상주의', '표현주의', '미니멀리즘' 등과 같은 경우가 이에 해당돼. 이는 각 사조가 역사적인 맥락 속에서 당대의 사회적 분위기와 문화를 복합적으로 반영하고 있기 때문이야. 그러니 지문에 낯선 '○○주의'가 등장하더라도 너무 어렵게 생각하지 마. 지문에서는 해당 사조가 발생하게 된 사회 문화적 맥락이나 해당 사조의 특징을 자세히 설명해 주면서 지문만 꼼꼼히 잘 읽어도 문제를 풀 수 있도록 해줄 테니 말이야!

더 읽어 볼 만한 지문

학년	출처	주제
고1	2018학년도 3월 [28~30]	인상주의와 후기 인상주의
	2012학년도 9월 [40~43]	감정을 표현하는 언어로서의 음악의 흐름
고2	2014학년도 9월B [28~30]	신고전주의에서 사실주의에 이르기까지의 미술 사조
	2015학년도 9월 [24~26]	불확정성을 추구하는 '우연성 음악'
고3	2014학년도 9월B [21~23]	20세기 미술의 특징
	2009학년도 수능 [16~19]	각 시대의 음악 양식에 적용된 반복의 양상

(2) 사회

① 사회 분야의 지문이란?

사회 분야는 사회 현상과 관련된 내용을 다뤄. '사회 현상'의 사전적인 의미는 '경제, 도덕, 법률, 예술, 종교와 같이 인간의 사회생활에 의하여 생기는 모든 현상을 통틀어 이르는 말.'이야. 즉 여러 사람이 질서를 유지하며 살아가는 공동체에서 나타나는 현상을 살펴보는 분야라고 볼 수 있지.

사회 분야에서는 특히 '경제학'이나 '법학'과 관련된 주제가 출제되는 경우가 많아. 우선 '경제학'은 경제 현상을 연구하는 학문인데, 우리의 생활에 필요한 돈이나 노동력이 어떻게 생산되고 분배되며 소비되는지를 분석해. 이때 기업의 운영과 관련된 '경영학'이나 국가 운영 자금이 어떻게 관리되는지를 다루는 '재정학' 등도 경제학에 포함된다고 볼 수 있어. '법학'은 법질서나 법 현상을 연구하는 학문으로, 세상에는 어떤 법이 있는지, 그리고 이 법이 공동체의 질서를 유지하기 위해 어떠한 역할을 하는지를 다뤄. 이 외에도 사회 분야의 지문은 사회의 근본 원리를 탐구하고 사회 현상 간의 관계를 밝히는 '사회학'을 다루기도 하는데, '사회학'은 예술 분야의 '미학'처럼 철학적인 성격을 가지고 있어 인문 분야에 속한다고 보기도 해.

사회 분야의 지문은 '법의 규제를 받으면서 국가의 목적이나 공익을 실현하기 위해 행하는 능동적인 국가 작용'인 '행정'을 주제로 다루는 경우도 많아. 행정을 연구하는 학문인 '행정학'에서는 국가적인 사무나 정치적인 관계, 제도나 정책의 개선 방안 등을 다루는데, 이는 큰 틀에서 보았을 때 경제학적인 접근과 법학적인 접근이 동시에 이루어질 수 있는 분야라고도 할 수 있어. 고3 평가원 시험에서 출제된 사회 분야의 주제별 예시를 들어 본다면 다음과 같아.

관련 주제	지문명
경제학	브레턴우즈 체제와 트리핀 딜레마 2022학년도 수능 경제 안정을 위한 정책 2020학년도 6월 채권과 CDS 프리미엄 2019학년도 9월
법학	이중차분법 2023학년도 6월 예약의 법적 성질 2021학년도 수능 소유권의 공시 방법 2020학년도 9월
사회학	베카리아의 형벌론 2022학년도 6월 집합 의례 2018학년도 9월 사색적 삶과 활동적 삶 2016학년도 9월B
행정학	행정입법에 의한 행정 규제 2021학년도 9월 BIS 비율 규제로 살펴보는 국제적 기준의 규범성 2020학년도 수능 공공 서비스의 민간 위탁 2015학년도 수능A

➕ 수식이나 그래프가 등장하는 지문과 마주쳤을 때!

사회 분야, 특히 경제학에서의 연구는 사회적으로 관찰되는 현상을 수치화하여 비교함으로써 이루어지는 경우가 많아. 그러다 보니 수치나 수식, 그래프 등을 활용해 가며 설명하는 방식이 종종 보이는데, 이때 '국어 시험인데 왜 수식이나 그래프가 나오지?'라며 당황하게 될 수 있어. (참고로 이 문제는 과학·기술 분야에서도 나타날 수 있어.) 하지만 기본적으로 독서 영역에서는 그 학년의 학생이라면 알아야 한다고 여겨지는 수준의 배경지식만 요구하고, 해석할 수 없는 정보나 자료를 해석해내라고 강요하지는 않아. 즉 수식이나 그래프에 대해 '배운 적이 없어서' 지문을 이해할 수 없는 상황이 발생하기는 어렵다는 뜻이야. 무엇보다 수식이나 그래프는 보통 글로 자세히 설명한 내용을 적용하여 이해해야 하는 일종의 '보조 자료'로 제시되니까, 지문에 글로 설명된 내용을 제대로 이해했다면 수식이나 그래프를 이해하는 데에도 큰 어려움이 없을 거야. 그러니 당황하지 말고 차분하게 지문의 내용과 연계해 가며 이해할 수 있도록 하자.

② 사회 분야에서 눈여겨볼 전개 방식

사회 분야에서도 '사회학'을 다룰 때에는 인문 분야와 마찬가지로 사회학을 연구한 특정 인물이나 유파의 관점이 제시되는 경우가 많아. ('견해'를 다루는 지문의 주요 전개 방식은 인문·예술 분야의 설명을 참고하자.) 다만 '경제학'이나 '법학', 혹은 '행정학'을 다룰 때에는 인문 분야에서처럼 관념적인 내용 위주로 설명하기보다는, 좀 더 구체적이고 현실적인 내용이 제시되지. 이때는 특정한 사회 현상이 현실 세계에 어떠한 규칙성을 가지고 나타나는지 설명하는 데 초점을 둬. 이러한 경우, 사회 분야의 지문에서 흔히 나타나는 전개 방식으로는 다음과 같은 것들을 들 수 있어.

구조	분야별 주요 내용	주요 전개 방식
특정 규칙의 적용	**경제학** – 특정한 경제적 현상을 나타내는 수식 · 공식 · 기본 원리가 현실에 어떻게 적용되는지 설명 **법학** – 특정 상황과 관련된 법률이 현실에 어떻게 적용되는지 설명	– 특정 현상 · 상황에 대해 예를 들어 자세히 설명함(정의와 예시) – 특정 현상 · 상황이 발생하게 되는 원리를 설명함(원리와 과정)
다양한 요소들의 작용	**경제학** – 경제적 요인에 해당하는 여러 요소들을 통해 특정한 경제적 현상이 어떻게 발생하게 되는지 설명 **법학** – 법적 요인에 해당하는 여러 요소들을 통해 특정 상황에 대해 어떻게 판단 · 대처해야 하는지 설명	– 특정 현상 · 상황과 관련된 여러 요소를 유형별로 분류하거나 나열하여 제시함(분류와 나열) – 특정 현상 · 상황이 어떠한 요인에 의해 발생하는지, 혹은 이에 대해 어떠한 요인을 근거로 판단 · 대처하면 되는지 제시함(원인과 결과)

참고로 사회 분야의 지문이 '통시적 구조'로 전개될 경우 특정 사회적 현상에 적용되는 경제적 원리나 법률, 정책이 변화하게 되면서 이전 시기의 문제점을 수정 · 보완하는 '문제와 해결'의 구조가 나타나기도 해. 혹은 시대의 흐름에 따라 달라진 사회적 관점을 '비교와 대조'하는 전개 방식이 나타나기도 하지. 또 '정책' 등을 다루는 지문의 경우, 국가를 운영할 때 선택할 수 있는 둘 이상의 정책 방향을 제시하여 '비교와 대조'해 보는 방식으로 전개되기도 하니 참고하자.

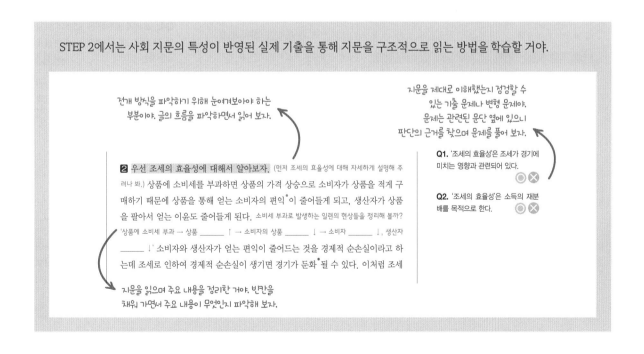

STEP 2에서는 사회 지문의 특성이 반영된 실제 기출을 통해 지문을 구조적으로 읽는 방법을 학습할 거야.

전개 방식을 파악하기 위해 눈여겨봐야 하는 부분이야. 글의 흐름을 파악하면서 읽어 보자.

지문을 제대로 이해했는지 점검할 수 있는 기출 문제나 변형 문제야. 문제는 관련된 문단 옆에 있으니 판단의 근거를 찾으며 문제를 풀어 보자.

2 우선 조세의 효율성에 대해서 알아보자. (먼저 조세의 효율성에 대해 자세하게 설명해 주려나 봐.) 상품에 소비세를 부과하면 상품의 가격 상승으로 소비자가 상품을 적게 구매하기 때문에 상품을 통해 얻는 소비자의 편익*이 줄어들게 되고, 생산자가 상품을 팔아서 얻는 이윤도 줄어들게 된다. 소비세 부과로 발생하는 일련의 현상들을 정리해 볼까? '상품에 소비세 부과 → 상품 _____ ↑ → 소비자의 상품 _____ ↓ → 소비자 _____ ↓, 생산자 _____ ↓' 소비자와 생산자가 얻는 편익이 줄어드는 것을 경제적 순손실이라고 하는데 조세로 인하여 경제적 순손실이 생기면 경기가 둔화*될 수 있다. 이처럼 조세

지문을 읽으며 주요 내용을 정리한 거야. 빈칸을 채워 가면서 주요 내용이 무엇인지 파악해 보자.

Q1. '조세의 효율성'은 조세가 경기에 미치는 영향과 관련되어 있다. ◎ ✕

Q2. '조세의 효율성'은 소득의 재분배를 목적으로 한다. ◎ ✕

1~2 다음 글을 읽으며 빈칸을 채운 후 문제를 풀어 보세요.

고1 2018학년도 3월

지문 이해 ◎ ⊗ **문제**

1 조세는 국가의 재정*을 마련하기 위해 경제 주체인 기업과 국민들로부터 거두어들이는 돈이다. _____의 정의를 제시하면서 시작하고 있네. 그런데 국가가 조세를 강제로 부과하다 보니 경제 주체의 의욕을 떨어뜨려 경제적 순손실을 초래하거나 조세를 부과하는 방식이 공평하지 못해 불만을 야기하는* 문제가 나타난다. 조세가 지닌 강제성과 관련해서는 _____ 초래라는 문제가, 조세 부과 방식의 공평성과 관련해서는 경제 주체의 _____ 야기라는 문제가 발생할 수 있군. 따라서 조세를 부과할 때는 조세의 효율성과 공평성을 고려해야 한다. (조세의 강제성과 부과 방식으로 인한 **문제**를 방지하기 위해 고려해야 하는 사항 두 가지를 **나열**하였어. 앞으로 이 두 가지 내용을 중심으로 지문이 전개되겠군!)

2 우선 조세의 효율성에 대해서 알아보자. (먼저 조세의 효율성에 대해 자세하게 설명해 주려나 봐.) 상품에 소비세를 부과하면 상품의 가격 상승으로 소비자가 상품을 적게 구매하기 때문에 상품을 통해 얻는 소비자의 편익*이 줄어들게 되고, 생산자가 상품을 팔아서 얻는 이윤도 줄어들게 된다. 소비세 부과로 발생하는 일련의 현상들을 정리해 볼까? '상품에 소비세 부과 → 상품 _____ ↑ → 소비자의 상품 _____ ↓ → 소비자 _____ ↓, 생산자 _____ ↓' 소비자와 생산자가 얻는 편익이 줄어드는 것을 경제적 순손실이라고 하는데 조세로 인하여 경제적 순손실이 생기면 경기가 둔화*될 수 있다. 이처럼 조세를 부과하게 되면 경제적 순손실이 불가피하게 발생하게 되므로, 이를 최소화하도록 조세를 부과해야 조세의 효율성을 높일 수 있다. 소비자와 생산자의 _____이 모두 줄어드는 현상을 '경제적 순손실'이라고 하는구나. 이로 인해 _____가 둔화될 수 있으므로, 경제적 순손실을 _____하는 방향으로 조세를 부과해야 한다는 것이 '조세의 효율성'과 관련된 설명이었어.

3 조세의 공평성은(다음으로 조세의 공평성에 대해서도 자세히 설명해 주겠군.) 조세 부과의 형평성*을 실현하는 것으로, 조세의 공평성이 확보되면 조세 부과의 형평성이 높아져서 조세 저항을 줄일 수 있다. '조세의 공평성'은 조세 부과의 _____을 실현하는 것이라고 하면서, 이를 통해 _____을 줄일 수 있다는 특징을 언급하였어. 공평성을 확보하기 위한 기준으로는 편익 원칙과 능력 원칙이 있다. (조세의 공평성을 확보하기 위한 두 가지 기준을 **나열**했네. 이 두 가지 기준에 대해서 차례대로 설명하겠지?) 편익 원칙은 조세를 통해 제공되는 도로나 가로등과 같은 공공재*를 소비함으로써 얻는 편익이 클수록 더 많은 세금을 부담해야 한다는 원칙이다. 편익 원칙: 공공재를 소비함으로써 얻는 _____ ↑ → _____ 부담 ↑ 이는 공공재를 사용하는 만큼 세금을 내는 것이므로 납세자의 저항이 크지 않지만, 현실적으로 공공재의 사용량을 측정하기가 쉽지 않다는 문제가 있고 조세 부담자와 편익 수혜*자가 달라지는 문제도 발생할 수 있다. 편익 원칙의 특징: ①납세자의 _____이 크지 않음 ②공공재의 사용량 측정이 어려움 ③조세 부담자 ≠ _____인 문제 발생 가능

4 능력 원칙은 개인의 소득이나 재산 등을 고려한 세금 부담 능력에 따라 세금을 내야 한다는 원칙으로 조세를 통해 소득을 재분배하는 효과가 있다. 능력 원칙: 개인의 세금 부담 능력에 따라 세금을 내야 한다는 원칙 / 특징: 소득 _____ 효과 능력 원칙은 수직적 공평과 수평적 공평으로 나뉜다. (능력 원칙을 다시 '수직적 공평'과 '수평적 공평'이라는 개념으로 **분류**한 뒤 순서대로 설명하려나 봐.) 수직적 공평은 소득이 높거나 재산이 많을수록

Q1. '조세의 효율성'은 조세가 경기에 미치는 영향과 관련되어 있다.
◎ ⊗

Q2. '조세의 효율성'은 소득의 재분배를 목적으로 한다.
◎ ⊗

Q3. '조세의 공평성'은 납세자의 조세 저항을 완화하는 데 도움이 된다.
◎ ⊗

Q4. '조세의 공평성'은 '조세의 효율성'과 달리 조세 부과의 형평성을 실현하는 것이다.
◎ ⊗

Q5. '조세의 효율성'과 '조세의 공평성'은 모두 조세를 부과할 때 고려해야 하는 요건이다.
◎ ⊗

Q6. 인물 A보다 인물 B의 소득이 높을 때, B가 더 많은 세금을 납부하게 되는 것은 편익 원칙을 적용하여 세금을 징수하였기 때문이다.

세금을 많이 부담해야 한다는 원칙이다. 이를 실현하기 위해 특정 세금을 내야 하는 모든 납세자에게 같은 세율을 적용하는 비례세나 소득 수준이 올라감에 따라 점점 높은 세율을 적용하는 누진세를 시행하기도 한다. _____ 공평: 고소득자나 자산가가 더 많은 세금을 부담해야 한다는 원칙, 비례세나 _____를 통해 실현

5 수평적 공평은 소득이나 재산이 같을 경우 세금도 같게 부담해야 한다는 원칙이다. _____ 공평: 소득·재산이 같으면 세금도 _____하게 부담해야 한다는 원칙 그런데 수치상의 소득이나 재산이 동일하더라도 실질적인 조세 부담 능력이 달라, 내야 하는 세금에 차이가 생길 수 있다. 예를 들어(수치상의 소득·재산과 실질적인 조세 부담 능력이 다른 경우에 대해 **예시**를 통해 구체적으로 설명해 줄 거야.) 소득이 동일하더라도 부양가족의 수가 다르면 실질적인 조세 부담 능력에 차이가 생긴다. 이와 같은 문제를 해결하여 공평성을 높이기 위해 정부에서는 공제 제도를 통해 조세 부담 능력이 적은 사람의 세금을 감면*해 주기도 한다. 수평적 공평의 원칙을 따를 때 발생할 수 있는 문제를 해결하기 위해 정부에서 공제 제도를 통한 세금 _____을 시행하기도 한다는 내용으로 지문이 마무리되었어.

- **편익:** 편리하고 유익함.
- **공공재:** 모든 사람들이 공동으로 이용할 수 있는 재화나 서비스.

Q7. 인물 A와 인물 B의 소득은 동일하지만 A에게는 부양가족이 없고 B에게는 부양가족이 있을 때, B만 부양가족 공제를 받는 것은 실질적인 조세 부담 능력을 고려한 것이다.

알아두자! 필수 어휘

- **재정:** 개인, 가계, 기업 따위의 경제 상태.
- **야기하다:** 일이나 사건 따위를 끌어 일으키다.
- **둔화:** 느리고 무디어짐.
- **형평성:** 균형이 맞는 상태를 이루는 성질.
- **수혜:** 은혜를 입음. 또는 혜택을 받음.
- **감면:** 매겨야 할 부담 따위를 덜어 주거나 면제함.

1. 다음 표의 빈칸을 채우고 적절한 말을 선택하여 지문의 전체적인 구조를 파악해 보세요.

문단	조세의 효율성과 공평성				
1	– 조세의 정의와 특징				
	조세	정의	국가의 재정 마련을 위해 _____과 _____로부터 거두어들이는 돈		
		특징	국가가 경제 주체에게 강제로 _____ → 경제적 순손실 초래 가능		
			_____ 부과 방식에 따른 불만 야기 가능		
2	– 조세의 효율성과 경제적 순손실				
	경제적 순손실	정의	소비자와 생산자가 얻는 _____의 감소		
		발생 과정	상품에 _____ 부과 → 상품 가격 상승 → 소비자의 _____ 감소 → 소비자 편익 감소 → 생산자 _____ 감소		
	· 경제적 순손실을 최소화하도록 조세 부과 → 조세의 효율성 (↑/↓)				
3 **4** **5**	– 조세의 공평성				
	조세의 공평성	정의	조세 부과의 _____을 실현하는 것		
		특징	조세의 공평성 확보 → 조세 부과의 _____ ↑ → 조세 저항 (↑/↓)		
	– 조세의 공평성을 확보하기 위한 기준				
	편익 원칙	정의	공공재를 소비함으로써 얻는 편익이 (클수록 / 작을수록) 더 많은 세금을 부담해야 한다는 원칙		
		특징	– 납세자의 저항이 크지 않음 – 공공재의 _____ 측정이 쉽지 않음 – _____와 편익 수혜자가 달라질 수 있음		
	능력 원칙	정의	_____의 세금 부담 능력에 따라 세금을 내야 한다는 원칙		
		특징	_____ 재분배 효과		
		유형	수직적 공평	– 소득이 높거나 재산이 많을수록 세금을 (많이 / 적게) 부담해야 한다는 원칙 – _____나 누진세 시행을 통해 실현	
			수평적 공평	– 소득이나 재산이 같을 경우 세금도 같게 부담해야 한다는 원칙 – _____ 제도를 통한 세금 감면 → 수치상의 소득·재산과 _____적인 조세 부담 능력이 다른 경우 발생하는 문제를 해결함	

2. 윗글에 대한 설명으로 가장 적절한 것은?

① 상반된 두 입장을 비교, 분석한 후 이를 절충하고 있다.

② 대상을 기준에 따라 구분한 뒤 그 특성을 설명하고 있다.

③ 대상의 개념을 그와 유사한 대상에 빗대어 소개하고 있다.

④ 통념을 반박하며 대상이 가진 속성을 새롭게 조명하고 있다.

⑤ 시간의 흐름에 따라 대상이 발달하는 과정을 서술하고 있다.

고3 2016학년도 6월B

1 산업화에 따라 사회가 분화˙되고 개인이 공동체적 유대로부터 벗어나게 되는 현상을 '개체화'라고 한다. _____의 정의를 제시하였어. 울리히 벡과 지그문트 바우만은 현대의 개체화 현상을 사회적 위험 문제와 연관시켜 진단한 대표적인 학자들이다. (현대의 개체화 현상과 사회적 위험 문제에 대한 두 학자의 관점을 **비교·대조**하는 방식으로 지문이 전개될 것임을 짐작할 수 있어.)

2 사실 사회 분화와 개체화는 자본주의적 산업화 이래로 지속된 현상이다. 그런데 20세기 중반 이후부터는(20세기 중반 이후 개체화 현상의 달라진 양상에 대해 설명해 주려나 봐.) 세계화를 계기로 개체화 현상이 과거와는 질적으로 달라진 양상을 보여 주고 있다. 교통과 통신 수단의 발달에 따라 국경을 넘나드는 자본과 노동의 이동이 가속화되었고, 개인에 대한 국가의 통제력도 현저하게 약화되고 있다. 또한 전 세계적인 노동 시장의 유연화 경향에 따라 정규직과 비정규직, 생산직과 사무직 등 다양한 형태로 분절화된 노동자들이 이제는 계급적 연대 속에서 이해관계를 공유하지 못하게 되었다. 핵가족화 추세에 더하여 일인 가구가 급속도로 늘어나는 등 가족의 해체 현상도 많이 나타나고 있다. 세계화로 인해 개체화 현상의 달라진 양상들이 나열되었어. 하나씩 정리해 볼까? ①자본과 노동의 _____ 가속화 ②개인에 대한 국가의 _____ 약화 ③노동 시장 _____에 따른 노동의 분절화 ④가족 _____ 현상 벡과 바우만은 개체화의 이러한 가속화 추세에 대해서 인식의 차이를 보이지 않는다. 개체화 현상의 _____ 추세에 대해서는 두 학자가 공통된 의견을 갖고 있다는 것이군.

3 그런데 현대의 위기와 관련해서 그들이 개체화를 바라보는 시선은 사뭇 다르다. (이제 두 학자의 견해에서 나타나는 **차이점**을 제시하겠지?) 먼저 벡은(벡의 견해부터 설명하기 시작하네.) 과학 기술의 의도하지 않은 결과로 나타난 현대의 위기가 개체화와는 별개로 진행된 현상이라고 본다. 벡은 핵무기와 원전 누출 사고, 환경 재난 등 예측 불가능한 위험이 현실화될 가능성이 있는데도 삶의 편의와 풍요를 위해 이를 방치(放置)함으로써 위험이 체계적이고도 항시적˙으로 존재하게 된 현대 사회를 '위험 사회'라고 규정한 바 있다. 벡이 규정한 '위험 사회'의 개념을 설명하였어. 이는 삶의 편의와 풍요를 위해 _____한 위험이 체계적·항시적으로 존재하게 된 현대 사회를 말한다고 하네. 현대의 위험은 과거와 달리 국가와 계급을 가리지 않고 파괴적으로 영향을 미친다는 것이 벡의 관점이다. 벡은 현대 사회의 _____이 국가·계급의 구분 없이 파괴적 영향을 미친다고 보네. 그런데 벡은 현대인들이 개체화되어 있다는 바로 그 조건 때문에 오히려 전 지구적 위험에 의한 불안에 대응하기 위해 초계급적, 초국가적으로 연대(連帶)할 가능성이 있다고 보았다. 특히 벡은 그들이 과학 기술의 발전뿐 아니라 그 파괴적 결과까지 인식하여 대안을 모색하는 '성찰적 근대화'의 실천 주체로서 일상생활에서의 요구를 모아 정치적으로 표출(表出)하는 등 행동에 나서야 한다고 주장한다. 벡은 개체화되어 있는 현대인들의 초계급적·초국가적 _____ 가능성을 제시하며, 이들이 '성찰적 근대화'의 주체로서 행동해야 함을 강조했군.

4 한편 바우만은(이제 벡의 견해와는 **대조**되는 바우만의 견해에 대해 설명해 줄 거야.) 개체화된 개인들이 삶의 불확실성 속에서 생존을 모색하게 된 현대를 '액체 시대'로 정의하였다. 현대인의 삶과 사회 전체가, 형체는 가변적˙이고 흐르는 방향은 유동적˙인 액체와 같아졌다고 보았던 것이다. 바우만은 현대 사회가 _____적이고 _____적인 액체와 같아졌다는 의미에서 현대를 '액체 시대'라고 정의하였군. 그런데 그는 액체 시대라는 개념을

지문 이해 ◉ ⊗ 문제

Q1. 현대의 개체화 현상은 노동자들이 계급적 동질성을 갖지 못하게 한다.
◉ ⊗

Q2. 현대의 개체화 현상은 개인의 거주 공간이 가족 공동의 거주 공간에서 분리되는 추세도 포함한다.
◉ ⊗

Q3. 현대의 개체화 현상은 국가의 통제력 강화를 통해 개인의 자율성 약화를 초래한다.
◉ ⊗

Q4. 현대의 개체화 현상은 벡의 관점에서는 현대인들로 하여금 새로운 방식의 유대를 모색하게 하는 조건이다.
◉ ⊗

Q5. 벡의 '위험 사회'는 위험 요소의 성격이 과거와 달라진 현대 사회의 특성을 드러내기 위한 개념이다.
◉ ⊗

Q6. 현대의 개체화 현상은 바우만의 관점에서는 현대인들로 하여금 서로 연대하기 어렵게 하는 위험 요인이다.
◉ ⊗

통해 핵 확산이나 환경 재앙 등 예측 불가능한 전 지구적 위험 요인의 항시적 존재만이 아니라 삶의 조건을 불확실하게 만드는 개체화 현상 자체를 위험 요인으로 본다는 점에서 벡과 달랐다. 개체화 현상에서 불안에 대응하기 위한 현대인들의 연대 가능성을 발견한 벡과는 달리, 바우만은 _____ 자체를 위험 요인으로 보았군. 바우만은 우선 세계화의 흐름 속에서 소수의 특권 계급을 제외한 대다수의 사람들이 무한 경쟁에 내몰리고 빈부 격차에 따라 생존 자체를 위협받는 등 잉여 인간으로 전락(轉落)하고 있다고 본다. 그러나 그가 더 치명적으로 본 것은 협력의 고리를 찾지 못하게 된 현대인들이 개인 수준에서 위기에 대처해야 하는 상황에 빠져 버렸다는 점이다. 더구나 그는 위험에 대한 공포가 내면화되면 사람들은 극복 의지도 잃고 공포로부터 도피하거나 소극적 자기 방어 행동에 몰두(沒頭)하게 된다고 보았다. 바우만이 개체화 현상 자체를 위험 요인으로 보는 이유는 다음과 같이 정리할 수 있겠군. ①특권 계급을 제외한 대다수의 사람들이 _____으로 전락함 ② _____ 수준에서 위기에 대처해야 함 ③ _____를 상실한 채 자기 방어 행동에 몰두함 그렇기 때문에 바우만은 일상생활에서의 정치적 요구를 담은 실천 행위도 개체화의 흐름에 놓여 있기 때문에 현대의 위기에 대한 해결책이 될 수 없다고 판단하고 있다. 바우만은 개체화된 현대인들에 의한 '성찰적 근대화'의 실천을 강조한 벡의 주장이 현대의 위기에 대한 _____이 될 수 없다고 보았네.

7. 바우만의 '액체 시대'는 현대 사회의 불확실성을 강조하기 위해 물체의 속성에서 유추하여 사회에 적용한 개념이다. ◎ ✕

Q8. 벡의 '위험 사회'와 바우만의 '액체 시대'는 모두 인간관계의 유연한 확장 가능성을 비관적으로 보는 개념이다. ◎ ✕

Q9. 벡의 '위험 사회'와 바우만의 '액체 시대'는 모두 재난의 현실화 가능성이 일상화되어 있다는 점을 전제로 하는 개념이다. ◎ ✕

Q10. 벡의 '위험 사회'와 바우만의 '액체 시대'는 모두 위험의 공간적 범위가 전 지구적으로 확장되어 있음을 내포하는 개념이다. ◎ ✕

📖 **알아두자! 필수 어휘**

• **분화:** 단순하거나 등질인 것에서 복잡하거나 이질인 것으로 변함.
• **항시적:** 언제나 늘 있는 것.
• **가변적:** 바꿀 수 있거나 바뀔 수 있는 것.
• **유동적:** 끊임없이 흘러 움직이는 것.

3. 다음 표의 빈칸을 채우고 적절한 말을 선택하여 지문의 전체적인 구조를 파악해 보세요.

문단	현대의 개체화 현상
1	**– 개체화 현상의 정의** **개체화** ㅣ 산업화에 따른 사회 _____ + 개인이 공동체적 _____로부터 벗어나게 되는 현상 └ 울리히 벡, 지그문트 바우만: 현대의 개체화 현상을 사회적 _____ 문제와 연관시켜 진단
2	**– 벡과 바우만의 관점 비교(공통점)** ㅣ 벡 ㅣ 바우만 ㅣ 자본과 노동의 이동 _____, 개인에 대한 국가의 통제력 _____, _____의 분절화, 가족 해체 현상 ⇒ 개체화 현상의 가속화 추세

– 벡과 바우만의 관점 비교(차이점)

벡(_____ 사회)	바우만(_____ 시대)
• 현대 사회에는 방치에 의한 체계적 · _____적 위험이 존재한다고 봄 • 개체화된 현대인들의 초국가적 · 초계급적 _____ 가능성을 제시함 • _____의 실천을 통한 대응을 강조함	• 현대 사회는 가변적이고 유동적인 _____와 같음 • 개체화 현상 자체를 위험 요인으로 봄 (잉여 인간으로의 전락, _____ 수준에서의 위기 대처, 극복 의지를 _____한 채 자기 방어 행동에 몰두) • 성찰적 근대화의 실천으로 현대 사회의 위기 해결이 (가능 / 불가능)하다고 봄

(문단 **3**, **4**)

4. 윗글의 논지 전개 방식으로 가장 적절한 것은?

① 개체화 현상의 다양한 양상들을 하나의 기준에 따라 분류하였다.

② 개체화 현상에 대한 통념을 비판하며 그 개념을 새롭게 규정하였다.

③ 개체화 현상에 대한 서로 다른 두 견해의 공통점과 차이점을 설명하였다.

④ 개체화 현상의 역사적 기원에 대한 다양한 가설들의 한계와 의의를 평가하였다.

⑤ 개체화 현상에 대한 정의를 바탕으로 이와 유사한 사회적 개념들을 비교하였다.

사회 분야의 지문을 특히 어렵게 느끼는 학생들은, 사회 분야에서 자주 사용되는 용어의 의미를 이해하지 못하는 경우가 많아. 경제학 분야의 지문에서는 '수요, 공급, 환율, 금리, 물가' 등과 같은 개념이, 법학 분야의 지문에서는 '헌법, 민법, 사법, 소송, 채권, 채무' 등과 같은 개념이 자주 활용되는데, 대다수의 지문이 이러한 개념에 대해 자세하게 설명해 주지는 않거든. 왜냐하면 출제자들은 고등학생 수준에서 학생들이 이러한 개념들의 의미는 이미 어느 정도 알고 있다고 전제하기 때문이야. 그러니까 뜻풀이가 덧붙지 않은 주요 개념들은 지문과 함께 간단히 정리하면서 공부해 두는 게 좋겠지?

① 경제학(1) - 수요와 공급

고1 2020학년도 3월

관세가 국내 경기에 미치는 영향을 살펴보기 위해서는 시장에서의 수요와 공급의 원리를 알아야 한다. 〈그림〉은 가격에 따른 수요량과 공급량의 변화를 나타내는 그래프이다. 여기서 수요 곡선은 재화의 가격에 따른 수요량의 변화를 나타내는데, 그래프에서 가격은 재화 1단위 추가 소비를 위한 소비자의 지불 용의 가격을 나타내기도 한다. 공급 곡선은 재화의 가격에 따른 공급량의 변화를 나타내는데, 그래프에서 가격은 재화 1단위 추가 생산을 위한 생산자의 판매 용의 가격을 나타내기도 한다. 수요와 공급의 원리에 따르면 재화의 균형 가격은 수요 곡선과 공급 곡선이 만나는 P_0에서 형성된다. 재화의 가격이 P_1로 올라가면 수요량은 Q_1로 줄어들고 공급량은 Q_2로 증가하지만, 재화의 가격이 P_2로 내려가면 수요량은 Q_2로 증가하고 공급량은 Q_1로 줄어든다.

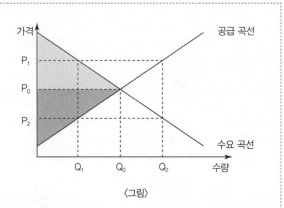

〈그림〉

수요(需要)	어떤 재화나 용역을 일정한 가격으로 사려고 하는 욕구.
공급(供給)	교환하거나 판매하기 위하여 시장에 재화나 용역을 제공하는 일. 또는 그 제공된 상품의 양.

한 골목에서 맛과 양이 똑같은 아이스크림을 판매하고 있는 가게 A와 B가 있다고 하자. 가게 A에서는 아이스크림을 1,000원에 파는데, 가게 B에서는 2,000원에 팔아. 그럼 그 골목을 지나가는 사람들은 당연히 더 저렴한 가격의 가게 A로 많이 가겠지? 이렇게 가격에 따라 일정 기간 동안 소비자들이 그 상품을 구매하고자 하는 양, 즉 수요량이 어떻게 변화하는지 나타내는 것을 '수요'라고 해.

'수요량'은 제품의 가격에 따라 변화하고, '수요'는 가격 외의 요인(소득, 기호, 다른 재화의 가격 등)으로 인해 변화할 수 있어. <그림 1>은 여러 가격대에서의 수요량을 나타내는 수요 곡선이야. 가게 A의 아이스크림 판매 가격이 P_0이라고 할 때, <그림 1>에서 아이스크림의 가격을 P_1로 올리면 수요량은 Q_0에서 Q_1로 줄어들고, 반대로 아이스크림 가격을 P_2로 줄이면 수요량이 Q_0에서 Q_2로 늘어나는 것이 보이지? 이처럼 하나의 수요 곡선 안에서 '가격'의 변화에 따라 '수요량'이 변화함을 알 수 있어. 이를 수요량의 변화라고 해. 다음으로 <그림 2>에서는 수요 곡선 그 자체가 좌우로 움직여. 가게 A가 아이스크림을 똑같은 가격(P_0)에 팔고 있다고 하더라도 기존의 수요량(Q_0)이 감소하거나(Q_0→Q_1) 증가하는(Q_0→Q_2) 변화가 나타날 수 있음을 보여주지. 예를 들어 소비자의 수가 늘어나서 수요량이 증가하거나 아이스크림을 대체하는 상품이 나타나서 수요량이 감소하면 수요 곡선이 <그림 2>처럼 움직이는 거지. 즉 소비자의 수 변화, 광고, 대체 가능한 상품이 있는지 여부 등과 같은 '가격 이외의 요인'에 따라 '수요'가 변화해서 '모든 가격대(모든 가격 수준)에서의 수요량'이 변하게 된 거야.

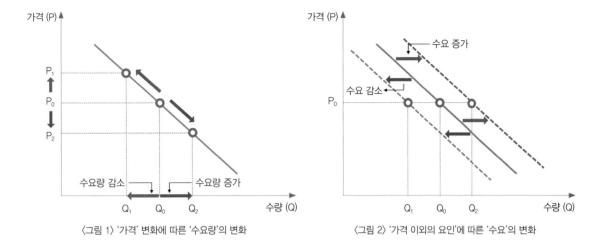

〈그림 1〉 '가격' 변화에 따른 '수요량'의 변화   〈그림 2〉 '가격 이외의 요인'에 따른 '수요'의 변화

이번에는 상품을 파는 공급자의 입장에서 생각해 볼까? 모든 수익으로 다시 상품을 만든다고 할 때, 가게 A가 1,000원짜리 아이스크림을 판 수익으로 한 달에 아이스크림을 100개 정도 만들 수 있다고 하자. 그렇다면 가격을 2,000원으로 올리면 그 이득을 활용해서 한 달에 200개의 아이스크림을 만들고 공급해서 더 큰 수익을 얻을 수도 있을 거야. 이렇게 가격에 따라 공급량이 어떻게 변화하는지 나타내는 것을 '공급'이라고 해. '수요'와 '수요량'의 관계와 비슷하게, '공급'은 제품의 가격에 좌우되는 '공급량'과 달리 가격 외의 요인에 의해 변화해.

<그림 3>은 여러 가격대에서의 공급량을 나타내는 공급 곡선이야. 가게 A가 지금 아이스크림을 팔고 있는 가격이 P_0이라고 할 때, <그림 3>에서 가격을 P_2로 낮추면 공급량이 Q_0에서 Q_1로 줄어들고, 가격을 P_1로 올리면 공급량이 Q_0에서 Q_2로 늘어나고 있지? 이처럼 하나의 공급 곡선 안에서 '가격'의 변화에 따라 '공급량'이 변할 수 있음을 알 수 있어. 다음으로 <그림 4>에서는 공급 곡선 자체가 좌우로 움직여. 가게 A가 아이스크림을 똑같은 가격(P_0)에 팔고 있다고 하더라도 기존의 공급량(Q_0)이 감소하거나($Q_0 \rightarrow Q_1$) 증가하는($Q_0 \rightarrow Q_2$) 변화가 나타나는 것을 보여주지. 예를 들어 공급자의 수가 늘어나서 공급량이 증가하거나 상품을 생산하는 비용이 증가하여 공급량이 감소하면 공급 곡선이 <그림 4>처럼 움직이는 거지. 이는 즉 공급자의 수 변화, 기술의 발전, 상품을 생산하는 비용의 변화 등과 같은 '가격 이외의 요인'에 따라 '공급'이 변화해서 '모든 가격대(모든 가격 수준)에서의 공급량'이 변하게 된 거야. 이를 공급의 변화라고 해.

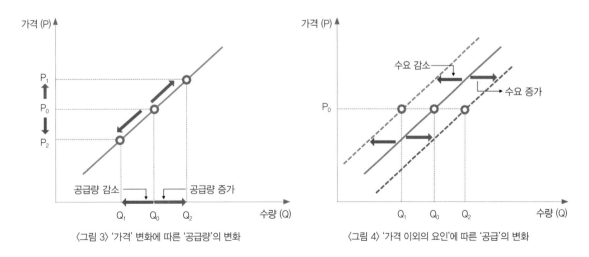

〈그림 3〉 '가격' 변화에 따른 '공급량'의 변화   〈그림 4〉 '가격 이외의 요인'에 따른 '공급'의 변화

수요량과 공급량이 동일할 때 시장은 균형 상태에 있다고 하는데, 시장 가격이 균형 상태에서 책정되지 않으면 공급량이 너무 많아서 상품의 재고가 남아돌거나, 수요량이 너무 많아서 원하는 만큼 상품을 사지 못하는 상황이 발생해. <그림 5>의 경우 아이스크림 시장에 100개의 아이스크림이 팔리고 있는데, 사람들이 사고자 하는 아이스크림의 총량도 딱 100개일 때 (즉 수요 곡선과 공급 곡선이 교차하는 지점에서) 균형 상태의 시장이 이루어진다는 걸 알 수 있어. 이때의 상품의 가격인 1,500원은 '균형 가격'이 되고, 100개라는 상품의 수량은 '균형 거래량'이 돼.

경제 지문에서 '수요'나 '공급'을 주제로 다룰 때에는 지금까지 제시된 것들과 비슷한 그래프가 등장할 가능성이 높아. 그러니 지문의 설명을 참고하여 그래프를 어떻게 해석해야 하는지 잘 파악해 두자.

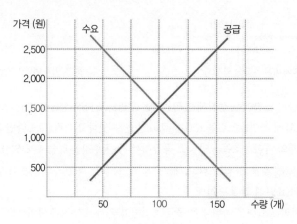

〈그림 5〉 시장의 균형

📖 읽어 볼 만한 지문	학년	출처	주제
	고1	2021학년도 6월 [33~37]	수요의 가격탄력성
	고2	2016학년도 3월 [23~26]	독점적 시장에서의 가격 차별
	고3	2012학년도 9월 [35~37]	가격 결정과 자원 배분의 효율성

② 경제학(2) – 물가와 경기

고2 2019학년도 6월

물가란 시장에서 거래되는 개별 상품의 가격을 종합하여 평균한 것으로, 물가 변동은 전반적인 상품의 가격 변동을 나타낸다. 물가지수는 이러한 물가 변동을 알기 쉽게 지수화한 경제지표를 일컫는다. 지수란 기준이 되는 시점의 수치를 100으로 해서 비교 시점의 수치를 나타낸 것인데, 이를테면 어느 특정 시점의 물가지수가 115라면 이는 기준 시점보다 물가 수준이 15% 높다는 것을 의미한다.

고1 2013학년도 11월

경제 분야에서 경기는 국민경제의 총체적인 활동 수준이라고 정의된다. 장기적 관점에서 볼 때 경기는 끊임없이 확장(상승)과 수축(하강)을 반복하며 변동한다. 경제활동이 활발해져 경기가 상승하다가 정점에 이르게 되고, 이후 경제활동이 둔화되어 경기가 하강하다가 저점에 이르게 되면 다시 상승으로 반전하는데 이를 경기순환이라고 한다. 가계, 기업, 정부 등의 경제주체들은 경기를 정확하게 파악해야 합리적인 경제활동을 할 수 있게 된다.

물가(物價)	물건의 값. 여러 가지 상품이나 서비스의 가치를 종합적이고 평균적으로 본 개념.
경기(景氣)	매매나 거래에 나타나는 호황·불황 따위의 경제 활동 상태.

지금으로부터 20년 후, 우리는 지금과 똑같은 가격으로 물건을 구매할 수 있을까? 이 질문에 대한 답은 '물가'가 쥐고 있어. 물가는 상품의 판매 가격에 영향을 미치는 중요한 요인이야. 물가가 변화했다는 것은 시장 안에서 전반적인 상품 가격이 변화했다는 것을 의미해. 물가가 지속적으로 상승하는 현상을 인플레이션이라고 하는데, 물가가 적당히 상승하고 높아진 상품 가격으로 이윤을 얻은 기업이 원활하게 생산 활동을 하게 되는 수준의 적정 인플레이션은 큰 문제가 되지 않지만, 적정 수준보다 높은 인플레이션이 발생하면 문제가 생겨. 이전에는 싸게 살 수 있던 물건을 비싼 돈을 주고 사야 하게 되면서 우리가 지불하는 돈, 즉 화폐의 가치가 떨어지게 되거든. 반대로 물가가 계속해서 떨어지는 현상을 디플레이션이라고 해. 일반적으로 물가는 점차 상승하는 경향이 있어서 디플레이션이 발생하는 경우는 드물지만, 한 번 발생하면 1920년대의 대공황 시기처럼 경제적으로 큰 타격을 받을 수 있어. 디플레이션이 발생하면 물가가 하락하여 상품의 가격이 전반적으로 떨어지면서 기업의 소득이 줄고, 그럼 기업이 직원의 고용과 경제 발전을 위한 투자를 줄이면서 사회 전반의 소득이 줄고, 소득이 줄어든 소비자들이 상품을 덜 구매하게 되면서 기업의 이득이 더욱 줄어드는 악순환이 이어지는 거야. 이런 악순환이 계속되면 경제 상황이 계속 악화되겠지?

물가는 '경기'와 밀접하게 연관되어 있는데, 경기는 쉽게 말하면 상품을 생산하고 소비하는 경제 활동이 이루어지는 상황을 말해. 경기가 좋을 때, 즉 '호황'일 때는 경제 활동이 활발하게 이루어지면서 소득과 고용이 모두 증가하고, 물가가 적정한 수준까지 상승하면서 경제 발달을 위한 투자가 이루어질 수 있지. 하지만 물가가 너무 오르면 인플레이션 같은 문제가 발생하겠지? 반대로 경기가 나쁠 때, 즉 '불황'일 때는 소득과 고용이 모두 하락하고, 사람들이 지출을 줄이면서 경제가 원활하게 순환하지 못하게 돼. 정부에서는 경기가 너무 과열되는 것도, 경기가 불황 상태가 되는 것도 원하지 않기 때문에, 경기가 어떤 상태이냐에 따라 다양한 정책을 펴서 대응해. 그래서 경제 정책을 다루는 지문에서는 이때 정부가 펴는 정책과, 그 효과에 대해 다루는 경우가 많으니 참고하사.

➕ 읽어 볼 만한 지문	학년	출처	주제
	고1	2013학년도 11월 [19~21]	경기를 정확하게 파악하는 방법
	고2	2019학년도 6월 [38~42]	물가지수의 의미와 역할
	고3	2020학년도 6월 [27~31]	경제 안정을 위한 정책

③ 경제학(3) - 금융과 금리

고1 2017학년도 9월

금리는 이자 금액을 원금으로 나눈 비율로 '이자율'이라고 한다. 자금의 수요자에게는 자금을 빌린 대가로 지급하는 비용이 발생하며, 공급자에게는 현재의 소비를 희생한 대가로 이자 수익이 생긴다. 금융시장에서 금리는 자금의 수요자와 공급자를 연결시키는 역할을 한다.

금융(金融)	금전을 융통하는 일. 특히 이자를 붙여서 자금을 꾸어 주거나 꾸어 오는 일과 그 수급 관계를 이른다.
금리(金利)	빌려준 돈이나 예금 따위에 붙는 이자. 또는 그 비율.

돈, 즉 화폐는 시장에서 상품을 거래하기 위해 반드시 필요한 수단이야. 화폐는 물건을 사고팔거나 저축을 하는 과정에서 여러 사람의 손을 거치며 순환하는데, 이러한 과정이 원활하게 이루어졌을 때 경제 활동이 잘 이루어지고 있다고 봐. 화폐는 여윳돈이 있는 개인·회사가 타인이나 타사에 돈을 빌려주는 경우에도 이동하는데, 이런 식으로 화폐를 빌리거나 빌려주는 것을 '금융'이라고 해. 금융에는 예금, 대출, 주식, 채권 등 다양한 상품이 있는데, 이러한 금융 상품들이 거래되는 시장을 '금융 시장'이라고 부르고, 금융 상품 거래를 중개하는 회사를 '금융 회사'라고 해. 일반적으로 금융 거래를 통해 돈을 빌린 사람은 일정한 기간 동안 상대방에게서 돈을 빌려 쓴 대가로 일정한 비용의 돈을 지급하는데, 이것을 이자라고 해.

은행에서 예금 통장을 만들어 저축하는 경우를 생각해 보자. 은행에 돈을 예금하는 것은, 은행이 우리의 돈을 빌려 쓰는 것과 같아. 그러니까 우리가 은행으로부터 이자를 받는 입장인 거지. 그래서 우리는 예금 통장을 만들 때 '예금 금리'라는 것을 비교하게 돼. 이때 '금리', 즉 이자율은 이자를 원금으로 나눈 비율을 말해. 즉 우리가 100만 원을 은행에 예금하고 1년이 지난 뒤에 2만 원을 이자로 받는다고 한다면 예금 금리는 (2만원 ÷ 100만원) × 100 = 2%가 되는 거지. 그러니 예금 통장을 만들 땐 예금 금리를 가장 높게 제시한 은행을 선택하는 것이 이득이겠지?

이자율은 명목 이자율과 실질 이자율로 구분돼. 명목 이자율은 물가 변동을 고려하지 않은 이자율이고, 실질 이자율은 물가 변동을 고려한 이자율이야. 1만 원을 연 이자율 10%로 예금한 후, 예금한 1년 사이에 물가가 5% 상승한 상황을 가정해 볼까? 그리고 어떤 운동화가 현재 1만 원이라고 가정해 보자. 현재 1만 원이라는 돈의 구매력(한 단위의 통화가 여러 가지 재화나 용역을 살 수 있는 능력.)은 운동화 한 켤레로 보면 되겠지? 이러한 상황을 고려했을 때 연 10%의 이자율로 저축한 돈은 1년 후, 1만 1천 원이 되어 있겠지. 그리고 물가가 5% 올랐으니 운동화 한 켤레의 값도 1만 5백 원으로 올랐을 거야. 그러니까 1년 전 1만 원이었던 돈은 1년 후 1만 1천 원이 되었고, 이 돈의 구매력(화폐 가치, 1만 1천 원)은 운동화 한 켤레(1만 5백 원)보다 커지게 되었지. 그렇지만 우리가 느끼는 이자의 크기는 10%에 해당하는 1천 원이 아니라, 운동화의 물가 상승분을 제외한 5백 원이 될 거야. 이때, 겉으로 드러난 이자율인 10%를 명목 이자율(금리)이라 하고, 물가 상승분을 제외한 실질적인 이자율을 실질 이자율(금리)이라고 해. 이자나 금리를 따지는 지문에서는 이런 식으로 다소 복잡해 보이는 계산을 하도록 요구하는 경우가 있어. 그러니까 제시된 정보를 꼼꼼히 읽으며 이해할 수 있어야 해.

더 읽어 볼 만한 지문	학년	출처	주제
	고1	2009학년도 6월 [26~29]	금융기관의 유형과 역할
	고2	2015학년도 3월 [20~23]	금리의 흐름과 영향
	고3	2018학년도 6월 [22~25]	통화 정책

④ 경제학(4) - 환율

고3 2011학년도 9월

일반적으로 환율의 상승은 경상 수지*를 개선하는 것으로 알려져 있다. 이를테면 국내 기업은 수출에서 벌어들인 외화를 국내로 들여와 원화로 바꾸기 때문에, 환율이 상승한 경우에는 외국에서 우리 상품의 외화 표시 가격을 다소 낮추어도 수출량이 늘어나면 수출액이 증가한다. 동시에 수입 상품의 원화 표시 가격은 상승하여 수입품을 덜 소비하므로 수입액은 감소한다. 그런데 이와 같이 환율 상승이 항상 경상 수지를 개선할 것 같지만 반드시 그런 것은 아니다.

• 경상 수지: 상품(재화와 서비스 포함)의 수출액에서 수입액을 뺀 결과. 수출액이 수입액보다 클 때는 흑자, 작을 때는 적자로 구분함.

환율(換率)	자기 나라 돈과 다른 나라 돈의 교환 비율. 외국환 시장에서 결정된다.

우리는 다른 나라와 서로 필요한 기술이나 지식, 자원, 서비스 등을 거래하면서 우리나라의 자산을 수출하고 다른 나라의 자산을 수입해. 이렇게 국제적인 거래를 할 때에는 미국의 달러화($)처럼 세계 각국에서 널리 통용될 수 있는 중심 화폐, 즉 기축 통화를 사용해. 그러다 보니 국가 간에 교역이 이루어질 때에는 다른 나라의 화폐를 사고파는 화폐의 교환이 이루어지게 되지. 다른 나라의 화폐를 사고파는 시장을 '외환 시장'이라고 하는데, 이때 '외환'은 외화(외국의 돈)나 외화 표기 증권을 의미해. 환율은 우리나라 돈인 원화로 다른 나라 화폐의 단위당 가격을 표시한 거야. 그런데 각 나라는 화폐의 단위가 다르고, 경제 상황도 시시각각 변하기 때문에 각 나라와의 화폐 교환 비율이 어떻게 바뀔지는 확실히 알 수는 없어.

만약 우리가 1,000원을 내서 미국의 1달러와 교환할 수 있다고 한다면 달러 환율은 '1,000원/달러'로 표기하게 돼. 그런데 만약 달러의 가치가 원화로 900원만큼 하락하게 된다면 달러 환율은 '900원/달러'가 돼. 이때는 환율이 하락하고 우리나라의 원화 가치가 상대적으로 높아진 것으로 볼 수 있어. 그럼 반대로 달러의 가치가 원화로 1,100원만큼 높아지게 된다면? 달러 환율은 '1,100원/달러'가 되고, 환율이 상승하면서 우리나라의 원화 가치가 상대적으로 하락한 것으로 볼 수 있게 돼.

환율의 변동은 국내 경제 여건의 변화에 따라서도 나타날 수 있어. 우리나라의 물가만을 기준으로 삼았을 때, 물가가 상승하면 외국으로 수출하는 상품의 가격이 전반적으로 올라가게 돼. 그럼 외국으로 물건을 팔기 어려워져 수출이 감소하게 되면서 우리나라로 들어오는 외환이 줄어들겠지? 반대로 우리나라에는 외국의 물건이 국내의 물건에 비해서 상대적으로 싼 가격에 들어오게 되니까 외국 물건의 수입이 증가하겠지. 그럼 수입한 상품의 가격을 지불하기 위해 필요한 외환의 수요는 증가하게 돼. 그 결과 달러화의 공급은 감소하고, 수요는 증가하며 환율은 상승하는 거야. 이렇듯 외환이나 환율을 따질 때에는 국내외의 경제 상황, 국가 간의 경제적 이해관계 등을 잘 고려해야 해.

🗂 읽어 볼 만한 **지문**	학년	출처	주제
	고1	2008학년도 9월 [36~38]	환율의 개념과 환율 변화
	고2	2015학년도 6월 [23~26]	국제 시장에서의 명목환율과 실질환율
	고3	2022학년도 수능 [10~13]	국가 간 환율 체제의 변화 양상

⑤ 법학(1) – 헌법

🔵 2021학년도 9월

헌법은 국민의 기본권과 국가의 통치 조직을 규정한 최고의 기본법이다. 헌법의 특질인 '최고규범성'은 헌법이 국민적 합의에 의해 제정되었기 때문에 인정된다. 헌법의 하위에 있는 법규범들은 헌법으로부터 그 효력을 부여 받으며 존속을 보장 받으므로, 법률은 헌법에 합치되어야 하며 헌법을 위반하는 내용의 법률은 무효가 된다. 따라서 법률은 헌법에 모순되어서는 안 될 뿐만 아니라 적극적으로 헌법적 가치를 실현하여야 한다.

헌법(憲法)	국가 통치 체제의 기초에 관한 각종 근본 법규의 총체. 모든 국가의 법의 체계적 기초로서 국가의 조직, 구성 및 작용에 관한 근본법이며 다른 법률이나 명령으로써 변경할 수 없는 한 국가의 최고 법규이다.

우리나라 헌법의 제37조를 보면 다음과 같이 되어 있어. "①국민의 자유와 권리는 헌법에 열거되지 아니한 이유로 경시되지 아니한다. ②국민의 모든 자유와 권리는 국가안전보장·질서유지 또는 공공복리를 위하여 필요한 경우에 한하여 법률로써 제한할 수 있으며, 제한하는 경우에도 자유와 권리의 본질적인 내용을 침해할 수 없다." 즉 어떤 사람의 행위가 사회적인 질서와 안전을 위협하거나 국가가 공공복리(사회 구성원 전체에 두루 관계된 복지.)를 위해 꼭 필요하다고 판단한 경우가 아닌 이상, 우리나라에서 '법'은 국민의 자유와 권리를 제한할 수 없고, 동시에 국민의 자유와 권리를 지켜줘야 한다는 거지.

헌법은 국가의 조직, 구성 및 작용에 대한 가장 근본적인 법규들을 다뤄. 예를 들어 헌법 제1조를 보면 우리나라 통치 체제의 근간이 민주주의에 있다는 것을 실감할 수 있지. 헌법 제1조 1항은 '대한민국은 민주공화국이다.', 제1조 2항은 '대한민국의 주권은 국민에게 있고, 모든 권력은 국민으로부터 나온다.'라고 명시하고 있거든. 항목에 걸맞게 헌법은 통치 권력의 주체(우리나라의 경우 '대통령')에게 헌법을 통해 부여받은 권한만 행사할 수 있도록 하고, 국민의 기본권인 자유권, 평등권, 참정권, 사회권, 청구권 등을 보장하는 제한적인 규범으로 작용하기도 해.

국민의 자유와 권리가 보장되기 위해서는 사회의 질서가 바로 서야 해. 사회에 질서가 없으면 강한 힘과 큰 재력을 가진 사람들이 상대적으로 힘이 약하고 돈이 없는 사람들에게 부당한 일을 해도 피해자가 권리를 제대로 주장할 수 없게 되거든. 사회적 질서와 관련된 문제에는 공법(公法)이 작용하는데, 공법에는 통치 체제의 기본이 되는 헌법, 범죄와 형벌을 다루는 형법, 공익을 실현하기 위한 행정권의 작용을 다루는 행정법 등이 포함되어 있어. 그런데 사회적 질서도 중요하지만, 사회를 구성하는 수많은 개인과 개인들 사이에서도 권리를 주장해야 할 일이 생길 수 있겠지? 내 돈을 빌려간 사람이 돈을 갚지 않는 경우처럼 말이야! 이렇게 개인과 개인 사이의 법적인 관계나 의무를 규정하는 법을 사법(私法)이라고 해. 사법에서는 개인의 권리와 관련된 법규를 통틀어 이르는 민법이 가장 대표적이고, 그 외에 기업에 대한 사항을 규정하는 특별 사법인 상법 등이 있어.

⑥ 법학(2) – 채권과 채무

고3 2021학년도 수능

채권은 어떤 사람이 다른 사람에게 특정 행위를 요구할 수 있는 권리이다. 이 특정 행위를 급부라 하고, 특정 행위를 해 주어야 할 의무를 채무라 한다. 채무자가 채권을 가진 이에게 급부를 이행하면 채권에 대응하는 채무는 소멸한다. 급부는 재화나 서비스 제공인 경우가 많지만 그 외의 내용일 수도 있다.

채권(債權)	재산권의 하나. 특정인이 다른 특정인에게 어떤 행위를 청구할 수 있는 권리.
채무(債務)	재산권의 하나. 특정인이 다른 특정인에게 어떤 행위를 하여야 할 의무.

내가 가지고 있는 재산을 다른 사람에게 빌려주고 언제까지 이자를 붙여서 돌려받는다는 약속을 할 경우에는, 거래가 이루어진 두 사람 사이에 '계약'이 성립돼. 그리고 이 계약이 사회 질서에 반하거나 공공의 이익을 위협하지 않는다면 두 사람 사이에는 '법률관계(사회생활 가운데 법률에 의하여 규정되는 관계)'가 형성돼. 이를 통해 돈을 빌려준 사람은 상대방에게 돈을 넘겨주어야 할 '의무'와 나중에 이자까지 돌려받을 '권리'를 갖게 돼. 반대로 돈을 빌린 사람은 상대방에게 돈을 넘겨받을 '권리'를 가지면서, 정해진 기한까지 빌린 돈에 이자까지 더해서 돌려줘야 한다는 '의무'를 지게 되지. 이렇게 재산권과 관련해서 상대방에 대해 가지는 권리를 '채권'(사업에 필요한 자금을 차입하기 위해 발생하는 유가 증권인 채권(債券)과는 다름)이라고 하고, 상대방에 대해 갖는 의무는 '채무'라고 해. 그런데 약속한 날이 되었지만 상대방이 나에게 돈을 돌려주지 않는 상황이 발생했다면, 어떤 수단을 취할 수 있을까?

우리는 우선 돈을 빌려간 상대방에게, 상대방이 얼마의 돈을 빌렸고 얼마를 돌려줘야 하는지와 관련된 내용을 적어서 내용 증명 우편을 보내거나, 법관이나 조정 위원회로부터 타협안을 받아 돈을 빌려준 나와 돈을 빌린 상대방이 서로 감정 소모 없이 분쟁을 해결하도록 할 수 있어. 이렇게 해도 해결되지 않는다면, 최후의 수단으로는 소송을 선택할 수 있지.

소송은 피해를 받았다고 주장하는 측인 원고가 피해를 주었다고 지목받은 측인 피고와의 법률관계를 분명히 해 줄 것을 법원에 요구하는 것을 뜻해. 빌려준 돈을 돌려받지 못한 때에는 민법에 근거해서 빌려준 돈을 돌려받을 '권리'에 대한 내용을 따져달라고 요구하는 민사 재판이 진행돼. 이후 민사 재판에서는 객관적인 정보들을 제시해서 나의 억울함이 법적으로 정당하니 받은 피해만큼의 배상을 받아야 한다는 점을 증명해야 하지. 재판에서 이기면, 우리는 공적으로 돈을 돌려받을 '권리'를 얻게 돼. 이렇게 법적인 권리관계를 다루거나, 법적 절차를 다루는 글에서는 특정한 결과를 이끌어내기 위해 어떤 조건을 따져야 하는지, 어떤 절차(과정)를 거쳐야 하는지가 중요한 출제 포인트가 될 수 있다는 점을 참고하자.

(3) 과학 · 기술

STEP **1** 지문 살펴보기

① 과학 · 기술 분야의 지문이란?

과학 분야에서는 보통 자연 현상을 연구 대상으로 하는 '자연 과학'과 관련된 다양한 분야의 내용을 주제로 다뤄. '자연 과학'은 수량이나 공간의 성질을 연구하는 '수학'이나 물질의 물리적인 성질과 그와 관련된 모든 현상을 연구하는 '물리학', 물질이 어떤 구조와 성질을 가지고 있는지를 연구하는 '화학', 생물의 구조와 기능을 연구하는 '생물학', 지구와 그 주변의 천체를 연구하는 '지구 과학'과 같은 분야를 의미해. 물론 '물리 화학', '생물 화학', '생물 물리학' 등과 같이 복합적 성격을 지닌 분야에서도 주제를 다룰 수 있어. 고3 평가원 시험에 등장한 과학 분야의 대표적 지문들을 살펴보면 다음과 같아.

관련 주제	지문명
수학	데카르트 좌표계의 수학적 의의 2012학년도 9월
물리학 · 화학 · 생물학	열역학에 대한 과학자들의 탐구 과정 2017학년도 9월 지레의 원리에 담긴 돌림힘 2016학년도 수능A
	항(抗)미생물 화학제의 종류와 작용기제 2021학년도 9월 원자 모형에 대한 탐구 2016학년도 6월A
	비타민 K의 기능 2023학년도 6월 장기 이식과 내인성 레트로바이러스 2020학년도 수능
지구 과학	우주의 암흑 물질 2016학년도 6월B 달과 지구의 공전 궤도 2015학년도 수능B 별의 겉보기 등급과 절대 등급 2015학년도 6월B

기술 분야에서 '기술'은 '과학 이론을 실제로 적용하여 사물을 인간 생활에 유용하도록 가공하는 수단'을 뜻하기 때문에 과학 분야와 엄격하게 분리해서 보기는 어려워. 다만 특정한 현상에 대한 연구 내용보다는 우리가 실제로 사용하는 기계나 장치 등의 작동 원리를 주제로 삼는다는 점에서 과학 분야와 차이가 있다고 볼 수 있지. 예를 들면 컴퓨터가 어떻게 작동하는지, 자동차가 어떻게 속도를 바꾸는지 등에 대해 설명하는 지문이 기술 분야에 속해. 고3 평가원 시험에 등장한 기술 분야의 대표적 지문들을 살펴보면 다음과 같아.

관련 주제	지문명
기술	운전자에게 차량 주위 영상을 제공하는 장치의 원리 2022학년도 수능 '메타버스(metaverse)'의 몰입도를 높이는 여러 가지 기술 2022학년도 9월 3D 합성 영상의 생성, 출력을 위한 모델링과 렌더링 2021학년도 수능 스마트폰의 위치 측정 기술 2020학년도 9월 디지털 데이터의 부호화 과정 2018학년도 수능 DNS 스푸핑이 이루어지는 과정 2018학년도 6월

➕ 과학 · 기술 분야의 변수와 상관관계

과학 · 기술 분야에서는 대상의 '원리'를 다루는 경우가 많기 때문에 특정한 결과를 이끌어내는 '변수'와 두 대상 간의 '상관관계'를 꼼꼼하게 파악해야 해. 즉 특정한 요인이 바뀌면서 결과가 어떻게 달라지는지, 두 개념이 '비례 관계', '반비례 관계'인지 잘 파악해야 한다는 거야. 이때 개념 간의 관계는 수식이나 그래프 등을 통해 제시되는 경우도 있으니 지문의 내용을 참고해서 정확히 정리하고 넘어가야 해.

② 과학 · 기술 분야에서 눈여겨볼 전개 방식

과학 · 기술 분야의 지문은 대부분 대상의 구조와 원리에 대해 다루기 때문에 '분석'이나 '원리와 과정'의 전개 방식이 많이 활용돼. 그리고 낯설고 전문적인 용어를 많이 활용하는 경향이 있는데, 수능 독서에서는 지문만 읽어도 내용을 이해하고 문제를 풀 수 있을 정도의 충분한 정보를 제공할 테니 크게 걱정할 필요는 없어. 과학·기술 분야의 독서 지문에서 흔히 나타나는 전개 방식으로는 다음과 같은 것들이 있어.

구조	분야별 주요 내용	주요 전개 방식
대상의 분석 · 분류	**과학** – 특정 과학 현상이나 대상을 구성하는 요소와 관련 이론 설명 – 특정 상황에 관여하는 과학적 현상이나 대상을 제시 **기술** – 특정 기술을 구성하는 요소와 관련 이론 설명 – 특정 기능을 수행하는 기술을 유형화하여 제시	– 특정 현상 · 대상에 대해, 전문 용어의 의미를 제시하며 예를 들어 자세히 설명함(정의와 예시) – 특정 상황 · 기능과 관련된 현상 · 대상들을 제시함(분류와 나열) – 특정 현상 · 대상의 구성 요소를 제시함(분석)
대상의 원리	**과학** – 특정 과학 현상이 발생하거나 대상이 작동하는 원리 설명 **기술** – 특정 기술이 작동하는 원리 설명	– 특정 현상 · 대상이 어떠한 요인에 의해 발생 · 기능하게 되는지 제시함(원인과 결과) – 특정 현상 · 대상이 어떠한 단계를 거쳐 발생 · 기능하게 되는지 제시함(원리와 과정)

참고로 과학 · 기술 분야에서 시간의 흐름에 따른 '통시적 구조'로 글이 전개될 경우, 이전 시대의 연구나 기술을 보완하는 새로운 견해 · 대상이 언급되면서 '비교와 대조'의 전개 방식이 쓰일 수 있어. 또한 특정한 '문제'를 해결하기 위해 어떠한 과학적 원리나 기술을 활용할 수 있는지 소개하는 '문제와 해결'의 구조가 나타나는 경우도 많으니 참고하자.

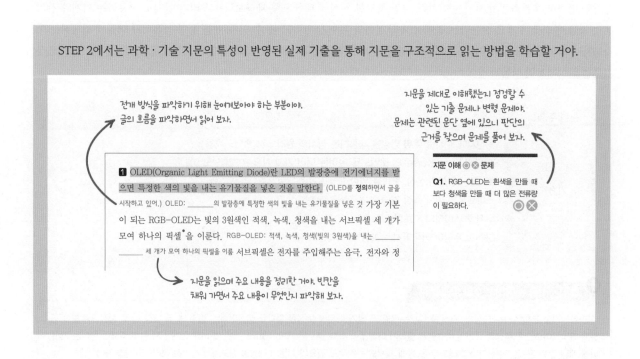

STEP 2에서는 과학 · 기술 지문의 특성이 반영된 실제 기출을 통해 지문을 구조적으로 읽는 방법을 학습할 거야.

전개 방식을 파악하기 위해 눈여겨보아야 하는 부분이야. 글의 흐름을 파악하면서 읽어 보자.

지문을 제대로 이해했는지 점검할 수 있는 기출 문제나 변형 문제야. 문제는 관련된 문단 옆에 있으니 판단의 근거를 찾으며 문제를 풀어 보자.

1 OLED(Organic Light Emitting Diode)란 LED의 발광층에 전기에너지를 받으면 특정한 색의 빛을 내는 유기물질을 넣은 것을 말한다. (OLED를 **정의**하면서 글을 시작하고 있어.) OLED: _____의 발광층에 특정 색의 빛을 내는 유기물질을 넣은 것 가장 기본이 되는 RGB-OLED는 빛의 3원색인 적색, 녹색, 청색을 내는 서브픽셀 세 개가 모여 하나의 픽셀*을 이룬다. RGB-OLED: 적색, 녹색, 청색(빛의 3원색)을 내는 _____ 세 개가 모여 하나의 픽셀을 이룸 서브픽셀은 전자를 주입해주는 음극, 전자와 정

지문을 읽으며 주요 내용을 정리한 거야. 빈칸을 채워 가면서 주요 내용이 무엇인지 파악해 보자.

지문 이해 ◎ ⊗ 문제

Q1. RGB-OLED는 흰색을 만들 때보다 청색을 만들 때 더 많은 전류량이 필요하다. ◎ ⊗

해설 P.060

1~2 다음 글을 읽으며 빈칸을 채운 후 문제를 풀어 보세요.

고2 2019학년도 3월

1 물질은 여러 가지 다른 상(phase)으로 존재할 수 있다. 물질의 상이란 화학적 조성은 물론 물리적 상태가 전체적으로 균질한˚ 물질의 형태를 말하며, 일반적으로 고체, 액체, 기체로 구분된다. 고체는(물질의 상을 **정의**하고 그 종류를 **분류**한 후, 먼저 고체에 대해 설명하고 있네. 이어서 액체와 기체에 대한 설명이 순서대로 **나열**되겠지?) 일정한 부피와 모양을 가지고 있으며, 물질을 구성하는 원자들이 각자의 위치를 중심으로 결합되어 서로 고정된 상태이다. 고체: _____한 부피와 모양 + _____들이 결합되어 서로 _____된 상태 액체는 일정한 부피를 가지나 모양이 일정하지는 않으며, 물질을 구성하는 분자 간 인력˚이 분자 위치를 고정할 만큼 강하지 못하여 분자가 액체 내부를 무질서하게 돌아다니는 상태이다. _____: 일정한 _____와 일정하지 않은 _____ + 분자 간 인력이 강하지 못해 분자의 _____ 고정 X 기체는 부피와 모양이 모두 일정하지 않으며, 물질을 구성하는 분자 간 인력이 매우 작은 편으로 기체의 분자 간 평균적인 거리는 고체나 액체일 경우에 비해(기체의 분자 간 평균 거리를 고체나 액체의 경우와 **비교**하고 있어. '～에 비해' 라는 표현 뒤에 나오는 내용이 기체의 중요한 특성이 되겠지?) 매우 먼 상태이다. 기체: 일정하지 _____ 부피와 모양 + 분자 간 인력이 매우 작아 분자 간 평균 _____가 매우 ____ 상태

2 물질은 압력과 온도 조건의 변화에 따라 다른 상으로 변할 수 있다. 화학적 조성의 변화는 수반˚되지 않으면서 물질의 상이 전환되는 현상을 상변화(phase change)라 하며, _____: 물질의 상이 _____과 _____ 조건의 변화에 따라 다른 상으로 전환되는 것 압력은 동일하지만 온도가 더 높은 조건에서 존재하는 상일 때의 물질을 높은 상 물질이라고 한다. _____ 물질: 동일한 _____, 더 높은 _____의 조건에서 존재하는 상일 때의 물질 이러한 모든 상변화에서는 물질의 내부 에너지 변화가 일어나는 특징이 있다. (다음에는 모든 상변화에서 일어나는 물질 내부 에너지 변화에 대한 내용이 이어지겠군.)

3 상평형 그림(phase diagram)은 닫힌계˚에서 압력과 온도 조건의 변화에 따른 물질의 상변화를 나타낼 수 있는 방법이다. 아래의 〈그림〉은 물의 상평형 그림으로, 압력과 온도 조건에 따른 물의 상을 보여 준다. (상평형 그림을 활용하여 압력과 온도 조건의 변화에 따른 물의 상변화를 설명하려 하네. 〈그림〉과 관련된 내용은 문제로 나올 가능성이 있으니 정확히 이해해야 해.) 상평형 그림에서 상과 상 사이의 선들을 상 경계라고 하는데, 선의 각 점은 두 상이 평형을 이루는

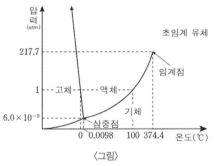

〈그림〉

압력과 온도 조건을 나타내며, 상 경계는 두 상이 평형을 이루는 압력과 온도 조건의 집합이 된다. _____: 두 상이 _____을 이루는 압력과 온도 조건의 집합 상평형 그림에서 고체상과 액체상이 평형을 이루는 조건을 융해 곡선, 기체상과 고체상이 평형을 이루는 조건을 승화 곡선, 기체상과 액체상이 평형을 이루는 조건을 증기 압력 곡선이라 한다. _____ 곡선: 고체상과 액체상이 평형을 이루는 조건 / _____ 곡선: 기체상과 고체상이 평형을 이루는 조건 / _____ 곡선: 기체상과 액체상이 평형을 이루는 조건

지문 이해 ◎ⓧ 문제

Q1. 물질이 일정한 부피와 모양을 유지하면서 화학적 조성과 물리적 형태에는 변화가 없는 상태는 고체에 해당한다. ◎ⓧ

Q2. 물질을 구성하는 분자 간 인력의 크기는 '고체 < 액체 < 기체'로 정리할 수 있다. ◎ⓧ

Q3. 〈그림〉을 참고할 때, 물은 동일한 압력 조건에서 고체, 액체, 기체 중 기체가 높은 상 물질이겠군.

Q4. 〈그림〉을 참고할 때, 물은 온도가 높아질수록 고체와 액체 간 평형을 이루는 압력이 높아지겠군.

4 닫힌계에서 기체상과 액체상이 평형을 이루는 상태에 대해 설명해 보자. (기체상과 액체상이 평형을 이루는 조건인 증기 압력 곡선과 관련된 내용을 설명하려 하는군.) 액체가 기체로 상이 전환되는 것은, 같은 온도에서도 액체의 분자가 각각 서로 다른 에너지를 가지고 있을 수 있어서 그중 높은 에너지를 갖는 분자가 증발할 수 있기 때문이다. 액체의 분자들을 한데 묶어 두는 분자 간 인력이 존재함에도 불구하고, 액체의 표면에 있는 분자들은 각각 다른 정도의 운동 에너지를 갖기 때문에 그중 운동 에너지가 큰 분자들은 분자 간 인력을 극복하고 증발하여 기체 상태로 변한다. 같은 온도에서도 액체 표면에 있는 분자들 중 _____ 에너지가 ___ 분자는 분자 간 _____을 극복하고 증발하여 _____로 변함 ==하지만==(액체 분자가 기체 상태로 변한 것과 다른 내용이 전개되겠지?) 기체의 분자들 일부는 반대로 에너지를 잃고 응결되어 액체로 변한다. 기체 분자들 일부는 에너지를 잃고 응결되어 _____로 변함 그리고 ==이러한 과정==의 ①초기에는 액체의 표면을 떠나는 분자의 수가 돌아오는 수보다 훨씬 많으나, ②기체의 분자 수 증가로 ③기체의 압력 또한 높아져 ④액체의 표면에서 응결되는 분자 수 또한 증가하게 된다. ==결국 분자들의 증발 또는 응결은 지속적으로 이루어지고 있으나,==(앞에서 설명한 **과정**이 지속되고 있으나 '결국', '-(으)나'와 같은 표지를 통해 뒤에 나오는 **결과**를 강조하는 거야.) ⑤특정한 압력과 온도 조건에서 액체의 증발 속도와 기체의 응결 속도는 같아지게 되어 거시적*으로 평형을 유지하게 된다. 닫힌계에서 기체상과 액체상이 거시적으로 _____을 이루는 과정: ①_____하는(기체로 변하는) 액체 분자 수 〉 _____되는(액체로 변하는) 기체 분자 수 → ②기체 분자 수↑ → ③기체 _____↑ → ④_____되는 기체 분자 수↑ → ⑤(_____ 압력과 온도 조건에서) 액체 증발 속도 = 기체 응결 속도 그리고 이러한 상태에서의 압력과 온도 조건들이 상평형 그림의 증기 압력 곡선이 된다.

5 ==한편,==(새로운 내용으로 **전환**된다는 표지!) 위 〈그림〉에서 고체와 기체 사이의 상 경계를 따라가면 두 선이 분기하는 점이 나타난다. 이 점은 세 개의 상이 평형을 이루며 공존하는 상태로, 삼중점(triple point)이라고 한다. _____: 세 개의 상이 평형을 이루며 공존하는 상태 그리고 액체와 기체 사이의 상 경계를 따라가면 선이 끝나는 임계점을 만나는데, 이때의 온도를 임계 온도, 압력을 임계 압력이라 한다. 임계 온도는 아무리 압력을 높여도 기체가 액화되지 않는 온도이며, 임계 압력은 아무리 온도를 높여도 액체가 증발되지 않는 압력으로, 임계점에서 두 상은 액체도 기체도 아닌 초임계 유체를 형성한다.
임계 온도: 압력을 높여도 _____가 _____로 변하지 않는 임계점에서의 온도 / 임계 압력: 온도를 높여도 _____가 _____로 변하지 않는 임계점에서의 압력 / 임계점: _____를 형성하는 점

•**닫힌계:** 주위와 물질 교환을 하지 않으나 에너지 교환은 할 수 있는 계.

Q5. 액체상과 기체상이 평형을 이루는 상평형 상태에서, 액체의 분자가 증발하는 속도와 기체의 분자가 응결하는 속도는 같을 것이다.

Q6. '삼중점'은 물질이 분자 수준에서는 상변화가 일어나고 있으나 거시적으로는 세 가지 상이 평형을 유지하고 있는 상태를 의미한다. ◉⊗

📖 **알아두자! 필수 어휘**

•**균질하다:** 성분이나 특성이 고루 같다.
•**인력:** 공간적으로 떨어져 있는 물체끼리 서로 끌어당기는 힘.
•**수반:** 어떤 일과 더불어 생김.
•**거시적:** 사물이나 현상을 전체적으로 분석·파악하는 것.

1. 다음 표의 빈칸을 채우고 적절한 말을 선택하여 지문의 전체적인 구조를 파악해 보세요.

문단	상과 상평형

1

‒ 물질의 상의 정의와 종류

물질의 상	정의		화학적 조성, 물리적 상태가 전체적으로 _____한 물질의 형태
	종류	고체	_____한 부피와 모양 + _____들이 결합되어 서로 고정된 상태
		액체	(일정한 / 일정하지 않은) 부피, (일정한 / 일정하지 않은) 모양 + 분자 간 _____이 강하지 못해 분자의 _____ 고정 X
		기체	(일정한 / 일정하지 않은) 부피, (일정한 / 일정하지 않은) 모양 + 분자 간 _____이 매우 작아 분자 간 _____가 매우 먼 상태

2

‒ 상변화의 정의와 조건

상변화	정의	물질의 상이 _____되는 현상
	조건	_____과 _____의 변화

· 높은 상 물질: (동일한 / 높은) 압력, (동일한 / 높은) 온도의 조건에서 존재하는 상일 때의 물질

3
4
5

‒ 상평형 그림에 나타나는 상변화

상 경계	두 상이 _____을 이루는 압력과 온도 조건의 집합
_____ 곡선	고체상과 액체상이 평형을 이루는 조건
승화 곡선	기체상과 _____상이 평형을 이루는 조건
_____ 곡선	기체상과 액체상이 평형을 이루는 조건

· 닫힌계에서 기체상과 액체상이 평형을 이루는 상태

액체 → 기체	액체 표면에 있는 분자들 중 운동 에너지가 큰 분자는 분자 간 _____을 극복하고 _____ 상태로 변함
기체 → 액체	기체 분자들 일부는 _____를 잃고 응결되어 액체로 변함

① (초기) 기체로 변하는 액체 분자의 수 〉 액체로 변하는 기체 분자의 수
→ ② 기체 분자 수 ↑ → ③ 기체의 _____ ↑ → ④ 응결되어 액체로 변하는 기체 분자 수 ↑
→ ⑤ 특정한 압력과 온도 조건에서 액체의 _____ 속도 = 기체의 응결 속도
→ 평형 상태 (이때의 압력과 온도 조건들 = _____ 곡선)

· 삼중점과 임계점

삼중점	세 개의 상이 평형을 이루며 _____하는 상태
임계 온도	_____을 더 높여도 기체가 액체로 변하지 않는 온도
임계 압력	_____를 더 높여도 액체가 기체로 변하지 않는 압력
_____	초임계 _____를 형성하는 점

2. 윗글에 대한 설명으로 가장 적절한 것은?

① 물질의 상과 상변화 개념을 제시하고, 상평형 그림을 활용하여 물질의 상변화를 설명하고 있다.

② 물질의 상을 구분하고, 압력 변화에 따라 물질을 구성하는 원자나 분자가 달라지는 원인을 분석하고 있다.

③ 물질이 물리적 형태에 따라 나타내는 특성들을 제시하고, 다양한 물질의 예를 들어 각 특성들을 설명하고 있다.

④ 물질의 상과 상변화의 관련성을 설명하고, 압력과 온도 변화에 따른 물질의 화학적 조성 변화 원인을 분석하고 있다.

⑤ 물질의 상변화 과정에서 나타나는 압력과 온도 사이의 상관성을 분석하고, 물질의 화학적 변화 이유를 제시하고 있다.

고3 2020학년도 7월

1 OLED(Organic Light Emitting Diode)란 LED의 발광층에 전기에너지를 받으면 특정한 색의 빛을 내는 유기물질을 넣은 것을 말한다. (OLED의 **정의**를 제시하면서 글을 시작하고 있어.) OLED: _____의 발광층에 특정한 색의 빛을 내는 유기물질을 넣은 것 가장 기본이 되는 RGB-OLED는 빛의 3원색인 적색, 녹색, 청색을 내는 서브픽셀* 세 개가 모여 하나의 픽셀*을 이룬다. RGB-OLED: 적색, 녹색, 청색(빛의 3원색)을 내는 세 개의 _____이 모여 하나의 픽셀을 이룬 것 서브픽셀은 전자를 주입해주는 음극, 전자와 정공*이 만나 빛을 만들어내는 발광층, 정공을 주입해주는 양극 등이 순서대로 다층 구조를 이루고 있는데 서브픽셀마다 일종의 밸브 역할을 하는 박막트랜지스터(TFT)가 양극(+) 쪽에 위치하고 있어 전류를 차단하거나 통하게 하고 전류량을 조절한다. 서브픽셀의 다층 구조(순서대로) ①음극: 전자 주입 ②_____: 전자 + 정공 → 빛 ③양극: 정공 주입 / 박막트랜지스터(TFT): _____ 쪽에 위치, 전류량 조절 서브픽셀을 모두 끄면 검은색을, 모두 켜면 흰색을 만들어 낼 수 있고 서브픽셀의 전류량을 조절해 빛의 양을 적절히 배합하면 다양한 색상의 빛을 표현해 낼 수 있다. 빛 색상 표현: 서브픽셀을 모두 끔 → _____, 모두 켬 → _____, 전류량 조절해 빛의 양 적절히 배합 → 다양한 색상

2 그렇다면 발광층에서 빛이 나는 원리는 무엇일까? (OLED의 다층 구조 중 발광층에서 빛이 나는 **원리**에 대해 질문을 하며 화제를 구체화하고 있어.) 에너지가 가장 낮아 전자가 안정된 상태를 '바닥상태'라 한다. 그리고 바닥상태에 일정 이상의 에너지가 가해져 전자가 원래의 자리에서 이동하며 높은 에너지를 지니게 된 상태를 '들뜬상태'라 한다. 들뜬상태의 전자는 안정화되려는 속성이 있어 다시 바닥상태로 돌아가게 된다. 이때 전자는 들뜬상태와 바닥상태의 에너지 차이, 즉 바닥상태에서 들뜬상태가 되도록 가해졌던 에너지만큼의 에너지를 방출*한다. 바닥상태: 에너지가 가장 _____ 전자가 안정된 상태 / 들뜬상태: _____에 에너지가 가해져 전자가 이동하며 _____ 에너지를 지니게 된 상태(들뜬상태의 전자는 '_____의 에너지 – 바닥상태의 에너지'만큼 에너지를 방출하면서 _____로 돌아감) ①TFT가 전류를 흐르게 하면 ②들뜬상태가 된 전자가 양극을 향해, 정공은 음극을 향해 이동하다가 ③발광층에서 서로 만나게 된다. 발광층에서 전자는 정공과 결합하며 ④안정화되어 바닥상태가 되고 이때 들뜬상태와 바닥상태의 에너지 차이만큼 대부분 빛에너지로 전환된다. 발광층에서 빛이 나는 원리: ①TFT가 전류 흐르게 함 → ②들뜬상태 전자는 _____, 정공은 _____을 향해 이동 → ③발광층에서 만나 전자와 정공 결합 → ④전자는 안정된 _____가 됨(들뜬상태와 바닥상태의 에너지 차이만큼 _____로 전환)

3 서브픽셀별로 나오는 빛의 색상은 발광층에 들어간 유기물질이 지닌 '밴드 갭'에 의해 결정된다. (이번에는 유기물질의 밴드 갭에 의해 특정 색상이 구현되는 **원리**를 설명하려나 보네.) 밴드 갭이란 전자가 채워져 있는 영역 중 가장 높은 에너지 궤도(HOMO)와 전자가 채워질 수 있는 영역 중 가장 낮은 에너지 궤도(LUMO)가 지니는 에너지 준위*의 차를 말한다. _____: HOMO와 LUMO가 지니는 에너지 준위의 차, 서브픽셀별 빛의 _____을 결정 ①HOMO에 바닥상태로 존재하는 전자에 밴드 갭 이상의 에너지를 가하면 ②들뜬상태가 된 전자가 LUMO로 이동하여 정공과 결합한다. 이후 ③전자는 다시 에너지를 방출하며 바닥상태로 돌아오면서 ④밴드 갭에 해당하는 파장의 빛을 방출하게 된다. 밴드 갭에 의해 특정한 색의 빛이 방출되는 원리: ①HOMO의 바닥상태 전자에 _____ 이상의 에너지 가함 → ②_____가 된 전자가 LUMO로 이동하여 정

지문 이해 ◉ ⊗ 문제

Q1. RGB-OLED는 흰색을 만들 때보다 청색을 만들 때 더 많은 전류량이 필요하다. ◉ ⊗

Q2. 발광층에서 전자가 정공을 만나 빛을 방출하면 바닥상태로 돌아간다. ◉ ⊗

Q3. 동일한 시간을 사용할 때, 밴드 갭이 큰 유기물질일수록 수명이 짧아진다. ◉ ⊗

공과 결합 → ③전자는 에너지를 방출하며 _____로 돌아옴 → ④_____에 해당하는 파장(특정 색상)의 빛 방출 밴드 갭이 크면 빛을 내기 위해 더 많은 에너지가 필요하기 때문에 밴드 갭이 큰 유기물질은 밴드 갭이 작은 유기물질에 비해 수명이 짧다. 밴드 갭이 큰 경우: 더 많은 에너지 필요 → 밴드 갭이 작은 유기물질에 비해 _____ 짧음

4 OLED는 중간에 위치한 발광층에서 만들어진 빛을 어디로 내보내느냐에 따라 배면 발광과 전면 발광으로 나뉜다. (OLED를 발광 방식에 따라 **분류**하여 설명할 거야.) 빛이 양극을 향해 나가면 배면 발광, 음극을 향해 나가면 전면 발광이라 한다. 배면 발광: 빛이 _____을 향해 나감 / 전면 발광: 빛이 _____을 향해 나감 배면 발광의 경우(먼저 배면 발광에 대해 설명하는군.) 음극은 전자의 주입 및 반사층 역할을 해야 하기 때문에, 일함수˚가 낮고 불투명한 은과 마그네슘의 혼합 금속을 사용한다. 반면 양극에는(음극과 **대조**적인 특징이 나오겠지?) 반대의 성질을 지닌 인듐과 산화주석의 화합물(ITO)을 사용한다. 배면 발광의 음극: 전자의 주입과 _____ 역할, 일함수 낮고 불투명한 금속 사용 / 양극: 일함수 높고 투명한 화합물(ITO) 사용 그런데 빛이 양극에 위치한 TFT를 통과해 나갈 때 빛의 일부가 TFT에 막혀 빠져나가지 못해 개구율이 떨어진다는 문제가 발생한다. (배면 발광의 **문제**가 제시되었으니, 나중에 **해결**책이 나올 수도 있겠군.) 배면 발광의 문제점: 빛의 일부가 _____에 막혀 빠져나가지 못해 _____이 떨어짐 개구율이란 단위 화소 전체 면적에서 실제로 빛이 나올 수 있는 면적의 비율로, 개구율이 높으면 동일 전류를 흘렸을 때 나오는 빛의 양이 많아 휘도가 높다. 이 때문에 개구율의 저하는 휘도의 저하로 이어지고 일정 화질을 위한 휘도를 내기 위해서는 손실된 휘도만큼 더 밝게 발광시켜야 하므로 유기물질의 수명에 좋지 않은 영향을 미치게 된다. 개구율: 단위 화소 _____ 면적에서 실제로 빛이 나올 수 있는 면적의 비율, _____와 비례(저하되면 일정 화질 위해 손실된 _____만큼 더 밝게 발광시킴 → 유기물질 _____에 부정적 영향)

5 개구율을 높이기 위해 TFT가 없는 음극을 향해 빛을 내보내는 전면 발광은(발광의 또 다른 유형인 전면 발광에 대해 설명하네. 전면 발광은 배면 발광의 개구율 **문제**에 대한 **해결**책이기도 한가 봐.) 양극에는 일함수가 높고 반사층 역할을 할 수 있는 금이나 백금 같은 금속을 사용하고 음극에는 투명도가 높은 물질을 사용해야 한다. 전면 발광의 양극: 일함수 높고 _____ 역할 가능한 금속 사용 / 음극: _____ 높은 물질 사용 그러나 음극에 ITO를 사용하면 일함수가 높아 전자를 쉽게 내줄 수 없다. 결국 음극에는 일함수가 낮으면서도 투명도가 높은 금속을 사용해야 하는데, 투명도를 높이기 위해서는 금속을 얇게 만들어야 한다. _____는 투명하지만 일함수도 높아서, 전면 발광의 _____에는 일함수가 낮으면서도 투명도가 높은, 다른 얇은 금속을 사용해야 하는 거야. 그런데 음극이 일정 두께 이하로 얇아지면 면저항이 증가하게 되고, 저항이 높아지면 패널의 위치별로 생성되는 전압이 달라지게 되어 화면의 균일도가 떨어지는 부작용이 발생한다. (전면 발광에도 **문제**점이 있군.) 전면 발광의 문제점: 투명도 높이기 위해 음극이 일정 두께 이하로 얇아지면 _____↑ → 패널 위치별 전압이 달라져 화면의 _____↓

6 이를 해결하는 대표적인 방법은 미소공진현상을 이용하는 것이다. (전면 발광이 지닌 부작용의 **해결**책으로 미소공진현상이 제시되었어. **문제-해결** 구조가 반복적으로 나타나네.) ①발광층에서 생성된 빛의 일부는 반투명 음극을 통해 빠져나가지만 일부는 음극에 반사되어 양극을 향하고 ②양극에 다시 부딪혀 재반사되는데 ③이렇게 반사된 빛들은 서로 간섭을 일으키며 미소공진현상이 일어나게 된다. 미소공진현상에 의해 빛은 ④-(1) 위상이 일치하는 파동들이 만나면 보강간섭이 일어나 파동의 강도가 세지고, ④-(2) 위상이 반대인 파동들이 만나면 상쇄간섭이 일어나 파동이 약해지거나 사라지게 된다. 미소공진현상의 원리: ①발광층에서 생성된 빛의 일부가 음극에 반사 → ②양극에 부딪혀 재반사

Q4. 배면 발광은 음극에 투명도가 높은 물질을 사용하여 빛의 양을 늘려준다. ◎ ⊗

Q5. 전면 발광은 음극을 얇게 만들수록 면저항이 낮아져 화면의 균일도가 높아진다. ◎ ⊗

Q6. 배면 발광과 전면 발광은 모두 빛이 나가는 반대 방향에 투명하지 않은 물질을 사용하여 반사율을 높인다. ◎ ⊗

Q7. 미소공진현상에서 파동 간 간섭이 일어나는 것은 양극과 음극에 반사를 일으키는 물질을 사용하기 때문이다. ◎ ⊗

Q8. 미소공진현상에서 다른 파동과 상호 작용을 하지 않을 경우 빛은 음극을 통과할 수 없다. ◎ ⊗

→ ③반사된 빛들이 서로 간섭 → [④-(1)빛의 위상이 ______하면 ______간섭이 일어나 파동 ↑ / ④-(2)빛의 위상이 ______이면 ______간섭이 일어나 파동 ↓] 이러한 미소공진현상을 통해 빛의 세기가 강해지면 휘도가 높아지게 되고, 그 결과 휘도를 향상시키기 위해 높은 전류로 구동을 하지 않아도 되므로 OLED의 수명이 길어지게 된다. 더불어 조건에 일치하는 파장만 보강되고 조건이 맞지 않는 파장은 상쇄되므로 스펙트럼이 좁아져서 색의 순도가 높아지는 효과도 얻게 된다. 미소공진현상의 효과: ①빛의 세기와 휘도가 높아지면서 OLED ______ ↑ ②조건 일치 파장만 보강하면서 스펙트럼이 좁아져 색의 ______ ↑

- **정공:** 전자가 차지하고 있어야 할 자리에 전자가 없어 생긴 빈 공간. 전자와는 반대로 양전하를 갖는 전하 운반체로 일종의 가상의 입자.
- **일함수:** 전자 하나를 밖으로 끌어내는 데 필요한 최소의 일 또는 에너지.

Q9. 미소공진현상에서는 파동 간의 간섭으로 한정된 파장의 빛만 나오게 되므로 색의 순도가 높아진다.

Ⓞ ⓧ

알아두자! 필수 어휘

- **픽셀:** 작은 점의 행과 열로 이루어져 있는 화면의 작은 점 각각을 이르는 말.
- **방출:** 입자나 전자기파의 형태로 에너지를 내보냄.
- **에너지 준위:** 원자나 분자가 갖는 에너지의 값. 또는 그 상태.

3. 다음 표의 빈칸을 채우고 적절한 말을 선택하여 지문의 전체적인 구조를 파악해 보세요.

문단	OLED의 구조와 발광 원리		

❶

– OLED의 정의와 구조

OLED	LED의 발광층에 특정한 색의 빛을 내는 _____을 넣은 것		
_____–OLED	적색, 녹색, 청색(빛의 3원색)을 내는 _____ 세 개가 모여 하나의 픽셀 이룸		
서브픽셀	다층 구조	① 음극: 전자 주입 ② 발광층: 전자 + 정공 → ___ 발생 ③ 양극: 정공 주입 ㄴ, 박막트랜지스터(TFT): _____ 쪽에 위치, _____ 조절	
	빛 표현	– 모두 끔 → _____ / 모두 켬 → _____ – 전류량 조절해 빛의 양 적절히 배합 → 다양한 색상	

❷

– OLED의 발광층에서 빛이 나는 원리

바닥상태	에너지가 가장 낮아 전자가 _____된 상태
들뜬상태	바닥상태에 에너지가 가해져 전자가 이동, _____ 에너지를 지니게 된 상태 ㄴ, 들뜬상태 전자는 _____되려는 속성이 있음
빛이 나는 원리	① TFT가 전류 흐르게 함 → ② 들뜬상태 전자는 _____, 정공은 _____을 향해 이동 → ③ 발광층에서 만나 전자와 정공 결합 → ④ 전자는 안정된 _____가 됨 (들뜬상태와 바닥상태의 _____ 차이만큼 빛에너지로 전환)

❸

– 밴드 갭에 의해 결정되는 빛의 색상

밴드 갭	전자가 채워져 있는 영역 중 가장 높은 에너지 궤도(_____)와 전자가 채워질 수 있는 영역 중 가장 낮은 에너지 궤도(_____)가 지니는 에너지 준위의 차
빛이 나는 원리	① HOMO의 바닥상태 전자에 _____ 이상의 에너지를 가함 → ② 들뜬상태가 된 전자가 _____로 이동하여 정공과 결합 → ③ 전자는 에너지를 방출하며 _____ _____로 돌아옴 → ④ 밴드 갭에 해당하는 파장(특정 색상)의 빛 방출

· 밴드 갭이 큰 경우: 더 많은 _____ 필요, 밴드 갭이 작은 유기물질에 비해 _____ 짧음

– OLED의 발광 방식

<table>
<tr><td rowspan="4">배면 발광</td><td>빛의 방향</td><td>빛이 _____을 향해 나감</td></tr>
<tr><td>음극</td><td>일함수가 (높고 / 낮고) _____한 금속 사용 (전자 주입 및 반사층 역할)</td></tr>
<tr><td>양극</td><td>일함수가 (높고 / 낮고) _____한 ITO 사용</td></tr>
<tr><td>문제점</td><td>빛의 일부가 TFT에 막혀 빠져나가지 못해 _____ ↓
· 개구율: 단위 화소 전체 면적에서 실제로 빛이 나올 수 있는 면적의 비율, 휘도와 (비례 / 반비례) 관계
· 손실된 휘도만큼 더 밝게 발광 → 유기물질 _____에 부정적 영향</td></tr>
</table>

↓ 문제 해결 (개구율 높이기 위해 TFT 없는 _____으로 빛을 내보냄)

<table>
<tr><td rowspan="4">전면 발광</td><td>빛의 방향</td><td>빛이 _____을 향해 나감</td></tr>
<tr><td>음극</td><td>일함수 (높고 / 낮고) 투명도 높은 금속 사용 (ITO 사용 (O / X))</td></tr>
<tr><td>양극</td><td>일함수 (높고 / 낮고) _____ 역할 가능한 금속 사용</td></tr>
<tr><td>문제점
(부작용)</td><td>투명도 높이기 위해 음극이 일정 두께 이하로 (두꺼워 / 얇아)지면 면저항 ↑ → 패널 위치별 전압이 달라져 화면의 _____ ↓</td></tr>
</table>

↓ 문제 해결 (부작용 해결 위해 미소공진현상 이용)

<table>
<tr><td rowspan="2">미소공진
현상</td><td>원리</td><td>① 발광층에서 생성된 빛의 일부가 음극에 _____되어 양극을 향함 → ② 양극에 부딪혀 재반사 → ③ 반사된 빛들이 서로 _____ → [④-(1) 빛의 위상이 _____ 하면 보강간섭이 일어나 파동 ↑ / ④-(2) 빛의 위상이 _____이면 상쇄간섭이 일어나 파동 ↓]</td></tr>
<tr><td>효과</td><td>– 빛의 세기 ↑ → 휘도 ↑ → OLED _____ ↑
– 조건 일치 파장만 보강하고 조건 맞지 않는 파장은 상쇄함 → 스펙트럼 좁아져 색의 _____ ↑</td></tr>
</table>

4. 윗글의 내용 전개 방식으로 가장 적절한 것은?

① OLED의 기능을 열거하면서 OLED로 색을 표현할 때 유의할 점을 제시하고 있다.

② OLED와 관련된 개념을 소개하면서 OLED의 구조와 발광 원리에 대해 설명하고 있다.

③ OLED의 발전 과정을 통시적으로 서술하면서 OLED를 대체할 수 있는 물질을 소개하고 있다.

④ OLED의 각 구성 요소들 간의 공통점과 차이점을 비교하면서 구성 요소들의 장단점을 분석하고 있다.

⑤ OLED를 기준에 따라 분류하며 OLED의 종류에 따라 빛의 파장을 조절하는 방법을 설명하고 있다.

과학·기술 분야에서는 고등학생 수준으로 알기 어려운 전문 용어가 지문에 등장할 경우 정의와 예시를 통해 자세히 설명해 줄 거야. 하지만 사회 분야와 마찬가지로, 고등학생 수준의 기본 배경지식이라면 자세한 개념 설명 없이 지문이 전개될 테니, 이러한 기본개념들은 미리 알아두면 지문을 더 수월하게 이해할 수 있겠지? 여기에서 과학·기술 분야의 모든 배경지식을 정리해 주기는 어렵더라도, 자주 등장하는 개념들 몇 가지는 간단히 확인하고 넘어가 보려 해. 이때 과학·기술 분야의 용어는 '화학', '생물', '물리학' 등의 세부 분야에 따라 엄격히 구분하여 제시하지는 않았다는 점을 참고해 줘.

① 힘과 일, 에너지

고1 2015학년도 9월

> 뉴턴의 운동 법칙에 의하면, 외부의 힘이 작용하지 않을 때 운동하는 물체는 등속직선운동을 한다. 물체의 운동 방향을 바꾸려면 외부의 힘이 필요하다. 그리고 운동 방향에 수직으로 일정한 크기의 외부 힘이 작용하면 물체는 등속원운동을 하게 된다. 이렇게 원의 중심 방향으로 작용하여 원운동을 유지하는 힘이 구심력이다. 구심력과 반대 방향인 원심력은 원운동을 하는 물체가 중심 밖으로 나가려는 가상의 힘으로, 어떤 힘이 존재하는 것이 아니라 물체가 등속직선운동하려는 관성에 의한 효과이다. 그리고 사람이 회전하는 물체 안에 있다면 원심력을 중력처럼 인식하게 된다.

고3 2017학년도 9월

> 한편 1840년대에 줄(Joule)은 일정량의 열을 얻기 위해 필요한 각종 에너지의 양을 측정하는 실험을 행하였다. 대표적인 것이 열의 일당량 실험이었다. 이 실험은 열기관을 대상으로 한 것이 아니라, 추를 낙하시켜 물속의 날개바퀴를 회전시키는 실험이었다. 열의 양은 칼로리(calorie)로 표시되는데, 그는 역학적 에너지인 일이 열로 바뀌는 과정의 정밀한 실험을 통해 1kcal의 열을 얻기 위해서 필요한 일의 양인 열의 일당량을 측정하였다. 줄은 이렇게 일과 열은 형태만 다를 뿐 서로 전환이 가능한 물리량이므로 등가성을 갖는다는 것을 입증하였으며, 열과 일이 상호 전환될 때 열과 일의 에너지를 합한 양은 일정하게 보존된다는 사실을 알아내었다. 이후 열과 일뿐만 아니라 화학 에너지, 전기 에너지 등이 등가성을 가지며 상호 전환될 때에 에너지의 총량은 변하지 않는다는 에너지 보존 법칙이 입증되었다.

힘	물체의 운동 상태를 변화시키는 물체와 물체 사이, 물체와 주변 사이의 상호 작용.
일	힘을 받은 물체가 힘의 방향과 나란하게 이동했을 때, 힘의 크기×이동 거리의 값으로 주어지는 양.
에너지(Energy)	일을 할 수 있는 능력.

과학 지문에서 말하는 '힘'과 관련해서는, 물체에 힘이 작용하면 운동 상태가 변하고 힘이 작용하지 않으면 기존의 운동 상태는 절대로 변하지 않는다는 점을 기억하면 돼. 이때 물체의 운동 상태가 변한다는 것은 속도가 변한다는 말과 같아. 가만히 있는 물체에 힘을 주면 물체가 움직이기 시작할 거고, 움직이고 있는 물체에 힘을 주면 물체는 더 빨라지거나, 더 느려지거나, 혹은 움직이는 방향이 바뀔 수 있으니까 말이야. 따라서 앞으로 지문을 독해할 때 '~력', '~힘'이라는 용어가 나온다면 '물체에 어떤 힘을 주려나 보군. 그러면 물체의 운동 상태(속도)가 어떻게 변할까?'를 생각하면서 읽어 보도록 하자. 힘의 종류가 다양하므로 지문에서 다루는 내용에 따라 이름은 바뀌어 나타날 수 있지만, 기본이 되는 전제는 똑같으니까 말이야.

다음으로 과학에서는 물체에 힘을 주었을 때 그 힘의 방향과 나란하게 물체가 이동했을 경우에만 '일'을 했다고 말해. 물체에 힘을 주지 않는 경우, 아무리 힘을 줘도 물체가 움직이지 않는 경우, 힘의 방향과 물체가 움직이는 방향이 수직인 경우 모두 일의 양은 0이야.

여기서 잠깐, 힘의 방향과 물체가 움직이는 방향이 수직인 경우에는 왜 일이 0인 것일까? 그렇다면 힘의 방향과 이동 방향이 비스듬한 경우는 어떻게 되는 걸까? 아래의 그림을 통해 설명해 줄게. <그림 1>처럼 힘의 방향과 이동 방향이 평행하면 일을 했다고 할 수 있어. 그런데 <그림 2>처럼 힘의 방향과 이동 방향이 수직인 경우에는 힘을 아무리 이동 방향으로 나눠주려 해도 나눠줄 것이 없는 거야. 그래서 이동 방향으로 힘이 0, 혹은 힘의 방향으로 이동 거리가 0이 되어서 일이 0이 되는 거지. 그런데 <그림 3>처럼 비스듬한 경우는 이동 방향으로 어느 정도는 힘을 줬다고 할 수 있어. 비스듬하게 준 힘은 이동 방향과 동일한 방향으로 준 힘(①)과 이동 방향에 수직인 방향으로 준 힘(②)을 합한 힘이라고 생각할 수 있거든. 즉, 이동 방향으로 가한 힘이 있기는 해서 이 경우에도 일을 했다고 할 수 있는 거야.

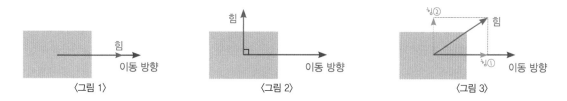

마지막으로 에너지에 대해 알아보자. 물체가 일을 하려면 그만큼의 능력을 가지고 있어야 하는데, 과학에서는 이렇게 일을 할 수 있는 능력을 에너지라고 해. 운동 에너지, 위치 에너지, 전기 에너지 등 지문에서 '○○ 에너지'라는 개념이 나오면 '이 물체는 일을 할 수 있다는 뜻이군.'이라고 생각하면 돼.

물체는 자신이 가지고 있는 에너지만큼만 일을 할 수 있어. 예를 들어 어떤 물체가 10의 에너지를 가지고 있다면, 한 번에 10만큼의 일을 하든, 먼저 3만큼 일하고 7만큼은 나중에 일을 하든, 어쨌든 10 이상이 일은 할 수 없어. 또한 에너지와 일은 서로 전환할 수 있어. 만약 어떤 물체에 10만큼의 일을 하면, 그 물체는 이를 에너지로 바꿔 10의 에너지를 가질 수 있다는 거지. 그럼 그 에너지는 다시 물체가 일을 하는 데 쓰일 수 있겠지? 정리하면, '에너지 = 일'이라는 점 기억해 두도록 하자!

한 가지 더, 에너지와 일이 서로 전환되는 것처럼 에너지들끼리도 서로 전환될 수 있다는 점도 알아두면 좋아. 예를 들어 태양열 발전기는 태양의 빛 에너지를 받아 열 에너지나 전기 에너지로 바꾸어 주지. 또한 형광등의 스위치를 켜면 빛이 나오는 것은 형광등에서 전기 에너지가 빛 에너지로 전환된 것이고 말이야. 이처럼 여러 가지 형태의 에너지들이 서로 전환될 때도 에너지와 일의 전환처럼 원래 가지고 있던 크기만큼 이루어진다는 점 참고해 두자!

읽어 볼 만한 지문	학년	출처	주제
	고1	2015학년도 9월 [25~27]	원심력을 활용한 폐수 여과의 원리
	고2	2017학년도 11월 [25~29]	진동에서의 에너지 전환과 감쇠의 원리 응용
	고3	2017학년도 9월 [31~34]	열역학에 대한 과학자들의 탐구 과정

② 속력과 속도

고3 2014학년도 수능B

적도 상의 특정 지점에서 동일한 경도 상에 있는 북위 30도 지점을 목표로 어떤 물체를 발사한다고 하자. 이때 물체에 영향을 주는 마찰력이나 다른 힘은 없다고 가정한다. 적도 상의 발사 지점은 약 1,600km/h의 속력으로 자전하고 있다. 북쪽으로 발사된 물체는 발사 속력 외에 약 1,600km/h로 동쪽으로 진행하는 속력을 동시에 갖게 된다.

고1 2017학년도 9월

우주 탐사선이 지구에서 태양계 끝까지 날아가기 위해서는 일정 속도 이상에 이르러야 한다. 그러나 탐사선의 추진력만으로는 이러한 속도에 도달하기 어렵다. 추진력을 마음껏 얻을 수 있을 정도로 큰 추진체가 달린 탐사선을 만들 수 없기 때문이다. 대신에 탐사선을 다른 행성에 접근시키는 '스윙바이(Swing-by)'를 통해 속도를 얻는다. 스윙바이란, 말 그대로 탐사선이 행성에 잠깐 다가갔다가 다시 멀어지는 것이다. 탐사선이 행성에 다가갔다가 멀어지는 것만으로 어떻게 속도를 얻을 수 있는지 그 원리에 대해 알아보자.

속력(速力)	운동하고 있는 물체의 빠르기.
속도(速度)	운동하고 있는 물체의 빠르기 + 운동 방향.

속력과 속도는 모두 운동하고 있는 물체의 빠르기를 의미해. 우리는 어떤 물체가 정해진 시간 동안 얼마나 먼 거리 혹은 얼마나 멀리 있는 위치로 이동했는지를 알면 그 물체의 빠르기를 계산할 수 있어. '속력 = 거리/시간', '속도 = 위치 변화/시간'이라는 공식을 통해서 말이지. 이때 단위 시간을 1초로 정하면 초속(/sec, /s), 1분으로 정하면 분속(/min, /m), 1시간으로 정하면 시속(/hour, /h)이 돼. '자동차가 시속 120km 혹은 120km/h로 달리고 있다.'와 같은 경우처럼 말이야.

그렇다면 속력과 속도는 같은 개념일까? 그렇지 않아. 위의 표에도 적어 놓았듯 속도는 속력보다 하나의 정보를 더 가지고 있어. 바로 물체의 '운동 방향'이야. 예를 들어 A가 아침에 집에서 자전거를 타고 5m/s로 학교에 가고, 수업이 끝나면 똑같이 5m/s로 집에 온다고 해 보자. 학교에 갈 때와 집에 올 때 A의 빠르기는 5m/s로 같아. 따라서 '등교하는 속력과 하교하는 속력이 같다.'라고 할 수 있어. 하지만 '등교 속도 = 하교 속도'일까? 그건 아니야. 등교하는 방향과 하교하는 방향은 반대이니까 똑같이 5m/s의 빠르기로 움직여도 속도는 각각 '학교 방향으로 5m/s', '집 방향으로 5m/s'로 서로 달라.

속력, 속도를 구분하지 않고 빠르기의 의미로만 사용하는 경우도 있지만 방향을 근거로 해석해야 하는 문제는 충분히 나올 수 있어. 그러므로 속력, 속도를 다루는 지문에서는 '~쪽 방향으로', '~를 향하여'와 같은 방향에 대한 이야기가 함께 나오는지 반드시 확인하자.

더 읽어 볼 만한 지문	학년	출처	주제
	고1	2017학년도 9월 [39~42]	우주 탐사선의 스윙바이
	고2	2015학년도 3월 [28~30]	빛이 투명체를 통과하는 과정
	고3	2014학년도 수능B [26~27]	지구 상의 운동하는 물체에 작용하는 전향력

③ 질량, 부피, 밀도, 압력

고3 2016학년도 수능B

어떤 물체가 물이나 공기와 같은 유체 속에서 자유 낙하할 때 물체에는 중력, 부력, 항력이 작용한다. 중력은 물체의 질량에 중력 가속도를 곱한 값으로 물체가 낙하하는 동안 일정하다. 부력은 어떤 물체에 의해서 배제된 부피만큼의 유체의 무게에 해당하는 힘으로, 항상 중력의 반대 방향으로 작용한다. 빗방울에 작용하는 부력의 크기는 빗방울의 부피에 해당하는 공기의 무게이다. 공기의 밀도는 물의 밀도의 1,000분의 1 수준이므로, 빗방울이 공기 중에서 떨어질 때 부력이 빗방울의 낙하 운동에 영향을 주는 정도는 미미하다.

고2 2022학년도 6월

단단하지 않은 물체가 기압에 저항해 원래의 모양을 유지하기란 쉽지 않다. 내부 기압이 외부 기압보다 낮으면 물체는 찌그러지며, 반대의 경우에는 부풀어 오를 수 있다. 빛을 수용하고 상을 맺게 하는 눈의 특성상, 약간의 모양 변화로도 빛의 방향이 틀어져 초점이 달라지기 때문에 정확한 안구 형태를 유지하는 것은 매우 중요하다.

질량(質量)	물체를 이루고 있는 물질의 양.
부피	물체나 물질이 공간을 차지하고 있는 크기.
밀도(密度)	일정한 부피에 물질이 골고루 퍼져 있을 때 빽빽한 정도.
압력(壓力)	물질과 물질이 서로 미는 힘.

질량, 부피, 밀도, 압력은 과학의 전 영역에 걸쳐 두루 사용되는 용어이므로, 정확한 의미를 알아 두는 게 좋겠지?

먼저 질량은 물체를 이루고 있는 물질의 양을 말해. 질량이라는 개념을 사용하면 물체의 여러 가지 특징들을 설명할 수 있어. 질량이 물체의 무게와 관련된 개념이라면, 부피는 3차원의 공간에서 어떤 물체가 차지하고 있는 공간의 크기와 관련된 개념이야. 다만 2차원의 평면이라면 부피를 이야기할 수 없기 때문에 대신 넓이를 가지고 이야기할 수 있다는 점을 참고해 두자.

다음으로 밀도는 어떤 공간에 물질이 얼마나 빽빽하게 들어가 있는지를 말하는 개념이야. 예를 들어 우리 동네 영화관의 평일 조조 시간과 주말 저녁 시간을 생각해 보자. 평일 조조에는 자리가 텅텅 비어 있지만 주말 저녁에는 꽉 차 있는 모습을 상상할 수 있지? 같은 크기의 공간인데 주말 저녁이 더 빽빽하게 차 있다면, 영화관의 밀도는 평일 조조보다 주말 저녁에 더 크다고 말할 수 있어. 이와 관련해서는 '밀도 = 질량/부피'라는 공식을 기억해 두면 좋을 거야. 앞서도 말했듯 어떤 공간에 물질이 많이 들어가면 그만큼 빽빽하겠지? 즉, 일정 부피를 채우는 물질이 많아지면(질량이 커지면) 밀도가 높아지는 거지. 반대로 물질의 양은 그대로(질량이 일정)인데 부피가 커지면 밀도는 낮아질 거야. 이렇게 밀도는 부피가 일정하면 질량에 비례하고, 질량이 일정하면 부피에 반비례하기 때문에 '밀도 = 질량/부피'라는 공식이 성립하는 거야.

마지막으로 압력은 물질과 물질이 서로 미는 힘을 말해. 넓은 운동장에 있던 100명의 학생들을 한 교실 안에 모두 들어가게 한 상황을 가정해 보자. 교실 안에 있는 학생들은 넓은 운동장에 있을 때는 느끼지 못했던 서로 밀어내는 힘, 벽을 밀어내는 힘 등의 압박을 느낄 거야. 이러한 힘이 바로 압력이야. 평소 우리의 몸은 항상 사방에서 공기가 누르는 힘을 받고 있어. 하지만 내 몸도 그만한 힘으로 밀어내서 힘이 평형 상태이기 때문에 몸의 형태가 유지되고 있는 거야. 만약 두 힘 중에 어느 하나가 더 크면 몸이 팽창하거나 쪼그라들겠지? 이렇듯 물체에 가해지는 압력에 따라 팽창·수축 등의 변화가 발생할 수 있다는 점을 참고해 두자.

더 읽어 볼 만한 지문	학년	출처	주제
	고1	2021학년도 3월 [26~30]	핵분열과 핵융합의 원리
	고2	2022학년도 6월 [38~42]	안구의 구조와 내부 압력을 유지하는 원리
	고3	2016학년도 수능B [29~30]	빗방울의 종단 속도

④ 세포와 영양소

호흡은 외호흡과 내호흡으로 이루어진다. 외호흡은 폐의 폐포와 모세혈관 사이에서 일어나는 산소와 이산화탄소의 기체 교환을 말한다. 모세혈관과 조직 세포 사이에서도 산소와 이산화탄소의 기체 교환이 이루어지는데, 이에 의해 모세혈관을 통해 조직 세포에 들어온 산소가 영양소와 결합하여 영양소가 산화되면서 에너지가 발생하는 과정을 내호흡이라고 한다. 그렇다면 영양소가 산화되어 에너지가 발생하기까지의 과정은 어떻게 이루어질까? 이 과정은 세 가지의 주요 단계를 거쳐 일어난다.

세포(細胞)	생물체를 이루는 기본 단위.
영양소(營養素)	성장을 촉진하고 생리적 과정에 필요한 에너지를 공급하는 영양분이 있는 물질.

거의 모든 생명체는 세포로 구성되어 있어. 박테리아나 바이러스같이 세포 하나로 이루어진 단세포 생물, 사람이나 동물같이 수많은 세포들로 구성되어 있는 다세포 생물 모두 그 기본 단위는 세포야. 우리가 살아가기 위해 밥도 먹고 호흡도 하는 것처럼 세포도 영양소를 흡수하고 호흡을 하는데, 이것을 세포의 물질 대사라고 해. 세포는 스스로 자기와 똑같은 세포를 만들어내면서 그 수를 늘리는데 이것을 세포 분열이라고 해. 예를 들어 손톱을 깎아도 며칠이 지나면 손톱이 다시 자라있는 것은 손톱 세포가 계속 생겨나기 때문이야.

동물 세포와 식물 세포의 중심에 있는 핵은 세포의 유전 물질이 들어 있는 중요한 부분으로, 세포의 모든 활동을 조절해. 이때 식물 세포는 동물 세포와 달리 세포벽과 엽록체가 있어. 이는 식물은 동물처럼 뼈가 있는 것이 아니라서 스스로 지탱할 수 있는 단단한 부분을 세포벽으로 대신하고, 동물처럼 음식을 섭취해서 영양분을 얻을 수 없어서 광합성을 통해 영양분을 얻을 수 있게 하는 엽록체를 필요로 하기 때문이야.

세포들도 물질 대사를 통해 영양소에서 에너지를 얻어. 영양소는 우리 몸에 필요한 영양분이 있는 물질로, 생명체가 생명을 유지하고 활동하기 위해서는 영양소 섭취가 반드시 필요해. 그런데 모든 영양소가 에너지를 주는 것은 아니야. 우리 몸에서 특별히 에너지원으로 사용되는 영양소를 주 영양소라고 하는데 그 종류로는 탄수화물, 지방, 단백질 세 가지가 있어서 3대 영양소라고 하기도 해.

쌀, 밀가루, 감자 등에 많이 포함된 탄수화물은 몸속에서 포도당으로 분해되어 에너지원으로 쓰이고 남은 포도당은 지방으로 바뀌어 우리 몸에 차곡차곡 쌓이게 돼. 지방은 탄수화물, 단백질에 비해 적은 양으로 많은 에너지를 낼 수 있어서 소모되는 양이 적고 몸에 남아서 쌓이는 양은 많아. 그래서 적당한 양의 지방을 섭취하는 것이 중요하지. 단백질은 육류나 생선, 콩에 많이 포함되어 있고 에너지원으로 사용되기도 하지만 근육이나 머리카락같이 우리 몸을 구성하는 데에도 사용돼. 음식으로 섭취한 단백질은 아미노산으로 분해되었다가 다시 우리 몸에 필요한 형태의 단백질로 합성되어 몸 자체를 유지하게 해 줘.

영양소 중에는 에너지원이 되지는 않지만 몸의 생리 기능을 조절하는 것들이 있어. 이런 것들을 부 영양소라고 하는데 비타민, 물, 무기질 세 가지를 3부 영양소라고 해. 부 영양소들은 우리 몸이 에너지를 만들거나 건강을 유지하는 데 도움을 주는 물질들이야. 그렇기 때문에 우리는 충분한 양의 물을 마시면서 각종 비타민, 마그네슘, 철분, 아연 등의 무기질도 섭취해야 하는 거지.

📖 더 읽어 볼 만한 지문	학년	출처	주제
	고1	2017학년도 6월 [28~32]	노폐물을 걸러내는 신장의 기능
	고2	2016학년도 11월 [24~27]	영양소를 산화시켜 에너지를 발생시키는 호흡
	고3	2015학년도 수능A [16~19]	단백질의 분해와 합성

⑤ 분자와 원자, 기본 입자

고1 2014학년도 9월

생물체가 생명을 유지하기 위해서 물에 의존하는 것은 무엇보다 물 분자 구조의 특징에서 비롯된다. 물 1분자는 1개의 산소 원자(O)와 2개의 수소 원자(H)가 공유 결합을 이루고 있는데, 2개의 수소 원자는 약 104.5°의 각도로 산소와 결합한다. 이 때 산소 원자와 수소 원자는 전자를 1개씩 내어서 전자쌍을 만들고 이를 공유한다.

고2 2014학년도 9월A

20세기 중반까지만 해도 물리학에서는 양성자와 중성자를 물질의 기본 단위로 여겼다. 하지만 1960년대 이후 양성자나 중성자보다 더 작은 입자에 대한 가설과 실험을 바탕으로 '표준모형(standard model)'의 개념이 성립되게 되었다. '표준모형'에 따르면 모든 물질은 기본 입자와 매개 입자로 구성된다. 기본 입자는 양성자와 중성자를 구성하는 입자와 전자 등을 말하며, 매개 입자는 입자 사이의 상호작용을 매개하는 입자를 말한다.

분자(分子)	원자들의 결합으로 만들어진 물질의 특성을 갖는 입자의 가장 작은 단위.
원자(原子)	물질을 구성하며 화학적 성질을 띤 입자의 가장 작은 단위.
기본 입자(基本粒子)	더 이상 쪼갤 수 없는 원자를 구성하는 기본적인 입자.

과학자들은 물질을 쪼개고 쪼개면 마지막에 남는 물질이 무엇일까를 궁금해했어. 그래서 여러 가지 가설을 세우고 화학적인 방법들을 총동원해서 물질을 쪼개기 시작했지. 처음에는 '원자라는 녀석이 끝이야. 더 이상은 쪼갤 수 없어.'라고 생각했는데 후에 원자를 이루고 있는 양성자, 중성자, 전자 등의 더 작은 입자들을 발견했고 심지어 양성자, 중성자는 더 작은 입자로 쪼갤 수 있었어. 이렇게 원자를 구성하는 입자 중에 더 이상 쪼갤 수 없는 입자들을 '기본 입자'라고 해. 과학자들은 기본 입자들을 가지고 원자의 구조를 설명하는 원자 모형을 만들기 시작했어.

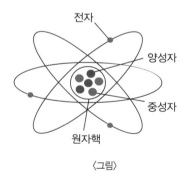

〈그림〉

왼쪽 〈그림〉은 보어라는 사람이 제시한 원자 모형이야. 이를 바탕으로 간단히 설명하면 원자는 중심에 양성자와 중성자가 모여 있는 원자핵이 있고, 그 주위로 전자가 빙글빙글 도는 형태로 이루어져 있어. 양성자와 중성자의 질량은 전자의 질량보다 월등히 커서 사실 원자 질량의 대부분은 원자핵이 차지하고 있다고 생각해도 돼. 양성자는 전기적으로 양(+)의 성질을 띠고 전자는 음(-)의 성질을 띠고 있어. 중성자는 이름처럼 양(+)도, 음(-)도 아닌 중성이고. 그렇다면 양성자와 중성자가 모여 있는 원자핵은 양(+)의 성질을 띠겠네. 다양한 물질들을 만들 때에는 원자 주변을 돌고 있는 전자들이 원자들끼리 결합할 수 있게 도움을 줘. 전자는 티끌처럼 존재감이 작지만 원자가 결합할 때에는 큰 역할을 하는 거야.

대부분의 원자는 혼자 다니면서 물질을 구성하지는 않는데, 물, 이산화탄소, 산소와 같이 우리 주변에 존재하는 물질들은 이런 원자들이 결합해서 만들어진 거야. 이렇게 두 개 이상의 원자들이 결합해서 어떤 물질의 특징을 갖게 된 것을 분자라고 해. 물을 계속 쪼개서 제일 작은 물 입자를 만들었는데, 여기에서 한 단계 더 쪼갰더니 물이 아닌 다른 물질이 됐다면 물의 특성을 보였던 가장 마지막 입자가 물 분자가 되는 거야. 참고로 물 분자는 수소 원자 두 개랑 산소 원자 하나의 결합으로 만들어져 있는데, 이 원자들의 결합을 끊어버리면 물은 사라지고 수소 원자와 산소 원자의 형태로 바뀔 거야.

읽어 볼 만한 지문	학년	출처	주제
	고1	2014학년도 6월 [19~21]	물질 간의 화학적 친화력에 대한 연구
	고2	2014학년도 9월A [16~18]	표준모형의 이론적 모순과 힉스 입자의 발견
	고3	2016학년도 6월A [19~21]	원자 모형에 대한 탐구

⑥ 지구의 자전과 공전

이는 천체의 '겉보기 운동'과 관련이 있다. 지구는 하루에 한 바퀴 자전하면서 태양 주위를 일 년에 한 바퀴 공전한다. 이로 인해 지구상의 관측자가 하늘의 천체를 볼 때, 관측 시기에 따라 천체의 위치가 다르게 보이기도 한다. 왜냐하면 관측자에게는 지구가 움직이는 것이 아니라 상대적으로 하늘의 천체가 움직이는 것처럼 보이기 때문이다. 이처럼 지구의 자전이나 공전으로 인해 지구에서 관측할 때 천체가 움직이는 것처럼 보이거나 실제 움직임과는 다르게 보이는 현상을 '겉보기 운동'이라 한다.

자전(自轉)	우주의 물체가 스스로 고정된 축을 중심으로 회전하는 일.
공전(公轉)	한 우주의 물체가 다른 우주의 물체 둘레를 주기적으로 도는 일.

우리가 살고 있는 지구는 하루에 한 바퀴, 일 년에 한 바퀴를 회전하고 있어. 지구의 회전을 몸으로 느낄 수는 없지만 지구가 회전하기 때문에 생기는 현상들을 통해 이를 알아챌 수 있지. 지구가 자기 스스로 하루에 한 바퀴 회전하는 것을 자전이라고 해. 한 번 자전하는 데에는 24시간이 걸려서 지구의 자전 주기는 24시간, 하루야. 지구가 자전하기 때문에 우리는 밤과 낮이 하루에 한 번씩 바뀌는 것을 볼 수 있어. 자전 주기가 하루이기 때문에 하늘에서 하루에 한 번 꼴로 일어나는 이런 현상들을 '일주 운동'이라고 불러.

지구는 자전을 하면서 동시에 태양을 중심으로 크게 한 바퀴 회전해. 이렇게 한 점을 기준으로 크게 회전하는 것을 공전이라고 하는데 지구는 한 번 공전하는 데 1년의 시간이 걸려. 우리나라의 계절이나 별자리의 위치가 1년을 주기로 바뀌는 것 등은 지구의 공전 때문에 일어나는 현상이야. 이렇게 공전 때문에 1년 단위로 일어나는 현상을 '연주 운동'이라고 불러. 지구가 태양 주위를 공전하는 길을 공전 궤도라고 하는데, 궤도의 모양은 반듯한 원이 아니라 살짝 타원 모양이래. 그래서 지구와 태양이 조금 더 가까워지는 때, 더 멀어지는 때가 생기기도 해.

참고로 지구에 대해 다루는 지문에서는 '위도', '경도', '적도'라는 용어가 자주 나와. <그림>과 같이 지구를 일정한 간격의 가로선과 세로선으로 나누는 것은 지구상의 어떤 위치를 위도와 경도로 정확하게 표현하기 위해서인데, 여기에서 가로선을 위도라고 하고 세로선을 경도라고 해. 그리고 위도의 기준이 되고 지구의 중심을 지나는 선을 적도라고 하지. 적도는 위도가 0이고 보통 붉은 선으로 표시하는데, 적도를 기준으로 지구의 북쪽 반구는 북반구, 남쪽 반구는 남반구라고 해. 이때 적도를 기준으로 북반구 쪽의 위도를 북위, 남반구 쪽의 위도를 남위라고 하고 경도는 기준선의 동쪽을 동경, 서쪽을 서경이라고 해. 예를 들어 <그림>의 파란 점은 동경 30도, 북위 30도가 되고 빨간 점은 경도 0도, 남위 60도가 되는 거야.

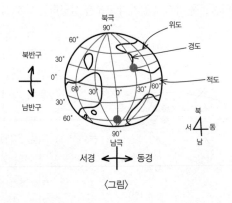

〈그림〉

읽어 볼 만한 지문	학년	출처	주제
	고1	2018학년도 11월 [21~25]	천체의 겉보기 운동
	고2	2012학년도 3월 [27~30]	아리스타코스의 지동설
	고3	2014학년도 수능B [26~27]	지구 상의 운동하는 물체에 작용하는 전향력

2

수능 국어 독서 실전 훈련

수능 국어 독해를 정복하는 가장 빠른 길

지금부터는 PART 1에서 학습했던 '문장 읽기 → 문단 읽기 → 글(지문) 읽기'의 독해 전략을 기출 문제에 실전적으로 적용해 보는 훈련을 할 거야. 문장을 정확하게 읽기 위한 '어려운 문장 분석하기'와 글의 전체 구조를 파악하는 '구조도'의 빈칸 채우기 활동 등을 통해 앞에서 배운 전략을 자연스레 체화할 수 있을 거야.

PART 2의 기출 문제는 주제별 실전 훈련에 적합한 문제들로 선별하였고, 고1 → 고2 → 고3 순으로 배치하여 단계적 학습이 가능하도록 했어. 또한 각 문제의 발문 위에는 INTRO에서 설명한 문제 유형도 제시했으니 문제 유형별 접근법을 떠올리며 문제를 풀도록 하자. 수능 국어 독해를 정복하는 가장 빠른 길은 바르고 정확한 독해 방법을 기출 문제에 적용하여 실전처럼 훈련하는 거야!

(1) 니체의 예술 철학과 표현주의

해설 P.072

1~5 다음 글을 읽고 물음에 답하시오.

고1 2019학년도 9월

1 서양 철학은 ㉠존재에 대한 물음에서 시작되었다. 고대 그리스 철학자 파르메니데스는 있는 것은 있고 없는 것은 없다고 말했다. 그는 어떤 존재가 있다가 없어지고 없다가 있게 되는 일은 불가능하다며 존재의 생성과 변화, 소멸을 부정했다. 그에게 존재는 영원하며 절대적이고 불변성˚을 가지는 것이었다. 이에 반해 헤라클레이토스는 존재의 생성과 변화를 긍정했다. 그는 존재하는 모든 것이 변화의 과정 중에 있으며 끊임없이 생성과 소멸을 반복하는 것이라고 생각했다. 존재에 대한 두 철학자의 견해는 플라톤의 이데아론에 영향을 주었다. 플라톤은 존재를 끊임없이 변하는 존재와 영원히 변하지 않는 존재로 나누었다. 그는 우리가 경험하는 현실 세계의 존재는 변한다고 생각했다. 그리고 현실 세계에 존재하는 모든 것의 근원˚을 이데아로 ⓐ상정하고 이데아를 영원하고 불변하는 존재, 그 자체로 완전한 진리로 여겼다. 반면에 현실 세계의 존재는 이데아를 모방˚한 것일 뿐 이데아와 달리 불완전하다고 보았다. 또한 감각을 통해 인식할 수 있는 현실 세계의 존재와 달리 이데아는 오직 이성에 의해서만 인식할 수 있다는 이성 중심의 사유를 전개했다. 플라톤의 이러한 철학적 견해는 이후 서양 철학의 주류가 되었다.

2 그러나 플라톤의 견해를 바탕으로 한 서양 철학의 주류적 입장은 근대에 이르러 니체에 의해 강한 비판을 받았다. 헤라클레이토스의 견해를 받아들인 니체는 영원히 변하지 않는 존재, 절대적이고 영원한 진리는 없다고 주장했다. 또한 우리가 살고 있는 현실 세계가 유일한 세계라면서 '신은 죽었다'라고 선언하며 형이상학적 이원론˚이 말하는 진리, 신 중심의 초월적 세계, 합리적 이성 체계 모두를 부정했다. 니체는 형이상학적 이원론이 진리를 영원불변한 것으로 고정하고, 현실 너머의 이상 세계와 초월적 대상을 생명의 근원으로 설정함으로써 인간이 현실의 삶을 부정하도록 만들었다고 보았다. 그래서 생명의 근원과 삶의 의

미를 상실한 인간은 허무에 ⓑ직면하게 되었다는 것이다.

3 니체는 허무에서 벗어나기 위해서는 생명의 본질을 ⓒ회복해야 한다고 했다. 그는 인간이 자신의 삶을 지탱할 수 있게 하는 것을 '힘에의 의지'로 보았다. 니체가 말하는 '힘에의 의지'는 주변인이나 사물을 자기 마음대로 지배하고 억압하려는 의지가 아니라 자기 극복을 이끌어 내고 생명의 상승을 지향하는 의지로 이해할 수 있다. 니체는 이러한 '힘에의 의지'가 생성과 변화의 끊임없는 과정 중에서 창조적 생성 작용을 하는데, 그 최고의 형태가 예술이라고 했다. 그는 본능에 내재한 감성을 바탕으로 하는 예술적 충동을 중시하였고, 예술가의 창작 활동을 인간의 삶의 가치 상승을 도와주는 '힘에의 의지'로 보았다. 그는 예술을 통해 생명력을 회복하고 허무를 극복할 수 있음을 강조한 것이다.

4 이러한 니체의 철학적 견해는 20세기 초의 예술가들에게 많은 영향을 주었는데, 특히 회화에서 독일의 표현주의가 니체의 철학을 ⓓ수용했다. 표현주의는 전통적인 사실주의 미학을 따르지 않았다. 사실주의 미학은 형이상학적 이원론에 근거하여 존재와 진리의 참모습을 모방하는 것을 예술의 목적으로 받아들이는 재현의 미학이었다. 그러나 니체의 철학적 관점에서 예술을 이해한 표현주의 화가들은 예술의 목적을 대상의 재현이 아니라 인간의 감정과 충동을 표현하는 것으로 생각했다. 그들은 사실주의 미학에서 이성보다 열등한 것이라고 여겼던 감정을 존재의 본질을 드러내는 것으로 보았다. 그들이 생각하는 인간의 감정은 시시각각 변화하며 생성과 소멸을 반복하는 것이었기에 그림을 그리는 동안에도 매 순간 변화하는 감정을 중시했다. 그래서 대상의 비례와 고유한 형태를 왜곡하고, 색채도 실제보다 더 강하게 과장해서 그리거나 대비되는 원색을 대담하게 사용하는 등의 방법을 통해 자신의 감정과 충동을 표현했다. 또한 원근법에 얽매이지 않는 화면 구성을 보임으로써 작품에서 드러나는 공간이 현실 공간의 재현이 아니라 화가 자

신의 감정을 표현하기 위한 상징과 의미를 생산하는 공간이라는 인식을 드러냈다.

⑤ 표현주의 화가들은 이성과 합리성의 가치를 추구하던 당시 사회의 분위기에 ⑥반발하며 예술가로서의 감정적, 주관적인 표현을 예술이 추구해야 하는 가치로 보았다. 그들은 자유로운 형태와 색채로 자신들이 가지고 있던 내면의 불안, 공포, 고뇌 등을 예술로써 극복하려고 노력하면서 강한 생명력을 보여 주었다. 결국 화가의 내면을 적극적으로 표현했던 표현주의는 니체의 철학을 근거로 예술에 대한 새로운 해석을 보여 주었다고 할 수 있다.

- **형이상학적 이원론:** 세계를 경험의 세계와 경험을 초월한 세계로 나누고, 사물의 본질과 존재의 근본 원리를 사유를 통해 연구하는 이론.

📖 알아두자! **필수 어휘**

- **불변성:** 변하지 아니하는 성질.
- **근원:** 사물이 비롯되는 근본이나 원인.
- **모방:** 다른 것을 본뜨거나 본받음.

구조도

<table>
<tr><td rowspan="4">①</td><td colspan="3">존재에 대한 서양 철학의 관점</td></tr>
<tr><td>파르메니데스</td><td colspan="2">헤라클레이토스</td></tr>
<tr><td>– 존재의 생성, 변화, 소멸 (긍정 / 부정)</td><td colspan="2">– 존재의 생성, 변화, 소멸 (긍정 / 부정)</td></tr>
<tr><td colspan="3">↓

플라톤

– '끊임없이 변하는 존재'(현실 세계의 존재)와 '영원히 변하지 않는 존재'(_____)를 구분
– 현실 세계의 존재: 이데아를 _____, 감각을 통해 인식
– 이데아: 현실 세계에 존재하는 것의 _____, 오직 _____에 의해 인식</td></tr>
<tr><td>②
③</td><td colspan="3">니체의 철학적 견해
– 인간을 _____에 직면하게 한 형이상학적 이원론을 (긍정 / 부정)
– '힘에의 의지'를 통한 생명의 본질 _____을 중시
– 예술: '_____'를 통한 창조적 생성 작용의 최고 형태 → 예술을 통한 생명력 회복, 허무 _____의 가능성을 강조</td></tr>
<tr><td rowspan="2">④
⑤</td><td colspan="3">니체의 철학을 수용한 표현주의</td></tr>
<tr><td>특징</td><td colspan="2">– _____ 미학을 따르지 않음
– 인간의 감정과 충동 표현을 예술의 _____으로 봄
– 대상의 비례·고유 형태 _____, 과장된 색채, 대비되는 _____ 사용
– _____에 얽매이지 않는 화면 구성</td></tr>
<tr><td>의의</td><td colspan="2">– 화가 자신의 _____을 적극적으로 표현하여 예술에 대한 새로운 _____을 보여 줌</td></tr>
</table>

⭐ **어려운 문장 분석하기**

그는 본능에 내재한 감성을 바탕으로 하는 예술적 충동을 중시하였고, 예술가의 창작 활동을 인간의 삶의 가치 상승을 도와주는 '힘에의 의지'로 보았다.

1. 윗글에 대한 설명으로 가장 적절한 것은?

① 니체의 철학적 개념을 예술 양식의 발전 단계에 따라 정리하고 있다.

② 예술에 대한 니체의 견해가 시대에 따라 달리 평가받는 원인을 분석하고 있다.

③ 예술에 대한 니체의 시각과 서양 철학의 주류적 입장의 장단점을 비교하고 있다.

④ 예술에 대한 여러 철학자들의 견해가 니체에 의해 통합되는 과정을 살펴보고 있다.

⑤ 서양 철학의 주류적 입장을 부정하는 니체의 철학이 예술에 미친 영향을 설명하고 있다.

2. ㉠에 대한 이해로 가장 적절한 것은?

① 헤라클레이토스와 니체는 ㉠이 변화한다고 생각했다.

② 파르메니데스와 플라톤은 ㉠이 불완전하다고 여겼다.

③ 플라톤과 헤라클레이토스는 영원히 변하지 않는 ㉠이 있다고 보았다.

④ 파르메니데스는 헤라클레이토스와 달리 ㉠의 생성을 긍정했다.

⑤ 플라톤은 니체와 달리 ㉠의 근원을 감각을 통해 인식할 수 있다고 보았다.

3. 윗글에 나타난 <u>표현주의 화가들</u>의 생각으로 적절하지 **않은** 것은?

① 인간의 감정을 존재의 본질을 드러내는 것으로 인식했다.

② 존재와 진리의 참모습을 모방하는 것이 중요하다고 여겼다.

③ 시시각각 변화하며 생성과 소멸을 반복하는 감정을 중시했다.

④ 예술가로서의 주관적 표현을 예술이 추구해야 하는 가치라고 생각했다.

⑤ 작품에서 드러나는 공간을 화가의 감정을 표현하기 위한 공간으로 인식했다.

4. 윗글에 나타난 니체의 사상과 연결 지어 〈보기〉의 작품을 감상한 내용으로 가장 적절한 것은? [3점]

> **〈보기〉**
>
>
>
> 독일 표현주의 화가인 키르히너의 〈해바라기와 여인의 얼굴(1906)〉은 창가에 놓인 해바라기 꽃병과 여인의 모습을 그린 작품으로 화가의 내면이 잘 표현되었다는 평가를 받는다. 해바라기는 노란색, 꽃병은 녹색, 배경은 주황색의 화려한 원색으로 그려져 있고, 해바라기 앞의 여인은 슬프고 우울해 보인다. 활짝 핀 해바라기의 윤곽은 빨갛고 두터운 선으로 그려져 해바라기의 노란색과 대비를 이루고 있다. 또한 여인보다 뒤에 있는 해바라기 꽃병이 더 크게 그려진 화면 구성을 보이고 있다.

① 여인을 슬프고 우울해 보이게 그린 것을 보니 인간은 결코 허무를 극복할 수 없다는 니체의 철학과 관련된 것으로 볼 수 있겠군.

② 해바라기를 강조한 화면 구성을 보니 현실 너머의 이상 세계를 생명의 근원이라고 여긴 니체의 견해가 반영된 것으로 볼 수 있겠군.

③ 해바라기의 노란색과 윤곽의 빨간색을 대비한 것을 보니 초월적 세계를 재현한 것이 현실 세계라는 니체의 입장과 관련된 것으로 볼 수 있겠군.

④ 해바라기, 꽃병, 배경 등을 화려한 원색으로 그린 것을 보니 감성을 바탕으로 한 예술적 충동을 중요하게 여겼던 니체의 생각에 영향을 받은 것으로 볼 수 있겠군.

⑤ 해바라기 꽃병과 여인을 원근법에 어긋나게 그린 것을 보니 인간은 자기 주변의 사물을 지배해야 한다는 의지를 강조한 니체의 주장이 수용된 것으로 볼 수 있겠군.

5. ⓐ~ⓔ의 사전적 의미로 적절하지 **않은** 것은?

① ⓐ: 어떤 정황을 가정적으로 생각하여 단정함.

② ⓑ: 어떠한 일이나 사물을 직접 당하거나 접함.

③ ⓒ: 온전하게 보호하여 유지함.

④ ⓓ: 어떠한 것을 받아들임.

⑤ ⓔ: 어떤 상태나 행동 따위에 대하여 거스르고 반항함.

(2) 레비나스의 타자 중심 철학

6~10 다음 글을 읽고 물음에 답하시오.

고2 2021학년도 6월

1 데카르트로 대표되는 서양의 근대 철학은 주체 중심의 철학이었다. '나는 생각한다. 고로 존재한다.'에서 '생각하는 나'는 존재하는 모든 것의 근거인 주체가 되고, 주체 앞에 놓인 모든 것들은 주체가 지배할 수 있는 대상으로 이해되었다.★ 하지만 2차 세계대전, 유대인 학살과 같은 폭력의 경험은 이러한 철학 사유*를 반성하는 계기가 되었다. 주체 중심의 철학이 타자에 대한 폭력을 정당화하는 근거를 제공한다고 여겼기 때문이다. 전쟁의 참상 앞에 ⓐ놓였던 철학자 ㉮레비나스는 주체성의 의미를 새롭게 정의하고 타자 중심의 철학을 제안하였다.

2 레비나스는 인간의 삶은 진정한 삶을 향해 나아가는 것, 곧 초월이라고 보았다. 초월은 a에서 b로의 이행이며, 그의 철학은 이러한 이행 과정에서 ㉠타자의 존재가 어떤 의미가 있는지에 대해 탐구하는 것이었다. 그는 기존의 철학에서 주체는 주위의 모든 것들을 자기와 동일한 것으로 끊임없이 환원*하는 자기중심적 존재로, 이 주체는 타자를 마음대로 할 수 있는 대상으로 취급했다고 보았다. 레비나스는 이러한 주체를 동일자라는 개념으로 설명하면서 타자는 동일자의 틀 안에 들어올 수 없기에 주체가 마음대로 할 수 없는 존재라고 보았다. 이처럼 주체로 환원되지 않는 타자의 성질을 레비나스는 '타자성'이라고 하였다.

3 이러한 타자 개념을 바탕으로 레비나스는 주체성의 의미를 두 가지로 제시했다. 하나는 '향유'의 주체성이고, 또 하나는 '환대'의 주체성이다. 그는 전자에서 후자로 나아가야 한다고 보았다. 향유는 즐김과 누림이며, 다른 누구도 대신해 줄 수 없는 개체의 고유한 행위이다. 배고픈 사람에게 먹을 것을 줄 수는 있지만, 그를 대신해서 먹어주지는 못한다. 이와 같이 어떤 것에 의존하지 않고 홀로 무엇을 누릴 때 나로서의 모습, '자기성'이 성립한다. 이런 점에서 향유의 주체성은 자기성을 바탕으로 이루어진 주체성이다. 하지만 향유의 대상인 세계는 불확실하기에 주체의 욕구는 항상 충족되지는 않는다. 이에 주체는 주변의 존재들을 소유해 가며 자기성을 계속 확장해 나간다. 이처럼 향유의 주체성은 본질적으로 이기적이며 자기 삶에만 관심을 갖기 때문에 스스로는 초월할 수 없다.

4 따라서 자신만의 갇힌 세계에서 열린 세계로 초월하기 위한 계기가 요구되는데, 레비나스는 이를 '타자의 출현'이라고 보았다. 세계를 향유하던 주체 앞에 낯선 타자가 나타나 호소한다. 레비나스는 타자의 호소를 무조건적으로 받아들이고 응답할 때 기존과는 다른 참다운 주체의 모습으로 나아가게 된다고 보았다. 타자에 대한 무조건적인 수용*을 '환대'라고 하며, 환대의 주체성은 타자의 문제를 자신의 문제로 받아들여 책임을 지는 주체성이다. 타자의 출현으로 인해 주체는 그동안 누려 왔던 자유와 이기성에 의문을 제기하며, 타자의 요구에 무조건적인 응답을 해야 한다는 것이다. 이러한 점에서 주체와 타자는 비상호적 관계이며, 타자를 주체보다 우월한 위치에 올려놓는다는 점에서 비대칭적 관계가 된다.

5 그렇다면 타자를 환대하기 위해 자기성은 완전히 포기해야 하는 것인가. 레비나스는 타자의 출현은 주체의 이기성을 제한하고 책임의 주체로 설 수 있도록 하는 것이지, 이로 인해 자기성이 상실되는 것이 아님을 분명히 한다. 타자는 주체의 존재를 침몰시키는 위협적인 존재가 아니라, 오히려 자기성에 갇힌 주체를 무한히 열린 세계로 초월할 수 있게 하는 존재라고 본 것이다.

6 이처럼 레비나스는 주체성의 의미를 새롭게 정립했다. 또한 그동안 주체가 마음대로 지배하고 배제할 수 있는 대상으로 인식했던 타자를 주체보다 높은 위치로 올려놓았다. 레비나스의 철학은 기존의 철학 사유로는 극복할 수 없었던 문제들을 새로운 방식으로 접근할 수 있는 인식의 틀을 제공했으며, 인간 개개인의 고유성을 존중할 수 있는 근거를 마련했다는 점에서 그 가치를 인정받고 있다.

📖 **알아두자! 필수 어휘**

- **사유:** 대상을 두루 생각하는 일.
- **환원:** 잡다한 사물이나 현상을 어떤 근본적인 것으로 바꿈. 또는 그런 일.
- **수용:** 어떠한 것을 받아들임.

구조도

	레비나스의 타자 중심 철학
1 **2**	– _____ 중심의 근대 철학에 대한 반성에서 시작 – 진정한 삶으로 나아가는 _____의 과정 속 타자가 가지는 의미에 주목 – 주체 = _____, 타자 = 주체가 마음대로 할 수 (있음 / 없음)
3 **4** **5**	▶ 스스로 정리해 보세요.
6	레비나스 철학의 의의 – 주체성의 의미를 새롭게 정립함, 타자의 위상을 _____보다 격상시킴 – 새로운 인식의 틀, 인간 개개인이 지닌 고유성 _____의 근거를 마련

★ 어려운 문장 분석하기

'나는 생각한다. 고로 존재한다.'에서 '생각하는 나'는 존재하는 모든 것의 근거인 주체가 되고, 주체 앞에 놓인 모든 것들은 주체가 지배할 수 있는 대상으로 이해되었다.

6. 윗글에 대한 이해로 적절하지 않은 것은?

① 동일자는 주위의 모든 것들을 자기중심적으로 대한다.
② 환대는 타자의 호소를 무조건적으로 수용함을 가리킨다.
③ 향유는 다른 누구도 대신할 수 없는 개체의 고유한 행위이다.
④ 타자성은 타자를 위해 주체를 기꺼이 희생하는 성질을 의미한다.
⑤ 자기성은 어떤 것에 의존하지 않고 홀로 무엇을 누릴 때 성립한다.

7. ㉠에 대한 레비나스의 답으로 가장 적절한 것은?

① 주체의 욕구가 항상 충족된 상태가 되도록 이끈다.
② 주체의 일부분으로 환원되어 주체와의 합일을 이룬다.
③ 주체의 분열을 유도하여 자기성이 소멸되도록 만든다.
④ 주체를 진정한 삶으로 이끌어 초월을 가능하도록 한다.
⑤ 주체를 열린 세계에서 갇힌 세계로 나아갈 수 있도록 한다.

8. ⓐ와 문맥적 의미가 가장 유사한 것은?

① 새로 산 연필이 책상 위에 놓여 있다.
② 어느 하루도 마음이 놓인 날이 없었다.
③ 들판을 가로지르는 새 도로가 놓여 있었다.
④ 하루빨리 다리가 놓여야 학교에 갈 수 있다.
⑤ 꽃무늬가 놓인 장롱을 보면 할머니가 생각난다.

9. ㉮와 〈보기〉의 관점을 비교하여 이해한 것으로 가장 적절한 것은?

> 보기
>
> 인간은 자기 보존을 위해 무한히 욕망을 추구하는 이기적 존재이다. 타자는 나와 투쟁의 관계에 있으며, 나의 생명과 자유를 박탈하려는 잠재적인 적이다. 이러한 위협과 죽음의 공포에서 벗어나기 위해서는 중재가 필요하다. 모든 인간이 자유에 기반한 권리를 주장하는 한 투쟁은 끝나지 않을 것이기 때문이다. 따라서 공동의 이익과 평화를 위해 인간을 엄격히 통제할 수 있는 힘을 가진 국가가 요구된다. 이러한 국가는 상호 간의 합의와 계약에 근거하여 성립한다.

① ㉮는 인간을 욕망을 추구하는 이기적 존재로 여기는 점에서 〈보기〉와 다르군.

② ㉮는 타자와의 중재를 위해 국가의 존재를 필요로 한다는 점에서 〈보기〉와 다르군.

③ 〈보기〉는 자신을 해칠지도 모르는 잠재적인 적으로 타자를 대한다는 점에서 ㉮와 다르군.

④ ㉮와 〈보기〉는 합의와 계약에 근거하여 타자에 대한 의무를 강제해야 한다고 본 점에서 유사하군.

⑤ ㉮와 〈보기〉는 공동의 이익과 평화를 위해서라도 주체의 이익은 제한될 수 없다고 본 점에서 유사하군.

10. 〈보기〉는 학급 토론의 한 장면이다. 윗글을 바탕으로 〈보기〉를 이해한 내용으로 적절하지 않은 것은? [3점]

> 보기
>
> **토론 주제:** 난민 신청을 한 외국인들을 받아들여야 한다.
>
> A: 그들을 받아들여서는 안 된다. 그들의 문제는 그들이 해결해야 한다. 그들을 받아들이면 나의 이익과 자유가 제한될 수 있기 때문에 그들을 자국으로 돌려보내는 것이 당연하다.
> B: 살 길을 찾아온 그들을 아무런 조건 없이 환영해야 한다. 그들은 외국인이기 이전에 인격을 가진 인간으로서 존중받아야 한다. 그들의 문제는 그들만의 문제가 아니다. 그들을 위해 내가 가진 것을 나눠 주는 것은 당연하다.

① A는 타자인 외국인들을 마음대로 할 수 있는 대상으로 바라보는 입장이군.

② A는 그동안 누려온 자신의 자유에 의문을 제기하며 새로운 주체의 모습으로 나아가고 있군.

③ B는 외국인들의 문제를 자신의 문제로 받아들여 책임지려는 태도를 보이고 있군.

④ B가 외국인들을 환영해야 한다는 것은 그들을 자신보다 더 높은 위치에 올려놓는다는 것을 의미하는군.

⑤ B는 A와 달리 자신이 가진 것을 나누려는 환대의 주체성을 지닌 존재로 볼 수 있군.

(3) 영화와 역사의 관계

11~16 다음 글을 읽고 물음에 답하시오.

고3 2020학년도 9월

1 과거는 지나가 버렸기 때문에 역사가가 과거의 사실과 직접 만나는 것은 불가능하다. 역사가는 사료를 매개˚로 과거와 만난다. 사료는 과거를 그대로 재현하는 것은 아니기 때문에 불완전하다. 사료의 불완전성은 역사 연구의 범위를 제한하지만, 그 불완전성 때문에 역사학이 학문이 될 수 있으며 역사는 끝없이 다시 서술된다.★ 매개를 거치지 않은 채 손실되지 않은 과거와 ⓐ만날 수 있다면 역사학이 설 자리가 없을 것이다. 역사학은 전통적으로 문헌 사료를 주로 활용해 왔다. 그러나 유물, 그림, 구전˚ 등 과거가 남긴 흔적은 모두 사료로 활용될 수 있다. 역사가들은 새로운 사료를 발굴하기 위해 노력한다. 알려지지 않았던 사료를 찾아내기도 하지만, 중요하지 않게 ⓑ여겨졌던 자료를 새롭게 사료로 활용하거나 기존의 사료를 새로운 방향에서 파악하기도 한다. 평범한 사람들의 삶의 모습을 중점적인 주제로 다루었던 미시사 연구에서 재판 기록, 일기, 편지, 탄원서, 설화집 등의 이른바 '서사적' 자료에 주목한 것도 사료 발굴을 위한 노력의 결과이다

2 시각 매체의 확장은 사료의 유형을 더욱 다양하게 했다. 이에 따라 역사학에서 영화를 통한 역사 서술에 대한 관심이 일고, 영화를 사료로 파악하는 경향도 ⓒ나타났다. 역사가들이 주로 사용하는 문헌 사료의 언어는 대개 지시 대상과 물리적·논리적 연관이 없는 추상화된 상징적 기호이다. 반면 영화는 카메라 앞에 놓인 물리적 현실을 이미지화하기 때문에 그 자체로 물질성을 띤다. 즉, 영화의 이미지는 닮은꼴로 사물을 지시하는 도상적 기호가 된다. 광학적 메커니즘에 따라 피사체로부터 비롯된 영화의 이미지는 그 피사체가 있었음을 지시하는 지표적 기호이기도 하다. 예를 들어 다큐멘터리 영화는 피사체와 밀접한 연관성을 갖기 때문에 피사체의 진정성에 대한 믿음을 고양하여˚ 언어적 서술에 비해 호소력 있는 서술로 비춰지게 된다.

3 그렇다면 영화는 역사와 어떻게 관계를 맺고 있을까? 역사에 대한 영화적 독해와 영화에 대한 역사적 독해는 영화와 역사의 관계에 대한 두 축을 ⓓ이룬다. 역사에 대한 영화적 독해는 영화라는 매체로 역사를 해석하고 평가하는 작업과 연관된다. 영화인은 자기 나름의 시선을 서사와 표현 기법으로 녹여내어 역사를 비평할 수 있다. 역사를 소재로 한 역사 영화는 역사적 고증에 충실한 개연적˚ 역사 서술 방식을 취할 수 있다. 혹은 역사적 사실을 자원으로 삼되 상상력에 의존하여 가공의 인물과 사건을 덧대는 상상적 역사 서술 방식을 취할 수도 있다. 그러나 비단 역사 영화만이 역사를 재현하는 것은 아니다. 모든 영화는 명시적이거나 우회적인 방법으로 역사를 증언한다. 영화에 대한 역사적 독해는 영화에 담겨 있는 역사적 흔적과 맥락을 검토하는 것과 연관된다. 역사가는 영화 속에 나타난 풍속, 생활상 등을 통해 역사의 외연˚을 확장할 수 있다. 나아가 제작 당시 대중이 공유하던 욕망, 강박, 믿음, 좌절 등의 집단적 무의식과 더불어 이상, 지배적 이데올로기 같은 미처 파악하지 못했던 가려진 역사를 끌어내기도 한다.

4 영화는 주로 허구를 다루기 때문에 역사 서술과는 거리가 있다고 보는 사람도 있다. 왜냐하면 역사가들은 일차적으로 사실을 기록한 자료에 기반해서 연구를 ⓔ펼치기 때문이다. 또한 역사가는 ㉠자료에 기록된 사실이 허구일지도 모른다는 의심을 버리지 않고 이를 확인하고자 한다. 그러나 문헌 기록을 바탕으로 하는 역사 서술에서도 허구가 배격˚되어야 할 대상만은 아니다. 역사가는 ㉡허구의 이야기 속에서 그 안에 반영된 당시 시대적 상황을 발견하여 사료로 삼으려고 노력하기도 한다. 지어낸 이야기는 실제 있었던 사건에 대한 기록이 아니지만 사고방식과 언어, 물질문화, 풍속 등 다양한 측면을 반영하며, 작가의 의도와 상관없이 혹은 작가의 의도 이상으로 동시대의 현실을 전달해 주기도 한다. 어떤 역사가들은 허구의 이야기에 반영된 사실을 확인하는 것에서 더 나아가 ㉢사료에 직접적으로 나타나지 않은 과거를 재현하기 위해 허구의 이야기를 활용하여 사료에 기반한 역사적 서술을 보완하기도 한다. 역사가가 허구를 활용하는 것은 실제로 존재했던 과거에 접근하고자 하는 고민의 결과이다.

5 영화는 허구적 이야기에 역사적 사실을 담아냄으로써 새로운 사료의 원천이 될 뿐 아니라, 대안적 역사 서술의 가능성까지 지니고 있다. 영화는 공식 제도가 배제했던 역사를 사회에 되돌려 주는 '아래로부터의 역사'의 형성에 기여한다. 평범한 사람들의 회고나 증언, 구전 등의 비공식적 사료를 [A]

토대로 영화를 만드는 작업은 빈번하게 이루어지고 있다. 그리하여 영화는 하층 계급, 피정복 민족처럼 역사 속에서 주변화된 집단의 묻혀 있던 목소리를 표현해 낸다. 이렇듯 영화는 공식 역사의 대척*점에서 활동하면서 역사적 의식 형성에 참여한다는 점에서 역사 서술의 한 주체가 된다.

📖 **알아두자! 필수 어휘**

- **매개:** 둘 사이에서 양편의 관계를 맺어줌.
- **구전:** 말로 전하여 내려옴. 또는 말로 전함.
- **고양하다:** 정신이나 기분 따위를 북돋워서 높이다.
- **개연적:** 그럴 법한 것.
- **외연:** 일정한 개념이 적용되는 사물의 전 범위.
- **배격:** 어떤 사상, 의견, 물건 따위를 물리침.
- **대척:** 어떤 사물이나 현상을 비교해 볼 때, 정반대가 됨.

구조도

▶ 표, 그림, 짧은 줄글 등 자신에게 편한 방식으로 지문의 구조도를 그려 가며 지문을 이해해 보세요.

⭐ **어려운 문장 분석하기**

사료의 불완전성은 역사 연구의 범위를 제한하지만, 그 불완전성 때문에 역사학이 학문이 될 수 있으며 역사는 끝없이 다시 서술된다.

11. 윗글의 내용 전개 방식으로 가장 적절한 것은?

① 역사의 개념을 밝히면서 영화와 역사 간의 공통점과 차이점을 비교하고 있다.

② 영화의 변천 과정을 통시적으로 밝혀 사료로서 영화가 지닌 의의를 강조하고 있다.

③ 역사에 대한 서로 다른 견해를 대조하여 사료로서 영화가 지닌 한계를 비판하고 있다.

④ 영화의 사료로서의 특성을 밝히면서 역사 서술로서 영화가 지닌 가능성을 제시하고 있다.

⑤ 다양한 영화의 유형별 장단점을 분석하여 영화가 역사 서술의 대안이 될 수 있는지에 대해 평가하고 있다.

13. ㉮, ㉯의 사례로 적절한 것만을 〈보기〉에서 있는 대로 찾아 바르게 짝지은 것은?

> **보기**
>
> ㄱ. 조선 후기 유행했던 판소리를 자료로 활용하여 당시 음식 문화의 실상을 파악하고자 했다.
>
> ㄴ. B. C. 3세기경에 편찬된 것으로 알려진 경전의 일부에 사용된 어휘를 면밀히 분석하여, 그 경전의 일부가 후대에 첨가되었을 가능성을 검토했다.
>
> ㄷ. 중국 명나라 때의 상거래 관행을 연구하기 위해 명나라 때 유행한 다양한 소설들에서 상업 활동과 관련된 내용을 모아 공통된 요소를 분석했다.
>
> ㄹ. 17세기의 사건 기록에서 찾아낸 한 평범한 여성의 삶에 대한 역사서를 쓰면서 그 여성의 심리를 묘사하기 위해 같은 시대에 나온 설화집의 여러 곳에서 문장을 차용했다.

	㉮	㉯
①	ㄱ, ㄷ	ㄹ
②	ㄱ, ㄹ	ㄴ
③	ㄴ, ㄷ	ㄱ
④	ㄷ	ㄴ, ㄹ
⑤	ㄹ	ㄱ, ㄴ

14. ㉠에 나타난 역사가의 관점에서 [A]를 비판한 내용으로 가장 적절한 것은?

① 영화는 많은 사실 정보를 담고 있기 때문에 사료로서의 가능성을 가지고 있다.

② 하층 계급의 역사를 서술하기 위해서는 영화와 같이 허구를 포함하는 서사적 자료에 주목해야 한다.

③ 영화가 늘 공식 역사의 대척점에 있는 것은 아니며, 공식 역사의 입장에서 지배적 이데올로기를 선전하는 수단으로 활용되곤 한다.

④ 주변화된 집단의 목소리는 그 집단의 이해관계를 반영하기 때문에 그것에 바탕을 둔 영화는 주관에 매몰된 역사 서술일 뿐이다.

⑤ 기억이나 구술 증언은 거짓이거나 변형될 가능성이 있기 때문에 다른 자료와 비교하여 진위 여부를 검증한 후에야 사료로 사용이 가능하다.

12. 윗글에 대한 이해로 가장 적절한 것은?

① 개인적 기록은 사료로 활용하기에 적절하지 않다.

② 역사가가 활용하는 공식적 문헌 사료는 매개를 거치지 않은 과거의 사실이다.

③ 기존의 사료를 새로운 방향에서 파악하는 것은 사료의 발굴이라고 할 수 있다.

④ 문헌 사료의 언어는 다큐멘터리 영화의 이미지에 비해 지시 대상에 대한 지표성이 강하다.

⑤ 카메라를 매개로 얻어진 영화의 이미지는 지시 대상과 닮아 있다는 점에서 상징적 기호이다.

15. 윗글을 바탕으로 〈보기〉를 이해한 내용으로 적절하지 <u>않은</u> 것은? [3점]

1982년 작 영화 「마르탱 게르의 귀향」은 16세기 중엽 프랑스 농촌의 보통 사람들 간의 사건에 관한 재판 기록을 토대로 한다. 당시 사건의 정황과 생활상에 관한 고증을 맡은 한 역사가는 영화 제작 이후 재판 기록을 포함한 다양한 문서들을 근거로 동명의 역사서를 출간했다. 1993년, 영화 「마르탱 게르의 귀향」은 19세기 중엽 미국을 배경으로 하여 허구적 인물과 사건으로 재구성한 영화 「서머스비」로 탈바꿈되었다. 두 작품에서는 여러 해 만에 귀향한 남편이 재판 과정에서 가짜임이 드러난다. 전자는 당시 생활상을 있는 그대로 복원하는 데 치중했다. 반면 후자는 가짜 남편을 마을에 바람직한 변화를 가져온 지도자로 묘사하면서 미국 근대사를 긍정적으로 평가하고자 하는 대중의 욕망을 반영했다.

① 「서머스비」에 반영된, 미국 근대사를 긍정적으로 평가하려는 대중의 욕망은 영화가 제작된 당시 사회의 집단적 무의식에 해당하는군.

② 실화에 바탕을 둔 영화 「마르탱 게르의 귀향」을 가공의 인물과 사건으로 재구성한 「서머스비」에서는 영화에 대한 역사적 독해를 시도하기 어렵겠군.

③ 영화 「마르탱 게르의 귀향」은 실제 사건의 재판 기록을 토대로 제작됐지만, 그 속에도 역사에 대한 영화인 나름의 시선이 표현 기법으로 나타났겠군.

④ 영화 「마르탱 게르의 귀향」은 역사적 고증에 바탕을 두고 당시 사건과 생활상을 충실히 재현하기 위해 노력했다는 점에서 개연적 역사 서술 방식에 가깝겠군.

⑤ 역사서 『마르탱 게르의 귀향』은 16세기 프랑스 농촌의 평범한 사람들의 삶의 모습을 서사적 자료에 근거하여 다루었다는 점에서 미시사 연구의 방식을 취했다고 볼 수 있군.

16. 문맥상 ⓐ~ⓔ와 바꿔 쓰기에 적절하지 <u>않은</u> 것은?

① ⓐ: 대면(對面)할

② ⓑ: 간주(看做)되었던

③ ⓒ: 대두(擡頭)했다

④ ⓓ: 결합(結合)한다

⑤ ⓔ: 전개(展開)하기

2 사회

(1) 재산권의 사회적 제약과 특별한 희생

해설 P.092

1~5 다음 글을 읽고 물음에 답하시오.

고1 2021학년도 3월

1 공익을 위한 적법한* 행정 작용으로 개인의 재산권*에 특별한 희생이 발생한 경우, 개인은 자신이 입은 재산상 손실을 보상하도록 요구할 수 있는 권리인 '손실 보상 청구권'을 갖는다. 여기서 '특별한 희생'이란 보호할 필요가 있는 재산권에 대한 침해*를 이르는 말로, 이로 인한 손실은 국가가 보상해야 한다. 가령 감염병예방법에 따르면, 행정 기관이 감염병 예방을 위해 의료기관의 병상이나 연수원, 숙박 시설 등을 동원한 경우 이로 인한 손실을 개인에게 보상하여야 하는데, 이때의 재산권 침해가 특별한 희생에 해당하는 것이다.

2 손실 보상 청구권은 ⓐ공적 부담의 평등을 위해 인정되는 헌법상 권리이다. 행정 작용으로 누군가에게 특별한 희생이 발생하면, 그로 인한 부담을 공공이 분담하는 것이 평등 원칙에 부합하기* 때문이다. 또한 헌법 제23조 제3항은 "공공필요에 의한 재산권의 수용·사용 또는 제한 및 그에 대한 보상은 법률로써 하되, 정당한 보상을 지급하여야 한다."라고 하여, '공공필요에 의한 재산권의 수용·사용 또는 제한', 즉 공용 침해와 이에 대한 보상이 법률에 규정되어야 함을 명시하고 있다. 공용 침해 중 수용이란 개인의 재산권을 국가로 이전하는* 것, 사용이란 행정 기관이 개인의 재산권을 일시적으로 사용하는 것, 제한이란 개인의 재산권 사용 또는 그로 인한 수익을 한정하는 것을 의미한다. 한편 제23조 제3항은 내용상 분리될 수 없는 사항은 함께 규정되어야 한다는 의미의 '불가분 조항'이다. 따라서 ⓑ공용 침해 규정과 보상 규정은 하나의 법률에서 규정되어야 한다.

3 그러나 헌법은 제23조 제1항에서 "모든 국민의 재산권은 보장된다. 그 내용과 한계는 법률로 정한다."라고 규정하여, 재산권은 법률에 의해 구체화된다고 밝히고 있다. 또한 제2항에서 "재산권의 행사는 공공복리에 적합하도록 하여야 한다."라고 하여, 개인의 재산권 행사가 공익에 적합하여야 한다는 재산권의 '사회적 제약'을 규정하고 있다. 특히 토지처럼 공공성이 강한 사유 재산은 재산권 행사에 더욱 강한 사회적 제약*을 받을 수 있다. 만약 재산권 침해가 ⓒ사회적 제약의 범위 내에 있다면 이로 인한 손실은 보상의 대상이 되지 않는다. 즉 재산권 침해가 특별한 희생에 해당할 때만 보상이 가능한 것이다.

4 재산권의 사회적 제약과 특별한 희생의 구별에 대해 ㉠경계 이론과 ㉡분리 이론은 서로 다른 입장을 취한다. 경계 이론에 따르면 ⓓ양자는 별개가 아니라 단지 침해의 정도에 있어서만 차이가 있을 뿐이다. 재산권 침해는 그 정도가 사회적 제약의 범위를 넘어서면 특별한 희생으로 바뀐다는 것이다. 따라서 경계 이론은 사회적 제약을 벗어나는 재산권 침해는 보상 규정이 없어도 보상이 이루어져야 한다고 본다. 보상을 규정하지 않은 채 공용 침해를 규정하고 있는 법률은, 불가분 조항인 헌법 제23조 제3항에 위반되어 위헌이고, 위헌임이 밝혀진 법률에 근거한 공용 침해 행위는 위법한* 행정 작용이 된다는 것이다. ★ 경계 이론은 적법한 공용 침해 행위의 경우에 보상이 인정된다면, 위법한 공용 침해 행위의 경우에도 헌법 제23조 제3항을 근거로 보상을 인정해야 한다는 입장이다.

5 이에 반해 분리 이론은 재산권의 사회적 제약에 대한 헌법 제23조 제2항의 규정과 특별한 희생에 대한 제3항의 규정은 ⓔ입법자의 의사에 따라 완전히 분리된다고 주장한다. 따라서 재산권 침해를 규정한 법률에 보상 규정이 없는 경우 입법자가 이러한 재산권 침해를 특별한 희생이 아닌 사회적 제약으로 규정한 것으로 본다. 재산권 침해가 사회적 제약 또는 특별한 희생 중 무엇에 해당하는지 결정하는 것은 법률을 제정하는 입법자의 권한이라는 것이다. 만약 해당 법률에 규정된 재산권 침해가 헌법 제23조 제2항에서 규정한 재산권의 공익 적합성을 넘어서서 개인의 재산권을 과도하게 침해한다면, 이러한 법률은 헌법 제23조 제2항을 위반하여 위헌이고, 위헌임이 밝혀진 법률에 근거한 행정 작용은 위법하게 된다. 분리 이론은 이러한 경우 ㉢손실을 보상하는 것이 아니라, 위법한

행정 작용 자체를 제거해야 한다고 본다. 재산권을 존속시키는 것이 재산권을 침해하면서 그 손실을 보상하는 것보다 우선한다고 보기 때문이다.

> • 재산권: 재산의 소유권, 사용·수익권, 처분권 등 일체의 재산적 가치가 있는 권리.

📖 알아두자! **필수 어휘**

- **적법하다**: 법규에 맞다.
- **침해**: 침범하여 해를 끼침.
- **부합하다**: 사물이나 현상이 서로 꼭 들어맞다.
- **이전하다**: 권리 따위를 남에게 넘겨주거나 또는 넘겨받다.
- **제약**: 조건을 붙여 내용을 제한함. 또는 그 조건.
- **위법하다**: 법률이나 명령 따위를 어기다.

구조도

① **②**	**손실 보상 청구권** – 적법한 _____으로 인해 개인의 재산권에 특별한 희생(보호할 필요 있는 재산권에 대한 _____)이 발생한 경우 국가에 재산상 손실을 _____하도록 요구할 권리 – _____을 위해 인정되는 헌법상 권리 – 헌법 제23조 제3항: _____ 조항으로, _____(공공필요에 의한 재산권의 수용, 사용, 제한)와 그에 대한 _____이 하나의 법률에 함께 규정되어야 함을 명시함

③	**재산권의 규정과 보상의 예외**
	– 헌법 제23조 제1항: 재산권은 _____에 의해 구체화됨을 밝힘
	– 헌법 제23조 제2항: 개인의 재산권 행사는 _____에 적합해야 한다는 _____을 규정함
	  · 사회적 제약의 범위 내에 있음 → 보상 (가능 / 불가)
	  · 특별한 희생에 해당 → 보상 (가능 / 불가)

④ **⑤**	**재산권의 사회적 제약과 특별한 희생의 구별** **경계 이론의 입장** – 재산권의 사회적 제약과 특별한 희생은 별개 (O / X) – 헌법 제23조 _____에 근거, 보상 규정이 없을 시 사회적 제약을 벗어나는 재산권 침해는 보상 (O / X) **분리 이론의 입장** – 재산권의 사회적 제약과 특별한 희생은 별개 (O / X) – 헌법 제23조 _____에 근거, 보상 규정이 없을 시 _____가 해당 재산권 침해를 사회적 제약으로 규정한 것이므로 보상 (O / X) → 재산권을 과도하게 침해하는 행정 작용은 (적법 / 위법)

⭐ **어려운 문장 분석하기**

> 보상을 규정하지 않은 채 공용 침해를 규정하고 있는 법률은, 불가분 조항인 헌법 제23조 제3항에 위반되어 위헌이고, 위헌임이 밝혀진 법률에 근거한 공용 침해 행위는 위법한 행정 작용이 된다는 것이다.

1. 윗글에 대한 이해로 가장 적절한 것은?

① 헌법이 개인에게 보장하는 재산권의 내용은 법률로써 그 내용이 구체화된 것이다.

② 공용 침해 중 '사용'과 달리 '제한'의 경우, 행정 작용에도 불구하고 개인의 재산권은 국가로 이전되지 않는다.

③ 재산권을 침해하는 모든 행정 작용에 대해, 개인은 자신이 입은 손실을 보상하도록 요구할 수 있는 권리를 갖는다.

④ 재산권의 사회적 제약을 규정하는 모든 법률은 공용 침해와 손실 보상이 내용상 분리될 수 없다는 원칙에 어긋난다.

⑤ 감염병 예방을 위해 행정 기관이 사설 연수원을 일정 기간 동원하는 것은 공공필요에 의한 재산권의 '수용'에 해당한다.

2. ㉠과 ㉡에 대한 이해로 적절하지 않은 것은?

① ㉠은 법률에 보상 규정이 없는 경우에도 헌법 제23조 제3항을 근거로 하여, 행정 작용으로 인한 재산상 손실을 보상할 수 있다고 본다.

② ㉡은 헌법 제23조 제2항과 제3항의 규정은 전혀 다른 내용을 규정하고 있다고 본다.

③ ㉠은 행정 작용으로 인한 재산상 손실을 항상 보상해야 한다고 보는 반면, ㉡은 보상하지 않을 수 있다고 본다.

④ ㉠은 재산권 침해의 정도를, ㉡은 입법자의 의사를 기준으로 손실 보상 청구권의 성립 여부를 판단해야 한다고 본다.

⑤ ㉠과 ㉡은 모두 보상 규정 없이 사회적 제약의 범위를 벗어나는 재산권 침해를 규정한 법률은 위헌이라고 본다.

3. ㉢의 전제로 가장 적절한 것은?

① 재산권은 입법자의 의사에 따라 보상 없이 제한해야 하는 권리이다.

② 공용 침해 규정과 손실 보상 규정이 동일한 법률에서 규정될 필요는 없다.

③ 재산권의 사회적 제약은 입법자의 의사에 따라 제한 없이 규정될 수 있다.

④ 행정 작용이 공익을 목적으로 한다면 이로 인한 손실은 보상할 필요가 없다.

⑤ 입법자가 별도로 규정하지 않는 한, 재산권은 그대로 보존되어야 하는 권리이다.

4. 윗글을 참고하여 〈보기〉의 '헌법 재판소'의 판단에 대해 추론한 내용으로 적절하지 않은 것은? [3점]

> **보기**
>
> A 법률에 따르면, 국가는 도시 환경을 보전하기 위해 개발 제한 구역을 지정할 수 있고, 개발 제한 구역으로 지정된 토지에서는 건축 등 토지 사용이 제한된다. 하지만 A 법률은 개발 제한 구역 지정으로 인한 손실을 보상하는 규정은 포함하고 있지 않았다. 이러한 상황에서 A 법률에 대한 헌법 소원이 제기되었다.
>
> 헌법 재판소는 분리 이론의 입장을 취하면서, 토지 재산권의 공공성을 고려하면 A 법률은 원칙적으로 합헌이라고 판단하였다. 하지만 개발 제한 구역으로 지정되어 토지를 사용할 방법이 전혀 없는 등 개인에게 가혹한 부담이 발생하는 예외적인 경우에는 사회적 제약을 벗어나서 토지 소유자의 재산권을 과도하게 침해한다고 판단하였다. 따라서 이러한 예외적인 경우까지 고려하지 않은 A 법률은 헌법에 위반된다고 판단하였다.

① 헌법 재판소는 개발 제한 구역을 지정하는 행위가 헌법 제23조 제2항에 위반되는지를 판단하였겠군.

② 헌법 재판소는 개발 제한 구역을 지정하는 행위가 헌법 제23조 제3항과는 관련이 없다고 판단하였겠군.

③ 헌법 재판소는 개발 제한 구역을 지정하는 행위가 헌법에 위반되었는지 여부를 토지의 공공성을 근거로 판단하였겠군.

④ 헌법 재판소는 개발 제한 구역 지정으로 인한 재산권 침해는 개인에게 가혹한 부담이 발생하지 않는 범위 내에서만 가능하다고 판단하였겠군.

⑤ 헌법 재판소는 개발 제한 구역을 지정하는 행위가 개인에게 가혹한 부담을 초래한 경우, 이때의 재산권 침해는 특별한 희생에 해당한다고 판단하였겠군.

5. 문맥상 ⓐ~ⓔ를 바꿔 쓴 것으로 적절하지 않은 것은?

① ⓐ: 행정 작용으로 인한 부담을 개인이 모두 떠안게 되는 불평등을 조정하기 위해

② ⓑ: 공공필요에 의해 개인의 재산권을 수용·사용·제한하는 규정과

③ ⓒ: 헌법 제23조 제2항에 규정된 재산권의 한계 안에

④ ⓓ: 경계 이론의 입장과 분리 이론의 입장은 전혀 다른 것이 아니라

⑤ ⓔ: 재산권 침해 정도에 따라 구분되는 것이 아니라 입법자의 서로 다른 의사가 반영된 것이라고

(2) 합리적 선택을 위한 기업의 의사 결정

6~11 다음 글을 읽고 물음에 답하시오.

고2 2020학년도 9월

1 가계*, 기업, 정부는 경제 주체로서 가계는 소비, 기업은 생산, 정부는 정책 결정 시 합리적인 선택을 하기 위해 노력한다. 이때 합리적인 선택을 하려면 편익과 비용을 충분히 고려하여 편익에서 비용을 뺀 순편익이 가장 큰 대안을 선택해야 한다. 편익이란 어떤 선택을 할 때 얻는 이득으로, 기업의 판매 수입과 같은 금전적인 것이나 소비자가 상품을 소비함으로써 얻는 정신적 만족감과 같은 비금전적인 것을 말한다. 비용이란 암묵적 비용 중 가장 큰 것과 명시적 비용을 합친 것이다. 암묵 [A] 적 비용은 어떤 선택으로 인해 포기한 다른 대안의 가치를, 명시적 비용은 그 선택을 할 때 화폐로 직접 지불하는 비용을 말한다.

2 순편익은 한계편익과 한계비용이 같을 때 가장 커지는데, 한계편익은 어떤 선택에 의해 추가로 발생하는 편익이며 한계비용은 그 선택에 의해 추가로 발생하는 비용이다. 예를 들어, 볼펜을 1개 더 살지 고민하고 있는 소비자의 한계편익은 볼펜을 1개 더 사는 데에서 추가로 얻는 만족감이며, 한계비용은 볼펜을 1개 더 사기 위해 추가로 드는 비용이다.

3 기업은 상품을 얼마나 생산하면 이윤*을 극대화할 수 있을지 한계비용과 한계수입을 고려해 합리적인 판단을 ⓐ내릴 수 있다. 기업 입장에서 한계비용은 상품 생산량을 한 단위 증가시키는 데 추가로 드는 비용이며, 한계수입은 상품을 한 단위 더 생산하여 판매할 때 추가로 얻는 수입이다. 완전경쟁시장에 있는 기업이라면 상품의 시장 가격 그 자체가 한계수입이 된다. 완전경쟁시장은 많은 수의 공급자와 수요자로 구성되어 있고 거래되는 상품이 동질적이므로 개별 공급자나 수요자가 시장 가격에 영향을 미칠 수 없다. 즉 기업이나 소비자는 시장에서 결정된 상품 가격을 주어진 것으로 받아들이며 이 가격이 기업의 한계수입이 된다. 상품을 사려는 사람들이 많아져 시장 수요가 증가하여 상품 가격이 오른다면, 한계수입도 그만큼 동일하게 오른다.

4 생산을 계속할 때 손실이 발생하는 상황이 아니라면, 기업은 한계비용과 한계수입이 일치하도록 생산량을 조절해 이윤을 극대화할 수 있다. 한계비용이 한계수입보다 큰 경우에는 상품 생산량을 한 단위 더 줄일 때 그로 인해 추가로 절약되는 비용이 줄어들 수입보다 크므로 생산량을 줄여 이윤을 증가시킬 수 있다.★ 이와 반대로 한계수입이 한계비용보다 큰 경우에는 생산량을 늘려 이윤을 증가시킬 수 있다.

5 그런데 생산을 계속할 때 이윤이 남는 것이 아니라 오히려 손실을 볼 수도 있기 때문에 어떤 상황에서 손실이 발생하는지 판단하는 것도 기업 입장에서 중요하다. 이때 고려할 수 있는 것 중 하나가 평균비용이다. 평균비용은 어떤 양의 상품을 생산하는 데 투입된 총비용을 생산량으로 나눈 것으로, 상품을 한 단위 생산하는 데 드는 평균적인 비용을 말한다. 여기에서 총비용은 고정비용과 가변비용으로 구분된다. 한계비용이 총비용 중 가변비용에만 영향을 받는 것과 달리, 평균비용은 고정비용과 가변비용에 모두 영향을 받는다. 고정비용은 생산량에 따라 변하지 않고 일정한 크기를 유지하는 비용으로, 생산량이 많든 적든 매달 똑같이 내야 하는 임대료가 그 예이다. 가변비용은 생산량에 따라 달라지는 비용으로, 각종 재료비, 상품 생산을 늘리기 위해 추가로 고용하는 직원에게 지급되는 보수* 등이 그 예이다.

6 그렇다면 기업은 손실이 발생하는지 평균비용을 통해 어떻게 알 수 있을까? 총비용을 전부 회수하는 것이 언제라도 가능한 기업이 완전경쟁시장에 있다고 가정해 보자. 이 기업은 평균비용을 상품의 시장 가격과 비교해 보고 만약 가격이 평균비용곡선의 최저점에도 미치지 못한다면, 생산량이 얼마이든 그 가격에 상품을 판매해 보았자 손실을 피할 수 없다고 판단할 것이다. 그렇다면 투입된 총비용을 전부 회수하여 손실 발생을 막는 것이 이 기업에 합리적인 결정일 수 있다. 기업이 의도한 생산량에서의 평균비용이 시장 가격보다는 낮아야 이윤이 남는데, 어떻게 해도 손실을 피할 수 없다면 생산을 계속할 것인지 신중하게 고민해야 하는 것이다. ㉠이처럼 평균비용은 한계비용과 더불어 기업이 생산에 관한 의사 결정을 내릴 때 유용하게 활용된다.

7 합리적 선택을 중심으로 생산에 관한 기업의 의사 결정을 살펴보는 것은 경제 활동을 더 잘 이해하게 한다는 점에서 의미가 있다. 특히, 기업의 생산 활동은 소비자의 수요를 충족해 주고 고용 증가, 경제 성장 등 사회 전체에 미치는 영향이 크다는 점에서 주의 깊게 살펴볼 필요가 있을 것이다.

알아두자! 필수 어휘

- **가계:** 소비의 주체로 '가정'을 이르는 말.
- **이윤:** 장사 따위를 하여 남은 돈. 혹은 기업의 총수입에서 임대, 지대, 이자, 감가상각비 따위를 빼고 남는 순이익.
- **보수:** 일한 대가로 주는 돈이나 물품.

구조도

1 **2**	경제 주체의 합리적 선택 – 순편익(= 편익 – 비용)이 가장 (큰 / 작은) 대안 선택	
	편익	– 어떤 선택을 할 때 얻는 _____ – 금전적 · 비금전적 모두 포함 – 한계편익: _____에 의해 추가로 발생하는 편익
	비용	– _____ 비용 중 가장 큰 것 + _____ 비용 – 한계비용: 선택에 의해 추가로 발생하는 _____
	순편익	– 한계편익과 한계비용이 동일할 때 가장 (커짐 / 작아짐)
3 **4**	이윤을 극대화하기 위한 기업의 합리적 판단 – 한계비용과 한계수입이 일치하도록 생산량 조절	
	한계 비용	– 생산량 한 단위 증가 시 추가로 드는 _____
	한계 수입	– 생산량 한 단위 증가 시 추가로 얻는 수입 – (완전경쟁시장의 경우) 상품의 _____ = 한계수입 · 소비자 ↑ → 시장 수요 (↑ / ↓) → 한계수입 (↑ / ↓)
		– 한계비용 〈 한계수입 → 생산량 (↑ / ↓) – 한계비용 〉 한계수입 → 생산량 (↑ / ↓)

5 **6**	▶ 스스로 정리해 보세요.
7	생산에 관한 기업의 의사 결정 검토의 의의 – _____을 더 잘 이해할 수 있음 – 기업의 생산 활동은 _____에 큰 영향을 미침

★ 어려운 문장 분석하기

한계비용이 한계수입보다 큰 경우에는 상품 생산량을 한 단위 더 줄일 때 그로 인해 추가로 절약되는 비용이 줄어들 수입보다 크므로 생산량을 줄여 이윤을 증가시킬 수 있다.

6. 윗글의 내용 전개 방식으로 가장 적절한 것은?

① 합리적인 선택을 할 때의 장점을 제시하며 기업의 의사 결정 과정을 평가하고 있다.

② 합리적인 선택이 지닌 한계를 제시하며 기업의 사회적 책임에 대해 서술하고 있다.

③ 경제 주체가 되기 위한 조건을 제시하며 각 경제 주체가 수행하는 역할을 비교하고 있다.

④ 합리적인 선택을 하기 위한 방법을 제시하며 생산과 관련된 기업의 의사 결정에 대해 설명하고 있다.

⑤ 기업이 생산 활동을 할 때 고려하는 요소를 제시하며 생산량을 결정할 때의 어려움을 원인에 따라 분류하고 있다.

7. 윗글에서 알 수 있는 내용으로 적절하지 <u>않은</u> 것은?

① 총비용에서 고정비용을 제외한 나머지는 모두 가변비용이다.

② 완전경쟁시장의 개별 소비자는 시장 가격을 주어진 것으로 받아들인다.

③ 생산량과 상관없이 기업이 매달 똑같이 내야 하는 임대료는 한계비용에 영향을 준다.

④ 평균비용은 총비용이 생산된 상품에 똑같이 배분되었을 때 얼마인지를 나타내는 비용이다.

⑤ 같은 편익을 주는 대안이 여러 개 있다면 비용이 가장 적게 드는 것을 선택하는 것이 합리적이다.

8. 윗글을 참고할 때, ⊙의 의미를 추론한 내용으로 가장 적절한 것은?

① 평균비용은 고정비용이 얼마인지, 한계비용은 가변비용이 얼마인지 알아볼 때 유용하다.

② 평균비용은 시장 가격이 왜 오르는지, 한계비용은 시장 가격이 왜 떨어지는지 알아볼 때 유용하다.

③ 평균비용은 생산을 멈추어야 하는 시기가 언제인지, 한계비용은 생산에 드는 암묵적 비용이 얼마인지 알아볼 때 유용하다.

④ 평균비용은 생산을 중단할 만한 상품 가격이 얼마인지, 한계비용은 이윤을 늘리기 위해 도달해야 할 생산량이 얼마인지 알아볼 때 유용하다.

⑤ 평균비용은 생산량 증가로 총비용이 얼마나 늘어나는지, 한계비용은 상품 가격 하락으로 판매 수입이 얼마나 줄어드는지 알아볼 때 유용하다.

9. 윗글의 [A]를 참고할 때, [독서 후 심화 활동]을 수행한 내용으로 적절하지 <u>않은</u> 것은?

[독서 후 심화 활동] 글의 내용을 아래 상황에 적용해 보자.

3,000원을 가지고 가게에 간 갑은 각각 1,000원인 ○○ 과자와 △△ 음료수를 모두 사고 싶지만, 먼저 ○○ 과자 소비량을 합리적 선택을 통해 결정하기로 했다. 과자 소비량에 따른 비용과 편익은 아래 표와 같다. 비용에는 갑이 과자 소비로 포기한 음료수 소비의 가치를 금전적으로 환산해 반영했으며, 편익은 과자 소비의 만족감을 고려해 각 소비량만큼 과자를 사기 위해 갑이 지불할 마음이 있는 최대한의 금액으로 나타냈다. 갑의 소비에 영향을 미치는 다른 조건은 모두 무시한다.

○○ 과자 소비량(개)	비용(원)	편익(원)
0	0	0
1	2,500	4,000
2	5,500	7,500
3	9,000	9,500

① 갑이 과자 소비에서 얻는 순편익은 과자를 3개 살 때보다 1개 살 때 더 크겠군.

② 갑이 과자 소비량을 합리적으로 선택하여 과자를 샀다면 음료수 1개 값이 남겠군.

③ 갑이 과자 소비량을 0개에서 1개씩 늘릴 때마다 얻는 한계 편익은 점점 줄어들겠군.

④ 갑이 과자 소비량을 2개에서 3개로 늘리기 위해 추가로 드는 비용은 추가로 얻는 만족감보다 크겠군.

⑤ 갑이 과자를 사기 위해 포기한 음료수 소비의 금전적 가치는 과자를 구입하는 개수가 늘어날수록 점점 작아지겠군.

10. 〈보기〉는 완전경쟁시장에 있는 어느 기업에서 생산하는 상품과 관련된 비용과 수입을 나타낸 것이다. 윗글을 바탕으로 〈보기〉를 이해한 내용으로 가장 적절한 것은? [3점]

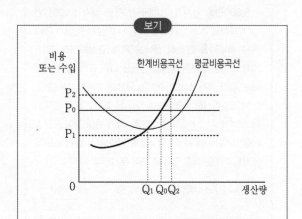

> **보기**
>
> ※ 현재 생산량은 Q_0, 상품의 시장 가격은 P_0임. 이 기업은 언제라도 총비용을 전부 회수할 수 있으며, 생산한 상품은 생산량이 얼마이든 모두 판매된다고 전제함.

① 생산량을 Q_0로 유지하면, 평균비용이 한계수입보다 작으므로 이윤이 극대화되겠군.

② 생산량을 Q_2로 늘리면, 한계비용이 한계수입보다 커지므로 이윤이 남지 않겠군.

③ 가격이 P_0로 유지되면, 생산량을 Q_1으로 줄여도 한계비용과 평균비용이 모두 줄어들기 때문에 이윤에는 변함이 없겠군.

④ 시장 수요의 감소로 가격이 P_1이 되면, 생산량을 Q_1으로 줄여야 평균비용이 제일 적게 들어가므로 손실을 0으로 만들 수 있겠군.

⑤ 시장 수요의 증가로 가격이 P_2가 되면, 한계수입이 한계비용보다 커지므로 생산량을 Q_2에 가깝게 늘릴수록 이윤이 증가하겠군.

11. 문맥상 의미가 @와 가장 가까운 것은?

① 동생이 기차에서 내리면서 나를 보았다.

② 심사위원은 그에 대해 평가를 내리지 않았다.

③ 그때는 이미 전국에 폭풍 주의보를 내린 뒤였다.

④ 선반 위에서 상자를 내리려면 사다리가 필요하다.

⑤ 그는 게시판의 글을 내리는 것이 좋겠다고 생각했다.

(3) 보험

12~17 다음 글을 읽고 물음에 답하시오.

고3 2017학년도 수능

1 보험은 같은 위험을 보유한 다수인이 위험 공동체를 형성하여 보험료를 납부하고 보험 사고가 발생하면 보험금을 지급받는 제도이다. 보험 상품을 구입한 사람은 장래의 우연한 사고로 인한 경제적 손실에 ⓐ대비할 수 있다. 보험금 지급은 사고 발생이라는 우연적 조건에 따라 결정되는데, 이처럼 보험은 조건의 실현 여부에 따라 받을 수 있는 재화나 서비스가 달라지는 조건부 상품이다.

2 위험 공동체의 구성원이 납부하는 보험료와 지급받는 보험금은 그 위험 공동체의 사고 발생 확률을 근거로 산정°된다. 특정 사고가 발생할 확률은 정확히 알 수 없지만 그동안 발생된 사고를 바탕으로 그 확률을 예측한다면 관찰 대상이 많아짐에 따라 실제 사고 발생 확률에 근접하게 된다. 본래 보험 가입의 목적은 금전적 이득을 취하는 데 있는 것이 아니라 장래의 경제적 손실을 보상받는 데 있으므로 위험 공동체의 구성원은 자신이 속한 위험 공동체의 위험에 상응°하는 보험료를 납부하는 것이 공정할 것이다. 따라서 공정한 보험에서는 구성원 각자가 납부하는 보험료와 그가 지급받을 보험금에 대한 기댓값이 일치해야 하며 구성원 전체의 보험료 총액과 보험금 총액이 일치해야 한다. 이때 보험금에 대한 기댓값은 사고가 발생할 확률에 사고 발생 시 수령할 보험금을 곱한 값이다. 보험금에 대한 보험료의 비율(보험료/보험금)을 보험료율이라 하는데, 보험료율이 사고 발생 확률보다 높으면 구성원 전체의 보험료 총액이 보험금 총액보다 더 많고, 그 반대의 경우에는 구성원 전체의 보험료 총액이 보험금 총액보다 더 적게 된다.★ 따라서 공정한 보험에서는 보험료율과 사고 발생 확률이 같아야 한다.

[가]

3 물론 현실에서 보험사는 영업 활동에 소요되는 비용 등을 보험료에 반영하기 때문에 공정한 보험이 적용되기 어렵지만 기본적으로 위와 같은 원리를 바탕으로 보험료와 보험금을 산정한다. 그런데 보험 가입자들이 자신이 가진 위험의 정도에 대해 진실한 정보를 알려 주지 않는 한, 보험사는 보험 가입자 개개인이 가진 위험의 정도를 정확히 ⓑ파악하여 거기에 상응하는 보험료를 책정하기 어렵다. 이러한 이유로 사고 발생 확률이 비슷하다고 예상되는 사람들로 구성

된 어떤 위험 공동체에 사고 발생 확률이 더 높은 사람들이 동일한 보험료를 납부하고 진입하게 되면, 그 위험 공동체의 사고 발생 빈도가 높아져 보험사가 지급하는 보험금의 총액이 증가한다. 보험사는 이를 보전°하기 위해 구성원이 납부해야 할 보험료를 ⓒ인상할 수밖에 없다. 결국 자신의 위험 정도에 상응하는 보험료보다 더 높은 보험료를 납부하는 사람이 생기게 되는 것이다. 이러한 문제는 정보의 비대칭성에서 비롯되는데 보험 가입자의 위험 정도에 대한 정보는 보험 가입자가 보험사보다 더 많이 갖고 있기 때문이다. 이를 해결하기 위해 보험사는 보험 가입자의 감춰진 특성을 파악할 수 있는 수단이 필요하다.

4 우리 상법에 규정되어 있는 고지 의무는 이러한 수단이 법적으로 구현된 제도이다. 보험 계약은 보험 가입자의 청약°과 보험사의 승낙으로 성립된다. 보험 가입자는 반드시 계약을 체결하기 전에 '중요한 사항'을 알려야 하고, 이를 사실과 다르게 진술해서는 안 된다. 여기서 '중요한 사항'은 보험사가 보험 가입자의 청약에 대한 승낙을 결정하거나 차등적인 보험료를 책정하는 근거가 된다. 따라서 고지 의무는 결과적으로 다수의 사람들이 자신의 위험 정도에 상응하는 보험료보다 더 높은 보험료를 납부해야 하거나, 이를 이유로 아예 보험에 가입할 동기를 상실하게 되는 것을 방지한다.

5 보험 계약 체결 전 보험 가입자가 고의나 중대한 과실로 '중요한 사항'을 보험사에 알리지 않거나 사실과 다르게 알리면 고지 의무를 위반°하게 된다. 이러한 경우에 우리 상법은 보험사에 계약 해지권을 부여한다. 보험사는 보험 사고가 발생하기 이전이나 이후에 상관없이 고지 의무 위반을 이유로 계약을 해지할 수 있고, 해지권 행사는 보험사의 일방적인 의사 표시로 가능하다. 해지를 하면 보험사는 보험금을 지급할 책임이 없게 되며, 이미 보험금을 지급했다면 그에 대한 반환을 청구할 수 있다. 일반적으로 법에서 의무를 위반하게 되면 위반한 자에게 그 의무를 이행하도록 강제하거나 손해 배상을 청구할 수 있는 것과 달리, 보험 가입자가 고지 의무를 위반했을 때에는 보험사가 해지권만 행사할 수 있다. 그런데 보험사의 계약 해지권이 제한되는 경우도 있다. 계약 당시에 보험사가 고지 의무 위반에 대한 사실을 알았거나 중대한 과실로 인해 알지 못한 경우에는 보험 가입자가 고지 의무를 위반했어도 보험사의 해지권은 ⓓ배제된다.

이는 보험 가입자의 잘못보다 보험사의 잘못에 더 책임을 둔 것이라 할 수 있다. 또 보험사가 해지권을 행사할 수 있는 기간에도 일정한 제한을 두고 있는데, 이는 양자의 법률관계를 신속히 확정함으로써 보험 가입자가 불안정한 법적 상태에 장기간 놓여 있는 것을 방지하려는 것이다. 그러나 고지해야 할 '중요한 사항' 중 고지 의무 위반에 해당되는 사항이 보험 사고와 인과 관계가 없을 때에는 보험사는 보험금을 지급할 책임이 있다. 그렇지만 이때에도 해지권은 행사할 수 있다.

6 보험에서 고지 의무는 보험에 가입하려는 사람의 특성을 검증함으로써 다른 가입자에게 보험료가 부당하게 ⓔ전가되는 것을 막는 기능을 한다. 이로써 사고의 위험에 따른 경제적 손실에 대비하고자 하는 보험 본연의 목적이 달성될 수 있다.

📖 알아두자! 필수 어휘

• **산정:** 셈하여 정함.
• **상응:** 서로 응하거나 어울림.
• **보전:** 부족한 부분을 보태어 채움.
• **청약:** 일정한 내용의 계약을 체결할 것을 목적으로 하는 일방적·확정적 의사 표시.
• **위반:** 법률, 명령, 약속 따위를 지키지 않고 어김.

구조도

▶ 표, 그림, 짧은 줄글 등 자신에게 편한 방식으로 지문의 구조도를 그려 가며 지문을 이해해 보세요.

⭐ 어려운 문장 분석하기

보험금에 대한 보험료의 비율(보험료/보험금)을 보험료율이라 하는데, 보험료율이 사고 발생 확률보다 높으면 구성원 전체의 보험료 총액이 보험금 총액보다 더 많고, 그 반대의 경우에는 구성원 전체의 보험료 총액이 보험금 총액보다 더 적게 된다.

12. 윗글에 대한 설명으로 가장 적절한 것은?

① 보험 계약에서 보험사가 준수해야 할 법률 규정의 실효성을 검토하고 있다.

② 보험사의 보험 상품 판매 전략에 내재된 경제학적 원리와 법적 규제의 필요성을 강조하고 있다.

③ 공정한 보험의 경제학적 원리와 보험의 목적을 실현하는 데 기여하는 법적 의무를 살피고 있다.

④ 보험금 지급을 두고 벌어지는 분쟁의 원인을 나열한 후 경제적 해결책과 법적 해결책을 모색하고 있다.

⑤ 보험 상품의 거래에 부정적으로 작용하는 법률 조항의 문제점을 경제학적인 시각에서 분석하고 있다.

14. [가]를 바탕으로 〈보기〉의 상황을 이해한 내용으로 적절한 것은? [3점]

> **보기**
>
> 사고 발생 확률이 각각 0.1과 0.2로 고정되어 있는 위험 공동체 A와 B가 있다고 가정한다. A와 B에 모두 공정한 보험이 항상 적용된다고 할 때, 각 구성원이 납부할 보험료와 사고 발생 시 지급받을 보험금을 산정하려고 한다.
>
> 단, 동일한 위험 공동체의 구성원끼리는 납부하는 보험료가 같고, 지급받는 보험금이 같다. 보험료는 한꺼번에 모두 납부한다.

① A에서 보험료를 두 배로 높이면 보험금은 두 배가 되지만 보험금에 대한 기댓값은 변하지 않는다.

② B에서 보험금을 두 배로 높이면 보험료는 변하지 않지만 보험금에 대한 기댓값은 두 배가 된다.

③ A에 적용되는 보험료율과 B에 적용되는 보험료율은 서로 같다.

④ A와 B에서의 보험금이 서로 같다면 A에서의 보험료는 B에서의 보험료의 두 배이다.

⑤ A와 B에서의 보험료가 서로 같다면 A와 B에서의 보험금에 대한 기댓값은 서로 같다.

13. 윗글을 이해한 내용으로 가장 적절한 것은?

① 보험사가 청약을 하고 보험 가입자가 승낙해야 보험 계약이 해지된다.

② 구성원 전체의 보험료 총액보다 보험금 총액이 더 많아야 공정한 보험이 된다.

③ 보험 사고 발생 여부와 관계없이 같은 보험료를 납부한 사람들은 동일한 보험금을 지급받는다.

④ 보험에 가입하고자 하는 사람이 알린 중요한 사항을 근거로 보험사는 보험 가입을 거절할 수 있다.

⑤ 우리 상법은 보험 가입자보다 보험사의 잘못을 더 중시하기 때문에 보험사에 계약 해지권을 부여하고 있다.

15. 윗글의 고지 의무 에 대한 설명으로 적절하지 않은 것은?

① 고지 의무를 위반한 보험 가입자가 보험사에 손해 배상을 해야 하는 근거가 된다.

② 보험사가 보험 가입자의 위험 정도에 따라 차등적인 보험료를 책정하는 데 도움이 된다.

③ 보험 계약 과정에서 보험사가 가입자들의 특성을 파악하는 데 드는 어려움을 줄여 준다.

④ 보험사와 보험 가입자 간의 정보 비대칭성에서 기인하는 문제를 줄일 수 있는 법적 장치이다.

⑤ 자신의 위험 정도에 상응하는 보험료보다 높은 보험료를 내야 한다는 이유로 보험 가입을 포기하는 사람들이 생기는 것을 방지하는 효과가 있다.

16. 윗글을 바탕으로 〈보기〉의 사례를 검토한 내용으로 가장 적절한 것은?

> **보기**
>
> 보험사 A는 보험 가입자 B에게 보험 사고로 인한 보험금을 지급한 후, B가 중요한 사항을 고지하지 않았다는 사실을 뒤늦게 알고 해지권을 행사할 수 있는 기간 내에 보험금 반환을 청구했다.

① 계약 체결 당시 A에게 중대한 과실이 있었다면 A는 계약을 해지할 수 없으나 보험금은 돌려받을 수 있다.

② 계약 체결 당시 A에게 중대한 과실이 없다 하더라도 A는 보험금을 이미 지급했으므로 계약을 해지할 수 없다.

③ 계약 체결 당시 A에게 중대한 과실이 있고 B 또한 중대한 과실로 고지 의무를 위반했다면 A는 보험금을 돌려받을 수 있다.

④ B가 고지하지 않은 중요한 사항이 보험 사고와 인과 관계가 없다면 A는 보험금을 돌려받을 수 없다.

⑤ B가 자신의 고지 의무 위반 사실을 보험 사고가 발생한 후 A에게 즉시 알렸다면 고지 의무를 위반한 것이 아니다.

17. ⓐ~ⓔ를 사용하여 만든 문장으로 적절하지 않은 것은?

① ⓐ: 지난해의 이익과 손실을 대비해 올해 예산을 세웠다.

② ⓑ: 일을 시작하기 전에 상황을 파악하는 것이 중요하다.

③ ⓒ: 임금이 인상되었다는 소식에 많은 사람들이 기뻐했다.

④ ⓓ: 이번 실험이 실패할 가능성을 전혀 배제할 수는 없다.

⑤ ⓔ: 그는 자신의 실수에 대한 책임을 동료에게 전가했다.

3 과학 · 기술

(1) 초고층 건물 건축 기술

해설 P.114

1~5 다음 글을 읽고 물음에 답하시오.

고1 2018학년도 3월

1 초고층 건물은 높이가 200미터 이상이거나 50층 이상인 건물을 말한다. 이런 초고층 건물을 지을 때는 건물에 ⓐ작용하는 힘을 고려해야 한다. 건물에 작용하는 힘에는 수직 하중과 수평 하중이 있다. 수직 하중은 건물 자체의 무게로 인해 땅 표면에 수직 방향으로 작용하는 힘이고, 수평 하중은 바람이나 지진 등에 의해 건물에 가로 방향으로 작용하는 힘이다.

2 수직 하중을 견디기 위해서 ⓑ고안된 가장 단순한 구조는 ㉠보기둥 구조이다. 보기둥 구조는 기둥과 기둥 사이를 가로지르는 수평 구조물인 보를 설치하고 그 위에 바닥판을 놓은 구조이다. 보기둥 구조에서는 설치된 보의 두께만큼 건물의 한 층당 높이가 높아지지만, 바닥판에 작용하는 하중이 기둥에 집중되지 않고 보에 의해 ⓒ분산되기 때문에 수직 하중을 잘 견딜 수 있다.

3 위에서 아래 방향으로만 작용하는 수직 하중과 달리 수평 하중은 사방에서 작용하는 힘이기 때문에 초고층 건물의 안전에 미치는 영향이 수직 하중보다 훨씬 크다. 수평 하중은 초고층 건물의 안전을 위협하는 주요 요인인데, 바람은 건물에 작용하는 수평 하중의 90% 이상을 차지한다. 건물이 많은 도심에서는 넓은 공간에서 좁은 공간으로 바람이 불어오면서 풍속이 빨라지는 현상이 발생해 건물에 작용하는 수평 하중을 크게 만든다. 그리고 바람에 의해 공명 현상˙이 발생하면 건물이 매우 크게 흔들리게 되어 건물의 안전을 위협하게 된다.

4 건물이 수평 하중을 견디기 위해서는 기본적으로 뼈대에 해당하는 보와 기둥을 아주 단단하게 붙여야 하지만, 초고층 건물의 경우 이것만으로는 수평 하중을 견디기 힘들다. 그래서 등장한 것이 ㉡코어 구조이다. 코어는 빈 파이프 모양의 철골 콘크리트 구조물을 건물 중앙에 세운 것으로, 코어에 건물의 보와 기둥들을 강하게 접합˙한다. 이렇게 하면 외부에서 작용하는 수평 하중에도 불구하고 코어로 인해 건물이 크게

흔들리지 않게 된다. 그런데 초고층 건물은 그 높이가 높아질수록 수평 하중이 커지고 그에 따라 코어의 크기도 커져야 한다. 코어 구조는 가운데 빈 공간이 있어 공간 활용의 효율성˙이 떨어지기 때문에 현대의 초고층 건물은 ㉢코어에 승강기나 화장실, 계단, 수도, 파이프 같은 시설을 설치하는 경우가 많다.

5 그런데 초고층 건물의 높이가 점점 높아지면 코어 구조만으로는 수평 하중을 완벽하게 견뎌 낼 수 없다. 그래서 ㉣아웃리거–벨트 트러스 구조를 사용하여 코어 구조를 보완˙한다. 아웃리거–벨트 트러스 구조에서 벨트 트러스는 철골을 사용하여 건물의 외부 기둥들을 삼각형 구조의 트러스로 짜서 벨트처럼 둘러 싼 것으로 수평 하중을 ⓓ지탱하는 역할을 한다. 삼각형 구조의 트러스로 외부 기둥들을 연결하면 외부에서 작용하는 힘이 철골 접합부를 통해 전체적으로 분산되기 때문에 코어에 무리한 힘이 가해지는 것을 예방할 수 있다.

〈아웃리거–벨트 트러스 구조〉

그리고 아웃리거는 콘크리트를 사용하여 건물 외벽에 설치된 벨트 트러스를 내부의 코어와 ⓔ견고하게 연결한 것으로, 아웃리거와 벨트 트러스는 필요에 따라 건물 중간중간에 여러 개가 설치될 수 있다. 그런데 아웃리거는 건물 내부를 가로지를 수밖에 없어서 효율적인 공간 구성에 방해가 된다. 이런 단점을 극복하기 위해 ㉤아웃리거를 기계 설비˙층에 설치하거나 층과 층 사이, 즉 위층 바닥과 아래층 천장 사이에 설치하기도 한다.

6 초고층 건물은 특수한 설비를 이용하여 바람으로 인한 건물의 흔들림을 줄이기도 하는데 대표적인 것이 TLCD, 즉 동조 액체 기둥형 댐퍼이다.

[A] TLCD는 U자형 관 안에 수백 톤의 물이 채워진 것으로 초고층 건물의 상층부 중앙에 설치한다. 바람이 불어 건물이 한쪽으로 기울어져도 물은 관성의

법칙에 따라 원래의 자리에 있으려 하기 때문에 건물이 기울어진 반대 쪽에 있는 관의 물 높이가 높아진다. 그렇게 되면 그 관의 아래로 작용하는 중력도 커지고, 이로 인해 건물을 기울어지게 하는 힘을 약화시켜 흔들림이 줄어들게 된다. 물이 무거울수록 그리고 관 전체의 가로 폭이 넓어질수록 수평 방향의 흔들림을 줄여 주는 효과가 크다. 하지만 그에 따라 수직 하중이 증가하므로 TLCD는 수평 하중과 수직 하중을 함께 고려하여 설계해야 한다.

•**공명 현상:** 진동체가 그 고유 진동수와 같은 진동수를 가진 외부의 힘을 받아 진폭이 뚜렷하게 증가하는 현상.

📖 알아두자! **필수 어휘**

• **집합.** 한데 대어 붙임. 또는 한데 딍어 붙음.
• **효율성:** 들인 노력과 얻은 결과의 비율이 높은 특성.
• **보완:** 모자라거나 부족한 것을 보충하여 완전하게 함.
• **설비:** 필요한 것을 베풀어서 갖춤. 또는 그런 시설.

구조도

❶	초고층 건물에 작용하는 힘	
	수직 하중	_____ 자체의 무게로 인해 땅 표면에 수직 방향으로 작용하는 힘
	수평 하중	바람 · 지진 등에 의해 건물에 _____ 방향으로 작용하는 힘

❷	수직 하중을 견디기 위한 구조	
	보기둥 구조	– 기둥과 기둥 사이에 보 설치 후, 그 위에 _____을 놓음 – 보의 두께 ↑ → 건물 한 층당 높이 (↑/↓), 바닥판에 작용하는 하중 _____

❸ ❹ ❺	수평 하중을 견디기 위한 구조 – _____에 의한 수평 하중과 공명 현상을 줄이는 역할을 해야 함	
	코어 구조	– 코어에 건물의 보와 기둥들을 강하게 _____ → 수평 하중으로 인한 건물의 흔들림 감소 – 건물 높이 ↑ → 코어 크기 (↑/↓)
	아웃리거– 벨트 트러스 구조	– 코어 구조만으로는 건물 높이에 따른 _____을 완벽히 견딜 수 없을 때 사용 – 벨트 트러스: 수평 하중 분산 → _____에 가해지는 힘 ↓ – 아웃리거: _____ 와 코어를 연결

❻	수평 하중을 견디기 위한 설비	
	TLCD	– 수백 톤의 ____이 채워진 U자형 관을 설치 → _____의 법칙에 따른 물의 이동으로 건물의 흔들림 제어 – 물 무게 ↑, 관의 가로폭 ↑ → 흔들림 감소 효과 (↑/↓), _____ 하중 ↑

⭐ **어려운 문장 분석하기**

아웃리거–벨트 트러스 구조에서 벨트 트러스는 철골을 사용하여 건물의 외부 기둥들을 삼각형 구조의 트러스로 짜서 벨트처럼 둘러 싼 것으로 수평 하중을 지탱하는 역할을 한다.

1. 윗글의 내용에 대한 이해로 적절하지 <u>않은</u> 것은?

① 수직 하중은 수평 하중과 달리 사방에서 건물에 가해지는 힘이다.

② 건물이 높아질수록 건물에 가해지는 수직 하중은 증가한다.

③ 보기둥 구조에서 보의 두께는 한 층당 높이에 영향을 준다.

④ 넓은 공간에서 좁은 공간으로 바람이 불어오면 풍속이 빨라진다.

⑤ 공명 현상은 건물에 가해지는 수평 하중을 증가시키는 요인이 된다.

2. ㉠~㉢을 설명한 내용으로 적절하지 <u>않은</u> 것은?

① ㉠은 기둥과 기둥 사이에 설치한 수평 구조물 위에 바닥판을 놓는 구조이다.

② ㉠에서 보는 건물에 작용하는 수직 하중이 기둥에 집중되는 것을 예방한다.

③ ㉡에서 코어는 건물의 높이가 높아짐에 따라 그 크기가 커져야 한다.

④ ㉢에서 트러스는 아웃리거와 코어의 결합력을 높여 수평 하중을 덜 받게 한다.

⑤ ㉡과 ㉢을 함께 사용하면 건물에 작용하는 수평 하중을 견디는 힘이 커진다.

3. 문맥을 고려할 때, ㉮와 ㉯의 이유로 가장 적절한 것은?

① 건물의 외부 미관을 살리기 위해서

② 건물의 건설 비용을 줄이기 위해서

③ 건물의 공간을 효율적으로 활용하기 위해서

④ 건물에 작용하는 외부의 힘을 줄이기 위해서

⑤ 필요에 따라 공간의 용도를 변경하기 위해서

4. [A]를 바탕으로 〈보기〉의 'TLCD'를 이해한 내용으로 적절하지 <u>않은</u> 것은? [3점]

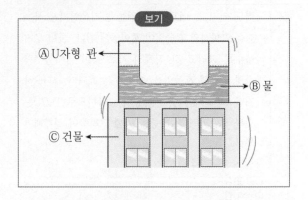

① Ⓐ가 한쪽으로 기울어도 Ⓑ는 원래의 자리에 있으려 할 것이다.

② Ⓐ가 왼쪽으로 기울면 오른쪽 관에 있는 Ⓑ의 높이가 왼쪽보다 높아질 것이다.

③ Ⓐ 전체의 가로 폭이 넓어질수록 Ⓒ가 수평 하중을 견디는 효과가 작아질 것이다.

④ Ⓐ 안에 있는 Ⓑ의 양이 많을수록 Ⓒ에 작용하는 수직 하중이 증가할 것이다.

⑤ Ⓐ에 채워진 Ⓑ의 무게가 무거울수록 Ⓒ의 수평 방향의 흔들림을 줄여 주는 효과가 클 것이다.

5. ⓐ~ⓔ의 사전적 의미로 적절하지 <u>않은</u> 것은?

① ⓐ: 어떠한 현상을 일으키거나 영향을 미침.

② ⓑ: 연구하여 새로운 것을 생각해 냄.

③ ⓒ: 갈라져 흩어짐.

④ ⓓ: 어떤 상태나 현상을 그대로 보존함.

⑤ ⓔ: 굳고 단단함.

(2) 방사광가속기

6~10 다음 글을 읽고 물음에 답하시오.

고2 2020학년도 11월

1 세상에는 너무 작아서 눈으로 볼 수 없는 세계가 많다. 사람의 눈으로 볼 수 있는 가시광선 영역은 파장이 길기 때문에 단백질 분자 구조와 같은 물질의 내부 구조는 관찰할 수 없다. 그래서 미세한 물질의 내부 구조를 파악하기 위해서는 보다 짧은 파장의 빛의 영역까지 활용할 수 있어야 하는데, 이때 활용 가능한 빛이 바로 방사광이다. 방사광이란 빛의 속도에 가깝게 빠른 속도로 운동하는 전자가 방향을 바꿀 때, 바뀐 운동 궤도 곡선의 접선 방향으로 방출되는 좁은 퍼짐의 전자기파를 가리킨다.

2 방사광은 적외선, 가시광선, 자외선, X선에 이르는 다양한 파장을 가진 빛으로, 실험 목적에 따라 파장을 선택하여 사용할 수 있는 파장 가변성을 ⓐ지닌다. 그리고 방사광은 휘도가 높은 빛이나. 휘도란 빛의 집중 정도를 나타내는 것으로, 빛의 세기가 크면 클수록, 그리고 빛의 퍼짐이 작으면 작을수록 높은 휘도 값을 갖는다. 예를 들어 방사광에서 실험을 위해 선택된 X선은, 기존에 쓰던 X선보다 휘도가 수만 배 이상이라서 이를 활용하면 물질의 정보를 보다 자세하게 얻을 수 있다.

3 방사광은 자연에서는 별이 수명을 다해 폭발할 때 발생하기도 하지만, 이를 연구에 활용하는 것은 어려우므로 고성능 슈퍼 현미경이라고도 불리는 방사광가속기를 사용해 인위적으로 만들어 사용한다. 방사광가속기는 일반적으로 크게 전자입사장치, 저장링, 빔라인 등으로 구성되어 있다. 전자입사장치는 전자를 방출시킨 뒤 빛의 속도에 가깝게 가속시켜 저장링으로 주입하는 장치로, 전자총과 선형가속기로 구성된다. 전자총은 고유한 파장을 가진 금속에 그 파장보다 짧은 파장의 빛을 가하면 전자가 방출되는 광전효과를 활용하여 지속적으로 전자를 방출시킨다. 이때 방출되는 전자는 상대적으로 속도가 느려 높은 에너지를 가지지 못하므로, 선형가속기에서는 음(−)전하를 띤 전자가 양(+)전하를 띤 양극 쪽으로 움직이려는 전기적인 힘의 원리를 활용하여 전자를 가속시킨다. 선형가속기에서 빛의 속도에 근접하게 된 전자는 이후 저장링으로 보내진다.

4 저장링은 휨전자석, 삽입장치, 고주파 공동장치 등으로 구성되어 있고, 일반적으로 n각형 모양으로 설계하여 n개의 직선 부분과 n개의 모서리 부분으로 이루어져 있다. 저장링의 모서리 부분에는 전자의 방향을 조절해 주는 휨전자석을 설치하여 전자가 지속적으로 궤도를 따라 회전할 수 있도록 한다. 전자는 휨전자석을 지나면서 자석 주위의 자기장의 힘을 받아 휘게 되는데, 이때 전자의 운동 궤도 곡선의 접선 방향으로 방사광이 방출된다. 저장링의 직선 부분에는 N극과 S극을 번갈아 배열한 삽입장치가 설치되어 있다. 전자는 삽입장치에서 자기장의 영향을 받아 N극과 S극의 사이에서 주기적으로 방향이 바뀌며 구불구불하게 움직이게 되는데, 방향이 주기적으로 바뀔 때마다 방사광이 방출된다.★ 이렇게 방출된 방사광은, 위상이 동일한 방사광과 서로 중첩되면서 진폭이 커지는 간섭 현상이 나타난다. 그래서 삽입장치에서 중첩되어 진폭이 커진 방사광은, 휨전자석에서 방출된 방사광보다 큰 에너지를 지닌 더 밝은 방사광이 된다. 이때 휨전자석과 삽입장치를 통과하며 방사광을 방출한 전자는 에너지를 잃게 되고, 고주파 공동장치는 이러한 전자에 에너지를 보충하여 전자가 계속 궤도를 돌게 한다.

5 마지막으로 빔라인은 실험 목적에 맞도록 방사광에서 원하는 파장을 분리시켜 실험에 이용하는 장치로, 크게 진공 자외선 빔라인과 X선 빔라인으로 나눌 수 있다. 진공 자외선 빔라인에서는 주로 기체 상태의 물질의 구조나 고체 표면에서의 물질의 구조 등에 관한 실험들이 이루어지고, X선 빔라인에서는 다른 빛보다 상대적으로 짧은 파장을 가진 X선의 특성을 이용하여 주로 물질의 내부 구조, 원자 배열 등에 대한 실험이 이루어진다. 특히 X선 빔라인들 중 하나인 ㉠X선 현미경은 최대 15 나노미터 정도 되는 생체 조직 등과 같은 물질의 내부 구조까지도 확대하여 관찰할 수 있다. X선은 가시광선과 달리 유리 렌즈나 거울을 써서 굴절시키거나 반사시키기 어렵다. 그래서 X선 현미경은, 강력한 전자기장으로 X선을 굴절시켜 빛을 모을 수 있는 특수 금속 렌즈를 이용해 X선을 실험에 활용한다.

📖 알아두자! **필수 어휘**

- **인위적**: 자연의 힘이 아닌 사람의 힘으로 이루어지는 것.
- **주기적**: 일정한 간격을 두고 되풀이하여 진행하거나 나타나는 것.
- **중첩되다**: 거듭 겹쳐지거나 포개어지다.
- **굴절**: 휘어서 꺾임.

구조도

방사광의 정의와 특성

1
- 빛의 속도에 가까운 속도로 운동하는 _____가 방향을 바꿀 때 바뀐 운동 궤도 곡선의 접선 방향으로 방출되는 좁은 퍼짐의 _____
- 파장이 긴 _____ 영역보다 미세한 물질의 내부 구조 파악할 때 활용 가능

2
- _____에 따라 적외선, 가시광선, 자외선, X선 등의 파장을 선택하여 사용할 수 있는 _____을 지님
- 휘도가 (높아 / 낮아) 물질의 자세한 구조 파악 가능
  ⊙ 휘도: 빛의 집중 정도로, 빛의 세기에 (비례 / 반비례)하고 빛의 퍼짐에 (비례 / 반비례)함

방사광가속기의 구조와 원리 ① 전자입사장치

3
- (1) _____에서 금속에 그보다 짧은 파장의 빛을 가해 지속적으로 전자 방출시킴(광전효과)
- (2) _____에서 전자가 (음 / 양)전하를 띤 양극 쪽으로 움직이려는 전기적 힘의 원리를 활용하여 전자를 _____시킴
- (3) ___의 속도에 가까워진 전자가 _____으로 이동

4
▶ 스스로 정리해 보세요.

방사광가속기의 구조와 원리 ③ 빔라인

5
- 방사광에서 원하는 _____을 분리시켜 실험에 이용
- (1) _____ : 기체 상태의 물질 구조, 고체 표면에서의 물질 구조에 대해 실험
- (2) _____ : 물질 내부 구조, 원자 배열 등에 대해 실험(예: 특수 금속 렌즈로 X선을 실험에 활용하는 _____)

★ **어려운 문장 분석하기**

전자는 삽입장치에서 자기장의 영향을 받아 N극과 S극의 사이에서 주기적으로 방향이 바뀌며 구불구불하게 움직이게 되는데, 방향이 주기적으로 바뀔 때마다 방사광이 방출된다.

〈 지문의 사실적 정보를 파악하는 문제

6. 윗글을 이해한 내용으로 적절하지 <u>않은</u> 것은?

① 실험 목적에 따라 빔라인의 종류는 달라질 수 있다.

② 휨전자석의 개수는 저장링의 모양에 따라 달라질 수 있다.

③ 빛의 집중 정도는 빛의 세기와 퍼짐에 따라 달라질 수 있다.

④ 전자는 양전하를 띤 양극 쪽으로 움직이려는 전기적인 힘이 있다.

⑤ 금속의 고유한 파장보다 긴 파장의 빛을 금속에 쏘면 전자를 방출시킬 수 있다.

〈 지문의 사실적 정보를 파악하는 문제

7. <u>방사광</u>에 대한 설명으로 적절하지 <u>않은</u> 것은?

① 실험 목적에 따라 파장을 선택해 사용할 수 있는 빛이다.

② 방사광가속기에서 연구 목적으로 가속시키는 전자기파이다.

③ 자연적으로 발생하기도 하고 인위적으로 만들 수도 있는 빛이다.

④ 휘도가 높아 물질에 대한 자세한 정보를 얻을 수 있게 하는 빛이다.

⑤ 빛의 속도에 가깝게 운동하는 전자가 방향을 바꿀 때 방출되는 전자기파이다.

지문의 정보를 바탕으로 추론하는 문제

8. 〈보기〉는 방사광가속기의 주요 장치를 도식화한 것이다. 윗글을 바탕으로 〈보기〉를 이해한 내용으로 적절하지 <u>않은</u> 것은? [3점]

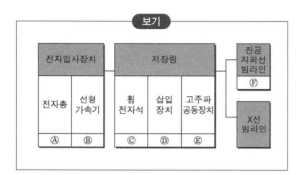

① ⓐ에서 광전효과를 활용하여 방출시킨 전자는 ⓑ에서 빛의 속도에 가깝게 가속되어 높은 에너지를 갖게 되겠군.

② 전자는 ⓒ를 지나면서 자석 주위의 자기장의 힘을 받아 방향이 바뀌면서 궤도를 따라 회전할 수 있게 되겠군.

③ ⓒ에서 방출된 방사광이 ⓓ에서 방출된 방사광보다 밝은 이유는 ⓓ에서 방사광이 서로 중첩되어 진폭이 더 커졌기 때문이겠군.

④ ⓒ와 ⓓ를 통과하며 에너지가 손실된 전자는 ⓔ로부터 에너지를 공급받아 궤도를 계속 돌게 되겠군.

⑤ ⓕ는 실험 목적에 맞게 방사광에서 원하는 파장을 분리시켜 실험에 이용하는 장치이겠군.

구체적인 사례·상황에 적용하는 문제

9. 윗글의 ㉠과 〈보기〉의 ㉡을 비교한 내용으로 가장 적절한 것은?

> **보기**
>
> ㉡광학 현미경은 가시광선을 굴절시켜 빛을 모을 수 있는 유리 렌즈를 이용해 물질의 표면을 확대하는 실험 장치이다. 일반적으로 광학 현미경의 렌즈 배율을 최대로 높이면 크기가 200 나노미터 정도 되는 물질까지 관찰할 수 있다.

① ㉠과 달리 ㉡은 물질의 내부 구조를 관찰할 수 있는 장치이다.

② ㉡과 달리 ㉠은 빛이 굴절하는 성질을 이용하여 실험하는 장치이다.

③ ㉡과 달리 ㉠은 유리 렌즈를 활용하여 빛을 모아 물질을 확대하는 장치이다.

④ ㉡은, ㉠에서 사용하는 빛의 영역이 아닌 인간의 눈으로 볼 수 없는 빛의 영역을 이용하는 장치이다.

⑤ ㉠은, ㉡에서 사용하는 빛보다 상대적으로 짧은 파장의 빛을 이용하여 물질을 관찰할 수 있는 장치이다.

단어, 구절, 문장의 의미를 파악하는 문제

10. 문맥상 ⓐ와 가장 가까운 의미로 쓰인 것은?

① 그는 딸의 사진을 품속에 지니고 다닌다.

② 그는 일을 성사시킬 책임을 지니고 있다.

③ 그는 어릴 때의 모습을 그대로 지니고 있었다.

④ 그는 유년 시절의 추억을 가슴 속에 지니고 살았다.

⑤ 그는 자신의 이론이 보편성을 지니고 있다고 주장했다.

(3) 반추 동물의 탄수화물 분해

11~14 다음 글을 읽고 물음에 답하시오.

고3 2017학년도 수능

1 탄수화물은 사람을 비롯한 동물이 생존하는 데 필수적인 에너지원이다. 탄수화물은 섬유소와 비섬유소로 구분된다. 사람은 체내에서 합성한 효소를 이용하여 곡류의 녹말과 같은 비섬유소를 포도당으로 분해하고 이를 소장에서 흡수하여 에너지원으로 이용한다. 반면, 사람은 풀이나 채소의 주성분인 셀룰로스와 같은 섬유소를 포도당으로 분해하는 효소를 합성하지 못하므로, 섬유소를 소장에서 이용하지 못한다. ㉠소, 양, 사슴과 같은 반추 동물도 섬유소를 분해하는 효소를 합성하지 못하는 것은 마찬가지이지만, 비섬유소와 섬유소를 모두 에너지원으로 이용하며 살아간다.

2 위(胃)가 넷으로 나누어진 반추 동물의 첫째 위인 반추위에는 여러 종류의 미생물이 서식하고 있다. 반추 동물의 반추위에는 산소가 없는데, 이 환경에서 왕성하게 생장*하는 반추위 미생물들은 다양한 생리적 특성을 가지고 있다. 그중 ⓐ피브로박터 숙시노젠(F)은 섬유소를 분해하는 대표적인 미생물이다. 식물체에서 셀룰로스는 그것을 둘러싼 다른 물질과 복잡하게 얽혀 있는데, F가 가진 효소 복합체는 이 구조를 끊어 셀룰로스를 노출시킨 후 이를 포도당으로 분해한다. F는 이 포도당을 자신의 세포 내에서 대사 과정을 거쳐 에너지원으로 이용하여 생존을 유지하고 개체 수를 늘림으로써 생장한다. 이런 대사 과정에서 아세트산, 숙신산 등이 대사산물로 발생하고 이를 자신의 세포 외부로 배출한다. 반추위에서 미생물들이 생성한 아세트산은 반추 동물의 세포로 직접 흡수되어 생존에 필요한 에너지를 생성하는 데 주로 이용되고 체지방을 합성하는 데에도 쓰인다. 한편 반추위에서 숙신산은 프로피온산을 대사산물로 생성하는 다른 미생물의 에너지원으로 빠르게 소진된다*. 이 과정에서 생성된 프로피온산은 반추 동물이 간(肝)에서 포도당을 합성하는 대사 과정에서 주요 재료로 이용된다.

3 반추위에는 비섬유소인 녹말을 분해하는 ⓑ스트렙토코쿠스 보비스(S)도 서식한다. 이 미생물은 반추 동물이 섭취한 녹말을 포도당으로 분해하고, 이 포도당을 자신의 세포 내에서 대사 과정을 통해 자신에게 필요한 에너지원으로 이용한다. 이때 S는 자신의 세포 내의 산성도에 따라 세포 외부로 배출하는 대사산물이 달라진다. 산성도를 알려 주는 수소 이온 농도 지수(pH)가 7.0 정도로 중성이고 생장 속도가 느린 경우에는 아세트산, 에탄올 등이 대사산물로 배출된다. 반면 산성도가 높아져 pH가 6.0 이하로 떨어지거나 녹말의 양이 충분하여 생장 속도가 빠를 때는 젖산이 대사산물로 배출된다. 반추위에서 젖산은 반추 동물의 세포로 직접 흡수되어 반추 동물에게 필요한 에너지를 생성하는 데 이용되거나 아세트산 또는 프로피온산을 대사산물로 배출하는 다른 미생물의 에너지원으로 이용된다.

4 그런데 S의 과도한 생장이 반추 동물에게 악영향을 끼치는 경우가 있다. 반추 동물이 짧은 시간에 과도한 양의 비섬유소를 섭취하면 S의 개체 수가 급격히 늘고 과도한 양의 젖산이 배출되어 반추위의 산성도가 높아진다. 이에 따라 산성의 환경에서 왕성히 생장하며 항상 젖산을 대사산물로 배출하는 ⓒ락토바실러스 루미니스(L)와 같은 젖산 생성 미생물들의 생장이 증가하며 다량의 젖산을 배출하기 시작한다. F를 비롯한 섬유소 분해 미생물들은 자신의 세포 내부의 pH를 중성으로 일정하게 유지하려는 특성이 있는데, 젖산 농도의 증가로 자신의 세포 외부의 pH가 낮아지면 자신의 세포 내의 항상성*을 유지하기 위해 에너지를 사용하므로 생장이 감소한다. 만일 자신의 세포 외부의 pH가 5.8 이하로 떨어지면 에너지가 소진되어 생장을 멈추고 사멸*하는 단계로 접어든다. 이와 달리 S와 L은 상대적으로 산성에 견디는 정도가 강해 자신의 세포 외부의 pH가 5.5 정도까지 떨어지더라도 이에 맞춰 자신의 세포 내부의 pH를 낮출 수 있어 자신의 에너지를 세포 내부의 pH를 유지하는 데 거의 사용하지 않고 생장을 지속하는 데 사용한다. 그러나 S도 자신의 세포 외부의 pH가 그 이하로 더 떨어지면 생장을 멈추고 사멸하는 단계로 접어들고, 산성에 더 강한 L을 비롯한 젖산 생성 미생물들이 반추위 미생물의 많은 부분을 차지하게 된다. 그렇게 되면 반추위의 pH가 5.0 이하가 되는 급성 반추위 산성증이 발병한다.

📖 **알아두자! 필수 어휘**

• **생장**: 세포의 수가 많아지면서 생물체의 크기나 양이 늘어나는 일.

• **소진되다**: 점점 줄어들어 다 없어지다.

• **항상성**: 생체가 여러 가지 환경 변화에 대응하여 생명 현상이 제대로 일어날 수 있도록 일정한 상태를 유지하는 성질.

• **사멸**: 죽어 없어짐.

▶ 표, 그림, 짧은 줄글 등 자신에게 편한 방식으로 지문의 구조도를 그려 가며 지문을 이해해 보세요.

★ 어려운 문장 분석하기

반추위에서 미생물들이 생성한 아세트산은 반추 동물의 세포로 직접 흡수되어 생존에 필요한 에너지를 생성하는 데 주로 이용되고 체지방을 합성하는 데에도 쓰인다.

지문의 사실적 정보를 파악하는 문제

11. 윗글을 읽고 알 수 있는 내용으로 가장 적절한 것은?

① 섬유소는 사람의 소장에서 포도당의 공급원으로 사용된다.
② 반추 동물의 세포에서 합성한 효소는 셀룰로스를 분해한다.
③ 반추위 미생물은 산소가 없는 환경에서 생장을 멈추고 사멸한다.
④ 반추 동물의 과도한 섬유소 섭취는 급성 반추위 산성증을 유발한다.
⑤ 피브로박터 숙시노젠(F)은 자신의 세포 내에서 포도당을 에너지원으로 이용하여 생장한다.

지문의 정보를 바탕으로 추론하는 문제

12. 윗글로 볼 때, ⓐ~ⓒ에 대한 이해로 적절하지 않은 것은?

① ⓐ와 ⓑ는 모두 급성 반추위 산성증에 걸린 반추 동물의 반추위에서는 생장하지 못하겠군.
② ⓐ와 ⓑ는 모두 반추위에서 반추 동물의 체지방을 합성하는 물질을 생성할 수 있겠군.
③ 반추위의 pH가 6.0일 때, ⓐ는 ⓒ보다 자신의 세포 내의 산성도를 유지하는 데 더 많은 에너지를 쓰겠군.
④ ⓑ와 ⓒ는 모두 반추위의 산성도에 따라 다양한 종류의 대사산물을 배출하겠군.
⑤ 반추위에서 녹말의 양과 ⓑ의 생장이 증가할수록, ⓐ의 생장은 감소하고 ⓒ의 생장은 증가하겠군.

지문의 정보를 바탕으로 추론하는 문제

13. 윗글을 바탕으로 ㉠이 가능한 이유를 진술한다고 할 때, <보기>의 ㉮, ㉯에 들어갈 말로 가장 적절한 것은? [3점]

> **보기**
>
> 반추 동물이 섭취한 섬유소와 비섬유소는 반추위에서 (㉮), 이를 이용하여 생장하는 (㉯)은 반추 동물의 에너지원으로 이용되기 때문이다.

① ㉮: 반추위 미생물의 에너지원이 되고
   ㉯: 반추위 미생물이 대사 과정을 통해 생성한 대사 산물

② ㉮: 반추위 미생물의 에너지원이 되고
   ㉯: 반추위 미생물이 대사 과정을 통해 생성한 포도당

③ ㉮: 반추위 미생물에 의해 합성된 포도당이 되고
   ㉯: 반추 동물이 대사 과정을 통해 생성한 포도당

④ ㉮: 반추위 미생물에 의해 합성된 포도당이 되고
   ㉯: 반추위 미생물이 대사 과정을 통해 생성한 대사 산물

⑤ ㉮: 반추위 미생물에 의해 합성된 포도당이 되고
   ㉯: 반추위 미생물이 대사 과정을 통해 생성한 포도당

지문의 사실적 정보를 파악하는 문제

14. 윗글로 볼 때, 반추위 미생물에서 배출되는 숙신산과 젖산에 대한 설명으로 적절하지 않은 것은?

① 숙신산이 많이 배출될수록 반추 동물의 간에서 합성되는 포도당의 양도 늘어난다.

② 젖산은 반추 동물의 세포로 직접 흡수되어 반추 동물의 에너지원으로 이용될 수 있다.

③ 숙신산과 젖산은 반추위가 산성일 때보다 중성일 때 더 많이 배출된다.

④ 숙신산과 젖산은 반추위 미생물의 세포 내에서 대사 과정을 거쳐 생성된다.

⑤ 숙신산과 젖산은 프로피온산을 대사산물로 배출하는 다른 미생물의 에너지원으로 이용되기도 한다.

MEMO

MEMO

주제 복합

(1) (가) 사랑에 대한 아퀴나스의 관점
(나) 사랑에 대한 칸트의 관점

해설 P.132

1~5 다음 글을 읽고 물음에 답하시오.

고1 2021학년도 11월

(가)

1 사랑의 본질에 대한 토마스 아퀴나스의 설명은 인간의 사랑인 아모르에 대한 분석에 기초한다. 그는 인간이 선을 추구하려는 욕구를 지닌 존재인데, ㉠욕구를 추구하는 인간 행위의 원천˙이 바로 사랑이라 말한다. 이때 선이란 자신에게 좋은 것으로 자신의 본성에 적합하거나 자신에게 기쁨을 주는 것을 뜻한다.

2 아퀴나스에 ⓐ따르면 인간의 욕구는 감각적 욕구와 지적 욕구로 구별되는데, 이는 선을 추구한다는 점에서는 동일하지만 크게 두 가지 차이점이 있다. 첫째, 감각적 욕구에 의한 추구 행위는 대상에 의해 촉발˙되어 이에 수동적으로 반응하는 것이다. 반면 지적 욕구에 의한 추구 행위는 지성의 능동적인 활동과 주체의 선택에 의해 일어나는 보다 적극적인 것이다. 둘째, 감각적 욕구는 감각적 인식능력에 의해 선으로 인식된 것을 추구하는 반면, 지적 욕구는 지성에 의해 선으로 이해된 것을 추구한다. 왜냐하면 감각적 인식능력은 대상의 선악 판단에 개입할 수 없지만, 지성은 대상이 무엇이든 이해한 바에 따라 선악 판단을 다르게 할 수 있기 때문이다. 예를 들어 단맛이 나에게 기쁨을 준다면 감각적 욕구는 사탕을 추구하겠지만, 지적 욕구는 사탕이 충치를 유발할 수도 있으므로 선이 아니라고 판단한다면 추구하지 않을 수도 있다.

3 아퀴나스는 감각적 욕구와 지적 욕구가 있는 곳에는 항상 사랑이 있다고 말하며, 사랑이 선을 향한 감각적 욕구와 지적 욕구에 의한 추구 행위를 일으키는 힘이라고 설명한다.★ 특히, 아퀴나스는 감각적 욕구에 의한 추구 행위를 '정념'이라고 칭하며, 사랑을 전제하지 않는 정념은 없으며 선을 향한 사랑에서부터 여러 정념이 비롯된다고 하였다. 만약 여러 대상에 대한 감각적 욕구들이 동시에 일어난다면 어떻게 될까? 인간은 가장 먼저 추구할 감각적 욕구를 지성에 의해 판단하고 선택한다. 다른 것보다 더 선이라고 이해된 것을 우선 추구하기 때문이다. 결국 아퀴나스가 말하는 인간의 사랑은 선에 대한 자신의 이해에 입각˙하기 때문에 자신에게 선인 것에 대한 사랑을 근본으로 한다.

(나)

1 칸트는 감성적 차원의 사랑과 실천적 차원의 사랑이 다르다고 설명한다. 감성적 차원의 사랑은 남녀 간의 사랑같이 인간의 경향성에 근거한 사랑이며, 실천적 차원의 사랑은 의무로서의 사랑이라 할 수 있다. 칸트는 감성적 차원의 사랑보다는 실천적 차원의 사랑에 더 주목하고 가치를 부여한다.

2 칸트에 따르면 인간은 도덕법칙을 실천하려고 하는 선의지를 지닌 존재이다. 여기서 선의지란 선을 지향하는 의지로 그 자체만으로 조건 없이 선한 것이다. 그는 인간이 도덕적 존재가 될 수 있는 것은 이성이 인간에게 도덕법칙을 의무로 부여하기 때문이라고 말한다. 칸트에게 의무란 도덕법칙에 대한 존경심 때문에 어떤 행위를 필연적˙으로 해야만 하는 것이다. 이때 보편적으로 적용할 수 있는 도덕법칙은 '너는 무엇을 해야 한다'라는 명령의 형식으로 나타나며, 칸트는 선의지에 따라 의무로부터 비롯된 행위를 실천하는 것만이 도덕적 가치가 있다고 보았다.

3 칸트의 관점에서 감성적 차원의 사랑은 욕구나 자연적 경향성에 이끌리는 감정이기 때문에, 의무로 강제하거나 명령을 통해 일으킬 수 있는 것이 아니다. 그는 어떤 경향성과도 무관하거나 심지어 경향성을 거스르지만, 도덕법칙을 ⓑ따르려는 의무로서의 사랑을 실천하는 것만이 참된 도덕적 가치를 지닌다고 보았다.★ 그리고 실천적 차원의 사랑만이 보편적인 도덕법칙으로 명령될 수 있으며, 인간에 대한 실천적 차원의 사랑은 모든 인간이 갖는 서로에 대한 의무라고 말한다.

📖 **알아두자! 필수 어휘**

- **원천:** 사물의 근원.
- **촉발:** 어떤 일을 당하여 감정, 충동 따위가 일어남. 또는 그렇게 되게 함.
- **입각:** 어떤 사실이나 주장 따위에 근거를 두어 그 입장에 섬.
- **필연적:** 사물의 관련이나 일의 결과가 반드시 그렇게 될 수밖에 없는 것.

(가) 구조도

① 아퀴나스의 사랑에 대한 관점

사랑	_____를 추구하는 인간 행위의 원천
인간	선을 추구하려는 욕구를 지닌 존재
___	자신에게 좋은 것

② 감각적 욕구와 지적 욕구의 차이점

감각적 욕구	– 대상에 의해 촉발된 _____적 반응 – _____에 의해 선으로 인식된 것 추구
지적 욕구	– 지성의 능동적 활동 · 주체의 선택에 의해 촉발된 _____적 반응 – _____에 의해 선으로 이해된 것 추구

③ 사랑과 욕구의 관계

- 사랑 → 감각적 욕구에 의한 추구 행위(정념)와 지적 욕구에 의한 추구 행위 촉발 → 선 지향(자신에게 선인 것에 대한 사랑이 근본)
- 감각적 욕구들의 동시 발생 → _____에 의해 감각적 욕구의 우선순위 판단 → 더 ___이라고 이해된 것을 먼저 추구

(나) 구조도

① 칸트의 사랑에 대한 관점

감성적 차원의 사랑	– 인간의 _____에 근거한 사랑 (예: 남녀 간의 사랑)
실천적 차원의 사랑	– _____로서의 사랑 – 감성적 차원의 사랑보다 가치를 지님

② 인간의 선의지와 도덕법칙

인간	도덕법칙을 실천하려는 _____를 지닌 존재
선의지	선을 지향하는 의지
도덕법칙	_____이 인간에게 의무로 부여, 명령의 형식으로 나타남

③ 사랑과 도덕법칙의 관계

감성적 차원의 사랑	– 도덕법칙으로 명령될 수 (있음 / 없음)
실천적 차원의 사랑	– 도덕법칙으로 명령될 수 (있음 / 없음) – 모든 인간 사이의 의무, 참된 도덕적 가치를 지님

⭐ **(나) 어려운 문장 분석하기**

그는 어떤 경향성과도 무관하거나 심지어 경향성을 거스르지만, 도덕법칙을 따르려는 의무로서의 사랑을 실천하는 것만이 참된 도덕적 가치를 지닌다고 보았다.

⭐ **(가) 어려운 문장 분석하기**

아퀴나스는 감각적 욕구와 지적 욕구가 있는 곳에는 항상 사랑이 있다고 말하며, 사랑이 선을 향한 감각적 욕구와 지적 욕구에 의한 추구 행위를 일으키는 힘이라고 설명한다.

1. (가)와 (나)의 공통점으로 가장 적절한 것은?

① (가)와 (나)는 모두 문제점에 대한 해결 방안을 모색하고 있다.

② (가)와 (나)는 모두 용어의 개념을 정의하며 내용을 전개하고 있다.

③ (가)와 (나)는 모두 두 가지 이론의 장단점을 비교하며 설명하고 있다.

④ (가)와 (나)는 모두 두 가지 관점을 절충하며 하나의 결론을 도출하고 있다.

⑤ (가)와 (나)는 모두 특정 학자의 견해가 지닌 논리적 오류를 지적하고 있다.

3. (가)와 (나)를 읽은 학생이 〈보기〉에 대해 보인 반응으로 적절하지 않은 것은? [3점]

보기

갑은 잠에서 깨어나 방안 가득한 카레 냄새를 맡고 카레가 먹고 싶어져 식탁으로 갔다. 그런데 오늘 예정된 봉사활동에 늦지 않기 위해 카레를 먹지 않기로 하고 봉사활동을 하러 갔다. 봉사활동을 마치고 집에 가는 길에 카페에 들렀더니 진열장에 시원한 생수와 맛있는 케이크가 있었다. 그것들을 보니 목도 마르고 배도 고팠지만 생수를 먼저 주문해 마신 후, 케이크를 주문해 먹었다. 그러다 갑은 카페에 들어오는 이성인 을의 미소를 보고 첫눈에 반했다. 평소 갑은 부끄러움이 많았지만 용기를 내어 을에게 다가갔다.

① 아퀴나스에 따르면, 갑이 카레가 먹고 싶어진 것은 카레 냄새에 의해 촉발된 감각적 욕구에 의한 추구 행위이겠군.

② 아퀴나스에 따르면, 갑이 카레를 먹지 않은 것은 지성이 카레를 먹는 것을 선이 아니라고 판단했기 때문이겠군.

③ 아퀴나스에 따르면, 갑이 생수와 케이크 중 생수를 먼저 주문해 마신 것은 갈증을 해결하는 것이 더 선이라고 이해했기 때문이겠군.

④ 칸트에 따르면, 갑이 을의 미소에 첫눈에 반한 것은 자연적 경향성에 이끌린 것이겠군.

⑤ 칸트에 따르면, 갑이 을에게 다가간 것은 감성적 차원의 사랑에서 실천적 차원의 사랑으로 나아간 것이겠군.

2. ㉠에 대한 설명으로 적절하지 않은 것은?

① 선을 추구한다.

② 인간이 지니고 있는 것이다.

③ 감각적 욕구와 지적 욕구로 구별된다.

④ 감각적 욕구들은 동시에 일어날 수 없다.

⑤ 감각적 욕구에 의한 추구 행위는 정념이라 부른다.

4. (가)와 (나)에 대해 이해한 내용으로 적절하지 <u>않은</u> 것은?

① (가)의 아퀴나스는 인간이 선악을 판단할 수 있다고 보았고, (나)의 칸트는 인간에게 그 자체로 선한 선의지가 내재되어 있다고 보았다.

② (가)의 아퀴나스는 모든 정념이 사랑을 전제한다고 보았고, (나)의 칸트는 감성적 차원의 사랑은 명령을 통해 일으킬 수 없다고 보았다.

③ (가)의 아퀴나스는 사랑을 통해 기쁨을 얻을 수 있다고 보았고, (나)의 칸트는 사랑이 인간에게 도덕법칙을 의무로 부여한다고 보았다.

④ (가)의 아퀴나스는 사랑을 욕구와의 관계에 따라 설명하였고, (나)의 칸트는 사랑을 감성적 차원과 실천적 차원으로 구분하여 설명하였다.

⑤ (가)의 아퀴나스는 인간의 사랑이 자신에게 선인 것에 대한 사랑을 근본으로 한다고 보았고, (나)의 칸트는 보편적으로 적용할 수 있는 도덕법칙이 있다고 보았다.

5. 다음 중 ⓐ와 ⓑ의 의미로 쓰인 예가 바르게 짝지어진 것은?

① ⌈ ⓐ: 경찰이 범인의 뒤를 <u>따랐다</u>.
   └ ⓑ: 춤으로는 그를 <u>따를</u> 자가 없다.

② ⌈ ⓐ: 그는 법에 <u>따라</u> 일을 처리했다.
   └ ⓑ: 우리는 의회의 결정을 <u>따르겠다</u>.

③ ⌈ ⓐ: 개발에 <u>따른</u> 공해 문제가 심각하다.
   └ ⓑ: 우리 집 개는 아버지를 유난히 <u>따른다</u>.

④ ⌈ ⓐ: 아무도 그의 솜씨를 <u>따를</u> 수 없었다.
   └ ⓑ: 그는 유행을 <u>따라서</u> 옷을 입었다.

⑤ ⌈ ⓐ: 사용 목적에 <u>따라서</u> 물건을 분류했다.
   └ ⓑ: 나는 강을 <u>따라</u> 천천히 내려갔다.

(2) (가) 이타적 행동에 대한 진화론 옹호자들의 견해
(나) 이타적 행동에 대한 진화적 게임 이론의 견해

해설 P.139

6~11 다음 글을 읽고 물음에 답하시오.

고2 2021학년도 3월

(가)

1 다원은 같은 종에 속하는 개체들이 생존 경쟁에서 살아남아 번식하면 그 형질* 중 일부가 자손에게 전달돼 진화가 일어난다는 '자연 선택설'을 주장하였다. 그런데 개체가 다른 개체들과의 생존 경쟁에서 이기기 위해서는 이기적인 행동을 할 수밖에 없지만, 자연계에서는 동물들의 이타적 행동이 자주 ⓐ관찰된다. 이에 진화론을 옹호하는 학자들은 동물의 이타적 행동을 설명하는 이론을 제시하였다.

2 해밀턴은 개체들의 이타적 행동은 자신과 같은 유전자를 공유하는 친족들의 생존과 번식에 도움을 줌으로써 자신의 유전자를 후세에 많이 전달하기 위한 행동이라는 ㉮혈연 선택 가설을 제시하였다.* ㉠해밀턴의 법칙에 의하면, 'r×b−c>0'을 만족할 때 개체의 이타적 유전자가 진화한다. 이때 'r'은 유전적 근연도로 이타적 행위자와 이의 수혜자가 유전자를 공유할 확률을, 'b'는 이타적 행위의 수혜자가 얻는 이득을, 'c'는 이타적 행위자가 ⓑ감수하는 손실을 의미한다. 부나 모가 자식과 같은 유전자를 공유할 확률은 50%이고, 형제자매 간에 같은 유전자를 공유할 확률도 50%이다. r은 2촌인 형제자매를 기준으로 1촌이 늘어날 때마다 반씩 준다. 가령, 행위자가 세 명의 형제를 구하고 죽는다면 '0.5×3−1>0'이므로 행위자의 유전자는 그의 형제들을 통해 다음 세대로 퍼지게 된다. 이러한 해밀턴의 이론은 유전자의 개념으로 동물의 이타적 행동을 설명한 것으로, 이타적 행동의 진화에 얽힌 수수께끼를 푸는 중요한 열쇠로 평가된다.

3 도킨스는 ㉯『이기적 유전자』에서 동물의 이타적인 행동은 유전자가 다른 유전자와의 생존 경쟁에서 살아남아 더 많은 자신의 복제본을 퍼뜨리기 위한 행동이라고 설명하였다. 그에 따르면 유전자란 다음 세대에 다른 DNA 서열로 대체될 수 있는 DNA 단편으로, 염색체상에서 임의의 어떤 DNA 단편은 그와 동일한 위치나 순서에 있는 다른 유전자들과 경쟁 관계에 있다. 그는 다원과 같은 기존의 진화론자와 달리 생존 경쟁의 주체를 유전자로 보고 개체는 단지 그러한 유전자를 다음 세대로 전달하는 운반체에 불과하다고 보았다. 그러므로 이타적으로 보이는 개체의 행동은

겉보기에만 그럴 뿐, 실은 유전자가 다른 DNA와의 생존 경쟁에서 이기기 위한 이기적인 행동인 셈이다. 이러한 도킨스의 이론은 유전자의 이기성으로 동물의 여러 행동을 설명하여 과학계에 큰 반향을 불러일으켰으나, 개체를 단순히 유전자의 생존을 돕는 수동적* 존재로 보았다는 점에서 비판을 받기도 하였다.

(나)

1 경제학적 관점에서 이타적 행동이란 자신의 손해를 감수하면서 타인에게 이익을 주는 행동이기 때문에 이기적 사람들과 이타적 사람들이 공존할 경우 이타적 사람들은 자연히 ⓒ도태될 수밖에 없다. 그럼에도 불구하고 우리 주변에는 여전히 이타적 행동을 하는 사람들이 존재한다. 이에 대해 최근 진화적 게임 이론에서는 '반복−상호성 가설'과 '집단 선택 가설'을 통해 사람들이 이타적 행동을 하는 이유 및 이타적 인간이 진화하는 이유에 대해 설명하고 있다.

2 ㉰반복−상호성 가설에서는 자신이 이기적으로 행동할 경우 상대방도 이기적인 행동으로 보복할 수 있기 때문에 이를 피하기 위해 이타적 행동을 한다고 주장하는데, 이를 게임 이론 중 하나인 TFT 전략으로 설명한다. TFT 전략이란 상대방이 협조할지 배신할지 모르고 선택이 매회 동시에 일어나는 상황에서 처음에는 무조건 상대방에게 협조하고 그다음부터는 상대방이 바로 전에 사용한 방법을 모방하는 전략이다. 즉 상대방이 이타적으로 행동하면 자신도 이타적으로, 상대방이 이기적으로 행동하면 자신도 이기적으로 행동하는 것이다. 이러한 행동이 반복되면 점점 상대방의 배신 횟수는 줄고 협조 횟수는 늘어 서로에게 이득이 되는 결과를 얻게 된다. 반복−상호성 가설은 혈연관계가 아닌 사람들 사이의 이타적 행동을 설명하는 데 ⓓ유용하지만 반복적이지 않은 상황에서 나타나는 이타적 행동을 설명하는 데는 한계가 있다.

3 ㉱집단 선택 가설에서는 이타적 구성원이 많은 집단이 그렇지 않은 집단과의 생존 경쟁에 유리하기 때문에 이타적 인간이 진화한다고 설명한다. 개인 간의 생존 경쟁에서 우월한* 개인이 생존하는 개인 선택에서는 이기적 인간이 살아남는 데 유리하지만, 집단 간의 생존 경쟁에서 우월한 집단이 생존하는 집단 선택에서는 이타적 구성원이 많은 집단일수록 식량을 구

하거나 다른 집단과의 분쟁에 효과적으로 ⓔ대응할 수 있기 때문에 생존할 확률이 높다.★ 따라서 집단 선택에 의해 이타적인 구성원이 많은 집단이 생존하게 되면 자연히 이를 구성하는 이타적 인간도 진화하게 된다. 실제로 인류는 혹독한 빙하기를 거쳐 살아남은 존재라는 점에서 집단 선택 가설은 설득력을 얻는다. 하지만 이타적인 구성원이 많은 집단이라 하더라도 그 안에는 이기적인 구성원도 함께 존재하기 마련이다. 그러므로 집단 선택에 의해서 이타적인 구성원이 진화하기 위해서는 ⓒ집단 선택이 일어나는 속도가 개인 선택이 일어나는 속도를 압도해야 한다. 그러나 사회생물학에서는 집단 선택의 속도가 현저하게˙ 느리다는 점을 들어 집단 선택 가설은 논리적으로만 가능할 뿐이라고 비판하고 있다. 이에 대해 최근 집단 선택 가설에서는 개인 선택이 일어나는 속도를 늦추고 집단 선택의 효과를 높이는 장치로서 법과 관습과 같은 제도에 주목하면서, 집단 선택의 유효성을 높일 수 있는 방안에 대해서도 연구를 진행하고 있다.

📖 알아두자! **필수 어휘**

• **형질:** 대상의 모양, 크기, 성질 따위의 고유한 특징.
• **수동적:** 스스로 움직이지 않고 다른 것의 작용을 받아 움직이는 것.
• **우월하다:** 다른 것보다 낫다.
• **현저하다:** 뚜렷이 드러나 있다.

(가) 구조도

1	진화론적 관점에서의 이타적 행동 – 다윈의 _____: 같은 종인 개체들이 생존 경쟁에서 살아남아 번식하면 일부 형질이 자손에게 전달됨 → _____ 발생 – 생존 경쟁 중에 이기적으로 행동해야 할 동물이 _____인 행동을 하는 것이 관찰됨
2	이타적 행동에 대한 견해 ① 해밀턴 – 혈연 선택 가설: 개체의 이타적 행동은 _____의 생존과 번식에 도움을 줌으로써 자신의 _____를 후세에 많이 전달하기 위함임 – _____: 'r×b−c>0' 만족 시 개체의 이타적 유전자가 진화함

r	_____ (행위자와 수혜자가 유전자를 공유할 확률)
b	_____ 가 얻는 이득
c	_____ 가 감수하는 손실

▶ 스스로 정리해 보세요.

3	

⭐ **(가) 어려운 문장 분석하기**

해밀턴은 개체들의 이타적 행동은 자신과 같은 유전자를 공유하는 친족들의 생존과 번식에 도움을 줌으로써 자신의 유전자를 후세에 많이 전달하기 위한 행동이라는 혈연 선택 가설을 제시하였다.

(나) 구조도

1	**사회적 관점에서의 이타적 행동** – 도태의 위험에도 불구하고 자신의 _____를 감수하면서 타인에게 _____을 주는 이타적 행동을 하는 사람들이 존재함 – 진화적 게임 이론에서 _____의 이유와 _____의 진화 이유를 설명함
2	▶ 스스로 정리해 보세요.
3	**이타적 행동에 대한 견해 ② _____** – 이타적 구성원이 많은 집단이 그렇지 않은 집단에 비해 _____에 유리하므로 진화함 → _____의 비판: 집단 선택의 속도가 개인 선택의 속도보다 현저히 (빠르므로 / 느리므로) 해당 가설은 논리적으로만 가능함 – 법, 관습 등의 제도에 주목하면서 _____ _____의 유효성을 높이는 방안 연구 진행

★ (나) 어려운 문장 분석하기

개인 간의 생존 경쟁에서 우월한 개인이 생존하는 개인 선택에서는 이기적 인간이 살아남는 데 유리하지만, 집단 간의 생존 경쟁에서 우월한 집단이 생존하는 집단 선택에서는 이타적 구성원이 많은 집단일수록 식량을 구하거나 다른 집단과의 분쟁에 효과적으로 대응할 수 있기 때문에 생존할 확률이 높다.

지문의 전개 방식을 확인하는 문제

6. (가)와 (나)의 서술상의 공통점으로 가장 적절한 것은?

① 이타적 행동을 설명하는 대립된 이론을 절충하고 있다.

② 이타적 행동을 정의한 후 구체적 유형을 분류하고 있다.

③ 이타적 행동에 관한 이론들을 통시적으로 고찰하고 있다.

④ 이타적 행동을 설명하는 이론의 발전 방향을 전망하고 있다.

⑤ 이타적 행동에 관한 이론과 그에 대한 평가를 제시하고 있다.

지문의 사실적 정보를 파악하는 문제

7. ㉠을 이해한 내용으로 적절하지 않은 것은?

① 유전적 근연도에 초점을 맞춰 이타적 행위를 설명하고 있다.

② 개체의 이기적 행동에 숨겨진 이타적 동기에 대해 설명하고 있다.

③ 이타적 행위자와 그의 수혜자가 삼촌 관계일 경우 r은 0.25가 된다.

④ 이타적 행위자와 수혜자가 부모 자식이나 형제자매 관계일 경우 r은 같다.

⑤ 이타적 행위자와 그의 수혜자가 혈연관계일 때, b와 c가 같으면 이타적 유전자가 진화하지 않는다.

구체적인 사례·상황에 적용하는 문제

8. (나)의 TFT 전략을 참고할 때 〈보기〉의 질문에 대한 답으로 적절한 것은?

보기

다음은 A와 B의 협조 여부에 따른 보수(편익과 비용의 합)를 행렬로 나타낸 것이다. A와 B가 상대방의 선택을 모르고 선택이 동시에 이루어지는 상황에서 A만 'TFT 전략'을 사용한다고 가정하자. B가 첫 회에만 비협조 전략을 사용한다면, B가 두 번째 회까지 얻게 되는 보수의 합은 얼마인가?

		B	
	전략	협조	비협조
A	협조	(1, 1)	(−1, 2)
	비협조	(2, −1)	(0, 0)

〈(2, −1)은 A가 비협조 전략, B가 협조 전략을 사용할 때, A의 보수가 2, B의 보수가 −1임을 나타냄.〉

① 0 　　② 1 　　③ 2 　　④ 3 　　⑤ 4

지문의 정보를 바탕으로 추론하는 문제

9. ⓒ의 이유를 추론한 내용으로 가장 적절한 것은?

① 집단 선택의 속도가 개인 선택의 속도보다 느릴 경우, 이타적 구성원의 수가 천천히 증가하기 때문에

② 개인 선택으로 이타적인 구성원이 먼저 소멸한 후, 집단 선택에 의해 이기적인 구성원이 소멸하기 때문에

③ 집단 선택이 천천히 일어날 경우 집단 간의 생존 경쟁이 발생하지 않아 집단 선택이 일어나지 않기 때문에

④ 개인 선택으로 이타적인 구성원이 먼저 소멸하면, 이타적 구성원을 진화하게 하는 집단 선택이 발생할 수 없기 때문에

⑤ 개인 선택의 속도가 집단 선택의 속도보다 빠를 경우, 이타적인 구성원이 많은 집단이 개인 선택에 불리해지기 때문에

구체적인 사례·상황에 적용하는 문제

10. ㉮~㉰를 바탕으로 〈보기〉를 이해한 내용으로 적절하지 **않은** 것은? [3점]

보기

ㄱ. 개미의 경우, 수정란(2n)은 암컷이 되고, 미수정란(n)은 수컷이 된다. 여왕개미가 낳은 암컷들은 부와는 1, 모와는 0.5, 자매와는 0.75의 유전적 근연도를 갖는다. 암컷 중 여왕개미가 되지 못한 일개미들은 직접 번식을 하지 않고 여왕개미가 낳은 수많은 자신의 자매들을 돌보며 목숨을 걸고 개미 군락을 지키는 역할을 한다.

ㄴ. 현재 지구상에는 390여 개의 부족이 수렵과 채취에 의존해 살아가고 있다. 이러한 부족은 대체로 몇 개의 서로 다른 친족들로 구성되어 있으며, 평등주의적 부족 질서 아래 사냥감을 서로 나누어 먹는 식량 공유 관습을 가지고 있다. 이는 개인의 사냥 성공률이 낮은 상황에서 효과적인 생존 방식이라 할 수 있다.

① ㄱ: ㉮에서는 일개미가 자식을 낳지 않고 자매들을 돌보는 것을 부보다 모의 유전자를 후세에 더 많이 전달하기 위한 전략으로 보겠군.

② ㄱ: ㉯에서는 일개미가 목숨을 걸고 개미 군락을 지키는 것을 다른 DNA와의 생존 경쟁에서 이기기 위한 유전자의 이기적인 행동으로 보겠군.

③ ㄴ: ㉰에서는 자신이 식량을 나눠 주지 않으면 사냥에 실패했을 때 자신도 얻어먹지 못할 수 있기 때문에 식량 공유 관습이 생긴 것으로 보겠군.

④ ㄴ: ㉱에서는 식량 공유 관습을 이기적인 구성원도 식량을 공유하게 함으로써 이타적 구성원이 사회에서 사라지지 않도록 하는 제도로 보겠군.

⑤ ㄴ: ㉮에서는 혈연관계가 없는 구성원과의 식량 공유를 설명할 수 없지만, ㉱에서는 협업을 통해 집단의 생존 확률을 높이는 행동으로 보겠군.

단어, 구절, 문장의 의미를 파악하는 문제

11. 밑줄 친 단어가 ⓐ~ⓔ와 동음이의어인 것은?

① ⓐ: 그는 형의 모습을 유심히 관찰하였다.

② ⓑ: 이 사전은 여러 전문가가 감수하였다.

③ ⓒ: 그 기업은 경쟁사에 밀려 도태되었다.

④ ⓓ: 이것은 장소를 검색하는 데 유용하다.

⑤ ⓔ: 우리는 적극적으로 상황에 대응하였다.

(3) (가) 변증법을 바탕으로 한 헤겔의 미학
(나) 변증법을 바탕으로 한 헤겔의 미학에 대한 비판

12~17 다음 글을 읽고 물음에 답하시오.

고3 2022학년도 수능

(가)

1 ㉠정립-반정립-종합. 변증법의 논리적 구조를 일컫는 말이다. 변증법에 따라 철학적 논증을 수행한 인물로는 단연 헤겔이 거명된다. 변증법은 대등한 위상˙을 지니는 세 범주의 병렬이 아니라, 대립적인 두 범주가 조화로운 통일을 이루어 가는 수렴적 상향성을 구조적 특징으로 한다.★ 헤겔에게서 변증법은 논증의 방식임을 넘어, 논증 대상 자체의 존재 방식이기도 하다. 즉 세계의 근원적 질서인 '이념'의 내적 구조도, 이념이 시·공간적 현실로서 드러나는 방식도 변증법적이기에, 이념과 현실은 하나의 체계를 이루며, 이 두 차원의 원리를 밝히는 철학적 논증도 변증법적 체계성을 ⓐ지녀야 한다.

2 헤겔은 미학도 철저히 변증법적으로 구성된 체계 안에서 다루고자 한다. 그에게서 미학의 대상인 예술은 종교, 철학과 마찬가지로 '절대정신'의 한 형태이다. 절대정신은 절대적 진리인 '이념'을 인식하는 인간 정신의 영역을 ⓑ가리킨다. 예술·종교·철학은 절대적 진리를 동일한 내용으로 하며, 다만 인식 형식의 차이에 따라 구분된다. 절대정신의 세 형태에 각각 대응하는 형식은 직관·표상·사유이다. '직관'은 주어진 물질적 대상을 감각적으로 지각하는˙ 지성이고, '표상'은 물질적 대상의 유무와 무관하게 내면에서 심상을 떠올리는 지성이며, '사유'는 대상을 개념을 통해 파악하는 순수한 논리적 지성이다. 이에 세 형태는 각각 '직관하는 절대정신', '표상하는 절대정신', '사유하는 절대정신'으로 규정된다. 헤겔에 따르면 직관의 외면성과 표상의 내면성은 사유에서 종합되고, 이에 맞춰 예술의 객관성과 종교의 주관성은 철학에서 종합된다.

3 형식 간의 차이로 인해 내용의 인식 수준에는 중대한 차이가 발생한다. 헤겔에게서 절대정신의 내용인 절대적 진리는 본질적으로 논리적이고 이성적인 것이다. 이러한 내용을 예술은 직관하고 종교는 표상하며 철학은 사유하기에, 이 세 형태 간에는 단계적 등급이 매겨진다. 즉 예술은 초보 단계의, 종교는 성장 단계의, 철학은 완숙 단계의 절대정신이다. 이에 따라 ㉡예술-종교-철학 순의 진행에서 명실상부한 절대정신은 최고의 지성에 의거하는˙ 것, 즉 철학뿐이며, 예술이 절대정신으로 기능할 수 있는 것은 인류의 보편적 지성이 미발달된 머나먼 과거로 한정된다.

(나)

1 변증법의 매력은 '종합'에 있다. 종합의 범주는 두 대립적 범주 중 하나의 일방적 승리로 ⓒ끝나도 안 되고, 두 범주의 고유한 본질적 규정이 소멸되는 중화 상태로 나타나도 안 된다. 종합은 양자의 본질적 규정이 유기적˙ 조화를 이루어 질적으로 고양된 최상의 범주가 생성됨으로써 성립하는 것이다.

2 헤겔이 강조한 변증법의 탁월성도 바로 이것이다. 그러기에 변증법의 원칙에 최적화된 엄밀하고도 정합적인 학문 체계를 조탁하는 것이 바로 그의 철학적 기획이 아니었던가. 그런데 그가 내놓은 성과물들은 과연 그 기획을 어떤 흠결˙도 없이 완수한 것으로 평가될 수 있을까? 미학에 관한 한 '그렇다'는 답변은 쉽지 않을 것이다. 지성의 형식을 직관-표상-사유 순으로 구성하고 이에 맞춰 절대정신을 예술-종교-철학 순으로 편성한 전략은 외관상으로는 변증법 모델에 따른 전형적 구성으로 보인다. 그러나 실질적 내용을 ⓓ보면 직관으로부터 사유에 이르는 과정에서는 외면성이 점차 지워지고 내면성이 점증적으로 강화·완성되고 있음이, 예술로부터 철학에 이르는 과정에서는 객관성이 점차 지워지고 주관성이 점증적으로 강화·완성되고 있음이 확연히 드러날 뿐, 진정한 변증법적 종합은 ⓔ이루어지지 않는다.★ 직관의 외면성 및 예술의 객관성의 본질은 무엇보다도 감각적 지각성인데, 이러한 핵심 요소가 그가 말하는 종합의 단계에서는 완전히 소거되고 만다.

3 변증법에 충실하려면 헤겔은 철학에서 성취된 완전한 주관성이 재객관화되는 단계의 절대정신을 추가했어야 할 것이다. 예술은 '철학 이후'의 자리를 차지할 수 있는 유력한 후보이다. 실제로 많은 예술 작품은 '사유'를 매개로 해서만 설명되지 않는가. 게다가 이는 누구보다도 풍부한 예술적 체험을 한 헤겔 스스로가 잘 알고 있지 않은가. 이 때문에 방법과 철학 체계 간의 이러한 불일치는 더욱 아쉬움을 준다.

📖 **알아두자! 필수 어휘**

• **위상:** 어떤 사물이 다른 사물과의 관계 속에서 가지는 위치나 상태.

• **지각하다:** 알아서 깨닫다. 감각 기관을 통하여 대상을 인식하다.

• **의거하다:** 어떤 사실이나 원리 따위에 근거하다.

• **유기적:** 생물체처럼 전체를 구성하고 있는 각 부분이 서로 밀접하게 관련을 가지고 있어서 떼어 낼 수 없는 것.

• **흠결:** 일정한 수효에서 부족함이 생김. 또는 그런 부족.

186   **1등급**을 만드는 **국어 공부 전략**

(가) 구조도
▶ 표, 그림, 짧은 줄글 등 자신에게 편한 방식으로 지문의 구조도를 그려 가며 지문을 이해해 보세요.

(나) 구조도
▶ 표, 그림, 짧은 줄글 등 자신에게 편한 방식으로 지문의 구조도를 그려 가며 지문을 이해해 보세요.

★ **(가) 어려운 문장 분석하기**

변증법은 대등한 위상을 지니는 세 범주의 병렬이 아니라, 대립적인 두 범주가 조화로운 통일을 이루어 가는 수렴적 상향성을 구조적 특징으로 한다.

★ **(나) 어려운 문장 분석하기**

그러나 실질적 내용을 보면 직관으로부터 사유에 이르는 과정에서는 외면성이 점차 지워지고 내면성이 점증적으로 강화·완성되고 있음이, 예술로부터 철학에 이르는 과정에서는 객관성이 점차 지워지고 주관성이 점증적으로 강화·완성되고 있음이 확연히 드러날 뿐, 진정한 변증법적 종합은 이루어지지 않는다.

12. (가)와 (나)에 대한 설명으로 가장 적절한 것은?

① (가)와 (나)는 모두 특정한 철학적 방법에 기반한 체계를 바탕으로 예술의 상대적 위상을 제시하고 있다.

② (가)와 (나)는 모두 특정한 철학적 방법에 대한 상반된 평가를 바탕으로 더 설득력 있는 미학 이론을 모색하고 있다.

③ (가)와 달리 (나)는 특정한 철학적 방법의 시대적 한계를 지적하고 이에 맞서는 혁신적 방법을 제안하고 있다.

④ (가)와 달리 (나)는 특정한 철학적 방법에서 파생된 미학 이론을 바탕으로 예술 장르를 범주적으로 유형화하고 있다.

⑤ (나)와 달리 (가)는 특정한 철학적 방법의 통시적인 변화 과정을 적용하여 철학사를 단계적으로 설명하고 있다.

14. (가)에 따라 직관 · 표상 · 사유 의 개념을 적용한 것으로 적절하지 않은 것은?

① 먼 타향에서 밤하늘의 별들을 바라보는 것은 직관을 통해, 같은 곳에서 고향의 하늘을 상기하는 것은 표상을 통해 이루어지겠군.

② 타임머신을 타고 미래로 가는 자신의 모습을 상상하는 것과, 그 후 판타지 영화의 장면을 떠올려 보는 것은 모두 표상을 통해 이루어지겠군.

③ 초현실적 세계가 묘사된 그림을 보는 것은 직관을 통해, 그 작품을 상상력 개념에 의거한 이론에 따라 분석하는 것은 사유를 통해 이루어지겠군.

④ 예술의 새로운 개념을 설정하는 것은 사유를 통해, 이를 바탕으로 새로운 감각을 일깨우는 작품의 창작을 기획하는 것은 직관을 통해 이루어지겠군.

⑤ 도덕적 배려의 대상을 생물학적 상이성 개념에 따라 규정하는 것과, 이에 맞서 감수성 소유 여부를 새로운 기준으로 제시하는 것은 모두 사유를 통해 이루어지겠군.

13. (가)에서 알 수 있는 헤겔의 생각으로 적절하지 않은 것은?

① 예술 · 종교 · 철학 간에는 인식 내용의 동일성과 인식 형식의 상이성이 존재한다.

② 세계의 근원적 질서와 시 · 공간적 현실은 하나의 변증법적 체계를 이룬다.

③ 절대정신의 세 가지 형태는 지성의 세 가지 형식이 인식하는 대상이다.

④ 변증법은 철학적 논증의 방법이자 논증 대상의 존재 방식이다.

⑤ 절대정신의 내용은 본질적으로 논리적이고 이성적인 것이다.

15. (나)의 글쓴이의 관점에서 ㉠과 ㉡에 대한 헤겔의 이론을 분석한 것으로 적절하지 않은 것은?

① ㉠과 ㉡ 모두에서 첫 번째와 두 번째의 범주는 서로 대립한다.

② ㉠과 ㉡ 모두에서 두 번째와 세 번째 범주 간에는 수준상의 차이가 존재한다.

③ ㉠과 달리 ㉡에서는 범주 간 이행에서 첫 번째 범주의 특성이 갈수록 강해진다.

④ ㉡과 달리 ㉠에서는 세 번째 범주에서 첫 번째와 두 번째 범주의 조화로운 통일이 이루어진다.

⑤ ㉡과 달리 ㉠에서는 범주 간 이행에서 수렴적 상향성이 드러난다.

16. 〈보기〉는 헤겔과 (나)의 글쓴이가 나누는 가상의 대화의 일부이다. ㉮에 들어갈 내용으로 가장 적절한 것은? [3점]

> **보기**
>
> **헤겔:** 괴테와 실러의 문학 작품을 읽을 때 놓치지 않아야 할 점이 있네. 이 두 천재도 인생의 완숙기에 이르러서야 비로소 최고의 지성적 통찰을 진정한 예술미로 승화시킬 수 있었네. 그에 비해 초기의 작품들은 미적으로 세련되지 못해 결코 수준급이라 할 수 없었는데, 이는 그들이 아직 지적으로 미성숙했기 때문이었네.
>
> **(나)의 글쓴이:** 방금 그 말씀과 선생님의 기본 논증 방법을 연결하면 [㉮   ]는 말이 됩니다.

① 이론에서는 대립적 범주들의 종합을 이루어야 하는 세 번째 단계가 현실에서는 그 범주들을 중화한다

② 이론에서는 외면성에 대응하는 예술이 현실에서는 내면성을 바탕으로 하는 절대정신일 수 있다

③ 이론에서는 반정립 단계에 위치하는 예술이 현실에서는 정립 단계에 있는 것으로 나타난다

④ 이론에서는 객관성을 본질로 하는 예술이 현실에서는 객관성이 사라진 주관성을 지닌다

⑤ 이론에서는 절대정신으로 규정되는 예술이 현실에서는 진리의 인식을 수행할 수 없다

17. 문맥상 ⓐ~ⓔ와 바꾸어 쓰기에 가장 적절한 것은?

① ⓐ: 소지(所持)하여야

② ⓑ: 포착(捕捉)한다

③ ⓒ: 귀결(歸結)되어도

④ ⓓ: 간주(看做)하면

⑤ ⓔ: 결성(結成)되지

1판 1쇄 발행 2022년 11월 25일

기획 홀수 편집부
편집 · 검토 윤지숙 장혜진 박효비 정경아 서미리
디자인 유초아 이재욱

발행처 주식회사 도서출판 홀수
출판사 신고번호 제374-2014-0100051호
ISBN 979-11-89939-74-8

홈페이지 www.holsoo.com

이 책의 저작권은 주식회사 도서출판 홀수에 있으므로 무단으로 복사, 복제할 수 없습니다.
잘못 만들어진 책은 구입처에서 바꾸어 드립니다.
교재 및 기타 문의 사항은 이메일(help@holsoo.com)로 문의주시면 감사하겠습니다.

수능 국어
1등급을 위한
기본기 강화 필독서

일등급을 만드는

국어

공 부 전 략

1

수능 국어 독서 독해 전략

바르고 정확한 독해를 위한 세 가지 목표

일등급을 만드는 국어 공부 전략

어려운 문장은 어떻게 읽어야 할까?
(문장 읽기)

STEP ② 문제로 확인하기　　　　　　　　　　문제 P.039

아래의 표를 참고하여 자신의 문장 분석과 해설의 문장 분석을 비교해 보자. 참고로 해설에서는 문장을 분석하는 방법을 효율적으로 보여주기 위해 다음 표와 같이 각 체크 요소를 구분해서 표시했어.

체크하기	체크할 부분	
1. ▨▨▨▨▨	• '전체 주어 – 전체 서술어'와 필수 성분 • 문장들이 나란히 이어진 경우 각 '주어 – 서술어'와 필수 성분	뼈대 정보
2. { } / ▨▨▨▨	• 전체 문장 속에 안긴문장이 있는 경우	수식 정보
3. ( ) / ▨▨▨▨	• 안긴문장 속에 안긴문장이 있는 경우	
4. ⬭	• 의미적 관계를 알 수 있는 표현, 필수 체크 표현	
5. ☐ + ∿∿∿	• 낯설고 어려운 개념, 이, 그, 저 등의 지시어와 해당 풀이 내용	
6. /	• 문장들이 나란히 이어진 경우 문장과 문장을 구분하는 부분	

{HDD(Hard Disk Drive)의 대안으로 제시된} 것이 바로 'SSD(Solid State Drive)'이다. SSD의 용도나 외관, 설치 방법 등은 HDD와 유사하다.

1. HDD를 설치하는 것보다 SSD를 설치하는 방법이 ~~복잡하다~~　　　　　　　　　　⊗

　→ SSD의 설치 방법은 'HDD와 유사하다.'

세포가 일을 할 ⑰(원인+조건) / 여러 가지 노폐물이 발생하는데(결과), / (옴은) 이 노폐물들을 인체 밖으로 내보내야 한다. 그래야만(조건) 몸이 늘 일정한 상태, 즉 항상성을 유지하게 된다.(결과)

2. 세포가 생성하는 여러 가지 노폐물을 제거해야 인체의 항상성을 유지할 수 있다.　　　　◎

　→ 세포가 생성하는 여러 노폐물을 '인체 밖으로 내보내야' 몸이 '항상성을 유지'할 수 있게 된다.

{19세기 말 등장한} 인상주의와 후기 인상주의는 {전통적인 회화에서 중시되었던} 사실주의적 회화 기법을 거부하고 / (인상주의와 후기 인상주의는) {회화의 새로운} 경향을 추구하였다.

3. 전통 회화는 대상을 사실적으로 묘사하는 것을 중시했다. ◎

→ 전통적인 회화는 대상을 사실적으로 묘사하는 '사실주의적 회화 기법'을 중시하였다.

고대 중국인들은 {(인간이 행하지 못하는) 불가능한 일은 {(그들이 신성하다고 생각한) 하늘에 의해서 해결 가능하다}고 보았다.

4. 고대 중국인들은 하늘이 인간이 할 수 없는 불가능한 일을 해결할 수 있다고 인식하였다. ◎

→ 고대 중국인들은 하늘이 '인간이 행하지 못하는 불가능한 일'을 '해결 가능하다'고 보았다.

{경매를 통한} 가격 결정 방식은 {수요자들이 해당 재화의 가치를 서로 다르게 평가하고 있거나, / (수요자들이) 해당 재화의 가치를 정확히 가늠할 수 없을} 때(조건) 주로 사용된다.

5. 경매는 수요자가 재화의 가치를 서로 다르게 평가할 때 주로 쓴다. ◎

→ 경매는 '수요자들이 해당 재화의 가치를 서로 다르게 평가하고 있'을 때 주로 사용된다.

국가는 {자국의 힘이 (외부의 군사적 위협을 견제하기)에 충분치 않다고 판단할 때나}(조건) / (국가는) {역사와 전통 등의 가치가 위협받는다고 느낄 때}(조건) / (국가는) 다른 나라와 동맹을 맺는다.(결과) 동맹결성(결과)의 핵심적인 이유는 {동맹을 통해서 확보되는} 이익(원인)이며 / 이는 동맹 관계 유지의 근간이 된다.

6. 국가는 동맹에 참여하여 자국의 이익을 확보할 수 있다. ◎

→ '동맹결성의 핵심적인 이유는 동맹을 통해서 확보되는 이익'이다.

〔(감상자의 시선을 작품에만 집중시키는) 단순하고 추상적인〕 작품들은 대개 〔미술 전시장의 전형적인〕 화이트 큐브,

즉 〔출입구 이외에는 사방이 막힌〕 실내 공간 안에서 / 받침대 위에 놓여 / 〔실제적인 장소나 현실로부터 분리된〕 느낌을

주었다.

7. 화이트 큐브는 현실로부터 작품이 분리된 느낌을 ~~완화~~해 주는 역할을 하였다.

   → '화이트 큐브'는 작품에 '실제적인 장소나 현실로부터 분리된 느낌'을 주는 역할을 한다.

보이스 코일은 〔보빈에 감겨 있는〕 도선으로, / 이 코일에 전류가 흐르면(원인+조건) / 〔(영구 자석이 형성하는) 자기장과

상호 작용을 하여(원인) / 생성되는〕 힘이 보이스 코일을 위아래로 움직이게 한다.(결과)

8. 보이스 코일이 받은 힘은 전류와 자기장의 상호 작용을 ~~유도한다.~~

   → '보이스 코일'에 흐르는 전류가 '자기장과 상호 작용'을 하여 생성된 힘이 '보이스 코일'을 위아래로 움직이게 한다. 즉 '전류와 자기장의 상호 작용 →

     힘'이 되는 것이지, '힘 → 전류와 자기장의 상호 작용'이 되는 것이 아니다.

유동 IP 주소는 DHCP라는 프로토콜에 의해 부여된다. / DHCP는 〔IP 주소가 필요한〕 컴퓨터의 요청을 받아(원인) /

주소를 할당해 주고,(결과) / 컴퓨터가 IP 주소를 사용하지 않으면(원인) / 주소를 반환받아 / 〔다른 컴퓨터가 그 주소를

사용할 수 있도록〕 해 준다.(결과)

9. DHCP를 이용하는 컴퓨터는 IP 주소를 요청해야 IP 주소를 부여받을 수 있다. ◎

   → DHCP는 IP 주소가 필요한 컴퓨터의 요청을 받았을 때 주소를 할당해 주는 역할을 한다.

채권 투자에는 〔(발행자의 지급 능력 부족 등의 사유로 / 이자와 원금이 지급되지 않을) 가능성인〕 신용 위험이 수반

된다.(원인) 이에 따라 각국은 〔채권의 신용 위험을 평가해 / 신용 등급으로 공시하는〕 신용 평가 제도를 도입하여 /

투자자를 보호하고 있다.(결과)

10. 채권 발행자의 지급 능력이 커지면 신용 위험은 ~~커진다.~~

   → 채권 발행자의 지급 능력이 부족한 경우에 신용 위험이 커지게 되므로, 채권 발행자의 지급 능력이 커지면 오히려 신용 위험은 작아진다.

보험금 지급은 [사고 발생이라는] 우연적 조건에 (따라)(조건) / 결정되는데, / (이처럼) 보험은 [조건의 실현 여부에 (따라)(조건) / (받을 수 있는) 재화나 서비스가 달라지는] 조건부 상품이다.

11. 보험 사고 발생 여부와 ~~관계없이~~ 같은 보험료를 납부한 사람들은 동일한 보험금을 지급받는다.

→ 보험금은 '사고 발생'이라는 '우연적 조건'의 '실현 여부'에 따라 결정되는 것이므로, 보험 사고 발생 여부와 관계없이 지급할 수는 없다.

아리스토텔레스는 [자연물이 단순히 (목적을 갖는 데 그치는) 것이 아니라 / (자연물이) (목적을 실현할) 능력도 타고나며, / 그 목적은 (방해받지 않는 한) (반드시) 실현될 것이고, / 그 본성적 목적의 실현은 (운동 주체에 (항상) 바람직한) 결과를 가져온다]고 믿는다.

12. 아리스토텔레스에 따르면, 자연물의 목적 실현은 ~~때로는 그 자연물에 해가 된다.~~

→ 아리스토텔레스는 자연물이 목적을 실현할 능력도 타고나며, 그 목적은 반드시 실현될 것이고, 그 목적의 실현은 항상 바람직한 결과를 가져온다고 믿고 있다. '반드시', '항상', '늘', '모든' 등과 같이 예외가 없다는 뜻을 지닌 단어가 나오면 반드시 체크하며 읽어야 한다.

부력은 [(어떤 물체에 의해서 배제된) 부피만큼의 유체*의 무게에 해당하는] 힘으로, / (항상) 중력의 반대 방향으로 작용한다. [빗방울에 작용하는] 부력의 크기는 [빗방울의 부피에 해당하는] 공기의 무게이다.

•**유체:** 기체와 액체를 아울러 이르는 말.

13. 균일한 밀도의 액체 속에 완전히 잠겨 있는 쇠 막대에 작용하는 부력은 서 있을 때보다 누워 있을 때가 ~~더 크다.~~

→ '부력'은 물체의 부피만큼 배제된 유체의 무게에 해당하는 '힘'이다. 쇠 막대에 작용하는 부력의 크기는 쇠 막대에 의해 배제된 부피만큼의 액체의 무게이다. 액체에 완전히 잠긴 쇠 막대의 경우, 서 있을 때나 누워 있을 때나 부피는 같으므로 쇠 막대에 작용하는 부력도 서로 같다.

소비학파는 [근대 도시인이 (내면세계를 상실한) 사물로 전락한 것은 아니라]고 하면서 / (소비학파는) [생산학파를 비판하기] 시작했다. (예를 들어)(예시) 콜린 캠벨은 [(금욕주의 정신을 지닌) 청교도들조차 소비 양식에서 자기 환상적 쾌락주의를 가지고 있었다]고 주장하였다.

14. 소비학파는 근대 도시인의 소비 정신이 ~~금욕주의 정신에 의해~~ 만들어졌다고 본다.

→ 소비학파는 금욕주의 정신을 지닌 청교도들조차 소비 양식에서 쾌락주의를 가지고 있었다고 하며 근대 도시인이 내면세계를 상실하지 않았음을 주장하고 있을 뿐, 근대 도시인의 소비 정신이 금욕주의에서 비롯되었다고 언급하고 있지는 않다.

케플러는 ((우주의 수적 질서를 신봉하는 형이상학인) 신플라톤주의에 매료되었기) 때문에, (원인) / (태양을 우주

중심에 배치하여 / 단순성을 추구한) 코페르니쿠스의 천문학을 받아들였다. (결과) 하지만 (전환) 그는 경험주의자였기에

(원인) / (케플러는) 브라헤의 천체 관측치를 활용하여 / (태양 주위를 공전하는) 행성의 운동 법칙들을 수립할 수

있었다. (결과)

15. 태양 주위를 공전하는 행성의 운동 법칙들을 관측치로부터 수립한 케플러의 우주론은 ~~신플라톤주의에서~~ 경험주의적

근거를 찾은 것이었다. ⊗

→ 케플러는 '신플라톤주의에 매료'되었기에 '코페르니쿠스의 천문학'을 받아들였다. 하지만 '태양 주위를 공전하는 행성의 운동 법칙들을 수립'할 때에
는 코페르니쿠스의 천문학이 아니라 '브라헤의 천체 관측치'를 활용하는 '경험주의자'스러운 면모를 보였다.

2 독서 영역에서는 무엇을 어떻게 읽어야 할까?
(문단 읽기)

(1) 정의와 예시

STEP 2 문제로 확인하기

문제 P.053

1~3

> **¹**'전략적 공약'은 자신의 선택 가능성을 스스로 제한하여 상대를 압박하고, 이를 통해 이익을 추구하는 것을 말한다. 'A는 ~하는 것을 말한다.'라는 문장 구조로 글이 시작되고 있네. '전략적 공약'의 정의는 이 글의 내용을 이해하는 데에 꼭 필요한 정보인가 봐. **²**우리의 일반적인 생각과는 달리, 상대의 의사 결정에 따라 자신의 이익이 변하는 경우에는 오히려 자신의 선택 범위를 제한할 때 더 큰 이익을 얻을 수 있다. 자신의 선택 범위를 제한하는 방식인 '전략적 공약'을 통해 오히려 더 큰 이익을 얻을 수 있다는 특징을 제시하였어. **³**만약 소도시에 적당한 규모의 마트를 연다면 상황이 어려울 때 매장을 철수하거나 위치를 변경하는 등 다양한 선택을 할 수 있다. '전략적 공약'의 정의와 그 특징에 대한 이해를 돕기 위해 소도시에 적당한 규모의 마트를 여는 상황을 예시로 제시하고 있네. **⁴**그러나 이는 경쟁사로 하여금 새로운 마트가 진출해도 공존이 가능하리라고 판단하게 만드는 근거가 되기도 한다. **⁵**이로 인해 소도시에 먼저 진출한 마트는 해당 지역의 시장성에 비해 과잉 투자로 비칠 만큼 규모가 커지는 것이다. 이 문장은 '전략적 공약'의 정의 중 '자신의 선택 가능성을 스스로 제한'한다는 내용과 대응돼. '과잉 투자로 비칠 만큼 규모'를 키워 철수나 위치 변경 등을 선택하지 못하게 하는 거지. **⁶**물론 소도시에 처음 진출한 대규모 마트의 단기적 이익은 떨어질 수 있으나, 장기적으로는 경쟁사의 진입을 차단하여 안정적인 수익을 얻을 수 있다. 이 부분은 '전략적 공약'을 통해 오히려 더 큰 이익을 얻을 수 있다고 한 내용과 대응되는군!

1. 윗글에서 정의와 관련 예시가 함께 제시된 문장을 찾아 그 번호를 적어 보세요.

정의: 문장 (1)

예시: 문장 (3 ~ 6)

2. 윗글의 내용을 참고하여, 아래 표의 빈칸을 채워 보세요.

전략적 공약의 정의와 특징	
① 자신의 선택 가능성을 스스로 제한하여	소도시에 먼저 진출할 때 규모를 크게 함
② 상대를 압박하고	경쟁사가 해당 소도시에 들어오지 못하게 함
③ 이를 통해 이익을 추구함	장기적으로 안정적인 수익을 얻을 수 있음

3. '전략적 공약'에 대한 이해로 가장 적절한 것은?

정답풀이

⑤ 경쟁 기업의 해당 시장 진출을 어렵게 한다.

> 근거: [6]물론 소도시에 처음 진출한 대규모 마트의 단기적 이익은 떨어질 수 있으나, 장기적으로는 경쟁사의 진입을 차단하여 안정적인 수익을 얻을 수 있다.
>
> 전략적 공약을 사용하면 경쟁사의 진입을 차단하여 시장 진출을 막을 수 있다.

오답풀이

① 해당 기업의 선택 범위를 ~~넓힌다~~.

> 근거: [1]'전략적 공약'은 자신의 선택 가능성을 스스로 제한하여 상대를 압박하고, 이를 통해 이익을 추구하는 것을 말한다.
>
> 전략적 공약은 '자신의 선택 가능성을 스스로 제한'하므로 해당 기업의 선택 범위는 좁아진다고 할 수 있다.

② 해당 기업의 시장 분석을 ~~방해한다~~.

> 윗글에 따르면 전략적 공약은 '해당 지역의 시장성에 비해 과잉 투자로 비칠 만큼 규모'를 키우는 것이다. 즉 해당 기업은 시장 분석을 진행했을 것이므로 전략적 공약이 시장 분석을 방해한다고 볼 수 없다.

③ ~~경쟁 기업의 단기적 이익~~을 높인다.

> 근거: [6]물론 소도시에 처음 진출한 대규모 마트의 단기적 이익은 떨어질 수 있으나
>
> 예시를 통해 '소도시에 처음 진출한 대규모 마트의 단기적 이익은 떨어질 수 있'음을 알 수 있지만, 경쟁 기업의 단기적 이익에 대한 내용은 알 수 없다.

④ 해당 기업의 초기 투자 비용을 ~~줄여 준다~~.

> 근거: [5]이로 인해 소도시에 먼저 진출한 마트는 해당 지역의 시장성에 비해 과잉 투자로 비칠 만큼 규모가 커지는 것이다.
>
> 예시에서 '소도시에 먼저 진출한 마트'는 '과잉 투자로 비칠 만큼 규모가 커'진다고 하였으므로, 전략적 공약이 해당 기업의 초기 투자 비용을 줄여 준다고 볼 수는 없다.

¹소쉬르는 사람들이 언어 체계에 맞춰 현실 세계를 새롭게 인식한다는 것을 설명하기 위해 '랑그'와 '파롤'이라는 개념을 제시한다. ²랑그란 언어가 갖는 추상적인 체계이고, 파롤은 랑그에 바탕을 두고 개인이 실현하는 구체적인 발화이다. 'A는 ~이다'라는 문장 구조를 통해 '랑그'와 '파롤'이라는 두 가지 개념의 정의를 제시했어. ³소쉬르는 어떤 사람이 어떠한 발화를 하더라도 그 발화의 표현 방식이나 범위는 사실상 그가 사용하는 언어 체계인 랑그에 의해서 지배되거나 제약받는다고 주장한다. 언어 체계인 '랑그'는 사람의 구체적인 발화를 지배한다는 특성이 있나 봐. ⁴예를 들어 한국어에서는 빨강 계통의 색을 '빨갛다', '시뻘겋다', '새빨갛다', '불긋불긋하다' 등 다채롭게 표현할 수 있다. ⁵하지만 영어에서는 한국어만큼 빨강 계통의 색을 다채롭게 표현할 수 있는 단어가 많지 않다. ⁶따라서 소쉬르는 영어를 사용하는 사람들이 실제로는 다양하게 존재하는 빨강 계통의 색을 그들이 사용하는 랑그에 맞게 인식한다고 본다. 한국어와 영어에서 빨강 계통의 색을 표현하는 말을 예로 들어, 앞서 언급한 '랑그'의 특성을 이해하기 쉽게 다시금 설명해 주었어. ⁷이는 결국 랑그의 차이에 따라 사람들이 현실 세계를 인식하는 방식이 달라진다는 것을 의미하는 것이다.

⁸일반적으로 사람들은 어휘를 선택하고 그것을 언어 체계에 맞추어 발화하는 주체가 자신이라고 생각한다. ⁹하지만 소쉬르는 발화의 진정한 주체는 발화자가 아닌 랑그라는 사실을 전제하고 있다. ¹⁰결국 소쉬르의 언어학은 언어가 현실 세계를 수동적으로 재현하는 수단이 아니며, 오히려 언어가 현실 세계를 구성한다는 생각을 함축하고 있는 것이다. '랑그'를 '발화의 진정한 주체'로 전제하는 소쉬르의 관점과, 소쉬르의 언어학에 대해 설명하였네.

4. 윗글에서 정의와 관련 예시가 함께 제시된 문장을 찾아 그 번호를 적어 보세요.

정의: 문장 (2)

예시: 문장 (4 ~ 6)

5. 윗글의 내용을 참고할 때, 괄호 안에 들어갈 말로 적절한 것을 찾아 표시해 보세요.

> 한국어에서 빨강 계통의 색을 지칭하는 '빨갛다, 시뻘겋다, 새빨갛다' 등의 다양한 표현은 **파롤**에 해당한다.

근거: ²랑그란 언어가 갖는 추상적인 체계이고, 파롤은 랑그에 바탕을 두고 개인이 실현하는 구체적인 발화이다. ³소쉬르는 어떤 사람이 어떠한 발화를 하더라도 그 발화의 표현 방식이나 범위는 사실상 그가 사용하는 언어 체계인 랑그에 의해서 지배되거나 제약받는다고 주장한다. + ⁶따라서 소쉬르는 영어를 사용하는 사람들이 실제로는 다양하게 존재하는 빨강 계통의 색을 그들이 사용하는 랑그에 맞게 인식한다고 본다. ⁷이는 결국 랑그의 차이에 따라 사람들이 현실 세계를 인식하는 방식이 달라진다는 것을 의미하는 것이다.

랑그는 '발화의 표현 방식이나 범위'를 지배 혹은 제약하는 체계로, 이에 따라 사람들은 '현실 세계를 인식하는 방식'이 달라진다. 즉 한국어에서 빨강 계통의 색을 지칭하는 다양한 표현은 한국인들이 사용하는 랑그에 맞게 색을 인식한 결과이다. 한편 파롤은 '랑그에 바탕을 두고 개인이 실현하는 구체적인 발화'로, 한국인들이 빨강 계통의 색을 '빨갛다, 시뻘겋다, 새빨갛다' 등으로 구체적으로 표현하는 것은 파롤에 해당한다.

6. 랑그, 파롤에 대한 이해로 가장 적절한 것은?

정답풀이

④ 파롤의 표현 방식은 랑그에 의해서 제약을 받는다.

> 근거: [2]랑그란 언어가 갖는 추상적인 체계이고, 파롤은 랑그에 바탕을 두고 개인이 실현하는 구체적인 발화이다. [3]소쉬르는 어떤 사람이 어떠한 발화를 하더라도 그 발화의 표현 방식이나 범위는 사실상 그가 사용하는 언어 체계인 랑그에 의해서 지배되거나 제약받는다고 주장한다.
>
> '랑그란 언어가 갖는 추상적인 체계이고, 파롤은 랑그에 바탕을 두고 개인이 실현하는 구체적인 발화'라고 하였으며, 어떤 사람의 '발화의 표현 방식이나 범위는 사실상 그가 사용하는 언어 체계인 랑그에 의해서 지배되거나 제약받는다'고 하였으므로 파롤의 표현 방식은 랑그에 의해서 제약을 받는다고 할 수 있다.

오답풀이

① 랑그는 ~~현실 세계를 재현~~하는 수단이다.

근거: [2]랑그란 언어가 갖는 추상적인 체계 + [7]랑그의 차이에 따라 사람들이 현실 세계를 인식하는 방식이 달라진다는 것을 의미하는 것이다. + [10]소쉬르의 언어학은 언어가 현실 세계를 수동적으로 재현하는 수단이 아니며, 오히려 언어가 현실 세계를 구성한다는 생각을 함축하고 있는 것이다.

랑그와 파롤이라는 개념을 제시한 소쉬르는 '언어가 현실 세계를 수동적으로 재현하는 수단이 아니'라고 보았으므로, '언어가 갖는 추상적인 체계'인 랑그를 현실 세계를 재현하는 수단이라고 볼 수는 없다.

② ~~파롤~~은 언어의 추상적 체계를 지칭한다.

근거: [2]랑그란 언어가 갖는 추상적인 체계이고, 파롤은 랑그에 바탕을 두고 개인이 실현하는 구체적인 발화이다.

③ ~~랑그~~는 개인이 실현하는 구체적인 발화이다.

근거: [2]랑그란 언어가 갖는 추상적인 체계이고, 파롤은 랑그에 바탕을 두고 개인이 실현하는 구체적인 발화이다.

⑤ 랑그는 파롤을 바탕으로 ~~발화자가 주체임을~~ 드러낸다.

근거: [8]일반적으로 사람들은 어휘를 선택하고 그것을 언어 체계에 맞추어 발화하는 주체가 자신이라고 생각한다. [9]하지만 소쉬르는 발화의 진정한 주체는 발화자가 아닌 랑그라는 사실을 전제하고 있다.

'소쉬르는 발화의 진정한 주체는 발화자가 아닌 랑그'라고 보았으므로, 랑그가 파롤을 바탕으로 발화자가 주체임을 드러내는 것은 아니다.

¹논리실증주의자와 포퍼는 지식을 수학적 지식이나 논리학 지식처럼 경험과 무관한 것과 과학적 지식처럼 경험에 의존하는 것으로 구분한다. ²그중 과학적 지식은 과학적 방법에 의해 누적된다고 주장한다. ³가설은 과학적 지식의 후보가 되는 것인데, 이 글에서는 '가설'을 '과학적 지식'과 관련하여 설명하고 있네. 그들은 가설로부터 논리적으로 도출된 예측을 관찰이나 실험 등의 경험을 통해 맞는지 틀리는지 판단함으로써 그 가설을 시험하는 과학적 방법을 제시한다. 과학적 지식의 후보인 '가설'은 이로부터 도출된 예측을 관찰·실험 등의 경험을 통해 판단하는 과정을 거침으로써 과학적 지식으로 거듭날 수 있나 봐. ⁴논리실증주의자는 예측이 맞을 경우에, 포퍼는 예측이 틀리지 않는 한, 그 예측을 도출한 가설이 하나씩 새로운 지식으로 추가된다고 주장한다.

⁵하지만 콰인은 가설만 가지고서 예측을 논리적으로 도출할 수 없다고 본다. ⁶예를 들어 ⓐ새로 발견된 금속 M은 열을 받으면 팽창한다는 가설만 가지고는 ⓑ열을 받은 M이 팽창할 것이라는 예측을 이끌어낼 수 없다. 구체적인 예시를 통해 앞서 언급한 콰인의 주장을 보다 자세히 설명해 주려나 봐. ⁷먼저 지금까지 관찰한 모든 금속은 열을 받으면 팽창한다는 기존의 지식과 M에 열을 가했다는 조건 등이 필요하다. ⁸이렇게 예측은 가설, 기존의 지식들, 여러 조건 등을 모두 합쳐야만 논리적으로 도출된다는 것이다. ⁹그러므로 예측이 거짓으로 밝혀지면 정확히 무엇 때문에 예측에 실패한 것인지 알 수 없다는 것이다. ¹⁰이로부터 콰인은 개별적인 가설뿐만 아니라 ⓒ기존의 지식들과 여러 조건 등을 모두 포함하는 전체 지식이 경험을 통한 시험의 대상이 된다는 총체주의를 제안한다. 예시를 통해 콰인의 주장(문장 5)을 구체화한 뒤, 이를 기반으로 콰인이 제안한 '총체주의'라는 새로운 관점에 대한 정의를 제시하였어.

(중략)

¹¹총체주의는 특정 가설에 대해 제기되는 반박이 결정적인 것처럼 보이더라도 그 가설이 실용적으로 필요하다고 인정되면 언제든 그와 같은 반박을 피하는 방법을 강구하여 그 가설을 받아들일 수 있다. ¹²그러나 총체주의는 "A이면서 동시에 A가 아닐 수는 없다."와 같은 논리학의 법칙처럼 아무도 의심하지 않는 지식은 분석 명제로 분류해야 하는 것이 아니냐는 비판에 답해야 하는 어려움이 있다. 총체주의의 특징으로 의의(문장 11)와 한계(문장 12)를 언급했으니 눈여겨보면 좋겠네!

7. 윗글에서 정의와 관련 예시가 함께 제시된 문장을 찾아 그 번호를 적어 보세요.

정의: 문장 (10)

예시: 문장 (6 ~ 9)

8. 윗글의 내용을 참고하여, 아래 표의 빈칸을 채워 보세요.

콰인의 총체주의	
가설	새로 발견된 금속 M은 열을 받으면 팽창한다는 가설
+	+
기존의 지식들	지금까지 관찰한 모든 금속은 열을 받으면 팽창함
+	+
여러 조건 등	M에 열을 가했음 등
↓	↓
예측 도출	**열을 받은 M이 팽창할 것이라는 예측 도출**
∴ 예측이 거짓으로 밝혀지면 정확히 무엇 때문에 예측에 실패한 것인지 알 수 **없다**.	

9. 윗글을 바탕으로 총체주의의 입장에서 ⓐ~ⓒ에 대해 평가한 것으로 적절하지 <u>않은</u> 것은?

정답풀이

③ ⓑ가 거짓으로 밝혀지면 ⓒ를 수정하는 방법으로는 ⓐ를 ~~받아들일 수 없다~~고 하겠군.

> 근거: [11]총체주의는 특정 가설(ⓐ)에 대해 제기되는 반박이 결정적인 것처럼 보이더라도 그 가설이 실용적으로 필요하다고 인정되면 언제든 그와 같은 반박을 피하는 방법을 강구하여 그 가설을 받아들일 수 있다.
>
> 총체주의에서는 ⓑ가 거짓으로 밝혀져 ⓐ에 대한 결정적인 반박이 이루어지더라도 실용적으로 필요하다고 인정되면 ⓒ를 수정하는 등의 방법을 강구하여 ⓐ를 받아들일 수 있다고 할 것이다.

오답풀이

① ⓑ가 거짓으로 밝혀지더라도 그것이 ⓐ 때문이라고 단정하지 못하겠군.

근거: [8]이렇게 예측은 가설(ⓐ), 기존의 지식들, 여러 조건 등을 모두 합쳐야만 논리적으로 도출된다는 것이다. [9]그러므로 예측(ⓑ)이 거짓으로 밝혀지면 정확히 무엇 때문에 예측에 실패한 것인지 알 수 없다는 것이다.

총체주의에서는 ⓑ가 거짓으로 밝혀지더라도 정확히 무엇 때문인지 알 수 없다고 하였다.

② ⓑ는 ⓐ와 ⓒ로부터 논리적으로 도출된다고 하겠군.

근거: [8]이렇게 예측(ⓑ)은 가설(ⓐ), 기존의 지식들, 여러 조건 등을 모두 합쳐야만 논리적으로 도출된다는 것이다. + [10]이로부터 콰인은 개별적인 가설뿐만 아니라 기존의 지식들과 여러 조건 등을 모두 포함하는 전체 지식(ⓒ)이 경험을 통한 시험의 대상이 된다는 총체주의를 제안한다.

(2) 비교와 대조

문제 P.061

1~2

¹주희는 인간의 본성을 '본연지성(本然之性)'과 '기질지성(氣質之性)'으로 설명하였다. 인간의 본성에 대한 주희의 관점을 설명하고 있군. ²'본연지성'은 인간이 하늘로부터 부여 받은 순수하고 선한 본성이고, '기질지성'은 본연지성에 사람마다 다른 기질이 더해진 것으로 사람에 따라 다양하게 나타난다. '본연지성'과 '기질지성'의 정의를 언급했으니 잘 확인해 두자. ³그래서 주희는 인간의 기질이 맑으면 선한 행위를 하고 탁하면 악한 행위를 할 수 있다고 보았다. ⁴그러나 정약용은 선한 행위와 악한 행위의 원인을 기질이라는 선천적 요인으로 본다면 행위에 인간의 의지가 개입되지 않으므로 악한 행위를 한 사람에게 윤리적 책임을 물을 수 없다고 주희의 관점을 비판하였다. 주희의 관점을 비판한 정약용의 관점을 제시하였어. 이 글은 '인간의 본성'과 관련한 주희와 정약용의 관점을 비교·대조하는 방식으로 전개되려나 봐.

⁵정약용은 인간의 본성을 '기호(嗜好)'라고 보았다. 인간의 본성을 '본연지성'과 '기질지성'으로 설명했다고 한 주희와는 확실히 다른 관점을 취하고 있군. ⁶기호란 즐기고 좋아한다는 뜻으로, 우리는 주희와 정약용의 관점을 잘 비교하여 정리해야 하니, '기호'의 정의도 정확히 확인하고 넘어가는 게 좋겠어! 생명이 있는 모든 존재는 각각의 기호를 본성으로 갖는다고 보았다. ⁷꿩은 산을 좋아하는 경향성을 갖고 벼는 물을 좋아하는 경향성을 갖는 것처럼, 인간도 어떤 경향성을 갖는다는 것이다. ⁸정약용은 인간에게 '감각적 욕구에서 비롯된 기호'와 '도덕적 욕구에서 비롯된 기호'가 있다고 보았다. ⁹먼저, 감각적 욕구에서 비롯된 기호는 생명이 있는 모든 존재가 지니는 육체의 경향성으로, 맛있는 것을 좋아하고 맛없는 것을 싫어하는 것을 예로 들 수 있다. ¹⁰다음으로, 도덕적 욕구에서 비롯된 기호는 인간만이 지니는 영혼의 경향성으로, 선을 좋아하거나 악을 싫어하는 것을 예로 들 수 있다. 정약용이 인간에게 있다고 본 두 가지 종류의 기호를 예시를 들며 자세히 설명하였어. ¹¹정약용은 감각적 욕구가 생존에 필요하고 삶의 원동력이 된다는 점에서 일부 긍정했으나, 감각적 욕구에서 비롯된 기호를 제어하지 못할 경우 악한 행위가 나타날 수 있고, 도덕적 욕구에서 비롯된 기호를 따를 경우 선한 행위가 나타난다고 보았다. 정약용은 악한 행위와 선한 행위의 원인을 '감각적 욕구에서 비롯된 기호'와 '도덕적 욕구에서 비롯된 기호'를 통해 설명하는군. ¹²정약용은 선한 행위를 하거나 악한 행위를 하는 것이 온전히 인간의 자유 의지에 달려 있으므로, 악한 행위를 한 사람에게 윤리적 책임을 물을 수 있다고 보았다. 즉 정약용은 인간이 하는 선하고 악한 행위를 스스로의 자유 의지에 따른 것으로 본다는 점에서 주희의 관점과는 차이가 있군.

---

1. 윗글의 내용을 참고하여 아래 표의 빈칸을 채워 보세요.

	주희	정약용
인간의 본성	본연지성과 기질지성으로 설명	**감각적** 욕구에서 비롯된 기호와 **도덕적** 욕구에서 비롯된 기호로 설명
행위의 원인	· 선한 행위: **맑은** 기질 · 악한 행위: **탁한** 기질	· 선한 행위: 도덕적 욕구에서 비롯된 기호를 **따름** · 악한 행위: 감각적 욕구에서 비롯된 기호를 **제어**하지 못함

2. 윗글의 내용과 일치하지 않는 것은?

정답풀이

③ 정약용은 감각적 욕구가 악한 행위를 유도하므로 ~~제거해야 한다~~고 보았다.

> 근거: **8**정약용은 인간에게 '감각적 욕구에서 비롯된 기호'와 '도덕적 욕구에서 비롯된 기호'가 있다고 보았다. + **11**정약용은 감각적 욕구가 생존에 필요하고 삶의 원동력이 된다는 점에서 일부 긍정
>
> 정약용은 인간의 본성인 기호를 '감각적 욕구에서 비롯된 기호'와 '도덕적 욕구에서 비롯된 기호'로 구분하면서 그중 '생존에 필요하고 삶의 원동력이 된다는 점'에서 감각적 욕구를 '일부 긍정'하였으므로, 정약용이 감각적 욕구를 제거해야 한다고 본 것은 아니다.

오답풀이

① 주희는 인간에게 하늘로부터 부여 받은 본연지성이 있다고 보았다.

근거: **1**주희는 인간의 본성을 '본연지성'과 '기질지성'으로 설명하였다. **2**'본연지성'은 인간이 하늘로부터 부여 받은 순수하고 선한 본성

② 주희는 기질의 맑고 탁함에 따라 선하거나 악한 행위가 나타날 수 있다고 보았다.

근거: **3**주희는 인간의 기질이 맑으면 선한 행위를 하고 탁하면 악한 행위를 할 수 있다고 보았다.

④ 정약용은 주희의 관점으로는 악한 행위를 한 사람에게 윤리적 책임을 물을 수 없다고 보았다.

근거: **3**주희는 인간의 기질이 맑으면 선한 행위를 하고 탁하면 악한 행위를 할 수 있다고 보았다. **4**그러나 정약용은 선한 행위와 악한 행위의 원인을 기질이라는 선천적 요인으로 본다면 행위에 인간의 의지가 개입되지 않으므로 악한 행위를 한 사람에게 윤리적 책임을 물을 수 없다고 주희의 관점을 비판하였다.

¹일반적으로 매복형 육식동물은 양쪽 눈으로 초점을 맞춰 대상을 보는 양안시로, 각 눈으로부터 얻는 영상의 차이인 양안시차를 하나의 입체 영상으로 재구성하면서 물체와의 거리를 파악한다. 양안시인 매복형 육식동물이 물체와의 거리를 파악하는 원리에 대해 설명하였어. ²그런데 이러한 양안시차뿐만 아니라 거리지각에 대한 정보를 주는 요소로 심도 역시 중요하다. ³심도란 초점이 맞는 공간의 범위를 말하며, 심도는 눈동자의 크기에 따라 결정된다. 물체와의 거리를 파악하는 데 중요한 역할을 하는 또 다른 요소인 심도에 대해 설명하였네. ⁴즉 눈동자의 크기가 커져 빛이 많이 들어오게 되면, 커지기 전보다 초점이 맞는 범위가 좁아진다. ⁵이렇게 초점의 범위가 좁아진 경우를 심도가 '얕다'고 하며, 반대인 경우를 심도가 '깊다'고 한다. 심도가 얕고 깊음이 각각 어떤 경우를 말하는 것인지 정확히 이해하고 넘어가야겠군!

⁶이런 원리로 매복형 육식동물은 세로로는 커지고, 가로로는 작아진 눈동자를 통해 세로로는 심도가 얕고, 가로로는 심도가 깊은 영상을 보게 된다. ⁷세로로 심도가 얕다는 것은 영상에서 초점이 맞는 범위를 벗어난, 아래와 위의 물체들 즉 실제 세계에서는 초점을 맞춘 대상의 앞과 뒤에 있는 물체들이 흐릿하게 보인다는 것이고, 가로로 심도가 깊다는 것은 초점을 맞춘 대상이 더욱 뚜렷하게 보인다는 것을 말한다. ⁸세로로 길쭉한 눈동자를 통해 사냥감은 더욱 선명해지고, 사냥감을 제외한 다른 물체들이 흐릿해짐으로써 눈동자가 원형일 때보다 정확한 거리 정보를 파악하는 데 유리해진다. 심도의 깊이와 관련하여 매복형 육식동물의 거리 정보 파악 원리를 자세히 설명하였어.

⁹한편, 대부분의 초식동물은 가로로 길쭉한 눈동자를 지니고 있으며 눈의 위치가 좌우로 많이 벌어져 있다. ¹⁰이는 주변을 항상 경계하면서 포식자의 출현을 사전에 알아채야 하는 생존 방식과 관련이 있다. ¹¹초식동물은 가로로 길쭉한 눈동자를 통해 세로로는 심도가 깊고 가로로는 심도가 얕은 영상을 얻게 되는데, 이로 인해 초점이 맞는 범위의 모든 물체가 뚜렷하게 보여 거리감보다는 천적의 존재 자체를 확인하는 데 더욱 효과적이다. ¹²게다가 눈동자가 가로로 길쭉하기 때문에 측면에서 들어오는 빛이 위아래에서 들어오는 빛보다 많아 영상을 밝게 볼 수 있다. 이번에는 초식동물의 거리 정보 파악 원리를 심도와 관련지어 설명하였네. 앞서 설명한 매복형 육식동물의 경우와 비교하여 정리해 놓아야겠지? ¹³또한 양안시인 매복형 육식동물과 달리 초식동물은 한쪽 눈으로 초점을 맞추는 단안시여서 눈의 위치가 좌우로 많이 벌어질수록 유리하다. 'A와 달리 D'의 구조를 통해 초식동물은 '단안시'라는 점에서 매복형 육식동물과 차이가 있다는 점을 강조하였어. ¹⁴두 시야가 겹쳐 입체 영상을 볼 수 있는 영역은 정면뿐이지만 바로 뒤를 빼고 거의 전 영역을 볼 수 있기 때문이다.

3. 윗글의 내용을 참고하여 아래 표의 빈칸을 채워 보세요.

	매복형 육식동물	초식동물
초점을 맞추는 방식	양안시	단안시
눈과 눈동자의 모양	세로로 크고 가로로 작은 **눈동자**	눈동자가 가로로 **길쭉**하며 눈의 위치가 좌우로 많이 벌어짐
심도	세로로 얕고, 가로로 **깊음** → 초점을 맞춘 대상은 더욱 **뚜렷**하게, 그 앞뒤 물체들은 흐릿하게 보임	세로로 **깊고**, 가로로 **얕음** → 초점이 맞는 범위의 모든 물체가 **뚜렷**하게 보임
생존 방식과의 관련성	**사냥감까지의 정확한 거리 정보를 파악하는 데 유리함**	**천적의 존재 자체를 확인하는 데 효과적임**

4. 윗글을 참고할 때, 〈보기〉의 ㉠, ㉡에 대한 답으로 가장 적절한 것은?

보기

> 양을 사냥하기 위해 매복하고 있는 늑대는 사냥감에 초점을 맞춘 후 거리를 파악하고 있다. 모든 물체들은 일직선상에 위치하고 있으며, 양과 늑대는 움직이지 않고 있다. 이때, ㉠양과 늑대가 얻는 영상의 심도는 어떨까? 그리고 ㉡양과 늑대의 눈에는 다른 물체들이 어떻게 보일까?

정답풀이

		㉠	㉡
④	늑대	가로로 심도가 깊음. 세로로 심도가 얕음.	양보다 바위와 나무가 더 흐릿해 보임.

근거: [6]매복형 육식동물은 세로로는 커지고, 가로로는 작아진 눈동자를 통해 세로로는 심도가 얕고, 가로로는 심도가 깊은 영상을 보게 된다. [7]세로로 심도가 얕다는 것은 영상에서 초점이 맞는 범위를 벗어난, 아래와 위의 물체들 즉 실제 세계에서는 초점을 맞춘 대상의 앞과 뒤에 있는 물체들이 흐릿하게 보인다는 것이고, 가로로 심도가 깊다는 것은 초점을 맞춘 대상이 더욱 뚜렷하게 보인다는 것을 말한다.

늑대는 매복형 육식동물이므로 '세로로는 커지고, 가로로는 작아진 눈동자'를 가지고 있어 '세로로는 심도가 얕고, 가로로는 심도가 깊은 영상'을 보게 될 것이다. 세로로 심도가 얕으면 '초점을 맞춘 대상의 앞과 뒤에 있는 물체들이 흐릿하게 보'이며 가로로 심도가 깊으면 '초점을 맞춘 대상이 더욱 뚜렷하게 보'이게 된다. 따라서 늑대가 초점을 맞춘 대상인 양은 상대적으로 뚜렷하게 보이고, 그 앞과 뒤에 있는 바위와 나무는 상대적으로 흐릿하게 보일 것이다.

오답풀이

		㉠	㉡
①	양	가로로 심도가 ~~깊음~~ 세로로 심도가 ~~얕음~~	~~바위와 늑대보다 나무가 더 어두워 보임~~
②	양	가로로 심도가 얕음. 세로로 심도가 ~~얕음~~	늑대와 나무, 바위가 모두 뚜렷해 보임.

근거: [9]대부분의 초식동물은 가로로 길쭉한 눈동자를 지니고 있으며 눈의 위치가 좌우로 많이 벌어져 있다. + [11]초식동물은 가로로 길쭉한 눈동자를 통해 세로로는 심도가 깊고 가로로는 심도가 얕은 영상을 얻게 되는데, 이로 인해 초점이 맞는 범위의 모든 물체가 뚜렷하게 보여 거리감보다는 천적의 존재 자체를 확인하는 데 더욱 효과적이다.

양은 초식동물이므로 '가로로 길쭉한 눈동자'를 가지고 있어 '세로로는 심도가 깊고 가로로는 심도가 얕은 영상'을 얻는다. 이는 '초점이 맞는 범위의 모든 물체가 뚜렷하게 보'이도록 하므로 초점이 맞는 범위 내에 있는 한 늑대, 바위, 나무가 모두 뚜렷하게 보일 것이다.

¹자연 현상과 인간사를 인과 관계로 설명하는 동아시아의 대표적 논의는 재이론(災異論)이다. 이 글의 핵심 화제는 '재이론' 인가 봐. ²한대(漢代)의 동중서는 하늘이 덕을 잃은 군주에게 재이를 내려 견책한다는 천견설과, 인간과 하늘에 공통된 음양의 기(氣)를 통해 하늘과 인간이 서로 감응한다는 천인감응론을 결합하여 재이론을 체계화하였다. 재이론을 체계화한 동중서의 관점에 대해 설명하고 있군. ³그에 따르면, 군주가 실정(失政)을 저지르면 그로 말미암아 변화된 음양의 기를 통해 감응한 하늘이 가뭄과 홍수, 일식과 월식 등 재이를 통해 경고를 내린다. ⁴이때 재이는 군주권이 하늘로부터 비롯된 것임을 입증하는 것이자 군주의 실정에 대한 경고였다. 동중서의 관점에서 볼 때, 재이란 무엇을 말하는 것인지를 잘 확인하고 넘어가자.

⁵양면적 성격의 재이론은 신하가 정치적 논의에 참여할 수 있는 명분을 제공하였고, 재이가 발생하면 군주가 직언을 구하고 신하가 이에 응하는 전통으로 구체화되었다. ⁶하지만 동중서 이후, 원인으로서의 인간사와 결과로서의 재이를 일대일로 대응시켜 설명하는 개별적 대응 방식은 억지가 심하다는 평가를 받았다. 동중서가 체계화한 재이론과 관련하여, 인간 사와 재이를 일일이 대응시키는 '개별적 대응 방식'은 점차 부정적인 평가에 직면하게 되었음을 설명하였어. ⁷이 방식은 오히려 ㉠예언화 경향으로 이어져 재이를 인간사의 징조로, 인간사를 재이의 결과로 대응시키는 풍조를 낳기도 하였고, 요망한 말로 백성을 미혹시켰다는 이유로 군주가 직언을 하는 신하를 탄압하는 빌미가 되기도 하였다. 결국 동중서가 체계화한 재이론은 시간이 흐름에 따라 정치적인 폐해를 낳는 이론으로 변해버리고 말았군.

⁸이후 재이에 대한 예언적 해석은 비판의 대상이 되었고, 천인감응론 또한 부정되기도 하였다. ⁹하지만 재이론은 여 전히 정치 현장에서 사라지지 않았다. ¹⁰송대(宋代)에 이르러, 주희는 천문학의 발달로 예측 가능하게 된 일월식을 재 이로 간주하지 않는 경향을 수용하였고, 재이를 근본적으로 이치에 의해 설명되기 어려운 자연 현상으로 간주하였다. 비판의 대상으로 변모했음에도 재이론이 정치 현장에서 사라지지 않은 것은 '주희' 덕분이었나 봐. 이제부터는 주희의 관점에서 본 재이론에 대해 설명할 테니, 동중서의 관점과 비교해 가며 읽어보자. ¹¹하지만 당시까지도 재이에 대해 군주의 적극적인 대응을 유도하며 안전한 언론 활동의 기회를 제공했던 재이론이 폐기되는 것은, 신하의 입장에서 유용한 정치적 기제를 잃는 것이었다. ¹²이 때문에 그는 군주를 경계하는 적절한 방법을 찾고자 재이론을 고수하였다. ¹³그는 재이에 대한 개별적 대응 대신 군주에게 허물과 잘못이 쌓이면 이에 하늘이 감응하여 변칙적인 자연 현상이 일어날 것이라는 ㉡전반적 대응설을 제시하고, 'A 대신에 B'의 구조를 통해 주희가 재정립한 재이론의 특징을 부각하고 있군. 재이를 군주의 심성 수양 문제로 귀결시키며 재이론의 역사적 수명을 연장하였다.

5. 윗글의 내용을 참고하여 아래 표의 빈칸을 채워 보세요.

	동중서	주희
재이론	- 천견설 + 천인감응론 → 재이론을 체계화함 - 재이는 군주의 실정에 대한 **경고**라고 봄 - 개별적 대응 방식을 주장함	- 군주를 경계하는 방법으로서 재이론을 고수함 - 재이는 이치로 설명하기 어려운 **자연 현상**이라고 봄 - **전반적** 대응설을 제시함

6. ⊙, ⓛ에 대한 설명으로 가장 적절한 것은?

정답풀이

② ⊙은 이전과 달리 인간사와 재이의 인과 관계를 역전시켜 재이를 인간사의 미래를 알려 주는 징조로 삼는 데 활용되었다.

> 근거: [1]자연 현상과 인간사를 인과 관계로 설명하는 동아시아의 대표적 논의는 재이론이다. + [4]이때 재이는 군주권이 하늘로부터 비롯된 것임을 입증하는 것이자 군주의 실정에 대한 경고였다. + [6]하지만 동중서 이후, 원인으로서의 인간사와 결과로서의 재이를 일대일로 대응시켜 설명하는 개별적 대응 방식은 억지가 심하다는 평가를 받았다. [7]이 방식은 오히려 예언화 경향(⊙)으로 이어져 재이를 인간사의 징조로, 인간사를 재이의 결과로 대응시키는 풍조를 낳기도 하였고
>
> 동중서가 체계화한 재이론에 따르면, 재이는 본래 군주의 실정에 대한 경고(인간사 → 재이)였지만, 이는 이후 ⊙으로 이어지면서 인과 관계가 역전되어 재이를 인간사의 징조(재이 → 인간사)로 여기는 풍조가 나타나게 되었다.

오답풀이

① ⊙은 군주의 과거 실정에 대한 경고로서 재이의 의미가 ~~강조~~되어 신하의 직언을 ~~활성화~~하는 방향으로 활용되었다.

> 근거: [4]이때 재이는 군주권이 하늘로부터 비롯된 것임을 입증하는 것이자 군주의 실정에 대한 경고였다. + [5]양면적 성격의 재이론은 신하가 정치적 논의에 참여할 수 있는 명분을 제공하였고, 재이가 발생하면 군주가 직언을 구하고 신하가 이에 응하는 전통으로 구체화되었다.~[7]이 방식(개별적 대응 방식)은 오히려 예언화 경향(⊙)으로 이어져 재이를 인간사의 징조로, 인간사를 재이의 결과로 대응시키는 풍조를 낳기도 하였고, 요망한 말로 백성을 미혹시켰다는 이유로 군주가 직언을 하는 신하를 탄압하는 빌미가 되기도 하였다.

> ⊙이 나타나기 이전까지 재이는 군주의 실정에 대한 경고로 여겨졌기 때문에 재이론은 재이가 발생할 시 군주가 직언을 구하고 신하가 이에 응하는 전통으로 구체화되었다. 하지만 이후 재이론의 개별적 대응 방식이 ⊙으로 이어지면서 이는 오히려 군수가 직언을 하는 신하를 탄압하는 방향으로 활용되었다.

③ ⓛ은 개별적인 재이 현상을 물리적 작용이라 보고 ~~정치와 무관하게 재이를 이해~~하는 기초로 활용되었다.

> 근거: [11]하지만 당시까지도 재이에 대해 군주의 적극적인 대응을 유도하며 안전한 언론 활동의 기회를 제공했던 재이론이 폐기되는 것은, 신하의 입장에서 유용한 정치적 기제를 잃는 것이었다. [12]이 때문에 그(주희)는 군주를 경계하는 적절한 방법을 찾고자 재이론을 고수하였다. [13]그는 재이에 대한 개별적 대응 대신 군주에게 허물과 잘못이 쌓이면 이에 하늘이 감응하여 변칙적인 자연 현상이 일어날 것이라는 전반적 대응설(ⓛ)을 제시하고, 재이를 군주의 심성 수양 문제로 귀결시키며 재이론의 역사적 수명을 연장하였다.

> ⓛ을 제시한 주희는 재이론을 신하의 입장에서 유용한 정치적 기제로 보고 군주를 경계하는 적절한 방법을 찾고자 재이론을 고수하였으므로, ⓛ이 정치와 무관하게 재이를 이해하는 기초로 활용되었다고 볼 수는 없다.

④ ⓛ은 누적된 실정과 특정한 재이 현상을 연결 짓는 방식으로 이어져 군주의 권력을 ~~강화하는 데 활용~~되었다.

> 근거: [12]이 때문에 그(주희)는 군주를 경계하는 적절한 방법을 찾고자 재이론을 고수하였다. [13]그는 재이에 대한 개별적 대응 대신 군주에게 허물과 잘못이 쌓이면 이에 하늘이 감응하여 변칙적인 자연 현상이 일어날 것이라는 전반적 대응설(ⓛ)을 제시하고, 재이를 군주의 심성 수양 문제로 귀결시키며 재이론의 역사적 수명을 연장하였다.

> ⓛ이 누적된 실정, 즉 군주의 허물과 잘못을 특정한 재이 현상과 연결 지은 것은 맞지만, 이는 군주의 권력을 강화하는 데 활용된 것이 아니라 오히려 군주를 경계하는 방법으로 활용되었다.

⑤ ⓛ은 과학적 인식을 기반으로 ~~군주의 지배력과 변칙적인 자연 현상이 무관~~하다는 인식을 강화하는 기초로 활용되었다.

> 근거: [13]그(주희)는 재이에 대한 개별적 대응 대신 군주에게 허물과 잘못이 쌓이면 이에 하늘이 감응하여 변칙적인 자연 현상이 일어날 것이라는 전반적 대응설(ⓛ)을 제시하고, 재이를 군주의 심성 수양 문제로 귀결시키며 재이론의 역사적 수명을 연장하였다.

> ⓛ은 군주의 실정과 변칙적인 자연 현상을 연관 짓고 있으므로, ⓛ이 군주의 지배력과 변칙적인 자연 현상이 무관하다는 인식을 강화한다고 볼 수 없다.

(3) 분류와 나열

문제 P.070

1~2

¹수요의 법칙에 따르면 어떤 상품의 가격 변화에 따라 그 상품의 수요량은 변화한다. ²수요의 가격탄력성은 가격이 변할 때 수요량이 변하는 정도를 나타내는 지표다. 수요의 가격탄력성이라는 개념의 정의를 제시하였어. ³가격 변화에 따른 수요량의 변화가 민감하면 탄력적이라 하고, 가격 변화에 따른 수요량의 변화가 민감하지 않으면 비탄력적이라고 한다. 어떤 경우에 수요의 가격탄력성을 탄력적 혹은 비탄력적이라고 하는지 헷갈리지 않도록 잘 확인해 두어야겠지?

⁴수요의 가격탄력성에 영향을 주는 대표적인 요인에는 세 가지가 있다. '수요의 가격탄력성'이라는 중심 화제와 관련하여, 이에 영향을 주는 대표적인 요인이라는 분류 기준에 따라 총 세 가지의 정보를 제시하려나 봐. ⁵첫째, 대체재의 존재 여부이다. 세 가지 요인 중 첫 번째로 대체재의 존재 여부를 언급하였어. ⁶어떤 상품에 밀접한 대체재가 있으면, 소비자들은 그 상품 대신에 대체재를 사용할 수 있으므로 그 상품 수요의 가격탄력성은 탄력적이다. ⁷예를 들어 버터는 마가린이라는 밀접한 대체재가 있기 때문에 버터 가격이 오르면 버터의 수요량은 크게 감소하므로 버터 수요의 가격탄력성은 탄력적이다. 어떤 상품에 대해 대체재가 있으면 수요의 가격탄력성이 탄력적이라는 점을 버터와 마가린의 경우를 예시로 들어 설명하였어. ⁸반면에 달걀은 마땅한 대체재가 없으므로, 달걀 수요의 가격탄력성은 비탄력적이다. ⁹둘째, 필요성의 정도이다. '둘째'라는 나열 및 순서의 표지와 함께 수요의 가격탄력성에 영향을 주는 또 다른 요인으로 필요성의 정도를 제시하고 있군. ¹⁰필수재 수요의 가격탄력성은 대체로 비탄력적인 반면에, 사치재 수요의 가격탄력성은 대체로 탄력적이다. ¹¹예를 들어 필수재인 휴지의 가격이 오르면 아껴 쓰기는 하겠지만 그 수요량이 급격하게 줄어들지는 않는다. ¹²그러나 사치재인 보석의 가격이 상승하면 그 수요량이 감소한다. 필요성의 정도를 고려할 때, 필수재는 사치재에 비해 수요의 가격탄력성이 비탄력적이라는 점을 휴지와 보석의 경우를 예로 들어 설명하였군. ¹³셋째, 소득에서 지출이 차지하는 비중이다. '셋째'라는 나열 및 순서의 표지와 함께 수요의 가격탄력성에 영향을 주는 마지막 요인인 소득에서 지출이 차지하는 비중이 언급되었어. ¹⁴해당 상품을 구매하기 위한 지출이 소득에서 차지하는 비중이 높을수록 수요의 가격탄력성은 커진다. ¹⁵소득에서 차지하는 비중이 큰 상품의 가격이 인상되면 개인의 소비 생활에 지장을 초래할 수 있으므로 그만큼 가격 변화에 민감하게 반응할 수밖에 없다. 어떤 상품을 구매하기 위해 드는 비용이 자신의 소득에서 차지하는 비중이 높을수록, 그 상품의 가격 변화에 따라 상품의 수요 역시 급격히 달라질 수 있다고 하네.

1. 윗글의 내용을 참고하여 아래 표의 빈칸을 채워 보세요.

중심 화제	수요의 가격탄력성
분류 기준	중심 화제에 영향을 주는 대표적인 요인
하위 요소	– 대체재의 존재 여부 – 필요성의 정도 – 소득에서 지출이 차지하는 비중

2. 윗글을 참고할 때, 〈보기〉의 ㉮~㉰에 들어갈 말을 바르게 짝지은 것은?

> ┤ 보기 ├
>
> 쌀을 주식으로 하는 갑국은 밀을 주식으로 하는 나라에 비해 쌀 수요의 가격탄력성은 (㉮)이고, 자동차보다 저렴한 오토바이가 주요 이동 수단인 을국은 자동차가 주요 이동 수단인 나라에 비해 자동차를 (㉯)로 인식하여 자동차 수요의 가격탄력성은 (㉰)이다.

정답풀이

	㉮	㉯	㉰
②	비탄력적	사치재	탄력적

근거: [10]필수재 수요의 가격탄력성은 대체로 비탄력적인 반면에, 사치재 수요의 가격탄력성은 대체로 탄력적이다. [11]예를 들어 필수재인 휴지의 가격이 오르면 아껴 쓰기는 하겠지만 그 수요량이 급격하게 줄어들지는 않는다. [12]그러나 사치재인 보석의 가격이 상승하면 그 수요량이 감소한다.

윗글에서 '필수재 수요의 가격탄력성은 대체로 비탄력적인 반면에, 사치재 수요의 가격탄력성은 대체로 탄력적이다.'라고 하였다. 이에 따르면 '쌀을 주식으로 하는 갑국'에서 쌀은 필수재이므로, '밀을 주식으로 하는 나라'에 비해 쌀 수요의 가격탄력성은 비탄력적(㉮)이다. 한편 '자동차보다 저렴한 오토바이가 주요 이동 수단인 을국'에서 자동차는 사치재(㉯)이므로, '자동차가 주요 이동 수단인 나라'에 비해 자동차 수요의 가격탄력성은 탄력적(㉰)이다.

¹급성감염은 일반적으로 짧은 기간 안에 일어나는데, 바이러스는 감염된 숙주 세포를 증식 과정에서 죽이고 바이러스가 또 다른 숙주 세포에서 증식하며 질병을 일으킨다. ²시간이 흐르면서 체내의 방어 체계에 의해 바이러스를 제거해 나가면 체내에는 더 이상 바이러스가 남아 있지 않게 된다. 급성감염이 무엇인지에 대해 바이러스의 증식과 사멸 과정을 중심으로 설명하였어. ³반면 지속감염은 급성감염에 비해 상대적으로 오랜 기간 동안 바이러스가 체내에 잔류한다. ⁴지속감염에서는 바이러스가 장기간 숙주 세포를 파괴하지 않으면서도 체내의 방어 체계를 회피하며 생존한다. 이번에는 지속감염에 대해 설명하였어. 급성감염과의 차이점에 주목하며 내용을 정리해 보면 좋겠지? ⁵지속감염은 바이러스의 발현 양상에 따라 잠복감염과 만성감염, 지연감염으로 나뉜다. '지속감염'의 종류를 '바이러스의 발현 양상'이라는 기준에 따라 총 세 가지로 나누어서 설명해 주려나 봐.

⁶잠복감염은 초기 감염으로 증상이 나타난 후 한동안 증상이 사라졌다가 특정 조건에서 바이러스가 재활성화되어 증상을 다시 동반한다. 순서대로 '잠복감염'에 대해서부터 설명하기 시작하는군. ⁷이때 같은 바이러스에 의한 것임에도 첫 번째와 두 번째 질병이 다르게 발현되기도 한다. ⁸잠복감염은 질병이 재발하기까지 바이러스가 감염성을 띠지 않고 잠복하게 되는데, 이러한 상태의 바이러스를 프로바이러스라고 부른다. 감염성을 띠지 않고 체내에 잠복하고 있던 바이러스가 재활성화되면 한동안 사라졌던 증상이 다시 나타난다는 점이 잠복감염의 특징이군. ⁹만성감염은 감염성 바이러스가 숙주로부터 계속 배출되어 항상 검출되고 다른 사람에게 옮길 수 있는 감염 상태이다. ¹⁰하지만 사람에 따라서 질병이 발현되거나 되지 않기도 하며 때로는 뒤늦게 발현될 수도 있다는 특성이 있다. 다음으로 만성감염에 대해 설명하였어. 바이러스가 계속해서 감염성을 띠고 있다는 점, 질병의 발현 유무는 사람에 따라 다를 수 있다는 점이 특징이군. ¹¹지연감염은 초기 감염 후 특별한 증상이 나타나지 않다가, 장기간에 걸쳐 감염성 바이러스의 수가 점진적으로 증가하여 반드시 특정 질병을 유발하는 특성이 있다. 마지막으로 장기간에 걸쳐 점차 감염성 바이러스의 수가 증가한다는 특징을 지닌 지연감염에 대해 설명하였네.

3. 윗글의 내용을 참고하여, 아래 표의 빈칸을 채워 보세요.

중심 화제	지속감염
분류 기준	바이러스의 발현 양상
하위 요소	– 잠복감염 – 만성감염 – 지연감염

4. 윗글을 참고할 때, 〈보기〉에 대한 반응으로 적절하지 <u>않은</u> 것은?

> **보기**
>
> • '수두–대상포진 바이러스(VZV)'에 감염되면, 처음에는 미열과 발진성 수포가 생기는 수두가 발병한다. 시간이 지나면 자연적으로 치료되나 'VZV'를 평생 갖고 살아가게 된다. 그러다가 신체의 면역력이 저하되면 피부에 통증과 수포가 생겨날 수 있는데, 이를 대상포진이라 한다.
> • 'C형 간염 바이러스(HCV)'에 감염된 환자의 약 80%는 해당 바이러스를 보유하고도 증세가 나타나지 않아 감염 여부를 인지하지 못하다가 우연히 알게 되기도 한다. 하지만 감염 환자의 약 20%는 간에 염증이 나타나고 이에 따른 합병증이 나타나기도 한다.

정답풀이

② 'VZV'를 가진 사람의 피부에 통증과 수포가 발생하는 것은 'VZV'가 다시 활성화되는 ~~특정 조건~~이 되겠군.

> 근거: [6]잠복감염은 초기 감염으로 증상이 나타난 후 한동안 증상이 사라졌다가 특정 조건에서 바이러스가 재활성화되어 증상을 다시 동반한다. + [9]만성감염은 감염성 바이러스가 숙주로부터 계속 배출되어 항상 검출되고 다른 사람에게 옮길 수 있는 감염 상태이다. [10]하지만 사람에 따라서 질병이 발현되거나 되지 않기도 하며 때로는 뒤늦게 발현될 수도 있다는 특성이 있다.
>
> 윗글을 참고할 때, 〈보기〉의 'VZV'에 의한 감염은 '초기 감염으로 증상이 나타난 후 한동안 증상이 사라졌다가 특정 조건에서 바이러스가 재활성화되어 증상을 다시 동반'하는 '잠복감염'에 해당한다. 한편 'HCV'에 의한 감염은 '감염성 바이러스가 숙주로부터 계속 배출되어 항상 검출'되지만 '질병이 발현되거나 되지 않기도 하며 때로는 뒤늦게 발현될 수도 있'는 '만성감염'에 해당한다. 〈보기〉에 따르면 'VZV'를 가진 사람의 피부에 통증과 수포가 발생하는 증상이 나타난 것은 '신체의 면역력이 저하'되어 바이러스가 재활성화되어 나타난 것이다. 즉 피부에 통증과 수포가 발생하는 것이 'VZV'의 재활성화 조건은 아니다.

오답풀이

① 수두를 앓다가 나은 사람은 대상포진이 발병하지 않았을 때 'VZV' 프로바이러스를 갖고 있겠군.

> 근거: [8]잠복감염은 질병이 재발하기까지 바이러스가 감염성을 띠지 않고 잠복하게 되는데, 이러한 상태의 바이러스를 프로바이러스라고 부른다.
>
> 감염성을 띠지 않고 잠복하고 있는 'VZV'에 의한 감염은 '잠복감염'에 해당하므로, 수두를 앓다가 나은 사람은 대상포진이 발병하지 않았을 때 감염성을 띠지 않고 잠복하고 있는 'VZV' 프로바이러스를 갖고 있을 것이다.

③ 'HCV'에 감염된 사람은 간 염증을 앓고 있지 않더라도 타인에게 바이러스를 옮길 수 있겠군.

> 근거: [9]만성감염은 감염성 바이러스가 숙주로부터 계속 배출되어 항상 검출되고 다른 사람에게 옮길 수 있는 감염 상태이다.
>
> 'HCV'에 의한 감염은 '만성감염'에 해당하므로, 이에 감염된 사람은 감염성 바이러스가 숙주로부터 계속 배출되어 항상 검출되고 다른 사람에게 옮길 수 있는 상태일 것이다.

④ 'HCV'에 감염된 사람은 나이와 상관없이 간 염증이 나타날 수도 있고 전혀 나타나지 않을 수도 있겠군.

> 근거: [9]만성감염은~[10]하지만 사람에 따라서 질병이 발현되거나 되지 않기도 하며 때로는 뒤늦게 발현될 수도 있다는 특성이 있다.
>
> '만성감염'은 '질병이 발현되거나 되지 않기도 하며 때로는 뒤늦게 발현될 수도 있다'고 하였다. 따라서 'HCV'에 감염된 사람은 간 염증이 나타날 수도 있고 전혀 나타나지 않을 수도 있다.

⑤ 'VZV'나 'HCV'에 의한 질병이 발현된 상황이라면, 모두 체내에 잔류한 바이러스가 주변 세포를 감염시키고 있겠군.

> 근거: [3]반면 지속감염은 급성감염에 비해 상대적으로 오랜 기간 동안 바이러스가 체내에 잔류한다. + [8]잠복감염은 질병이 재발하기까지 바이러스가 감염성을 띠지 않고 잠복 [9]만성감염은 감염성 바이러스가 숙주로부터 계속 배출되어 항상 검출되고 다른 사람에게 옮길 수 있는 감염 상태이다.
>
> 〈보기〉의 'VZV'에 의한 감염은 '잠복감염', 'HCV'에 의한 감염은 '만성감염'에 해당하며, 이는 모두 '상대적으로 오랜 기간 동안 바이러스가 체내에 잔류'하는 '지속감염'에 해당한다. 윗글에서 '잠복감염'은 '질병이 재발하기까지 바이러스가 감염성을 띠지 않고 잠복'한다고 했지만, 〈보기〉에서처럼 'VZV'에 의한 질병이 발현된 상황이라면 질병이 재발하여 체내의 바이러스가 주변 세포를 감염시키고 있을 것이다. 또한 '만성감염'은 '감염성 바이러스가 숙주로부터 계속 배출되어 항상 검출되고 다른 사람에게 옮길 수 있는 감염 상태'라고 한 것을 고려하면, 'HCV'에 의한 질병이 발현된 상황에서도 체내의 바이러스가 주변 세포를 감염시키고 있을 것이다.

¹'왜?'라는 질문에 대한 답으로 제시되는 '설명'이 무엇인지를 분명히 하고자 과학철학에서는 여러 가지 설명 이론을 제시해 왔다. 과학철학에서 제시하는 설명 이론이 이 글의 중심 화제인가 봐.

²처음으로 체계적인 설명 이론을 제시한 헴펠에 따르면 설명은 몇 가지 요건을 충족하는 논증이어야 한다. ³기본적으로 논증은 전제로부터 결론이 논리적으로 도출되는 형식을 띤다. ⁴따라서 설명을 하는 부분인 설명항은 전제에 해당하며 설명되어야 하는 부분인 피설명항은 결론에 해당한다. 설명을 '몇 가지 요건을 충족하는 논증'이라고 한 것과 관련해, 설명항이 전제, 피설명항이 결론에 대응된다는 점을 언급하였어. ⁵헴펠에 따르면 설명은 세 가지 조건을 모두 충족해야 한다. 헴펠의 설명 이론에서 말하는 설명의 세 가지 조건들이 나열되겠군. ⁶첫째, 설명항에는 '모든 사람은 죽는다.'처럼 보편 법칙 또는 보편 법칙의 역할을 하는 명제가 하나 이상 있어야 한다. ⁷둘째, 보편 법칙이 구체적으로 적용되는 맥락을 나타내는 '소크라테스는 사람이다.'와 같은 선행 조건이 설명항에 하나 이상 있어야 한다. ⁸셋째, 피설명항은 설명항으로부터 '건전한 논증'을 통해 도출되어야 한다. ⁹이때 건전한 논증은 '논증의 전제가 모두 참'이라는 조건과 '논증의 전제가 모두 참이라면 결론도 반드시 참'이라는 조건을 모두 만족하는 논증이다. '첫째', '둘째', '셋째'라는 표지와 함께 나열된 설명의 세 가지 조건을 정확히 확인하고 넘어가도록 하자. ¹⁰이처럼 헴펠의 설명 이론은 피설명항이 보편 법칙의 개별 사례로서 마땅히 일어날 만한 일이었음을 보여 주기 위한 설명의 요건을 제시했다는 점에서 의의가 있다. 헴펠의 설명 이론이 지니는 의의를 제시하였네.

¹¹하지만 헴펠의 설명 이론은 설명에 대한 우리의 일상적 직관, 즉 경험적으로 파악할 수 없는 추상적 문제에 대해 대부분의 사람들이 공유하는 상식적 판단과 충돌하기도 하는 문제가 있다. 헴펠의 설명 이론이 지닌 문제점에 대해서도 설명하려나 봐. ¹²먼저 일상적 직관에 따르면 설명으로 인정되지만, 헴펠에 따르면 설명이 아니라고 판단해야 하는 경우가 있다. ¹³또 일상적 직관에 따르면 설명이 되지 못하지만, 헴펠에 따르면 설명으로 분류해야 하는 경우가 있다. 헴펠의 설명 이론이 일상적 직관과 충돌하는 경우가 있다는 점이 문제인 것이군! ¹⁴이는 헴펠의 이론이 설명을 몇 가지 요건을 충족하는 논증으로 국한했기 때문에 이들 요건을 충족하는 논증이기만 하면 모두 설명으로 인정해야 하는 동시에, 그렇지 않으면 모두 설명에서 배제해야 하는 데서 비롯된 것이다. 헴펠의 설명 이론이 지닌 문제의 원인이 무엇인지도 밝혀주고 있네.

5. 윗글의 내용을 참고하여, 아래 표의 빈칸을 채워 보세요.

중심 화제	헴펠의 설명 이론
분류 기준	설명의 조건
하위 요소	– 보편 법칙 또는 보편 법칙의 역할을 하는 **명제**가 **하나** 이상 있어야 함 – **선행** 조건이 설명항에 하나 이상 있어야 함 – 피설명항은 설명항으로부터 '**건전한 논증**'을 통해 도출되어야 함

6. 윗글에 따를 때, 헴펠의 설명 이론에 관한 이해로 적절하지 <u>않은</u> 것은?

정답풀이

① 어떤 것이 건전한 논증이면 그것은 ~~반드시~~ 설명이다.

> 근거: [5]헴펠에 따르면 설명은 세 가지 조건을 모두 충족해야 한다.~[8]셋째, 피설명항은 설명항으로부터 '건전한 논증'을 통해 도출되어야 한다. [9]이때 건전한 논증은 '논증의 전제가 모두 참'이라는 조건과 '논증의 전제가 모두 참이라면 결론도 반드시 참'이라는 조건을 모두 만족하는 논증이다.
>
> 헴펠이 '피설명항은 설명항으로부터 '건전한 논증'을 통해 도출되어야 한다'는 것을 설명이 되기 위한 조건 중 하나라고 본 것은 맞다. 그러나 헴펠은 설명이 세 가지 조건을 '모두' 충족해야 한다고 보았으므로, 어떤 것이 그 조건 중 일부를 충족한다고 해서 반드시 설명이 되는 것은 아니다.

오답풀이

② 일상적 직관에서 설명으로 인정된다고 해서 모두 설명은 아니다.

> 근거: [12]먼저 일상적 직관에 따르면 설명으로 인정되지만, 헴펠에 따르면 설명이 아니라고 판단해야 하는 경우가 있다.

③ 어떤 것이 설명이라면 설명항에 포함되는 명제들은 반드시 참이다.

> 근거: [4]따라서 설명을 하는 부분인 설명항은 전제에 해당하며 설명되어야 하는 부분인 피설명항은 결론에 해당한다. + [8]셋째, 피설명항은 설명항으로부터 '건전한 논증'을 통해 도출되어야 한다. [9]이때 건전한 논증은 '논증의 전제가 모두 참'이라는 조건과 '논증의 전제가 모두 참이라면 결론도 반드시 참'이라는 조건을 모두 만족하는 논증이다.
>
> 헴펠의 설명 이론에 따르면 피설명항(결론)은 설명항(전제)으로부터 건전한 논증을 통해 도출되어야 하며, 건전한 논증은 '논증의 전제가 모두 참'이라는 조건과 '논증의 전제가 모두 참이라면 결론도 반드시 참'이라는 조건을 모두 만족해야 한다. 따라서 어떤 것이 설명이라면 설명항(전제)에 포함되는 명제들은 반드시 참이어야 한다.

④ 피설명항은 특정한 맥락에서 보편 법칙에 따라 발생한 개별 사례이다.

> 근거: [10]이처럼 헴펠의 설명 이론은 피설명항이 보편 법칙의 개별 사례로서 마땅히 일어날 만한 일이었음을 보여 주기 위한 설명의 요건을 제시했다는 점에서 의의가 있다.

⑤ 어떤 것이 설명이라면 피설명항은 반드시 설명항에서 논리적으로 도출된다.

> 근거: [3]기본적으로 논증은 전제로부터 결론이 논리적으로 도출되는 형식을 띤다. [4]따라서 설명을 하는 부분인 설명항은 전제에 해당하며 설명되어야 하는 부분인 피설명항은 결론에 해당한다. [5]헴펠에 따르면 설명은 세 가지 조건을 모두 충족해야 한다.

(4) 원인과 결과

STEP **2** 문제로 확인하기

문제 P.078

1~2

¹종이가 개발되기 전, 인류는 동물의 뼈나 양피지 등에 필요한 정보를 기록해 왔다. ²하지만 담긴 정보량에 비해 부피가 방대하였고 그로 인해 보존과 가독에 어려움을 겪었다. ³그런데 종이의 개발로 부피가 줄어들면서 종이로 된 책이 주된 기록 매체가 되었고 책의 보존성과 가독성, 휴대성 등을 더욱 높이기 위한 제책 기술의 발달이 요구되었다. 제책 기술의 발달이 요구된 배경에는 '종이의 개발'에 따라 종이책이 주된 기록 매체가 되었다는 원인이 있었군.

⁴서양은 종이 책을 만들기 시작했을 때 제지 기술이 동양에 비해 미숙했고 질 나쁜 종이로 책을 제작해야 했기에 책의 내구성을 높이기 위한 기술이 필요했다. ⁵그래서 표지에 가죽을 씌우거나 나무판을 덧대는 방법을 개발했는데 이를 양장(洋裝)이라 한다. 책의 내구성을 높이기 위한 기술이 필요하여 '양장'이라는 방식이 개발되었다는 것도 원인-결과의 관계로 정리해 볼 수 있겠군. ⁶양장은 내지 묶기와 표지 제작을 따로 한 후에 합치는 방법이다. ⁷내지는 실매기 방식을 활용해 실로 단단히 묶고, 표지는 판지에 천이나 가죽 등의 마감 재료를 접착하여 만든다. ⁸표지와 내지를 결합할 때는 책등*과 결합되는 내지 부분에 접착제를 발라 책등에 붙인다. ⁹또한 내지보다 두껍고 질긴 종이인 면지를 표지와 내지 사이에 접착제로 붙여 이어줌으로써 책의 내구성을 높인다. ¹⁰표지 부착 후에는 가열한 쇠막대로 앞뒤 표지의 책등 쪽 가까운 부분을 눌러 홈을 만들어 책의 펼침성이 좋도록 한다. '양장'이라는 방법을 활용한 제책 과정을 자세하게 설명해 주었어.

¹¹18세기 말에 유럽은 산업혁명으로 인쇄가 기계화되면서 대량 생산을 위한 기반이 갖추어지고, 경제의 발전으로 일부 계층에만 국한됐던 독서 인구가 확대되어 제책 기술도 대량 생산이 가능한 방식으로 발전해야 했다. 산업혁명으로 인한 인쇄의 기계화와 경제 발전으로 인한 독서 인구의 확대가 원인이 되어, 그 결과 대량 생산이 가능한 방식으로 제책 기술이 발전해야 했대. ¹²이를 위해 간편하게 철사를 사용해 매는 제책 기술이 개발되었는데 처음에는 '옆매기'라 불리는 기술을 사용하였다. ¹³그러나 옆매기는 책장 넘김이 용이하지 않아 '가운데매기'라 불리는 중철(中綴)이 주된 방식으로 자리 잡았다. 이 시기에 나타난 발전된 제책 기술로 '옆매기'와 '가운데매기(중철)'를 제시하였어. 옆매기의 한계가 원인이 되어 중철이 주된 방식으로 자리 잡는 결과가 생겨났군. ¹⁴중철은 인쇄지를 포개놓고 책장이 접히는 한가운데 부분을 ㄷ자형 철침을 이용해 매었는데, 보통 2개의 철침으로 표지와 내지를 고정하지만 표지나 내지가 한가운데서부터 떨어지는 경우가 잦아 철침을 4개로 박기도 하였다. ¹⁵중철은 광고지, 팸플릿 등 오랜 보관이 필요 없거나 분량이 적은 인쇄물에 사용해 왔으며, 중철된 책은 쉽게 펼치거나 넘길 수 있고 두루마리처럼 말아서 간편하게 휴대할 수도 있다. 중철의 특징에 대한 자세한 설명을 덧붙여 주었네.

●**책등:** 책을 매어 놓은 쪽의 표지 부분.

---

1. 윗글의 내용을 참고하여 아래 표의 빈칸을 채워 보세요.

원인	결과
종이가 개발되면서 종이책이 주요 기록 매체가 됨	**제책 기술의 발달**이 요구됨
서양에서 책의 내구성을 높이기 위한 기술이 요구됨	양장 기술의 개발: 내지는 **실매기 방식**을 활용, 표지와 내지 사이에 **면지**를 붙임
산업혁명으로 인쇄가 기계화되고 **경제 발전**으로 독서 인구가 확대됨	대량 생산이 가능한 방식으로 제책 기술 발전: 철사를 사용해 매는 옆매기 → 가운데매기(중철)

2. 윗글의 표제와 부제로 가장 적절한 것은?

정답풀이

③ 제책 기술의 등장 배경과 유형

　– 책 묶기 방식의 발전 과정을 중심으로

> 근거: ³그런데 종이의 개발로 부피가 줄어들면서 종이로 된 책이 주된 기록 매체가 되었고 책의 보존성과 가독성, 휴대성 등을 더욱 높이기 위한 제책 기술의 발달이 요구되었다. + ⁶양장은 내지 묶기와 표지 제작을 따로 한 후에 합치는 방법이다. ⁷내지는 실매기 방식을 활용해 실로 단단히 묶고, + ¹²이를 위해 간편하게 철사를 사용해 매는 제책 기술이 개발되었는데 처음에는 '옆매기'라 불리는 기술을 사용하였다. ¹³그러나 옆매기는 책장 넘김이 용이하지 않아 '가운데매기'라 불리는 중철이 주된 방식으로 자리 잡았다.
>
> 윗글은 종이책이 주된 기록 매체가 되면서 제책 기술의 발달이 요구되었음을 언급하고, 실매기 방식, 철사를 사용해 매는 방식 등을 언급하면서 책 묶기 방식의 발전 과정을 중심으로 제책 기술의 등장 배경과 유형을 설명하고 있다.

오답풀이

① 제책 기술의 발전과 ~~한계~~

　– 문제점 진단과 보완 방안을 중심으로

제책 기술의 한계를 언급하지는 않았다.

② 제책 기술 현대화의 경향

　– ~~화학 접착제의 개발~~을 중심으로

근거: ⁸표지와 내지를 결합할 때는 책등과 결합되는 내지 부분에 접착제를 발라 책등에 붙인다.

양장에서 '표지와 내지를 결합할 때' 접착제를 사용한다고 언급했을 뿐, 화학 접착제의 개발을 중심으로 글을 전개하고 있지는 않다.

④ 제책 기술의 발전과 사회적 영향

　– 기술 개발의 방향과 ~~문제점~~을 중심으로

제책 기술의 발전을 언급했지만, 기술 개발의 문제점을 중심으로 글을 전개하고 있지는 않다.

⑤ 제책 기술의 필요성과 의의

　– ~~책의 내구성 향상 단계~~를 중심으로

책의 내구성 향상 단계를 중심으로 글을 전개하고 있지는 않다.

¹도시에서 업무, 상업, 주거, 공업 등 각종 기능 지역이 나름의 질서를 가지고 배치되어 있는 것을 '도시내부구조'라고 한다. ²그렇다면 이러한 도시내부구조는 어떻게 형성될까? ³20세기 전반에 이를 설명하기 위해 동심원모델과 선형(扇形)모델이 제시되었다. 도시내부구조의 형성에 대한 설명인 '동심원모델'과 '선형모델'이 이 글의 핵심 화제겠군.

⁴먼저 동심원모델은 1920년대 시카고를 대상으로 도시내부구조를 모형화한 것으로, 도시가 도심을 중심으로 동심원을 이루며 커진다고 보았다. ⁵즉 도심의 인접 지역에 인구가 유입되면 점차 이곳이 과밀화되고 여기에 거주하던 사람들이 도심 인접 지역 바깥으로 이동하게 된다. ⁶한편 쾌적한 환경을 찾아 도심으로부터 벗어나려는 일부 거주자들이 더 외곽으로 이동하게 되면서 동심원의 형태를 띤 도시가 이루어졌다고 본 것이다. 도시가 도심을 중심으로 동심원을 이루며 커진다고 본 동심원모델에 대해 자세하게 설명하였어. ⁷하지만 동심원모델은 시카고만의 특성을 반영한 모형이기 때문에 도시의 일반적인 구성 요소인 지형, 철도, 공업 지대의 위치 등이 반영되지 않아 다른 도시에 적용하기에는 한계가 있었다. 동심원모델은 시카고를 대상으로 한 모형이기에 이를 다른 도시에도 똑같이 적용하기는 어렵다는 한계점을 언급하였어. 문제·한계가 제시되었으니 이를 해결하려는 내용이 제시될 수 있겠지?

⁸이에 지대(地代)*와 교통로에 따라 도시가 도심을 중심으로 부채꼴 모양처럼 형성된다고 본 선형모델이 등장하게 된다. 동심원모델이 지닌 한계점을 해결하기 위해 등장한 것이 바로 선형모델이었던 것이군. 선형모델은 도시가 도심을 중심으로 '부채꼴 모양'처럼 형성된다고 본 점에서 동심원모델과는 차이가 있어. ⁹이 모델은 도심에서 외곽으로 부챗살 모양의 간선 교통로가 생기게 되면 이를 중심으로 지대가 상승하여 고급 주거 지구가, 여기에 인접하여 중급 주거 지구가 형성된다고 보았다. ¹⁰또한 철도나 수로(水路)와 같이 화물을 운반할 수 있는 대규모 교통시설이 입지하는 곳에는 경공업 지구가, 그 주변은 지대가 싼 저급 주거 지구가 형성된다고 보았다.

¹¹하지만 교통이 발달하고 도시 내부가 더욱 복잡해지면서 이전의 두 모델로는 도시내부구조를 설명할 수 없게 되었다. 교통의 발달, 도시 내부 구조의 복잡화로 인해 동심원모델과 선형모델로는 더 이상 도시내부구조를 설명할 수 없게 되었다는 문제점이 발생하였군. ¹²이에 등장한 것이 도시가 여러 개의 핵심을 중심으로 형성된다는 다핵심모델이다. 그러한 문제점을 해결하기 위해 '다핵심모델'이라는 새로운 설명이 등장했다고 하네.

• **지대:** 지료(地料). 지상권자가 토지 사용의 대가로 토지 소유자에게 지급하는 금전이나 그 외의 물건.

3. 윗글의 내용을 참고하여, 아래 표의 빈칸을 채워 보세요.

동심원모델	도시가 도심을 중심으로 **동심원**을 이루며 커진다고 봄

↓

동심원모델의 한계: 시카고 외의 **다른 도시에 적용하기 어려움**

선형모델	지대와 교통로에 따라 도시가 도심을 중심으로 부채꼴 모양처럼 형성된다고 봄

↓

동심원모델과 선형모델의 한계: **교통이 발달하고 도시 내부가 복잡해지면서 도시내부구조를 설명할 수 없게 됨**

다핵심모델	도시가 **여러 개의 핵심**을 중심으로 형성된다고 봄

4. 윗글의 내용과 일치하지 <u>않는</u> 것은?

정답풀이

② 동심원모델은 ~~여러 도시의 내부 구조~~를 분석한 모델이다.

> 근거: [7]하지만 동심원모델은 시카고만의 특성을 반영한 모형이기 때문에 도시의 일반적인 구성 요소인 지형, 철도, 공업 지대의 위치 등이 반영되지 않아 다른 도시에 적용하기에는 한계가 있었다.
>
> 동심원모델은 '시카고만의 특성을 반영한 모형'이라 도시의 일반적인 구성 요소가 반영되지 않아 '다른 도시에 적용하기에는 한계'가 있었다고 하였다. 따라서 동심원모델이 여러 도시의 내부 구조를 분석한 모델이라는 설명은 적절하지 않다.

오답풀이

① 도시의 기능 지역은 나름의 질서를 가지고 배치된다.

근거: [1]도시에서 업무, 상업, 주거, 공업 등 각종 기능 지역이 나름의 질서를 가지고 배치되어 있는 것을 '도시내부구조'라고 한다.

도시내부구조는 '도시에서 업무, 상업, 주거, 공업 등 각종 기능 지역이 나름의 질서를 가지고 배치되어 있는 것'이라는 설명을 통해 알 수 있다.

③ 선형모델은 주거 지구의 형성이 교통로의 발달과 관련 있다고 보았다.

근거: [9]이 모델(선형모델)은 도심에서 외곽으로 부챗살 모양의 간선 교통로가 생기게 되면 이를 중심으로 지대가 상승하여 고급 주거 지구가, 여기에 인접하여 중급 주거 지구가 형성된다고 보았다. [10]또한 철도나 수로와 같이 화물을 운반할 수 있는 대규모 교통시설이 입지하는 곳에는 경공업 지구가, 그 주변은 지대가 싼 저급 주거 지구가 형성된다고 보았다.

선형모델은 '간선 교통로'가 생기면서 이를 중심으로 '고급 수거 지구'가 생기고 여기에 인접하여 '중급 주거 시구가 형싱'된다고 본다. 또한 '철로나 수로'와 같은 '대규모 교통시설' 근처로 '경공업 지구'와 '저급 주거 지구가 형성'된다고 보는 등 주거 지구의 형성이 교통로의 발달과 관련이 있다고 본다.

¹근대에 접어들어 과학 혁명과 청교도 윤리의 등장으로 활동적 삶과 사색적 삶에 대한 인식은 달라지기 시작했다. 과학 혁명과 청교도 윤리의 등장이 원인이 되어 활동적 삶과 사색적 삶에 대한 인식이 어떻게 달라지기 시작했는지가 설명되겠군. ²16, 17세기 과학 혁명으로 실험 정신과 경험적 지식이 중시되면서 사색적 삶의 영역에 속한 과학적 탐구와 활동적 삶의 영역에 속한 기술 사이의 거리가 좁혀졌다. 먼저 과학 혁명으로 인해 사색적 삶(과학적 탐구)과 활동적 삶(기술) 사이의 거리가 좁아지는 결과가 나타났대. ³또한 직업을 신의 소명으로 이해하고, 근면과 검약에 의한 개인의 성공을 구원의 징표로 본 청교도 윤리는 생산 활동과 부의 축적에 대한 부정적 인식을 불식하는 계기가 되었다. ⁴이로써 활동적 삶과 사색적 삶이 대등한 위상을 갖게 된 것이다. 다음으로 청교도 윤리의 등장으로 인해서는 생산 활동과 부의 축적에 대한 부정적인 인식이 사라지게 되었대. 그리고 이러한 인식 변화로 인해 활동적 삶과 사색적 삶이 대등한 위치를 가지게 되었다고 하네.

⁵18, 19세기 산업 혁명을 계기로 활동적 삶은 사색적 삶보다 중요성이 더 커지게 되었다. 이후 산업 혁명으로 인해 활동적 삶이 사색적 삶보다 더 중요하게 여겨지기 시작했음을 언급하였어. ⁶생산 기술에 과학적 지식이 응용되고 기계의 사용이 본격화되면서 기계의 속도에 기초하여 노동 규율이 확립되었고, 인간의 삶은 시간적 규칙성을 따르도록 재조직되었다. ⁷나아가 시간이 관리의 대상으로 부각되면서 시간-동작 연구를 통해 가장 효율적인 작업 동선(動線)을 모색했던 테일러의 과학적 관리론은 20세기 초부터 생산 활동을 합리적으로 조직하는 중요한 원리로 자리 잡았다. ⁸이로써 두뇌에 의한 노동과 근육에 의한 노동이 분리되어 인간의 육체노동이 기계화되는 결과가 초래되었다. '생산 기술에 과학적 지식 응용, 기계의 사용 본격화 → 시간적 규칙성에 따라 인간의 삶 재조직', '시간이 관리의 대상으로 부각 → 인간의 육체노동 기계화'로 원인-결과의 흐름을 정리해볼 수 있겠어. ⁹또한 과학을 기술 개발에 활용하기 위한 시스템이 요구되어 공학, 경영학 등의 실용 학문과 산업체 연구소들이 출현하였다. 과학을 기술 개발에 활용하기 위한 시스템의 필요성이 원인이 되어 여러 실용 학문과 산업체 연구소들이 출현하기도 했구나. ¹⁰이는 전통적으로 사색적 삶의 영역에 속했던 진리 탐구마저 활동적 삶의 영역에 속하는 생산 활동의 논리에 포섭되었음을 단적으로 보여 준다. 당시에는 진리 탐구마저 생산 활동의 논리에 포섭되었다고 하며, 산업 혁명 이후 활동적 삶의 중요성이 사색적 삶보다 훨씬 커졌다는 점을 다시금 부각하였어.

¹¹이처럼 산업 혁명 이후 기계 문명이 발달하고 그에 힘입어 자본주의 시장 메커니즘이 사회를 전면적으로 지배하게 됨에 따라 근면과 속도가 강조되었다. 산업 혁명 이후의 사회 변화를 '기계 문명 발달 → 자본주의 시장 메커니즘의 사회 지배 → 근면과 속도 강조'라는 인과 관계로 정리하였군. ¹²활동적 삶이 지나치게 강조된 데 대한 반작용으로, '의미 없는 부지런함'이 만연해진 세태에 대한 ㉠비판의 목소리가 나타나 성찰에 의한 사색적 삶의 중요성을 역설하기도 하였다. 한편, 활동적 삶이 지나치게 강조된 현실은 사색적 삶의 중요성을 역설하는 '비판의 목소리'라는 결과를 가져오기도 하였대.

5. 윗글의 내용을 참고하여, 아래 표의 빈칸을 채워 보세요.

16, 17세기	과학 혁명으로 실험 정신과 경험적 지식이 중시됨	→ 활동적 삶-사색적 삶의 거리가 좁혀짐
	청교도 윤리가 생산 활동, 부의 축적에 대한 부정적 인식을 없애는 계기가 됨	→ 활동적 삶의 위상 ≒ 사색적 삶의 위상
18, 19세기	- 산업 혁명으로 생산 기술에 과학적 지식 응용, 기계 사용 본격화 - 시간은 관리의 대상으로 부각, 인간의 육체노동 기계화	사색적 삶의 영역이던 진리 탐구마저 활동적 삶의 영역에 포섭됨 → 활동적 삶 > 사색적 삶

↓

활동적 삶이 지나치게 강조되자 사색적 삶의 중요성이 강조되기도 함

6. ㉠의 내용과 가장 가까운 것은?

정답풀이

③ 자극에 즉각적으로 반응하지 않고 여유롭게 삶의 의미를 되새기는 사유의 방법을 배워야 한다.

> 근거: ¹¹이처럼 산업 혁명 이후 기계 문명이 발달하고 그에 힘입어 자본주의 시장 메커니즘이 사회를 전면적으로 지배하게 됨에 따라 근면과 속도가 강조되었다. ¹²활동적 삶이 지나치게 강조된 데 대한 반작용으로, '의미 없는 부지런함'이 만연해진 세태에 대한 비판의 목소리(㉠)가 나타나 성찰에 의한 사색적 삶의 중요성을 역설하기도 하였다.
>
> 윗글에서는 '근면과 속도'를 강조한 '활동적 삶'에 대한 반작용으로 ㉠이 나타나, '성찰에 의한 사색적 삶의 중요성을 역설'했다고 하였다. 이를 고려하면 외부 자극에 즉각적으로 반응하지 않고(즉, 속도를 중시하면서 의미 없이 부지런하게 살지 말고) 여유롭게 삶의 의미를 되새기는 사유의 방법을 통해 '사색적 삶'을 회복해야 한다고 주장하는 것은 ㉠의 내용에 가깝다고 할 수 있다.

오답풀이

① 기계 기술은 ~~정치 기술처럼 각착 았으며~~, 산업 현장은 ~~그 자체로 위대하고 만족스럽다~~.

근거: ⁵18, 19세기 산업 혁명을 계기로 활동적 삶은 사색적 삶보다 중요성이 더 커지게 되었다. ⁶생산 기술에 과학적 지식이 응용되고 기계의 사용이 본격화되면서~재조직되었다.

'기계 기술'과 '산업 현장'은 산업 혁명 이후 발달되어 활동적 삶을 강조하고, 인간의 삶을 '의미 없는 부지런함'이 만연한 것으로 만드는 데 기여한 주체 중 하나이므로, 이에 대한 긍정적인 평가는 ㉠의 내용과 거리가 멀다.

② ~~인간은 일하기 위해서 사는 것~~이며, 더 이상 할 일이 없다면 괴로움과 질곡에 빠지고 말 것이다.

근거: ¹¹이처럼 산업 혁명 이후 기계 문명이 발달하고 그에 힘입어 자본주의 시장 메커니즘이 사회를 전면적으로 지배하게 됨에 따라 근면과 속도가 강조되었다.

'인간은 일하기 위해서 사는 것'이라는 진술은 ㉠이 비판하는 '의미 없는 부지런함'을 정당화하는 주장이므로, 이에 대한 긍정적 평가는 ㉠의 내용과 거리가 멀다.

④ 나태는 녹이 스는 것처럼 ~~자람을 쇠퇴하게 만들며~~ 쇠퇴의 속도는 노동함으로써 지치는 것보다 훨씬 빠르다.

근거: ¹¹이처럼 산업 혁명 이후 기계 문명이 발달하고 그에 힘입어 자본주의 시장 메커니즘이 사회를 전면적으로 지배하게 됨에 따라 근면과 속도가 강조되었다.

'나태'를 '쇠퇴'라 칭하여 부정적으로 보고 '노동'을 옹호하는 것은 사색적 삶보다 근면과 속도를 강조하는 활동적 삶을 더 중요하게 보는 것이므로, 이는 ㉠의 내용과 거리가 멀다.

⑤ ~~인간은 기계~~이므로 인간의 행동, 언어, 사고, 감정, 습관, 신념 등은 모두 외적인 자극과 영향으로부터 생겨났다.

근거: ¹¹이처럼 산업 혁명 이후 기계 문명이 발달하고 그에 힘입어 자본주의 시장 메커니즘이 사회를 전면적으로 지배하게 됨에 따라 근면과 속도가 강조되었다.

인간을 스스로 사색할 수 없는 '기계'로 보는 것은 외적 자극에 의한 활동적 삶만을 강조하고 사색적 삶의 가치를 부정하는 것이므로, 이는 ㉠의 내용과 거리가 멀다.

(5) 원리와 과정

STEP 2 문제로 확인하기

문제 P.086

1~2

¹'식욕'은 음식을 먹고 싶어 하는 욕망으로, 인간이 살아가는 데 필요한 영양분을 얻기 위해서 반드시 필요하다. 이 글은 '식욕'에 대해 다루려나 보군. **²**식욕은 기본적으로 뇌의 시상 하부*에 있는 식욕 중추*의 영향을 받는데, 이 중추에는 배가 고픈 느낌이 들게 하는 '섭식 중추'와 배가 부른 느낌이 들게 하는 '포만 중추'가 함께 있다. **³**①우리 몸이 영양분을 필요로 하는 상태가 되면 ②섭식 중추는 뇌 안의 다양한 곳에 신호를 보낸다. **⁴**③그러면 식욕이 느껴져 침의 분비와 같이 먹는 일과 관련된 무의식적인 행동이 촉진된다. **⁵**④그러다 영양분의 섭취가 늘어나면, ⑤포만 중추가 작용해서 ⑥식욕이 억제된다. 섭식 중추와 포만 중추에 의해 식욕이 느껴지고 억제되는 기본 원리를 간단하게 설명했네. 정리하면 아래와 같겠어.

> 섭식 중추와 포만 중추의 작용 원리: ①몸이 영양분을 필요로 함 → ②섭식 중추가 뇌에 신호를 보냄 → ③식욕이 느껴짐(먹는 일과 관련된 무의식적 행동이 촉진됨) → ④영양분의 섭취가 늘어남 → ⑤포만 중추가 작용함 → ⑥식욕이 억제됨

⁶그렇다면 뇌에 있는 섭식 중추나 포만 중추는 어떻게 몸속 영양분의 상태에 따라 식욕을 조절하는 것일까? '몸속 영양분의 상태'에 초점을 맞추어 섭식 중추와 포만 중추가 식욕을 조절하는 원리를 더 자세히 설명하려나 봐. **⁷**여기에서 중요한 역할을 하는 것이 혈액 속을 흐르는 영양소인데, 특히 탄수화물에서 분해된 '포도당'과 지방에서 분해된 '지방산'이 중요하다. '포도당'과 '지방산'의 역할에 주목하며 식욕 조절 과정을 설명하려고 하는군. **⁸**먼저 ①탄수화물은 식사를 통해 섭취된 후 ②소장에서 분해되면, 포도당으로 변해 ③혈액 속으로 흡수된다. **⁹**그러면 ④혈중 포도당의 농도가 높아지고, ⑤이를 줄이기 위해 췌장에서 '인슐린'이라는 호르몬이 분비된다. **¹⁰**⑥이 포도당과 인슐린이 혈액을 타고 시상 하부로 이동하여 ⑦포만 중추의 작용은 촉진하고 섭식 중추의 작용은 억제한다. 먼저 탄수화물에서 분해된 '포도당'에 의해 식욕이 조절되는 과정을 설명했어. 정리하면 다음과 같군.

[A]

> 포도당에 의한 식욕 조절 원리: ①탄수화물 섭취 → ②소장에서 분해되어 포도당이 됨 → ③포도당이 혈액에 흡수됨 → ④혈중 포도당 농도↑ → ⑤혈중 포도당 줄이기 위해 췌장에서 인슐린 분비 → ⑥포도당과 인슐린 시상 하부로 이동 → ⑦포만 중추 작용(식욕 억제) 촉진, 섭식 중추 작용(식욕 유발) 억제

¹¹반면에 ①지방은 피부 아래의 조직에 중성지방의 형태로 저장되어 있다가 ②공복 상태가 길어지면 ③혈액 속으로 흘러가 간(肝)으로 운반된다. **¹²**그러면 ④부족한 에너지를 보충하기 위해 간에서 중성지방이 분해되고, ⑤이 과정에서 생긴 지방산이 혈액을 타고 시상 하부로 이동하여 ⑥섭식 중추의 작용은 촉진하고 포만 중추의 작용은 억제한다. 이번에는 지방에서 분해된 '지방산'에 의해 식욕이 조절되는 과정을 설명했네. 이것도 순서대로 정리해 보면 다음과 같아.

> 지방산에 의한 식욕 조절 원리: ①지방이 피부 밑에 중성지방의 형태로 저장됨 → ②공복 상태 장기화 → ③지방이 혈액으로 흘러가 간으로 운반됨 → ④부족한 에너지 보충 위해 간에서 중성지방 분해됨 → ⑤지방산이 혈액을 타고 시상 하부로 이동 → ⑥섭식 중추 작용(식욕 유발) 촉진, 포만 중추 작용(식욕 억제) 억제

¹³이와 같은 작용 원리에 따라 우리의 식욕은 자연스럽게 조절된다.

•**시상 하부:** 사람이 의식적으로 통제하지 못하는 다양한 신체 시스템을 감시하고 조절하는 뇌의 영역.
•**중추:** 신경 기관 가운데, 신경 세포가 모여 있는 부분.

1. 윗글의 내용을 참고하여 아래 표의 빈칸을 채워 보세요.

식욕 조절의 기본 원리	섭식 중추	영양분이 필요할 때 뇌에 신호를 보내 식욕을 느끼게 함
	포만 중추	영양분의 섭취가 늘어났을 때 작용하여 식욕을 억제시킴

영양분의 상태에 따른 식욕 조절 과정	
포도당의 경우	**지방산의 경우**
탄수화물이 소장에서 분해되어 **포도당**이 됨	피부 밑에 중성지방이 저장됨
↓	↓
포도당이 혈액에 흡수되면서 혈중 포도당 농도가 **높아짐**	**공복 상태**가 길어지면 지방이 혈액으로 흘러가 **간**으로 운반됨
↓	↓
혈중 포도당을 **낮추기** 위해 췌장에서 **인슐린**이 분비됨	부족한 에너지를 보충하기 위해 간에서 **중성지방**이 분해됨
↓	↓
포도당과 **인슐린**이 시상 하부로 이동함	**지방산**이 시상 하부로 이동함
↓	↓
포만 중추 작용 **촉진** 섭식 중추 작용 **억제**	포만 중추 작용 **억제** 섭식 중추 작용 **촉진**

2. [A]를 바탕으로 〈보기〉에 대해 설명한 내용으로 가장 적절한 것은?

보기

다음은 탄수화물이 포함된 식사 전후에 혈액 속을 흐르는 물질이 식욕 중추에 끼치는 영향 관계를 표현한 모식도이다.

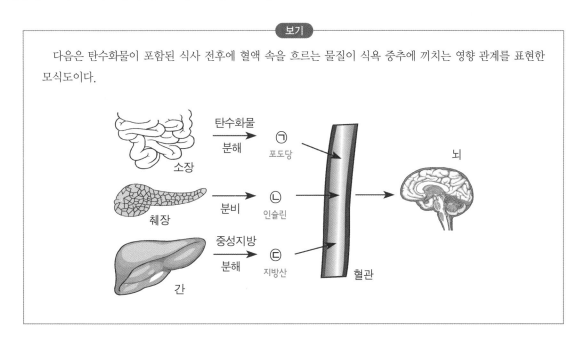

④ 공복 상태가 길어지면 혈관 속에 ㉠의 양은 줄어들고 ㉢의 양은 늘어난다.

> 근거: [8]먼저 탄수화물은 식사를 통해 섭취된 후 소장에서 분해되면, 포도당(㉠)으로 변해 혈액 속으로 흡수된다. [9]그러면 혈중 포도당의 농도가 높아지고, 이를 줄이기 위해 췌장에서 '인슐린'(㉡)이라는 호르몬이 분비된다. + [11]반면에 지방은 피부 아래의 조직에 중성지방의 형태로 저장되어 있다가 공복 상태가 길어지면 혈액 속으로 흘러가 간으로 운반된다. [12]그러면 부족한 에너지를 보충하기 위해 간에서 중성지방이 분해되고, 이 과정에서 생긴 지방산(㉢)이 혈액을 타고 시상 하부로 이동하여 섭식 중추의 작용은 촉진하고 포만 중추의 작용은 억제한다.
>
> 〈보기〉에서 ㉠은 탄수화물이 '식사를 통해 섭취된 후 소장에서 분해'되면서 생성되는 '포도당'이므로, 공복 상태가 길어지면 그 양이 줄어든다고 할 수 있다. 또한 ㉢은 '공복 상태가 길어지면' 간에서 중성지방이 분해'되는 과정에서 생성되는 '지방산'이므로, 공복 상태가 길어지면 그 양은 늘어난다고 할 수 있다.

① 혈관 속에 ㉠의 양이 ~~줄어들면~~ ㉡이 분비된다.

> 근거: [9]그러면 혈중 포도당(㉠)의 농도가 높아지고, 이를 줄이기 위해 췌장에서 '인슐린'(㉡)이라는 호르몬이 분비된다.
>
> 〈보기〉에서 ㉡은 높아진 '혈중 포도당의 농도'를 줄이기 위해 췌장에서 분비되는 '인슐린'이므로, 혈관 속에 ㉠의 양이 늘어나야 ㉡이 분비된다고 할 수 있다.

② 혈관 속에 ㉠과 ㉡의 양이 많아지면 ~~배가 고픈 느낌~~이 든다.

> 근거: [2]식욕은 기본적으로 뇌의 시상 하부에 있는 식욕 중추의 영향을 받는데, 이 중추에는 배가 고픈 느낌이 들게 하는 '섭식 중추'와 배가 부른 느낌이 들게 하는 '포만 중추'가 함께 있다. + [5]영양분의 섭취가 늘어나면, 포만 중추가 작용해서 식욕이 억제된다. + [10]이 포도당(㉠)과 인슐린(㉡)이 혈액을 타고 시상 하부로 이동하여 포만 중추의 작용은 촉진하고 섭식 중추의 작용은 억제한다.
>
> '뇌의 시상 하부에 있는 식욕 중추' 중 '배가 고픈 느낌'이 들게 하는 것은 '섭식 중추'이고, '배가 부른 느낌'이 들게 하는 것은 '포만 중추'이다. 그런데 ㉠과 ㉡은 혈액을 타고 시상 하부로 이동하여 '포만 중추의 작용'을 '촉진'한다고 했으므로, 혈관 속에 ㉠과 ㉡의 양이 많아지면 배가 고픈 느낌이 아니라 배가 부른 느낌이 들 것이다.

③ 공복 상태가 길어지면 ㉠과 ㉢은 ~~시상 하부의 명령을 식욕 중추에~~ ~~전달~~한다.

> 근거: [2]식욕은 기본적으로 뇌의 시상 하부에 있는 식욕 중추의 영향을 받는데, + [10]이 포도당(㉠)과 인슐린(㉡)이 혈액을 타고 시상 하부로 이동하여 포만 중추의 작용은 촉진하고 섭식 중추의 작용은 억제한다. [11]공복 상태가 길어지면~이 과정에서 생긴 지방산(㉢)이 혈액을 타고 시상 하부로 이동하여 섭식 중추의 작용은 촉진하고 포만 중추의 작용은 억제한다.
>
> ㉠과 ㉢이 시상 하부로 이동하여 식욕 중추에 작용하는 것은 알 수 있지만, 시상 하부의 명령을 식욕 중추에 전달한다고 할 수는 없다.

⑤ 식사를 하는 동안에 ㉡은 ㉢의 도움으로 ~~피부 아래의 조직에 중성지방으로 저장~~된다.

> 근거: [9]그러면 혈중 포도당(㉠)의 농도가 높아지고, 이를 줄이기 위해 췌장에서 '인슐린'(㉡)이라는 호르몬이 분비된다. + [11]지방은 피부 아래의 조직에 중성지방의 형태로 저장되어 있다가 공복 상태가 길어지면 혈액 속으로 흘러가 간으로 운반된다. [12]그러면 부족한 에너지를 보충하기 위해 간에서 중성지방이 분해되고, 이 과정에서 생긴 지방산(㉢)이 혈액을 타고 시상 하부로 이동하여 섭식 중추의 작용은 촉진하고 포만 중추의 작용은 억제한다.
>
> ㉡은 식사를 하면서 높아진 '혈중 포도당의 농도'를 '줄이기 위해' 분비되는 것이지, ㉡이 피부 아래의 조직에 중성지방으로 저장되는 것은 아니다. 또한 ㉢은 '간에서 중성지방이 분해'되는 과정에서 생기는 것으로, 중성지방이 저장되는 과정에 관여하지 않는다.

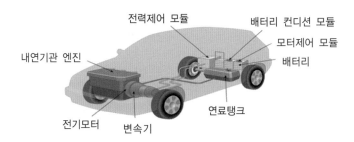

전력제어 모듈　　배터리 컨디션 모듈

모터제어 모듈

내연기관 엔진　　　　　　　　　　배터리

연료탱크

전기모터　변속기

〈하이브리드 자동차의 구조〉

¹하이브리드 자동차는 만드는 방법에 따라 구동 방식이나 구조상 차이가 있지만, 대체로 위의 그림과 같은 핵심 구성요소들로 이루어져 있다. 하이브리드 자동차의 구조에 대한 설명으로 시작하는군. ²내연기관 엔진은 기관 내부에서 연료를 연소시켜 열에너지를 기계적 에너지로 바꾼다. ³전기모터는 자동차의 주행 상태에 따라 전동기나 발전기 역할을 할 수도 있고 작동하지 않을 수도 있다. ⁴전동기 역할을 할 때는 전력을 사용하여 자동차를 움직이게 하고, 발전기 역할을 할 때는 회전 에너지를 전력으로 바꾸어 배터리를 충전한다. ⁵배터리는 전기모터가 필요로 하는 에너지를 공급하는 장치로, 자동차의 주행 상태에 따라 에너지가 충전되기도 한다. ⁶그 외 구성 요소에는 내연기관 엔진과 전기모터의 회전 운동을 바퀴에 전달하는 변속기, 연료를 보관하는 연료탱크, 전력이나 전기모터를 제어하는 모듈˚(= 전력제어 모듈, 모터제어 모듈), 배터리 상태를 확인하는 모듈(= 배터리 컨디션 모듈) 등이 있다. 하이브리드 자동차를 구성하는 '내연기관 엔진', '전기모터', '배터리' 등의 요소들이 하는 역할을 설명하고 있어. 앞으로 이 구성 요소들을 활용하여 하이브리드 자동차가 작동하는 원리를 설명해 줄 테니 잘 정리해 두어야겠군.

⁷하이브리드 자동차는 차량 속도나 주행 상태 등에 따라 내연기관 엔진과 전기모터의 힘을 적절히 조절하여 에너지 효율을 높인다. 차량의 속도와 주행 상태에 따른 작동 원리를 설명하려나 봐. 순서대로 확인해 볼까? ⁸①시동을 걸 때는 전기모터만 사용하지만, ②가속하거나 등판˚할 때처럼 많은 힘이 필요하면 전기모터가 엔진을 보조하여 구동력을 높인다. ⁹③정속 주행은 속도에 따라 두 유형이 있는데, [③-(1)저속 정속 주행할 때는 전기모터만 작동하지만, ③-(2)고속 정속 주행할 때는 엔진과 전기모터가 함께 작동한다.] ¹⁰반면에 ④감속할 때는 연료 공급이 중단되어 엔진이 정지되고 전기모터는 배터리를 충전한다. ¹¹또한 ⑤잠깐 정차할 때는 엔진이 자동으로 정지하여 차량의 공회전˚에 따른 불필요한 연료 소비와 배기가스 발생을 차단한다. 하이브리드 자동차에 시동이 걸린 뒤, 가속하여 정속 주행을 하고, 감속하다가 정차하는 일련의 과정을 생각하면서 각 단계를 정리해 보면 다음과 같아.

①시동을 걸면서 전기모터 사용 → ②가속·등판하면서 전기모터 + 엔진 사용 → ③정속 주행하면서 [③-(1)저속일 시 전기모터 사용 ③-(2)고속일 시 전기모터 + 엔진 사용] → ④감속하면서 엔진 정지 + 전기모터 배터리 충전(발전기 역할) → ⑤정차하면서 엔진 자동 정지

•**모듈:** 프로그램이나 기계 또는 시스템의 구성 단위.
•**등판:** 차량 따위가 비탈길을 올라가는 일.
•**공회전:** 기계 따위가 헛도는 일.

3. 윗글의 내용을 참고하여 아래 표의 빈칸을 채워 보세요.

하이브리드 자동차의 주행 원리	
시동 걸 때	전기모터 사용
	↓
가속·등판할 때	전기모터와 엔진 모두 사용하여 구동력 높임
	↓
정속 주행할 때	(저속) 전기모터 작동
	(고속) 전기모터와 엔진 모두 작동
	↓
감속할 때	엔진 정지, 전기모터는 발전기 역할을 함
	↓
정차할 때	엔진 자동 정지하여 불필요한 연료 소비·배기가스 발생 차단

4. 윗글을 바탕으로 〈보기〉에 대해 이해한 내용으로 적절하지 <u>않은</u> 것은?

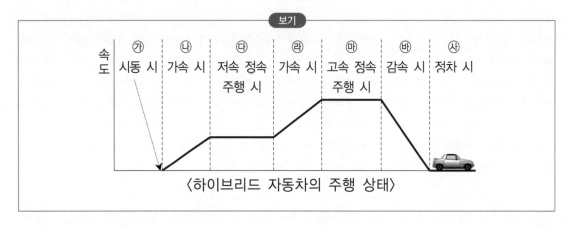

〈하이브리드 자동차의 주행 상태〉

정답풀이

④ ㉺에서는 전기모터가 ~~전동기~~의 역할을 한다.

> 근거: [3]전기모터는 자동차의 주행 상태에 따라 전동기나 발전기 역할을 할 수도 있고 작동하지 않을 수도 있다. [4]전동기 역할을 할 때는 전력을 사용하여 자동차를 움직이게 하고, 발전기 역할을 할 때는 회전 에너지를 전력으로 바꾸어 배터리를 충전한다. + [10]반면에 감속할 때는 연료 공급이 중단되어 엔진이 정지되고 전기모터는 배터리를 충전한다.
>
> ㉺는 하이브리드 자동차가 감속할 때에 해당하는데, 이때 전기모터는 '배터리를 충전'한다고 했다. 이는 곧 전기모터가 '감속'이라는 주행 상태에 따라 전동기가 아닌 발전기의 역할을 하고 있음을 나타낸다.

오답풀이

① ㉮에서는 전기모터만 작동한다.

근거: [8]시동을 걸 때는 전기모터만 사용하지만

㉮는 하이브리드 자동차에 시동을 걸 때에 해당하며, 이때에는 전기모터만 작동한다.

② ㉯와 ㉰에서는 엔진과 전기모터가 함께 작동한다.

근거: [8]가속하거나 등판할 때처럼 많은 힘이 필요하면 전기모터가 엔진을 보조하여 구동력을 높인다.

㉯와 ㉰는 하이브리드 자동차가 가속할 때에 해당하며, 이때에는 엔진과 전기모터가 함께 작동하여 자동차의 구동력(동력 기구를 움직이는 힘)을 높인다.

③ ㉱와 달리 ㉲에서는 엔진도 작동한다.

근거: [9]정속 주행은 속도에 따라 두 유형이 있는데, 저속 정속 주행할 때는 전기모터만 작동하지만, 고속 정속 주행할 때는 엔진과 전기모터가 함께 작동한다.

㉱는 저속 정속 주행하는 때에, ㉲는 고속 정속 주행하는 때에 해당하는데, 하이브리드 자동차는 고속 정속 주행하는 때에는 저속 정속 주행하는 때와 달리 전기모터에 더해 엔진도 함께 작동한다.

⑤ ㉳에서는 엔진이 자동으로 정지한다.

근거: [11]또한 잠깐 정차할 때는 엔진이 자동으로 정지하여 차량의 공회전에 따른 불필요한 연료 소비와 배기가스 발생을 차단한다.

㉳는 하이브리드 자동차가 정차하는 때에 해당하며, 이때에는 불필요한 연료 소비와 배기가스 발생을 차단하기 위해 엔진이 자동으로 정지한다.

¹건강 상태를 진단하거나 범죄의 현장에서 혈흔을 조사하기 위해 검사용 키트가 널리 이용된다. ²키트 제작에는 다양한 과학적 원리가 적용되는데, 적은 비용으로 쉽고 빠르고 정확하게 검사할 수 있는 키트를 제작하는 것이 요구된다. 검사용 키트에 적용된 과학적 원리에 대해 설명하려나 보군. ³이러한 필요에 따라 항원-항체 반응을 응용하여 시료에 존재하는 성분을 분석하는 다양한 형태의 키트가 개발되고 있다. ⁴항원-항체 반응은 항원과 그 항원에만 특이적으로 반응하는 항체가 결합하는 면역 반응을 말한다. ⁵항체 제조 기술이 발전하면서 휴대성이 높고 분석 시간이 짧은 측면유동면역분석법(LFIA)을 이용한 다양한 종류의 키트가 개발되고 있다. 과학적 원리 중에서도 '항원-항체 반응'을 활용한 LFIA 키트에 대해 설명하고 있네.

⁶LFIA 키트를 이용하면 키트에 나타나는 선을 통해, 액상의 시료에서 검출하고자 하는 목표 성분의 유무를 간편하게 확인할 수 있다. ⁷LFIA 키트는 가로로 긴 납작한 막대 모양인데, 시료 패드, 결합 패드, 반응막, 흡수 패드가 순서대로 나란히 배열된 구조로 되어 있다. ⁸①시료 패드로 흡수된 시료는 ②결합 패드에서 복합체와 함께 ③반응막을 지나 ④여분의 시료가 흡수되는 흡수 패드로 이동한다. LFIA 키트의 구조와 시료의 진행 방향(시료 패드 → 결합 패드 → 반응막 → 흡수 패드)을 알려줬어. 이 구조와 시료의 검사가 이루어지는 과정을 잘 기억해 두자. ⁹결합 패드에 있는 복합체는 금-나노 입자 또는 형광 비드 등의 표지 물질에 특정 물질이 붙어 이루어진다. ¹⁰표지 물질은 발색 반응에 의해 색깔을 내는데, 이 표지 물질에 붙어 있는 특정 물질은 키트 방식에 따라 종류가 다르다. 결합 패드와 관련하여 '복합체'가 '표지 물질(발색 반응 일으킴) + 특정 물질'의 조합임을 설명하고 있어. ¹¹일반적으로 한 가지 목표 성분을 검출하는 키트의 반응막에는 항체들이 띠 모양으로 두 가닥 고정되어 있는데, 그중 시료 패드와 가까운 쪽에 있는 가닥이 검사선이고 다른 가닥은 표준선이다. ¹²표지 물질이 검사선이나 표준선에 놓이면 발색 반응에 의해 반응선이 나타난다. ¹³③-(1)검사선이 발색되어 나타나는 반응선을 통해서는 목표 성분의 유무를 판정할 수 있다. ¹⁴③-(2)표준선이 발색된 반응선이 나타나면 검사가 정상적으로 진행되었음을 알 수 있다. 여기까지 설명된, LFIA 키트의 구조와 그에 따른 기본 검사 원리를 정리해 보면 다음과 같아.

> ①(시료 패드에서) 시료를 흡수 → ②(결합 패드에서) 시료가 복합체(표지 물질 + 특정 물질)와 함께 이동함 → ③반응막을 지날 때 [③-(1) 검사선 발색 여부에 따라 목표 성분의 유무를 판정함 → ③-(2)표준선 발색 여부에 따라 검사의 정상적 진행 여부 판정함] → ④여분의 시료가 흡수 패드로 이동함

¹⁵LFIA 키트는 주로 ㉠직접 방식 또는 ㉡경쟁 방식으로 제작되는데, 방식에 따라 검사선의 발색 여부가 의미하는 바가 다르다. 앞서 키트 방식에 따라 (②)결합 패드에서 '복합체'의 '표지 물질'에 붙는 '특정 물질'의 종류가 달라진다고 했지. 이에 따라 (③-(1))반응막에서 검사선의 발색 여부가 갖는 의미도 달라지나 봐. ¹⁶직접 방식(㉠)에서 복합체에 포함된 특정 물질은 목표 성분에 결합할 수 있는 항체이다. ¹⁷시료에 목표 성분이 포함되어 있다면 목표 성분은 이 항체와 일차적으로 결합하고, 이후 검사선의 고정된 항체와 결합한다. ¹⁸따라서 검사선이 발색되면 시료에서 목표 성분이 검출되었다고 판정한다. 직접 방식의 경우 목표 성분은 (②)결합 패드에서 복합체(항체 + 표지 물질)와 결합하고 → (③-(1))검사선의 항체와도 결합하는군. 이때 검사선의 발색은 '목표 성분이 검출되었음'을 뜻한다고 해. ¹⁹한편 경쟁 방식(㉡)에서 복합체에 포함된 특정 물질은 목표 성분에 대한 항체가 아니라 목표 성분 자체이다. ²⁰만약 시료에 목표 성분이 포함되어 있으면 시료의 목표 성분과 복합체의 목표 성분이 서로 검사선의 항체와 결합하려 경쟁한다. ²¹이때 시료에 목표 성분이 충분히 많다면 시료의 목표 성분은 복합체의 목표 성분이 검사선의 항체와 결합하는 것을 방해하므로 검사선이 발색되지 않는다. 경쟁 방식의 경우 목표 성분은 (②)결합 패드에서 복합체(목표 성분 자체 + 표지 물질)와 함께 이동해 → (③-(1))검사선의 항체에 결합하려고 경쟁하는군. 이때 검사선의 발색은 '목표 성분이 충분히 많지 않음'을 뜻하겠지? ²²직접 방식은 세균이나 분자량이 큰 단백질 등을 검출할 때 이용하고, 경쟁 방식은 항생 물질처럼 목표 성분의 크기가 작은 경우에 이용한다.

5. 윗글의 내용을 참고하여 아래 표의 빈칸을 채워 보세요.

LFIA 키트		
구성 요소	작용 원리	
시료 패드	목표 성분이 포함된 **시료를 흡수**	

↓

	직접 방식	경쟁 방식
결합 패드	시료가 복합체(표지 물질 + **항체**)와 결합	시료가 복합체(표지 물질 + **목표 성분**)와 이동

	시료가 검사선의 **항체**와 결합	시료가 검사선의 **항체**와 결합하기 위해 경쟁
	↓	↓
반응막	검사선 발색 시 목표 성분이 충분히 **검출되었다고 판정**	검사선 발색 시 목표 성분이 충분히 **검출되지 않았다고 판정**
	↓	
	표준선 발색 시 검사가 **정상적으로** 진행되었다고 판단	

↓

흡수 패드	여분의 **시료 흡수**	

6. ㉠과 ㉡에 대한 이해로 가장 적절한 것은?

정답풀이

① ㉠은 ㉡과 달리, 시료에 들어 있는 목표 성분은 검사선에 도달하기 이전에 항체와 결합을 하겠군.

> 근거: [16]직접 방식(㉠)에서 복합체에 포함된 특정 물질은 목표 성분에 결합할 수 있는 항체이다. [17]시료에 목표 성분이 포함되어 있다면 목표 성분은 이 항체와 일차적으로 결합하고, 이후 검사선의 고정된 항체와 결합한다. + [19]한편 경쟁 방식(㉡)에서 복합체에 포함된 특정 물질은 목표 성분에 대한 항체가 아니라 목표 성분 자체이다. [20]만약 시료에 목표 성분이 포함되어 있으면 시료의 목표 성분과 복합체의 목표 성분이 서로 검사선의 항체와 결합하려 경쟁한다.

> ㉠에서는 시료의 목표 성분이 검사선에 도달하기 전, 먼저 복합체의 항체와 결합한다. 그러나 ㉡에서는 복합체에 목표 성분과 결합할 수 있는 항체가 없어, 검사선에 도달하기 이전에는 항체와 결합할 수 없다.

오답풀이

② ㉠은 ㉡과 달리, 시료에서 목표 성분을 검출했다면 검사선에서 항체와 목표 성분의 결합이 ~~존재하지 않겠군.~~

> 근거: [16]직접 방식(㉠)에서 복합체에 포함된 특정 물질은 목표 성분에 결합할 수 있는 항체이다. [17]시료에 목표 성분이 포함되어 있다면 목표 성분은 이 항체와 일차적으로 결합하고, 이후 검사선의 고정된 항체와 결합한다.

> 시료에서 목표 성분을 검출했다면, ㉠의 시료에 포함된 목표 성분은 검사선에 고정되어 있는 항체와 결합하였을 것이다.

③ ㉡은 ~~㉠과 달리,~~ 시료가 표준선에 도달하기 이전에 검사선에 먼저 도달하겠군.

> 근거: [7]LFIA 키트는 가로로 긴 납작한 막대 모양인데, 시료 패드, 결합 패드, 반응막, 흡수 패드가 순서대로 나란히 배열된 구조로 되어 있다. [8]시료 패드로 흡수된 시료는 결합 패드에서 복합체와 함께 반응막을 지나 여분의 시료가 흡수되는 흡수 패드로 이동한다. + [11]일반적으로 한 가지 목표 성분을 검출하는 키트의 반응막에는 항체들이 띠 모양으로 두 가닥 고정되어 있는데, 그중 시료 패드와 가까운 쪽에 있는 가닥이 검사선이고 다른 가닥은 표준선이다.

> ㉠과 ㉡은 모두 시료 패드, 결합 패드, 반응막(검사선, 표준선), 흡수 패드가 나란히 배열된 구조를 지닌 LFIA 키트의 한 유형이다. 따라서 ㉠과 ㉡ 모두 시료가 표준선에 도달하기 전 검사선에 먼저 도달할 것이다.

④ ⓛ은 ⑤과 달리, 정상적인 검사로 시료에서 목표 성분을 검출했다면 ~~반응막에 아무런 반응선도 나타나지 않았겠군~~

근거: [11]일반적으로 한 가지 목표 성분을 검출하는 키트의 반응막에는 항체들이 띠 모양으로 두 가닥 고정되어 있는데, 그중 시료 패드와 가까운 쪽에 있는 가닥이 검사선이고 다른 가닥은 표준선이다. [12]표지 물질이 검사선이나 표준선에 놓이면 발색 반응에 의해 반응선이 나타난다. [13]검사선이 발색되어 나타나는 반응선을 통해서는 목표 성분의 유무를 판정할 수 있다. [14]표준선이 발색된 반응선이 나타나면 검사가 정상적으로 진행되었음을 알 수 있다.

정상적인 검사를 통해 시료에서 목표 성분을 검출했다면, ⑤과 ⓛ 모두 반응막의 표준선에서는 발색된 반응선이 나타날 것이다.

⑤ ⑤과 ⓛ은 모두 시료에 들어 있는 <u>목표 성분이 표지 물질과 항원–항체 반응으로 결합</u>하겠군.

근거: [4]항원–항체 반응은 항원과 그 항원에만 특이적으로 반응하는 항체가 결합하는 면역 반응을 말한다. + [16]직접 방식(⑤)에서 복합체에 포함된 특정 물질은 목표 성분에 결합할 수 있는 항체이다. [17]시료에 목표 성분이 포함되어 있다면 목표 성분은 이 항체와 일차적으로 결합 + [19]한편 경쟁 방식(ⓛ)에서 복합체에 포함된 특정 물질은 목표 성분에 대한 항체가 아니라 목표 성분 자체이다. [20]만약 시료에 목표 성분이 포함되어 있으면 시료의 목표 성분과 복합체의 목표 성분이 서로 검사선의 항체와 결합하려 경쟁한다.

항원–항체 반응은 특정 항원, 즉 시료에 들어 있는 목표 성분에 특이적으로 반응하는 항체가 결합함으로써 이루어진다. ⑤과 ⓛ 모두 복합체에 발색 반응을 일으키는 표지 물질이 포함되어 있지만, ⑤의 경우는 목표 성분이 복합체에 포함된 항체와 항원–항체 반응으로 결합하고 ⓛ의 경우는 복합체에 항체가 없어 결합하지 못한다. 즉 ⑤과 ⓛ 모두 복합체 내부의 표지 물질이 목표 성분과 항원–항체 반응으로 결합하지 않는다.

3 지문 주제별 독해 전략에는 무엇이 있을까? (글 읽기)

(1) 인문 · 예술

STEP 2 문제로 확인하기

문제 P.097

1~2 귀납에 내재된 논리적 한계

1 귀납은 현대 논리학에서 연역이 아닌 모든 추론, 즉 전제가 결론을 개연적으로 뒷받침하는 모든 추론을 가리킨다. 귀납은 기존의 정보나 관찰 증거 등을 근거로 새로운 사실을 추가하는 지식 확장적 특성을 지닌다. **귀납**의 정의와 특성을 제시하면서 시작하고 있군. 이 특성으로 인해 귀납은 근대 과학 발전의 방법적 토대가 되었지만, 한편으로 귀납 자체의 **논리적 한계를 지적하는 문제들에 부딪히기도 한다.** (귀납의 논리적 한계가 지적받는 문제 상황이 제시되었어. 앞으로 이 **문제와 해결 · 해소** 방안을 다루는 전개 방식이 이어지겠지?)

2 **먼저**(귀납의 논리적 한계, 즉 문제를 지적하는 의견이 두 가지 이상 순차적으로 제시되려나 봐. '먼저' 귀납의 첫 번째 **문제**부터 설명하려 하고 있어.) 흄은 과거의 경험을 근거로 미래를 예측하는 귀납이 정당한 추론이 되려면 미래의 세계가 과거에 우리가 경험해 온 세계와 동일하다는 자연의 일양성, 곧 한결같음이 가정되어야 한다고 보았다. 그런데 자연의 일양성은 선험적으로 알 수 있는 것이 아니라 경험에 기대어야 알 수 있는 것이다. 즉 "귀납이 정당한 추론이다."라는 주장은 "자연은 일양적이다."라는 다른 지식을 전제로 하는데 그 지식은 다시 귀납에 의해 정당화되어야 하는 경험적 지식이므로 귀납의 정당화는 순환 논리에 빠져 버린다는 것이다. 이것이 귀납의 정당화 문제이다. 귀납의 논리적 한계 ①흄: 귀납의 정당화는 자연의 **일양성**(한결같음)을 가정함 → 자연의 일양성은 귀납에 의해 정당화되어야 하는 **경험적** 지식임 → 귀납의 정당화는 **순환 논리**에 빠짐

3 귀납의 정당화 문제로부터 과학의 방법인 **귀납을 옹호하기 위해 라이헨바흐는 이 문제에 대해 현실적 구제책을 제시한다.** (귀납의 첫 번째 논리적 한계로부터 귀납을 옹호하려 하는 입장, 즉 문제를 **해소**하려는 시도가 제시되겠군.) 라이헨바흐는 자연이 일양적일 수도 있고 그렇지 않을 수도 있음을 전제한다. 먼저 자연이 일양적일 경우, 그는 지금까지의 우리의 경험에 따라 귀납이 점성술이나 예언 등의 다른 방법보다 성공적인 방법이라고 판단한다. 자연이 일양적이지 않다면, 어떤 방법도 체계적으로 미래 예측에 계속해서 성공할 수 없다는 논리적 판단을 통해 귀납은 최소한 다른 방법보다 나쁘지 않은 추론이라고 확언한다. 결국 자연이 일양적인지 그렇지 않은지 알 수 없는 상황에서는 귀납을 사용하는 것이 옳은 선택이라는 라이헨바흐의 논증은 귀납의 정당화 문제를 현실적 차원에서 해소하려는 시도로 볼 수 있다. 라이헨바흐: 자연이 일양적인지 아닌지 알 수 없는 상황에서는 귀납을 사용하는 것이 **옳은 선택**이라고 주장 → 귀납의 정당화 문제를 **현실적** 차원에서 해소하려 함

4 **귀납의 또 다른 논리적 한계로**(귀납의 논리적 한계를 지적하는 또 하나의 의견, 즉 귀납의 두 번째 **문제**가 제시될 거야.) 어떤 현대 철학자는 미결정성의 문제를 지적한다. 이 문제는 관찰 증거만으로는 여러 가설 중에 어느 하나를 더 나은 것으로 결정할 수 없다는 것이다. **가령**(예시를 통해 앞의 내용을 구체적으로 설명하겠군.) 몇 개의 점들이 발견되었을 때 그 점들을 모두 지나는 곡선은 여러 개이기 때문에 어느 하나로 결정되지 않는다. 예측의 경우도 마찬가지이다. 다음에 발견될 점을 예측할 때, 기존에 발견된 점들만으로는 다음에 찍힐 점이 어디에 나타날지 확정할 수 없다. 아무리 많은 점들을 관찰 증거로 추가하더라도 하나의 예측이 다른 예측보다 더 낫다고 결정하는 것은 여전히 불가능하다는 것이다. 귀납의 논리적 한계 ② 어떤 현대 철학자: 아무리 많은 **관찰 증거**가 있어도 특정 가설이나 예측이 다른 것보다 더 낫다고 판단할 수 없음

5 그러나 미결정성의 문제가 있다고 하더라도(귀납의 두 번째 논리적 한계로부터 귀납을 옹호하려 하는 입장이 제시되겠군. **'문제-문제 해소 시도'**의 구조가 반복되고 있어.) 대부분의 현대 철학자들은 귀납을 과학의 방법으로 인정하고 있다. 이들은 귀납의 문제를 직접 해결하려 하기보다 확률을 도입하여 개연성이라는 귀납의 특징을 강조하려 한다. 이에 따르면 관찰 증거가 가설을 지지하는 정도 즉 전제와 결론 사이의 개연성은 확률로 표현될 수 있다. 또한 하나의 가설이 다른 가설보다, 하나의 예측이 다른 예측보다 더 낫다고 확률적 근거에 의해 판단할 수 있다는 것이다. 이처럼 확률 논리로 설명되는 개연성은 일상적인 직관에도 잘 들어맞는다. 이러한 시도는 귀납의 문제를 근본적으로 해결하는 것은 아니지만, 귀납은 여전히 과학의 방법으로서 그 지위를 지킬 만하다는 사실을 보여 준다. 대부분의 현대 철학자: **확률 논리**로 설명되는 귀납의 개연성이 일상적인 **직관**에 잘 들어맞음 → 귀납의 근본적 문제는 해결되지 않지만 이는 **과학의 방법**으로 인정할 만하다고 봄

지문 이해 ◉⊗ 문제

Q1. 귀납의 지식 확장적 특성은 이미 알고 있는 사실을 근거로 아직 알지 못하는 사실을 추론하는 데에서 비롯된다. ◉
　　1문단에 따르면, 귀납은 이미 알고 있는 '기존의 정보나 관찰 증거 등을 근거'로 삼아 아직 알지 못하는 '새로운 사실을 추가'한다는 점에서 '지식 확장적 특성'을 지닌다.

Q2. 흄에 따르면, 귀납의 정당화는 귀납에 의한 정당화를 필요로 하는 지식에 근거해야 가능하다. ◉
　　2문단에 따르면, 흄은 '"귀납이 정당한 추론이다."라는 주장', 즉 귀납의 정당회는 '귀납에 의해 정당화되어야 하는 경험적 지식'인 '"자연은 일양적이다."라는 다른 지식'에 근거해야 가능하다고 본다.

Q3. ~~많은 관찰 증거를 확보하면~~ 귀납의 정당화에서 나타나는 순환 논리 문제는 해소된다. ⊗
　　1문단에서 귀납이 '관찰 증거 등을 근거로 새로운 사실을 추가하는 지식 확장적 특성'을 지니고 있다고 한 것은 맞다. 그러나 **2**문단에 따르면 귀납의 정당화에서 나타나는 순환 논리 문제는 관찰 증거의 양이 적어서가 아니라, 귀납이 '귀납에 의해 정당화되어야 하는 경험적 지식(자연의 일양성)'을 통해 정당화되어야 한다는 상황에 의해 발생한다.

Q4. 라이헨바흐의 논증은 귀납이 현실적으로 옳은 추론 방법임을 밝히기 위해 ~~자연의 일양성이 선험적 지식임을 증명한 데~~ 의의가 있다. ⊗
　　3문단에 따르면, 라이헨바흐는 귀납의 정당화 문제로부터 귀납을 옹호하기 위해 '자연이 일양적일 수도 있고 그렇지 않을 수도 있음을 전제'했을 뿐 자연의 일양성이 선험적 지식임을 증명하지는 않았다.

Q5. 라이헨바흐의 논증은 귀납이 지닌 논리적 허점을 완전히 극복한 것은 아니라는 비판의 여지가 있다. ◉
　　3문단에 따르면, 라이헨바흐의 논증은 '귀납의 정당화 문제를 현실적 차원에서 해소하려는 시도'에 불과하며 귀납이 지닌 논리적 허점(**2**문단에 제시된 순환 논리의 문제)을 완전히 극복한 것은 아니므로 이에 대해 비판의 여지가 있다.

Q6. '어떤 현대 철학자'는 관찰 증거에 따른 예측이 가능하다고 할지언정 그 예측이 다른 예측보다 낫다고 보지는 않을 것이다. ◉
　　4문단에 따르면, '어떤 현대 철학자'는 '하나의 예측이 다른 예측보다 더 낫다고 결정하는 것'은 '불가능'하다고 보므로, 관찰 증거에 따라 예측하기는 가능하지만 그 예측이 다른 예측보다 낫다고 판단할 수는 없다고 할 것이다.

Q7. 관찰 증거가 가설을 지지하는 정도를 확률로 표현할 수 있다는 입장은 귀납을 옹호한다. ◉
　　5문단에 따르면, 미결정성의 문제로부터 귀납을 옹호하려는 '대부분의 현대 철학자들'은 '관찰 증거가 가설을 지지하는 정도 즉 전제와 결론 사이의 개연성은 확률로 표현될 수 있다.'라고 본다.

Q8. 직관에 들어맞는 확률 논리라 하더라도 귀납의 논리적 문제를 근본적으로 해결하지 못한다. ◉
　　5문단에 따르면, 귀납을 옹호하는 '현대 철학자들'이 '확률 논리로 설명'한 '개연성은 일상적인 직관에도 잘 들어맞'지만, '이러한 시도는 귀납의 문제를 근본적으로 해결하는 것은 아니'다.

1. 다음 표의 빈칸을 채우고 적절한 말을 선택하여 지문의 전체적인 구조를 파악해 보세요.

문단	귀납에 내재된 논리적 한계

문단			
1	– 귀납의 정의와 특징		

	귀납	정의	**연역**을 제외한, 전제가 결론을 개연적으로 뒷받침하는 모든 추론
		특징	기존의 정보나 관찰 증거 등을 근거로 새로운 사실을 추가하는 **지식 확장적 특성**
			과학 발전의 방법적 토대가 되었으나, **논리적 한계**를 지적받는 문제가 있음

– 귀납의 논리적 한계 ① 귀납의 정당화 문제에 대하여

문단	흄				라이헨바흐
2 **3**	사고 과정	귀납의 **정당화**를 위해 자연의 일양성이 가정되어야 함 → 자연의 일양성은 경험적 지식이므로 **귀납**에 의해 정당화되어야 함 → 귀납은 **자연의 일양성**을 전제로 정당화되어야 함	← 관련하여 '귀납' 옹호	사고 과정	자연의 일양성 여부를 알 수 없음 → 자연이 일양적일 경우: 경험에 따라 귀납이 다른 방법보다 **성공적**이라고 판단 가능 → 자연이 일양적이지 않을 경우: 논리적 판단을 통해 귀납이 다른 방법보다 **나쁘지 않은** 추론이라고 판단 가능
	결론	귀납의 정당화는 **순환 논리**에 빠짐		결론	귀납을 사용하는 것이 **현실적** 차원에서 옳은 선택임

– 귀납의 논리적 한계 ② 귀납의 미결정성 문제에 대하여

문단	어떤 현대 철학자				대부분의 현대 철학자들
4 **5**	사고 과정	몇 개의 점들이 발견되었음 → 그 점들을 모두 지나는 곡선은 여러 개이므로 어떤 하나로 **결정되지 않음** → 다음에 찍힐 점이 어디에 나타날지 확정할 수 **없음**	← 관련하여 '귀납' 옹호	사고 과정	관찰 증거가 가설을 지지하는 정도(개연성)는 확률로 표현할 수 있음 → 하나의 가설·예측이 다른 것보다 낫다고 **확률적** 근거로 판단할 수 있음 → 확률 논리에 의한 개연성은 일상적 직관에 잘 **맞음**
	결론	**관찰 증거**만으로 여러 가설·예측 중 어느 하나가 다른 것보다 낫다고 결정할 수 **없음**		결론	귀납은 **과학의 방법**으로서 지위를 지킬 만함

2. 윗글의 내용 전개에 대한 설명으로 가장 적절한 것은?

정답풀이

⑤ 귀납에 내재된 논리적 한계와 그에 대한 해소 방안을 검토하고 있다.

> **1**문단에서 귀납 자체의 논리적 한계를 지적하는 문제들이 있음을 언급하였다. 이후 **2**문단에서 흄이 제기한 귀납의 정당화 문제를 제시한 뒤, **3**문단에서 이 문제를 해소하려 한 라이헨바흐의 논증을 검토하여 '라이헨바흐의 논증은 귀납의 정당화 문제를 현실적 차원에서 해소하려는 시도로 볼 수 있다'고 하였다. 또 **4**문단에서 어떤 현대 철학자가 제기한 귀납의 미결정성 문제를 언급한 뒤, **5**문단에서 이 문제를 해소하려 한 대부분의 현대 철학자들의 주장을 검토하여 '귀납의 문제를 근본적으로 해결하는 것은 아니지만, 귀납은 여전히 과학의 방법으로서 그 지위를 지킬 만하다는 사실을 보여 준'다고 하였다.

오답풀이

① 귀납에 대한 흄의 평가를 ~~병렬적으로 소개~~하고 있다.

> **2**문단에 귀납에 대한 흄의 견해가 나타나 있지만 흄의 평가를 병렬적으로 소개하고 있지는 않다.

② 귀납이 지닌 장단점을 ~~연역과 비교하여~~ 설명하고 있다.

> **1**문단에서 귀납의 정의를 제시할 때 '귀납은 현대 논리학에서 연역이 아닌 모든 추론'이라고 하여 연역을 언급하기는 했지만, 귀납이 지닌 장단점을 연역과 비교하여 설명하고 있지는 않다.

③ ~~귀납의 위상이 격상되어 온 과정을 역사적으로 고찰~~하고 있다.

> 귀납의 위상(어떤 사물이 다른 사물과의 관계 속에서 가지는 위치나 상태)이 격상(자격이나 등급, 지위 따위의 격이 높아짐)되어 온 과정을 역사적으로 설명하고 있지 않다.

④ ~~귀납의 다양한 유형을 소개하고 각각의 특징을 상호 비교~~하고 있다.

> 귀납의 다양한 유형을 소개하고 있지 않으며, 각각의 특징을 상호 비교한 내용도 없다.

1 근대 이전의 조각은(근대 이전이라는 시간적 배경과 '조각'이라는 화제가 제시되었군. 시간적 배경에 변화가 나타나는지 눈여겨보자.) 고유한 미술 영역의 독립적인 작품으로서가 아니라 신전이나 사원, 왕궁과 같은 장소의 일부로서 존재했다. 중세 유럽의 성당 곳곳에 성서와 관련 있는 각종 인물이 새겨지거나 조각상으로 놓였던 것, 왕궁 안에 왕이나 귀족의 인물상들이 놓였던 것이 그 예이다. (예시를 통해 근대 이전 조각의 성격을 구체적으로 설명해 주네.) 이러한 조각은 그것이 놓여 있는 장소의 성격에 따라 종교적인 분위기를 조성하거나 왕의 권력을 상징함으로써 사람들을 감화시키는 기능을 수행하였다. 근대 이전의 조각: **장소**의 일부로서 종교적 분위기 조성, 왕권 상징을 통해 사람들을 **감화**시키는 기능을 수행함

2 조각이 장소와 긴밀한 관련성을 지니고 그 장소의 맥락과 의미를 강조하는 수단으로 활용되는 경향은 근대에 들어서면서 큰 변화를 맞이했다. (근대 이전에서 근대로 시간적 배경이 바뀌었어. 시간의 흐름에 따른 대상의 변화를 다루는 **통시적 구성**으로 전개되려 봐.) 종교의 영향력 및 왕권이 약화되면서 관련 장소가 지녔던 권위도 퇴색하여, 그 장소에 놓인 조각에 부여되었던 종교적, 정치적 의미도 약해진 것이다. 또 특정 장소의 상징으로서의 조각이 원래의 장소에서 물리적으로 분리되어 기존의 맥락을 상실하는 경우도 생겨났다. 이러한 상황이 전시 및 교육을 목적으로 하는 박물관, 미술관 등 근대적 장소가 출현하는 상황과 맞물리면서 조각에 대한 새로운 관점이 부각되기 시작했다. 조각이 박물관이나 미술관에 놓이면서 미적 감상의 대상인 '작품'으로서의 성격이 강조된 것이다. 사람들은 조각을 예술적인 기법이나 양식 등 순수한 미적 형상이 구현된 독립적인 작품으로 감상하게 되었다. 근대의 조각: 종교의 영향력 및 왕권의 **약화**, 원래의 장소로부터 **분리**된 상징적 조각, 박물관이나 미술관 등과 같은 **근대적 장소**의 출현으로 인해 독립적인 **작품**으로서의 성격이 강조됨

3 이러한 경향은 19세기 이후 미술의 흐름 속에서 더욱 두드러졌고, (시간적 배경이 19세기 이후로 바뀌었어.) 작품 외적 맥락에 구속되기보다는 작품 자체에서 의미의 완결을 추구하는 경우가 많아졌다. 그래서 작품 바깥의 대상을 지시하거나 재현하기보다는(작품 **외적 맥락**에 구속되기보다는) 감상자의 시선을 작품에만 집중시키는(작품 자체에서 **의미의 완결**을 추구하는) 단순하고 추상화된 작품들이 이 시기부터 많이 등장하였다. 이러한 작품들은 대개 미술 전시장의 전형적인 화이트 큐브, 즉 출입구 이외에는 사방이 막힌 실내 공간 안에서 받침대 위에 놓여 실제적인 장소나 현실로부터 분리된 느낌을 주었다. 19세기 이후의 조각: **화이트 큐브**에 있는 받침대 위에 놓여 실제적 장소나 현실에서 분리된 느낌을 주며, 감상자의 시선을 작품에만 집중시키는 단순하고 **추상화**된 작품들이 많이 등장함

4 이렇게 조각이 특정 장소로부터 독립해 가는 경향 속에서 미니멀리즘이 등장하였다. 미니멀리즘은 1960년대에 미국을 중심으로 발달한 예술 사조로, (1960년대의 '미니멀리즘'이 등장했군. 예상대로 글이 시간의 흐름에 따라 진행되고 있어.) 작품의 의미가 예술가의 의도에 의해 결정되는 것을 최소화하고 꾸밈과 표현도 최소화하여 극단적으로 단순화된 기하학적 형태를 추구했다. 미니멀리즘 작가들은 가공하지 않은 있는 그대로의 산업 재료들을 사용하는 등의 방법으로 무의도성과 단순성을 구현했기 때문에, 그 결과물은 작품이라기보다는 사물로 인식되기도 하였다. 또한 미니멀리즘 조각은 감상자들이 걸어 다니는 바닥이나 전시실 벽면과 같은 곳에 받침대 없이 놓임으로써 감상자와 작품 간의 거리를 축소하고, 동선에 따라 개별적이고 다양한 경험과 의미 형성이 가능하도록 하였다. 미니멀리즘 조각: 극단적으로 **단순화**된 기하학적 형태를 추구하며, 무의도성과 단순성을 구현함. 미니멀리즘 조각은 감상자와 작품 간의 거리를 **축소**하고 다양한 **경험**과 **의미** 형성이 가능한 형태로 전시됨

그 결과 미니멀리즘 조각은 단순성과 추상성을 특징으로 한다는 점에서 이전 시기의 추상 조각과 공통점을 지니면서도, 전시장이라는 실제 장소의 물리적 특성을 작품에 의도적으로 결부하여 활용했다는 점에서 차별성을 띠게 되었다. 이런 특징은 근대 이전의 조각이 장소의 특성에 종속되어 있었던 것과도 차별화된다. ('근대 이전', '19세기 이후' 등 이전 시기의 조각들과 미니멀리즘 조각을 **비교·대조**하고 있네.) 미니멀리즘 조각 vs. 이전 시기(19세기 이후)의 추상 조각: (공통점) **단순성**과 추상성, (차이점) 전시장의 물리적 특성을 **의도적**으로 작품에 결부했는지의 여부 / 미니멀리즘 조각 vs. 근대 이전의 조각: (차이점) 장소의 특성에 **종속**되는지의 여부

5 이후(근대 이전에서 시작하여 1960년대 이후의 시간까지 이어지는군. 따라서 이 지문은 시간의 흐름에 따른 조각의 변화 **과정**과 각 시대별 조각의 특성을 **나열**했다고 볼 수 있어.) 미술에서는 미니멀리즘을 통해 부각된 작품과 장소 간의 관련성을 새롭게 실현하려는 시도들이 이어져 왔다. 미니멀리즘 작품이 장소와의 관련성을 모색하고 구현한 것이기는 해도 미술관이라는 공간 내부에 제한된다는 점을 간파한 일부 예술가들은, 미술관 바깥의 도시나 자연을 작업의 장소이자 대상으로 삼아 장소와의 관련성을 다양한 방식으로 실현하려 하였다. 대지 미술은 이러한 시도 중 하나로, 대지의 표면에 형상을 디자인하고 자연 경관 속에 작품을 만들어 냄으로써 지역이나 환경 자체를 작품화하였다. 구체적인 장소의 특성을 작품 의미의 근원으로 삼는 이러한 작품들에서는 작품과 장소, 감상자 간의 상호 작용을 통해 의미가 형성된다는 특징이 드러났다. 미니멀리즘 이후의 조각: 작품과 장소 간의 **관련성**을 새롭게 실현하려는 시도들(**대지 미술** 등)이 이어지면서 구체적 **장소**의 특성을 작품 의미의 **근원**으로 삼는 작품들 등장, 작품-장소-감상자의 **상호 작용**을 통해 의미가 형성된다는 특징이 드러남

지문 이해 ◉ ⊗ 문제

Q1. 왕권이 약해짐에 따라 왕의 모습을 담은 인물상에 부여되는 상징적 의미가 변화되었다.　◉

　1문단에서 '왕궁 안에 왕이나 귀족의 인물상들이 놓'여 '왕의 권력을 상징함으로써 사람들을 감화시키는 기능을 수행'했다고 하였다. 그런데 **2**문단에 따르면 '왕권이 약화되면서 관련 장소가 지녔던 권위도 퇴색하여, 그 장소에 놓인 조각에 부여되었던' '정치적 의미도 약해'졌다고 했으므로, 왕권이 약해지면서 왕의 모습을 담은 인물상에 부여된 '왕의 권력'이라는 상징적 의미가 퇴색되는 변화가 나타났음을 알 수 있다.

Q2. 중세의 종교 건축물의 일부였던 조각상이 원래의 장소에서 물리적으로 분리되면 원래의 종교적 신비감이 유지되기 어려울 것이다.　◉

　2문단에 따르면, '특정 장소의 상징으로서의 조각이 원래의 장소에서 물리적으로 분리되'면 '기존의 맥락을 상실'할 수 있다. **1**문단에서 '중세 유럽의 성당 곳곳에 성서와 관련 있는 인물들이 새겨지거나 조각상으로 놓'여 '종교적인 분위기를 조성'했다고 했는데, 이렇게 성당의 일부였던 조각상이 원래의 장소에서 물리적으로 분리된다면 더 이상 종교적 신비감이 유지되기 어려울 것이다.

Q3. 19세기 이후의 추상 조각은 감상자의 시선을 작품 외적 맥락보다 작품 자체에 집중시키는 경향이 있었다.　◉

　3문단에 따르면, 19세기 이후 미술의 흐름에서는 '작품 자체에서 의미의 완결을 추구하'여 '작품 바깥의 대상을 지시하거나 재현하기보다는 감상자의 시선을 작품에만 집중시키는 단순하고 추상화된 작품들'이 많이 등장했음을 알 수 있다.

Q4. 미니멀리즘 작가들은 가공하지 않은 산업 재료들을 사용하여 무의도성과 단순성을 구현하기도 하였다.　◉

　4문단에 따르면, '미니멀리즘 작가들은 가공하지 않은 있는 그대로의 산업 재료들을 사용하는 등의 방법으로 무의도성과 단순성을 구현'했음을 알 수 있다.

Q5. 대지 미술가들은 자연을 창작 작업의 장소이자 대상으로 삼았다.　◉

　5문단에 따르면, '대지 미술'은 '미술관 바깥의 도시나 자연을 작업의 장소이자 대상으로 삼아 장소와의 관련성을 다양한 방식으로 실현하려'는 시도 중 하나로, '자연 경관 속에 작품을 만들어 냄으로써 지역이나 환경 자체를 작품화'했음을 알 수 있다.

3. 다음 표의 빈칸을 채우고 적절한 말을 선택하여 지문의 전체적인 구조를 파악해 보세요.

문단	조각 예술의 변천

❶

– 근대 이전의 조각

특징	– 신전, 사원, 왕궁 등과 같은 **장소**의 일부로서 존재 – **종교적 분위기** 조성(예: 성당에 새겨진 성서 관련 인물), **왕의 권력** 상징(예: 왕궁에 놓인 왕·귀족의 인물상) → 사람들을 **감화**시키는 기능 수행

❷

– 근대 조각

배경	– 종교의 영향력, 왕권 **약화** → 관련 장소의 권위 **약화** → 종교적·정치적 의미 **약화** – 특정 장소의 **상징**으로서의 조각이 원래의 장소에서 물리적으로 분리됨 → 기존의 **맥락** 상실 – 박물관, 미술관 등의 **근대적 장소** 출현

↓

특징	– 박물관에 놓이게 되어 미적 감상의 대상인 **작품**으로서의 성격이 강조됨 – 순수한 **미적 형상**이 구현된 독립적 작품으로 감상됨

❸

– 19세기 이후의 조각

배경	– 조각을 **독립적 작품**으로 감상하는 경향이 강화됨 – 작품의 **외적 맥락**(작품 바깥의 대상을 지시·재현)에 구속되기보다 작품 자체에서 **의미의 완결**을 추구(감상자의 시선을 작품에만 집중)하려는 경우 증가

↓

특징	– **단순**하고 **추상**화된 작품들이 많이 증가함 – 화이트 큐브의 받침대 위에 놓여 실제적 장소·현실과 **분리**된 느낌이 부여됨

❹

– 1960년대 미니멀리즘 조각

배경	– 조각이 특정 장소로부터 **독립**해 가는 경향이 이어짐 – 미국을 중심으로 **미니멀리즘**이 발달함

↓

특징	– 작품의 의미가 예술가의 의도에 의해 결정되는 것, 꾸밈, 표현을 **최소화**하며 극단적으로 단순화된 기하학적 형태 추구 – 가공하지 않은 **산업 재료**들을 사용하여 무의도성과 단순성을 구현 – 감상자와 작품 간의 거리를 **축소**하고, **동선**에 따라 개별적이고 다양한 경험·의미 형성이 가능한 곳 (바닥, 전시실 벽면 등)에 전시됨

근대 이전의 조각과	차이점	**장소**의 특성에 종속되지 않음
이전 시기의 추상 조각과	공통점	**단순성**과 **추상성**을 지님
	차이점	**전시장**이라는 실제 장소의 물리적 특성을 작품에 의도적으로 결부하여 활용함

배경	– 미니멀리즘을 통해 부각된 **작품과 장소 간의 관련성**을 새롭게 실현하려는 시도들이 이어짐 – 미술관 바깥을 작업 장소이자 대상으로 삼는 예술가들이 등장함

– 미니멀리즘 이후의 조각

↓

특징	대지 미술 – 지역이나 환경 자체를 작품화하여 **구체적인 장소의 특성**을 작품 의미의 근원으로 삼음 – 작품–장소–감상자의 **상호 작용**을 통해 의미가 형성됨

4. 윗글의 논지 전개 방식으로 가장 적절한 것은?

정답풀이

⑤ 논의의 대상이 변모해 온 양상을 시간적 순서로 설명하고 있다.

> 윗글은 '조각'과 '장소'의 관계를 중심 화제로 삼아 조각에 대한 해석이 시간의 흐름에 따라 어떻게 변모되었는지 설명하고 있다. 근대 이전에 '장소의 일부로서 존재'했던 조각은(**1**문단) 근대 이후에는 장소로부터 분리되어 '독립적인 작품으로 감상'하는 대상이 되었고(**2**문단), 19세기 이후에는 '작품 자체에서 의미의 완결을 추구'하게 되었으며(**3**문단), 미니멀리즘을 거쳐 (**4**문단) 그 이후의 대지 미술에 이르게 되었다(**5**문단).

오답풀이

① ~~논쟁이 벌어지게 된 배경을 다각도로 분석~~하고 있다.

조각에 대한 논쟁은 확인할 수 없고, 논쟁이 벌어진 배경에 대한 분석 또한 확인할 수 없다.

② ~~통념에 대한 비판~~을 통해 특정 이론을 도출하고 있다.

조각에 대해 일반적으로 널리 통하는 개념인 통념을 비판하는 내용은 확인할 수 없다.

③ 하나의 현상을 해석하는 ~~대립적인 관점을 절충~~하고 있다.

1문단에서 조각과 장소의 긴밀한 관련성을, **2**문단에서는 조각과 장소의 관련성이 줄어드는 변화를 제시하고 있을 뿐, 하나의 현상을 해석하는 대립적인 관점을 절충하는 내용은 확인할 수 없다.

④ ~~역사적 사건에 영향을 미친 요소를 구체적으로 나열~~하고 있다.

역사적 사건에 영향을 미친 요소를 나열한 부분은 확인할 수 없다.

(2) 사회

1~2 조세의 효율성과 공평성

1 조세는 국가의 재정을 마련하기 위해 경제 주체인 기업과 국민들로부터 거두어들이는 돈이다. **조세**의 정의를 제시하면서 시작하고 있네. 그런데 국가가 조세를 강제로 부과하다 보니 경제 주체의 의욕을 떨어뜨려 경제적 순손실을 초래하거나 조세를 부과하는 방식이 공평하지 못해 불만을 야기하는 문제가 나타난다. 조세가 지닌 강제성과 관련해서는 **경제적 순손실** 초래 라는 문제가, 조세 부과 방식의 공평성과 관련해서는 경제 주체의 **불만** 야기라는 문제가 발생할 수 있군. 따라서 조세를 부과할 때는 조세의 효율성과 공평성을 고려해야 한다. (조세의 강제성과 부과 방식으로 인한 **문제**를 방지하기 위해 고려해야 하는 사항 두 가지를 **나열**하였어. 앞으로 이 두 가지 내용을 중심으로 지문이 전개되겠군!)

2 우선 조세의 효율성에 대해서 알아보자. (먼저 조세의 효율성에 대해 자세하게 설명해 주려나 봐.) 상품에 소비세를 부과하면 상품의 가격 상승으로 소비자가 상품을 적게 구매하기 때문에 상품을 통해 얻는 소비자의 편익˚이 줄어들게 되고, 생산자가 상품을 팔아서 얻는 이윤도 줄어들게 된다. 소비세 부과로 발생하는 일련의 현상들을 정리해 볼까? '상품에 소비세 부과 → 상품 **가격** ↑ → 소비자의 상품 **구매** ↓ → 소비자 **편익** ↓, 생산자 **이윤** ↓' 소비자와 생산자가 얻는 편익이 줄어드는 것을 경제적 순손실이라고 하는데 조세로 인하여 경제적 순손실이 생기면 경기가 둔화될 수 있다. 이처럼 조세를 부과하게 되면 경제적 순손실이 불가피하게 발생하게 되므로, 이를 최소화하도록 조세를 부과해야 조세의 효율성을 높일 수 있다. 소비자와 생산자의 **편익**이 모두 줄어드는 현상을 '경제적 순손실'이라고 하는구나. 이로 인해 **경기**가 둔화될 수 있으므로, 경제적 순손실을 **최소화**하는 방향으로 조세를 부과해야 한다는 것이 '조세의 효율성'과 관련된 설명이었어.

3 조세의 공평성은(다음으로 조세의 공평성에 대해서도 자세히 설명해 주겠군.) 조세 부과의 형평성을 실현하는 것으로, 조세의 공평성이 확보되면 조세 부과의 형평성이 높아져서 조세 저항을 줄일 수 있다. '조세의 공평성'은 조세 부과의 **형평성**을 실현하는 것이라고 하면서, 이를 통해 **조세 저항**을 줄일 수 있다는 특징을 언급하였어. 공평성을 확보하기 위한 기준으로는 편익 원칙과 능력 원칙이 있다. (조세의 공평성을 확보하기 위한 두 가지 기준을 **나열**했네. 이 두 가지 기준에 대해서 차례대로 설명하겠지?) 편익 원칙은 조세를 통해 제공되는 도로나 가로등과 같은 공공재˚를 소비함으로써 얻는 편익이 클수록 더 많은 세금을 부담해야 한다는 원칙이다. 편익 원칙: 공공재를 소비함으로써 얻는 **편익** ↑ → **세금** 부담 ↑ 이는 공공재를 사용하는 만큼 세금을 내는 것이므로 납세자의 저항이 크지 않지만, 현실적으로 공공재의 사용량을 측정하기가 쉽지 않다는 문제가 있고 조세 부담자와 편익 수혜자가 달라지는 문제도 발생할 수 있다. 편익 원칙의 특징: ①납세자의 **저항**이 크지 않음 ②공공재의 사용량 측정이 어려움 ③조세 부담자 ≠ **편익 수혜자**인 문제 발생 가능

4 능력 원칙은 개인의 소득이나 재산 등을 고려한 세금 부담 능력에 따라 세금을 내야 한다는 원칙으로 조세를 통해 소득을 재분배하는 효과가 있다. 능력 원칙: 개인의 세금 부담 능력에 따라 세금을 내야 한다는 원칙 / 특징: 소득 **재분배** 효과 능력 원칙은 수직적 공평과 수평적 공평으로 나뉜다. (능력 원칙을 다시 '수직적 공평'과 '수평적 공평'이라는 개념으로 **분류**한 뒤 순서대로 설명하려나 봐.) 수직적 공평은 소득이 높거나 재산이 많을수록 세금을 많이 부담해야 한다는 원칙이다. 이를 실현하기 위해 특정 세금을 내야 하는 모든 납세자에게 같은 세율을 적용하는 비례세나 소득 수준이 올라감에 따라 점점 높은 세율을 적용하는 누진세를 시행하기도 한다. **수직적** 공평: 고소득자나 자산가가 더 많은 세금을 부담해야 한다는 원칙, 비례세나 **누진세**를 통해 실현

5 수평적 공평은 소득이나 재산이 같을 경우 세금도 같게 부담해야 한다는 원칙이다. **수평적** 공평: 소득·재산이 같으면 세금도 **동일**하게 부담해야 한다는 원칙 그런데 수치상의 소득이나 재산이 동일하더라도 실질적인 조세 부담 능력이 달라, 내야 하는 세금에 차이가 생길 수 있다. 예를 들어(수치상의 소득·재산과 실질적인 조세 부담 능력이 다른 경우에 대해 **예시**를 통해 구체적으로 설명해 줄 거야.) 소득이 동일하더라도 부양가족의 수가 다르면 실질적인 조세 부담 능력에 차이가 생긴다. 이와 같은 문제를 해결하여 공평성을 높이기 위해 정부에서는 공제 제도를 통해 조세 부담 능력이 적은 사람의 세금을 감면해 주기도 한다. 수평적 공평의 원칙을 따를 때 발생할 수 있는 문제를 해결하기 위해 정부에서 공제 제도를 통한 세금 **감면**을 시행하기도 한다는 내용으로 지문이 마무리되었어.

- **편익:** 편리하고 유익함.
- **공공재:** 모든 사람들이 공동으로 이용할 수 있는 재화나 서비스.

지문 이해 ◉ ⊗ 문제

Q1. '조세의 효율성'은 조세가 경기에 미치는 영향과 관련되어 있다.

❷문단에서 '경제적 순손실이 생기면 경기가 둔화될 수 있'는데 '조세를 부과하게 되면 경제적 순손실이 불가피하게 발생하게 되므로, 이를 최소화하도록 조세를 부과해야 조세의 효율성을 높일 수 있다.'라고 하였다. 따라서 '조세의 효율성'은 조세가 경기에 미치는 영향과 관련되어 있다.

Q2. '조세의 효율성'은 ~~소득의 재분배~~를 목적으로 한다.

❸문단과 ❹문단을 참고하면, '소득을 재분배하는 효과'는 '능력 원칙'을 통해서 얻을 수 있으며, 능력 원칙은 '조세의 공평성'을 확보하기 위한 기준이다. 따라서 '조세의 효율성'이 소득 재분배를 목적으로 한다는 설명은 적절하지 않다. ❷문단에 따르면 '조세의 효율성'은 불가피한 경제적 순손실을 최소화하여 경기의 둔화를 방지하려는 노력에서 비롯된다.

Q3. '조세의 공평성'은 납세자의 조세 저항을 완화하는 데 도움이 된다.

❸문단에서 '조세의 공평성이 확보되면 조세 부과의 형평성이 높아져서 조세 저항을 줄일 수 있다.'라고 하였다. 즉 '조세의 공평성'은 납세자의 '조세 저항을 완화'하는 데 도움이 되는 것이다.

Q4. '조세의 공평성'은 '조세의 효율성'과 달리 조세 부과의 형평성을 실현하는 것이다.

❷문단과 ❸문단에 따르면 '조세의 효율성'은 '경제적 순손실'을 최소화하여 '경기가 둔화'되는 것을 막기 위한 것이며, '조세의 공평성'은 '조세 부과의 형평성을 실현'하기 위한 것이다.

Q5. '조세의 효율성'과 '조세의 공평성'은 모두 조세를 부과할 때 고려해야 하는 요건이다.

❶문단에서 '조세를 부과할 때는 조세의 효율성과 공평성을 고려해야 한다.'라고 한 것을 통해 알 수 있다.

Q6. 인물 A보다 인물 B의 소득이 높을 때, B가 더 많은 세금을 납부하게 되는 것은 ~~편익 원칙~~을 적용하여 세금을 징수하였기 때문이다.

❸문단에 따르면 편익 원칙은 '공공재를 소비함으로써 얻는 편익이 클수록 더 많은 세금을 부담해야 한다는 원칙'이므로 개인의 소득에 따라 세금을 징수하는 경우와 관련이 없다. ❹문단에 따르면 개인의 소득 수준에 따라 세금을 내는 것은 '능력 원칙'과 관련된다.

Q7. 인물 A와 인물 B의 소득은 동일하지만 A에게는 부양가족이 없고 B에게는 부양가족이 있을 때, B만 부양가족 공제를 받는 것은 실질적인 조세 부담 능력을 고려한 것이다. ◉

❺문단에서 '수치상의 소득이나 재산이 동일하더라도 실질적인 조세 부담 능력이 달라, 내야 하는 세금에 차이가 생기는 예시로 '소득이 동일하더라도 부양가족의 수가 다'른 경우를 들고 있다. 따라서 A와 B의 소득이 동일하더라도 부양가족의 수에 따라 B만 부양가족 공제를 받게 되는 것은 B의 실질적인 조세 부담 능력을 고려한 결과로 볼 수 있다.

1. 다음 표의 빈칸을 채우고 적절한 말을 선택하여 지문의 전체적인 구조를 파악해 보세요.

문단	조세의 효율성과 공평성			
1	**– 조세의 정의와 특징**			
	조세	정의	국가의 재정 마련을 위해 **기업**과 **국민들**로부터 거두어들이는 돈	
		특징	국가가 경제 주체에게 강제로 **부과** → 경제적 순손실 초래 가능	
			조세 부과 방식에 따른 불만 야기 가능	
2	**– 조세의 효율성과 경제적 순손실**			
	경제적 순손실	정의	소비자와 생산자가 얻는 **편익**의 감소	
		발생 과정	상품에 **소비세** 부과 → 상품 가격 상승 → 소비자의 **상품 구매** 감소 → 소비자 편익 감소 → 생산자 **이윤** 감소	
	· 경제적 순손실을 최소화하도록 조세 부과 → 조세의 **효율성** ↑			
3 **4** **5**	**– 조세의 공평성**			
	조세의 공평성	정의	조세 부과의 **형평성**을 실현하는 것	
		특징	조세의 공평성 확보 → 조세 부과의 **형평성** ↑ → 조세 저항 ↓	
	– 조세의 공평성을 확보하기 위한 기준			
	편익 원칙	정의	공공재를 소비함으로써 얻는 편익이 **클수록** 더 많은 세금을 부담해야 한다는 원칙	
		특징	– 납세자의 저항이 크지 않음 – 공공재의 **사용량** 측정이 쉽지 않음 – **조세 부담자**와 편익 수혜자가 달라질 수 있음	
	능력 원칙	정의	**개인**의 세금 부담 능력에 따라 세금을 내야 한다는 원칙	
		특징	**소득** 재분배 효과	
		유형	수직적 공평	– 소득이 높거나 재산이 많을수록 세금을 **많이** 부담해야 한다는 원칙 – **비례세**나 누진세 시행을 통해 실현
			수평적 공평	– 소득이나 재산이 같을 경우 세금도 같게 부담해야 한다는 원칙 – **공제** 제도를 통한 세금 감면 → 수치상의 소득 · 재산과 **실질적**인 조세 부담 능력이 다른 경우 발생하는 문제를 해결함

2. 윗글에 대한 설명으로 가장 적절한 것은?

정답풀이

② 대상을 기준에 따라 구분한 뒤 그 특성을 설명하고 있다.

> **1**문단에서 조세를 부과할 때 고려해야 하는 조건인 '효율성'과 '공평성'을 제시하였고, 공평성을 확보하기 위한 기준을 '편익 원칙'과 '능력 원칙'으로 구분하여 제시하였다. 그 후 능력 원칙을 다시 '수직적 공평'과 '수평적 공평'으로 구분하여 설명하므로, 대상을 기준에 따라 구분한 뒤 그 특성을 설명하고 있다고 볼 수 있다.

오답풀이

① ~~상반된 두 입장~~을 비교, 분석한 후 이를 ~~절충~~하고 있다.

윗글에서 상반된 두 입장을 제시하거나 이를 절충하고 있지는 않다.

③ 대상의 개념을 ~~그와 유사한 대상에 빗대어~~ 소개하고 있다.

윗글에서는 '조세', '경제적 순손실', '편익 원칙' 등의 개념을 설명하고 있으나 이를 다른 유사한 대상에 빗대고 있지 않다.

④ ~~통념을 반박하며 대상이 가진 속성을 새롭게 조명~~하고 있다.

윗글은 일반적으로 널리 통하는 개념인 통념을 반박하거나 대상이 가지고 있는 속성을 새롭게 조명하고 있지 않다.

⑤ ~~시간의 흐름에 따라 대상이 발달하는 과정~~을 서술하고 있다.

윗글에서 시간의 흐름에 따라 대상이 발달하는 과정을 서술하고 있지는 않다.

1 산업화에 따라 사회가 분화되고 개인이 공동체적 유대로부터 벗어나게 되는 현상을 '개체화'라고 한다. 개체화의 정의를 제시하였어. 올리히 벡과 지그문트 바우만은 현대의 개체화 현상을 사회적 위험 문제와 연관시켜 진단한 대표적인 학자들이다. (현대의 개체화 현상과 사회적 위험 문제에 대한 두 학자의 관점을 비교·대조하는 방식으로 지문이 전개될 것임을 짐작할 수 있어.)

2 사실 사회 분화와 개체화는 자본주의적 산업화 이래로 지속된 현상이다. 그런데 20세기 중반 이후부터는(20세기 중반 이후 개체화 현상의 달라진 양상에 대해 설명해 주려나 봐.) 세계화를 계기로 개체화 현상이 과거와는 질적으로 달라진 양상을 보여 주고 있다. 교통과 통신 수단의 발달에 따라 국경을 넘나드는 자본과 노동의 이동이 가속화되었고, 개인에 대한 국가의 통제력도 현저하게 약화되고 있다. 또한 전 세계적인 노동 시장의 유연화 경향에 따라 정규직과 비정규직, 생산직과 사무직 등 다양한 형태로 분절화된 노동자들이 이제는 계급적 연대 속에서 이해관계를 공유하지 못하게 되었다. 핵가족화 추세에 더하여 일인 가구가 급속도로 늘어나는 등 가족의 해체 현상도 많이 나타나고 있다. 세계화로 인해 개체화 현상의 달라진 양상들이 나열되었어. 하나씩 정리해 볼까? ①자본과 노동의 이동 가속화 ②개인에 대한 국가의 통제력 약화 ③노동 시장 유연화에 따른 노동의 분절화 ④가족 해체 현상 벡과 바우만은 개체화의 이러한 가속화 추세에 대해서 인식의 차이를 보이지 않는다. 개체화 현상의 가속화 추세에 대해서는 두 학자가 공통된 의견을 갖고 있다는 것이군.

3 그런데 현대의 위기와 관련해서 그들이 개체화를 바라보는 시선은 사뭇 다르다. (이제 두 학자의 견해에서 나타나는 차이점을 제시하겠지?) 먼저 벡은(벡의 견해부터 설명하기 시작하네.) 과학 기술의 의도하지 않은 결과로 나타난 현대의 위기가 개체화와는 별개로 진행된 현상이라고 본다. 벡은 핵무기와 원전 누출 사고, 환경 재난 등 예측 불가능한 위험이 현실화될 가능성이 있는데도 삶의 편의와 풍요를 위해 이를 방치(放置)함으로써 위험이 체계적이고도 항시적으로 존재하게 된 현대 사회를 '위험 사회'라고 규정한 바 있다. 벡이 규정한 '위험 사회'의 개념을 설명하였어. 이는 삶의 편의와 풍요를 위해 방치한 위험이 체계적·항시적으로 존재하게 된 현대 사회를 말한다고 하네. 현대의 위험은 과거와 달리 국가와 계급을 가리지 않고 파괴적으로 영향을 미친다는 것이 벡의 관점이다. 벡은 현대 사회의 위험이 국가·계급의 구분 없이 파괴적 영향을 미친다고 보네. 그런데 벡은 현대인들이 개체화되어 있다는 바로 그 조건 때문에 오히려 전 지구적 위험에 의한 불안에 대응하기 위해 초계급적, 초국가적으로 연대(連帶)할 가능성이 있다고 보았다. 특히 벡은 그들이 과학 기술의 발전뿐 아니라 그 파괴적 결과까지 인식하여 대안을 모색하는 '성찰적 근대화'의 실천 주체로서 일상생활에서의 요구를 모아 정치적으로 표출(表出)하는 등 행동에 나서야 한다고 주장한다. 벡은 개체화되어 있는 현대인들의 초계급적·초국가적 연대 가능성을 제시하며, 이들이 '성찰적 근대화'의 주체로서 행동해야 함을 강조했군.

4 한편 바우만은(이제 벡의 견해와는 대조되는 바우만의 견해에 대해 설명해 줄 거야.) 개체화된 개인들이 삶의 불확실성 속에서 생존을 모색하게 된 현대를 '액체 시대'로 정의하였다. 현대인의 삶과 사회 전체가, 형체는 가변적이고 흐르는 방향은 유동적인 액체와 같아졌다고 보았던 것이다. 바우만은 현대 사회가 가변적이고 유동적인 액체와 같아졌다는 의미에서 현대를 '액체 시대'라고 정의하였군. 그런데 그는 액체 시대라는 개념을 통해 핵 확산이나 환경 재앙 등 예측 불가능한 전 지구적 위험 요인의 항시적 존재만이 아니라 삶의 조건을 불확실하게 만드는 개체화 현상 자체를 위험 요인으로 본다는 점에서 벡과 달랐다. 개체화 현상에서 불안에 대응하기 위한 현대인들의 연대 가능성을 발견한 벡과는 달리, 바우만은 개체화 현상 자체를 위험 요인으로 보았군. 바우만은 우선 세계화의 흐름 속에서 소수의 특권 계급을 제외한 대다수의 사람들이 무한 경쟁에 내몰리고 빈부 격차에 따라 생존 자체를 위협받는 등 잉여 인간으로 전락(轉落)하고 있다고 본다. 그러나 그가 더 치명적으로 본 것은 협력의 고리를 찾지 못하게 된 현대인들이 개인 수준에서 위기에 대처해야 하는 상황에 빠져 버렸다는 점이다. 더구나 그는 위험에 대한 공포가 내면화되면 사람들은 극복 의지도 잃고 공포로부터 도피하거나 소극적 자기 방어 행동에 몰두(沒頭)하게 된다고 보았다. 바우만이 개체화 현상 자체를 위험 요인으로 보는 이유는 다음과 같이 정리할 수 있겠군. ①특권 계급을 제외한 대다수의 사람들이 잉여 인간으로 전락함 ②개인 수준에서 위기에 대처해야 함 ③극복 의지를 상실한 채 자기 방어 행동에 몰두함 그렇기 때문에 바우만은 일상생활에서의 정치적 요구를 담은 실천 행위도 개체화의 흐름에 놓여 있기 때문에 현대의 위기에 대한 해결책이 될 수 없다고 판단하고 있다. 바우만은 개체화된 현대인들에 의한 '성찰적 근대화'의 실천을 강조한 벡의 주장이 현대의 위기에 대한 해결책이 될 수 없다고 보았네.

Q1. 현대의 개체화 현상은 노동자들이 계급적 동질성을 갖지 못하게 한다. ◉

2문단에 따르면 '전 세계적인 노동 시장의 유연화 경향에 따라∼다양한 형태로 분절화된 노동자들이 이제는 계급적 연대 속에서 이해관계를 공유하지 못하게 되었'으므로, 현대의 개체화 현상은 노동자들이 계급적 동질성을 갖지 못하게 할 것임을 알 수 있다.

Q2. 현대의 개체화 현상은 개인의 거주 공간이 가족 공동의 거주 공간에서 분리되는 추세도 포함한다. ◉

2문단에서 '핵가족화 추세에 더하여 일인 가구가 급속도로 늘어나는 등 가족의 해체 현상도 많이 나타나고 있다'고 했으므로, 현대의 개체화 현상은 개인의 거주 공간이 가족 공동의 거주 공간에서 분리되는 추세도 포함할 것임을 알 수 있다.

Q3. 현대의 개체화 현상은 ~~국가의 통제력 강화를 통해 개인의 자율성 약화를 초래~~한다. ⊗

1문단에 따르면 '개체화'는 '산업화에 따라 사회가 분화되고 개인이 공동체적 유대로부터 벗어나게 되는 현상'을 말하는데, **2**문단에서 이러한 개체화 현상으로 인해 '개인에 대한 국가의 통제력도 현저하게 약화'된다고 하였다. 따라서 현대의 개체화 현상이 국가의 통제력 강화를 통해 개인의 자율성 약화를 초래한다고 보기는 어렵다.

Q4. 현대의 개체화 현상은 벡의 관점에서는 현대인들로 하여금 새로운 방식의 유대를 모색하게 하는 조건이다. ◉

3문단에 따르면, '벡은 현대인들이 개체화되어 있다는 바로 그 조건 때문에 오히려 전 지구적 위험에 의한 불안에 대응하기 위해 초계급적, 초국가적으로 연대할 가능성이 있다'고 본다. 따라서 현대의 개체화 현상은 벡의 관점에서는 현대인들로 하여금 초계급적이고 초국가적인, 즉 새로운 방식의 유대를 모색하게 하는 조건임을 알 수 있다.

Q5. 벡의 '위험 사회'는 위험 요소의 성격이 과거와 달라진 현대 사회의 특성을 드러내기 위한 개념이다. ◉

3문단에 따르면, 벡은 '현대 사회를 '위험 사회'라고 규정'하며, '현대의 위험은 과거와 달리 국가와 계급을 가리지 않고 파괴적으로 영향을 미친다'고 본다. 즉 '위험 사회'는 위험 요소의 성격이 국가와 계급을 가리지 않는다는 점에서 과거와 달라진 현대 사회의 특성을 드러내기 위한 개념이다.

Q6. 현대의 개체화 현상은 바우만의 관점에서는 현대인들로 하여금 서로 연대하기 어렵게 하는 위험 요인이다. ◉

4문단에 따르면, 바우만은 '개체화 현상 자체를 위험 요인'으로 보면서 '협력의 고리를 찾지 못하게 된 현대인들이 개인 수준에서 위기에 대처해야 하는 상황에 빠져 버렸다는 점'을 지적하였다. 따라서 현대의 개체화 현상은 바우만의 관점에서는 현대인들로 하여금 서로 연대하기 어렵게 하는 위험 요인에 해당함을 알 수 있다.

Q7. 바우만의 '액체 시대'는 현대 사회의 불확실성을 강조하기 위해 물체의 속성에서 유추하여 사회에 적용한 개념이다. ◉

4문단에 따르면, 바우만은 '개체화된 개인들이 삶의 불확실성 속에서 생존을 모색하게 된 현대를 '액체 시대'로 정의'하면서 현대 사회가 '형체는 가변적이고 흐르는 방향은 유동적인 액체와 같아졌다고 보았'다. 즉 '액체 시대'는 현대 사회의 불확실성을 강조하기 위해 액체의 가변적이고 유동적인 속성에서 유추하여 사회에 적용한 개념이다.

Q8. ~~벡의 '위험 사회'~~와 바우만의 '액체 시대'는 모두 인간관계의 유연한 확장 가능성을 비관적으로 보는 개념이다. ⊗

3문단에 따르면, '벡은 현대인들이 개체화되어 있다는 바로 그 조건 때문에 오히려 전 지구적 위험에 의한 불안에 대응하기 위해 초계급적, 초국가적으로 연대할 가능성이 있'음을 주장하였다. 따라서 '위험 사회'가 인간관계의 유연한 확장 가능성을 비관적으로 본다는 설명은 적절하지 않다.

Q9. 벡의 '위험 사회'와 바우만의 '액체 시대'는 모두 재난의 현실화 가능성이 일상화되어 있다는 점을 전제로 하는 개념이다. ◉

3문단에 따르면, '벡은 핵무기와 원전 누출 사고, 환경 재난 등 예측 불가능한 위험이 현실화될 가능성'이 '항시적으로 존재하게 된 현대 사회'를 '위험 사회'라고 규정'하였다. 또한 **4**문단에서 바우만은 '액체 시대라는 개념을 통해 핵 확산이나 환경 재앙 등 예측 불가능한 전 지구적 위험 요인의 항시적 존재만이 아니라 삶의 조건을 불확실하게 만드는 개체화 현상 자체를 위험 요인으로 본다'고 했다. 즉 벡의 '위험 사회'와 바우만의 '액체 시대'는 모두 예측 불가능한 재난이 현실화될 가능성이 일상적으로 늘 존재한다는 점을 전제로 하는 개념이다.

Q10. 벡의 '위험 사회'와 바우만의 '액체 시대'는 모두 위험의 공간적 범위가 전 지구적으로 확장되어 있음을 내포하는 개념이다. ◉

3문단에 따르면, 벡은 '현대의 위험은 과거와 달리 국가와 계급을 가리지 않고 파괴적으로 영향을 미친다'고 본다. 또한 **4**문단에서 바우만은 '액체 시대라는 개념을 통해 핵 확산이나 환경 재앙 등 예측 불가능한 전 지구적 위험 요인의 항시적 존재만이 아니라 삶의 조건을 불확실하게 만드는 개체화 현상 자체를 위험 요인으로 본다'고 했다. 즉 벡의 '위험 사회'와 바우만의 '액체 시대'는 모두 위험 요인이 '전 지구적' 범위를 지니고 있음을 내포하고 있는 개념이다.

3. 다음 표의 빈칸을 채우고 적절한 말을 선택하여 지문의 전체적인 구조를 파악해 보세요.

문단	현대의 개체화 현상

1	– 개체화 현상의 정의

	개체화	산업화에 따른 사회 **분화** + 개인이 공동체적 **유대**로부터 벗어나게 되는 현상

ㄴ, 울리히 벡, 지그문트 바우만: 현대의 개체화 현상을 사회적 **위험** 문제와 연관시켜 진단

2

– 벡과 바우만의 관점 비교(공통점)

벡	바우만
자본과 노동의 이동 **가속화**, 개인에 대한 국가의 통제력 **약화**, **노동**의 분절화, 가족 해체 현상 ⇒ 개체화 현상의 가속화 추세	

3
4

– 벡과 바우만의 관점 비교(차이점)

벡(위험 사회)	바우만(액체 시대)
• 현대 사회에는 방치에 의한 체계적 · **항시적** 위험이 존재한다고 봄 • 개체화된 현대인들의 초국가적 · 초계급적 **연대** 가능성을 제시함 • **성찰적 근대화**의 실천을 통한 대응을 강조함	• 현대 사회는 가변적이고 유동적인 **액체**와 같음 • 개체화 현상 자체를 위험 요인으로 봄 　(잉여 인간으로의 전락, **개인** 수준에서의 위기 대처, 극복 의지를 **상실**한 채 자기 방어 행동에 몰두) • 성찰적 근대화의 실천으로 현대 사회의 위기 해결이 **불가능**하다고 봄

4. 윗글의 논지 전개 방식으로 가장 적절한 것은?

정답풀이

③ 개체화 현상에 대한 서로 다른 두 견해의 공통점과 차이점을 설명하였다.

> **1**문단에서 현대의 개체화 현상을 사회적 위험 문제와 연관시켜 진단한 대표적인 학자들로 울리히 벡과 지그문트 바우만을 소개하고, **2**문단에서 개체화의 가속화 추세에 대해 두 학자가 지닌 견해의 공통점을, **3**문단~**4**문단에서 현대의 위기와 관련된 개체화에 대해 두 학자가 지닌 견해의 차이점을 설명하고 있다.

오답풀이

① 개체화 현상의 다양한 양상들을 ~~하나의 기준에 따라 분류~~하였다.

　2문단에서 20세기 중반 이후에 나타난 개체화 현상의 다양한 양상을 제시하였다고 볼 수 있으나, 이를 하나의 기준에 따라 분류하지는 않았다.

② 개체화 현상에 대한 ~~통념을 비판하며 그 개념을 새롭게 규정~~하였다.

　윗글에서 개체화 현상에 대한 통념이나 이에 대한 비판은 언급되지 않았으며, 개체화 현상의 개념을 새롭게 규정하지도 않았다.

④ 개체화 현상의 ~~역사적 기원에 대한 다양한~~ 가설들의 한계와 ~~의의를 평가~~하였다.

　윗글에서 개체화 현상의 역사적 기원에 대한 언급은 찾을 수 없으며, 이와 관련하여 다양한 가설들의 한계와 의의를 평가하지도 않았다.

⑤ 개체화 현상에 대한 정의를 바탕으로 ~~이와 유사한 사회적 개념들을 비교~~하였다.

　1문단에서 '산업화에 따라 사회가 분화되고 개인이 공동체적 유대로부터 벗어나게 되는 현상'이라며 개체화 현상의 정의를 제시하고 있으나, 이를 바탕으로 개체화 현상과 유사한 사회적 개념들을 비교하지는 않았다.

(3) 과학 · 기술

문제 P.127

1~2 상과 상평형

1 물질은 여러 가지 다른 상(phase)으로 존재할 수 있다. 물질의 상이란 화학적 조성은 물론 물리적 상태가 전체적으로 균질한 물질의 형태를 말하며, 일반적으로 고체, 액체, 기체로 구분된다. 고체는(물질의 상을 **정의**하고 그 종류를 **분류**한 후, 먼저 고체에 대해 설명하고 있네. 이어서 액체와 기체에 대한 설명이 순서대로 **나열**되겠지?) 일정한 부피와 모양을 가지고 있으며, 물질을 구성하는 원자들이 각자의 위치를 중심으로 결합되어 서로 고정된 상태이다. 고체: **일정**한 부피와 모양 + **원자**들이 결합되어 서로 **고정**된 상태 액체는 일정한 부피를 가지나 모양이 일정하지는 않으며, 물질을 구성하는 분자 간 인력이 분자 위치를 고정할 만큼 강하지 못하여 분자가 액체 내부를 무질서하게 돌아다니는 상태이다. **액체**: 일정한 **부피**와 일정하지 않은 **모양** + 분자 간 인력이 강하지 못해 분자의 **위치** 고정 X 기체는 부피와 모양이 모두 일정하지 않으며, 물질을 구성하는 분자 간 인력이 매우 작은 편으로 기체의 분자 간 평균적인 거리는 고체나 액체일 경우에 비해(기체의 분자 간 평균 거리를 고체나 액체의 경우와 **비교** 하고 있어. '~에 비해'라는 표현 뒤에 나오는 내용이 기체의 중요한 특성이 되겠지?) 매우 먼 상태이다. 기체: 일정하지 **않은** 부피와 모양 + 분자 간 인력이 매우 작아 분자 간 평균 **거리**가 매우 **먼** 상태

2 물질은 압력과 온도 조건의 변화에 따라 다른 상으로 변할 수 있다. 화학적 조성의 변화는 수반되지 않으면서 물질의 상이 전환되는 현상을 상변화(phase change)라 하며, **상변화**: 물질의 상이 **압력**과 **온도** 조건의 변화에 따라 다른 상으로 전환되는 것 압력은 동일하지만 온도가 더 높은 조건에서 존재하는 상일 때의 물질을 높은 상 물질이라고 한다. **높은 상** 물질: 동일한 **압력**, 더 높은 **온도**의 조건에서 존재하는 상일 때의 물질 이러한 모든 상변화에서는 물질의 내부 에너지 변화가 일어나는 특징이 있다. (다음에는 모든 상변화에서 일어나는 물질 내부 에너지 변화에 대한 내용이 이어지겠군.)

3 상평형 그림(phase diagram)은 닫힌계*에서 압력과 온도 조건의 변화에 따른 물질의 상변화를 나타낼 수 있는 방법이다. 아래의 〈그림〉은 물의 상평형 그림으로, 압력과 온도 조건에 따른 물의 상을 보여 준다. (상평형 그림을 활용하여 압

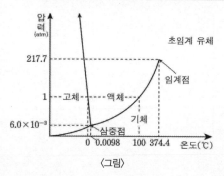

〈그림〉

력과 온도 조건의 변화에 따른 물의 상변화를 설명하려 하네. 〈그림〉과 관련된 내용은 문제로 나올 가능성이 있으니 정확히 이해해야 해.) 상평형 그림에서 상과 상 사이의 선들을 상 경계라고 하는데, 선의 각 점은 두 상이 평형을 이루는 압력과 온도 조건을 나타내며, 상 경계는 두 상이 평형을 이루는 압력과 온도 조건의 집합이 된다. **상 경계**: 두 상이 **평형**을 이루는 압력과 온도 조건의 집합 상평형 그림에서 고체상과 액체상이 평형을 이루는 조건을 융해 곡선, 기체상과 고체상이 평형을 이루는 조건을 승화 곡선, 기체상과 액체상이 평형을 이루는 조건을 증기 압력 곡선이라 한다.

융해 곡선: 고체상과 액체상이 평형을 이루는 조건 / **승화** 곡선: 기체상과 고체상이 평형을 이루는 조건 / **증기 압력** 곡선: 기체상과 액체상이 평형을 이루는 조건

4 닫힌계에서 기체상과 액체상이 평형을 이루는 상태에 대해 설명해 보자. (기체상과 액체상이 평형을 이루는 조건인 증기 압력 곡선과 관련된 내용을 설명하려 하는군.) 액체가 기체로 상이 전환되는 것은, 같은 온도에서도 액체의 분자가 각각 서로 다른 에너지를 가지고 있을 수 있어서 그중 높은 에너지를 갖는 분자가 증발할 수 있기 때문이다. 액체의 분자들을 한데 묶어 두는 분자 간 인력이 존재함에도 불구하고, 액체의 표면에 있는 분자들은 각각 다른 정도의 운동 에너지를 갖기 때문에 그중 운동 에너지가 큰 분자들은 분자 간 인력을 극복하고 증발하여 기체 상태로 변한다. 같은 온도에서도 액체 표면에 있는 분자들 중 **운동** 에너지가 **큰** 분자는 분자 간 **인력**을 극복하고 증발하여 **기체**로 변함 하지만(액체 분자가 기체 상태로 변한 것과 다른 내용이 전개 되겠지?) 기체의 분자들 일부는 반대로 에너지를 잃고 응결되어 액체로 변한다. 기체 분자들 일부는 에너지를 잃고 응결되어 **액체** 로 변함 그리고 이러한 과정의 ①초기에는 액체의 표면을 떠나는 분자의 수가 돌아오는 수보다 훨씬 많으나, ②기체의 분자 수 증가로 ③기체의 압력 또한 높아져 ④액체의 표면에서 응결되는 분자 수 또한 증가하게 된다. 결국 분자들의 증발 또는 응결은 지속적으로 이루어지고 있으나.(앞에서 설명한 **과정**이 지속되고 있으나 '결국', '~(으)나'와 같은 표지를 통해 뒤에 나오

는 **결과**를 강조하는 거야.) ⑤특정한 압력과 온도 조건에서 액체의 증발 속도와 기체의 응결 속도는 같아지게 되어 거시적으로 평형을 유지하게 된다. 닫힌계에서 기체상과 액체상이 거시적으로 **평형**을 이루는 과정: ①**증발**하는(기체로 변하는) 액체 분자 수 〉 응결되는 (액체로 변하는) 기체 분자 수 → ②기체 분자 수↑ → ③기체 **압력**↑ → ④**응결**되는 기체 분자 수↑ → ⑤(**특정한** 압력과 온도 조건에서) 액체 증발 속도 = 기체 응결 속도 그리고 이러한 상태에서의 압력과 온도 조건들이 상평형 그림의 증기 압력 곡선이 된다.

5 한편, (새로운 내용으로 **전환**된다는 표지!) 위 〈그림〉에서 고체와 기체 사이의 상 경계를 따라가면 두 선이 분기하는 점이 나타난다. 이 점은 세 개의 상이 평형을 이루며 공존하는 상태로, 삼중점(triple point)이라고 한다. **삼중점**: 세 개의 상이 평형을 이루며 공존하는 상태 그리고 액체와 기체 사이의 상 경계를 따라가면 선이 끝나는 임계점을 만나는데, 이때의 온도를 임계 온도, 압력을 임계 압력이라 한다. 임계 온도는 아무리 압력을 높여도 기체가 액화되지 않는 온도이며, 임계 압력은 아무리 온도를 높여도 액체가 증발되지 않는 압력으로, 임계점에서 두 상은 액체도 기체도 아닌 초임계 유체를 형성한다.

임계 온도: 압력을 높여도 **기체**가 **액체**로 변하지 않는 임계점에서의 온도 / 임계 압력: 온도를 높여도 **액체**가 **기체**로 변하지 않는 임계점에서의 압력 / 임계점: **초임계 유체**를 형성하는 점

•**닫힌계**: 주위와 물질 교환을 하지 않으나 에너지 교환은 할 수 있는 계.

지문 이해 ◉⊗ 문제

Q1. 물질이 일정한 부피와 모양을 유지하면서 화학적 조성과 물리적 형태에는 변화가 없는 상태는 고체에 해당한다. ◉
　1문단을 통해 '일정한 부피와 모양'을 가진 것은 물질의 세 가지 상 중 '고체'에 해당하는 특성임을 알 수 있다.

Q2. 물질을 구성하는 분자 간 인력의 크기는 고체 〈 액체 〈 기체로 정리할 수 있다. ⊗
　1문단을 통해 '물질을 구성하는 분자 간 인력'은 '고체 > 액체 > 기체' 순으로 정리할 수 있다.

Q3. 〈그림〉을 참고할 때, 물은 동일한 압력 조건에서 고체, 액체, 기체 중 기체가 높은 상 물질이겠군. ◉
　2문단에서 '압력은 동일하지만 온도가 더 높은 조건에서 존재하는 상일 때의 물질을 높은 상 물질'이라고 하였다. 이를 참고하여 **3**문단의 〈그림〉을 보면, 물은 압력이 '1atm'일 때, '0℃~100℃'에서는 액체이고 그 이하에서는 고체, 그 이상에서는 기체로 나타남을 알 수 있다. 따라서 동일한 압력 조건에서는 기체가 높은 상 물질이 된다.

Q4. 〈그림〉을 참고할 때, 물은 온도가 높아질수록 고체와 액체 간 평형을 이루는 압력이 높아지겠군. ⊗
　3문단에서 '고체상과 액체상이 평형을 이루는 조건을 융해 곡선'이라고 하였다. 〈그림〉에서 융해 곡선을 살펴보면, 물은 온도가 '0℃'일 때보다 온도가 '0.0098℃'일 때 압력이 더 낮음을 알 수 있다. 따라서 물은 온도가 높아질수록 고체와 액체 간 평형을 이루는 압력이 낮아짐을 알 수 있다.

Q5. 액체상과 기체상이 평형을 이루는 상평형 상태에서, 액체의 분자가 증발하는 속도와 기체의 분자가 응결하는 속도는 같을 것이다. ◉
　4문단에서 '특정한 압력과 온도 조건에서 액체의 증발 속도와 기체의 응결 속도'가 같아지게 되면 '거시적으로 평형을 유지'하게 되며, 이때의 압력과 온도 조건들이 '상평형 그림의 증기 압력 곡선이 된다'고 하였다. 따라서 액체상과 기체상이 평형을 이루는 상평형 상태에서는 액체의 분자가 증발하는 속도와 기체의 분자가 응결하는 속도가 동일할 것이다.

Q6. '삼중점'은 물질이 분자 수준에서는 상변화가 일어나고 있으나 거시적으로는 세 가지 상이 평형을 유지하고 있는 상태를 의미한다. ◉
　4문단에 따르면 '기체상과 액체상이 평형을 이루는 상태'에서는 '분자들의 증발 또는 응결은 지속적으로 이루어지고 있으나, 특정한 압력과 온도 조건에서 액체의 증발 속도와 기체의 응결 속도는 같아지게 되어 거시적으로 평형을 유지'한다고 했다. 이를 참고할 때 **5**문단의 '삼중점'은 고체, 액체, 기체 '세 개의 상이 평형을 이루며 공존하는 상태'로, 물질이 분자 수준에서는 상변화가 일어나고 있으나 거시적으로는 세 가지 상이 평형을 유지하는 상태를 의미한다고 볼 수 있다.

1. 다음 표의 빈칸을 채우고 적절한 말을 선택하여 지문의 전체적인 구조를 파악해 보세요.

문단	상과 상평형			
1	– 물질의 상의 정의와 종류			
	물질의 상	정의		화학적 조성, 물리적 상태가 전체적으로 **균질**한 물질의 형태
		종류	고체	**일정한 부피와 모양** + **원자**들이 결합되어 서로 고정된 상태
			액체	**일정한 부피, 일정하지 않은** 모양 + 분자 간 **인력**이 강하지 못해 분자의 **위치** 고정 X
			기체	**일정하지 않은** 부피, **일정하지 않은** 모양 + 분자 간 **인력**이 매우 작아 분자 간 **평균적인 거리**가 매우 먼 상태

문단	
2	– 상변화의 정의와 조건

상변화	정의	물질의 상이 **전환**되는 현상
	조건	**압력**과 **온도**의 변화

· 높은 상 물질: **동일한** 압력, **높은** 온도의 조건에서 존재하는 상일 때의 물질

3 4 5

– 상평형 그림에 나타나는 상변화

상 경계	두 상이 **평형**을 이루는 압력과 온도 조건의 집합
융해 곡선	고체상과 액체상이 평형을 이루는 조건
승화 곡선	기체상과 **고체**상이 평형을 이루는 조건
증기 압력 곡선	기체상과 액체상이 평형을 이루는 조건

· 닫힌계에서 기체상과 액체상이 평형을 이루는 상태

액체 → 기체	액체 표면에 있는 분자들 중 운동 에너지가 큰 분자는 분자 간 **인력**을 극복하고 **기체** 상태로 변함
기체 → 액체	기체 분자들 일부는 **에너지를** 잃고 응결되어 액체로 변함

① (초기) 기체로 변하는 액체 분자의 수 〉 액체로 변하는 기체 분자의 수
→ ② 기체 분자 수 ↑ → ③ 기체의 **압력** ↑ → ④ 응결되어 액체로 변하는 기체 분자 수 ↑
→ ⑤ 특정한 압력과 온도 조건에서 액체의 **증발** 속도 = 기체의 응결 속도
→ 평형 상태 (이때의 압력과 온도 조건들 = 증기 **압력** 곡선)

· 삼중점과 임계점

삼중점	세 개의 상이 평형을 이루며 **공존**하는 상태
임계 온도	**압력을** 더 높여도 기체가 액체로 변하지 않는 온도
임계 압력	**온도를** 더 높여도 액체가 기체로 변하지 않는 압력
임계점	초임계 **유체를** 형성하는 점

2. 윗글에 대한 설명으로 가장 적절한 것은?

정답풀이

① 물질의 상과 상변화 개념을 제시하고, 상평형 그림을 활용하여 물질의 상변화를 설명하고 있다.

> 윗글은 **1**문단과 **2**문단에서 '상'과 '상변화'의 개념을 제시하고, 이어 **3**문단~**5**문단에서 '상평형 그림'을 활용하여 닫힌계에서 압력과 온도 조건의 변화에 따른 물질의 상변화를 설명하고 있다.

오답풀이

② 물질의 상을 구분하고, ~~압력 변화에 따라 물질을 구성하는 원자나 분자가 달라지는 원인을~~ 분석하고 있다.

> **1**문단에서 물질의 상이 '일반적으로 고체, 액체, 기체로 구분'된다고 언급하였다. 하지만 **2**문단에서 물질이 '압력과 온도 조건의 변화에 따라 다른 상'으로 변하는 상변화에서 '화학적 조성의 변화는 수반되지 않'는다고 하였으므로, 윗글에서 압력 변화에 따라 물질을 구성하는 원자나 분자가 달라지는 원인을 분석하고 있다고 볼 수는 없다.

③ 물질이 물리적 형태에 따라 나타내는 특성들을 제시하고, ~~다양한 물질의 예를 들어~~ 각 특성들을 설명하고 있다.

> **1**문단에서 '화학적 조성은 물론 물리적 상태가 전체적으로 균질한 물질의 형태'인 '상'을 '고체, 액체, 기체'로 구분하여 그 특성을 설명하였으나, 다양한 물질의 예를 들지는 않았다.

④ 물질의 상과 상변화의 관련성을 설명하고, ~~압력과 온도 변화에 따른 물질의 화학적 조성 변화 원인을~~ 분석하고 있다.

> **2**문단에서 '물질은 압력과 온도 조건의 변화에 따라 다른 상으로 변할 수 있'지만, 상변화에 '화학적 조성의 변화는 수반되지 않'는다고 하였으므로, 압력과 온도 변화에 따른 물질의 화학적 조성 변화 원인을 분석하고 있다고 볼 수는 없다.

⑤ 물질의 상변화 과정에서 나타나는 ~~압력과 온도 사이의 상관성을~~ 분석하고, ~~물질의 화학적 변화 이유를~~ 제시하고 있다.

> **2**문단에서 '물질은 압력과 온도 조건의 변화에 따라 다른 상으로 변할 수 있'다고 하였지만, 상변화 과정에서 나타나는 압력과 온도 사이의 상관성을 분석하고 있지는 않다. 또한 물질의 화학적 변화 이유를 제시하고 있지도 않다.

1 OLED(Organic Light Emitting Diode)란 LED의 발광층에 전기에너지를 받으면 특정한 색의 빛을 내는 유기물질을 넣은 것을 말한다. (OLED의 **정의**를 제시하면서 글을 시작하고 있어.) OLED: **LED**의 발광층에 특정한 색의 빛을 내는 유기물질을 넣은 것 가장 기본이 되는 RGB-OLED는 빛의 3원색인 적색, 녹색, 청색을 내는 서브픽셀 세 개가 모여 하나의 픽셀을 이룬다. RGB-OLED: 적색, 녹색, 청색(빛의 3원색)을 내는 세 개의 **서브픽셀**이 모여 하나의 픽셀을 이룬 것 서브픽셀은 전자를 주입해주는 음극, 전자와 정공*이 만나 빛을 만들어내는 발광층, 정공을 주입해주는 양극 등이 순서대로 다층 구조를 이루고 있는데 서브픽셀마다 일종의 밸브 역할을 하는 박막트랜지스터(TFT)가 양극(+) 쪽에 위치하고 있어 전류를 차단하거나 통하게 하고 전류량을 조절한다. 서브픽셀의 다층 구조(순서대로) ①음극: 전자 주입 ②**발광층**: 전자 + 정공 → 빛 ③양극: 정공 주입 / 박막트랜지스터(TFT): **양극** 쪽에 위치, 전류량 조절 서브픽셀을 모두 끄면 검은색을, 모두 켜면 흰색을 만들어 낼 수 있고 서브픽셀의 전류량을 조절해 빛의 양을 적절히 배합하면 다양한 색상의 빛을 표현해 낼 수 있다. 빛 색상 표현: 서브픽셀을 모두 끔 → **검은색**, 모두 켬 → **흰색**, 전류량 조절해 빛의 양 적절히 배합 → 다양한 색상

2 그렇다면 발광층에서 빛이 나는 원리는 무엇일까? (OLED의 다층 구조 중 발광층에서 빛이 나는 **원리**에 대해 질문을 하며 화제를 구체화하고 있어.) 에너지가 가장 낮아 전자가 안정된 상태를 '바닥상태'라 한다. 그리고 바닥상태에 일정 이상의 에너지가 가해져 전자가 원래의 자리에서 이동하며 높은 에너지를 지니게 된 상태를 '들뜬상태'라 한다. 들뜬상태의 전자는 안정화되려는 속성이 있어 다시 바닥상태로 돌아가게 된다. 이때 전자는 들뜬상태와 바닥상태의 에너지 차이, 즉 바닥상태에서 들뜬상태가 되도록 가해졌던 에너지만큼의 에너지를 방출한다. 바닥상태: 에너지가 가장 **낮아** 전자가 안정된 상태 / 들뜬상태: **바닥상태**에 에너지가 가해져 전자가 이동하며 **높은** 에너지를 지니게 된 상태(들뜬상태의 전자는 '**들뜬상태**의 에너지 – 바닥상태의 에너지'만큼 에너지를 방출하면서 **바닥상태**로 돌아감) ①TFT가 전류를 흐르게 하면 ②들뜬상태가 된 전자가 양극을 향해, 정공은 음극을 향해 이동하다가 ③발광층에서 서로 만나게 된다. 발광층에서 전자는 정공과 결합하며 ④안정화되어 바닥상태가 되고 이때 들뜬상태와 바닥상태의 에너지 차이만큼 대부분 빛에너지로 전환된다. 발광층에서 빛이 나는 원리: ①TFT가 전류 흐르게 함 → ②들뜬상태 전자는 **양극**, 정공은 **음극**을 향해 이동 → ③발광층에서 만나 전자와 정공 결합 → ④전자는 안정된 **바닥상태**가 됨(들뜬상태와 바닥상태의 에너지 차이만큼 **빛에너지**로 전환)

3 서브픽셀별로 나오는 빛의 색상은 발광층에 들어간 유기물질이 지닌 '밴드 갭'에 의해 결정된다. (이번에는 유기물질의 밴드 갭에 의해 특정 색상이 구현되는 **원리**를 설명하려나 보네.) 밴드 갭이란 전자가 채워져 있는 영역 중 가장 높은 에너지 궤도(HOMO)와 전자가 채워질 수 있는 영역 중 가장 낮은 에너지 궤도(LUMO)가 지니는 에너지 준위의 차를 말한다. 밴드 갭: HOMO와 LUMO가 지니는 에너지 준위의 차, 서브픽셀별 빛의 **색상**을 결정 ①HOMO에 바닥상태로 존재하는 전자에 밴드 갭 이상의 에너지를 가하면 ②들뜬상태가 된 전자가 LUMO로 이동하여 정공과 결합한다. 이후 ③전자는 다시 에너지를 방출하며 바닥상태로 돌아오면서 ④밴드 갭에 해당하는 파장의 빛을 방출하게 된다. 밴드 갭에 의해 특정한 색의 빛이 방출되는 원리: ①HOMO의 바닥상태 전자에 **밴드 갭** 이상의 에너지 가함 → ②**들뜬상태**가 된 전자가 LUMO로 이동하여 정공과 결합 → ③전자는 에너지를 방출하며 **바닥상태**로 돌아옴 → ④밴드 갭에 해당하는 파장(특정 색상)의 빛 방출 밴드 갭이 크면 빛을 내기 위해 더 많은 에너지가 필요하기 때문에 밴드 갭이 큰 유기물질은 밴드 갭이 작은 유기물질에 비해 수명이 짧다. 밴드 갭이 큰 경우: 더 많은 에너지 필요 → 밴드 갭이 작은 유기물질에 비해 **수명 짧음**

4 OLED는 중간에 위치한 발광층에서 만들어진 빛을 어디로 내보내느냐에 따라 배면 발광과 전면 발광으로 나뉜다. (OLED를 발광 방식에 따라 **분류**하여 설명할 거야.) 빛이 양극을 향해 나가면 배면 발광, 음극을 향해 나가면 전면 발광이라 한다. 배면 발광: 빛이 **양극**을 향해 나감 / 전면 발광: 빛이 **음극**을 향해 나감 배면 발광의 경우(먼저 배면 발광에 대해 설명하는군.) 음극은 전자의 주입 및 반사층 역할을 해야 하기 때문에, 일함수*가 낮고 불투명한 은과 마그네슘의 혼합 금속을 사용한다. 반면 양극에는(음극과 **대조적인** 특징이 나오겠지?) 반대의 성질을 지닌 인듐과 산화주석의 화합물(ITO)을 사용한다. 배면 발광의 음극: 전자의 주입과 **반사층** 역할, 일함수 낮고 불투명한 금속 사용 / 양극: 일함수 높고 투명한 화합물(ITO) 사용 그런데 빛이 양극에 위치한 TFT를 통과해 나갈 때 빛의 일부가 TFT에 막혀 빠져나가지 못해 개구율이 떨어진다는 문제가 발생한다. (배면 발광의 **문제**가 제시되었으니, 나중에 **해결**책이 나올 수도 있겠군.) 배면 발광의 문제점: 빛의 일부가 **TFT**에 막혀 빠져나가지 못해 **개구율**이 떨어짐 개구율이란 단위 화소 전체 면적에서 실제로 빛이 나올 수 있는 면적의 비율로, 개구율이 높으면 동일 전류를 흘렸을 때 나오는 빛의 양이 많아 휘도가 높다. 이 때문에 개구율의 저하는 휘도의 저하로 이어지고 일정 화질을 위한 휘도를 내기 위해서는

손실된 휘도만큼 더 밝게 발광시켜야 하므로 유기물질의 수명에 좋지 않은 영향을 미치게 된다. 개구율: 단위 화소 **전체** 면적에서 실제로 빛이 나올 수 있는 면적의 비율, **휘도**와 비례(저하되면 일정 화질 위해 손실된 **휘도**만큼 더 밝게 발광시킴 → 유기물질 **수명**에 부정적 영향)

⑤ 개구율을 높이기 위해 TFT가 없는 음극을 향해 빛을 내보내는 전면 발광은(발광의 또 다른 유형인 전면 발광에 대해 설명하네. 전면 발광은 배면 발광의 개구율 **문제**에 대한 **해결**책이기도 한가 봐.) 양극에는 일함수가 높고 반사층 역할을 할 수 있는 금이나 백금 같은 금속을 사용하고 음극에는 투명도가 높은 물질을 사용해야 한다. 전면 발광의 양극: 일함수 높고 **반사층** 역할 가능한 금속 사용 / 음극: **투명도** 높은 물질 사용 그러나 음극에 ITO를 사용하면 일함수가 높아 전자를 쉽게 내줄 수 없다. 결국 음극에는 일함수가 낮으면서도 투명도가 높은 금속을 사용해야 하는데, 투명도를 높이기 위해서는 금속을 얇게 만들어야 한다. ITO는 투명하지만 일함수도 높아서, 전면 발광의 음극에는 일함수가 낮으면서도 투명도가 높은, 다른 얇은 금속을 사용해야 하는 거야. **그런데** 음극이 일정 두께 이하로 얇아지면 면저항이 증가하게 되고, 저항이 높아지면 패널의 위치별로 생성되는 전압이 달라지게 되어 화면의 균일도가 떨어지는 **부작용이 발생한다.** (전면 발광에도 **문제**점이 있군.) 전면 발광의 문제점: 투명도 높이기 위해 음극이 일정 두께 이하로 얇아지면 **면저항** ↑ → 패널 위치별 전압이 달라져 화면의 **균일도** ↓

⑥ 이를 해결하는 대표적인 방법은 미소공진현상을 이용하는 것이다. (전면 발광이 지닌 부작용의 **해결**책으로 미소공진현상이 제시되었어. **문제−해결** 구조가 반복적으로 나타나네.) ①발광층에서 생성된 빛의 일부는 반투명 음극을 통해 빠져나가지만 일부는 음극에 반사되어 양극을 향하고 ②양극에 다시 부딪혀 재반사되는데 ③이렇게 반사된 빛들은 서로 간섭을 일으키며 미소공진현상이 일어나게 된다. 미소공진현상에 의해 빛은 ④−(1)위상이 일치하는 파동들이 만나면 보강간섭이 일어나 파동의 강도가 세지고, ④−(2)위상이 반대인 파동들이 만나면 상쇄간섭이 일어나 파동이 약해지거나 사라지게 된다. 미소공진현상의 원리: ①발광층에서 생성된 빛의 일부가 음극에 반사 → ②양극에 부딪혀 재반사 → ③반사된 빛들이 서로 간섭 , [④−(1)빛이 위상이 **일치**하면 **보강**간섭이 일어나 파동 ↑ / ④−(2)빛의 위상이 **반대**이면 **상쇄**간섭이 일어나 파동 ↓] 이러한 미소공진현상을 통해 빛의 세기가 강해지면 휘도가 높아지게 되고, 그 결과 휘도를 향상시키기 위해 높은 전류로 구동을 하지 않아도 되므로 OLED의 수명이 길어지게 된다. 더불어 조건에 일치하는 파장만 보강되고 조건이 맞지 않는 파장은 상쇄되므로 스펙트럼이 좁아져서 색의 순도가 높아지는 효과도 얻게 된다. 미소공진현상의 효과: ①빛의 세기와 휘도가 높아지면서 OLED **수명** ↑ ②조건 일치 파장만 보강하면서 스펙트럼이 좁아져 색의 **순도** ↑

• **정공:** 전자가 차지하고 있어야 할 자리에 전자가 없어 생긴 빈 공간, 전자와는 반대로 양전하를 갖는 전하 운반체로 일종의 가상의 입자.
• **일함수:** 전자 하나를 밖으로 끌어내는 데 필요한 최소의 일 또는 에너지.

Q1. RGB-OLED는 ~~황색~~을 만들 때보다 ~~청색~~을 만들 때 더 많은 전류량이 필요하다. ⊗

　🄵문단에 따르면 '적색, 녹색, 청색을 내는 서브픽셀 세 개'를 '모두 켜면 흰색을 만들어 낼 수 있'으므로, 서브픽셀 한 개만 켜면 되는 청색을 만들 때보다 서브픽셀 세 개를 모두 켜야 하는 흰색을 만들 때 더 많은 전류량이 필요할 것이다.

Q2. 발광층에서 전자가 정공을 만나 빛을 방출하면 바닥상태로 돌아간다. ◉

　🄶문단에서 '들뜬상태가 된 전자'와 '정공'이 '발광층에서 서로 만나' 결합하게 되면 '들뜬상태와 바닥상태의 에너지 차이만큼 대부분 빛에너지로 전환'된다고 하였다. 즉 전자는 발광층에서 정공을 만나면 들뜬상태의 높은 에너지를 빛으로 방출하면서(전환시키면서) 바닥상태로 돌아가게 되는 것이다.

Q3. 동일한 시간을 사용할 때, 밴드 갭이 큰 유기물질일수록 수명이 짧아진다. ◉

　🄷문단에서 '밴드 갭이 크면 빛을 내기 위해 더 많은 에너지가 필요하기 때문에 밴드 갭이 큰 유기물질은 밴드 갭이 작은 유기물질에 비해 수명이 짧'다고 한 것을 통해 알 수 있다.

Q4. 배면 발광은 음극에 ~~투명도가 높은~~ 물질을 사용하여 빛의 양을 늘려준다. ⊗

　🄸문단에 따르면 배면 발광의 음극은 '반사판 역할을 해야' 하므로, 투명도가 높은 물질이 아니라 '불투명한 은과 마그네슘의 혼합 금속'을 사용한다.

Q5. 전면 발광은 음극을 얇게 만들수록 면저항이 ~~낮아져~~ 화면의 균일도가 ~~높아진다~~. ⊗

　🄹문단에 따르면 전면 발광의 '음극이 일정 두께 이하로 얇아지면 면저항이 증가하게 되'며 '화면의 균일도가 떨어지는 부작용이 발생'한다.

Q6. 배면 발광과 전면 발광은 모두 빛이 나가는 반대 방향에 투명하지 않은 물질을 사용하여 반사율을 높인다. ◉

　🄸문단과 🄹문단에 따르면 '빛이 양극을 향해 나가면 배면 발광, 음극을 향해 나가면 전면 발광'이므로 빛이 나가는 반대 방향은 배면 발광의 경우 음극, 전면 발광의 경우 양극이 된다. 그런데 배면 발광의 음극은 '반사층 역할을 해야 하기 때문에, 일함수가 낮고 불투명한 은과 마그네슘의 혼합 금속을 사용'하고, 전면 발광의 양극은 '일함수가 높고 반사층 역할을 할 수 있는 금이나 백금 같은 금속을 사용'한다. 즉 배면 발광과 전면 발광은 모두 빛이 나가는 반대 방향이 반사판 역할을 해야 하므로 해당 부분에 투명하지 않은 물질을 사용한다.

Q7. 미소공진현상에서 파동 간 간섭이 일어나는 것은 양극과 음극에 반사를 일으키는 물질을 사용하기 때문이다. ◉

　🄺문단에 따르면 '발광층에서 생성된 빛의 일부는 반투명 음극을 통해 빠져나가지만 일부는 음극에 반사되어 양극을 향하고 양극에 다시 부딪혀 재반사되는데 이렇게 반사된 빛들은 서로 간섭을 일으'킨다. 따라서 미소공진현상에서 파동 간 간섭이 일어나는 것은 양극과 음극에 반사가 일어날 수 있는 물질이 사용되었기 때문이라고 볼 수 있다.

Q8. 미소공진현상에서 다른 파동과 상호 작용을 하지 않을 경우 빛은 음극을 통과할 수 ~~없다~~. ⊗

　🄺문단에서 '발광층에서 생성된 빛의 일부는 반투명 음극을 통해 빠져나'간다고 했으므로, 다른 파동과 상호 작용을 하지 않더라도 빛이 음극을 통과하는 것이 가능함을 알 수 있다.

Q9. 미소공진현상에서는 파동 간의 간섭으로 한정된 파장의 빛만 나오게 되므로 색의 순도가 높아진다. ◉

　🄺문단에서 미소공진현상에 의해 '조건에 일치하는 파장만 보강되고 조건이 맞지 않는 파장은 상쇄되므로 스펙트럼이 좁아져서 색의 순도가 높아지는 효과도 얻게 된'다고 한 것을 통해 알 수 있다.

3. 다음 표의 빈칸을 채우고 적절한 말을 선택하여 지문의 전체적인 구조를 파악해 보세요.

문단	OLED의 구조와 발광 원리		
1	– OLED의 정의와 구조		
	OLED	LED의 발광층에 특정한 색의 빛을 내는 **유기물질**을 넣은 것	
	RGB–OLED	적색, 녹색, 청색(빛의 3원색)을 내는 **서브픽셀** 세 개가 모여 하나의 픽셀 이룸	
	서브픽셀	다층 구조	① 음극: 전자 주입 ② 발광층: 전자 + 정공 → **빛** 발생 ③ 양극: 정공 주입 └ 박막트랜지스터(TFT): **양극** 쪽에 위치, **전류량** 조절
		빛 표현	– 모두 끔 → **검은색** / 모두 켬 → **흰색** – 전류량 조절해 빛의 양 적절히 배합 → 다양한 색상
2	– OLED의 발광층에서 빛이 나는 원리		
	바닥상태	에너지가 가장 낮아 전자가 **안정된** 상태	
	들뜬상태	바닥상태에 에너지가 가해져 전자가 이동, **높은** 에너지를 지니게 된 상태 └ 늘뜬상태 전사는 **안정화되려는** 속성이 있음	
	빛이 나는 원리	① TFT가 전류 흐르게 함 → ② 들뜬상태 전자는 **양극**, 정공은 **음극**을 향해 이동 → ③ 발광층에서 만나 전자와 정공 결합 → ④ 전자는 안정된 **바닥상태**가 됨 (들뜬상태와 바닥상태의 **에너지** 차이만큼 빛에너지로 전환)	
3	– 밴드 갭에 의해 결정되는 빛의 색상		
	밴드 갭	전자가 채워져 있는 영역 중 가장 높은 에너지 궤도(HOMO)와 전자가 채워질 수 있는 영역 중 가장 낮은 에너지 궤도(LUMO)가 지니는 에너지 준위의 차	
	빛이 나는 원리	① HOMO의 바닥상태 전자에 **밴드 갭** 이상의 에너지를 가함 → ② 들뜬상태가 된 전자가 LUMO로 이동하여 정공과 결합 → ③ 전자는 에너지를 방출하며 **바닥상태**로 돌아옴 → ④ 밴드 갭에 해당하는 파장(특정 색상)의 빛 방출	
	· 밴드 갭이 큰 경우: 더 많은 **에너지** 필요, 밴드 갭이 작은 유기물질에 비해 **수명** 짧음		

– OLED의 발광 방식

배면 발광	빛의 방향	빛이 **양극**을 향해 나감
	음극	일함수가 **낮고 불투명**한 금속 사용 (전자 주입 및 반사층 역할)
	양극	일함수가 **높고 투명**한 ITO 사용
	문제점	빛의 일부가 TFT에 막혀 빠져나가지 못해 **개구율** ↓ · 개구율: 단위 화소 전체 면적에서 실제로 빛이 나올 수 있는 면적의 비율, 휘도와 **비례** 관계 · 손실된 휘도만큼 더 밝게 발광 → 유기물질 **수명**에 부정적 영향

↓ 문제 해결 (개구율 높이기 위해 TFT 없는 **음극**으로 빛을 내보냄)

전면 발광	빛의 방향	빛이 **음극**을 향해 나감
	음극	일함수 **낮고** 투명도 높은 금속 사용 (ITO 사용 X)
	양극	일함수 높고 **반사층** 역할 가능한 금속 사용
	문제점 (부작용)	투명도 높이기 위해 음극이 일정 두께 이하로 **얇아지면** 면저항 ↑ → 패널 위치별 전압이 달라져 화면의 **균일도** ↓

↓ 문제 해결 (부작용 해결 위해 미소공진현상 이용)

미소공진 현상	원리	① 발광층에서 생성된 빛의 일부가 음극에 **반사**되어 양극을 향함 → ② 양극에 부딪혀 재반사 → ③ 반사된 빛들이 서로 **간섭** → [④-(1) 빛의 위상이 **일치**하면 보강간섭이 일어나 파동 ↑ / ④-(2) 빛의 위상이 **반대**이면 상쇄간섭이 일어나 파동 ↓]
	효과	– 빛의 세기 ↑ → 휘도 ↑ → OLED **수명** ↑ – 조건 일치 파장만 보강하고 조건 맞지 않는 파장은 상쇄함 → 스펙트럼 좁아져 색의 **순도** ↑

4
5
6

4. 윗글의 내용 전개 방식으로 가장 적절한 것은?

정답풀이

② OLED와 관련된 개념을 소개하면서 OLED의 구조와 발광 원리에 대해 설명하고 있다. 정답과 해설

1문단에서 'OLED'의 개념을 소개하고, '가장 기본이 되는 RGB-OLED는 빛의 3원색인 적색, 녹색, 청색을 내는 서브픽셀 세 개가 모여 하나의 픽셀을 이룬다.', '서브픽셀은~양극 등이 순서대로 다층 구조를 이루고 있는데 서브픽셀마다 일종의 밸브 역할을 하는 박막트랜지스터(TFT)가 양극(+) 쪽에 위치하고 있어' 등에서 그 구조를 밝히고 있다. 이후 2문단과 3문단에서 OLED와 관련된 개념인 '바닥상태', '들뜬상태', '밴드 갭' 등의 개념을 소개하면서 OLED가 발광하는 기본 원리를 설명하고 있다. 그리고 4문단~5문단에 걸쳐 OLED의 발광 원리를 유형별로 나누어 설명하고 있다.

오답풀이

① OLED의 ~~기능을 열거~~하면서 OLED로 색을 표현할 때 ~~유의할 점을 제시~~하고 있다.

윗글에서 OLED의 기능을 열거한 부분은 찾아볼 수 없으며, 3문단에서 OLED의 서브픽셀별로 나오는 빛의 색상이 '발광층에 들어간 유기물질이 지닌 '밴드 갭'에 의해 결정'된다는 점을 밝히고 있지만 OLED로 색을 표현할 때 유의할 점을 제시하고 있지는 않다.

③ OLED의 ~~발전 과정을 통시적으로 저술~~하면서 OLED를 ~~대체할 수 있는 물질을 소개~~하고 있다.

윗글에서 OLED의 발전 과정을 통시적으로 서술하고 있지는 않으며, OLED를 대체할 수 있는 물질을 소개하고 있지도 않다.

④ OLED의 각 구성 요소들 간의 ~~공통점과 차이점을 비교~~하면서 구성 요소들의 ~~장단점을 분석~~하고 있다.

윗글에서 OLED의 각 구성 요소들(각 서브픽셀, 혹은 음극, 양극, 발광층, 박막트랜지스터 등) 간의 공통점과 차이점을 비교하고 있지 않으며, 구성 요소들의 장단점을 분석하고 있지도 않다.

⑤ OLED를 기준에 따라 분류하며 OLED의 종류에 따라 ~~빛의 파장을 조절하는 방법~~을 설명하고 있다.

4문단~5문단에서 '중간에 위치한 발광층에서 만들어진 빛을 어디로 내보내느냐에 따라 배면 발광과 전면 발광으로' OLED의 유형을 나누어 설명하고 있을 뿐, OLED의 종류에 따라 빛의 파장을 조절하는 방법을 설명하고 있지는 않다.

2

수능 국어 독서 실전 훈련

수능 국어 독해를 정복하는 가장 빠른 길

(1) 니체의 예술 철학과 표현주의

문제 P.146

[1~5] 다음 글을 읽고 물음에 답하시오.

1 ¹서양 철학은 ㉠존재에 대한 물음에서 시작되었다. ²고대 그리스 철학자 파르메니데스는 있는 것은 있고 없는 것은 없다고 말했다. ³그는 어떤 존재가 있다가 없어지고 없다가 있게 되는 일은 불가능하다며 존재의 생성과 변화, 소멸을 부정했다. ⁴그에게 존재는 영원하며 절대적이고 불변성을 가지는 것이었다. 존재의 생성과 변화, 소멸을 부정하며 존재의 절대적이고 불변하는 성질을 강조한 파르메니데스의 관점이 제시되었어. ⁵이에 반해(파르메니데스의 관점과는 대조되는 관점이 제시되겠군.) 헤라클레이토스는 존재의 생성과 변화를 긍정했다. ⁶그는 존재하는 모든 것이 변화의 과정 중에 있으며 끊임없이 생성과 소멸을 반복하는 것이라고 생각했다. 헤라클레이토스는 존재의 생성과 변화, 소멸을 긍정했다는 점에서 파르메니데스의 관점과는 대조적이네. ⁷존재에 대한 두 철학자의 견해는 플라톤의 이데아론에 영향을 주었다. ⁸플라톤은 존재를 끊임없이 변하는 존재와 영원히 변하지 않는 존재로 나누었다. (플라톤은 파르메니데스와 헤라클레이토스의 견해를 종합하여 존재를 두 종류로 구분했네. 앞으로 이 둘에 대한 설명이 이어지겠군.) ⁹그는 우리가 경험하는 현실 세계의 존재는 변한다고 생각했다. ¹⁰그리고 현실 세계에 존재하는 모든 것의 근원을 이데아로 ⓐ상정하고 이데아를 영원하고 불변하는 존재, 그 자체로 완전한 진리로 여겼다. 플라톤의 관점에 따르면 '끊임없이 변하는 존재'는 현실 세계의 존재에, '영원히 변하지 않는 존재'는 이데아에 대응되는군. ¹¹반면에 (이데아와 대조적 특성을 지닌 현실 세계의 존재에 대해 설명할 거야.) 현실 세계의 존재는 이데아를 모방한 것일 뿐 이데아와 달리 불완전하다고 보았다. ¹²또한 감각을 통해 인식할 수 있는 현실 세계의 존재와 달리 이데아는 오직 이성에 의해서만 인식할 수 있다는 이성 중심의 사유를 전개했다. ¹³플라톤의 이러한 철학적 견해는 이후 서양 철학의 주류가 되었다. 이성 중심의 사유를 전개하며 서양 철학의 주류가 된 플라톤의 관점을 정리해 보자.

이데아	현실 세계의 존재
• 현실 세계에 존재하는 모든 것의 근원 • 영원 · 불변 · 완전한 진리 • 이성에 의해서만 인식 가능	• 이데아를 모방한 것 • 끊임없이 변화하는 불완전한 존재 • 감각을 통해 인식 가능

2 ¹⁴그러나 플라톤의 견해를 바탕으로 한 서양 철학의 주류적 입장은 근대에 이르러 니체에 의해 강한 비판을 받았다. (서양 철학의 주류적 입장을 반박하는 니체의 견해가 제시될 거야.) ¹⁵헤라클레이토스의 견해를 받아들인 니체는 영원히 변하지 않는 존재, 절대적이고 영원한 진리는 없다고 주장했다. ¹⁶또한 우리가 살고 있는 현실 세계가 유일한 세계라면서 '신은 죽었다'라고 선언하며 형이상학적 이원론°이 말하는 진리, 신 중심의 초월적 세계, 합리적 이성 체계 모두를 부정했다. 결국 니체는 플라톤의 이데아와 관련된 모든 것을 부정한 셈이네. ¹⁷니체는 형이상학적 이원론이 진리를 영원불변한 것으로 고정하고, 현실 너머의 이상 세계와 초월적 대상을 생명의 근원으로 설정함으로써 인간이 현실의 삶을 부정하도록 만들었다고 보았다. ¹⁸그래서 생명의 근원과 삶의 의미를 상실한 인간은 허무에 ⓑ직면하게 되었다는 것이다. 니체는 플라톤의 철학적 견해에 기반을 둔 형이상학적 이원론이 인간으로 하여금 생명의 근원과 삶의 의미를 상실하게 하고, 허무에 직면하게 만들었다고 부정적으로 인식하는군.

3 ¹⁹니체는 허무에서 벗어나기 위해서는(인간이 허무에 직면했다는 문제 상황을 해결할 수 있는 니체의 방안이 제시될 거야.) 생명의 본질을 ⓒ회복해야 한다고 했다. ²⁰그는 인간이 자신의 삶을 지탱할 수 있게 하는 것을 '힘에의 의지'로 보았다. ²¹니체가 말하는 '힘에의 의지'는 주변인이나 사물을 자기 마음대로 지배하고 억압하려는 의지가 아니라 자기 극복을 이끌어 내고 생명의 상승을 지향하는 의지로 이해할 수 있다. 니체는 허무에서 벗어나기 위해서는 '힘에의 의지'를 통해 생명의 본질을 회복하는 것이 필요하다고 보았대. ²²니체는 이러한 '힘에의 의지'가 생성과 변화의 끊임없는 과정 중에서 창조적 생성 작용을 하는데, 그 최고의 형태가 예술이라고 했다. ²³그는 본능에 내재한 감성을 바탕으로 하는 예술적 충동을 중시하였고, 예술가의 창작 활동을 인간의 삶의 가치 상승을 도와주는 '힘에의 의지'로 보았다. ²⁴그는 예술을 통해 생명력을 회복하고 허무를 극복할 수 있음을 강조한 것이다. 니체는 예술이 '힘에의 의지'를 통한 창조적 생성 작용의 최고 형태이므로, 이를 통해 생명력 회복과 허무 극복이 가능하다고 여긴 것이군.

4 ²⁵이러한 니체의 철학적 견해는 20세기 초의 예술가들에게 많은 영향을 주었는데, 특히 회화에서 독일의 표현주의가 니체의 철학을 ⓓ수용했다. ²⁶표현주의는 전통적인 사실주의 미학을 따르지 않았다. (니체의 철학을 수용한 표현주의의 특징을 사실주의 미학과 **비교**하여 설명해 줄 거야.) ²⁷사실주의 미학은 형이상학적 이원론에 근거하여 존재와 진리의 참모습을 모방하는 것을 예술의 목적으로 받아들이는 재현의 미학이었다. 사실주의 미학: 형이상학적 이원론에 근거, 예술의 목적 = 존재와 진리의 참모습 모방 ²⁸그러나 니체의 철학적 관점에서 예술을 이해한 표현주의 화가들은 예술의 목적을 대상의 재현이 아니라 인간의 감정과 충동을 표현하는 것으로 생각했다. 표현주의의 특징 ①예술의 목적 = 인간의 감정과 충동 표현 ²⁹그들은 사실주의 미학에서 이성보다 열등한 것이라고 여겼던 감정을 존재의 본질을 드러내는 것으로 보았다. ³⁰그들이 생각하는 인간의 감정은 시시각각 변화하며 생성과 소멸을 반복하는 것이기에 그림을 그리는 동안에도 매 순간 변화하는 감정을 중시했다. ³¹그래서 대상의 비례와 고유한 형태를 왜곡하고, 색채도 실제보다 더 강하게 과장해서 그리거나 대비되는 원색을 대담하게 사용하는 등의 방법을 통해 자신의 감정과 충동을 표현했다. 표현주의의 특징 ②대상의 비례·고유한 형태 왜곡, 과장된 색채나 대비되는 원색 사용 ³²또한 원근법에 얽매이지 않는 화면 구성을 보임으로써 작품에서 드러나는 공간이 현실 공간의 재현이 아니라 화가 자신의 감정을 표현하기 위한 상징과 의미를 생산하는 공간이라는 인식을 드러냈다. 표현주의의 특징 ③ 원근법에 얽매이지 않는 화면 구성

5 ³³표현주의 화가들은 이성과 합리성의 가치를 추구하던 당시 사회의 분위기에 ⓔ반발하며 예술가로서의 감정적, 주관적인 표현을 예술이 추구해야 하는 가치로 보았다. ³⁴그들은 자유로운 형태와 색채로 자신들이 가지고 있던 내면의 불안, 공포, 고뇌 등을 예술로써 극복하려고 노력하면서 강한 생명력을 보여 주었다. ³⁵결국 화가의 내면을 적극적으로 표현했던 표현주의는 니체의 철학을 근거로 예술에 대한 새로운 해석을 보여 주었다고 할 수 있다. 당시의 사회 분위기에 반발하며 진정한 예술의 가치를 고민하고 새로운 예술 경향을 이끌어간 표현주의 화가들과 그 의의를 언급하며 마무리하였네.

• **형이상학적 이원론**: 세계를 경험의 세계와 경험을 초월한 세계로 나누고, 사물의 본질과 존재의 근본 원리를 사유를 통해 연구하는 이론.

📝 **지문 파고들기**

이 지문에는 인문과 예술 영역의 내용이 융합되어 있어. 처음에는 존재에 대한 서양 철학자들의 견해와 이를 종합하여 서양 철학의 주류적 입장이 된 플라톤의 견해를 살펴본 뒤, 플라톤의 견해에 대한 니체의 비판적 관점을 제시하고 있지. 그런데 후반부에는 니체의 견해에 영향을 받은 표현주의 회화에 대한 설명으로 내용이 전환되면서 인문과 예술이 융합된 구성이 나타나. 이러한 융합형 지문을 읽을 때는, 화제가 전환되는 지점이 어디인지를 정확히 파악하는 것이 중요해. 이를 기점으로 지문을 크게 두 부분으로 나누어 각각의 주요 내용을 정리하되, 두 화제 간의 연결 관계를 눈여겨보는 식으로 독해하면 좋을 거야!

구조도

1	존재에 대한 서양 철학의 관점	
	파르메니데스	헤라클레이토스
	– 존재의 생성, 변화, 소멸 부정	– 존재의 생성, 변화, 소멸 긍정

↓

플라톤
- '끊임없이 변하는 존재'(현실 세계의 존재)와 '영원히 변하지 않는 존재'(이데아)를 구분
- 현실 세계의 존재: 이데아를 **모방**, 감각을 통해 인식
- 이데아: 현실 세계에 존재하는 것의 **근원**, 오직 **이성**에 의해 인식

2 3	니체의 철학적 견해
	– 인간을 허무에 직면하게 한 형이상학적 이원론을 **부정**
	– '힘에의 의지'를 통한 생명의 본질 **회복**을 중시
	– 예술: '힘에의 의지'를 통한 창조적 생성 작용의 최고 형태 → 예술을 통한 생명력 회복, 허무 **극복**의 가능성을 강조

4 5	니체의 철학을 수용한 표현주의	
	특징	– 사실주의 미학을 따르지 않음 – 인간의 감정과 충동 표현을 예술의 **목적**으로 봄 – 대상의 비례·고유 형태 **왜곡**, 과장된 색채, 대비되는 **원색** 사용 – **원근법**에 얽매이지 않는 화면 구성
	의의	– 화가 자신의 **내면**을 적극적으로 표현하여 예술에 대한 새로운 **해석**을 보여 줌

★ 어려운 문장 분석하기

²³그는(니체는) ((본능에 내재한) 감성을 바탕으로 하는)

예술적 충동을 중시하였고, /(니체는) 예술가의 창작 활동을

【인간의 삶의 가치 상승을 도와주는】 '힘에의 의지'로

보았다.

→ 이 문장에서는 뼈대 정보인 '니체는 예술적 충동을 중시하였고, 예술가의 창작 활동을 '힘에의 의지'로 보았다.'를 파악할 수 있어야 해. 이때 문장 끝에 있는 서술어 '보다'는 '대상을 평가하다'라는 의미이기 때문에【…을 …으로】라는 문장 성분이 필요하지.

지문의 전개 방식을 확인하는 문제 정답률 84%

1. 윗글에 대한 설명으로 가장 적절한 것은?

정답풀이

⑤ 서양 철학의 주류적 입장을 부정하는 니체의 철학이 예술에 미친 영향을 설명하고 있다.

> 근거: **1** ¹³플라톤의 이러한 철학적 견해는 이후 서양 철학의 주류가 되었다. + **2** ¹⁴그러나 플라톤의 견해를 바탕으로 한 서양 철학의 주류적 입장은 근대에 이르러 니체에 의해 강한 비판을 받았다. + **4** ²⁵회화에서 독일의 표현주의가 니체의 철학을 수용했다.~²⁸니체의 철학적 관점에서 예술을 이해한 표현주의 화가들은 예술의 목적을 대상의 재현이 아니라 인간의 감정과 충동을 표현하는 것으로 생각했다.
>
> 1문단에서 플라톤의 철학적 견해가 서양 철학의 주류가 되었다고 했는데, 2문단에 따르면 니체의 철학은 플라톤의 견해를 바탕으로 한 서양 철학의 주류적 입장을 부정(비판)했다. 그리고 4문단에서 이러한 니체의 철학은 독일의 표현주의 회화에 영향을 미쳐, 니체의 철학적 관점에서 예술을 이해한 표현주의 화가들은 예술의 목적을 인간의 감정과 충동을 표현하는 것으로 생각했다고 하였다. 따라서 윗글은 서양 철학의 주류적 입장을 부정하는 니체의 철학이 예술에 미친 영향을 설명하고 있다고 볼 수 있다.

오답풀이

① 니체의 철학적 개념을 예술 양식의 ~~발전 단계에 따라 정리~~하고 있다.

2문단~3문단에서 니체의 철학적 개념을 설명하고 있지만, 이를 예술 양식의 발전 단계에 따라 정리하여 제시하지는 않았다.

② 예술에 대한 니체의 견해가 ~~시대에 따라 달리 평가~~받는 원인을 분석하고 있다.

윗글에서 예술에 대한 니체의 견해가 시대에 따라 달리 평가받는다는 설명은 찾을 수 없다.

③ 예술에 대한 니체의 시각과 서양 철학의 주류적 입장의 ~~장단점을 비교~~하고 있다.

윗글에서는 예술에 대한 니체의 시각과 서양 철학의 주류적 입장의 장단점을 비교하고 있지 않다.

④ ~~예술에 대한~~ 여러 철학자들의 견해가 ~~니체에 의해 통합~~되는 과정을 살펴보고 있다.

1문단에서 '존재'에 대한 파르메니데스와 헤라클레이토스의 견해가 플라톤에 의해 통합된다고 볼 수 있지만, 윗글에 예술에 대한 여러 철학자들의 견해가 제시되지는 않았으며, 이들이 니체에 의해 통합되는 과정이 나타났다고 볼 수도 없다.

2. ㉠에 대한 이해로 가장 적절한 것은?

정답풀이

① 헤라클레이토스와 니체는 ㉠이 변화한다고 생각했다.

> 근거: **1** [6]그(헤라클레이토스)는 존재(㉠)하는 모든 것이 변화의 과정 중에 있으며 끊임없이 생성과 소멸을 반복하는 것이라고 생각했다. + **2** [15]헤라클레이토스의 견해를 받아들인 니체는 영원히 변하지 않는 존재(㉠), 절대적이고 영원한 진리는 없다고 주장했다.
>
> 헤라클레이토스는 '존재하는 모든 것이 변화의 과정 중에 있으며 끊임없이 생성과 소멸을 반복하는 것'이라고 생각한다. 니체는 그러한 헤라클레이토스의 견해를 받아들여 '영원히 변하지 않는 존재'는 없다고 주장했으므로, 둘은 모두 ㉠이 변화한다고 생각할 것이다.

오답풀이

② ~~파르메니데스~~와 플라톤은 ㉠이 불완전하다고 여겼다.

> 근거: **1** [4]그(파르메니데스)에게 존재(㉠)는 영원하며 절대적이고 불변성을 가지는 것이었다. [8]플라톤은 존재(㉠)를 끊임없이 변하는 존재와 영원히 변하지 않는 존재로 나누었다.~[10]이데아를 영원하고 불변하는 존재, 그 자체로 완전한 진리로 여겼다. [11]반면에 현실 세계의 존재는 이데아를 모방한 것일 뿐 이데아와 달리 불완전하다고 보았다.
>
> 파르메니데스는 ㉠을 '영원하며 절대적이고 불변성을 가지는 것'으로 보았으므로, ㉠이 완전하다고 여겼을 것이다. 한편 플라톤은 ㉠을 '끊임없이 변하는 존재와 영원히 변하지 않는 존재'로 나누고 이를 각각 불완전한 존재와 완전한 존재로 해석했다.

③ 플라톤과 ~~헤라클레이토스~~는 영원히 변하지 않는 ㉠이 있다고 보았다.

> 근거: **1** [6]그(헤라클레이토스)는 존재(㉠)하는 모든 것이 변화의 과정 중에 있으며 끊임없이 생성과 소멸을 반복하는 것이라고 생각했다. [8]플라톤은 존재(㉠)를 끊임없이 변하는 존재와 영원히 변하지 않는 존재로 나누었다.
>
> 플라톤은 '영원히 변하지 않는' ㉠이 있다고 여겼다. 한편 헤라클레이토스는 '존재하는 모든 것이 변화의 과정 중에 있으며 끊임없이 생성과 소멸을 반복'한다고 생각하였으므로, 영원히 변하지 않는 ㉠이 있다고 생각하지 않았을 것이다.

④ 파르메니데스는 헤라클레이토스와 달리 ㉠의 생성을 ~~긍정~~했다.

> 근거: **1** [3]그(파르메니데스)는 어떤 존재가 있다가 없어지고 없다가 있게 되는 일은 불가능하다며 존재(㉠)의 생성과 변화, 소멸을 부정했다. [5]이에 반해 헤라클레이토스는 존재(㉠)의 생성과 변화를 긍정했다.

⑤ 플라톤은 니체와 달리 ㉠의 근원을 ~~감각~~을 통해 인식할 수 있다고 보았다.

> 근거: **1** [10](플라톤은) 현실 세계에 존재(㉠)하는 모든 것의 근원을 이데아로 상정 [12]또한 감각을 통해 인식할 수 있는 현실 세계의 존재와 달리 이데아는 오직 이성에 의해서만 인식할 수 있다는 이성 중심의 사유를 전개했다.
>
> 플라톤은 '현실 세계에 존재하는 모든 것의 근원을 이데아로 상정'했으므로, ㉠의 근원을 '이데아'로 보았다고 할 수 있다. 이때 플라톤은 '이데아는 오직 이성에 의해서만 인식할 수 있다'는 이성 중심의 사유를 전개'하면서, 감각이 아닌 '이성'을 통해 ㉠의 근원을 인식할 수 있다고 볼 것이다.

> **✓ 짚고 가기** 윗글의 전반부에는 존재(㉠)에 대한 '파르메니데스', '헤라클레이토스', '플라톤', '니체' 등 여러 철학자들의 관점이 소개되었어. 이렇게 다양한 관점이나 견해가 소개될 경우에는 이 문제처럼 다양한 인물들이나 유파의 견해를 정확히 이해하고 구분할 수 있는지 묻는 문제가 출제될 가능성이 높아. 지문을 처음 읽을 때 철학자들의 주요 견해를 꼼꼼히 정리해 두었다면 선지의 세부적인 내용과 비교해 가는 것이 그리 어렵지 않았을 거야. 혹시 처음부터 꼼꼼히 읽지 않았더라도 선지와 마주했을 때 당황하지 않고 각 철학자의 견해가 제시되었던 부분으로 돌아가 내용을 확인했다면, 어떤 선지가 적절한지 금방 골라낼 수 있었을 거야. 세부적인 내용 일치를 확인하는 문제일수록 지문과 선지의 내용을 차분하게 대조해 나가는 것이 오히려 시간 단축에 도움이 될 수 있다는 점 명심해 두자.

3. 윗글에 나타난 표현주의 화가들의 생각으로 적절하지 <u>않은</u> 것은?

정답풀이

② 존재와 진리의 참모습을 모방하는 것이 ~~중요하다고 여겼다~~.

> 근거: **4** [26]표현주의는 전통적인 사실주의 미학을 따르지 않았다. [27]사실주의 미학은 형이상학적 이원론에 근거하여 존재와 진리의 참모습을 모방하는 것을 예술의 목적으로 받아들이는 재현의 미학이었다. [28]표현주의 화가들은 예술의 목적을 대상의 재현이 아니라 인간의 감정과 충동을 표현하는 것으로 생각했다.
>
> 표현주의 화가들은 '존재와 진리의 참모습을 모방하는 것을 예술의 목적으로 받아들이는 재현의 미학'인 '사실주의 미학을 따르지 않았'고, 예술의 목적을 '대상의 재현'에 두지 않았다. 즉 존재와 진리의 참모습을 모방하는 것이 중요하다고 여긴 이들은 표현주의 화가들이 아니라 사실주의 화가들이다.

오답풀이

① 인간의 감정을 존재의 본질을 드러내는 것으로 인식했다.

> 근거: **4** [29]그들(표현주의 화가들)은 사실주의 미학에서 이성보다 열등한 것이라고 여겼던 감정을 존재의 본질을 드러내는 것으로 보았다.

③ 시시각각 변화하며 생성과 소멸을 반복하는 감정을 중시했다.

> 근거: **4** [30]그들(표현주의 화가들)이 생각하는 인간의 감정은 시시각각 변화하며 생성과 소멸을 반복하는 것이었기에 그림을 그리는 동안에도 매 순간 변화하는 감정을 중시했다.

④ 예술가로서의 주관적 표현을 예술이 추구해야 하는 가치라고 생각했다.

> 근거: **5** [33]표현주의 화가들은~예술가로서의 감정적, 주관적인 표현을 예술이 추구해야 하는 가치로 보았다.

⑤ 작품에서 드러나는 공간을 화가의 감정을 표현하기 위한 공간으로 인식했다.

> 근거: **4** [32](표현주의 화가들은) 작품에서 드러나는 공간이 현실 공간의 재현이 아니라 화가 자신의 감정을 표현하기 위한 상징과 의미를 생산하는 공간이라는 인식을 드러냈다.

4. 윗글에 나타난 니체의 사상과 연결 지어 〈보기〉의 작품을 감상한 내용으로 가장 적절한 것은? [3점]

보기

　독일 표현주의 화가인 키르히너의 〈해바라기와 여인의 얼굴(1906)〉은 창가에 놓인 해바라기 꽃병과 여인의 모습을 그린 작품으로 화가의 내면이 잘 표현되었다는 평가를 받는다. 해바라기는 노란색, 꽃병은 녹색, 배경은 주황색의 화려한 원색으로 그려져 있고, 해바라기 앞의 여인은 슬프고 우울해 보인다. 활짝 핀 해바라기의 윤곽은 빨갛고 두터운 선으로 그려져 해바라기의 노란색과 대비를 이루고 있다. 또한 여인보다 뒤에 있는 해바라기 꽃병이 더 크게 그려진 화면 구성을 보이고 있다.

정답풀이

④ 해바라기, 꽃병, 배경 등을 화려한 원색으로 그린 것을 보니 감성을 바탕으로 한 예술적 충동을 중요하게 여겼던 니체의 생각에 영향을 받은 것으로 볼 수 있겠군.

> 근거: **3** [23]그(니체)는 본능에 내재한 감성을 바탕으로 하는 예술적 충동을 중시 + **4** [28]니체의 철학적 관점에서 예술을 이해한 표현주의 화가들은 예술의 목적을 대상의 재현이 아니라 인간의 감정과 충동을 표현하는 것으로 생각했다.~[31]색채도 실제보다 더 강하게 과장해서 그리거나 대비되는 원색을 대담하게 사용하는 등의 방법을 통해 자신의 감정과 충동을 표현했다.
>
> '본능에 내재한 감성을 바탕으로 하는 예술적 충동을 중시'한 니체의 철학적 견해에 영향을 받은 표현주의 화가들은 예술의 목적을 '인간의 감정과 충동을 표현하는 것으로 생각'하며, '색채도 실제보다 더 강하게 과장해서 그리거나 대비되는 원색을 대담하게 사용하는 등의 방법'을 사용했다. 〈보기〉의 작품은 '표현주의 화가인 키르히너'가 그린 것이라 했으므로, 해바라기, 꽃병, 배경 등을 화려한 원색으로 그린 것은 감성을 바탕으로 한 예술적 충동을 중요하게 여겼던 니체의 영향을 받았기 때문이라고 볼 수 있다.

오답풀이

① 여인을 슬프고 우울해 보이게 그린 것을 보니 ~~인간은 결코 허무를 극복할 수 없다~~는 니체의 철학과 관련된 것으로 볼 수 있겠군.

근거: **3** [24]그(니체)는 예술을 통해 생명력을 회복하고 허무를 극복할 수 있음을 강조한 것이다.

니체의 철학에서는 '예술을 통해 생명력을 회복하고 허무를 극복할 수 있음을 강조'하므로, 니체가 인간이 결코 허무를 극복할 수 없으리라 여겼다고 볼 수는 없다.

② 해바라기를 강조한 화면 구성을 보니 ~~현실 너머의 이상 세계를 생명의 근원~~이라고 여긴 니체의 견해가 반영된 것으로 볼 수 있겠군.

근거: **2** [16]또한 (니체는) 우리가 살고 있는 현실 세계가 유일한 세계라면서 '신은 죽었다'라고 선언하며 형이상학적 이원론이 말하는 진리~모두를 부정했다.

니체는 '우리가 살고 있는 현실 세계가 유일한 세계'라고 보았으므로, 현실 너머의 이상 세계를 생명의 근원이라고 여겼다고 볼 수는 없다.

③ 해바라기의 노란색과 윤곽의 빨간색을 대비한 것을 보니 ~~초월적 세계를 재현한 것이 현실 세계~~라는 니체의 입장과 관련된 것으로 볼 수 있겠군.

근거: **2** [16]또한 (니체는) 우리가 살고 있는 현실 세계가 유일한 세계라면서 '신은 죽었다'라고 선언하며 형이상학적 이원론이 말하는 진리, 신 중심의 초월적 세계, 합리적 이성 체계 모두를 부정했다.

니체는 '신 중심의 초월적 세계, 합리적 이성 체계 모두를 부정'했으므로, 초월적 세계를 재현한 것이 현실 세계라고 여겼다고 볼 수는 없다.

⑤ 해바라기 꽃병과 여인을 원근법에 어긋나게 그린 것을 보니 ~~인간은 자기 주변의 사물을 지배해야 한다~~는 의지를 강조한 니체의 주장이 수용된 것으로 볼 수 있겠군.

근거: **3** [21]니체가 말하는 '힘에의 의지'는 주변인이나 사물을 자기 마음대로 지배하고 억압하려는 의지가 아니라

니체가 강조하는 '힘에의 의지'는 '주변인이나 사물을 자기 마음대로 지배하고 억압하려는 의지가 아니'므로, 니체가 인간은 자기 주변의 사물을 지배해야 한다는 의지를 강조했다고 볼 수는 없다.

단어, 구절, 문장의 의미를 파악하는 문제 정답률 88%

5. ⓐ~ⓔ의 사전적 의미로 적절하지 <u>않은</u> 것은?

정답풀이

③ ⓒ: 온전하게 보호하여 유지함.

> 근거: **3** [19]니체는 허무에서 벗어나기 위해서는 생명의 본질을 ⓒ회복해야 한다고 했다.
>
> ⓒ의 사전적 의미는 '원래의 상태로 돌이키거나 원래의 상태를 되찾음.'이다. '온전하게 보호하여 유지함.'이라는 사전적 의미를 가진 단어는 '보전'이다.

오답풀이

① ⓐ: 어떤 정황을 가정적으로 생각하여 단정함.

근거: **1** [10]현실 세계에 존재하는 모든 것의 근원을 이데아로 ⓐ상정하고

② ⓑ: 어떠한 일이나 사물을 직접 당하거나 접함.

근거: **2** [18]그래서 생명의 근원과 삶의 의미를 상실한 인간은 허무에 ⓑ직면하게 되었다는 것이다.

④ ⓓ: 어떠한 것을 받아들임.

근거: **4** [25]특히 회화에서 독일의 표현주의가 니체의 철학을 ⓓ수용했다.

⑤ ⓔ: 어떤 상태나 행동 따위에 대하여 거스르고 반항함.

근거: **5** [33]표현주의 화가들은 이성과 합리성의 가치를 추구하던 당시 사회의 분위기에 ⓔ반발하며

PART 2 수능 국어 독서 실전 훈련 정답과 해설 **077**

(2) 레비나스의 타자 중심 철학

6~10 다음 글을 읽고 물음에 답하시오.

1 [1]데카르트로 대표되는 서양의 근대 철학은 주체 중심의 철학이었다. [2]'나는 생각한다. 고로 존재한다.'에서 '생각하는 나'는 존재하는 모든 것의 근거인 주체가되고, 주체 앞에 놓인 모든 것들은 주체가 지배할 수있는 대상으로 이해되었다. <u>서양 근대 철학의 주체 중심적인 특성에 대해 설명하였어.</u> [3]<u>하지만</u>(주체 중심의 서양 근대 철학이 지닌 **한계**나 **문제점**에 대해 언급하려나 봐.) 2차 세계대전, 유대인 학살과 같은 폭력의 경험은 이러한 철학 사유를 반성하는 계기가 되었다. [4]주체 중심의 철학이 타자에 대한 폭력을 정당화하는 근거를 제공한다고 여겼기 때문이다. [5]전쟁의 참상 앞에 ⓐ놓였던 철학자 ㉮레비나스는 주체성의 의미를 새롭게 정의하고 타자 중심의 철학을 제안하였다. <u>2차 세계대전 이후 주체 중심의 철학에 대해 반성하면서, 레비나스는 주체성을 새롭게 정의하고 타자 중심의 철학을 제안했대.</u>

2 [6]레비나스는 인간의 삶은 진정한 삶을 향해 나아가는 것, 곧 초월이라고 보았다. [7]초월은 a에서 b로의 이행이며, 그의 철학은 이러한 이행 과정에서 ㉠<u>타자의 존재가 어떤 의미가 있는지에 대해 탐구하는 것이</u>었다. <u>레비나스는 인간이 진정한 삶으로 나아가는 초월의 과정 속에서 타자라는 존재가 가지는 의미를 탐구하고자 했군.</u> [8]그는 기존의 철학에서 주체는 주위의 모든 것들을 자기와 동일한 것으로 끊임없이 환원하는 자기중심적 존재로, 이 주체는 타자를 마음대로 할 수 있는 대상으로 취급했다고 보았다. [9]레비나스는 이러한 주체를 동일자라는 개념으로 설명하면서 타자는 동일자의 틀 안에 들어올 수 없기에 주체가 마음대로 할 수 없는 존재라고 보았다. [10]이처럼 주체로 환원되지 않는 타자의 성질을 레비나스는 '타자성'이라고 하였다. <u>'주체'와 '타자'에 대한 기존 철학과 레비나스의 견해를 정리해 보자.</u>

기존 철학	레비나스
• 주체: 자기중심적 존재 • 타자: 주체가 마음대로 할 수 있음	• 주체: 동일자(타자가 틀 안에 들어올 수 없음) • 타자: 주체가 마음대로 할 수 없음(타자성)

3 [11]이러한 타자 개념을 바탕으로 레비나스는 <mark>주체성의 의미를 두 가지로 제시</mark>했다. [12]<mark>하나는</mark> '향유'의 주체성이고, <mark>또 하나는</mark> '환대'의 주체성이다. (**분류**와 **나열**의 방식을 통해 레비나스가 제시한 주체성의 두 가지 의미를 설명하려 하고 있어.) [13]그는 전자(= '향유'의 주체성)에서 후자(= '환대'의 주체성)로 나아가야 한다고 보았다. [14]향유는 즐김과

누림이며, 다른 누구도 대신해 줄 수 없는 개체의 고유한 행위이다. [15]배고픈 사람에게 먹을 것을 줄 수는 있지만, 그를 대신해서 먹어주지는 못한다. [16]이와 같이 어떤 것에 의존하지 않고 홀로 무엇을 누릴 때 나로서의 모습, '자기성'이 성립한다. [17]이런 점에서 향유의 주체성은 자기성을 바탕으로 이루어진 주체성이다. [18]<u>하지만</u>(향유의 주체성이 지닌 **한계**가 제시되겠군.) 향유의 대상인 세계는 불확실하기에 주체의 욕구는 항상 충족되지는 않는다. [19]이에 주체는 주변의 존재들을 소유해 가며 자기성을 계속 확장해 나간다. [20]이처럼 향유의 주체성은 본질적으로 이기적이며 자기 삶에만 관심을 갖기 때문에 스스로는 초월할 수 없다. <u>향유의 주체성: ①자기성을 바탕으로 이루어진 주체성 ②이기적이며 자신의 삶에만 관심 → 스스로 초월 X</u>

4 [21]<mark>따라서 자신만의 갇힌 세계에서 열린 세계로 초월하기 위한 계기가 요구되는데,</mark>(향유의 주체성만으로는 초월할 수 없다는 **문제** 상황을 **해결**할 방안이 제시되겠군.) 레비나스는 이를 '타자의 출현'이라고 보았다. <u>타자의 출현: 자신만의 갇힌 세계 → 열린 세계로 초월하기 위한 계기</u> [22]세계를 향유하던 주체 앞에 낯선 타자가 나타나 호소한다. [23]레비나스는 타자의 호소를 무조건적으로 받아들이고 응답할 때 기존과는 다른 참다운 주체의 모습으로 나아가게 된다고 보았다. [24]타자에 대한 무조건적인 수용을 '환대'라고 하며, <mark>환대의 주체성은 타자의 문제를 자신의 문제로 받아들여 책임을 지는 주체성이다.</mark> ('향유'의 주체성에 이어 '환대'의 주체성에 대한 설명이 이어지는군.) [25]타자의 출현으로 인해 주체는 그동안 누려 왔던 자유와 이기성에 의문을 제기하며, 타자의 요구에 무조건적인 응답을 해야 한다는 것이다. [26]이러한 점에서 주체와 타자는 비상호적 관계이며, 타자를 주체보다 우월한 위치에 올려놓는다는 점에서 비대칭적 관계가 된다. <u>환대의 주체성: ①타자의 문제를 자신의 문제로 받아들여 책임지는 주체성 ②주체와 타자는 비상호적·비대칭적 관계를 이룸</u>

5 [27]<mark>그렇다면 타자를 환대하기 위해 자기성은 완전히 포기해야 하는 것인가.</mark> (앞서 설명된 논리에서 발생할 수 있는 의문점에 대해 설명하려나 봐.) [28]레비나스는 타자의 출현은 주체의 이기성을 제한하고 책임의 주체로 설 수 있도록 하는 것이지, 이로 인해 자기성이 상실되는 것이 아님을 분명히 한다. [29]타자는 주체의 존재를 침몰시키는 위협적인 존재가 아니라, 오히려 자기성에 갇힌 주체를 무한히 열린 세계로 초월할 수 있게 하는 존재

라고 본 것이다. 타자: 주체를 열린 세계로 초월할 수 있게 하는 존재 → 타자의 출현으로 자기성 상실 X

6 ³⁰이처럼 레비나스는 주체성의 의미를 새롭게 정립했다. ³¹또한 그동안 주체가 마음대로 지배하고 배제할 수 있는 대상으로 인식했던 타자를 주체보다 높은 위치로 올려놓았다. ³²레비나스의 철학은 기존의 철학 사유로는 극복할 수 없었던 문제들을 새로운 방식으로 접근할 수 있는 인식의 틀을 제공했으며, 인간 개개인의 고유성을 존중할 수 있는 근거를 마련했다는 점에서 그 가치를 인정받고 있다. 레비나스의 철학이 지닌 의의를 언급하며 지문이 마무리되었어.

📝 지문 파고들기

이 지문은 레비나스가 제안한 '타자 중심의 철학'의 배경, 구체적인 내용과 특징, 의의 등을 자세하게 설명하고 있어. 레비나스가 제시한 주체성의 두 가지 의미를 중심으로 내용이 전개되고 있다는 점이 특징이지. 따라서 '향유'의 주체성과 '환대'의 주체성이 각각 무엇이고, 어떤 특징을 지니는지, 두 주체성 간의 연결 관계는 어떠한지 등에 주목하여 내용을 정확히 정리해 가며 독해하는 것이 필요한 지문이었어.

구조도

1 **2**	**레비나스의 타자 중심 철학** – 주체 중심의 근대 철학에 대한 반성에서 시작 – 진정한 삶으로 나아가는 초월의 과정 속 타자가 가지는 의미에 주목 – 주체 = 동일자, 타자 = 주체가 마음대로 할 수 없음
3 **4** **5**	**레비나스가 제시한 주체성의 두 가지 의미** **향유의 주체성** – 자기성을 바탕으로 이루어진 주체성 – 본질적으로 이기적, 자기 삶에만 관심 → 스스로 초월 X ↓ **타자의 출현(초월의 계기)** ↓ **환대의 주체성** – 타자의 문제를 자신의 것으로 받아들여 책임지는 주체성 – 주체와 타자는 비상호적·비대칭적 관계 – 자기성 상실을 의미하지는 않음
6	**레비나스 철학의 의의** – 주체성의 의미를 새롭게 정립함, 타자의 위상을 주체보다 격상시킴 – 새로운 인식의 틀, 인간 개개인이 지닌 고유성 존중의 근거를 마련

★ 어려운 문장 분석하기

²'나는 생각한다. 고로 존재한다.'에서 '생각하는 나'는 {존재하는 모든 것의 근거인} 주체가 되고, / {주체 앞에 놓인} 모든 것들은 {주체가 지배할 수 있는} 대상으로 이해되었다.

→ 이 문장에서는 나란히 이어진 문장을 먼저 끊고 각 문장의 주어와 서술어를 찾아보면 돼. 그럼 "생각하는 나'는 주체가 되고, 모든 것들은 대상으로 이해되었다.'가 이 문장의 뼈대 정보임을 알 수 있지.

6. 윗글에 대한 이해로 적절하지 <u>않은</u> 것은?

정답풀이

④ 타자성은 ~~타자를 위해 주체를 자격의 희생~~하는 성질을 의미한다.

> 근거: **2** [10]이처럼 주체로 환원되지 않는 타자의 성질을 레비나스는 '타자성'이라고 하였다.
>
> 레비나스는 '타자성'을 '주체로 환원되지 않는 타자의 성질'이라고 정의했을 뿐, 타자를 위해 주체를 무조건 희생하는 것이라 보지는 않았다.

오답풀이

① 동일자는 주위의 모든 것들을 자기중심적으로 대한다.

> 근거: **2** [8]그는 기존의 철학에서 주체는 주위의 모든 것들을 자기와 동일한 것으로 끊임없이 환원하는 자기중심적 존재로, 이 주체는 타자를 마음대로 할 수 있는 대상으로 취급했다고 보았다. [9]레비나스는 이러한 주체를 동일자라는 개념으로 설명
>
> '주체는 주위의 모든 것들을 자기와 동일한 것으로 끊임없이 환원하는 자기중심적 존재'인데, 레비나스는 이러한 주체를 '동일자'라는 개념으로 설명한다. 따라서 동일자는 주위의 모든 것들을 자기중심적으로 대한다고 볼 수 있다.

② 환대는 타자의 호소를 무조건적으로 수용함을 가리킨다.

> 근거: **4** [23]레비나스는 타자의 호소를 무조건적으로 받아들이고 응답할 때 기존과는 다른 참다운 주체의 모습으로 나아가게 된다고 보았다. [24]타자에 대한 무조건적인 수용을 '환대'라고 하며

③ 향유는 다른 누구도 대신할 수 없는 개체의 고유한 행위이다.

> 근거: **3** [14]향유는 즐김과 누림이며, 다른 누구도 대신해 줄 수 없는 개체의 고유한 행위이다.

⑤ 자기성은 어떤 것에 의존하지 않고 홀로 무엇을 누릴 때 성립한다.

> 근거: **3** [16]이와 같이 어떤 것에 의존하지 않고 홀로 무엇을 누릴 때 나로서의 모습, '자기성'이 성립한다.

7. ㉠에 대한 레비나스의 답으로 가장 적절한 것은?

정답풀이

④ 주체를 진정한 삶으로 이끌어 초월을 가능하도록 한다.

> 근거: **2** [6]레비나스는 인간의 삶은 진정한 삶을 향해 나아가는 것, 곧 초월이라고 보았다. [7]초월은 a에서 b로의 이행이며, 그의 철학은 이러한 이행 과정에서 타자의 존재가 어떤 의미가 있는지(㉠)에 대해 탐구하는 것이었다. + **5** [28]레비나스는 타자의 출현은 주체의 이기성을 제한하고 책임의 주체로 설 수 있도록 하는 것~[29]타자는 주체의 존재를 침몰시키는 위협적인 존재가 아니라, 오히려 자기성에 갇힌 주체를 무한히 열린 세계로 초월할 수 있게 하는 존재라고 본 것이다.
>
> 레비나스는 '인간의 삶은 진정한 삶을 향해 나아가는' 초월이라고 보았다. 그리고 이때 타자의 출현은 '주체의 이기성을 제한하고 책임의 주체로 설 수 있'도록 하며, 타자는 '자기성에 갇힌 주체를 무한히 열린 세계로 초월할 수 있게 하는 존재'라고 보았다. 따라서 레비나스는 ㉠에 대해 '타자의 존재'는 주체를 진정한 삶으로 이끌어 초월을 가능하도록 한다는 점에서 의미가 있다고 답할 것이다.

오답풀이

① 주체의 ~~욕구가 항상 충족된 상태~~가 되도록 이끈다.

> 근거: **3** [18]하지만 향유의 대상인 세계는 불확실하기에 주체의 욕구는 항상 충족되지는 않는다.
>
> 레비나스가 생각한 타자의 존재 의미는 항상 충족될 수 없는 주체의 욕구를 충족시키는 것과는 관련이 없다.

② ~~주체의 일부분으로 환원~~되어 주체와의 합일을 이룬다.

> 근거: **2** [10]이처럼 주체로 환원되지 않는 타자의 성질을 레비나스는 '타자성'이라고 하였다.

③ 주체의 ~~분열을 유도하여 자기성이 소멸~~되도록 만든다.

> 근거: **5** [28]레비나스는 타자의 출현은 주체의 이기성을 제한하고 책임의 주체로 설 수 있도록 하는 것이지, 이로 인해 자기성이 상실되는 것이 아님을 분명히 한다.

⑤ 주체를 ~~열린 세계에서 갇힌 세계~~로 나아갈 수 있도록 한다.

> 근거: **5** [29]타자는 주체의 존재를 침몰시키는 위협적인 존재가 아니라, 오히려 자기성에 갇힌 주체를 무한히 열린 세계로 초월할 수 있게 하는 존재라고 본 것이다.

8. ⓐ와 문맥적 의미가 가장 유사한 것은?

정답풀이

① 새로 산 연필이 책상 위에 <u>놓여</u> 있다.

> 근거: **1** ⁵전쟁의 참상 앞에 ⓐ놓였던 철학자 레비나스는 주체성의 의미를 새롭게 정의하고 타자 중심의 철학을 제안하였다.
>
> ⓐ와 ①번의 '놓이다'는 둘 다 '물체가 일정한 곳에 두어지다.'라는 뜻으로 사용되었다.

오답풀이

② 어느 하루도 마음이 <u>놓인</u> 날이 없었다.

'걱정이나 근심, 긴장 따위가 사라지거나 풀리다.'라는 뜻으로 사용되었다.

③ 들판을 가로지르는 새 도로가 <u>놓여</u> 있었다.

'일정한 곳에 기계나 장치, 구조물 따위가 설치되다.'라는 뜻으로 사용되었다.

④ 하루빨리 다리가 <u>놓여야</u> 학교에 갈 수 있다.

'일정한 곳에 기계나 장치, 구조물 따위가 설치되다.'라는 뜻으로 사용되었다.

⑤ 꽃무늬가 <u>놓인</u> 장롱을 보면 할머니가 생각난다.

'무늬나 수가 새겨지다.'라는 뜻으로 사용되었다.

> ☑ **짚고 가기** 어휘 문제임에도 정답률이 아주 낮았던 문항으로, 특히 ②번을 선택한 학생의 비율이 높았어. 아마도 연필이 책상이라는 구체적 사물 위에 놓였다는 문장과 레비나스가 전쟁으로 인한 참상 앞에 놓였다는 문장의 '놓이다'가 유사한 의미라는 생각이 선뜻 들지 않기 때문일 거야. 이 경우에는 발문에서 ⓐ와 문맥적 의미가 '가장 유사한 것'을 고르라고 했다는 점에 주목해 보는 게 좋아. 즉 의미가 완전히 같지는 않더라도 문장 구조상으로 단어의 쓰임새가 '가장' 비슷한 축에 속하는 것이 무엇인지를 따지는 방향으로 접근해 보는 거지. ①번과 ⓐ는 모두 '특정 대상(책상 또는 전쟁의 참상)'을 기준으로 '특정 주체(연필 또는 철학자)'가 '특정 위치(위 또는 앞)'에 놓인 상황이라는 문맥적 유사성을 가지고 있어. 이를 ②번에는 적용하기 어려우니, ①번이 가장 적절하다고 판단할 수 있지.
>
> 어휘 문제는 대개 정답률이 높지만, 이처럼 문맥적인 의미를 판단하기 어려운 경우도 종종 있어. 그러므로 기출된 어휘 문제 중 오답률이 높았던 것들은 따로 모아서 그 내용을 한번 죽 정리해 보는 것을 추천해. 그리고 평소 독서 지문을 공부하면서 정확한 뜻을 모르는 단어들이 보인다면, 사전을 찾아보는 한편으로 문맥상의 쓰임이 자연스럽게 눈에 익숙해 지도록 여러 번 반복해서 본다면 더욱 좋을 거야!

9. ㉮와 〈보기〉의 관점을 비교하여 이해한 것으로 가장 적절한 것은?

> **보기**
>
> 인간은 자기 보존을 위해 무한히 욕망을 추구하는 이기적 존재이다. 타자는 나와 투쟁의 관계에 있으며, 나의 생명과 자유를 박탈하려는 잠재적인 적이다. 이러한 위협과 죽음의 공포에서 벗어나기 위해서는 중재가 필요하다. 모든 인간이 자유에 기반한 권리를 주장하는 한 투쟁은 끝나지 않을 것이기 때문이다. 따라서 공동의 이익과 평화를 위해 인간을 엄격히 통제할 수 있는 힘을 가진 국가가 요구된다. 이러한 국가는 상호 간의 합의와 계약에 근거하여 성립한다.

정답풀이

③ 〈보기〉는 자신을 해칠지도 모르는 잠재적인 적으로 타자를 대한다는 점에서 ㉮와 다르군.

> 근거: **5** ²⁹(㉮) 타자는 주체의 존재를 침몰시키는 위협적인 존재가 아니라, 오히려 자기성에 갇힌 주체를 무한히 열린 세계로 초월할 수 있게 하는 존재라고 본 것이다.
>
> 〈보기〉는 '타자는 나와 투쟁의 관계'에 있다고 보며, 타자를 자신의 '생명과 자유를 박탈하려는 잠재적 적'으로 여긴다. 반면 윗글의 ㉮는 타자를 '주체의 존재를 침몰시키는 위협적인 존재'가 아니라 '자기성에 갇힌 주체를 무한히 열린 세계로 초월할 수 있게 하는 존재'라고 본다.

오답풀이

① ㉮는 인간을 욕망을 추구하는 이기적 존재로 여기는 점에서 ~~〈보기〉와 다르군.~~

> 근거: **3** ¹⁸하지만 향유의 대상인 세계는 불확실하기에 주체의 욕구는 항상 충족되지는 않는다. ¹⁹이에 주체는 주변의 존재들을 소유해 가며 자기성을 계속 확장해 나간다. ²⁰이처럼 향유의 주체성은 본질적으로 이기적이며 자기 삶에만 관심을 갖기 때문에 스스로는 초월할 수 없다.
>
> 〈보기〉는 인간을 '자기 보존을 위해 무한히 욕망을 추구하는 이기적 존재'로 여기며, ㉮는 인간이 욕망을 추구하는 '향유의 주체성'을 지닌 이기적인 존재라고 본다.

② ~~또는~~ 타자와의 중재를 위해 국가의 존재를 필요로 한다는 점에서 〈보기〉와 다르군.

근거: **4** ²³레비나스(㉮)는 타자의 호소를 무조건적으로 받아들이고 응답할 때 기존과는 다른 참다운 주체의 모습으로 나아가게 된다고 보았다.~²⁵주체는 그동안 누려 왔던 자유와 이기성에 의문을 제기하며, 타자의 요구에 무조건적인 응답을 해야 한다는 것이다.

㉮는 타자의 호소나 요구를 무조건적으로 받아들여야 한다고 보았다. '자유에 기반한 권리를 주장하는' 인간의 투쟁을 중재하기 위해 '인간을 엄격히 통제할 수 있는 힘을 가진 국가가 요구'된다고 본 것은 ㉮가 아닌 〈보기〉이다.

④ ~~㉮와~~ 〈보기〉는 합의와 계약에 근거하여 타자에 대한 의무를 강제해야 한다고 본 점에서 유사하군.

근거: **4** ²³레비나스(㉮)는 타자의 호소를 무조건적으로 받아들이고 응답할 때 기존과는 다른 참다운 주체의 모습으로 나아가게 된다고 보았다.~²⁵주체는 그동안 누려 왔던 자유와 이기성에 의문을 제기하며, 타자의 요구에 무조건적인 응답을 해야 한다는 것이다.

㉮는 타자의 호소나 요구를 무조건적으로 받아들여야 한다고 보았으나, 이를 합의와 계약에 근거하여 강제해야 한다고 본 것은 아니다. 한편 〈보기〉는 '공동의 이익과 평화'를 위해 '합의와 계약에 근거하여 성립'한 국가를 통해 인간을 통제해야 한다고 볼 것이다.

⑤ ㉮와 〈보기〉는 공동의 이익과 평화를 위해서라도 주체의 이익은 제한될 수 ~~없~~고 본 점에서 유사하군.

근거: **5** ²⁸레비나스(㉮)는 타자의 출현은 주체의 이기성을 제한하고 책임의 주체로 설 수 있도록 하는 것~분명히 한다.

〈보기〉는 '공동의 이익과 평화를 위해' 주체의 이익이 제한될 수 있다고 보며, ㉮ 역시 '타자의 출현은 주체의 이기성을 제한'한다고 여기므로 주체와 타자가 함께 살아가는 공동의 이익과 평화를 위해 주체의 이익은 제한될 수 있다고 볼 것이다.

구체적인 사례·상황에 적용하는 문제 정답률 76%

10. 〈보기〉는 학급 토론의 한 장면이다. 윗글을 바탕으로 〈보기〉를 이해한 내용으로 적절하지 **않은** 것은? [3점]

> 보기
>
> **토론 주제:** 난민 신청을 한 외국인들을 받아들여야 한다.
>
> A: 그들을 받아들여서는 안 된다. 그들의 문제는 그들이 해결해야 한다. 그들을 받아들이면 나의 이익과 자유가 제한될 수 있기 때문에 그들을 자국으로 돌려보내는 것이 당연하다.
>
> B: 살 길을 찾아온 그들을 아무런 조건 없이 환영해야 한다. 그들은 외국인이기 이전에 인격을 가진 인간으로서 존중받아야 한다. 그들의 문제는 그들만의 문제가 아니다. 그들을 위해 내가 가진 것을 나눠 주는 것은 당연하다.

정답풀이

② A는 그동안 누려온 자신의 자유에 ~~의문을 제기~~하며 ~~새로운 주체의 모습~~으로 나아가고 있군.

근거: **4** ²³레비나스는 타자의 호소를 무조건적으로 받아들이고 응답할 때 기존과는 다른 참다운 주체의 모습으로 나아가게 된다고 보았다. ²⁴타자에 대한 무조건적인 수용을 '환대'라고 하며, 환대의 주체성은 타자의 문제를 자신의 문제로 받아들여 책임을 지는 주체성이다. ²⁵타자의 출현으로 인해 주체는 그동안 누려 왔던 자유와 이기성에 의문을 제기하며, 타자의 요구에 무조건적인 응답을 해야 한다는 것이다.

레비나스는 타자를 무조건적으로 수용하는 '환대'의 주체성에 의해 주체는 '그동안 누려 왔던 자유와 이기성에 의문을 제기하며, 타자의 요구에 무조건적인 응답'을 하게 되고, 이를 통해 '기존과는 다른 참다운 주체의 모습'으로 나아가게 된다고 보았다. 그런데 〈보기〉의 A는 '난민 신청을 한 외국인들'이라는 타자를 자신의 이익과 자유를 제한하는 존재로 여기며 수용을 거부하는 태도를 보이고 있으므로, 자신의 자유에 의문을 제기하며 타자를 환대하는 새로운 주체의 모습으로 나아가고 있다고 볼 수 없다.

오답풀이

① A는 타자인 외국인들을 마음대로 할 수 있는 대상으로 바라보는 입장이군.

근거: **2** ⁸기존의 철학에서~주체는 타자를 마음대로 할 수 있는 대상으로 취급했다고 보았다.

A가 '나의 이익과 자유'를 위해 외국인들을 자국으로 돌려보내야 한다고 말하는 것에는 '타자를 마음대로 할 수 있는 대상으로 취급'하는 입장이 반영되었다고 볼 수 있다.

082   **1등급**을 만드는 **국어** 공부 전략

③ B는 외국인들의 문제를 자신의 문제로 받아들여 책임
지려는 태도를 보이고 있군.

근거: **4** **24**환대의 주체성은 타자의 문제를 자신의 문제로
받아들여 책임을 지는 주체성이다.

B가 외국인들을 위해 자신이 '가진 것을 나눠 주는 것은 당
연'하다고 말하는 것은 '타자의 문제를 자신의 문제로 받아
들여 책임'지려는 환대의 주체성이 드러난 것으로 볼 수
있다.

④ B가 외국인들을 환영해야 한다는 것은 그들을 자신
보다 더 높은 위치에 올려놓는다는 것을 의미하는군.

근거: **4** **24**환대의 주체성은 타자의 문제를 자신의 문제로
받아들여 책임을 지는 주체성이다.∼**26**타자를 주체보다 우
월한 위치에 올려놓는다는 점에서 비대칭적 관계가 된다.

B는 외국인들을 무조건적으로 환영하는 환대의 주체성을 보
여주고 있다. 이처럼 주체가 '타자의 요구에 무조건적인 응
답을 해야' 한다고 보는 것은 타자를 주체보다 우월한 위치
에 놓는 태도에 해당한다고 볼 수 있다.

⑤ B는 A와 달리 자신이 가진 것을 나누려는 환대의 주체
성을 지닌 존재로 볼 수 있군.

근거: **3** **17**향유의 주체성은 자기성을 바탕으로 이루어진
주체성이다. **20**이처럼 향유의 주체성은 본질적으로 이기적
이며 자기 삶에만 관심을 갖기 때문에 스스로는 초월할 수
없다. + **4** **24**환대의 주체성은 타자의 문제를 자신의 문제로
받아들여 책임을 지는 주체성이다.

A는 '나의 이익과 자유'를 중시하는 자기성을 바탕으로 이루
어진 향유의 주체성을, B는 타인의 문제를 자신의 문제로 받
아들이고 '내가 가진 것을 나눠' 줌으로써 책임지려고 하는
환대의 주체성을 지닌 존재로 볼 수 있다.

(3) 영화와 역사의 관계

11~16 다음 글을 읽고 물음에 답하시오.

1 ¹과거는 지나가 버렸기 때문에 역사가가 과거의 사실과 직접 만나는 것은 불가능하다. ²역사가는 사료를 매개로 과거와 만난다. ³사료는 과거를 그대로 재현하는 것은 아니기 때문에 불완전하다. ⁴사료의 불완전성은 역사 연구의 범위를 제한하지만, 그 불완전성 때문에 역사학이 학문이 될 수 있으며 역사는 끝없이 다시 서술된다. ⁵매개를 거치지 않은 채 손실되지 않은 과거와 @만날 수 있다면 역사학이 설 자리가 없을 것이다. 역사학에서는 '사료'를 매개로 하여 과거를 연구하는데, 이 사료에는 불완전성이라는 특성이 있음을 설명하였어. ⁶역사학은 전통적으로 문헌 사료를 주로 활용해 왔다. ⁷그러나 유물, 그림, 구전 등 과거가 남긴 흔적은 모두 사료로 활용될 수 있다. 문헌, 유물, 그림, 구전 등 다양한 사료의 종류를 제시했네. ⁸역사가들은 새로운 사료를 발굴하기 위해 노력한다. ⁹알려지지 않았던 사료를 찾아내기도 하지만, 중요하지 않게 ⓑ여겨졌던 자료를 새롭게 사료로 활용하거나 기존의 사료를 새로운 방향에서 파악하기도 한다. ¹⁰평범한 사람들의 삶의 모습을 중점적인 주제로 다루었던 미시사 연구에서 재판 기록, 일기, 편지, 탄원서, 설화집 등의 이른바 '서사적' 자료에 주목한 것도 사료 발굴을 위한 노력의 결과이다. 역사가들이 사료를 발굴하는 방법: ①알려지지 않았던 사료를 찾아냄 ②중요하지 않게 여겨졌던 자료를 사료로 활용함 ③기존 사료를 새로운 방향에서 파악함

2 ¹¹시각 매체의 확장은 사료의 유형을 더욱 다양하게 했다. ¹²이에 따라 역사학에서 영화를 통한 역사 서술에 대한 관심이 일고, 영화를 사료로 파악하는 경향도 ⓒ나타났다. 시각 매체의 확장에 따른 사료 유형의 다양화가 원인이 되어 역사학에서 영화를 사료로 파악하는 경향이 생겨나게 된 것이군. ¹³역사가들이 주로 사용하는 문헌 사료의 언어는 대개 지시 대상과 물리적·논리적 연관이 없는 추상화된 상징적 기호이다. ¹⁴반면(문헌 사료의 언어와는 **대조**되는 영화의 특징이 제시될 거야.) 영화는 카메라 앞에 놓인 물리적 현실을 이미지화하기 때문에 그 자체로 물질성을 띤다. ¹⁵즉, 영화의 이미지는 닮은꼴로 사물을 지시하는 도상적 기호가 된다. ¹⁶광학적 메커니즘에 따라 피사체로부터 비롯된 영화의 이미지는 그 피사체가 있었음을 지시하는 지표적 기호이기도 하다. ¹⁷예를 들어(영화의 이미지가 지닌 특성을 **예시**를 통해 좀 더 자세하게 풀어서 설명해 줄 거야.) 다큐멘터리 영화는 피사체와

밀접한 연관성을 갖기 때문에 피사체의 진정성에 대한 믿음을 고양하여 언어적 서술에 비해 호소력 있는 서술로 비춰지게 된다. 문헌 사료의 언어와 영화의 이미지에 대해 설명한 내용을 정리해 보자.

	문헌 사료의 언어	영화의 이미지
공통점	역사학에서 사료로 활용됨	
차이점	지시 대상과 물리적·논리적 연관이 없는 추상화된 상징적 기호	닮은꼴로 사물을 지시하는 도상적 기호이자, 피사체가 있었음을 지시하는 지표적 기호

3 ¹⁸그렇다면 영화는 역사와 어떻게 관계를 맺고 있을까? ¹⁹역사에 대한 영화적 독해와 영화에 대한 역사적 독해는 영화와 역사의 관계에 대한 두 축을 @이룬다. ('역사에 대한 영화적 독해'와 '영화에 대한 역사적 독해'에 대한 설명이 순서대로 **나열**되겠군.) ²⁰역사에 대한 영화적 독해는 영화라는 매체로 역사를 해석하고 평가하는 작업과 연관된다. ²¹영화인은 자기 나름의 시선을 서사와 표현 기법으로 녹여내어 역사를 비평할 수 있다. ²²역사를 소재로 한 역사 영화는 역사적 고증에 충실한 개연적 역사 서술 방식을 취할 수 있다. ²³혹은 역사적 사실을 자원으로 삼되 상상력에 의존하여 가공의 인물과 사건을 덧대는 상상적 역사 서술 방식을 취할 수도 있다. 역사에 대한 영화적 독해: 영화가 개연적 역사 서술 방식 혹은 상상적 역사 서술 방식을 취하여 역사를 해석·평가하는 것 ²⁴그러나 비단 역사 영화만이 역사를 재현하는 것은 아니다. ²⁵모든 영화는 명시적이거나 우회적인 방법으로 역사를 증언한다. ²⁶영화에 대한 역사적 독해는 영화에 담겨 있는 역사적 흔적과 맥락을 검토하는 것과 연관된다. ²⁷역사가는 영화 속에 나타난 풍속, 생활상 등을 통해 역사의 외연을 확장할 수 있다. ²⁸나아가 제작 당시 대중이 공유하던 욕망, 강박, 믿음, 좌절 등의 집단적 무의식과 더불어 이상, 지배적 이데올로기 같은 미처 파악하지 못했던 가려진 역사를 끌어내기도 한다. 영화에 대한 역사적 독해: 영화 속 역사적 흔적과 맥락을 검토하여 제작 당시의 가려진 역사를 끌어냄

4 ²⁹영화는 주로 허구를 다루기 때문에 역사 서술과는 거리가 있다고 보는 사람도 있다. ³⁰왜냐하면 역사가들은 일차적으로 사실을 기록한 자료에 기반해서 연구를 ⓔ펼치기 때문이다. ³¹또한 역사가는 ㉠자료에 기록된 사실이 허구일지도 모른다는 의심을 버리지 않고 이를 확인하고자 한다. ³²그러나(허구를 다루는 영화와 역사 서술 간 거리감을 지적하는 입장에 대한 **반박**이 제시되겠군.)

문헌 기록을 바탕으로 하는 역사 서술에서도 허구가 배격되어야 할 대상만은 아니다. ³³역사가는 ㉠허구의 이야기 속에서 그 안에 반영된 당시 시대적 상황을 발견하여 사료로 삼으려고 노력하기도 한다. ³⁴지어낸 이야기는 실제 있었던 사건에 대한 기록이 아니지만 사고방식과 언어, 물질문화, 풍속 등 다양한 측면을 반영하며, 작가의 의도와 상관없이 혹은 작가의 의도 이상으로 동시대의 현실을 전달해 주기도 한다. 역사 서술에서 허구가 반드시 배격되어야만 하는 것은 아닌 이유는 이를 통해 당대의 사고방식, 언어, 문화 등의 시대상을 파악할 수 있기 때문이군. ³⁵어떤 역사가들은 허구의 이야기에 반영된 사실을 확인하는 것에서 더 나아가 ㉡사료에 직접적으로 나타나지 않은 과거를 재현하기 위해 허구의 이야기를 활용하여 사료에 기반한 역사적 서술을 보완하기도 한다. ³⁶역사가가 허구를 활용하는 것은 실제로 존재했던 과거에 접근하고자 하는 고민의 결과이다. 어떤 역사가들은 역사 서술 속 허구에서 시대상을 파악하고자 노력하는 것뿐만 아니라, 허구를 활용해 역사적 서술을 보완하기도 한대.

5 [A] ³⁷영화는 허구적 이야기에 역사적 사실을 담아냄으로써 새로운 사료의 원천이 될 뿐 아니라, 대안적 역사 서술의 가능성까지 지니고 있다. ³⁸영화는 공식 제도가 배제했던 역사를 사회에 되돌려 주는 '아래로부터의 역사'의 형성에 기여한다. ³⁹평범한 사람들의 회고나 증언, 구전 등의 비공식적 사료를 토대로 영화를 만드는 작업은 빈번하게 이루어지고 있다. ⁴⁰그리하여 영화는 하층 계급, 피정복 민족처럼 역사 속에서 주변화된 집단의 묻혀 있던 목소리를 표현해 낸다. ⁴¹이렇듯 영화는 공식 역사의 대척점에서 활동하면서 역사적 의식 형성에 참여한다는 점에서 역사 서술의 한 주체가 된다. 역사 서술의 주체로서 영화가 가지는 의의를 설명하며 지문이 마무리되었어.

구조도

★ 어려운 문장 분석하기

⁴사료의 불완전성은 역사 연구의 범위를 제한하지만, / 그(사료의) 불완전성 ⟨때문에⟩ (원인) 역사학이 학문이 될 수 있으며 / 역사는 ⟨끝없이⟩ 다시 서술된다. (결과)

→ 이 문장에서는 나란히 이어진 문장이 세 개인데, 각 문장의 주어는 '사료의 불완전성은', '역사학이', '역사는'으로 모두 달라. 이렇게 이어진 문장이 여러 개일 경우에는 각각의 주어와 서술어의 짝을 잘 연결하여 꼼꼼하게 읽어야 해. 그리고 '때문에'라는 표지를 통해 드러나는 원인과 결과의 의미도 체크해야 해.

🗐 지문 파고들기

이 지문은 역사와 영화의 관계에 대해 설명하고 있기 때문에, 인문과 예술이 융합된 내용이 나타난다고 볼 수 있어. 먼저 1문단~2문단에서는 역사 연구의 매개가 되는 사료와 사료로 활용될 수 있는 영화의 이미지에 대해 설명한 뒤, 3문단부터 본격적으로 영화와 역사의 관계에 대해 이야기하고 있지. 이때 '역사에 대한 영화적 독해'와 '영화에 대한 역사적 독해'라는 두 가지 축을 중심으로 하여 영화와 역사의 관계를 어떤 식으로 설명하고 있는지에 초점을 맞추어 독해하면 지문의 전체적인 구조를 파악하기가 좀 더 수월했을 거야.

11. 윗글의 내용 전개 방식으로 가장 적절한 것은?

정답풀이

④ 영화의 사료로서의 특성을 밝히면서 역사 서술로서 영화가 지닌 가능성을 제시하고 있다.

> 근거: **2** ¹²이에 따라 역사학에서 영화를 통한 역사 서술에 대한 관심이 일고, 영화를 사료로 파악하는 경향도 나타났다. + **3** ¹⁹역사에 대한 영화적 독해와 영화에 대한 역사적 독해는 영화와 역사의 관계에 대한 두 축을 이룬다. + **5** ³⁷영화는 허구적 이야기에 역사적 사실을 담아냄으로써 새로운 사료의 원천이 될 뿐 아니라, 대안적 역사 서술의 가능성까지 지니고 있다.
>
> 먼저 영화를 사료로 파악하는 경향이 나타났음을 언급하고, 이어서 영화와 역사의 관계를 서술하며 영화가 가진 사료로서의 특성을 밝히고 있다. 이후 영화가 지닌 대안적 역사 서술의 가능성을 제시하며 글을 마무리하고 있다.

오답풀이

① ~~역사의 개념~~을 밝히면서 영화와 역사 간의 ~~공통점과 차이점~~을 비교하고 있다.

윗글에서 역사의 개념을 밝히고 있지는 않으며, 영화와 역사의 관계에 대해 설명하고 있을 뿐, 둘의 공통점과 차이점을 비교하고 있는 것은 아니다.

② ~~영화의 변천 과정을 통시적으로 밝혀~~ 사료로서 영화가 지닌 의의를 강조하고 있다.

근거: **5** ⁴¹이렇듯 영화는 공식 역사의 대척점에서 활동하면서 역사적 의식 형성에 참여한다는 점에서 역사 서술의 한 주체가 된다.

역사 서술에 있어 영화가 지닌 의의를 언급하고 있지만, 영화의 변천 과정을 통시적으로 밝히지는 않았다.

③ ~~역사에 대한 서로 다른 견해를 대조~~하여 사료로서 영화가 지닌 ~~한계를 비판~~하고 있다.

근거: **2** ¹²이에 따라 역사학에서 영화를 통한 역사 서술에 대한 관심이 일고, 영화를 사료로 파악하는 경향도 나타났다. + **4** ²⁹영화는 주로 허구를 다루기 때문에 역사 서술과는 거리가 있다고 보는 사람도 있다. ³²그러나 문헌 기록을 바탕으로 하는 역사 서술에서도 허구가 배격되어야 할 대상만은 아니다.

영화를 역사 사료로 볼 것인지에 대한 서로 다른 견해를 제시하며 역사 서술 주체로서의 영화에 대해 회의적인 입장을 반박할 뿐, 역사에 대한 서로 다른 견해를 대조하여 사료로서 영화가 지닌 한계를 비판하고 있지는 않다.

⑤ ~~다양한 영화의 유형별 장단점을 분석~~하여 영화가 역사 서술의 대안이 될 수 있는지에 대해 평가하고 있다.

근거: **5** ³⁷영화는~대안적 역사 서술의 가능성까지 지니고 있다.

영화가 대안적 역사 서술의 가능성을 지니고 있음을 언급하였지만, 다양한 영화의 유형별 장단점을 분석하고 있지는 않다.

12. 윗글에 대한 이해로 가장 적절한 것은?

정답풀이

③ 기존의 사료를 새로운 방향에서 파악하는 것은 사료의 발굴이라고 할 수 있다.

> 근거: **1** ⁸역사가들은 새로운 사료를 발굴하기 위해 노력한다. ⁹알려지지 않았던 사료를 찾아내기도 하지만, 중요하지 않게 여겨졌던 자료를 새롭게 사료로 활용하거나 기존의 사료를 새로운 방향에서 파악하기도 한다.
>
> 사료를 발굴하는 것에는 기존의 사료를 새로운 방향에서 파악하는 것도 포함된다.

오답풀이

① 개인적 기록은 사료로 활용하기에 ~~적절하지 않다~~.

근거: **1** ⁷그러나 유물, 그림, 구전 등 과거가 남긴 흔적은 모두 사료로 활용될 수 있다. ¹⁰평범한 사람들의 삶의 모습을 중점적인 주제로 다루었던 미시사 연구에서 재판 기록, 일기, 편지, 탄원서, 설화집 등의 이른바 '서사적' 자료에 주목한 것도 사료 발굴을 위한 노력의 결과이다.

과거가 남긴 흔적은 모두 사료로 활용될 수 있으며, 미시사 연구에서는 평범한 사람들의 삶의 모습을 중점적으로 다루면서 일기, 편지 등 개인적 기록에 주목하였다.

② 역사가가 활용하는 공식적 문헌 사료는 ~~매개를 거치지 않은 과거의 실질~~이다.

근거: **1** ²역사가는 사료를 매개로 과거와 만난다. ⁵매개를 거치지 않은 채 손실되지 않은 과거와 만날 수 있다면 역사학이 설 자리가 없을 것이다. ⁶역사학은 전통적으로 문헌 사료를 주로 활용해 왔다.

역사가가 활용하는 공식적 문헌 사료는 매개를 거치지 않은 과거의 사실이 아니라, 역사가가 과거와 만날 수 있도록 하는 매개이다.

④ 문헌 사료의 언어는 다큐멘터리 영화의 이미지에 비해 지시 대상에 대한 ~~지표성~~이 강하다.

근거: **2** ¹³역사가들이 주로 사용하는 문헌 사료의 언어는 대개 지시 대상과 물리적·논리적 연관이 없는 추상화된 상징적 기호이다. ¹⁶광학적 메커니즘에 따라 피사체로부터 비롯된 영화의 이미지는 그 피사체가 있었음을 지시하는 지표적 기호이기도 하다. ¹⁷예를 들어 다큐멘터리 영화는 피사체와 밀접한 연관성을 갖기 때문에 피사체의 진정성에 대한 믿음을 고양하여 언어적 서술에 비해 호소력 있는 서술로 비춰지게 된다.

지표적 기호인 것은 문헌 사료의 언어가 아니라 영화의 이미지이다. 문헌 사료의 언어는 상징성이 강하다.

⑤ 카메라를 매개로 얻어진 영화의 이미지는 지시 대상과 닮아 있다는 점에서 ~~상징적 기호~~이다.

근거: **2** [13]역사가들이 주로 사용하는 문헌 사료의 언어는 대개 지시 대상과 물리적·논리적 연관이 없는 추상화된 상징적 기호이다. [14]반면 영화는 카메라 앞에 놓인 물리적 현실을 이미지화하기 때문에 그 자체로 물질성을 띤다. [15]즉, 영화의 이미지는 닮은꼴로 사물을 지시하는 도상적 기호가 된다.

카메라를 매개로 얻어진 영화의 이미지가 지시 대상과 닮은 꼴로 사물을 지시하는 것은 상징적 기호가 아니라 도상적 기호와 관련된다.

13. ㉮, ㉯의 사례로 적절한 것만을 〈보기〉에서 있는 대로 찾아 바르게 짝지은 것은?

보기

ㄱ. 조선 후기 유행했던 판소리를 자료로 활용하여 당시 음식 문화의 실상을 파악하고자 했다.

ㄴ. B. C. 3세기경에 편찬된 것으로 알려진 경전의 일부에 사용된 어휘를 면밀히 분석하여, 그 경전의 일부가 후대에 첨가되었을 가능성을 검토했다.

ㄷ. 중국 명나라 때의 상거래 관행을 연구하기 위해 명나라 때 유행한 다양한 소설들에서 상업 활동과 관련된 내용을 모아 공통된 요소를 분석했다.

ㄹ. 17세기의 사건 기록에서 찾아낸 한 평범한 여성의 삶에 대한 역사서를 쓰면서 그 여성의 심리를 묘사하기 위해 같은 시대에 나온 설화집의 여러 곳에서 문장을 차용했다.

정답풀이

	㉮	㉯
①	ㄱ, ㄷ	ㄹ

근거: **4** [33]역사가는 허구의 이야기 속에서 그 안에 반영된 당시 시대적 상황을 발견하여 사료로 삼으려고 노력하기도 한다.(㉮) [35]어떤 역사가들은 허구의 이야기에 반영된 사실을 확인하는 것에서 더 나아가 사료에 직접적으로 나타나지 않은 과거를 재현하기 위해 허구의 이야기를 활용하여 사료에 기반한 역사적 서술을 보완하기도 한다.(㉯)

ㄱ
조선 후기 유행했던 판소리를 자료로 활용하여 당시 음식 문화의 실상을 파악하는 것은, 허구의 이야기인 판소리 속에 반영된 음식 문화라는 조선 후기의 시대적 상황을 파악하고자 하는 것이므로 ㉮의 사례로 적절하다.

ㄷ
명나라 때의 다양한 소설들을 자료로 활용하여 당시의 상거래 관행을 연구하는 것은, 허구의 이야기인 소설 속에 반영된 당대의 상거래 관행이라는 시대적 상황을 파악하고자 하는 것이므로 ㉮의 사례로 적절하다.

ㄹ
역사서를 쓰면서 찾아낸 여성의 심리 묘사를 위해 동시대에 나온 설화집의 문장을 차용하는 것은, 사료에 직접적으로 나타나지 않은 당대 여성의 심리를 재현하기 위해 허구의 이야기인 설화집을 활용하여 역사적 서술을 보완하는 것이므로 ㉯의 사례로 적절하다.

오답풀이

ㄴ

B. C. 3세기경에 편찬된 것으로 알려진 경전의 일부가 후대에 첨가되었을 가능성을 검토하는 것은, 허구의 이야기를 통해 당시 시대적 상황을 탐구(㉮)하거나 역사적 서술을 보완(㉯)하는 것과 관련이 없다.

> ☑ 짚고 가기 〈보기〉에 구체적인 사례가 제시되고, 이를 윗글에서 설명한 내용과 적절히 연결할 수 있는지를 묻는 문제였어. ㄱ~ㄹ에 해당하는 네 개의 사례가 ㉮와 ㉯ 중 어디에 해당하는지 모두 판단해야 했지. ㉮, ㉯의 내용과 〈보기〉에 제시된 각 사례를 대응시켜서 정리해 보면 다음과 같아.

㉮	ㄱ	ㄷ
허구의 이야기	조선 후기의 판소리	명나라 때 유행한 소설
반영된 당시 시대적 상황	당시 음식 문화의 실상	상업 활동과 관련된 내용(상거래 관행)

㉯		ㄹ
허구의 이야기		17세기에 나온 설화집
사료에 기반한 역사적 서술		17세기 사건 기록에서 찾아낸 평범한 여성의 삶에 대한 역사서
사료에 직접적으로 나타나지 않은 과거		17세기 평범한 여성의 심리

위에서 정리한 ㄱ, ㄷ, ㄹ과 달리, 경전에 '사용된 어휘'를 분석하여 '경전의 일부가 후대에 첨가되었을 가능성'을 검토하는 ㄴ은 '허구의 이야기'에 나타난 '당시 시대적 상황을 발견'하여 '사료'로 삼으려고 노력한 것이나 '허구의 이야기를 활용하여 사료에 기반한 역사적 서술'을 보완하고자 한 것과는 대응시킬 수 없다는 점을 알 수 있어.

14. ㉠에 나타난 역사가의 관점에서 [A]를 비판한 내용으로 가장 적절한 것은?

정답풀이

⑤ 기억이나 구술 증언은 거짓이거나 변형될 가능성이 있기 때문에 다른 자료와 비교하여 진위 여부를 검증한 후에야 사료로 사용이 가능하다.

> 근거: ❹ ³¹역사가는 자료에 기록된 사실이 허구일지도 모른다는 의심을 버리지 않고 이를 확인하고자 한다.(㉠) + ❺ ³⁷영화는 허구적 이야기에 역사적 사실을 담아냄으로써 새로운 사료의 원천이 될 뿐 아니라, 대안적 역사 서술의 가능성까지 지니고 있다. ³⁹평범한 사람들의 회고나 증언, 구전 등의 비공식적 사료를 토대로 영화를 만드는 작업은 빈번하게 이루어지고 있다. ⁴⁰그리하여 영화는 하층 계급, 피정복 민족처럼 역사 속에서 주변화된 집단의 묻혀 있던 목소리를 표현해 낸다.
>
> [A]에서는 평범한 사람들의 회고나 증언, 구전 등의 비공식적 사료를 토대로 제작된 영화가 새로운 사료의 원천이 되고, 대안적 역사 서술의 가능성을 지닌다고 하였다. 이에 대해 자료에 기록된 사실이 허구인지의 여부를 확인해야 한다는 ㉠의 입장을 지닌 역사가는 기억이나 구술 증언은 진위 여부를 검증한 후에야 사료로 사용하는 것이 가능하다고 비판할 것이다.

오답풀이

① 영화는 많은 사실 정보를 담고 있기 때문에 ~~자료로서의 가능성을 가지고 있다.~~

> 근거: ❺ ³⁷영화는 허구적 이야기에 역사적 사실을 담아냄으로써 새로운 사료의 원천이 될 뿐 아니라, 대안적 역사 서술의 가능성까지 지니고 있다.

영화가 많은 사실 정보를 담고 있기 때문에 사료로서의 가능성을 가지고 있다는 내용은 영화가 역사적 사실을 담아낸다는 [A]의 관점에 부합하므로, ㉠의 관점에서 [A]를 비판하는 것으로 적절하지 않다.

② 하층 계급의 역사를 서술하기 위해서는 영화와 같이 ~~허구를 포함하는 서사적 자료~~에 주목해야 한다.

> 근거: ❺ ³⁸영화는 공식 제도가 배제했던 역사를 사회에 되돌려 주는 '아래로부터의 역사'의 형성에 기여한다. ⁴⁰그리하여 영화는 하층 계급, 피정복 민족처럼 역사 속에서 주변화된 집단의 묻혀 있던 목소리를 표현해 낸다.

하층 계급의 역사를 서술하기 위해 영화처럼 허구를 포함하는 서사적 자료에 주목해야 한다는 내용은 영화가 '아래로부터의 역사'의 형성에 기여하며 '주변화된 집단의 묻혀 있던 목소리를 표현'한다는 [A]의 관점에 부합하므로, 사실을 토대로 역사를 서술해야 한다고 보는 ㉠의 관점에서 [A]를 비판하는 것으로 적절하지 않다.

③ 영화가 ~~늘~~ 공식 역사의 대척점에 있는 것은 아니며, 공식 역사의 입장에서 ~~지배적 이데올로기를 선전하는 수단으로 활용되곤 한다~~

근거: **5** [41]이렇듯 영화는 공식 역사의 대척점에서 활동하면서 역사적 의식 형성에 참여한다는 점에서 역사 서술의 한 주체가 된다.

[A]에서 영화가 '늘' 공식 역사의 대척점에 있다고 하지는 않았으며, 영화가 공식 역사의 입장에서 지배적 이데올로기를 선전하는 수단으로 활용된다는 내용은 자료의 허구성을 의심하며 확인하고자 하는 ⊙의 관점에서 [A]를 비판하는 것으로 적절하지 않다.

④ 주변화된 집단의 목소리는 그 집단의 이해관계를 반영하기 때문에 그것에 바탕을 둔 영화는 ~~주관에 매몰된 역사 서술일 뿐이다~~

근거: **5** [38]영화는 공식 제도가 배제했던 역사를 사회에 되돌려 주는 '아래로부터의 역사'의 형성에 기여한다. [40]그리하여 영화는 하층 계급, 피정복 민족처럼 역사 속에서 주변화된 집단의 묻혀 있던 목소리를 표현해 낸다.

[A]에서 영화는 공식 제도가 배제했던 집단, 즉 주변화된 집단의 목소리를 표현해 낸다고 했으므로, 해당 목소리는 그 집단의 이해관계를 반영한다고 볼 수 있다. 하지만 ⊙은 자료에 기록된 사실이 허구인지의 여부를 확인하는 것이 필요하다는 입장이므로, 주변화된 집단의 목소리에 바탕을 둔 영화는 주관에 매몰된 역사 서술이라는 내용은 ⊙의 관점에서 [A]를 비판하는 것으로 적절하지 않다.

15. 윗글을 바탕으로 〈보기〉를 이해한 내용으로 적절하지 <u>않은</u> 것은? [3점]

보기

1982년 작 영화 「마르탱 게르의 귀향」은 16세기 중엽 프랑스 농촌의 보통 사람들 간의 사건에 관한 재판 기록을 토대로 한다. 당시 사건의 정황과 생활상에 관한 고증을 맡은 한 역사가는 영화 제작 이후 재판 기록을 포함한 다양한 문서들을 근거로 동명의 역사서를 출간했다. 1993년, 영화 「마르탱 게르의 귀향」은 19세기 중엽 미국을 배경으로 하여 허구적 인물과 사건으로 재구성한 영화 「서머스비」로 탈바꿈되었다. 두 작품에서는 여러 해 만에 귀향한 남편이 재판 과정에서 가짜임이 드러난다. 전자는 당시 생활상을 있는 그대로 복원하는 데 치중했다. 반면 후자는 가짜 남편을 마을에 바람직한 변화를 가져온 지도자로 묘사하면서 미국 근대사를 긍정적으로 평가하고자 하는 대중의 욕망을 반영했다.

정답풀이

② 실화에 바탕을 둔 영화 「마르탱 게르의 귀향」을 가공의 인물과 사건으로 재구성한 「서머스비」에서는 영화에 대한 역사적 독해를 시도하기 ~~어렵겠군~~

근거: **3** [26]영화에 대한 역사적 독해는 영화에 담겨 있는 역사적 흔적과 맥락을 검토하는 것과 연관된다. [27]역사가는 영화 속에 나타난 풍속, 생활상 등을 통해 역사의 외연을 확장할 수 있다. [28]나아가 제작 당시 대중이 공유하던 욕망, 강박, 믿음, 좌절 등의 집단적 무의식과 더불어 이상, 지배적 이데올로기 같은 미처 파악하지 못했던 가려진 역사를 끌어내기도 한다.

영화에 대한 역사적 독해는 영화 속에 나타난 풍속과 생활상, 더 나아가 집단적 무의식이나 이데올로기 등 역사적 흔적과 맥락을 검토하는 것과 연관된다. 〈보기〉에 따르면 가공의 인물과 사건으로 재구성한 「서머스비」도 '19세기 중엽'이라는 시대적 배경을 바탕으로 하고 있다. 즉 「서머스비」를 통해서도 당시의 생활상이나 영화에 반영된 당대 대중의 욕망 등을 검토하여 영화에 대한 역사적 독해를 시도할 수 있는 것이다.

오답풀이

① 「서머스비」에 반영된, 미국 근대사를 긍정적으로 평가하려는 대중의 욕망은 영화가 제작된 당시 사회의 집단적 무의식에 해당하는군.

근거: ❸ ²⁸나아가 제작 당시 대중이 공유하던 욕망, 강박, 믿음, 좌절 등의 집단적 무의식과 더불어 이상, 지배적 이데올로기 같은 미처 파악하지 못했던 가려진 역사를 끌어내기도 한다.

영화는 제작 당시 대중이 공유하던 욕망 등 집단적 무의식을 반영한다. 이를 참고하면 「서머스비」에 반영된 대중의 욕망은 영화가 제작된 당시 사회의 집단적 무의식에 해당한다고 볼 수 있다.

③ 영화 「마르탱 게르의 귀향」은 실제 사건의 재판 기록을 토대로 제작됐지만, 그 속에도 역사에 대한 영화인 나름의 시선이 표현 기법으로 나타났겠군.

근거: ❸ ²¹영화인은 자기 나름의 시선을 서사와 표현 기법으로 녹여내어 역사를 비평할 수 있다.

영화인은 자기 나름의 시선을 서사와 표현 기법으로 녹여내어 역사를 비평할 수 있으므로, 실제 사건을 토대로 한 영화 「마르탱 게르의 귀향」에서도 영화인의 역사에 대한 시선이 표현 기법으로 나타났을 것이라고 볼 수 있다.

④ 영화 「마르탱 게르의 귀향」은 역사적 고증에 바탕을 두고 당시 사건과 생활상을 충실히 재현하기 위해 노력했다는 점에서 개연적 역사 서술 방식에 가깝겠군.

근거: ❸ ²¹영화인은 자기 나름의 시선을 서사와 표현 기법으로 녹여내어 역사를 비평할 수 있다. ²²역사를 소재로 한 역사 영화는 역사적 고증에 충실한 개연적 역사 서술 방식을 취할 수 있다.

개연적 역사 서술 방식은 역사적 고증에 충실하다. 이를 참고하면 역사 기록을 토대로 하여 당시 생활상을 있는 그대로 복원하는 데 치중한 영화 「마르탱 게르의 귀향」의 서술 방식은 개연적 역사 서술 방식에 가깝다고 볼 수 있다.

⑤ 역사서 『마르탱 게르의 귀향』은 16세기 프랑스 농촌의 평범한 사람들의 삶의 모습을 서사적 자료에 근거하여 다루었다는 점에서 미시사 연구의 방식을 취했다고 볼 수 있군.

근거: ❶ ¹⁰평범한 사람들의 삶의 모습을 중점적인 주제로 다루었던 미시사 연구에서 재판 기록, 일기, 편지, 탄원서, 설화집 등의 이른바 '서사적' 자료에 주목한 것도 사료 발굴을 위한 노력의 결과이다.

미시사 연구는 평범한 사람들의 삶의 모습을 중점적인 주제로 다루며, 재판 기록 등 서사적 자료에 주목한다. 이를 참고하면 16세기 프랑스 농촌의 보통 사람들 간의 사건에 대한 재판 기록을 포함해 다양한 문서들을 근거로 작성된 역사서 『마르탱 게르의 귀향』은 미시사 연구의 방식을 취했다고 볼 수 있다.

단어, 구절, 문장의 의미를 파악하는 문제　정답률 90%

16. 문맥상 ⓐ~ⓔ와 바꿔 쓰기에 적절하지 <u>않은</u> 것은?

정답풀이

④ ⓓ: 결합(結合)한다

> 근거: ❸ ¹⁹역사에 대한 영화적 독해와 영화에 대한 역사적 독해는 영화와 역사의 관계에 대한 두 축을 ⓓ이룬다.
>
> '이루다'는 '몇 가지 부분이나 요소들을 모아 일정한 성질이나 모양을 가진 존재가 되게 하다.'라는 의미이므로, '둘 이상의 사물이나 사람이 서로 관계를 맺어 하나가 되다.'라는 의미의 '결합하다'와 바꿔 쓸 수 없다.

오답풀이

① ⓐ: 대면(對面)할

근거: ❶ ⁵매개를 거치지 않은 채 손실되지 않은 과거와 ⓐ만날 수 있다면

만나다: 어떤 사실이나 사물을 눈앞에 대하다.
대면하다: 서로 얼굴을 마주 보고 대하다.

② ⓑ: 간주(看做)되었던

근거: ❶ ⁹중요하지 않게 ⓑ여겨졌던 자료를 새롭게 사료로 활용하거나

여겨지다: 마음속으로 그러하다고 인정되거나 생각되다.
간주되다: 상태, 모양, 성질 따위가 그와 같다고 여겨지다.

③ ⓒ: 대두(擡頭)했다

근거: ❷ ¹²영화를 사료로 파악하는 경향도 ⓒ나타났다.

나타나다: 어떤 새로운 현상이나 사물이 발생하거나 생겨나다.
대두하다: 어떤 세력이나 현상이 새롭게 나타나다.

⑤ ⓔ: 전개(展開)하기

근거: ❹ ³⁰사실을 기록한 자료에 기반해서 연구를 ⓔ펼치기 때문이다.

펼치다: 생각 따위를 전개하거나 발전시키다.
전개하다: 내용을 진전시켜 펴 나가다.

2 사회

(1) 재산권의 사회적 제약과 특별한 희생

문제 P.156

1~5 다음 글을 읽고 물음에 답하시오.

1 [1]공익을 위한 적법한 행정 작용으로 개인의 재산권°에 특별한 희생이 발생한 경우, 개인은 자신이 입은 재산상 손실을 보상하도록 요구할 수 있는 권리인 '손실 보상 청구권'을 갖는다. **'특별한 희생'에 의한 재산상 손실을 보상하도록 요구할 수 있는 '손실 보상 청구권'이라는 화제가 제시되었네.** [2]여기서 '특별한 희생'이란 보호할 필요가 있는 재산권에 대한 침해를 이르는 말로, 이로 인한 손실은 국가가 보상해야 한다. [3]가령(**정의**에 더해 **예시**까지 제시해 주는 것으로 보아, '특별한 희생'은 아주 중요한 개념인가 봐!) 감염병예방법에 따르면, 행정 기관이 감염병 예방을 위해 의료기관의 병상이나 연수원, 숙박 시설 등을 동원한 경우 이로 인한 손실을 개인에게 보상하여야 하는데, 이때의 재산권 침해가 특별한 희생에 해당하는 것이다. **특별한 희생: 보호할 필요가 있는 재산권에 대한 침해로, 이로 인한 손실은 국가가 보상해야 함**

2 [4]손실 보상 청구권은 ⓐ공적 부담의 평등을 위해 인정되는 헌법상 권리이다. [5]행정 작용으로 누군가에게 특별한 희생이 발생하면, 그로 인한 부담을 공공이 분담하는 것이 평등 원칙에 부합하기 때문이다. **손실 보상 청구권: 특별한 희생에 따른 부담을 공공이 분담하여 평등 원칙에 부합하게 하기 위한 헌법상 권리** [6]또한 헌법 제23조 제3항은 "공공필요에 의한 재산권의 수용·사용 또는 제한 및 그에 대한 보상은 법률로써 하되, 정당한 보상을 지급하여야 한다."라고 하여, '공공필요에 의한 재산권의 수용·사용 또는 제한', 즉 공용 침해와 이에 대한 보상이 법률에 규정되어야 함을 명시하고 있다. **공용 침해 중 수용이란** 개인의 재산권을 국가로 이전하는 것, **사용이란** 행정 기관이 개인의 재산권을 일시적으로 사용하는 것, **제한이란** 개인의 재산권 사용 또는 그로 인한 수익을 한정하는 것을 의미한다. (공용 침해의 유형을 수용·사용·제한으로 **분류**하여 각 개념을 설명하고 있군.) **헌법 제23조 제3항은 공용 침해(공공필요에 의한 재산권의 수용·사용·제한)에 대해 법률로써 정당한 보상을 지급해야 한다고 명시함** [8]한편 제23조 제3항은 내용상 분리될 수 없는 사항은 함께 규정되어야 한다는 의미의 '불가분 조항'이다.

[9]따라서 ⓑ공용 침해 규정과 보상 규정은 하나의 법률에서 규정되어야 한다. **헌법 제23조 제3항은 불가분 조항이므로 공용 침해 규정과 보상 규정은 하나의 법률에서 규정되어야 함**

3 [10]그러나(앞서 설명한 내용의 **한계**나 **예외** 상황을 언급하겠군.) 헌법은 제23조 제1항에서 "모든 국민의 재산권은 보장된다. 그 내용과 한계는 법률로 정한다."라고 규정하여, 재산권은 법률에 의해 구체화된다고 밝히고 있다. [11]또한 제2항에서 "재산권의 행사는 공공복리에 적합하도록 하여야 한다."라고 하여, 개인의 재산권 행사가 공익에 적합하여야 한다는 재산권의 '사회적 제약'을 규정하고 있다. [12]특히 토지처럼 공공성이 강한 사유 재산은 재산권 행사에 더욱 강한 사회적 제약을 받을 수 있다. **헌법 제23조 제1항에서 재산권이 법률로 인해 구체화됨을 밝히고, 제2항에서 토지 등의 재산에 대한 재산권의 행사는 공익에 적합해야 한다는 '사회적 제약'을 규정했네.** [13]만약 재산권 침해가 ⓒ사회적 제약의 범위 내에 있다면 이로 인한 손실은 보상의 대상이 되지 않는다. [14]즉 재산권 침해가 특별한 희생에 해당할 때만 보상이 가능한 것이다. **재산권 침해에 대한 국가의 보상: 재산권 침해가 사회적 제약의 범위 내에 있는 경우 보상 X, 재산권 침해가 특별한 희생일 경우 보상 O**

4 [15]재산권의 사회적 제약과 특별한 희생의 구별에 대해 ㉠경계 이론과 ㉡분리 이론은 **서로 다른 입장을 취한다.** (재산권의 사회적 제약과 특별한 희생의 구별에 대해 **대조**적인 관점을 갖는 두 입장이 **나열**되겠군.) [16]경계 이론에 따르면 ⓓ양자는 별개가 아니라 단지 침해의 정도에 있어서만 차이가 있을 뿐이다. [17]재산권 침해는 그 정도가 사회적 제약의 범위를 넘어서면 특별한 희생으로 바뀐다는 것이다. [18]따라서 경계 이론은 사회적 제약을 벗어나는 재산권 침해는 보상 규정이 없어도 보상이 이루어져야 한다고 본다. [19]보상을 규정하지 않은 채 공용 침해를 규정하고 있는 법률은, 불가분 조항인 헌법 제23조 제3항에 위반되어 위헌이고, 위헌임이 밝혀진 법률에 근거한 공용 침해 행위는 위법한 행정 작용이 된다는 것이다. [20]경계 이론은 적법한 공용 침해 행위의 경우에 보상이 인정된다면, 위법한 공용 침해

행위의 경우에도 헌법 제23조 제3항을 근거로 보상을 인정해야 한다는 입장이다. 경계 이론: 재산권의 사회적 제약과 특별한 희생은 별개 X 침해의 정도 차이 O → 사회적 제약을 벗어나는 재산권 침해는 보상 규정이 없어도 보상 O (위법한 공용 침해 행위의 경우에도 헌법 제23조 제3항을 근거로 보상 인정)

5 [21]이에 반해(경계 이론과 다른 견해를 갖는 분리 이론의 입장이 제시될 거야. 두 입장의 **비교**와 **대조**가 이루어지겠지?) 분리 이론은 재산권의 사회적 제약에 대한 헌법 제23조 제2항의 규정과 특별한 희생에 대한 제3항의 규정은 ⓔ입법자의 의사에 따라 완전히 분리된다고 주장한다. [22]따라서 재산권 침해를 규정한 법률에 보상 규정이 없는 경우 입법자가 이러한 재산권 침해를 특별한 희생이 아닌 사회적 제약으로 규정한 것으로 본다. [23]재산권 침해가 사회적 제약 또는 특별한 희생 중 무엇에 해당하는지 결정하는 것은 법률을 제정하는 입법자의 권한이라는 것이다. [24]만약 해당 법률에 규정된 재산권 침해가 헌법 제23조 제2항에서 규정한 재산권의 공익 적합성을 넘어서서 개인의 재산권을 과도하게 침해한다면, 이러한 법률은 헌법 제23조 제2항을 위반하여 위헌이고, 위헌임이 밝혀진 법률에 근거한 행정 작용은 위법하게 된다. [25]분리 이론은 이러한 경우 ⓒ손실을 보상하는 것이 아니라, 위법한 행정 작용 자체를 제거해야 한다고 본다. [26]재산권을 존속시키는 것이 재산권을 침해하면서 그 손실을 보상하는 것보다 우선한다고 보기 때문이다. 분리 이론: 재산권의 사회적 제약과 특별한 희생은 별개 / 보상 규정이 없으면 입법자가 해당 재산권 침해를 사회적 제약으로 규정한 것이므로 보상 X / 법률이 공익 적합성을 넘어서 재산권을 과도하게 침해 시 → 위법한 행정 작용 자체 제거 (헌법 제23조 제2항을 근거로 위법하다고 판단)

● **재산권:** 재산의 소유권, 사용·수익권, 처분권 등 일체의 재산적 가치가 있는 권리.

구조도

1 **2**	손실 보상 청구권 – 적법한 **행정 작용**으로 인해 개인의 재산권에 특별한 희생(보호할 필요 있는 재산권에 대한 **침해**)이 발생한 경우 국가에 재산상 손실을 **보상**하도록 요구할 권리 – **공적 부담의 평등**을 위해 인정되는 헌법상 권리 – 헌법 제23조 제3항: **불가분 조항**으로, **공용 침해**(공공필요에 의한 재산권의 수용, 사용, 제한)와 그에 대한 **보상**이 하나의 법률에 함께 규정되어야 함을 명시함
3	재산권의 규정과 보상의 예외 – 헌법 제23조 제1항: 재산권은 **법률**에 의해 구체화됨을 밝힘 – 헌법 제23조 제2항: 개인의 재산권 행사는 **공익**에 적합해야 한다는 **사회적 제약**을 규정함 ·사회적 제약의 범위 내에 있음 → 보상 **불가** ·**특별한 희생**에 해당 → 보상 **가능**
4 **5**	재산권의 사회적 제약과 특별한 희생의 구별 **경계 이론의 입장** – 재산권의 사회적 제약과 특별한 희생은 별개 X – 헌법 제23조 **제3항**에 근거, 보상 규정이 없을 시 사회적 제약을 벗어나는 재산권 침해는 보상 O **분리 이론의 입장** – 재산권의 사회적 제약과 특별한 희생은 별개 O – 헌법 제23조 **제2항**에 근거, 보상 규정이 없을 시 **입법자**가 해당 재산권 침해를 사회적 제약으로 규정한 것이므로 보상 X → 재산권을 과도하게 침해하는 행정 작용은 **위법**

📝 지문 **파고들기**

이 지문은 공익을 위한 행정 작용으로 인해 발생한 개인의 재산권 침해에 대한 손실을 어떻게 판단해야 하는지를 다루고 있어. 이때 판단의 근거가 되는 '헌법'은 국가 운영의 근본이 되는 최고법이지만 완전무결한 것은 아니어서, 법률에 대한 해석 차이나 법률을 적용하려는 상황에서 발생하는 사건 당사자들 간의 입장 차이에 의해 분쟁이 발생하게 될 수 있어. 이렇게 '법'에 대한 다양한 해석이 제시되었을 때는 해석의 '근거'가 무엇인지를, 이해관계의 충돌이 발생했을 때는 판단의 대상이 되는 '상황'이 어떠한지를 꼼꼼히 살펴야 해.

⭐ 어려운 문장 분석하기

[19]{(보상을 규정하지 않은) 채 (조건) / 공용 침해를 규정하고 있는} 법률은, {(불가분 조항인) 헌법 제23조 제3항에 위반되어 / 위헌이고, / {(위헌임이 밝혀진) 법률에 근거한 공용 침해 행위는 {위법한 행정 작용이 된다}는 것이다.

→ 이 문장은 먼저 '보상을 규정하지 않은 채'라는 조건을 제시한 뒤, 이 경우 공용 침해를 규정하고 있는 법률은 위헌이고, 공용 침해 행위는 위법한 행정 작용이 된다는 것을 말하고 있어.

지문의 사실적 정보를 파악하는 문제 **정답률 53%**

1. 윗글에 대한 이해로 가장 적절한 것은?

정답풀이

① 헌법이 개인에게 보장하는 재산권의 내용은 법률로써 그 내용이 구체화된 것이다.

> 근거: **3** [10]헌법은 제23조 제1항에서 "모든 국민의 재산권은 보장된다. 그 내용과 한계는 법률로 정한다."라고 규정하여, 재산권은 법률에 의해 구체화된다고 밝히고 있다.

오답풀이

② 공용 침해 중 ~~사용과 달리~~ '제한'의 경우, 행정 작용에도 불구하고 개인의 재산권은 국가로 이전되지 않는다.

> 근거: **2** [7]공용 침해 중 수용이란 개인의 재산권을 국가로 이전하는 것, 사용이란 행정 기관이 개인의 재산권을 일시적으로 사용하는 것, 제한이란 개인의 재산권 사용 또는 그로 인한 수익을 한정하는 것을 의미한다.

'사용'은 행정 기관이 개인의 재산권을 일시적으로 사용하는 것일 뿐이며, 개인의 재산권을 국가로 이전하는 것은 '수용'이다.

③ 재산권을 침해하는 ~~모든~~ 행정 작용에 대해, 개인은 자신이 입은 손실을 보상하도록 요구할 수 있는 권리를 갖는다.

> 근거: **1** [1]공익을 위한 적법한 행정 작용으로 개인의 재산권에 특별한 희생이 발생한 경우, 개인은 자신이 입은 재산상 손실을 보상하도록 요구할 수 있는 권리인 '손실 보상 청구권'을 갖는다.

개인은 재산권을 침해하는 '모든' 행정 작용에 대해서가 아니라, '특별한 희생이 발생한 경우'에 자신이 입은 재산상 손실을 보상하도록 요구할 수 있는 권리를 갖는다.

④ 재산권의 사회적 제약을 규정하는 모든 법률은 공용 침해와 손실 보상이 내용상 분리될 수 없다는 원칙에 ~~어긋난다.~~

> 근거: **2** [9](헌법 제23조 제3항에 따르면) 공용 침해 규정과 보상 규정은 하나의 법률에서 규정되어야 한다. + **3** [13](헌법 제23조 제2항에 따르면) 만약 재산권 침해가 사회적 제약의 범위 내에 있다면 이로 인한 손실은 보상의 대상이 되지 않는다. [14]즉 재산권 침해가 특별한 희생에 해당할 때만 보상이 가능한 것이다.

헌법 제23조 제3항에 따르면 공용 침해와 손실 보상은 내용상 분리될 수 없다는 원칙을 가진다. 하지만 재산권의 사회적 제약을 규정하는 헌법 제23조 제2항을 참고하면 사회적 제약은 손실 보상의 대상이 되는 특별한 희생에 해당하지 않으므로, 이와 관련된 법률이 공용 침해와 손실 보상은 내용상 분리될 수 없다는 원칙에 어긋난다고 볼 수 없다.

⑤ 감염병 예방을 위해 행정 기관이 사설 연수원을 일정 기간 동원하는 것은 공공필요에 의한 재산권의 ~~수용~~에 해당한다.

> 근거: **2** [7]공용 침해 중 수용이란 개인의 재산권을 국가로 이전하는 것, 사용이란 행정 기관이 개인의 재산권을 일시적으로 사용하는 것

감염병 예방을 위해 행정 기관이 사설 연수원을 일정 기간 동안 동원하는 것은 일시적인 것이므로, 개인의 재산권을 국가로 이전하는 것을 뜻하는 '수용'이 아닌 '사용'에 해당한다.

지문의 사실적 정보를 파악하는 문제 **정답률 31%**

2. ㉠과 ㉡에 대한 이해로 적절하지 **않은** 것은?

정답풀이

③ ㉠은 행정 작용으로 인한 재산상 손실을 ~~항상~~ 보상해야 한다고 보는 반면, ㉡은 보상하지 않을 수 있다고 본다.

> 근거: **3** [14]즉 재산권 침해가 특별한 희생에 해당할 때만 보상이 가능한 것이다. + **4** [17](㉠에 따르면) 재산권 침해는 그 정도가 사회적 제약의 범위를 넘어서면 특별한 희생으로 바뀐다는 것이다. [18]따라서 경계 이론(㉠)은 사회적 제약을 벗어나는 재산권 침해는 보상 규정이 없어도 보상이 이루어져야 한다고 본다. + **5** [24](㉡에 따르면) 만약 해당 법률에 규정된 재산권 침해가~재산권의 공익 적합성을 넘어서서 개인의 재산권을 과도하게 침해한다면, 이러한 법률은 헌법 제23조 제2항을 위반하여 위헌이고, 위헌임이 밝혀진 법률에 근거한 행정 작용은 위법하게 된다. [25]분리 이론(㉡)은 이러한 경우 손실을 보상하는 것이 아니라, 위법한 행정 작용 자체를 제거해야 한다고 본다.

㉡이 행정 작용으로 인한 재산상 손실을 보상하지 않을 수 있다고 본다는 설명은 적절하다. 그러나 ㉠은 행정 작용으로 인한 재산상 손실을 항상 보상해야 한다고 보는 것이 아니라 그로 인해 사회적 제약을 넘어선 특별한 희생이 있을 경우에 보상 규정이 없어도 보상을 인정해야 한다고 본다.

오답풀이

① ㉠은 법률에 보상 규정이 없는 경우에도 헌법 제23조 제3항을 근거로 하여, 행정 작용으로 인한 재산상 손실을 보상할 수 있다고 본다.

> 근거: **4** [18]경계 이론(㉠)은 사회적 제약을 벗어나는 재산권 침해는 보상 규정이 없어도 보상이 이루어져야 한다고 본다. [20]경계 이론은 적법한 공용 침해 행위의 경우에 보상이 인정된다면, 위법한 공용 침해 행위의 경우에도 헌법 제23조 제3항을 근거로 보상을 인정해야 한다는 입장이다.

② ⓛ은 헌법 제23조 제2항과 제3항의 규정은 전혀 다른 내용을 규정하고 있다고 본다.

근거: **5** [21]분리 이론(ⓛ)은 재산권의 사회적 제약에 대한 헌법 제23조 제2항의 규정과 특별한 희생에 대한 제3항의 규정은 입법자의 의사에 따라 완전히 분리된다고 주장한다.

④ ㉠은 재산권 침해의 정도를, ⓛ은 입법자의 의사를 기준으로 손실 보상 청구권의 성립 여부를 판단해야 한다고 본다.

근거: **1** [1]공익을 위한 적법한 행정 작용으로 개인의 재산권에 특별한 희생이 발생한 경우, 개인은 자신이 입은 재산상 손실을 보상하도록 요구할 수 있는 권리인 '손실 보상 청구권'을 갖는다. + **4** [17](㉠에 따르면) 재산권 침해는 그 정도가 사회적 제약의 범위를 넘어서면 특별한 희생으로 바뀐다는 것이다. + **5** [23](ⓛ의 입장에서) 재산권 침해가 사회적 제약 또는 특별한 희생 중 무엇에 해당하는지 결정하는 것은 법률을 제정하는 입법자의 권한이라는 것이다.

'손실 보상 청구권'을 가질 수 있는 '특별한 희생'을 판단함에 있어 ㉠은 재산권 침해의 정도를, ⓛ은 입법자의 의사를 기준으로 한다.

⑤ ㉠과 ⓛ은 모두 보상 규정 없이 사회적 제약의 범위를 벗어나는 재산권 침해를 규정한 법률은 위헌이라고 본다.

근거: **4** [19](㉠에 따르면) 보상을 규정하지 않은 채 공용 침해를 규정하고 있는 법률은, 불가분 조항인 헌법 제23조 제3항에 위반되어 위헌 + **5** [24](ⓛ에 따르면) 만약 해당 법률에 규정된 재산권 침해가~재산권의 공익 적합성을 넘어서서 개인의 재산권을 과도하게 침해한다면, 이러한 법률은 헌법 제23조 제2항을 위반하여 위헌

㉠은 해당 법률이 보상을 규정하지 않고 공용 침해를 규정했다는 점에서 불가분 조항인 헌법 제23조 제3항을 위반하여 위헌이라고 보고, ⓛ은 해당 법률이 사회적 제약(공익 적합성)의 범위를 벗어나 재산권을 침해했다는 점에서 헌법 제23조 제2항을 위반하여 위헌이라고 볼 것이다.

☑ 짚고 가기 4문단은 '재산권의 사회적 제약과 특별한 희생의 구별에 대해 경계 이론(㉠)과 분리 이론(ⓛ)은 서로 다른 입장을 취한다.'라는 문장으로 시작돼. 이 문장을 통해 앞으로 경계 이론과 분리 이론에 대한 설명이 이어질 것임을 파악할 수 있어야 해. 이때 '서로 다른 입장을 취한다.'는 것의 기준은 '재산의 사회적 제약과 특별한 희생의 구별'이겠지? 또한 서로 다른 입장이라고 했으니 당연히 차이점에 주목해야겠지만, 공통점도 놓치면 안 돼!

3. ©의 전제로 가장 적절한 것은?

정답풀이

⑤ 입법자가 별도로 규정하지 않는 한, 재산권은 그대로 보존되어야 하는 권리이다.

근거: **5** [23](분리 이론의 입장에서) 재산권 침해가 사회적 제약 또는 특별한 희생 중 무엇에 해당하는지 결정하는 것은 법률을 제정하는 입법자의 권한이라는 것이다.~[25]분리 이론은 이러한 경우 손실을 보상하는 것이 아니라, 위법한 행정 작용 자체를 제거해야 한다(©)고 본다. [26]재산권을 존속시키는 것이 재산권을 침해하면서 그 손실을 보상하는 것보다 우선한다고 보기 때문이다.

분리 이론은 재산권 침해를 규정한 법률에 보상 규정을 넣지 않는 것은 입법자의 권한에 의한 것이라고 본다. 또한 공익 적합성을 넘어서 개인의 재산권을 과도하게 침해한 법률은 헌법을 위반한 것이고, 위헌인 법률에 근거한 행정 작용은 위법이라고 본다. 그리고 '재산권을 존속시키는 것이 재산권을 침해하면서 그 손실을 보상하는 것보다 우선한다고 보기 때문'에 ©의 입장을 취한다. 이는 입법자가 별도로 규정하지 않는 한, 재산권은 그대로 보존(존속)되어야 하는 권리라고 보는 견해를 전제로 한 것이다.

오답풀이

① 재산권은 ~~입법자의 의사에 따라 보상 없이 제한해야~~ 하는 권리이다.

근거: **5** [23](분리 이론의 입장에서) 재산권 침해가 사회적 제약 또는 특별한 희생 중 무엇에 해당하는지 결정하는 것은 법률을 제정하는 입법자의 권한이라는 것이다.

분리 이론은 입법자가 '재산권 침해가 사회적 제약 또는 특별한 희생 중 무엇에 해당하는지 결정'하는 권한을 갖는다고 볼 뿐, 재산권을 입법자의 의사에 따라 보상 없이 제한해야 하는 권리라고 보는 것은 아니다.

② 공용 침해 규정과 손실 보상 규정이 동일한 법률에서 규정될 필요는 ~~없다~~.

근거: **2** [8]한편 제23조 제3항은 내용상 분리될 수 없는 사항은 함께 규정되어야 한다는 의미의 '불가분 조항'이다. [9]따라서 공용 침해 규정과 보상 규정은 하나의 법률에서 규정되어야 한다.

③ 재산권의 사회적 제약은 입법자의 의사에 따라 ~~제한 없이~~ 규정될 수 있다.

근거: 5 [23](분리 이론의 입장에서) 재산권 침해가 사회적 제약 또는 특별한 희생 중 무엇에 해당하는지 결정하는 것은 법률을 제정하는 입법자의 권한이라는 것이다. [24]만약 해당 법률에 규정된 재산권 침해가 헌법 제23조 제2항에서 규정한 재산권의 공익 적합성을 넘어서서 개인의 재산권을 과도하게 침해한다면, 이러한 법률은 헌법 제23조 제2항을 위반하여 위헌

분리 이론은 재산권 침해가 사회적 제약에 해당하는지 결정하는 것은 입법자의 권한이라고 보지만, 법률에 규정된 재산권 침해가 과도하면 '헌법 제23조 제2항을 위반하여 위헌'이 된다고 보므로 재산권의 사회적 제약이 제한 없이 규정된다고 보지는 않을 것이다.

④ 행정 작용이 공익을 목적으로 한다면 이로 인한 손실은 보상할 필요가 ~~없다~~

근거: 5 [21]분리 이론은 재산권의 사회적 제약에 대한 헌법 제23조 제2항의 규정과 특별한 희생에 대한 제3항의 규정은 입법자의 의사에 따라 완전히 분리된다고 주장한다. [23]재산권 침해가 사회적 제약 또는 특별한 희생 중~입법자의 권한이라는 것이다.

분리 이론은 행정 작용에 의한 재산권 침해는 입법자의 권한에 따라 사회적 제약 또는 특별한 희생에 해당할 수 있다고 했으므로 공익을 목적으로 한 행정 작용으로 인한 손실이 헌법 제23조 제3항에 규정된 특별한 희생에 해당한다면 정당한 보상을 지급해야 한다고 볼 것이다.

✅ **짚고 가기** 전제를 묻는 문항은 추론을 요구하기 때문에 대체로 오답률이 높아. '전제'란 '결론의 기초가 되는 판단'을 말해. 따라서 이 문제를 풀기 위해서는 ⓒ이라는 결론을 내리기 위해서 필요한 근거가 되는 명제가 무엇인지를 생각해 봐야 해.

ⓒ의 바로 뒤 문장을 보면 '재산권을 존속시키는 것이~우선한다고 보기 때문이다.'라고 나와 있는데, '때문이다'는 앞의 내용이 어떤 것의 원인임을 가리키는 표현이지. 분리 이론은 재산권을 존속시키는 것을 우선하므로 재산권을 침해한 이후의 보상보다는 재산권을 과도하게 침해할 수 있는 위법한 행정 작용 자체를 제거해야 한다는 입장을 취하고 있다는 점을 잘 짚어내야 했어.

4. 윗글을 참고하여 〈보기〉의 '헌법 재판소'의 판단에 대해 추론한 내용으로 적절하지 않은 것은? [3점]

> **보기**
>
> A 법률에 따르면, 국가는 도시 환경을 보전하기 위해 개발 제한 구역을 지정할 수 있고, 개발 제한 구역으로 지정된 토지에서는 건축 등 토지 사용이 제한된다. 하지만 A 법률은 개발 제한 구역 지정으로 인한 손실을 보상하는 규정은 포함하고 있지 않았다. 이러한 상황에서 A 법률에 대한 헌법 소원이 제기되었다. 문제 상황: A 법률에 의한 개발 제한 구역 지정으로 발생하는 손실은 '사회적 제약'인가 '특별한 희생'인가?
>
> 헌법 재판소는 분리 이론의 입장을 취하면서, 토지 재산권의 공공성을 고려하면 A 법률은 원칙적으로 합헌이라고 판단하였다. 원칙적으로 토지 재산권의 침해는 사회적 제약의 범위 내에 있어 보상의 대상이 아님 하지만 개발 제한 구역으로 지정되어 토지를 사용할 방법이 전혀 없는 등 개인에게 가혹한 부담이 발생하는 예외적인 경우에는 사회적 제약을 벗어나서 토지 소유자의 재산권을 과도하게 침해한다고 판단하였다. 따라서 이러한 예외적인 경우까지 고려하지 않은 A 법률은 헌법에 위반된다고 판단하였다. 개인에게 가혹한 부담이 되는 예외적인 경우까지 고려하지 않은 A 법률은 헌법에 위반 → 손실은 보상하지 않지만 A 법률에 따른 행정 작용은 제거해야 함

정답풀이

⑤ 헌법 재판소는 개발 제한 구역을 지정하는 행위가 개인에게 가혹한 부담을 초래한 경우, 이때의 재산권 침해는 ~~특별한 희생에 해당한다고~~ 판단하였겠군.

근거: 5 [24](분리 이론에 따르면) 만약 해당 법률에 규정된 재산권 침해가 헌법 제23조 제2항에서 규정한 재산권의 공익 적합성을 넘어서서 개인의 재산권을 과도하게 침해한다면, 이러한 법률은 헌법 제23조 제2항을 위반하여 위헌이고, 위헌임이 밝혀진 법률에 근거한 행정 작용은 위법하게 된다. [25]분리 이론은 이러한 경우 손실을 보상하는 것이 아니라, 위법한 행정 작용 자체를 제거해야 한다고 본다.

분리 이론은 특정 법률에 의한 개인의 재산권 침해가 과도하다면 헌법 제23조 제2항을 위반하여 위헌이라고 본다. 〈보기〉의 헌법 재판소는 A 법률이 토지 소유자의 재산권을 과도하게 침해할 수 있는 경우를 고려하지 않았으므로 헌법에 위반된다고 판단했다. 이는 분리 이론의 입장에서 특정 법률에 의한 재산권 침해가 과도하여 헌법 제23조 제2항을 위반했다고 판단한 경우로 볼 수 있으며, 이때에는 재산권 침해에 대해 보상할 것이 아니라 위법한 행정 작용 자체를 제거해야 한다. 따라서 헌법 재판소가 해당 경우에 대해 손실 보상을 청구할 수 있는 '특별한 희생'이라고 판단했다고 보기는 어렵다.

① 헌법 재판소는 개발 제한 구역을 지정하는 행위가 헌법 제23조 제2항에 위반되는지를 판단하였겠군.

근거: **3** ¹¹제2항에서 "재산권의 행사는 공공복리에 적합하도록 하여야 한다."라고 하여, 개인의 재산권 행사가 공익에 적합하여야 한다는 재산권의 '사회적 제약'을 규정하고 있다.~¹³만약 재산권 침해가 사회적 제약의 범위 내에 있다면 이로 인한 손실은 보상의 대상이 되지 않는다.

〈보기〉에서 A 법률은 개발 제한 구역을 지정함으로써 해당 구역의 토지 사용을 제한한다. 만약 해당 행위가 공공복리에 적합한 재산권 행사, 즉 '사회적 제약'의 범위에 포함된다면 헌법 제23조 제2항에 따라 (개인의 재산권을 과도하게 침해하지 않는 한) 손실 보상이 필요한 대상이 되지 않으므로, 헌법 재판소는 개발 제한 구역을 지정하는 행위가 헌법 제23조 제2항에 위반되는지를 판단하였을 것이다.

② 헌법 재판소는 개발 제한 구역을 지정하는 행위가 헌법 제23조 제3항과는 관련이 없다고 판단하였겠군.

근거: **2** ⁶헌법 제23조 제3항은~'공공필요에 의한 재산권의 수용·사용 또는 제한', 즉 공용 침해와 이에 대한 보상이 법률에 규정되어야 함을 명시하고 있다. + **5** ²¹이에 반해 분리 이론은 재산권의 사회적 제약에 대한 헌법 제23조 제2항의 규정과 특별한 희생에 대한 제3항의 규정은 입법자의 의사에 따라 완전히 분리된다고 주장한다.

헌법 제23조 제3항은 특별한 희생에 해당하는 공용 침해 규정과 보상 규정이 하나의 법률에서 규정되어야 한다는 규정이다. 그런데 〈보기〉에서 A 법률의 개발 제한 구역을 지정하는 행위는 이로 인한 손실을 보상하는 규정과 함께 규정되지 않았다고 했으므로, 특별한 희생에 해당한다고 보기 어렵다. 따라서 헌법 재판소는 이것이 특별한 희생에 대해 규정한 헌법 제23조 제3항과는 관련이 없다고 판단하였을 것이다.

③ 헌법 재판소는 개발 제한 구역을 지정하는 행위가 헌법에 위반되었는지 여부를 토지의 공공성을 근거로 판단하였겠군.

근거: **3** ¹¹제2항에서 "재산권의 행사는 공공복리에 적합하도록 하여야 한다."라고 하여, 개인의 재산권 행사가 공익에 적합하여야 한다는 재산권의 '사회적 제약'을 규정하고 있다. ¹²특히 토지처럼 공공성이 강한 사유 재산은 재산권 행사에 더욱 강한 사회적 제약을 받을 수 있다.

〈보기〉에 따르면 헌법 재판소는 '토지 재산권의 공공성을 고려하면 A 법률은 원칙적으로 합헌이라고 판단'했다. 따라서 헌법 재판소는 개발 제한 구역을 지정하는 행위가 헌법에 위반되었는지 여부를 토지의 공공성을 근거로 판단하였을 것이다.

④ 헌법 재판소는 개발 제한 구역 지정으로 인한 재산권 침해는 개인에게 가혹한 부담이 발생하지 않는 범위 내에서만 가능하다고 판단하였겠군.

근거: **5** ²⁴만약 해당 법률에 규정된 재산권 침해가 헌법 제23조 제2항에서 규정한 재산권의 공익 적합성을 넘어서서 개인의 재산권을 과도하게 침해한다면, 이러한 법률은 헌법 제23조 제2항을 위반하여 위헌이고, 위헌임이 밝혀진 법률에 근거한 행정 작용은 위법하게 된다.

〈보기〉에 따르면 헌법 재판소는 개발 제한 구역으로 지정되어 '개인에게 가혹한 부담이 발생하는 예외적인 경우에는 사회적 제약을 벗어나서 토지 소유자의 재산권을 과도하게 침해한다고 판단'했다. 따라서 헌법 재판소는 재산권 침해는 개인에게 가혹한 부담이 발생하지 않는 범위 내에서만 가능하다고 판단하였을 것이다.

✅ **짚고 가기** 이 문제는 정답률이 상당히 낮은 문제야. 학생들이 정답보다 많이 선택한 ②번은 '개발 제한 구역을 지정하는 행위'와 '헌법 제23조 제3항'의 관련성을 묻고 있어. 지문에서 '헌법 제23조 제3항'은 '정당한 보상 지급'과 관련되어 있는데, '정당한 보상 지급'은 '특별한 희생'이 있을 때 가능하다고 했어. 그런데 A 법률은 개발 제한 구역 지정으로 인한 손실을 보상하는 규정을 포함하고 있지 않아. 즉 '개발 제한 구역을 지정하는 행위'는 '특별한 희생'에 해당한다고 보기 어려운 거지. '특별한 희생'에 해당하지 않는 행위에 대해 판단할 때 '특별한 행위'와 관련된 법을 참고할 필요는 없을 거야. '특별한 희생'과 '사회적 제약'을 분리해서 보는 분리 이론의 입장을 취하는 헌법 재판소라면 더더욱 말이야. 그래서 ②번은 적절한 선지가 돼.

②번이 적절하지 않다고 본 학생들은 〈보기〉에서 헌법 재판소가 A 법률이 헌법에 위반된다고 판단했다는 부분만 보고 '헌법 제23조 제3항에 언급된 것과 같이 보상을 법률에 함께 규정하지 않아서 헌법에 위반된다고 한 것이 아닐까?'라고 생각하며 '특별한 희생'과 관련지어 생각했을 가능성이 있어. 하지만 5문단을 참고하면, 분리 이론의 입장을 취하는 헌법 재판소가 A 법률이 '토지 소유자의 재산을 과도하게 침해'하므로 헌법에 위반된다고 본 것은 헌법 제23조 제2항에 근거를 둔 판단임을 알 수 있어.

5. 문맥상 ⓐ~ⓔ를 바꿔 쓴 것으로 적절하지 <u>않은</u> 것은?

정답풀이

④ ⓓ: ~~경계 이론의 입장과 분리 이론의 입장~~은 전혀 다른 것이 아니라

> 근거: ❹ ¹⁵재산권의 사회적 제약과 특별한 희생의 구별에 대해 경계 이론과 분리 이론은 서로 다른 입장을 취한다. ¹⁶경계 이론에 따르면 ⓓ<u>양자</u>는 <u>별개가 아니라</u> 단지 침해의 정도에 있어서만 차이가 있을 뿐이다.
>
> ⓓ에서 '양자'는 재산권의 '사회적 제약'과 '특별한 희생'을 가리킨다. 따라서 '양자'를 '경계 이론'과 '분리 이론'으로 보는 것은 적절하지 않다. 이는 '재산권의 사회적 제약과 특별한 희생은 전혀 다른 것이 아니라'로 바꿔 쓰는 것이 적절하다.

오답풀이

① ⓐ: 행정 작용으로 인한 부담을 개인이 모두 떠안게 되는 불평등을 조정하기 위해

> 근거: ❷ ⁴손실 보상 청구권은 ⓐ공적 부담의 평등을 위해 인정되는 헌법상 권리이다. ⁵행정 작용으로 누군가에게 특별한 희생이 발생하면, 그로 인한 부담을 공공이 분담하는 것이 평등 원칙에 부합하기 때문이다.
>
> ⓐ에서 '공적 부담의 평등'은 '행정 작용으로 누군가에게 특별한 희생이 발생'하여 생긴 '부담을 공공이 분담'하는 것을 의미하므로 적절하다.

② ⓑ: 공공필요에 의해 개인의 재산권을 수용·사용·제한하는 규정과

> 근거: ❷ ⁶공공필요에 의한 재산권의 수용·사용 또는 제한', 즉 공용 침해~⁹따라서 ⓑ공용 침해 규정과 보상 규정은 하나의 법률에서 규정되어야 한다.
>
> ⓑ에서 '공용 침해'는 '공공필요에 의한 재산권의 수용·사용 또는 제한'을 의미하므로 적절하다.

③ ⓒ: 헌법 제23조 제2항에 규정된 재산권의 한계 안에

> 근거: ❸ ¹¹제2항에서 "재산권의 행사는 공공복리에 적합하도록 하여야 한다."라고 하여, 개인의 재산권 행사가 공익에 적합하여야 한다는 재산권의 '사회적 제약'을 규정하고 있다.~¹³만약 재산권 침해가 ⓒ사회적 제약의 범위 내에 있다면
>
> ⓒ에서 '사회적 제약의 범위'는 제23조 제2항에 규정된, 재산권을 행사할 수 있는 범위에 해당하므로 적절하다.

⑤ ⓔ: 재산권 침해 정도에 따라 구분되는 것이 아니라 입법자의 서로 다른 의사가 반영된 것이라고

> 근거: ❹ ¹⁶경계 이론에 따르면 양자(재산권의 사회적 제약과 특별한 희생)는 별개가 아니라 단지 침해의 정도에 있어서만 차이가 있을 뿐이다. + ❺ ²¹이에 반해 분리 이론은 재산권의 사회적 제약에 대한 헌법 제23조 제2항의 규정과 특별한 희생에 대한 제3항의 규정은 ⓔ입법자의 의사에 따라 완전히 분리된다고 주장한다.
>
> ⓔ에서 '분리'가 되는 대상은 '재산권의 사회적 제약에 대한 헌법 제23조 제2항'과 '특별한 희생에 대한 (헌법 제23조) 제3항'의 규정이다. ⓔ를 주장한 분리 이론은 경계 이론과 달리 재산권의 침해의 정도가 아닌 '입법자의 의사'에 따라 '재산권의 사회적 제약'과 '특별한 희생'이 분리된다고 보므로 적절하다.

(2) 합리적 선택을 위한 기업의 의사 결정

6~11 다음 글을 읽고 물음에 답하시오.

1 ¹가계, 기업, 정부는 경제 주체로서 가계는 소비, 기업은 생산, 정부는 정책 결정 시 합리적인 선택을 하기 위해 노력한다. ²이때 합리적인 선택을 하려면 편익과 비용을 충분히 고려하여 편익에서 비용을 뺀 순편익이 가장 큰 대안을 선택해야 한다. 소비, 생산, 정책 결정 시 순편익이 가장 큰 대안을 선택하는 '합리적인 선택'이 화제로 제시되었네. ³**편익이란** 어떤 선택을 할 때 얻는 이득으로, 기업의 판매 수입과 같은 금전적인 것이나 소비자가 상품을 소비함으로써 얻는 정신적 만족감과 같은 비금전적인 것을 말한다. ⁴**비용이란** 암묵적 비용 중 가장 큰 것과 명시적 비용을 합친 것이다. ⁵암묵적 비용은 어떤 선택으로 인해 포기한 다른 대안의 가치를, 명시적

[A]
비용은 그 선택을 할 때 화폐로 직접 지불하는 비용을 말한다. (**정의**가 자세히 설명된 것으로 보아, '편익'과 '비용'은 중요한 개념이겠군.) 편익: 선택 시 얻는 이득(금전적인 것 + 비금전적인 것) / 비용: 암묵적 비용(선택 시 포기한 다른 대안의 가치) 중 가장 큰 것 + 명시적 비용(선택 시 화폐로 직접 지불하는 비용)

2 ⁶순편익은 한계편익과 한계비용이 같을 때 가장 커지는데, 한계편익은 어떤 선택에 의해 추가로 발생하는 편익이며 한계비용은 그 선택에 의해 추가로 발생하는 비용이다. ⁷**예를 들어,** 볼펜을 1개 더 살지 고민하고 있는 소비자의 한계편익은 볼펜을 1개 더 사는 데에서 추가로 얻는 만족감이며, 한계비용은 볼펜을 1개 더 사기 위해 추가로 드는 비용이다. (**예시**를 들어 한계편익과 한계비용을 구체적으로 설명해 주네.) 순편익: 한계편익(선택에 의한 추가 편익)과 한계비용(선택에 의한 추가 비용)이 동일할 때 가장 커짐

3 ⁸**기업은** 상품을 얼마나 생산하면 이윤을 극대화할 수 있을지 한계비용과 한계수입을 고려해 합리적인 판단을 ⓐ내릴 수 있다. (합리적 선택을 하는 주체인 '가계, 기업, 정부 중 '기업'으로 범위를 좁혀 설명하고 있네.) ⁹기업 입장에서 한계비용은 상품 생산량을 한 단위 증가시키는 데 추가로 드는 비용이며, 한계수입은 상품을 한 단위 더 생산하여 판매할 때 추가로 얻는 수입이다. 이윤 극대화를 위한 합리적 판단 시 기업의 고려 대상: 상품 생산량을 한 단위 증가시켰을 때의 한계비용(= 추가 비용)과 한계수입(= 추가 수입) ¹⁰완전경쟁시장에 있는 기업이라면 상품의 시장 가격 그 자체가 한계수입이 된다. ¹¹완전경쟁시장은 많은 수의 공급자와 수요자로 구성되어 있고 거래되는 상

품이 동질적이므로 개별 공급자나 수요자가 시장 가격에 영향을 미칠 수 없다. ¹²즉 기업이나 소비자는 시장에서 결정된 상품 가격을 주어진 것으로 받아들이며 이 가격이 기업의 한계수입이 된다. ¹³상품을 사려는 사람들이 많아져 시장 수요가 증가하여 상품 가격이 오른다면, 한계수입도 그만큼 동일하게 오른다. 완전경쟁시장에서 기업의 한계수입 = 상품의 시장 가격(개별 공급자·수요자가 영향 미칠 수 없음)

4 ¹⁴생산을 계속할 때 손실이 발생하는 상황이 아니라면, 기업은 한계비용과 한계수입이 일치하도록 생산량을 조절해 이윤을 극대화할 수 있다. ¹⁵한계비용이 한계수입보다 큰 경우에는 상품 생산량을 한 단위 더 줄일 때 그로 인해 추가로 절약되는 비용이 줄어들 수입보다 크므로 생산량을 줄여 이윤을 증가시킬 수 있다. ¹⁶이와 반대로 한계수입이 한계비용보다 큰 경우에는 생산량을 늘려 이윤을 증가시킬 수 있다. 기업의 이윤 극대화 방안: 한계비용과 한계수입이 일치하도록 생산량 조절(한계비용이 더 크면 생산량↓, 한계수입이 더 크면 생산량↑)

5 ¹⁷**그런데**(화제가 **전환**된다는 표지!) 생산을 계속할 때 이윤이 남는 것이 아니라 오히려 손실을 볼 수도 있기 때문에 어떤 상황에서 손실이 발생하는지 판단하는 것도 기업 입장에서 중요하다. 이번에는 손실과 관련한 기업의 합리적 판단에 대해 이야기하려나 봐. ¹⁸이때 고려할 수 있는 것 중 하나가 평균비용이다. ¹⁹평균비용은 어떤 양의 상품을 생산하는 데 투입된 총비용을 생산량으로 나눈 것으로, 상품을 한 단위 생산하는 데 드는 평균적인 비용을 말한다. 평균비용(상품 한 단위 생산에 드는 평균적 비용) = 총비용 ÷ 생산량 ²⁰여기에서 총비용은 고정비용과 가변비용으로 **구분된다.** (총비용의 두 가지 구성요소를 **구분**하여 설명하려 하는군.) ²¹한계비용이 총비용 중 가변비용에만 영향을 받는 것과 **달리,** 평균비용은 고정비용과 가변비용에 모두 영향을 받는다. (한계비용과 평균비용이 영향을 받는 요소를 **비교·대조**하고 있어.) ²²고정비용은 생산량에 따라 변하지 않고 일정한 크기를 유지하는 비용으로, 생산량이 많든 적든 매달 똑같이 내야 하는 임대료가 그 예이다. ²³가변비용은 생산량에 따라 달라지는 비용으로, 각종 재료비, 상품 생산을 늘리기 위해 추가로 고용하는 직원에게 지급되는 보수 등이 그 예이다. 고정비용(생산량과 무관하게 일정하게 유지되는 비용) → 평균비용에 영향 / 가변비용(생산량에 따라 달라지는 비용) → 평균비용, 한계비용 모두에 영향

6 [24]그렇다면 기업은 손실이 발생하는지 평균비용을 통해 어떻게 알 수 있을까? (평균비용을 통해 기업이 손실 발생 여부를 파악하는 **원리**를 알려 주겠군.) [25]총비용을 전부 회수하는 것이 언제라도 가능한 기업이 완전경쟁시장에 있다고 가정해 보자. [26]이 기업은 평균비용을 상품의 시장 가격과 비교해 보고 만약 가격이 평균비용곡선의 최저점에도 미치지 못한다면, 생산량이 얼마이든 그 가격에 상품을 판매해 보았자 손실을 피할 수 없다고 판단할 것이다. [27]그렇다면 투입된 총비용을 전부 회수하여 손실 발생을 막는 것이 이 기업에 합리적인 결정일 수 있다. [28]기업이 의도한 생산량에서의 평균비용이 시장 가격보다는 낮아야 이윤이 남는데, 어떻게 해도 손실을 피할 수 없다면 생산을 계속할 것인지 신중하게 고민해야 하는 것이다. '시장 가격 〈 평균비용곡선의 최저점' → 생산량이 얼마라도 손실 발생 → 생산 중단이 합리적이라고 판단 [29]㉠이처럼 평균비용은 한계비용과 더불어 기업이 생산에 관한 의사 결정을 내릴 때 유용하게 활용된다.

7 [30]합리적 선택을 중심으로 생산에 관한 기업의 의사 결정을 살펴보는 것은 경제 활동을 더 잘 이해하게 한다는 점에서 의미가 있다. [31]특히, 기업의 생산 활동은 소비자의 수요를 충족해 주고 고용 증가, 경제 성장 등 사회 전체에 미치는 영향이 크다는 점에서 주의 깊게 살펴볼 필요가 있을 것이다. 합리적 선택을 위한 기업의 의사 결정을 살펴보는 것의 의의로 글이 마무리되었네.

📝 **지문** 파고들기

수능 국어 경제 지문에서는 간단한 수학적 계산이 필요한 표나 그래프, 혹은 특정한 경제적 상황을 반영한 사례가 제시되는 경우가 많아. 이는 지문에서 설명하는 경제적인 개념을 구체적인 사례들에 잘 적용할 수 있는지를 확인하기 위한 거야. 그러니까 지문에 직·간접적으로 나타나는 개념 간의 상관관계(수식, 비례관계 등)는 반드시 꼼꼼하게 정리하고 넘어가자.

구조도

1 **2**	경제 주체의 합리적 선택 – 순편익(= 편익 – 비용)이 가장 **큰** 대안 선택	
	편익	– 어떤 선택을 할 때 얻는 **이득** – 금전적 · 비금전적 모두 포함 – 한계편익: **선택**에 의해 추가로 발생하는 편익
	비용	– **암묵적** 비용 중 가장 큰 것 + **명시적** 비용 – 한계비용: 선택에 의해 추가로 발생하는 **비용**
	순편익	– 한계편익과 한계비용이 동일할 때 가장 **커짐**
3 **4**	이윤을 극대화하기 위한 기업의 합리적 판단 – 한계비용과 한계수입이 일치하도록 생산량 조절	
	한계 비용	– 생산량 한 단위 증가 시 추가로 드는 **비용**
	한계 수입	– 생산량 한 단위 증가 시 추가로 얻는 수입 – (완전경쟁시장의 경우) 상품의 **시장 가격** = 한계수입 　· 소비자 ↑ → 시장 수요 ↑ → 한계 수입 ↑
	– 한계비용 〈 한계수입 → 생산량 ↑ – 한계비용 〉 한계수입 → 생산량 ↓	
5 **6**	손실을 피하기 위한 기업의 합리적 판단 – 의도한 생산량에서 평균비용이 시장 가격보다 높을 시 생산 중단 고려 가능 – 평균비용 = 총비용(고정비용 + 가변비용) ÷ 생산량	
	고정 비용	– 생산량에 좌우되지 않고 일정한 크기를 유지하는 비용 – 평균비용에만 영향을 끼침
	가변 비용	– 생산량에 따라 달라지는 비용 – 평균비용, 한계비용에 모두 영향을 끼침
7	생산에 관한 기업의 의사 결정 검토의 의의 – **경제 활동을** 더 잘 이해할 수 있음 – 기업의 생산 활동은 **사회 전체**에 큰 영향을 미침	

★ 어려운 문장 분석하기

¹⁵[한계비용이 한계수입보다 큰] 경우에는 /[상품 생산량을 한 단위 더 줄일] 때 (조건) / [그로 인해 추가로 절약되는] 비용이 [줄어들] 수입보다 크므로 (원인) / 생산량을 줄여 / 이윤을 증가시킬 수 있다. (결과)

→ 이 문장은 먼저 '한계비용 > 한계수입'인 경우 '상품 생산량을 한 단위 더 줄일 때'라는 조건을 제시하고, '절약되는 비용 > 줄어들 수입'이라는 원인을 밝힌 후, '생산량을 줄여 이윤을 증가시킬 수 있다.'라는 결과를 제시하고 있어.

---

6. 윗글의 내용 전개 방식으로 가장 적절한 것은?

정답풀이

④ 합리적인 선택을 하기 위한 방법을 제시하며 생산과 관련된 기업의 의사 결정에 대해 설명하고 있다.

> 근거: **1** ¹가계, 기업, 정부는 경제 주체로서 가계는 소비, 기업은 생산, 정부는 정책 결정 시 합리적인 선택을 하기 위해 노력한다. ²이때 합리적인 선택을 하려면 편익과 비용을 충분히 고려하여~순편익이 가장 큰 대안을 선택해야 한다. + **3** ⁸기업은 상품을 얼마나 생산하면 이윤을 극대화할 수 있을지 한계비용과 한계수입을 고려해 합리적인 판단을 내릴 수 있다. + **5** ¹⁷그런데 생산을 계속할 때 이윤이 남는 것이 아니라 오히려 손실을 볼 수도 있기 때문에 어떤 상황에서 손실이 발생하는지 판단하는 것도 기업 입장에서 중요하다. + **7** ³⁰합리적 선택을 중심으로 생산에 관한 기업의 의사 결정을 살펴보는 것은 경제 활동을 더 잘 이해하게 한다는 점에서 의미가 있다.
>
> 윗글은 경제 주체가 합리적인 선택을 위해 편익과 비용을 고려해야 함을 언급한 뒤, 특히 기업이 이윤을 극대화하거나 손실을 피하기 위해 생산과 관련하여 어떠한 의사 결정을 할 수 있는지에 대해 설명하고 있다.

오답풀이

① 합리적인 선택을 할 때의 장점을 제시하며 기업의 의사 결정 과정을 ~~평가하고~~ 있다.

> 근거: **3** ⁸기업은 상품을 얼마나 생산하면 이윤을 극대화할 수 있을지 한계비용과 한계수입을 고려해 합리적인 판단을 내릴 수 있다.
>
> 기업이 합리적 선택을 통해 이윤을 극대화할 수 있음을 언급하였으나, 기업의 의사 결정 과정을 평가하지는 않았다.

② 합리적인 선택이 지닌 ~~한계를 제시~~하며 기업의 ~~사회적 책임~~에 대해 서술하고 있다.

> 근거: **7** ³¹특히, 기업의 생산 활동은 소비자의 수요를 충족해 주고 고용 증가, 경제 성장 등 사회 전체에 미치는 영향이 크다는 점에서 주의 깊게 살펴볼 필요가 있을 것이다.
>
> 합리적 선택이 지닌 한계에 대해 언급하지는 않았으며, 기업의 생산 활동이 사회 전체에 미치는 영향이 크다는 점을 언급했을 뿐 사회적 책임에 대해 서술하지도 않았다.

③ 경제 주체가 되기 위한 ~~조건을 제시~~하며 각 경제 주체가 수행하는 역할을 비교하고 있다.

> 근거: **1** ¹가계, 기업, 정부는 경제 주체로서 가계는 소비, 기업은 생산, 정부는 정책 결정 시 합리적인 선택을 하기 위해 노력한다.
>
> 가계, 기업, 정부가 경제 주체임을 언급했을 뿐, 경제 주체가 되기 위한 조건을 제시하지는 않았다.

⑤ 기업이 생산 활동을 할 때 고려하는 요소를 제시하며 생산량을 결정할 때의 ~~어려움을 원인에 따라 분류~~하고 있다.

근거: ❸ [8]기업은 상품을 얼마나 생산하면 이윤을 극대화할 수 있을지 한계비용과 한계수입을 고려해 합리적인 판단을 내릴 수 있다.

기업이 생산 활동을 할 때 고려해야 하는 요소를 언급했으나, 생산량을 결정할 때의 어려움을 원인에 따라 분류하지는 않았다.

7. 윗글에서 알 수 있는 내용으로 적절하지 <u>않은</u> 것은?

정답풀이

③ 생산량과 상관없이 기업이 매달 똑같이 내야 하는 임대료는 ~~한계비용에 영향을 준다~~.

> 근거: ❺ [21]한계비용이 총비용 중 가변비용에만 영향을 받는 것과 달리, 평균비용은 고정비용과 가변비용에 모두 영향을 받는다. [22]고정비용은 생산량에 따라 변하지 않고 일정한 크기를 유지하는 비용으로, 생산량이 많든 적든 매달 똑같이 내야 하는 임대료가 그 예이다.
>
> 생산량과 상관없이 기업이 매달 똑같이 내야 하는 임대료는 고정비용에 해당하므로, 한계비용에 영향을 주지 않는다.

오답풀이

① 총비용에서 고정비용을 제외한 나머지는 모두 가변비용이다.

근거: ❺ [20]여기에서 총비용은 고정비용과 가변비용으로 구분된다.

총비용은 고정비용과 가변비용으로 구분되므로, 고정비용을 제외한 나머지는 모두 가변비용이다.

② 완전경쟁시장의 개별 소비자는 시장 가격을 주어진 것으로 받아들인다.

근거: ❸ [11]완전경쟁시장은 많은 수의 공급자와 수요자로 구성되어 있고 거래되는 상품이 동질적이므로 개별 공급자나 수요자가 시장 가격에 영향을 미칠 수 없다. [12]즉 기업이나 소비자는 시장에서 결정된 상품 가격을 주어진 것으로 받아들이며 이 가격이 기업의 한계수입이 된다.

④ 평균비용은 총비용이 생산된 상품에 똑같이 배분되었을 때 얼마인지를 나타내는 비용이다.

근거: ❺ [19]평균비용은 어떤 양의 상품을 생산하는 데 투입된 총비용을 생산량으로 나눈 것으로, 상품을 한 단위 생산하는 데 드는 평균적인 비용을 말한다.

⑤ 같은 편익을 주는 대안이 여러 개 있다면 비용이 가장 적게 드는 것을 선택하는 것이 합리적이다.

근거: ❶ [2]합리적인 선택을 하려면 편익과 비용을 충분히 고려하여 편익에서 비용을 뺀 순편익이 가장 큰 대안을 선택해야 한다.

여러 대안의 편익이 동일하다면, 편익에서 비용을 뺀 순편익이 가장 큰 대안을 선택하기 위해 비용이 가장 적게 드는 것을 선택하는 것이 합리적이다.

8. 윗글을 참고할 때, ㉠의 의미를 추론한 내용으로 가장 적절한 것은?

정답풀이

④ 평균비용은 생산을 중단할 만한 상품 가격이 얼마인지, 한계비용은 이윤을 늘리기 위해 도달해야 할 생산량이 얼마인지 알아볼 때 유용하다.

> 근거: **4** ¹⁴생산을 계속할 때 손실이 발생하는 상황이 아니라면, 기업은 한계비용과 한계수입이 일치하도록 생산량을 조절해 이윤을 극대화할 수 있다. + **6** ²⁸기업이 의도한 생산량에서의 평균비용이 시장 가격보다는 낮아야 이윤이 남는데, 어떻게 해도 손실을 피할 수 없다면 생산을 계속할 것인지 신중하게 고민해야 하는 것이다. ²⁹이처럼 평균비용은 한계비용과 더불어 기업이 생산에 관한 의사 결정을 내릴 때 유용하게 활용된다.(㉠)
>
> 기업은 '한계비용'과 '한계수입'이 일치하는 수준으로 생산량을 조절하면서 이윤을 극대화하는 선택을 할 수 있고, '평균비용'이 시장 가격보다 높아졌을 때 생산을 중단하여 손실을 피하는 선택을 할 수 있다. 이는 모두 기업이 생산에 대한 의사 결정을 내릴 때 평균비용과 한계비용을 고려하는 경우에 해당하므로, ㉠의 의미를 추론한 것으로 적절하다.

오답풀이

① 평균비용은 ~~고정비용이 얼마인지~~, 한계비용은 ~~가변비용이 얼마인지~~ 알아볼 때 유용하다.

> 윗글에서 평균비용을 통해 고정비용을 산출하거나 한계비용을 통해 가변비용을 산출하는 방안에 대해 언급한 부분은 확인할 수 없으며, 이는 ㉠과 관련이 없다.

② 평균비용은 ~~시장 가격이 왜 오르는지~~, 한계비용은 ~~시장 가격이 왜 떨어지는지~~ 알아볼 때 유용하다.

> 윗글에서 평균비용이나 한계비용이 시장 가격의 증감과 어떻게 관련되는지 설명한 부분은 확인할 수 없으며, 이는 ㉠과 관련이 없다.

③ 평균비용은 생산을 멈추어야 하는 시기가 언제인지, 한계비용은 ~~생산에 드는 암묵적 비용이 얼마인지~~ 알아볼 때 유용하다.

> 근거: **6** ²⁸기업이 의도한 생산량에서의 평균비용이 시장 가격보다는 낮아야 이윤이 남는데, 어떻게 해도 손실을 피할 수 없다면 생산을 계속할 것인지 신중하게 고민해야 하는 것이다.
>
> 평균비용이 시장 가격보다 높아졌을 때 생산을 멈춰야 한다고 판단할 수는 있지만, 윗글에 한계비용을 통해 암묵적 비용을 산출해내는 방안에 대해 언급한 부분은 찾아볼 수 없다.

⑤ 평균비용은 ~~생산량 증가로 총비용이 얼마나 늘어났는지~~, 한계비용은 ~~상품 가격 하락으로 판매 수입이 얼마나 줄어드는지~~ 알아볼 때 유용하다.

> 근거: **3** ⁹기업 입장에서 한계비용은 상품 생산량을 한 단위 증가시키는 데 추가로 드는 비용 + **5** ¹⁹평균비용은 어떤 양의 상품을 생산하는 데 투입된 총비용을 생산량으로 나눈 것
>
> 생산량 증가로 인한 비용과 관련된 것은 한계비용이며, 평균비용은 특정한 양을 생산하는 데 투입된 총비용을 생산량으로 나눈 것이다. 윗글에 선지의 진술과 관련하여 설명한 부분은 찾아보기 어려우며, 이는 ㉠과 관련이 없다.

9. 윗글의 [A]를 참고할 때, [독서 후 심화 활동]을 수행한 내용으로 적절하지 <u>않은</u> 것은?

> **[독서 후 심화 활동]** 글의 내용을 아래 상황에 적용해 보자.
>
> 3,000원을 가지고 가게에 간 갑은 각각 1,000원인 ○○ 과자와 △△ 음료수를 모두 사고 싶지만, 먼저 ○○ 과자 소비량을 합리적 선택을 통해 결정하기로 했다. 편익에서 비용을 뺀 순편익이 가장 큰 대안을 선택하려 함 과자 소비량에 따른 비용과 편익은 아래 표와 같다. 비용에는 갑이 과자 소비로 포기한 음료수 소비의 가치를 금전적으로 환산해 반영했으며, 암묵적 비용 + 명시적 비용 모두 고려함 편익은 과자 소비의 만족감을 고려해 각 소비량만큼 과자를 사기 위해 갑이 지불할 마음이 있는 최대한의 금액으로 나타냈다. 갑의 소비에 영향을 미치는 다른 조건은 모두 무시한다.
>
> | ○○ 과자 소비량(개) | 비용(원) | 편익(원) |
> |---|---|---|
> | 0 | 0 | 0 |
> | 1 | 2,500 | 4,000 |
> | 2 | 5,500 | 7,500 |
> | 3 | 9,000 | 9,500 |

정답풀이

⑤ 갑이 과자를 사기 위해 포기한 음료수 소비의 금전적 가치는 과자를 구입하는 개수가 늘어날수록 점점 ~~작아지~~ ~~겠군~~

근거: **1** [4]비용이란 암묵적 비용 중 가장 큰 것과 명시적 비용을 합친 것이다. [5]암묵적 비용은 어떤 선택으로 인해 포기한 다른 대안의 가치를, 명시적 비용은 그 선택을 할 때 화폐로 직접 지불하는 비용을 말한다.

'비용'은 암묵적 비용과 명시적 비용을 합친 것이므로, 표로 정리된 비용에서 명시적 비용을 제외하면 '암묵적 비용', 즉 갑이 과자를 사기 위해 포기한 음료수 소비의 가치를 알 수 있다. 따라서 명시적 비용이 1,000원인 과자를 1개 사면 1,500(= 2,500 - 1,000)원, 2개 사면 3,500(= 5,500 - 2,000)원, 3개 사면 6,000(= 9,000 - 3,000)원이 암묵적 비용이 된다. 이를 통해 과자 구입 개수가 늘어날수록 갑이 포기한 음료수 소비의 금전적 가치는 점점 커지는 것을 확인할 수 있다.

오답풀이

① 갑이 과자 소비에서 얻는 순편익은 과자를 3개 살 때보다 1개 살 때 더 크겠군.

근거: **1** [2]합리적인 선택을 하려면 편익과 비용을 충분히 고려하여 편익에서 비용을 뺀 순편익이 가장 큰 대안을 선택해야 한다.

순편익은 편익에서 비용을 뺀 것이다. 따라서 과자를 1개 살 때의 순편익은 1,500(= 4,000 - 2,500)원, 3개 살 때의 순편익은 500(= 9,500 - 9,000)원으로, 과자를 3개 살 때보다 1개 살 때 순편익이 더 크다.

② 갑이 과자 소비량을 합리적으로 선택하여 과자를 샀다면 음료수 1개 값이 남겠군.

근거: **1** [2]합리적인 선택을 하려면 편익과 비용을 충분히 고려하여 편익에서 비용을 뺀 순편익이 가장 큰 대안을 선택해야 한다.

과자 소비량을 합리적으로 선택하려면 순편익이 가장 큰 대안을 선택해야 한다 순편익은 과자 1개를 소비할 때 1,500원, 2개를 소비할 때 2,000원, 3개를 소비할 때 500원이다. 따라서 순편익이 제일 큰 경우인 2개를 소비해야 한다. 갑은 3,000원을 가지고 있으므로 과자를 2개 사면 음료수 1개 값인 1,000원이 남는다.

③ 갑이 과자 소비량을 0개에서 1개씩 늘릴 때마다 얻는 한계편익은 점점 줄어들겠군.

근거: **2** [6]순편익은 한계편익과 한계비용이 같을 때 가장 커지는데, 한계편익은 어떤 선택에 의해 추가로 발생하는 편익이며 한계비용은 그 선택에 의해 추가로 발생하는 비용이다.

과자 소비량을 0개에서 1개씩 늘릴 때마다 얻는 한계편익은 4,000(= 4,000 - 0)원, 3,500(= 7,500 - 4,000)원, 2,000(= 9,500 - 7,500)원으로 점점 줄어든다.

④ 갑이 과자 소비량을 2개에서 3개로 늘리기 위해 추가로 드는 비용은 추가로 얻는 만족감보다 크겠군.

[독서 후 심화 활동]에서 '편익은 과자 소비의 만족감을 고려해 각 소비량만큼 과자를 사기 위해 갑이 지불할 마음이 있는 최대한의 금액으로 나타냈다.'라고 하였다. 갑이 과자 소비량을 2개에서 3개로 늘리면 추가로 3,500(= 9,000 - 5,500)원의 비용이 드는데 추가로 얻는 만족감은 2,000(= 9,500 - 7,500)원이므로, 추가로 드는 비용이 추가로 얻는 만족감보다 크다.

☑ 짚고 가기 경제 지문에서 학생들이 가장 어렵게 느끼는 문제 유형은 계산을 요구하는 문제야. 이 문제는 지문에 제시된 여러 개념들에 대한 이해를 바탕으로 제시된 자료를 활용해 여러 값들을 산출하도록 하고 있어. 개념을 잘 알고 있다면 단순한 계산 문제가 되지만, 개념에 대한 이해가 부족하다면 어떤 값을 어떤 수식에 대입하여 계산해야 하는지 헷갈릴 거야. 이 문제를 제대로 풀기 위해서는 [독서 후 심화 활동]과 선지에 제시된 '비용', '편익', '순편익', '한계편익' 등의 개념들을 [A]에서 다시 정확히 확인하며 계산할 수 있어야 해.

10. 〈보기〉는 완전경쟁시장에 있는 어느 기업에서 생산하는 상품과 관련된 비용과 수입을 나타낸 것이다. 윗글을 바탕으로 〈보기〉를 이해한 내용으로 가장 적절한 것은? [3점]

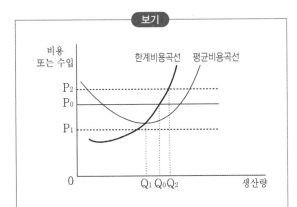

보기

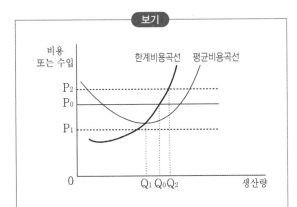

※ 현재 생산량은 Q_0, 상품의 시장 가격은 P_0임. 이 기업은 언제라도 총비용을 전부 회수할 수 있으며, 생산한 상품은 생산량이 얼마이든 모두 판매된다고 전제함.

정답풀이

⑤ 시장 수요의 증가로 가격이 P_2가 되면, 한계수입이 한계비용보다 커지므로 생산량을 Q_2에 가깝게 늘릴수록 이윤이 증가하겠군.

근거: **3** [10]완전경쟁시장에 있는 기업이라면 상품의 시장 가격 그 자체가 한계수입이 된다. + **4** [14]생산을 계속할 때 손실이 발생하는 상황이 아니라면, 기업은 한계비용과 한계수입이 일치하도록 생산량을 조절해 이윤을 극대화할 수 있다.

완전경쟁시장에서는 상품의 시장 가격이 곧 한계수입이 되므로, 시장 수요 증가로 인해 가격이 P_2가 되면, 한계수입이 한계비용보다 커지게 된다. 이때에는 한계비용과 한계수입이 일치하는 Q_2로 생산량을 늘렸을 때 이윤이 극대화되므로 생산량을 Q_2에 가깝게 늘릴수록 이윤이 증가한다.

오답풀이

① 생산량을 Q_0로 유지하면, 평균비용이 한계수입보다 ~~작으므로~~ 이윤이 극대화되겠군.

근거: **4** [14]생산을 계속할 때 손실이 발생하는 상황이 아니라면, 기업은 한계비용과 한계수입이 일치하도록 생산량을 조절해 이윤을 극대화할 수 있다.

생산량을 Q_0로 유지하면 한계비용과 한계수입이 일치하기 때문에 이윤이 극대화되는 것이지, 평균비용이 한계수입보다 작아서 이윤이 극대화되는 것은 아니다.

② 생산량을 Q_2로 늘리면, 한계비용이 한계수입보다 커지므로 ~~이윤이 남지 않겠군~~

근거: **4** [14]생산을 계속할 때 손실이 발생하는 상황이 아니라면, 기업은 한계비용과 한계수입이 일치하도록 생산량을 조절해 이윤을 극대화할 수 있다. [15]한계비용이 한계수입보다 큰 경우에는 상품 생산량을 한 단위 더 줄일 때~이윤을 증가시킬 수 있다.

한계비용과 한계수입이 일치하면 이윤이 극대화되며, 한계비용이 한계수입보다 큰 경우에는 생산량을 줄여서 이윤을 증가시킬 수 있다. 생산량을 Q_2로 늘리면 한계비용이 한계수입보다 커져서 이윤이 줄어들기는 하지만 이윤이 남지 않는다고 보기는 어렵다.

③ 가격이 P_0로 유지되면, 생산량을 Q_1으로 줄여도 한계비용과 평균비용이 모두 줄어들기 때문에 이윤에는 ~~변함이 없겠군~~

근거: **4** [14]생산을 계속할 때 손실이 발생하는 상황이 아니라면, 기업은 한계비용과 한계수입이 일치하도록 생산량을 조절해 이윤을 극대화할 수 있다.

가격이 P_0로 유지될 경우에는 생산량이 Q_0이어야 한계비용과 한계수입이 일치하면서 이윤이 극대화된다. 이때 생산량을 Q_1으로 줄이면 이윤이 줄어들 것이다.

④ 시장 수요의 감소로 가격이 P_1이 되면, 생산량을 Q_1으로 줄여야 평균비용이 제일 적게 들어가므로 ~~손실을 0으로 만들 수 있겠군~~

근거: **6** [26]이 기업은 평균비용을 상품의 시장 가격과 비교해 보고 만약 가격이 평균비용곡선의 최저점에도 미치지 못한다면, 생산량이 얼마이든 그 가격에 상품을 판매해 보았자 손실을 피할 수 없다고 판단할 것이다.

시장 수요 감소로 가격이 P_1이 되면, 상품의 시장 가격이 평균비용곡선의 최저점보다 낮아지므로 생산량이 얼마이든 생산을 계속할 경우 손실이 발생할 것이다.

✓ 짚고 가기 경제 지문과 함께 제시된 그래프를 해석할 때는 x축과 y축의 의미, 각 선의 의미, 선들이 교차하는 지점의 의미 등을 중심으로 이해하는 것이 좋아. 지문에 제시된 정보와 〈보기〉의 그래프를 대응해 가며 이해하면 어렵지 않게 정보를 판단할 수 있을 거야. 그리고 한 가지 더! 발문은 〈보기〉에 제시되지 않은 중요한 정보나 단서를 담고 있는 경우가 있어. 이 문제의 발문에서는 〈보기〉가 '완전경쟁시장에 있는 어느 기업'의 상황을 나타내고 있다는 정보를 제시하고 있는 것처럼 말이야. 그러니 발문을 대충 읽고 넘어가지 말고, 짚고 넘어가야 하는 정보가 있는지 파악하면서 꼼꼼하게 읽는 습관을 들이자!

11. 문맥상 의미가 ⓐ와 가장 가까운 것은?

정답풀이

② 심사위원은 그에 대해 평가를 <u>내리지</u> 않았다.

> 근거: **3** [8]기업은 상품을 얼마나 생산하면 이윤을 극대화할 수 있을지 한계비용과 한계수입을 고려해 합리적인 판단을 ⓐ내릴 수 있다.
>
> ⓐ에서 '내리다'는 '판단, 결정을 하거나 결말을 짓다.'의 의미로, '심사위원은 그에 대해 평가를 내리지 않았다.'의 '내리다'도 이와 동일한 의미로 쓰였다.

오답풀이

① 동생이 기차에서 <u>내리면서</u> 나를 보았다.

'탈것에서 밖이나 땅으로 옮아가다.'의 의미이다.

③ 그때는 이미 전국에 폭풍 주의보를 <u>내린</u> 뒤였다.

'명령이나 지시 따위를 선포하거나 알려주다. 또는 그렇게 하다.'의 의미이다.

④ 선반 위에서 상자를 <u>내리려면</u> 사다리가 필요하다.

'위에 올려져 있는 물건을 아래로 옮기다.'의 의미이다.

⑤ 그는 게시판의 글을 <u>내리는</u> 것이 좋겠다고 생각했다.

'컴퓨터 통신망이나 인터넷 신문에 올린 파일이나 글, 기사 따위를 삭제하다.'의 의미이다.

MEMO

(3) 보험

문제 P.163

12~17 다음 글을 읽고 물음에 답하시오.

1 [1]보험은 같은 위험을 보유한 다수인이 위험 공동체를 형성하여 보험료를 납부하고 보험 사고가 발생하면 보험금을 지급받는 제도이다. (보험의 **정의**를 설명하면서 글의 화제를 제시하고 있군.) [2]보험 상품을 구입한 사람은 장래의 우연한 사고로 인한 경제적 손실에 ⓐ대비할 수 있다. [3]보험금 지급은 사고 발생이라는 우연적 조건에 따라 결정되는데, 이처럼 보험은 조건의 실현 여부에 따라 받을 수 있는 재화나 서비스가 달라지는 조건부 상품이다. 보험: 다수가 위험 공동체를 형성하여 보험료 납부 → 우연한 사고 발생 → (우연적 조건에 따른) 보험금 지급

2 [4]위험 공동체의 구성원이 납부하는 보험료와 지급받는 보험금은 그 위험 공동체의 사고 발생 확률을 근거로 산정된다. [5]특정 사고가 발생할 확률은 정확히 알 수 없지만 그동안 발생된 사고를 바탕으로 그 확률을 예측한다면 관찰 대상이 많아짐에 따라 실제 사고 발생 확률에 근접하게 된다. 보험료와 보험금의 산정 근거: (그동안 발생된 사고를 바탕으로) 위험 공동체의 사고 발생 확률 예측 [6]본래 보험 가입의 목적은 금전적 이득을 취하는 데 있는 것이 아니라 장래의 경제적 손실을 보상받는 데 있으므로 위험 공동체의 구성원은 자신이 속한 위험 공동체의 위험에 상응하는 보험료를 납부하는 것이 공정할 것이다. [**가**] [7]따라서 공정한 보험에서는(공정한 보험이 성립하기 위한 **조건**이 제시되겠군.) 구성원 각자가 납부하는 보험료와 그가 지급받을 보험금에 대한 기댓값이 일치해야 하며 구성원 전체의 보험료 총액과 보험금 총액이 일치해야 한다. 공정한 보험의 조건: (1)보험료 = 보험금에 대한 기댓값 (2)구성원 전체의 보험료 총액 = 보험금 총액 [8]이때 보험금에 대한 기댓값은 사고가 발생할 확률에 사고 발생 시 수령할 보험금을 곱한 값이다. 보험금에 대한 기댓값 = 사고 발생 확률 × 사고 발생 시 수령할 보험금 [9]보험금에 대한 보험료의 비율(보험료/보험금)을 보험료율이라 하는데, 보험료율이 사고 발생 확률보다 높으면 구성원 전체의 보험료 총액이 보험금 총액보다 더 많고, 그 반대의 경우에는 구성원 전체의 보험료 총액이 보험금 총액보다 더 적게 된다. [10]따라서 공정한 보험에서는 보험료율과 사고 발생 확률이 같아야 한다. 공정한 보험의 조건: (3)보험료율(보험료/보험금) = 사고 발생 확률

3 [11]물론 현실에서 보험사는 영업 활동에 소요되는 비용 등을 보험료에 반영하기 때문에 공정한 보험이 적용되기 어렵지만 기본적으로 위와 같은 원리를 바탕으로 보험료와 보험금을 산정한다. [12]그런데(화제를 **전환**하겠다는 표지!) 보험 가입자들이 자신이 가진 위험의 정도에 대해 진실한 정보를 알려 주지 않는 한, 보험사는 보험 가입자 개개인이 가진 위험의 정도를 정확히 ⓑ파악하여 거기에 상응하는 보험료를 책정하기 어렵다. (보험사가 보험 가입자들이 가진 위험의 정도에 상응하는 보험료를 책정하기 어렵다는 **문제** 상황이 제시되었군.) [13]이러한 이유로 ①사고 발생 확률이 비슷하다고 예상되는 사람들로 구성된 어떤 위험 공동체에 사고 발생 확률이 더 높은 사람들이 동일한 보험료를 납부하고 진입하게 되면, ②그 위험 공동체의 사고 발생 빈도가 높아져 ③보험사가 지급하는 보험금의 총액이 증가한다. [14]보험사는 이를 보전하기 위해 ④구성원이 납부해야 할 보험료를 ⓒ인상할 수밖에 없다. [15]결국 자신의 위험 정도에 상응하는 보험료보다 더 높은 보험료를 납부하는 사람이 생기게 되는 것이다. [16]이러한 문제는 정보의 비대칭성에서 비롯되는데 보험 가입자의 위험 정도에 대한 정보는 보험 가입자가 보험사보다 더 많이 갖고 있기 때문이다. 정보의 비대칭성으로 인한 문제: ①위험 공동체의 평균보다 사고 발생 확률 높은 사람이 진입 → ②위험 공동체의 사고 발생 빈도 증가 → ③보험사가 지급하는 보험금 총액 증가 → ④구성원이 납부할 보험료 인상(자신의 위험 정도에 상응하는 보험료보다 높은 보험료를 납부하는 구성원 발생) [17]이를 해결하기 위해 보험사는 보험 가입자의 감춰진 특성을 파악할 수 있는 수단이 필요하다. (제시된 **문제** 상황에 대한 **해결** 방안을 설명하는 내용이 이어지겠어.)

4 [18]우리 상법에 규정되어 있는 고지 의무는 이러한 수단(= 정보의 비대칭성으로 인한 문제를 해결하는 수단)이 법적으로 구현된 제도이다. [19]보험 계약은 보험 가입자의 청약과 보험사의 승낙으로 성립된다. [20]보험 가입자는 반드시 계약을 체결하기 전에 '중요한 사항'을 알려야 하고, 이를 사실과 다르게 진술해서는 안 된다. [21]여기서 '중요한 사항'은 보험사가 보험 가입자의 청약에 대한 승낙을 결정하거나 차등적인 보험료를 책정하는 근거가 된다. [22]따라서 고지 의무는 결과적으로 다수의 사람들이 자신의 위험 정도에 상응하는 보험료보다 더 높은 보험료를 납부해야 하거나, 이를 이유로

아예 보험에 가입할 동기를 상실하게 되는 것을 방지한다. 고지 의무: 가입자가 계약 체결 전 '중요한 사항(청약 승낙, 차등적인 보험료 책정의 근거)'을 사실대로 진술해야 함 → 위험 정도에 상응하는 보험료보다 더 높은 보험료를 납부하는 문제 방지 가능

5 ²³보험 계약 체결 전 보험 가입자가 고의나 중대한 과실로 '중요한 사항'을 보험사에 알리지 않거나 사실과 다르게 알리면 고지 의무를 위반하게 된다. (**문제**를 해결할 수단인 '고지 의무'가 지켜지지 않는 경우에 대해 설명하려 하는군.) ²⁴이러한 경우에 우리 상법은 보험사에 계약 해지권을 부여한다. ²⁵보험사는 보험 사고가 발생하기 이전이나 이후에 상관없이 고지 의무 위반을 이유로 계약을 해지할 수 있고, 해지권 행사는 보험사의 일방적인 의사 표시로 가능하다. ²⁶해지를 하면 보험사는 보험금을 지급할 책임이 없게 되며, 이미 보험금을 지급했다면 그에 대한 반환을 청구할 수 있다. ²⁷일반적으로 법에서 의무를 위반하게 되면 위반한 자에게 그 의무를 이행하도록 강제하거나 손해 배상을 청구할 수 있는 것과 달리, 보험 가입자가 고지 의무를 위반했을 때에는 보험사가 해지권만 행사할 수 있다. 고지 의무 위반 시: 보험사의 일방적인 계약 해지 가능 → 보험금 지급 책임 없음, 지급한 보험금 반환 청구 가능 ²⁸그런데 보험사의 계약 해지권이 제한되는 경우도 있다. (내용을 **전환**하여, 보험사의 계약 해지권이 제한되는 경우를 설명하려 하는군.) ²⁹계약 당시에 보험사가 고지 의무 위반에 대한 사실을 알았거나 중대한 과실로 인해 알지 못한 경우에는 보험 가입자가 고지 의무를 위반했어도 보험사의 해지권은 ⓓ배제된다. ³⁰이는 보험 가입자의 잘못보다 보험사의 잘못에 더 책임을 둔 것이라 할 수 있다. ³¹또 보험사가 해지권을 행사할 수 있는 기간에도 일정한 제한을 두고 있는데, 이는 양자의 법률관계를 신속히 확정함으로써 보험 가입자가 불안정한 법적 상태에 장기간 놓여 있는 것을 방지하려는 것이다. 보험사의 계약 해지권이 제한되는 경우: (1)계약 당시 고지 의무 위반에 대해 알았음 (2)중대한 과실로 인해 고지 의무 위반에 대해 알지 못함 (3)해지권 행사가 과도하게 늦어짐 ³²그러나(새로운 **예외** 상황이 제시되겠군.) 고지해야 할 '중요한 사항' 중 고지 의무 위반에 해당되는 사항이 보험 사고와 인과 관계가 없을 때에는 보험사는 보험금을 지급할 책임이 있다. ³³그렇지만 이때에도 해지권은 행사할 수 있다. 보험사가 계약 해지권은 행사 가능하지만 보험금 지급 책임은 있는 경우: 고지 의무 위반에 해당되는 사항이 보험 사고와 인과 관계가 없는 경우

6 ³⁴보험에서 고지 의무는 보험에 가입하려는 사람의 특성을 검증함으로써 다른 가입자에게 보험료가 부당하게 ⓔ전가되는 것을 막는 기능을 한다. ³⁵이로써 사고의 위험에 따른 경제적 손실에 대비하고자 하는 보험 본연의 목적이 달성될 수 있다. 보험 본연의 목적이 달성될 수 있도록 하는 고지 의무의 의의로 글이 마무리되는군.

📝 지문 파고들기

이 지문은 '보험'을 화제로 삼아 경제적인 측면과 법적인 측면을 다루기 때문에 지문의 길이도 상당히 길어. 지문을 어렵게 느끼게 되는 요인은 여러 가지가 있는데, 이렇게 지문의 길이가 긴 경우(즉, 정보가 너무 많은 경우)에 유독 어려움을 느끼는 학생들이 많아. 이런 경우에는 구조도를 그려 가며 지문의 전반적인 구조를 이해해 보는 연습을 하는 것이 좋아. 글의 전반적 구조를 이해하면, 큰 틀 안에 담긴 세부 내용이 어떠한 맥락에서 제시된 것인지 파악할 수 있어 지문 자체에 대한 이해도가 높아질 거야.

구조도

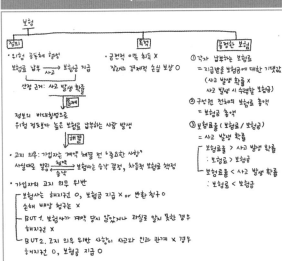

★ **어려운 문장 분석하기**

⁹보험금에 대한 보험료의 비율(보험료/보험금)을 보험료율이라 하는데, / 보험료율이 사고 발생 확률보다 높으면 (조건1) / 구성원 전체의 보험료 총액이 보험금 총액보다 더 많고, (결과1) / ① 반대의 경우(보험료율이 사고 발생 확률보다 낮은 경우)에는 (조건2) / 구성원 전체의 보험료 총액이 보험금 총액보다 더 적게 된다. (결과2)

→ 이 문장에서는 먼저 '보험료율'의 정의를 제시하고, 두 가지의 상반된 조건과 결과를 나타내고 있어. 정리하면 다음과 같아.

〈정의〉 보험료율 = 보험료/보험금

① 보험료율 > 사고 발생 확률 → 보험료 총액 > 보험금 총액

② 보험료율 < 사고 발생 확률 → 보험료 총액 < 보험금 총액

12. 윗글에 대한 설명으로 가장 적절한 것은?

정답풀이

③ 공정한 보험의 경제학적 원리와 보험의 목적을 실현하는 데 기여하는 법적 의무를 살피고 있다.

근거: ❶ ²보험 상품을 구입한 사람은 장래의 우연한 사고로 인한 경제적 손실에 대비할 수 있다. + ❷ ⁷따라서 공정한 보험에서는 구성원 각자가 납부하는 보험료와 그가 지급받을 보험금에 대한 기댓값이 일치해야 하며 구성원 전체의 보험료 총액과 보험금 총액이 일치해야 한다.~¹⁰따라서 공정한 보험에서는 보험료율과 사고 발생 확률이 같아야 한다. + ❸ ¹⁶이러한 문제는 정보의 비대칭성에서 비롯되는데~¹⁷이를 해결하기 위해 보험사는 보험 가입자의 감춰진 특성을 파악할 수 있는 수단이 필요하다. + ❹ ¹⁸우리 상법에 규정되어 있는 고지 의무는 이러한 수단이 법적으로 구현된 제도이다. + ❺ ³⁵이로써 사고의 위험에 따른 경제적 손실에 대비하고자 하는 보험 본연의 목적이 달성될 수 있다.

윗글은 공정한 보험의 경제학적 원리를 설명한 뒤, 사고의 위험에 따른 경제적 손실에 대비하고자 하는 보험의 목적 실현에 기여하는 법적 제도인 '고지 의무'에 대해 설명하고 있다.

오답풀이

① 보험 계약에서 ~~보험자가 준수해야 할 법률 규정의 실효성을 검토~~하고 있다.

윗글에 보험 계약에서 보험사가 준수해야 할 법률 규정의 실효성(실제로 효과를 나타내는 성질)을 검토하는 부분은 없다.

② ~~보험자의 보험 상품 판매 전략~~에 내재된 경제학적 원리와 법적 규제의 필요성을 강조하고 있다.

윗글에 보험사의 보험 상품 판매 전략을 언급한 부분은 없다.

④ 보험금 지급을 두고 벌어지는 ~~분쟁의 원인을 나열한 후 경제적 해결책과 법적 해결책~~을 모색하고 있다.

윗글에 보험금 지급을 두고 벌어지는 분쟁의 원인을 나열하거나 이에 대한 경제적·법적 해결책을 모색하는 부분은 없다.

⑤ ~~보험 상품의 거래에 부정적으로 작용하는 법률 조항의 문제점~~을 경제학적인 시각에서 분석하고 있다.

윗글에 보험 상품의 거래에 부정적으로 작용하는 법률 조항의 문제점을 분석한 부분은 없다.

13. 윗글을 이해한 내용으로 가장 적절한 것은?

정답풀이

④ 보험에 가입하고자 하는 사람이 알린 중요한 사항을 근거로 보험사는 보험 가입을 거절할 수 있다.

> 근거: **4** [20]보험 가입자는 반드시 계약을 체결하기 전에 '중요한 사항'을 알려야 하고,∼[21]여기서 '중요한 사항'은 보험사가 보험 가입자의 청약에 대한 승낙을 결정하거나 차등적인 보험료를 책정하는 근거가 된다.
> '중요한 사항'은 보험사가 보험 가입자의 청약에 대한 승낙을 결정하는 근거가 된다고 했으므로, 보험사는 보험에 가입하고자 하는 사람이 알린 중요한 사항을 근거로 보험 가입을 거절할 수 있다.

오답풀이

① ~~보험자가 청약을 하고 보험 가입자가 승낙해야~~ 보험 계약이 해지된다.

근거: **4** [19]보험 계약은 보험 가입자의 청약과 보험사의 승낙으로 성립된다. + **5** [25]보험사는 보험 사고가 발생하기 이전이나 이후에 상관없이 고지 의무 위반을 이유로 계약을 해지할 수 있고, 해지권 행사는 보험사의 일방적인 의사 표시로 가능하다.

보험 계약의 성립은 보험 가입자가 청약을 하고 보험사가 승낙해야 이루어지지만, 보험 계약의 해지는 다르다. 만일 보험 가입자가 고지 의무를 위반했다면 보험사는 일방적인 의사 표시로 해지권 행사가 가능하다.

② 구성원 전체의 보험료 총액보다 보험금 총액이 ~~더 많아야~~ 공정한 보험이 된다.

근거: **2** [7]따라서 공정한 보험에서는 구성원 각자가 납부하는 보험료와 그가 지급받을 보험금에 대한 기댓값이 일치해야 하며 구성원 전체의 보험료 총액과 보험금 총액이 일치해야 한다.

③ ~~보험 사고 발생 여부와 관계없이~~ 같은 보험료를 납부한 사람들은 동일한 보험금을 지급받는다.

근거: **1** [3]보험금 지급은 사고 발생이라는 우연적 조건에 따라 결정되는데, 이처럼 보험은 조건의 실현 여부에 따라 받을 수 있는 재화나 서비스가 달라지는 조건부 상품이다.

보험금은 '사고 발생'이라는 우연적 조건의 실현 여부에 따라 지급받을 수 있다.

⑤ 우리 상법은 보험 가입자보다 ~~보험자의 잘못을 더 중시하기 때문에~~ 보험사에 계약 해지권을 부여하고 있다.

근거: **5** [23]보험 계약 체결 전 보험 가입자가 고의나 중대한 과실로 '중요한 사항'을 보험사에 알리지 않거나 사실과 다르게 알리면 고지 의무를 위반하게 된다. [24]이러한 경우에 우리 상법은 보험사에 계약 해지권을 부여한다. [29]계약 당시에 보험사가 고지 의무 위반에 대한 사실을 알았거나 중대한 과실로 인해 알지 못한 경우에는 보험 가입자가 고지 의무를 위반했어도 보험사의 해지권은 배제된다.

보험 가입자가 고지 의무를 위반하는 경우에 상법이 보험사에 계약 해지권을 부여하는데, 이는 상법이 보험사보다 보험 가입자의 잘못을 더 중시한 것이라고 해석할 수 있다. 한편 상법이 보험사의 잘못을 더 중시할 때에는 오히려 보험사의 계약 해지권이 배제된다.

14. [가]를 바탕으로 〈보기〉의 상황을 이해한 내용으로 적절한 것은? [3점]

> **보기**
>
> 사고 발생 확률이 각각 0.1과 0.2로 고정되어 있는 위험 공동체 A와 B가 있다고 가정한다. A와 B에 모두 공정한 보험이 항상 적용된다고 할 때, 각 구성원이 납부할 보험료와 사고 발생 시 지급받을 보험금을 산정하려고 한다.
>
> 단, 동일한 위험 공동체의 구성원끼리는 납부하는 보험료가 같고, 지급받는 보험금이 같다. 보험료는 한꺼번에 모두 납부한다.

정답풀이

⑤ A와 B에서의 보험료가 서로 같다면 A와 B에서의 보험금에 대한 기댓값은 서로 같다.

> 근거: ❷ ⁷공정한 보험에서는 구성원 각자가 납부하는 보험료와 그가 지급받을 보험금에 대한 기댓값이 일치해야 하며 구성원 전체의 보험료 총액과 보험금 총액이 일치해야 한다.
>
> A와 B에는 모두 공정한 보험이 항상 적용된다고 했으므로 공정한 보험에서는 구성원 각자가 납부하는 보험료와 그가 지급받을 보험금에 대한 기댓값이 일치해야 한다. 따라서 A와 B에서의 보험료가 서로 같다면 A와 B에서의 보험금에 대한 기댓값은 서로 같다.

오답풀이

① A에서 보험료를 두 배로 높이면 보험금은 두 배가 되지만 보험금에 대한 기댓값은 변하지 않는다.

> 근거: ❷ ⁷공정한 보험에서는 구성원 각자가 납부하는 보험료와 그가 지급받을 보험금에 대한 기댓값이 일치해야 하며 구성원 전체의 보험료 총액과 보험금 총액이 일치해야 한다. ⁸이때 보험금에 대한 기댓값은 사고가 발생할 확률에 사고 발생 시 수령할 보험금을 곱한 값이다.
>
> 공정한 보험에서는 구성원 전체의 보험료 총액과 보험금 총액이 일치해야 하므로 보험료를 두 배로 높이면 보험금이 두 배가 되는 것은 맞다. 하지만 보험금에 대한 기댓값은 '사고 발생 확률 × 사고 발생 시 수령할 보험금'이고, 사고 발생 확률은 고정되어 있으므로 보험금이 두 배가 되면 보험금에 대한 기댓값 또한 두 배가 된다.

② B에서 보험금을 두 배로 높이면 보험료는 변하지 않지만 보험금에 대한 기댓값은 두 배가 된다.

> 근거: ❷ ⁷공정한 보험에서는 구성원 각자가 납부하는 보험료와 그가 지급받을 보험금에 대한 기댓값이 일치해야 하며 구성원 전체의 보험료 총액과 보험금 총액이 일치해야 한다. ⁸이때 보험금에 대한 기댓값은 사고가 발생할 확률에 사고 발생 시 수령할 보험금을 곱한 값이다.
>
> 보험금에 대한 기댓값은 '사고 발생 확률 × 사고 발생 시 수령할 보험금'이고, 사고 발생 확률은 고정되어 있으므로 보험금을 두 배로 높이면 보험금에 대한 기댓값이 두 배가 되는 것은 맞다. 하지만 공정한 보험에서는 구성원 전체의 보험료 총액과 보험금 총액이 일치해야 하므로 보험금을 두 배로 높이면 보험료 또한 두 배가 된다.

③ A에 적용되는 보험료율과 B에 적용되는 보험료율은 서로 같다.

> 근거: ❷ ¹⁰공정한 보험에서는 보험료율과 사고 발생 확률이 같아야 한다.
>
> 공정한 보험에서는 보험료율과 사고 발생 확률이 같아야 한다. 그런데 A와 B의 사고 발생 확률은 각각 0.1과 0.2로 고정되어 있으므로, A에 적용되는 보험료율보다 B에 적용되는 보험료율이 더 높다.

④ A와 B에서의 보험금이 서로 같다면 A에서의 보험료는 B에서의 보험료의 두 배이다.

> 근거: ❷ ⁹보험금에 대한 보험료의 비율(보험료/보험금)을 보험료율이라 하는데~¹⁰따라서 공정한 보험에서는 보험료율과 사고 발생 확률이 같아야 한다.
>
> 공정한 보험에서는 보험료율과 사고 발생 확률이 같아야 하는데, 보험료율은 '보험료/보험금'이고, A와 B의 사고 발생 확률은 각각 0.1과 0.2로 고정되어 있다. 따라서 A와 B에서의 보험금이 서로 같다면 B에서의 보험료가 A에서의 보험료의 두 배가 된다.

> **☑ 짚고 가기** 이 문제를 제대로 풀기 위해서는 [가]에 제시된 '공정한 보험'의 세 가지 조건을 분명하게 이해해야 해. '공정한 보험'이 되기 위해서는 다음과 같은 조건을 만족해야 하지.
>
> (1) 각자가 납부하는 보험료 = 지급받을 보험금에 대한 기댓값
> = 사고 발생 확률 × 사고 발생 시 수령할 보험금
>
> (2) 구성원 전체의 보험료 총액 = 보험금 총액
>
> (3) 보험료율(보험료/보험금) = 사고 발생 확률
>
> 지문의 길이도 길고, '보험료', '보험금', '보험료율'과 같이 어감이 비슷한 개념이 많이 나오다 보니 독해의 부담이 컸을 거야. 이렇게 지문이 길고 정보량이 많은 경우에는 시간이 좀 더 걸릴 수 있다는 점을 인정하고, 무조건 빨리 읽으려고 하기보다는 차분히 정리하면서 읽는 것이 좋아.

15. 윗글의 고지 의무 에 대한 설명으로 적절하지 않은 것은?

정답풀이

① 고지 의무를 위반한 보험 가입자가 보험사에 ~~손해 배상을 해야 하는~~ 근거가 된다.

> 근거: **5** [27]일반적으로 법에서 의무를 위반하게 되면 위반한 자에게 그 의무를 이행하도록 강제하거나 손해 배상을 청구할 수 있는 것과 달리, 보험 가입자가 고지 의무를 위반했을 때에는 보험사가 해지권만 행사할 수 있다.
>
> 일반적인 경우와 달리, 보험 가입자가 고지 의무를 위반했을 경우 보험사는 손해 배상을 청구할 수는 없고 해지권만 행사할 수 있다.

오답풀이

② 보험사가 보험 가입자의 위험 정도에 따라 차등적인 보험료를 책정하는 데 도움이 된다.

> 근거: **4** [18]우리 상법에 규정되어 있는 고지 의무는 이러한 수단이 법적으로 구현된 제도이다.~[21]여기서 '중요한 사항'은 보험사가 보험 가입자의 청약에 대한 승낙을 결정하거나 차등적인 보험료를 책정하는 근거가 된다.
>
> 고지 의무에 따라 보험 가입자는 계약을 체결하기 전에 반드시 '중요한 사항'을 알려야 하는데, 보험사는 이를 보험 가입자의 위험 정도에 따라 차등적인 보험료를 책정하는 근거로 활용할 수 있다.

③ 보험 계약 과정에서 보험사가 가입자들의 특성을 파악하는 데 드는 어려움을 줄여 준다.

> 근거: **3** [17]보험사는 보험 가입자의 감춰진 특성을 파악할 수 있는 수단이 필요하다. + **4** [18]우리 상법에 규정되어 있는 고지 의무는 이러한 수단이 법적으로 구현된 제도이다.

④ 보험사와 보험 가입자 간의 정보 비대칭성에서 기인하는 문제를 줄일 수 있는 법적 장치이다.

> 근거: **3** [16]이러한 문제는 정보의 비대칭성에서 비롯되는데 보험 가입자의 위험 정도에 대한 정보는 보험 가입자가 보험사보다 더 많이 갖고 있기 때문이다. [17]이를 해결하기 위해 보험사는 보험 가입자의 감춰진 특성을 파악할 수 있는 수단이 필요하다. + **4** [18]우리 상법에 규정되어 있는 고지 의무는 이러한 수단이 법적으로 구현된 제도이다.

⑤ 자신의 위험 정도에 상응하는 보험료보다 높은 보험료를 내야 한다는 이유로 보험 가입을 포기하는 사람들이 생기는 것을 방지하는 효과가 있다.

> 근거: **4** [22]따라서 고지 의무는 결과적으로 다수의 사람들이 자신의 위험 정도에 상응하는 보험료보다 더 높은 보험료를 납부해야 하거나, 이를 이유로 아예 보험에 가입할 동기를 상실하게 되는 것을 방지한다.

16. 윗글을 바탕으로 〈보기〉의 사례를 검토한 내용으로 가장 적절한 것은?

> **보기**
>
> 보험사 A는 보험 가입자 B에게 보험 사고로 인한 보험금을 지급한 후, B가 중요한 사항을 고지하지 않았다는 사실을 뒤늦게 알고 해지권을 행사할 수 있는 기간 내에 보험금 반환을 청구했다.

정답풀이

④ B가 고지하지 않은 중요한 사항이 보험 사고와 인과 관계가 없다면 A는 보험금을 돌려받을 수 없다.

> 근거: **5** [32]고지해야 할 '중요한 사항' 중 고지 의무 위반에 해당되는 사항이 보험 사고와 인과 관계가 없을 때에는 보험사는 보험금을 지급할 책임이 있다. [33]그렇지만 이때에도 해지권은 행사할 수 있다.
>
> B가 고지하지 않은 중요한 사항이 보험 사고와 인과 관계가 없을 경우, A는 해지권을 행사할 수는 있지만 보험금을 지급할 책임도 가지므로, 보험금을 돌려받을 수는 없을 것이다.

오답풀이

① 계약 체결 당시 A에게 중대한 과실이 있었다면 A는 계약을 해지할 수 없으나 보험금은 돌려받을 수 ~~있다~~

> 근거: **5** [29]계약 당시에 보험사가 고지 의무 위반에 대한 사실을 알았거나 중대한 과실로 인해 알지 못한 경우에는 보험 가입자가 고지 의무를 위반했어도 보험사의 해지권은 배제된다.
>
> 계약 체결 당시 A가 중대한 과실로 인해 고지 의무 위반에 대해 알지 못했다면 해지권이 배제되므로, A는 계약을 해지할 수 없고 보험금을 돌려받을 수도 없다.

② 계약 체결 당시 A에게 중대한 과실이 없다 하더라도 A는 보험금을 이미 지급했으므로 계약을 해지할 수 ~~없다~~

> 근거: **5** [29]계약 당시에 보험사가 고지 의무 위반에 대한 사실을 알았거나 중대한 과실로 인해 알지 못한 경우에는 보험 가입자가 고지 의무를 위반했어도 보험사의 해지권은 배제된다.
>
> 해지권이 배제되는 것은 계약 체결 당시 A가 고지 의무 위반에 대한 사실을 알았거나 중대한 과실로 인해 알지 못한 경우이다. 따라서 계약 체결 당시 A에게 중대한 과실이 없다면 A가 보험금을 이미 지급했더라도 계약을 해지할 수 있다.

③ 계약 체결 당시 A에게 중대한 과실이 있고 B 또한 중대한 과실로 고지 의무를 위반했다면 A는 보험금을 돌려받을 수 ~~있다~~.

근거: **5** ²⁹계약 당시에 보험사가 고지 의무 위반에 대한 사실을 알았거나 중대한 과실로 인해 알지 못한 경우에는 보험 가입자가 고지 의무를 위반했어도 보험사의 해지권은 배제된다.

계약 체결 당시 A가 중대한 과실로 인해 고지 의무 위반에 대해 알지 못했다면 B가 고지 의무를 위반했어도 해지권은 배제된다. 즉 A는 계약을 해지할 수 없고 보험금을 돌려받을 수도 없다.

⑤ B가 자신의 고지 의무 위반 사실을 ~~보험 사고가 발생한 후~~ A에게 즉시 알렸다면 고지 의무를 위반한 것이 아니다.

근거: **5** ²³보험 계약 체결 전 보험 가입자가 고의나 중대한 과실로 '중요한 사항'을 보험사에 알리지 않거나 사실과 다르게 알리면 고지 의무를 위반하게 된다.

B가 자신의 고지 의무 위반 사실을 보험 사고가 발생한 후 A에게 즉시 알렸다고 해도 이는 고지 의무 위반에 해당한다. '중요한 사항'을 '보험 계약 체결 전'에 사실대로 알려야 고지 의무를 위반하지 않은 것이 되기 때문이다.

---

17. ⓐ~ⓔ를 사용하여 만든 문장으로 적절하지 않은 것은?

정답풀이

① ⓐ: 지난해의 이익과 손실을 대비해 올해 예산을 세웠다.

> 근거: **1** ²보험 상품을 구입한 사람은 장래의 우연한 사고로 인한 경제적 손실에 ⓐ대비할 수 있다.
>
> ⓐ의 '대비(對備)'는 '앞으로 일어날지도 모르는 어떠한 일에 대응하기 위하여 미리 준비함. 또는 그런 준비'를 의미한다. 그러나 '이익과 손실을 대비해'의 '대비(對比)'는 '두 가지의 차이를 밝히기 위하여 서로 맞대어 비교함. 또는 그런 비교'의 의미를 지닌 단어로 윗글의 '대비'와 소리는 같으나 뜻은 다른 동음이의어이다.

오답풀이

② ⓑ: 일을 시작하기 전에 상황을 파악하는 것이 중요하다.

근거: **3** ¹²보험사는 보험 가입자 개개인이 가진 위험의 정도를 정확히 ⓑ파악하여 거기에 상응하는 보험료를 책정하기 어렵다.

파악: 어떤 대상의 내용이나 본질을 확실하게 이해하여 앎.

③ ⓒ: 임금이 인상되었다는 소식에 많은 사람들이 기뻐했다.

근거: **3** ¹⁴보험사는 이를 보전하기 위해 구성원이 납부해야 할 보험료를 ⓒ인상할 수밖에 없다.

인상: 물건값, 봉급, 요금 따위를 올림.

④ ⓓ: 이번 실험이 실패할 가능성을 전혀 배제할 수는 없다.

근거: **5** ²⁹계약 당시에~알지 못한 경우에는 보험 가입자가 고지 의무를 위반했어도 보험사의 해지권은 ⓓ배제된다.

배제: 받아들이지 아니하고 물리쳐 제외함.

⑤ ⓔ: 그는 자신의 실수에 대한 책임을 동료에게 전가했다.

근거: **6** ³⁴보험에서 고지 의무는~다른 가입자에게 보험료가 부당하게 ⓔ전가되는 것을 막는 기능을 한다.

전가: 잘못이나 책임을 다른 사람에게 넘겨씌움.

3 과학·기술

(1) 초고층 건물 건축 기술

문제 P.168

1~5 다음 글을 읽고 물음에 답하시오.

1 [1]초고층 건물은 높이가 200미터 이상이거나 50층 이상인 건물을 말한다. [2]이런 초고층 건물을 지을 때는 건물에 ⓐ작용하는 힘을 고려해야 한다. [3]건물에 작용하는 힘에는 수직 하중과 수평 하중이 있다. [4]수직 하중은 건물 자체의 무게로 인해 땅 표면에 수직 방향으로 작용하는 힘이고, 수평 하중은 바람이나 지진 등에 의해 건물에 가로 방향으로 작용하는 힘이다. 초고층 건물을 지을 때 고려해야 하는 '수직 하중'과 '수평 하중'의 정의를 설명하였어.

2 [5]수직 하중을 견디기 위해서 ⓑ고안된 가장 단순한 구조는 ㉠보기둥 구조이다. [6]보기둥 구조는 기둥과 기둥 사이를 가로지르는 수평 구조물인 보를 설치하고 그 위에 바닥판을 놓은 구조이다. (수직 하중을 견디기 위한 보기둥 구조의 정의를 설명해 주네. 보기둥 구조가 수직 하중을 견디는 원리도 설명해 주겠지?) [7]보기둥 구조에서는 설치된 보의 두께만큼 건물의 한 층당 높이가 높아지지만, 바닥판에 작용하는 하중이 기둥에 집중되지 않고 보에 의해 ⓒ분산되기 때문에 수직 하중을 잘 견딜 수 있다. 보기둥 구조의 특징과 원리: 보의 두께와 건물 한 층당 높이가 비례함, 바닥판에 작용하는 하중을 분산해 줌

3 [8]위에서 아래 방향으로만 작용하는 수직 하중과 달리 수평 하중은(다음으로 수직 하중과는 대조되는 수평 하중의 특징에 대해 설명하려나 봐.) 사방에서 작용하는 힘이기 때문에 초고층 건물의 안전에 미치는 영향이 수직 하중보다 훨씬 크다. [9]수평 하중은 초고층 건물의 안전을 위협하는 주요 요인인데, 바람은 건물에 작용하는 수평 하중의 90% 이상을 차지한다. [10]건물이 많은 도심에서는 넓은 공간에서 좁은 공간으로 바람이 불어오면서 풍속이 빨라지는 현상이 발생해 건물에 작용하는 수평 하중을 크게 만든다. [11]그리고 바람에 의해 공명 현상°이 발생하면 건물이 매우 크게 흔들리게 되어 건물의 안전을 위협하게 된다. 바람으로 인한 수평 하중과 공명 현상이 초고층 건물의 안전을 위협하는 주요 요인이라고 하네.

4 [12]건물이 수평 하중을 견디기 위해서는 기본적으로 뼈대에 해당하는 보와 기둥을 아주 단단하게 붙여야 하지만, 초고층 건물의 경우 이것만으로는 수평 하중을 견디기 힘들다. [13]그래서 등장한 것이 ㉡코어 구조이다. (수직 하중을 견디기 위한 보기둥 구조에 이어서 이번에는 수평 하중을 견디기 위한 코어 구조의 원리와 구조도 설명하려나 봐.) [14]코어는 빈 파이프 모양의 철골 콘크리트 구조물을 건물 중앙에 세운 것으로, 코어에 건물의 보와 기둥들을 강하게 접합한다. [15]이렇게 하면 외부에서 작용하는 수평 하중에도 불구하고 코어로 인해 건물이 크게 흔들리지 않게 된다. [16]그런데 초고층 건물은 그 높이가 높아질수록 수평 하중이 커지고 그에 따라 코어의 크기도 커져야 한다. [17]코어 구조는 가운데 빈 공간이 있어 공간 활용의 효율성이 떨어지기 때문에 현대의 초고층 건물은 ㉮코어에 승강기나 화장실, 계단, 수도, 파이프 같은 시설을 설치하는 경우가 많다. 건물의 높이와 코어의 크기는 비례한다는 점과, 코어로 인해 발생하는 빈 공간은 승강기, 화장실, 계단 등의 시설을 설치하는 용도로 활용될 수 있음을 설명하였어.

5 [18]그런데 초고층 건물의 높이가 점점 높아지면 코어 구조만으로는 수평 하중을 완벽하게 견뎌 낼 수 없다. [19]그래서(건물이 높아질수록 코어 구조만으로는 수평 하중을 완벽히 견뎌 낼 수 없다는 한계가 언급되었으므로, 이에 대한 해결책을 제시해 주겠지?) ㉢아웃리거-벨트 트러스 구조를 사용하여 코어 구조를 보완한다. (이번에는 코어 구조를 보완하는 아웃리거-벨트 트러스 구조의 원리와 구조를 설명하겠군.) [20]아웃리거-벨트 트러스 구조에서 벨트 트러스는 철골을 사용하여 건물의 외부 기둥들을 삼각형 구조의 트러스로 짜서 벨트처럼 둘러 싼 것으로 수평 하중을 ⓓ지탱하는 역할을 한다. [21]삼각형 구조의 트러스로 외부 기둥들을

〈아웃리거-벨트 트러스 구조〉

(아웃리거 / 코어 / 벨트 트러스)

연결하면 외부에서 작용하는 힘이 철골 접합부를 통해 전체적으로 분산되기 때문에 코어에 무리한 힘이 가해지는 것을 예방할 수 있다. 벨트 트러스는 수평 하중을 분산시킴으로써 코어에 무리한 힘이 가해지는 것을 예방하는 역할을 하는군. ²²그리고 아웃리거는 콘크리트를 사용하여 건물 외벽에 설치된 벨트 트러스를 내부의 코어와 ⓔ견고하게 연결한 것으로, 아웃리거와 벨트 트러스는 필요에 따라 건물 중간중간에 여러 개가 설치될 수 있다. 아웃리거는 벨트 트러스와 코어를 연결하는 역할을 하는군. ²³그런데 아웃리거는 건물 내부를 가로지를 수밖에 없어서 효율적인 공간 구성에 방해가 된다. ²⁴이런 단점을 극복하기 위해 ㉰아웃리거를 기계 설비층에 설치하거나 층과 층 사이, 즉 위층 바닥과 아래층 천장 사이에 설치하기도 한다. 아웃리거로 인한 비효율적 공간 구성 문제를 해결하기 위해서는 아웃리거를 설치할 장소를 잘 고려해야 한다는 것이군.

[A]

6 ²⁵초고층 건물은 특수한 설비를 이용하여 바람으로 인한 건물의 흔들림을 줄이기도 하는데 대표적인 것이 TLCD, 즉 동조 액체 기둥형 댐퍼이다. 코어 구조와 아웃리거-벨트 트러스 구조 외에, TLCD라는 특수한 설비를 통해서도 초고층 건물이 수평 하중을 견디게끔 만들 수 있나 봐. ²⁶TLCD는 U자형 관 안에 수백 톤의 물이 채워진 것으로 초고층 건물의 상층부 중앙에 설치한다. (TLCD의 **구조**를 간단히 설명해 줬으니 이를 통해 건물의 흔들림이 줄어드는 **원리**도 설명해 주겠군.) ²⁷바람이 불어 건물이 한쪽으로 기울어져도 물은 관성의 법칙에 따라 원래의 자리에 있으려 하기 때문에 건물이 기울어진 반대 쪽에 있는 관의 물 높이가 높아진다. ²⁸그렇게 되면 그 관의 아래로 작용하는 중력도 커지고, 이로 인해 건물을 기울어지게 하는 힘을 약화시켜 흔들림이 줄어들게 된다. TLCD는 물이 지닌 관성의 법칙을 활용해 바람에 의한 수평 하중을 약화시키는 설비라고 하네. ²⁹물이 무거울수록 그리고 관 전체의 가로 폭이 넓어질수록 수평 방향의 흔들림을 줄여 주는 효과가 크다. ³⁰하지만 그에 따라 수직 하중이 증가하므로 TLCD는 수평 하중과 수직 하중을 함께 고려하여 설계해야 한다. TLCD 설비의 효과는 물의 무게와 관 전체의 가로 폭에 비례하지만, 그만큼 수직 하중도 증가한다는 점을 고려하여 설계해야 하는군.

• **공명 현상:** 진동체가 그 고유 진동수와 같은 진동수를 가진 외부의 힘을 받아 진폭이 뚜렷하게 증가하는 현상.

이 지문은 초고층 건물에 작용하는 두 가지 힘인 수직 하중과 수평 하중을 중심 화제로 하여, 이를 견디기 위해 고안된 구조와 설비에 대해 설명하고 있어. 특히 보기둥 구조, 코어 구조, 아웃리거-벨트 트러스 구조라는 낯선 개념들을 연이어 설명하면서 각 개념마다 ㉠~㉢이라고 표시해 둔 것이 눈에 띄었을 거야. 이는 구조별 특징을 정확히 이해하고 있는지 확인하는 문제가 출제될 것이라는 뜻이므로, 이를 염두에 두며 내용을 차분히 정리해 보면 좋을 거야.

1	초고층 건물에 작용하는 힘	
	수직 하중	**건물** 자체의 무게로 인해 땅 표면에 수직 방향으로 작용하는 힘
	수평 하중	바람 · 지진 등에 의해 건물에 **가로** 방향으로 작용하는 힘

2	수직 하중을 견디기 위한 구조	
	보기둥 구조	– 기둥과 기둥 사이에 보 설치 후, 그 위에 **바닥판**을 놓음 – 보의 두께 ↑ → 건물 한 층당 높이 ↑, 바닥판에 작용하는 하중 **분산**

3 **4** **5**	수평 하중을 견디기 위한 구조 – **바람**에 의한 수평 하중과 공명 현상을 줄이는 역할을 해야 함	
	코어 구조	– 코어에 건물의 보와 기둥들을 강하게 **접합** → 수평 하중으로 인한 건물의 흔들림 감소 – 건물 높이 ↑ → 코어 크기 ↑
	아웃리거–벨트 트러스 구조	– 코어 구조만으로는 건물 높이에 따른 **수평 하중**을 완벽히 견딜 수 없을 때 사용 – 벨트 트러스: 수평 하중 분산 → **코어**에 가해지는 힘 ↓ – 아웃리거: **벨트 트러스**와 코어를 연결

6	수평 하중을 견디기 위한 설비	
	TLCD	– 수백 톤의 **물**이 채워진 U자형 관을 설치 → **관성**의 법칙에 따른 물의 이동으로 건물의 흔들림 제어 – 물 무게 ↑, 관의 가로폭 ↑ → 흔들림 감소 효과 ↑, **수직** 하중 ↑

★ **어려운 문장 분석하기**

[20]아웃리거–벨트 트러스 구조에서 벨트 트러스는 {철골을 사용하여 / 건물의 외부 기둥들을 삼각형 구조의 트러스로 짜서 / 벨트처럼 둘러 싼} 것으로 / {수평 하중을 지탱하는} 역할을 한다.

→ 이 문장은 '벨트 트러스는 ~것으로 ~역할을 한다.'라는 구조로 되어 있는데, 수식하는 말이 길어서 문장이 복잡해 보일 수 있어. 따라서 문장 독해가 잘 안 된다면 수식하는 말들은 묶어 두고 읽어 보자.

1. 윗글의 내용에 대한 이해로 적절하지 <u>않은</u> 것은?

정답풀이

① 수직 하중은 수평 하중과 달리 ~~지면에서 건물에 가해지는~~ 힘이다.

> 근거: **3** [8]위에서 아래 방향으로만 작용하는 수직 하중과 달리 수평 하중은 사방에서 작용하는 힘이기 때문에 초고층 건물의 안전에 미치는 영향이 수직 하중보다 훨씬 크다.
>
> 수직 하중은 위에서 아래 방향으로만 작용하는 힘이며, 사방에서 건물에 가해지는 힘은 수평 하중에 해당한다.

오답풀이

② 건물이 높아질수록 건물에 가해지는 수직 하중은 증가한다.

> 근거: **1** [4]수직 하중은 건물 자체의 무게로 인해 땅 표면에 수직 방향으로 작용하는 힘
>
> 수직 하중은 '건물 자체의 무게로 인해 땅 표면에 수직 방향으로 작용하는 힘'인데, 건물이 높아질수록 건물의 무게는 증가할 것이므로 건물에 가해지는 수직 하중도 증가할 것이다.

③ 보기둥 구조에서 보의 두께는 한 층당 높이에 영향을 준다.

> 근거: **2** [7]보기둥 구조에서는 설치된 보의 두께만큼 건물의 한 층당 높이가 높아지지만

④ 넓은 공간에서 좁은 공간으로 바람이 불어오면 풍속이 빨라진다.

> 근거: **3** [10]건물이 많은 도심에서는 넓은 공간에서 좁은 공간으로 바람이 불어오면서 풍속이 빨라지는 현상이 발생

⑤ 공명 현상은 건물에 가해지는 수평 하중을 증가시키는 요인이 된다.

> 근거: **1** [4]수평 하중은 바람이나 지진 등에 의해 건물에 가로 방향으로 작용하는 힘이다. + **3** [9]수평 하중은 초고층 건물의 안전을 위협하는 주요 요인인데, 바람은 건물에 작용하는 수평 하중의 90% 이상을 차지한다. [11]그리고 바람에 의해 공명 현상이 발생하면 건물이 매우 크게 흔들리게 되어 건물의 안전을 위협하게 된다.
>
> '바람은 건물에 작용하는 수평 하중의 90% 이상을 차지'하며 '바람에 의해 공명 현상이 발생하면 건물이 매우 크게 흔들리게' 된다고 한 것을 통해 바람에 의해 발생한 공명 현상이 건물에 가해지는 수평 하중을 증가시키는 요인이 됨을 알 수 있다.

2. ㉠~㉢을 설명한 내용으로 적절하지 <u>않은</u> 것은?

정답풀이

④ ㉢에서 트러스는 ~~아웃리거와 코어의 결합력을 높여~~ 수평 하중을 덜 받게 한다.

> 근거: **5** [20]아웃리거-벨트 트러스 구조(㉢)에서 벨트 트러스는 철골을 사용하여 건물의 외부 기둥들을 삼각형 구조의 트러스로 짜서 벨트처럼 둘러 싼 것으로 수평 하중을 지탱하는 역할을 한다. [21]삼각형 구조의 트러스로 외부 기둥들을 연결하면 외부에서 작용하는 힘이 철골 접합부를 통해 전체적으로 분산되기 때문에 코어에 무리한 힘이 가해지는 것을 예방할 수 있다. [22]그리고 아웃리거는 콘크리트를 사용하여 건물 외벽에 설치된 벨트 트러스를 내부의 코어와 견고하게 연결한 것으로
>
> ㉢에서 트러스는 '외부에서 작용하는 힘'을 '전체적으로 분산'하여 '코어에 무리한 힘이 가해지는 것을 예방'한다고 하였다. 아웃리거는 '건물 외벽에 설치된 벨트 트러스를 내부의 코어와 견고하게 연결한 것'으로, 아웃리거와 코어의 결합력을 높이는 것은 트러스의 기능이 아니다.

오답풀이

① ㉠은 기둥과 기둥 사이에 설치한 수평 구조물 위에 바닥판을 놓는 구조이다.

> 근거: **2** [6]보기둥 구조(㉠)는 기둥과 기둥 사이를 가로지르는 수평 구조물인 보를 설치하고 그 위에 바닥판을 놓은 구조이다.

② ㉠에서 보는 건물에 작용하는 수직 하중이 기둥에 집중되는 것을 예방한다.

> 근거: **2** [7]보기둥 구조(㉠)에서는~바닥판에 작용하는 하중이 기둥에 집중되지 않고 보에 의해 분산되기 때문에 수직 하중을 잘 견딜 수 있다.

③ ㉡에서 코어는 건물의 높이가 높아짐에 따라 그 크기가 커져야 한다.

> 근거: **4** [16]그런데 초고층 건물은 그 높이가 높아질수록 수평 하중이 커지고 그에 따라 (㉡에서의) 코어의 크기도 커져야 한다.

⑤ ㉡과 ㉢을 함께 사용하면 건물에 작용하는 수평 하중을 견디는 힘이 커진다.

> 근거: **5** [18]그런데 초고층 건물의 높이가 점점 높아지면 코어 구조(㉡)만으로는 수평 하중을 완벽하게 견뎌 낼 수 없다. [19]그래서 아웃리거-벨트 트러스 구조(㉢)를 사용하여 코어 구조를 보완한다.
>
> '코어 구조만으로는 수평 하중을 완벽하게 견뎌 낼 수 없'을 경우 ㉢으로 보완한다고 한 것을 고려할 때, ㉡과 ㉢을 함께 사용하면 건물에 작용하는 수평 하중을 견디는 힘이 커짐을 알 수 있다.

✅ 짚고 가기 윗글에서 ㉠, ㉡, ㉢으로 표시한 '보기둥 구조', '코어 구조', '아웃리거-벨트 트러스 구조'에 대한 설명을 정확히 이해하고 있는지 확인하는 문제였어. 2문단~5문단에 걸쳐 낯설고 어렵게 느껴지는 개념 설명이 계속해서 이어지고 있기 때문에, 조금이라도 방심하면 금세 집중력이 흐트러지기 쉬웠을 거야. 이런 경우에는 독해 속도보다는 정확도에 초점을 맞추어서 한 문단씩 간략하게 내용을 정리하며 읽는 것이 도움이 될 거야. 이처럼 낯설고 어려운 개념들과 많은 정보량 때문에 독해가 어려워지는 것은 특히 과학·기술 지문에서 많이 나타나는 특징이야. 그러니까 평소 비슷한 유형의 지문을 많이 접하면서 실전 대비를 철저히 해 두자!

지문의 정보를 바탕으로 추론하는 문제 [정답률 81%]

3. 문맥을 고려할 때, ㉮와 ㉯의 이유로 가장 적절한 것은?

정답풀이

③ 건물의 공간을 효율적으로 활용하기 위해서

> 근거: 4 [17]코어 구조는 가운데 빈 공간이 있어 공간 활용의 효율성이 떨어지기 때문에 현대의 초고층 건물은 코어에 승강기나 화장실, 계단, 수도, 파이프 같은 시설을 설치(㉮)하는 경우가 많다. + 5 [23]그런데 아웃리거는 건물 내부를 가로지를 수밖에 없어서 효율적인 공간 구성에 방해가 된다. [24]이런 단점을 극복하기 위해 아웃리거를 기계 설비층에 설치하거나 층과 층 사이, 즉 위층 바닥과 아래층 천장 사이에 설치(㉯)하기도 한다.
>
> ㉮의 이유는 코어 구조의 경우 '가운데 빈 공간이 있어 공간 활용의 효율성이 떨어지기 때문'이며, ㉯의 이유는 아웃리거가 '건물 내부를 가로지를 수밖에 없어서 효율적인 공간 구성에 방해'가 되기 때문이다. 이를 고려하면 ㉮와 ㉯는 모두 건물의 공간을 효율적으로 활용하기 위한 것이라고 할 수 있다.

오답풀이

① ~~건물의 외부 미관~~을 살리기 위해서

윗글에서 ㉮와 ㉯가 건물의 외부 미관과 관련이 있다고 설명한 내용은 찾을 수 없다.

② ~~건물의 건설 비용~~을 줄이기 위해서

승강기, 화장실, 계단, 수도, 파이프 같은 시설은 코어 가운데의 빈 공간이 아니더라도 반드시 설치해야 하는 시설이므로 ㉮가 건설 비용을 줄이기 위한 것과 관련이 있다고 할 수는 없다. 또한 윗글에서 ㉯가 설치 위치에 따른 비용 절감과 관련이 있다는 내용도 확인할 수 없다.

④ ~~건물에 작용하는 외부의 힘~~을 줄이기 위해서

㉮와 ㉯는 효율적인 공간 구성을 위한 것일 뿐, ㉮와 ㉯의 이유가 건물에 작용하는 외부의 힘을 줄이기 위해서라고 보기는 어렵다.

⑤ 필요에 따라 ~~공간의 용도를 변경~~하기 위해서

필요에 따라 건물의 공간 용도를 변경하는 것은 ㉮와 ㉯ 모두와 관련이 없다.

구체적인 사례·상황에 적용하는 문제 | 정답률 71%

4. [A]를 바탕으로 〈보기〉의 'TLCD'를 이해한 내용으로 적절하지 <u>않은</u> 것은? [3점]

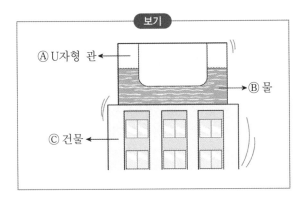

보기

Ⓐ U자형 관

Ⓑ 물

Ⓒ 건물

정답풀이

③ Ⓐ 전체의 가로 폭이 넓어질수록 Ⓒ가 수평 하중을 견디는 효과가 ~~작아질 것이다~~

> 근거: **6** ²⁹물(Ⓑ)이 무거울수록 그리고 관(Ⓐ) 전체의 가로 폭이 넓어질수록 (Ⓒ의) 수평 방향의 흔들림을 줄여 주는 효과가 크다.
> Ⓐ 전체의 가로 폭이 넓어질수록 Ⓒ의 수평 방향의 흔들림을 줄여 주는 효과, 즉 Ⓒ가 수평 하중을 견디는 효과가 커지게 된다.

오답풀이

① Ⓐ가 한쪽으로 기울어도 Ⓑ는 원래의 자리에 있으려 할 것이다.

> 근거: **6** ²⁷바람이 불어 건물(Ⓒ)이 한쪽으로 기울어져도 물(Ⓑ)은 관성의 법칙에 따라 원래의 자리에 있으려 하기 때문에 건물이 기울어진 반대 쪽에 있는 관(Ⓐ)의 물 높이가 높아진다.
> Ⓒ가 기울어지면서 그 위의 Ⓐ도 한쪽으로 기울어져도, Ⓑ는 관성의 법칙에 따라 원래의 자리에 있으려 할 것이다.

② Ⓐ가 왼쪽으로 기울면 오른쪽 관에 있는 Ⓑ의 높이가 왼쪽보다 높아질 것이다.

> 근거: **6** ²⁷바람이 불어 건물(Ⓒ)이 한쪽으로 기울어져도 물(Ⓑ)은 관성의 법칙에 따라 원래의 자리에 있으려 하기 때문에 건물이 기울어진 반대 쪽에 있는 관(Ⓐ)의 물 높이가 높아진다.
> Ⓐ가 왼쪽으로 기울면, 그 반대 쪽인 오른쪽 관에 있는 Ⓑ의 높이는 왼쪽보다 높아질 것이다.

④ Ⓐ 안에 있는 Ⓑ의 양이 많을수록 Ⓒ에 작용하는 수직 하중이 증가할 것이다.

> 근거: **6** ²⁹물(Ⓑ)이 무거울수록 그리고 관(Ⓐ) 전체의 가로 폭이 넓어질수록 (Ⓒ의) 수평 방향의 흔들림을 줄여 주는 효과가 크다. ³⁰하지만 그에 따라 수직 하중이 증가하므로 TLCD는 수평 하중과 수직 하중을 함께 고려하여 설계해야 한다.
> Ⓐ 안에 있는 Ⓑ의 양이 많을수록 무게가 무거워져서 Ⓒ에 작용하는 수직 하중이 증가할 것이다.

⑤ Ⓐ에 채워진 Ⓑ의 무게가 무거울수록 Ⓒ의 수평 방향의 흔들림을 줄여 주는 효과가 클 것이다.

> 근거: **6** ²⁹물(Ⓑ)이 무거울수록 그리고 관(Ⓐ) 전체의 가로 폭이 넓어질수록 (Ⓒ의) 수평 방향의 흔들림을 줄여 주는 효과가 크다.
> Ⓐ에 채워진 Ⓑ의 무게가 무거울수록 아래로 작용하는 중력도 커져 Ⓒ의 수평 방향의 흔들림을 줄여 주는 효과가 클 것이다.

단어, 구절, 문장의 의미를 파악하는 문제 | 정답률 71%

5. ⓐ~ⓔ의 사전적 의미로 적절하지 <u>않은</u> 것은?

정답풀이

④ ⓓ: 어떤 상태나 현상을 그대로 보존함.

> 근거: **5** ²⁰아웃리거-벨트 트러스 구조에서 벨트 트러스는~수평 하중을 ⓓ지탱하는 역할을 한다.
> ⓓ는 '오래 버티거나 배겨 냄.'을 의미한다. '어떤 상태나 현상을 그대로 보존함.'은 '유지'의 사전적 의미이다.

오답풀이

① ⓐ: 어떠한 현상을 일으키거나 영향을 미침.

> 근거: **1** ²이런 초고층 건물을 지을 때는 건물에 ⓐ작용하는 힘을 고려해야 한다.

② ⓑ: 연구하여 새로운 것을 생각해 냄.

> 근거: **2** ⁵수직 하중을 견디기 위해서 ⓑ고안된 가장 단순한 구조는 보기둥 구조이다.

③ ⓒ: 갈라져 흩어짐.

> 근거: **2** ⁷보기둥 구조에서는~바닥판에 작용하는 하중이 기둥에 집중되지 않고 보에 의해 ⓒ분산되기 때문에 수직 하중을 잘 견딜 수 있다.

⑤ ⓔ: 굳고 단단함.

> 근거: **5** ²²그리고 아웃리거는~벨트 트러스를 내부의 코어와 ⓔ견고하게 연결한 것으로

(2) 방사광가속기

문제 P.171

6~10 다음 글을 읽고 물음에 답하시오.

1 ¹세상에는 너무 작아서 눈으로 볼 수 없는 세계가 많다. ²사람의 눈으로 볼 수 있는 가시광선 영역은 파장이 길기 때문에 단백질 분자 구조와 같은 물질의 내부 구조는 관찰할 수 없다. ³그래서 미세한 물질의 내부 구조를 파악하기 위해서는 보다 짧은 파장의 빛의 영역까지 활용할 수 있어야 하는데, 이때 활용 가능한 빛이 바로 방사광이다. '방사광'이라는 화제가 제시되었군. 방사광은 가시광선 영역의 파장보다 짧은 파장의 빛의 영역을 활용하기 위해 필요한 빛이라고 해. ⁴방사광이란 빛의 속도에 가깝게 빠른 속도로 운동하는 전자가 방향을 바꿀 때, 바뀐 운동 궤도 곡선의 접선 방향으로 방출되는 좁은 퍼짐의 전자기파를 가리킨다.

2 ⁵방사광은 적외선, 가시광선, 자외선, X선에 이르는 다양한 파장을 가진 빛으로, 실험 목적에 따라 파장을 선택하여 사용할 수 있는 파장 가변성을 ⓐ지닌다. ⁶그리고 방사광은 휘도가 높은 빛이다. ⁷휘도란 빛의 집중 정도를 나타내는 것으로, 빛의 세기가 크면 클수록, 그리고 빛의 퍼짐이 작으면 작을수록 높은 휘도 값을 갖는다. ⁸예를 들어 방사광에서 실험을 위해 선택된 X선은, 기존에 쓰던 X선보다 휘도가 수만 배 이상이라서 이를 활용하면 물질의 정보를 보다 자세하게 얻을 수 있다. ('방사광'과 그 특성과 관련된 '휘도'의 정의를 제시하고, 예시를 들어가며 자세히 설명해 주고 있어. 두 개념에 대해 꼼꼼히 이해하고 넘어가야겠지?) 방사광: 거의 빛의 속도로 움직이는 전자가 방향을 바꿀 때, 바뀐 운동 곡선의 접선 방향으로 방출되는 좁은 퍼짐의 전자기파. 다양한 파장을 가지고 파장 가변성을 지니며, 휘도(빛의 세기에 비례, 빛의 퍼짐 정도에 반비례)가 높아 물질의 구조를 더 자세히 파악할 수 있음

3 ⁹방사광은 자연에서는 별이 수명을 다해 폭발할 때 발생하기도 하지만, 이를 연구에 활용하는 것은 어려우므로 고성능 슈퍼 현미경이라고도 불리는 방사광가속기를 사용해 인위적으로 만들어 사용한다. 방사광을 인위적으로 만들 수 있는 '방사광가속기'라는 대상이 또 다른 화제로 제시되었어. ¹⁰방사광가속기는 일반적으로 크게 ①전자입사장치, ②저장링, ③빔라인 등으로 구성되어 있다. ('방사광가속기'의 세 가지 구성요소를 바탕으로 방사광가속기의 구성과 원리를 좀 더 자세히 설명해 주겠네.) ¹¹①전자입사장치는 [①-(1)전자를 방출시킨 뒤 ①-(2)빛의 속도에 가깝게 가속시켜 ①-(3)저장링으로 주입하는 장치]로, 전자총과 선형가속기로 구성된다. (먼저 '전자입사장치'의 구성과 원리를 압축적으로 제시했어. 앞으로 이에 대해 더 자세히 설명하겠군.)

¹²①-(1)전자총은 고유한 파장을 가진 금속에 그 파장보다 짧은 파장의 빛을 가하면 전자가 방출되는 광전효과를 활용하여 지속적으로 전자를 방출시킨다. ¹³이때 방출되는 전자는 상대적으로 속도가 느려 높은 에너지를 가지지 못하므로, ①-(2)선형가속기에서는 음(-)전하를 띤 전자가 양(+)전하를 띤 양극 쪽으로 움직이려는 전기적인 힘의 원리를 활용하여 전자를 가속시킨다. ¹⁴①-(3)선형가속기에서 빛의 속도에 근접하게 된 전자는 이후 저장링으로 보내진다. 방사광가속기의 원리: ①전자입사장치에서 (1)전자총이 광전효과를 활용하여 지속적으로 전자 방출 → (2)선형가속기에서 전기적 힘의 원리 활용하여 전자 가속 → (3)빛의 속도에 근접해진 전자가 저장링으로 보내짐

4 ¹⁵②저장링은 휨전자석, 삽입장치, 고주파 공동장치 등으로 구성되어 있고, 일반적으로 n각형 모양으로 설계하여 n개의 직선 부분과 n개의 모서리 부분으로 이루어져 있다. (이번에는 '저장링'의 구성과 원리를 설명하려 하는군.) ¹⁶②-(1)저장링의 모서리 부분에는 전자의 방향을 조절해 주는 휨전자석을 설치하여 전자가 지속적으로 궤도를 따라 회전할 수 있도록 한다. ¹⁷전자는 휨전자석을 지나면서 자석 주위의 자기장의 힘을 받아 휘게 되는데, 이때 전자의 운동 궤도 곡선의 접선 방향으로 방사광이 방출된다. ¹⁸②-(2)저장링의 직선 부분에는 N극과 S극을 번갈아 배열한 삽입장치가 설치되어 있다. ¹⁹전자는 삽입장치에서 자기장의 영향을 받아 N극과 S극의 사이에서 주기적으로 방향이 바뀌며 구불구불하게 움직이게 되는데, 방향이 주기적으로 바뀔 때마다 방사광이 방출된다. ²⁰이렇게 방출된 방사광은, 위상이 동일한 방사광과 서로 중첩되면서 진폭이 커지는 간섭 현상이 나타난다. ²¹그래서 삽입장치에서 중첩되어 진폭이 커진 방사광은, 휨전자석에서 방출된 방사광보다 큰 에너지를 지닌 더 밝은 방사광이 된다. ²²이때 휨전자석과 삽입장치를 통과하며 방사광을 방출한 전자는 에너지를 잃게 되고, ②-(3)고주파 공동장치는 이러한 전자에 에너지를 보충하여 전자가 계속 궤도를 돌게 한다. 방사광가속기의 원리: ②저장링에서 (1)모서리 부분의 휨전자석이 자기장을 통해 전자가 회전하게 하면서 방사광을 방출시킴 (2)직선 부분의 삽입장치가 자기장을 통해 전자의 방향을 주기적으로 바꾸어 방사광을 방출시키면서 간섭 현상을 일으켜 방사광의 진폭을 크게 함 (3)고주파 공동장치가 방사광을 방출한 전자에 에너지를 보충하여 전자가 계속 궤도를 돌게 함

5 ²³마지막으로 ③빔라인은 실험 목적에 맞도록 방사광에서 원하는 파장을 분리시켜 실험에 이용하는 장치로, 크게 진공 자외선 빔라인과 X선 빔라인으로 **나눌 수 있다.** (끝으로 '빔라인'의 **구성**과 **원리**를 설명해 주네.) ²⁴③-(1)진공 자외선 빔라인에서는 주로 기체 상태의 물질의 구조나 고체 표면에서의 물질의 구조 등에 관한 실험들이 이루어지고, ③-(2)X선 빔라인에서는 다른 빛보다 상대적으로 짧은 파장을 가진 X선의 특성을 이용하여 주로 물질의 내부 구조, 원자 배열 등에 대한 실험이 이루어진다. ²⁵특히 X선 빔라인들 중 하나인 ⊙X선 현미경은 최대 15 나노미터 정도 되는 생체 조직 등과 같은 물질의 내부 구조까지도 확대하여 관찰할 수 있다. ²⁶X선은 가시광선과 달리 유리 렌즈나 거울을 써서 굴절시키거나 반사시키기 어렵다. ²⁷그래서 X선 현미경은, 강력한 전자기장으로 X선을 굴절시켜 빛을 모을 수 있는 특수 금속 렌즈를 이용해 X선을 실험에 활용한다. 방사광가속기의 원리: ③빔라인에서 방사광으로부터 원하는 파장을 분리시켜 (1)진공 자외선 빔라인에서는 기체·고체 표면에서의 물질의 구조 등에 대해 실험함 (2)X선 빔라인에서는 물질의 내부 구조, 원자 배열 등에 대해 실험함(예: X선 현미경)

📝 지문 파고들기

이 지문은 '방사광'의 성질이 무엇인지, '방사광가속기'의 구조와 원리는 무엇인지 꼼꼼히 파악하며 읽어야 해. 이때 지문에 자주 등장하지만 자세히 설명되지 않는 '파장'이라는 개념이 있어. '파장'은 '파동'과 관련되는데, '파동'은 아래 그림에서처럼 보통 한 지점에서 발생한 진동의 어떤 모양이 주기적으로 반복되는 것 정도로 이해하면 돼. 이때 파장은 파동에서 반복되는 모양의 가장 짧은 직선거리를 말하는데, 결국 파장이 짧으면 촘촘한 파동, 파장이 길면 느슨한 파동이 돼. 이 '파장', '파동'의 개념은 다른 과학·기술 지문에서도 등장할 수 있으니 참고해 두자.

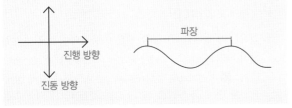

구조도

방사광의 정의와 특성
1 **2** – 빛의 속도에 가까운 속도로 운동하는 **전자가** 방향을 바꿀 때 바뀐 운동 궤도 곡선의 접선 방향으로 방출되는 좁은 퍼짐의 **전자기파**   – 파장이 긴 **가시광선** 영역보다 미세한 물질의 내부 구조 파악할 때 활용 가능   – **실험 목적**에 따라 적외선, 가시광선, 자외선, X선 등의 파장을 선택하여 사용할 수 있는 **파장 가변성**을 지님   – 휘도가 **높아** 물질의 자세한 구조 파악 가능   ⊙ 휘도: 빛의 집중 정도로, 빛의 세기에 **비례**하고 빛의 퍼짐에 **반비례함**
방사광가속기의 구조와 원리 ① 전자입사장치
3 – (1) **전자총**에서 금속에 그보다 짧은 파장의 빛을 가해 지속적으로 전자 방출시킴(광전효과)   – (2) **선형가속기**에서 전자가 **양전하**를 띤 양극 쪽으로 움직이려는 **전기적 힘의 원리**를 활용하여 전자를 가속시킴   – (3) 빛의 속도에 가까워진 전자가 **저장링**으로 이동
방사광가속기의 구조와 원리 ② 저장링
4 – (1) 모서리 부분의 **휨전자석**이 전자가 지속적으로 궤도를 따라 회전하게 함(방사광 방출)   – (2) 직선 부분의 **삽입장치**가 전자의 방향을 주기적으로 바꿈(방사광 방출) → 간섭 현상에 의해 중첩된 방사광의 진폭과 에너지가 커짐   – (3) 고주파 공동장치가 방사광을 방출한 전자에 에너지를 보충하여 계속 궤도를 돌게 함
방사광가속기의 구조와 원리 ③ 빔라인
5 – 방사광에서 원하는 **파장**을 분리시켜 실험에 이용   – (1) **진공 자외선 빔라인**: 기체 상태의 물질 구조, 고체 표면에서의 물질 구조에 대해 실험   – (2) **X선 빔라인**: 물질 내부 구조, 원자 배열 등에 대해 실험(예: 특수 금속 렌즈로 X선을 실험에 활용하는 X선 현미경)

★ 어려운 문장 분석하기

[19]전자는 삽입장치에서 자기장의 영향을 (받아) (원인) / (전자는) N극과 S극의 사이에서 주기적으로 방향이 바뀌며 / (전자는) 구불구불하게 움직이게 되는데, (결과) / (전자의) [방향이 주기적으로 바뀜] (때마다) (조건) 방사광이 방출된다. (결과)

→ 이 문장은 4개의 문장이 이어져 길고 복잡하게 보이지만, 주어와 서술어만 잘 찾는다면 어렵지 않게 이해할 수 있어. 이때 '방향이 바뀌며'는 '전자는'이라는 생략된 주어의 서술어가 서술절로 나타난 부분이야.

6. 윗글을 이해한 내용으로 적절하지 않은 것은?

정답풀이

⑤ 금속의 고유한 파장보다 ̶긴̶ 파장의 빛을 금속에 쏘면 전자를 방출시킬 수 있다.

근거: ❸ [12]전자총은 고유한 파장을 가진 금속에 그 파장보다 짧은 파장의 빛을 가하면 전자가 방출되는 광전효과를 활용하여 지속적으로 전자를 방출시킨다.

금속의 고유한 파장보다 짧은 파장의 빛을 금속에 쏘아야 전자를 방출시킬 수 있다.

오답풀이

① 실험 목적에 따라 빔라인의 종류는 달라질 수 있다.

근거: ❺ [23]마지막으로 빔라인은 실험 목적에 맞도록 방사광에서 원하는 파장을 분리시켜 실험에 이용하는 장치로 ~[24]진공 자외선 빔라인에서는 주로 기체 상태의 물질의 구조나 고체 표면에서의 물질의 구조 등에 관한 실험들이 이루어지고, X선 빔라인에서는 다른 빛보다 상대적으로 짧은 파장을 가진 X선의 특성을 이용하여 주로 물질의 내부 구조, 원자 배열 등에 대한 실험이 이루어진다.

빔라인은 실험 목적에 따라 크게 진공 자외선 빔라인과 X선 빔라인으로 나뉜다.

② 휨전자석의 개수는 저장링의 모양에 따라 달라질 수 있다.

근거: ❹ [15]저장링은~일반적으로 n각형 모양으로 설계하여 n개의 직선 부분과 n개의 모서리 부분으로 이루어져 있다. [16]저장링의 모서리 부분에는 전자의 방향을 조절해 주는 휨전자석을 설치하여 전자가 지속적으로 궤도를 따라 회전할 수 있도록 한다.

휨전자석의 개수는 저장링이 몇 각형의 모양으로 설계되었는지에 따라 달라질 수 있다.

③ 빛의 집중 정도는 빛의 세기와 퍼짐에 따라 달라질 수 있다.

근거: ❷ [7]휘도란 빛의 집중 정도를 나타내는 것으로, 빛의 세기가 크면 클수록, 그리고 빛의 퍼짐이 작으면 작을수록 높은 휘도 값을 갖는다.

④ 전자는 양전하를 띤 양극 쪽으로 움직이려는 전기적인 힘이 있다.

근거: ❸ [13]선형가속기에서는 음(−)전하를 띤 전자가 양(+)전하를 띤 양극 쪽으로 움직이려는 전기적인 힘의 원리를 활용하여 전자를 가속시킨다.

7. 방사광에 대한 설명으로 적절하지 않은 것은?

정답풀이

② 방사광가속기에서 연구 목적으로 가속시키는 ~~전자기파~~ 이다.

> 근거: ❸ [10]방사광가속기는 일반적으로 크게 전자입사장치, 저장링, 빔라인 등으로 구성되어 있다.~[13]선형가속기에서는 음(−)전하를 띤 전자가 양(+)전하를 띤 양극 쪽으로 움직이려는 전기적인 힘의 원리를 활용하여 전자를 가속시킨다.
>
> 방사광가속기가 가속시키는 대상은 방사광이라는 전자기파 자체가 아니라, 방사광을 방출시키는 전자이다.

오답풀이

① 실험 목적에 따라 파장을 선택해 사용할 수 있는 빛이다.

> 근거: ❷ [5]방사광은 적외선, 가시광선, 자외선, X선에 이르는 다양한 파장을 가진 빛으로, 실험 목적에 따라 파장을 선택하여 사용할 수 있는 파장 가변성을 지닌다.

③ 자연적으로 발생하기도 하고 인위적으로 만들 수도 있는 빛이다.

> 근거: ❸ [9]방사광은 자연에서는 별이 수명을 다해 폭발할 때 발생하기도 하지만, 이를 연구에 활용하는 것은 어려우므로 고성능 슈퍼 현미경이라고도 불리는 방사광가속기를 사용해 인위적으로 만들어 사용한다.
>
> 방사광은 별이 수명을 다해 폭발하면서 자연적으로 발생하기도 하고, 방사광가속기에 의해 인위적으로 만들어지기도 한다.

④ 휘도가 높아 물질에 대한 자세한 정보를 얻을 수 있게 하는 빛이다.

> 근거: ❷ [6]그리고 방사광은 휘도가 높은 빛이다.~[8]예를 들어 방사광에서 실험을 위해 선택된 X선은, 기존에 쓰던 X선보다 휘도가 수만 배 이상이라서 이를 활용하면 물질의 정보를 보다 자세하게 얻을 수 있다.
>
> 방사광의 높은 휘도는 물질의 구조에 대한 정보를 보다 자세하게 얻을 수 있도록 한다.

⑤ 빛의 속도에 가깝게 운동하는 전자가 방향을 바꿀 때 방출되는 전자기파이다.

> 근거: ❶ [4]방사광이란 빛의 속도에 가깝게 빠른 속도로 운동하는 전자가 방향을 바꿀 때, 바뀐 운동 궤도 곡선의 접선 방향으로 방출되는 좁은 퍼짐의 전자기파를 가리킨다.

8. 〈보기〉는 방사광가속기의 주요 장치를 도식화한 것이다. 윗글을 바탕으로 〈보기〉를 이해한 내용으로 적절하지 않은 것은? [3점]

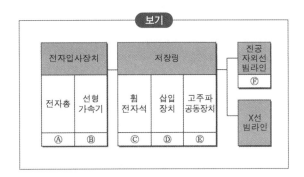

정답풀이

③ ⓒ에서 방출된 방사광이 ⓓ에서 방출된 방사광보다 ~~밝은~~ 이유는 ⓓ에서 방사광이 서로 중첩되어 진폭이 더 커졌기 때문이겠군.

> 근거: ❹ [20]이렇게 방출된 방사광은, 위상이 동일한 방사광과 서로 중첩되면서 진폭이 커지는 간섭 현상이 나타난다. [21]그래서 삽입장치(ⓓ)에서 중첩되어 진폭이 커진 방사광은, 휨전자석(ⓒ)에서 방출된 방사광보다 큰 에너지를 지닌 더 밝은 방사광이 된다.
>
> 간섭 현상에 의해 ⓓ에서 방출된 방사광이 동일한 위상의 방사광과 중첩되면서 진폭이 커지게 되는 것은 맞다. 그러나 그 결과로 ⓓ에서 방출된 방사광이 ⓒ에서 방출된 방사광보다 더 밝아지게 된다.

오답풀이

① ⓐ에서 광전효과를 활용하여 방출시킨 전자는 ⓑ에서 빛의 속도에 가깝게 가속되어 높은 에너지를 갖게 되겠군.

> 근거: ❸ [12]전자총(ⓐ)은~광전효과를 활용하여 지속적으로 전자를 방출시킨다. [13]이때 방출되는 전자는 상대적으로 속도가 느려 높은 에너지를 가지지 못하므로, 선형가속기(ⓑ)에서는~전기적인 힘의 원리를 활용하여 전자를 가속시킨다. [14]선형가속기에서 빛의 속도에 근접하게 된 전자는 이후 저장링으로 보내진다.
>
> ⓐ는 광전효과를 활용하여 금속에서 전자를 방출시키고, 방출된 전자는 ⓑ에서 빛의 속도에 가깝게 가속되면서 높은 에너지를 갖게 된다. 전자의 속도가 느려 높은 에너지를 가지지 못한다는 설명을 통해, 빛의 속도에 가깝게 빨라진 전자는 높은 에너지를 가질 것이라고 추론할 수 있다.

② 전자는 ©를 지나면서 자석 주위의 자기장의 힘을 받아 방향이 바뀌면서 궤도를 따라 회전할 수 있게 되겠군.

근거: ④ ¹⁶저장링의 모서리 부분에는 전자의 방향을 조절해 주는 휨전자석(©)을 설치하여 전자가 지속적으로 궤도를 따라 회전할 수 있도록 한다. ¹⁷전자는 휨전자석을 지나면서 자석 주위의 자기장의 힘을 받아 휘게 되는데, 이때 전자의 운동 궤도 곡선의 접선 방향으로 방사광이 방출된다.

전자는 저장링의 © 주위의 자기장의 힘을 받아 휘면서 궤도를 따라 회전할 수 있게 된다.

④ ©와 ⑩를 통과하며 에너지가 손실된 전자는 ⑤로부터 에너지를 공급받아 궤도를 계속 돌게 되겠군.

근거: ④ ²²이때 휨전자석(©)과 삽입장치(⑩)를 통과하며 방사광을 방출한 전자는 에너지를 잃게 되고, 고주파 공동장치(⑤)는 이러한 전자에 에너지를 보충하여 전자가 계속 궤도를 돌게 한다.

⑤ ⑤는 실험 목적에 맞게 방사광에서 원하는 파장을 분리시켜 실험에 이용하는 장치이겠군.

근거: ⑤ ²³마지막으로 빔라인은 실험 목적에 맞도록 방사광에서 원하는 파장을 분리시켜 실험에 이용하는 장치로, 크게 진공 자외선 빔라인(⑤)과 X선 빔라인으로 나눌 수 있다.

☑ 짚고 가기 이 문제의 〈보기〉에서는 3문단~5문단에 걸쳐 설명한 방사광가속기의 구조를 간단히 도식화해서 보여주었을 뿐, 새로운 정보를 제공하지 않았어. 그러니까 우리는 윗글에 제시된 방사광가속기를 구성하는 세 가지 구성 요소(전자입사장치, 저장링, 빔라인)를 바탕으로 Ⓐ~⑤로 이름 붙여진 각 세부 요소들이 어떤 역할을 하는지 꼼꼼하게 확인해 보기만 하면 됐어. 문제가 다소 복잡해 보이더라도 문제를 푸는 사고방식은 그리 복잡하지 않을 수 있다는 점을 기억하고, 〈보기〉에 압도되어 윗글에서 설명한 것들을 놓치지 않도록 조심하자!

9. 윗글의 ⑤과 〈보기〉의 ⓛ을 비교한 내용으로 가장 적절한 것은?

보기

ⓛ광학 현미경은 가시광선을 굴절시켜 빛을 모을 수 있는 유리 렌즈를 이용해 물질의 표면을 확대하는 실험 장치이다. 일반적으로 광학 현미경의 렌즈 배율을 최대로 높이면 크기가 200 나노미터 정도 되는 물질까지 관찰할 수 있다.

정답풀이

⑤ ⑤은, ⓛ에서 사용하는 빛보다 상대적으로 짧은 파장의 빛을 이용하여 물질을 관찰할 수 있는 장치이다.

근거: ① ²사람의 눈으로 볼 수 있는 가시광선 영역은 파장이 길기 때문에 단백질 분자 구조와 같은 물질의 내부 구조는 관찰할 수 없다. + ⑤ ²⁴X선 빔라인에서는 다른 빛보다 상대적으로 짧은 파장을 가진 X선의 특성을 이용하여 주로 물질의 내부 구조, 원자 배열 등에 대한 실험이 이루어진다. ²⁵특히 X선 빔라인들 중 하나인 X선 현미경(⑤)은~물질의 내부 구조까지도 확대하여 관찰할 수 있다.

ⓛ은 파장이 긴 가시광선을 사용하지만, X선 빔라인에 해당하는 ⑤에서는 다른 빛보다 상대적으로 짧은 파장을 가진 X선의 특성을 이용하여 물질을 관찰한다. 따라서 ⑤은 ⓛ에서 사용하는 빛보다 상대적으로 짧은 파장의 빛을 이용하는 장치라고 볼 수 있다.

오답풀이

① ⑤과 달리 ⓛ은 물질의 내부 구조를 관찰할 수 있는 장치이다.

근거: ① ²사람의 눈으로 볼 수 있는 가시광선 영역은 파장이 길기 때문에 단백질 분자 구조와 같은 물질의 내부 구조는 관찰할 수 없다. + ⑤ ²⁵특히 X선 빔라인들 중 하나인 X선 현미경(⑤)은 최대 15 나노미터 정도 되는 생체 조직 등과 같은 물질의 내부 구조까지도 확대하여 관찰할 수 있다.

가시광선을 활용하는 ⓛ은 물질의 내부 구조까지는 관찰하기 어려울 것이다. '생체 조직 등과 같은 물질의 내부 구조까지도 확대하여 관찰'할 수 있는 것은 X선을 활용하는 ⑤이다.

② ⓛ과 달리 ⑤은 빛이 굴절하는 성질을 이용하여 실험하는 장치이다.

근거: ⑤ ²⁷X선 현미경(⑤)은, 강력한 전자기장으로 X선을 굴절시켜 빛을 모을 수 있는 특수 금속 렌즈를 이용해 X선을 실험에 활용한다.

⑤은 특수 금속 렌즈를 통해 X선을 굴절시킨다고 하였다. 그러나 ⓛ 역시 '가시광선을 굴절시켜 빛을 모을 수 있는 유리 렌즈를 이용'하는 실험 장치이다.

③ ~~ⓛ과 달리~~ ⓞ은 유리 렌즈를 활용하여 빛을 모아 물질을 확대하는 장치이다.

근거: **5** [26]X선은 가시광선과 달리 유리 렌즈나 거울을 써서 굴절시키거나 반사시키기 어렵다. [27]X선 현미경(ⓞ)은, 강력한 전자기장으로 X선을 굴절시켜 빛을 모을 수 있는 특수 금속 렌즈를 이용해 X선을 실험에 활용한다.

ⓛ은 '가시광선을 굴절시켜 빛을 모을 수 있는 유리 렌즈를 이용'하고, ⓞ은 X선을 활용하기 위해 유리 렌즈가 아닌 '특수 금속 렌즈를 이용'한다.

④ ~~ⓞ은,~~ ⓞ에서 사용하는 빛의 영역이 아닌 ~~인간의 눈으로 볼 수 없는~~ 빛의 영역을 이용하는 장치이다.

근거: **1** [2]사람의 눈으로 볼 수 있는 가시광선 영역

ⓛ은 ⓞ에서 사용하는 'X선'이 아닌 '가시광선'을 사용하는데, 이 가시광선 영역은 사람의 눈으로 볼 수 있다.

단어, 구절, 문장의 의미를 파악하는 문제 정답률 90%

10. 문맥상 ⓐ와 가장 가까운 의미로 쓰인 것은?

정답풀이

⑤ 그는 자신의 이론이 보편성을 지니고 있다고 주장했다.

> 근거: **2** [5]방사광은~실험 목적에 따라 파장을 선택하여 사용할 수 있는 파장 가변성을 ⓐ지닌다.
>
> '가변성을 지닌다(ⓐ)'와 '보편성을 지니고'의 '지니다'는 모두 문맥상 '바탕으로 갖추고 있다.'라는 의미로 사용되었다.

오답풀이

① 그는 딸의 사진을 품속에 지니고 다닌다.

'몸에 간직하여 가지다.'라는 의미로 사용되었다.

② 그는 일을 성사시킬 책임을 지니고 있다.

'어떠한 일 따위를 맡아 가지다.'라는 의미로 사용되었다.

③ 그는 어릴 때의 모습을 그대로 지니고 있었다.

'본래의 모양을 그대로 간직하다.'라는 의미로 사용되었다.

④ 그는 유년 시절의 추억을 가슴 속에 지니고 살았다.

'기억하여 잊지 않고 새겨 두다.'라는 의미로 사용되었다.

(3) 반추 동물의 탄수화물 분해

11~14 다음 글을 읽고 물음에 답하시오.

1 ¹탄수화물은 사람을 비롯한 동물이 생존하는 데 필수적인 에너지원이다. ²탄수화물은 섬유소와 비섬유소로 구분된다. (탄수화물의 **정의**를 제시하면서, 이를 섬유소와 비섬유소로 **구분**해서 설명하고 있네. 둘의 **차이**를 생각하며 읽어야겠어.) 탄수화물이라는 화제가 제시되었어. ³사람은 체내에서 합성한 효소를 이용하여 곡류의 녹말과 같은 비섬유소를 포도당으로 분해하고 이를 소장에서 흡수하여 에너지원으로 이용한다. ⁴반면, (사람의 몸에서 효소를 통해 분해되는 비섬유소와는 **대조**적인 섬유소에 대해 설명하겠군.) 사람은 풀이나 채소의 주성분인 셀룰로스와 같은 섬유소를 포도당으로 분해하는 효소를 합성하지 못하므로, 섬유소를 소장에서 이용하지 못한다. ⁵㉠소, 양, 사슴과 같은 반추 동물도 섬유소를 분해하는 효소를 합성하지 못하는 것은 마찬가지이지만, 비섬유소와 섬유소를 모두 에너지원으로 이용하며 살아간다. (사람과 반추 동물을 **비교**하여 공통점과 차이점을 제시했어. 이어서 반추 동물은 어떻게 섬유소를 에너지원으로 사용할 수 있는 것인지 그 **원리**를 설명해 주겠지?)

	사람	반추 동물
비섬유소 (녹말 등)	분해 효소 O 에너지원 이용 O	에너지원 이용 O
섬유소 (셀룰로스 등)	분해 효소 X 에너지원 이용 X	분해 효소 X 에너지원 이용 O

2 ⁶위(胃)가 넷으로 나누어진 반추 동물의 첫째 위인 반추위에는 여러 종류의 미생물이 서식하고 있다. (반추위에 서식하는 둘 이상의 미생물들에 대한 설명이 **나열**되겠네.) ⁷반추 동물의 반추위에는 산소가 없는데, 이 환경에서 왕성하게 생장하는 반추위 미생물들은 다양한 생리적 특성을 가지고 있다. 반추 동물이 섬유소를 에너지원으로 이용할 수 있는 것은 반추위 미생물들의 특성과 관련이 있나 봐. ⁸그중 ⓐ피브로박터 숙시노젠(F)은 섬유소를 분해하는 대표적인 미생물이다. 먼저 '섬유소'를 분해하는 반추위 미생물 F에 대해 설명해 주네. ⁹식물체에서 셀룰로스는 그것을 둘러싼 다른 물질과 복잡하게 얽혀 있는데, F가 가진 효소 복합체는 이 구조를 끊어 셀룰로스를 노출시킨 후 이를 포도당으로 분해한다. ¹⁰F는 이 포도당을 자신의 세포 내에서 대사 과정을 거쳐 에너지원으로 이용하여 생존을 유지하고 개체 수를 늘림으로써 생장한다. F: 효소 복합체로 셀룰로스(섬유소)를 노출시켜 포도당으로 분해하고 이를 생존을 위한 에너지원으로 이용 ¹¹이런 대사 과정에서 아세트산, 숙신산 등이 대사산물로 발생하고 이를 자신

의 세포 외부로 배출한다. ¹²반추위에서 미생물들이 생성한 아세트산은 반추 동물의 세포로 직접 흡수되어 생존에 필요한 에너지를 생성하는 데 주로 이용되고 체지방을 합성하는 데에도 쓰인다. ¹³한편 반추위에서 숙신산은 프로피온산을 대사산물로 생성하는 다른 미생물의 에너지원으로 빠르게 소진된다. (대사산물인 아세트산, 숙신산에 대한 설명을 **나열**하고 있군.) ¹⁴이 과정에서 생성된 프로피온산은 반추 동물이 간(肝)에서 포도당을 합성하는 대사 과정에서 주요 재료로 이용된다.

F의 대사산물	
아세트산	반추 동물의 에너지원(세포로 직접 흡수), 체지방 합성
숙신산	프로피온산(포도당을 합성하는 대사 과정의 주요 재료)을 생성하는 다른 미생물의 에너지원

3 ¹⁵반추위에는 비섬유소인 녹말을 분해하는 ⓑ스트렙토코쿠스 보비스(S)도 서식한다. F 다음에는 비섬유소를 분해하는 미생물인 S에 대해 설명하는군. ¹⁶이 미생물은 반추 동물이 섭취한 녹말을 포도당으로 분해하고, 이 포도당을 자신의 세포 내에서 대사 과정을 통해 자신에게 필요한 에너지원으로 이용한다. S: 녹말(비섬유소)을 포도당으로 분해하여 에너지원으로 이용 ¹⁷이때 S는 자신의 세포 내의 산성도에 따라 세포 외부로 배출하는 대사산물이 달라진다. ¹⁸산성도를 알려 주는 수소 이온 농도 지수(pH)가 7.0 정도로 중성이고 생장 속도가 느린 경우에는 아세트산, 에탄올 등이 대사산물로 배출된다. ¹⁹반면(앞서 설명한 내용과 **대조**적인 상황이 제시되겠지?) 산성도가 높아져 pH가 6.0 이하로 떨어지거나 녹말의 양이 충분하여 생장 속도가 빠를 때는 젖산이 대사산물로 배출된다. ²⁰반추위에서 젖산은 반추 동물의 세포로 직접 흡수되어 반추 동물에게 필요한 에너지를 생성하는 데 이용되거나 아세트산 또는 프로피온산을 대사산물로 배출하는 다른 미생물의 에너지원으로 이용된다.

S의 대사산물	
아세트산, 에탄올	pH 7.0(중성), 생장 속도가 느릴 때 배출
젖산	pH 6.0↓, 생장 속도가 빠를 때 배출
	반추 동물 혹은 (아세트산이나 프로피온산을 배출하는) 다른 미생물의 에너지원

4 ²¹그런데(내용이 **전환**된다는 표지!) S의 과도한 생장이 반추 동물에게 악영향을 끼치는 경우가 있다. ²²①반추 동물이 짧은 시간에 과도한 양의 비섬유소를 섭취하면 ②S의 개체 수가 급격히 늘고 ③과도한 양의 젖

산이 배출되어 ④반추위의 산성도가 높아진다. ²³이에 따라 ⑤산성의 환경에서 왕성히 생장하며 항상 젖산을 대사산물로 배출하는 ⓒ락토바실러스 루미니스(L)와 같은 젖산 생성 미생물들의 생장이 증가하며 다량의 젖산을 배출하기 시작한다. S의 과도한 생장으로 인해 반추 동물에게 악영향이 발생하는 과정을 제시하는군. ①~⑤의 과정을 거치면서 젖산 농도가 늘고 반추위의 산성도가 높아지면 어떤 일이 벌어지는지 꼼꼼히 확인하자. ²⁴⑥-ⓐF를 비롯한 섬유소 분해 미생물들은 자신의 세포 내부의 pH를 중성으로 일정하게 유지하려는 특성이 있는데, 젖산 농도의 증가로 [(1)자신의 세포 외부의 pH가 낮아지면 (2)자신의 세포 내 항상성을 유지하기 위해 에너지를 사용하므로 생장이 감소한다. ²⁵만일 (3)자신의 세포 외부의 pH가 5.8 이하로 떨어지면 (4)에너지가 소진되어 생장을 멈추고 사멸하는 단계로 접어든다.] ²⁶이와 달리 (F와 **비교**했을 때 이와는 다른 성격을 가지는 다른 미생물들의 특징이 제시되겠지?) ⑥-ⓑS와 L은 상대적으로 산성에 견디는 정도가 강해 [(1)자신의 세포 외부의 pH가 5.5 정도까지 떨어지더라도 이에 맞춰 자신의 세포 내부의 pH를 낮출 수 있어 (2)자신의 에너지를 세포 내부의 pH를 유지하는 데 거의 사용하지 않고 생장을 지속하는 데 사용한다. ²⁷그러나 S도 (3)자신의 세포 외부의 pH가 그 이하로 더 떨어지면 (4)생장을 멈추고 사멸하는 단계로 접어들고, (5)산성에 더 강한 L을 비롯한 젖산 생성 미생물들이 반추위 미생물의 많은 부분을 차지하게 된다.] ²⁸그렇게 되면 ⑦반추위의 pH가 5.0 이하가 되는 급성 반추위 산성증이 발병한다.

S의 과도한 생장이 반추 동물에 끼치는 악영향
①반추 동물이 짧은 시간에 과도한 비섬유소 섭취 → ②S 급격히↑ → ③젖산 과도 배출 → ④반추위 산성도↑ → ⑤L 증가, 젖산 다량 배출↑ (= 산성도↑)

↓

⑥-ⓐ F의 경우	⑥-ⓑ S, L의 경우
(1)세포 외부 pH 7.0(중성) 미만 → (2)생장 감소 / (3)세포 외부 pH 5.8 이하 → (4)에너지 소진, 사멸	(1)세포 외부 pH 5.5까지는 세포 내부 pH 조절→(2)생장 지속 / (3)세포 외부 pH 5.5 이하 → (4)S 사멸 → (5)L과 젖산 생성 미생물이 대부분을 차지함

↓

⑦반추위 pH 5.0 이하로 떨어짐 (급성 반추위 산성증 발병)

📝 지문 파고들기

이 지문의 시작 부분은 얼핏 '사람'이 탄수화물을 어떻게 활용하는지를 다루는 것 같아 보이지만, 사실 지문 전반적으로는 '반추 동물'의 탄수화물 분해 양상을 다루고 있어. 길고 복잡한 이름을 가진 반추위 미생물들의 역할, 각 미생물들이 배출한다는 여러 대사산물들, 그리고 4문단에 제시된 길고 복잡해 보이는 '과정'까지, 매 문단마다 정리할 것들이 가득하지. 하지만 아무리 복잡해 보이는 지문이라도 각 문단의 핵심적인 내용이 무엇인지, 또 지문이 어떤 방식으로 전개되고 있는지 차분히 정리하며 읽는다면 지문의 전체적인 흐름이 훨씬 눈에 잘 들어올 거야.

구조도

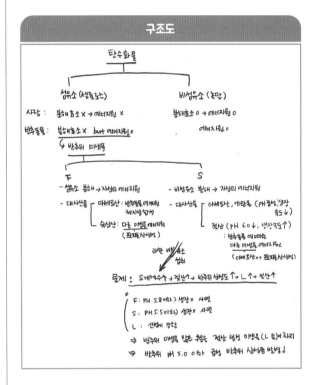

⭐ 어려운 문장 분석하기

¹²[반추위에서 미생물들이 생성한] 아세트산은 반추 동물의 세포로 직접 흡수되어 / (아세트산은) [(생존에 필요한) 에너지를 생성하는] 데 주로 이용되고 / (아세트산은) [체지방을 합성하는] 데에도 쓰인다.

→ 이 문장은 주어인 '아세트산'을 수식하는 말 때문에 문장의 첫 부분에서 주어와 서술어를 포함한 안긴문장이 나타나고 있어. 이를 제외한 전체 문장의 주어와 서술어만 찾는 데 집중하면 문장이 훨씬 단순해 보일 거야. '아세트산'이 반추 동물의 세포로 흡수되어 무엇을 하는 데 이용되고, 쓰이는지에 대해 설명하고 있네.

11. 윗글을 읽고 알 수 있는 내용으로 가장 적절한 것은?

정답풀이

⑤ 피브로박터 숙시노젠(F)은 자신의 세포 내에서 포도당을 에너지원으로 이용하여 생장한다.

> 근거: **2** [10]F는 이 포도당을 자신의 세포 내에서 대사 과 정을 거쳐 에너지원으로 이용하여 생존을 유지하고 개체 수를 늘림으로써 생장한다.

오답풀이

① 섬유소는 사람의 소장에서 ~~포도당의 공급원으로~~ 사용된다.

> 근거: **1** [4]반면, 사람은 풀이나 채소의 주성분인 셀룰로스와 같은 섬유소를 포도당으로 분해하는 효소를 합성하지 못하 므로, 섬유소를 소장에서 이용하지 못한다.

사람은 섬유소를 포도당으로 분해하지 못하므로 이를 소장 에서 포도당의 공급원으로 사용할 수 없다.

② 반추 동물의 세포에서 합성한 효소는 ~~셀룰로스를 분해~~ 한다.

> 근거: **1** [5]소, 양, 사슴과 같은 반추 동물도 (셀룰로스와 같 은) 섬유소를 분해하는 효소를 합성하지 못하는 것은 마찬가 지이지만, 비섬유소와 섬유소를 모두 에너지원으로 이용하 며 살아간다. + **2** [8]그중 피브로박터 숙시노젠(F)은 섬유소 를 분해하는 대표적인 미생물이다. [9]F가 가진 효소 복합체는 이 구조를 끊어 셀룰로스를 노출시킨 후 이를 포도당으로 분해한다.

반추 동물은 셀룰로스(섬유소)를 분해하는 효소를 합성하지 못한다. 반추 동물의 반추위 미생물이 섬유소를 분해하는 역 할을 한다. 참고로 F가 가진 효소 복합체는 셀룰로스를 노출 시켜 포도당으로 분해하는데, 이를 반추 동물이 합성한 효소 라고 볼 수는 없다.

③ 반추위 미생물은 ~~산소가 없는 환경에서~~ 생장을 멈추고 사멸한다.

> 근거: **2** [7]반추 동물의 반추위에는 산소가 없는데, 이 환경 에서 왕성하게 생장하는 반추위 미생물들은 다양한 생리적 특성을 가지고 있다. + **4** [25]만일 자신(F를 비롯한 섬유소 분해 미생물들)의 세포 외부의 pH가 5.8 이하로 떨어지면 에너지가 소진되어 생장을 멈추고 사멸하는 단계로 접어든다.

반추위 미생물은 산소가 없는 환경에서 왕성하게 생장한다. 반추위 미생물이 생장을 멈추고 사멸하는 것은 자신의 세포 외부의 pH가 특정 수치 이하로 떨어지는 경우이다.

④ 반추 동물의 과도한 ~~섬유소~~ 섭취는 급성 반추위 산성증을 유발한다.

> 근거: **4** [22]반추 동물이 짧은 시간에 과도한 양의 비섬유소를 섭취하면 S의 개체 수가 급격히 늘고 과도한 양의 젖산이 배출되어 반추위의 산성도가 높아진다.~[28]그렇게 되면 반 추위의 pH가 5.0 이하가 되는 급성 반추위 산성증이 발병한다.

반추 동물의 과도한 비섬유소 섭취가 급성 반추위 산성증을 유발하는 것이다.

12. 윗글로 볼 때, ⓐ~ⓒ에 대한 이해로 적절하지 <u>않은</u> 것은?

정답풀이

④ ⓑ와 ⓒ는 ~~모두 반추위와 산성도에 따라 다양한 종류의~~ 대사산물을 배출하겠군.

> 근거: **3** [17]이때 S(ⓑ)는 자신의 세포 내의 산성도에 따라 세포 외부로 배출하는 대사산물이 달라진다. + **4** [22]반추 동물이 짧은 시간에 과도한 양의 비섬유소를 섭취하면~ 반추위의 산성도가 높아진다. [23]이에 따라 산성의 환경 에서 왕성히 생장하며 항상 젖산을 대사산물로 배출하는 락토바실러스 루미니스(L)(ⓒ)와 같은 젖산 생성 미생물 들의 생장이 증가하며 다량의 젖산을 배출하기 시작한다.

ⓑ는 반추위가 아니라 자신의 세포 내의 산성도에 따라 배출하는 대사산물이 달라진다. 또한 ⓒ는 항상 젖산을 대사산물로 배출한다.

오답풀이

① ⓐ와 ⓑ는 모두 급성 반추위 산성증에 걸린 반추 동물의 반추위에서는 생장하지 못하겠군.

> 근거: **4** [24]F(ⓐ)를 비롯한 섬유소 분해 미생물들은~생장이 감소한다. [25]만일 자신 세포 외부의 pH가 5.8 이하로 떨어지 면 에너지가 소진되어 생장을 멈추고 사멸하는 단계로 접어 든다.~[27]S(ⓑ)도 자신의 세포 외부의 pH가 그(5.5) 이하로 더 떨어지면 생장을 멈추고 사멸하는 단계로 접어들고~ [28]그렇게 되면 반추위의 pH가 5.0 이하가 되는 급성 반추위 산성증이 발병한다.

급성 반추위 산성증에 걸린 반추 동물인 경우 반추위의 pH는 5.0 이하인데, 자신의 세포 외부 pH가 각각 5.8, 5.5 이하일 때 ⓐ와 ⓑ는 모두 생장하지 못한다.

② ⓐ와 ⓑ는 모두 반추위에서 반추 동물의 체지방을 합성 하는 물질을 생성할 수 있겠군.

> 근거: **2** [11]이런 (ⓐ의) 대사 과정에서 아세트산, 숙신산 등 이 대사산물로 발생하고 이를 자신의 세포 외부로 배출한다. [12]반추위에서 미생물들이 생성한 아세트산은 반추 동물의~ 체지방을 합성하는 데에도 쓰인다. + **3** [18]산성도를 알려 주 는 수소 이온 농도 지수(pH)가 7.0 정도로 중성이고 생장 속 도가 느린 경우에는 아세트산, 에탄올 등이 (ⓑ의) 대사산물 로 배출된다.

ⓐ는 반추위에서 반추 동물의 체지방을 합성하는 데 쓰이는 아세트산을 대사산물로 발생시킨다. 또한 ⓑ도 반추위에서 산성도가 중성이고 생장 속도가 느린 경우에 체지방을 합성 하는 데 쓰이는 아세트산을 대사산물로 배출시킨다.

③ 반추위의 pH가 6.0일 때, ⓐ는 ⓒ보다 자신의 세포 내의 산성도를 유지하는 데 더 많은 에너지를 쓰겠군.

근거: ❸ [18]산성도를 알려 주는 수소 이온 농도 지수(pH)가 7.0 정도로 중성이고~[19]반면 산성도가 높아져 pH가 6.0 이하로 떨어지거나 + ❹ [24]F(ⓐ)를 비롯한 섬유소 분해 미생물들은 자신의 세포 내부의 pH를 중성으로 일정하게 유지하려는 특성이 있는데, 젖산 농도의 증가로 자신의 세포 외부의 pH가 낮아지면 자신의 세포 내의 항상성을 유지하기 위해 에너지를 사용하므로 생장이 감소한다.~[26]이와 달리 S와 L(ⓒ)은 상대적으로 산성에 견디는 정도가 강해 자신의 세포 외부의 pH가 5.5 정도까지 떨어지더라도 이에 맞춰 자신의 세포 내부의 pH를 낮출 수 있어 자신의 에너지를 세포 내부의 pH를 유지하는 데 거의 사용하지 않고 생장을 지속하는 데 사용한다.

반추위의 산성도가 높아져 pH가 6.0이 되면 ⓐ는 자신의 세포 내부의 산성도를 중성(pH 7.0 정도)으로 유지하기 위해 에너지를 사용한다. 반면 ⓒ는 상대적으로 산성에 견디는 정도가 강해 반추위의 pH가 6.0일 때 자신의 세포 내부의 산성도를 유지하는 데 에너지를 거의 사용하지 않는다. 따라서 반추위의 pH가 6.0일 때, ⓐ는 ⓒ보다 자신의 세포 내의 산성도를 유지하는 데 더 많은 에너지를 쓸 것이다.

⑤ 반추위에서 녹말의 양과 ⓑ의 생장이 증가할수록, ⓐ의 생장은 감소하고 ⓒ의 생장은 증가하겠군.

근거: ❸ [19]반면 산성도가 높아져 pH가 6.0 이하로 떨어지거나 녹말의 양이 충분하여 생장 속도가 빠를 때는 젖산이 (ⓑ의) 대사산물로 배출된다. + ❹ [22]반추 동물이 짧은 시간에 과도한 양의 비섬유소를 섭취하면 S(ⓑ)의 개체 수가 급격히 늘고 과도한 양의 젖산이 배출되어 반추위의 산성도가 높아진다. [23]이에 따라 산성의 환경에서 왕성히 생장하며 항상 젖산을 대사산물로 배출하는 락토바실러스 루미니스(L) (ⓒ)와 같은 젖산 생성 미생물들의 생장이 증가하며 다량의 젖산을 배출하기 시작한다. [24]F(ⓐ)를 비롯한 섬유소 분해 미생물들은~젖산 농도의 증가로 자신의 세포 외부의 pH가 낮아지면 자신의 세포 내의 항상성을 유지하기 위해 에너지를 사용하므로 생장이 감소한다.

반추위에서 녹말의 양과 ⓑ의 생장이 증가하면 젖산이 배출된다. 젖산 농도의 증가로 세포 외부의 pH가 낮아지면, 자신의 세포 내부의 항상성을 유지하기 위해 에너지를 사용하는 ⓐ의 생장은 감소하지만 ⓒ는 왕성히 생장한다.

13. 윗글을 바탕으로 ㉠이 가능한 이유를 진술한다고 할 때, 〈보기〉의 ㉮, ㉯에 들어갈 말로 가장 적절한 것은? [3점]

> **보기**
>
> 반추 동물이 섭취한 섬유소와 비섬유소는 반추위에서 (㉮), 이를 이용하여 생장하는 (㉯)은 반추 동물의 에너지원으로 이용되기 때문이다.

정답풀이

① ㉮: 반추위 미생물의 에너지원이 되고
　 ㉯: 반추위 미생물이 대사 과정을 통해 생성한 대사 산물

㉮
근거: ❷ [8]그중 피브로박터 숙시노젠(F)은 섬유소를 분해하는 대표적인 미생물이다. [9]F가 가진 효소 복합체는 이 구조를 끊어 셀룰로스를 노출시킨 후 이를 포도당으로 분해한다. [10]F는 이 포도당을 자신의 세포 내에서 대사 과정을 거쳐 에너지원으로 이용하여 생존을 유지하고 개체 수를 늘림으로써 생장한다. + ❸ [15]반추위에는 비섬유소인 녹말을 분해하는 스트렙토코쿠스 보비스(S)도 서식한다. [16]이 미생물은 반추 동물이 섭취한 녹말을 포도당으로 분해하고, 이 포도당을 자신의 세포 내에서 대사 과정을 통해 자신에게 필요한 에너지원으로 이용한다.

반추 동물이 섭취한 섬유소는 반추위 미생물 F에 의해 포도당으로 분해되며, F는 이를 자신의 에너지원으로 이용한다. 그리고 반추 동물이 섭취한 비섬유소는 반추위 미생물 S에 의해 포도당으로 분해되며, S는 이를 자신의 에너지원으로 이용한다.

㉯
근거: ❷ [12]반추위에서 미생물들이 생성한 아세트산은 반추 동물의 세포로 직접 흡수되어 생존에 필요한 에너지를 생성하는 데 주로 이용되고 체지방을 합성하는 데에도 쓰인다. + ❸ [19]반면 산성도가 높아져 pH가 6.0 이하로 떨어지거나 녹말의 양이 충분하여 생장 속도가 빠를 때는 젖산이 (S의) 대사산물로 배출된다. [20]반추위에서 젖산은 반추 동물의 세포로 직접 흡수되어 반추 동물에게 필요한 에너지를 생성하는 데 이용되거나 아세트산 또는 프로피온산을 대사산물로 배출하는 다른 미생물의 에너지원으로 이용된다.

반추위 미생물은 대사 과정에서 반추 동물의 에너지원으로 이용되는 아세트산과 젖산을 대사산물로 생성한다.

오답풀이

㉮: 반추위 미생물에 의해 ~~합성된 포도당~~이 되고

근거: ❷ [8]그중 피브로박터 숙시노젠(F)은 섬유소를 분해하는 대표적인 미생물이다. [9]식물체에서 셀룰로스(섬유소)는 그것을 둘러싼 다른 물질과 복잡하게 얽혀 있는데, F가 가진 효소 복합체는 이 구조를 끊어 셀룰로스를 노출시킨 후 이를 포도당으로 분해한다. + ❸ [15]반추위에는 비섬유소인 녹말을 분해하는 스트렙토코쿠스 보비스(S)도 서식한다. [16]이 미생물은 반추 동물이 섭취한 녹말을 포도당으로 분해하고, 이 포도당을 자신의 세포 내에서 대사 과정을 통해 자신에게 필요한 에너지원으로 이용한다.

반추위 미생물은 섬유소와 비섬유소를 포도당으로 합성하는 것이 아니라 분해한다.

㉯: 반추위 미생물이 대사 과정을 통해 생성한 ~~포도당~~

근거: ❷ [10]F는 이 포도당을 자신의 세포 내에서 대사 과정을 거쳐 에너지원으로 이용하여 생존을 유지하고 개체 수를 늘림으로써 생장한다. + ❸ [16]이 미생물은 반추 동물이 섭취한 녹말을 포도당으로 분해하고, 이 포도당을 자신의 세포 내에서 대사 과정을 통해 자신에게 필요한 에너지원으로 이용한다.

생장을 위해 대사 과정을 거쳐 포도당을 에너지원으로 이용하는 것은 반추 동물이 아니라 반추위 미생물이다.

㉰: ~~반추 동물~~이 대사 과정을 통해 생성한 ~~포도당~~

근거: ❷ [9]식물체에서 셀룰로스는 그것을 둘러싼 다른 물질과 복잡하게 얽혀 있는데, F가 가진 효소 복합체는 이 구조를 끊어 셀룰로스를 노출시킨 후 이를 포도당으로 분해한다. [10]F는 이 포도당을 자신의 세포 내에서 대사 과정을 거쳐 에너지원으로 이용하여 생존을 유지하고 개체 수를 늘림으로써 생장한다. + ❸ [16]이 미생물은 반추 동물이 섭취한 녹말을 포도당으로 분해하고, 이 포도당을 자신의 세포 내에서 대사 과정을 통해 자신에게 필요한 에너지원으로 이용한다.

반추위 미생물은 대사 과정을 통해 포도당을 생성하는데, 이는 반추 동물이 아니라 반추위 미생물 자신의 에너지원으로 이용된다.

☑ 짚고 가기 이 문제에서는 '섬유소'와 '비섬유소'가 반추위에서 어떻게 분해되며, 그 결과 어떤 역할을 하게 되는지를 분명하게 파악해야 했어. 이때 많은 학생들이 '반추 동물이 섭취한 섬유소와 비섬유소는 반추위에서 반추위 미생물에 의해 합성된 포도당'이 된다고 생각해서 정답률이 낮았지. 그런데 2문단과 3문단에서 반추위 미생물 F와 S는 각각 섬유소와 비섬유소를 포도당으로 '분해'한다고 했어. 즉 반추위 미생물은 섬유소와 비섬유소를 포도당으로 '분해'하는 것이지 섬유소와 비섬유소를 '합성'된 포도당으로 만드는 것이 아니야. 2문단에 따르면 대사 산물인 프로피온산이 간에서 포도당을 합성하는 과정에서 주요 재료로 이용된다고 했을 뿐이야. 근거를 찾을 때 몇몇 키워드만 가지고 단편적으로 판단해서는 안 된다는 점을 명심하자!

14. 윗글로 볼 때, 반추위 미생물에서 배출되는 숙신산과 젖산에 대한 설명으로 적절하지 않은 것은?

정답풀이

③ 숙신산과 젖산은 반추위가 산성일 때보다 중성일 때 더 많이 배출된다.

근거: ❷ [11]이런 (F의) 대사 과정에서 아세트산, 숙신산 등이 대사산물로 발생하고 이를 자신의 세포 외부로 배출한다. + ❸ [19]반면 (S의 세포 내부의) 산성도가 높아져 pH가 6.0 이하로 떨어지거나 녹말의 양이 충분하여 생장 속도가 빠를 때는 젖산이 대사산물로 배출된다. + ❹ [23]이에 따라 산성의 환경에서 왕성히 생장하며 항상 젖산을 대사산물로 배출하는 락토바실러스 루미니스(L)와 같은 젖산 생성 미생물들의 생장이 증가하며 다량의 젖산을 배출하기 시작한다. [24]F를 비롯한 섬유소 분해 미생물들은 자신의 세포 내부의 pH를 중성으로 일정하게 유지하려는 특성이 있는데, 젖산 농도의 증가로 자신의 세포 외부의 pH가 낮아지면 자신의 세포 내의 항상성을 유지하기 위해 에너지를 사용하므로 생장이 감소한다.

숙신산을 대사산물로 배출하는 F는 자신의 세포 외부의 산성도가 높아지면서 pH가 (중성일 때보다) 낮아지면 생장이 감소하므로, 숙신산은 반추위가 산성일 때보다 중성일 때 더 많이 배출될 것이다. 그러나 젖산은 S의 세포 내부의 산성도가 높아질 때 대사산물로 배출되며, 산성의 환경에서 L과 같은 젖산 생성 미생물들의 생장이 증가하므로 반추위가 중성일 때보다 산성일 때 더 많이 배출될 것이다.

오답풀이

① 숙신산이 많이 배출될수록 반추 동물의 간에서 합성되는 포도당의 양도 늘어난다.

근거: ❷ [13]한편 반추위에서 숙신산은 프로피온산을 대사산물로 생성하는 다른 미생물의 에너지원으로 빠르게 소진된다. [14]이 과정에서 생성된 프로피온산은 반추 동물이 간에서 포도당을 합성하는 대사 과정에서 주요 재료로 이용된다.

숙신산은 프로피온산을 대사산물로 생성하는 다른 미생물의 에너지원인데, 프로피온산은 반추 동물이 간에서 포도당을 합성하는 데 이용된다. 따라서 숙신산이 많이 배출될수록 프로피온산이 많이 생성되어 반추 동물의 간에서 합성되는 포도당의 양도 늘어날 것이다.

② 젖산은 반추 동물의 세포로 직접 흡수되어 반추 동물의 에너지원으로 이용될 수 있다.

근거: ❸ [20]반추위에서 젖산은 반추 동물의 세포로 직접 흡수되어 반추 동물에게 필요한 에너지를 생성하는 데 이용되거나 아세트산 또는 프로피온산을 대사산물로 배출하는 다른 미생물의 에너지원으로 이용된다.

④ 숙신산과 젖산은 반추위 미생물의 세포 내에서 대사 과정을 거쳐 생성된다.

근거: ❷ [10]F는 이 포도당을 자신의 세포 내에서 대사 과정을 거쳐 에너지원으로 이용하여 생존을 유지하고 개체 수를 늘림으로써 생장한다. [11]이런 대사 과정에서 아세트산, 숙신산 등이 대사산물로 발생하고 이를 자신의 세포 외부로 배출한다. + ❸ [17]이때 S는 자신의 세포 내의 산성도에 따라 세포 외부로 배출하는 대사산물이 달라진다.~[19](S의 세포 내부의) 산성도가 높아져 pH가 6.0 이하로 떨어지거나 녹말의 양이 충분하여 생장 속도가 빠를 때는 젖산이 대사산물로 배출된다.

숙신산은 반추위 미생물 F의 세포 내에서 대사 과정을 거쳐 생성된 대사산물이고, 젖산은 반추위 미생물 S의 세포 내에서 대사 과정을 거쳐 생성된 대사산물이다.

⑤ 숙신산과 젖산은 프로피온산을 대사산물로 배출하는 다른 미생물의 에너지원으로 이용되기도 한다.

근거: ❷ [13]한편 반추위에서 숙신산은 프로피온산을 대사산물로 생성하는 다른 미생물의 에너지원으로 빠르게 소진된다. + ❸ [20]반추위에서 젖산은~프로피온산을 대사산물로 배출하는 다른 미생물의 에너지원으로 이용된다.

4 주제 복합

(1) (가) 사랑에 대한 아퀴나스의 관점
(나) 사랑에 대한 칸트의 관점

문제 P.178

1~5 다음 글을 읽고 물음에 답하시오.

(가)

1 ¹사랑의 본질에 대한 토마스 아퀴나스의 설명은 인간의 사랑인 아모르에 대한 분석에 기초한다. ²그는 인간이 선을 추구하려는 욕구를 지닌 존재인데, ㉠욕구를 추구하는 인간 행위의 원천이 바로 사랑이라 말한다. ³이때 선이란 자신에게 좋은 것으로 자신의 본성에 적합하거나 자신에게 기쁨을 주는 것을 뜻한다. (아퀴나스의 관점에서 '인간, 사랑, 선'의 정의가 제시되고 있군. 이렇게 중요 개념을 설명해 주면서 글을 시작하네.) 아퀴나스의 관점에 대해 정리해 보자. 인간: 선을 추구하려는 욕구를 지닌 존재 / 사랑: 욕구를 추구하는 인간 행위의 원천 / 선: 본성에 적합하거나 기쁨을 주는 것

2 ⁴아퀴나스에 ⓐ따르면 인간의 욕구는 감각적 욕구와 지적 욕구로 구별되는데, 이는 선을 추구한다는 점에서는 동일하지만 크게 두 가지 차이점이 있다. (감각적 욕구와 지적 욕구의 두 가지 차이점이 나열될 거야.) ⁵첫째, 감각적 욕구에 의한 추구 행위는 대상에 의해 촉발되어 이에 수동적으로 반응하는 것이다. ⁶반면 지적 욕구에 의한 추구 행위는 지성의 능동적인 활동과 주체의 선택에 의해 일어나는 보다 적극적인 것이다. ⁷둘째, 감각적 욕구는 감각적 인식능력에 의해 선으로 인식된 것을 추구하는 반면, 지적 욕구는 지성에 의해 선으로 이해된 것을 추구한다. ⁸왜냐하면 감각적 인식능력은 대상의 선악 판단에 개입할 수 없지만, 지성은 대상이 무엇이든 이해한 바에 따라 선악 판단을 다르게 할 수 있기 때문이다. ⁹예를 들어(예시를 통해 감각적 욕구와 지적 욕구가 각각 감각적 인식능력, 지성에 의해 선으로 인식된 것을 추구한다는 점에 대해 구체적으로 설명해 주겠군.) 단맛이 나에게 기쁨을 준다면 감각적 욕구는 사탕을 추구하겠지만, 지적 욕구는 사탕이 충치를 유발할 수도 있으므로 선이 아니라고 판단한다면 추구하지 않을 수도 있다. 감각적 욕구와 지적 욕구의 차이점을 정리해 볼까?

	감각적 욕구	지적 욕구
추구 행위	대상에 의해 촉발, 수동적	지성의 능동적 활동·주체의 선택에 의해 촉발, 적극적
추구 대상	감각적 인식능력에 의해 선으로 인식된 것	지성에 의해 선으로 이해된 것

3 ¹⁰아퀴나스는 감각적 욕구와 지적 욕구가 있는 곳에는 항상 사랑이 있다고 말하며, 사랑이 선을 향한 감각적 욕구와 지적 욕구에 의한 추구 행위를 일으키는 힘이라고 설명한다. ¹¹특히, 아퀴나스는 감각적 욕구에 의한 추구 행위를 '정념'이라고 칭하며, 사랑을 전제하지 않는 정념은 없으며 선을 향한 사랑에서부터 여러 정념이 비롯된다고 하였다. 정념: 감각적 욕구에 의한 추구 행위, 선을 향한 사랑에서 비롯됨 ¹²만약 여러 대상에 대한 감각적 욕구들이 동시에 일어난다면 어떻게 될까? ¹³인간은 가장 먼저 추구할 감각적 욕구를 지성에 의해 판단하고 선택한다. ¹⁴다른 것보다 더 선이라고 이해된 것을 우선 추구하기 때문이다. 여러 대상에 대한 감각적 욕구가 동시에 일어나는 경우, 인간은 지성에 의해 더 선이라고 이해된 욕구를 우선해서 추구한다는 것이군. ¹⁵결국 아퀴나스가 말하는 인간의 사랑은 선에 대한 자신의 이해에 입각하기 때문에 자신에게 선인 것에 대한 사랑을 근본으로 한다. 아퀴나스의 사랑: 선을 향한 감각적 욕구와 지적 욕구에 의한 추구 행위를 일으키는 힘으로, '자신에게 선인 것에 대한 사랑'을 근본으로 함

(나)

1 ¹칸트는 감성적 차원의 사랑과 실천적 차원의 사랑이 다르다고 설명한다. (감성적 차원의 사랑과 실천적 차원의 사랑이 지닌 차이점을 설명하겠군.) (나)의 중심 화제는 사랑에 대한 칸트의 관점인가 봐. ²감성적 차원의 사랑은 남녀 간의 사랑같이 인간의 경향성에 근거한 사랑이며, 실천적 차원의 사랑은 의무로서의 사랑이라 할 수 있다. 감성적 차원의 사랑: 인간의 경향성에 근거한 사랑 / 실천적 차원의 사랑:

의무로서의 사랑 ³칸트는 감성적 차원의 사랑보다는 실천적 차원의 사랑에 더 주목하고 가치를 부여한다. (뒤에서 칸트가 이렇게 생각한 **원인**을 설명하겠네.) 칸트는 실천적 차원의 사랑이 더 가치 있다고 보았군.

2 ⁴칸트에 따르면 인간은 도덕법칙을 실천하려고 하는 선의지를 지닌 존재이다. ⁵여기서 선의지란 선을 지향하는 의지로 그 자체만으로 조건 없이 선한 것이다. ⁶그는 인간이 도덕적 존재가 될 수 있는 것은 이성이 인간에게 도덕법칙을 의무로 부여하기 때문이라고 말한다. ⁷칸트에게 의무란 도덕법칙에 대한 존경심 때문에 어떤 행위를 필연적으로 해야만 하는 것이다. (칸트의 관점에서 '인간, 선의지, 의무'의 **정의**가 제시되고 있어.) 인간: 이성이 의무(도덕법칙에 대한 존경심에서 비롯됨)로 부여한 도덕법칙을 실천하려는 선의지(선을 지향하는 의지, 그 자체로 조건 없이 선한 것)를 지닌 존재 ⁸이때 보편적으로 적용할 수 있는 도덕법칙은 '너는 무엇을 해야 한다'라는 명령의 형식으로 나타나며, 칸트는 선의지에 따라 의무로부터 비롯된 행위를 실천하는 것만이 도덕적 가치가 있다고 보았다. 선의지에 따라 의무로 부여된 도덕법칙을 실천 → 도덕적 가치 有

3 ⁹칸트의 관점에서 감성적 차원의 사랑은 욕구나 자연적 경향성에 이끌리는 감정이기 때문에, 의무로 강제하거나 명령을 통해 일으킬 수 있는 것이 아니다. ¹⁰그는 어떤 경향성과도 무관하거나 심지어 경향성을 거스르지만, 도덕법칙을 ⓑ따르려는 의무로서의 사랑을 실천하는 것만이 참된 도덕적 가치를 지닌다고 보았다. ¹¹그리고 실천적 차원의 사랑만이 보편적인 도덕법칙으로 명령될 수 있으며, 인간에 대한 실천적 차원의 사랑은 모든 인간이 갖는 서로에 대한 의무라고 말한다. 감성적 차원의 사랑과 실천적 차원의 사랑 간 차이점을 정리해 볼까?

	감성적 차원의 사랑	실천적 차원의 사랑
특성	의무로 강제하거나 명령될 수 없음	보편적 도덕법칙으로 명령될 수 있음

이러한 차이 때문에 칸트는 실천적 차원의 사랑이 모든 인간 사이의 의무로서 참된 도덕적 가치를 지닌다고 본 것이군.

📝 **지문 파고들기**

이 지문은 (가)와 (나) 두 개의 글로 구성된 복합 지문으로, 공통적으로 '사랑'이라는 화제를 다루고 있어. 다만 (가)는 사랑과 욕구에 대한 아퀴나스의 관점을 설명하고 있다면, (나)는 사랑과 도덕법칙에 대한 칸트의 관점을 설명하고 있다는 점에서 차이가 있지. 유사한 주제를 바탕으로 서로 비교하며 읽을 수 있는 두 학자의 관점이 제시되어 있기 때문에, 3번과 4번처럼 두 글에 대한 종합적인 이해를 확인하는 문제가 출제될 수 있어. 따라서 주제 복합형 지문을 독해할 때는 (가)와 (나) 각각에 대한 내용 이해뿐 아니라, 두 글에 대한 비교·정리도 해야 한다는 점을 참고해 두자!

(가) 구조도

	아퀴나스의 사랑에 대한 관점	
1	사랑	**욕구**를 추구하는 인간 행위의 원천
	인간	선을 추구하려는 욕구를 지닌 존재
	선	자신에게 좋은 것

	감각적 욕구와 지적 욕구의 차이점	
2	감각적 욕구	– 대상에 의해 촉발된 **수동적** 반응 – **감각적 인식능력**에 의해 선으로 인식된 것 추구
	지적 욕구	– 지성의 능동적 활동 · 주체의 선택에 의해 촉발된 **적극적** 반응 – **지성**에 의해 선으로 이해된 것 추구

	사랑과 욕구의 관계
3	– 사랑 → 감각적 욕구에 의한 추구 행위(정념)와 지적 욕구에 의한 추구 행위 촉발 → 선 지향(자신에게 선인 것에 대한 사랑이 근본) – 감각적 욕구들의 동시 발생 → **지성**에 의해 감각적 욕구의 우선순위 판단 → 더 **선**이라고 이해된 것을 먼저 추구

(나) 구조도

	칸트의 사랑에 대한 관점	
1	감성적 차원의 사랑	– 인간의 **경향성**에 근거한 사랑 (예: 남녀 간의 사랑)
	실천적 차원의 사랑	– **의무**로서의 사랑 – 감성적 차원의 사랑보다 가치를 지님

	인간의 선의지와 도덕법칙	
2	인간	도덕법칙을 실천하려는 **선의지**를 지닌 존재
	선의지	선을 지향하는 의지
	도덕법칙	**이성**이 인간에게 의무로 부여, 명령의 형식으로 나타남

	사랑과 도덕법칙의 관계	
3	감성적 차원의 사랑	– 도덕법칙으로 명령될 수 **없음**
	실천적 차원의 사랑	– 도덕법칙으로 명령될 수 **있음** – 모든 인간 사이의 의무, 참된 도덕적 가치를 지님

★ (가) 어려운 문장 분석하기

¹⁰아퀴나스는 [(감각적 욕구와 지적 욕구가 있는) 곳에는 항상 사랑이 있다]고 말하며, / (아퀴나스는) [사랑이 ([〈선을 향한〉 감각적 욕구와 지적 욕구에 의한] 추구 행위를 일으키는) 힘]이라고 설명한다.

→ 이 문장은 크게 인용절을 안은 두 개의 문장이 이어진 구조야. 즉, '아퀴나스는 ~고 말하며, ~이라고 설명한다.'의 구성이지. 따라서 안긴문장에서 말하고자 하는 바가 중요하겠지? 참고로 안긴문장 안에 또 다른 문장이 안겨 있는 경우에는 각각의 안긴문장을 구별해 주는 다른 모양의 괄호를 활용하여 표시해 주면 문장의 구조를 더 명확히 이해할 수 있어.

★ (나) 어려운 문장 분석하기

¹⁰그는(칸트는) [([어떤 경향성과도 무관하거나 / 심지어 경향성을 거스르지만, / 도덕법칙을 따르려는] 의무로서의 사랑을 실천하는) 것만이 참된 도덕적 가치를 지닌다]고 보았다.

→ 이 문장은 '의무로서의 사랑을 실천하는 것만이 참된 도덕적 가치를 지닌다고 보았'던 칸트의 관점을 설명하고 있어. 문장에서 수식하는 말이 길 경우에는 안긴문장을 괄호로 묶어 놓고 가장 바깥의 안긴문장부터 확인해 가면 돼.

1. (가)와 (나)의 공통점으로 가장 적절한 것은?

정답풀이

② (가)와 (나)는 모두 용어의 개념을 정의하며 내용을 전개하고 있다.

> 근거: (가) **1** [1]사랑의 본질에 대한 토마스 아퀴나스의 설명은 인간의 사랑인 아모르에 대한 분석에 기초한다. ~ [3]이때 선이란 자신에게 좋은 것으로 자신의 본성에 적합하거나 자신에게 기쁨을 주는 것을 뜻한다. / (나) **1** [2]감성적 차원의 사랑은 남녀 간의 사랑같이 인간의 경향성에 근거한 사랑이며, 실천적 차원의 사랑은 의무로서의 사랑이라 할 수 있다. + **2** [4]칸트에 따르면 인간은 도덕법칙을 실천하려고 하는 선의지를 지닌 존재이다. [5]여기서 선의지란 선을 지향하는 의지로 그 자체만으로 조건 없이 선한 것이다.
>
> (가)는 사랑의 본질에 대한 토마스 아퀴나스의 설명을 언급하고 있는데, '선이란 자신에게 좋은 것으로 자신의 본성에 적합하거나 자신에게 기쁨을 주는 것을 뜻한다.' 등에서 용어의 개념을 정의하며 내용을 전개하고 있다. 한편 (나)는 칸트가 설명한 감성적 차원의 사랑과 실천적 차원의 사랑을 언급하면서 각각의 정의를 제시하고, 이후 '선의지란 선을 지향하는 의지로 그 자체만으로 조건 없이 선한 것이다.' 등에서 용어의 개념을 정의하며 내용을 전개하고 있다.

오답풀이

① (가)와 (나)는 모두 ~~문제점에 대한 해결 방안을 모색~~하고 있다.

(가)는 사랑의 본질에 대한 토마스 아퀴나스의 설명에 대해, (나)는 칸트가 설명한 감성적 차원의 사랑과 실천적 차원의 사랑에 대해 설명하고 있을 뿐, 문제점에 대한 해결 방안을 모색하고 있지는 않다.

③ (가)와 (나)는 모두 ~~두 가지 이론의 장단점을 비교~~하며 설명하고 있다.

(가)에서는 인간의 욕구를 감각적 욕구와 지적 욕구로 구별하여, (나)에서는 감성적 차원의 사랑과 실천적 차원의 사랑을 구별하여 설명하고 있을 뿐, 두 가지 이론의 장단점을 비교하여 설명하고 있지는 않다.

④ (가)와 (나)는 모두 ~~두 가지 관점을 절충하며 하나의 결론을 도출~~하고 있다.

(가)는 토마스 아퀴나스의 관점에 대해, (나)는 칸트의 관점에 대해 설명하고 있을 뿐, 두 가지 관점을 절충하며 하나의 결론을 도출하고 있지는 않다.

⑤ (가)와 (나)는 모두 특정 학자의 견해가 지닌 ~~논리적 오류를 지적~~하고 있다.

(가)는 토마스 아퀴나스의 관점에 대해, (나)는 칸트의 관점에 대해 설명하고 있을 뿐, 글에 제시된 학자의 견해가 지닌 논리적 오류를 지적하고 있지는 않다.

2. ㉠에 대한 설명으로 적절하지 <u>않은</u> 것은?

정답풀이

④ 감각적 욕구들은 동시에 일어날 수 ~~없다~~.

> 근거: (가) **1** [2]그(아퀴나스)는 인간이 선을 추구하려는 욕구를 지닌 존재인데, 욕구(㉠)를 추구하는 인간 행위의 원천이 바로 사랑이라 말한다. + **3** [12]만약 여러 대상에 대한 감각적 욕구들이 동시에 일어난다면 어떻게 될까? [13]인간은 가장 먼저 추구할 감각적 욕구를 지성에 의해 판단하고 선택한다.
>
> 여러 대상에 대한 감각적 욕구들이 동시에 일어날 경우 인간이 가장 먼저 추구할 감각적 욕구를 지성에 의해 판단하고 선택한다는 것은, 감각적 욕구가 동시에 일어날 수 있다는 것을 의미한다. 따라서 감각적 욕구들이 동시에 일어날 수 없다는 설명은 적절하지 않다.

오답풀이

① 선을 추구한다.

근거: (가) **1** [2]그(아퀴나스)는 인간이 선을 추구하려는 욕구를 지닌 존재인데, 욕구(㉠)를 추구하는 인간 행위의 원천이 바로 사랑이라 말한다.

② 인간이 지니고 있는 것이다.

근거: (가) **1** [2]그(아퀴나스)는 인간이 선을 추구하려는 욕구를 지닌 존재인데, 욕구(㉠)를 추구하는 인간 행위의 원천이 바로 사랑이라 말한다.

③ 감각적 욕구와 지적 욕구로 구별된다.

근거: (가) **2** [4]아퀴나스에 따르면 인간의 욕구(㉠)는 감각적 욕구와 지적 욕구로 구별되는데

⑤ 감각적 욕구에 의한 추구 행위는 정념이라 부른다.

근거: (가) **3** [11]특히, 아퀴나스는 감각적 욕구(㉠)에 의한 추구 행위를 '정념'이라고 칭하며

3. (가)와 (나)를 읽은 학생이 〈보기〉에 대해 보인 반응으로 적절하지 **않은** 것은? [3점]

――― 보기 ―――

갑은 잠에서 깨어나 방안 가득한 카레 냄새를 맡고 카레가 먹고 싶어져 식탁으로 갔다. 그런데 오늘 예정된 봉사활동에 늦지 않기 위해 카레를 먹지 않기로 하고 봉사활동을 하러 갔다. 봉사활동을 마치고 집에 가는 길에 카페에 들렀더니 진열장에 시원한 생수와 맛있는 케이크가 있었다. 그것들을 보니 목도 마르고 배도 고팠지만 생수를 먼저 주문해 마신 후, 케이크를 주문해 먹었다. 그러다 갑은 카페에 들어오는 이성인 을의 미소를 보고 첫눈에 반했다. 평소 갑은 부끄러움이 많았지만 용기를 내어 을에게 다가갔다.

정답풀이

⑤ 칸트에 따르면, 갑이 을에게 다가간 것은 감성적 차원의 사랑에서 ~~질적 차원의 사랑으로 나아간 것~~이겠군.

> 근거: (나) **1** ²감성적 차원의 사랑은 남녀 간의 사랑같이 인간의 경향성에 근거한 사랑이며, 실천적 차원의 사랑은 의무로서의 사랑이라 할 수 있다. + **3** ⁹칸트의 관점에서 감성적 차원의 사랑은 욕구나 자연적 경향성에 이끌리는 감정이기 때문에, 의무로 강제하거나 명령을 통해 일으킬 수 있는 것이 아니다.

칸트가 생각한 감성적 차원의 사랑은 남녀 간의 사랑같이 인간의 경향성에 근거한 사랑이며, 실천적 차원의 사랑은 의무로서의 사랑이다. 또한 칸트의 관점에서 감성적 차원의 사랑은 의무로 강제하거나 명령을 통해 일으킬 수 있는 것이 아니다. 따라서 〈보기〉에서 갑이 '이성인 을의 미소를 보고 첫눈에 반'해 '용기를 내어 을에게 다가'간 것은 감성적 차원의 사랑일 뿐, 실천적 차원의 사랑으로 나아간 것이라고 보기는 어렵다.

오답풀이

① 아퀴나스에 따르면, 갑이 카레가 먹고 싶어진 것은 카레 냄새에 의해 촉발된 감각적 욕구에 의한 추구 행위이겠군.

> 근거: (가) **2** ⁵첫째, 감각적 욕구에 의한 추구 행위는 대상에 의해 촉발되어 이에 수동적으로 반응하는 것이다.

아퀴나스에 따르면 감각적 욕구에 의한 추구 행위는 대상에 의해 촉발되어 이에 수동적으로 반응하는 것이므로, 〈보기〉에서 갑이 '방안 가득한 카레 냄새를 맡고 카레가 먹고 싶어져 식탁'으로 간 것은 카레 냄새에 의해 촉발된 감각적 욕구에 의한 추구 행위로 볼 수 있다.

② 아퀴나스에 따르면, 갑이 카레를 먹지 않은 것은 지성이 카레를 먹는 것을 선이 아니라고 판단했기 때문이겠군.

> 근거: (가) **2** ⁷지적 욕구는 지성에 의해 선으로 이해된 것을 추구한다. ⁹예를 들어 단맛이 나에게 기쁨을 준다면 감각적 욕구는 사탕을 추구하겠지만, 지적 욕구는 사탕이 충치를 유발할 수도 있으므로 선이 아니라고 판단한다면 추구하지 않을 수도 있다.

아퀴나스에 따르면 지적 욕구는 지성에 의해 선으로 이해된 것을 추구하므로, 사탕이 충치를 유발할 수도 있어 선이 아니라고 판단한다면 추구하지 않을 수도 있다. 따라서 〈보기〉에서 갑이 '오늘 예정된 봉사활동에 늦지 않기 위해 카레를 먹지 않기로' 한 것은 지성이 카레를 먹는 것을 선이 아니라고 판단했기 때문이라고 볼 수 있다.

③ 아퀴나스에 따르면, 갑이 생수와 케이크 중 생수를 먼저 주문해 마신 것은 갈증을 해결하는 것이 더 선이라고 이해했기 때문이겠군.

> 근거: (가) **3** ¹²만약 여러 대상에 대한 감각적 욕구들이 동시에 일어난다면 어떻게 될까? ¹³인간은 가장 먼저 추구할 감각적 욕구를 지성에 의해 판단하고 선택한다. ¹⁴다른 것보다 더 선이라고 이해된 것을 우선 추구하기 때문이다.

아퀴나스에 따르면 여러 대상에 대한 감각적 욕구들이 동시에 일어난다면, 인간은 지성에 의해 더 선이라고 이해된 것을 우선 추구한다. 따라서 〈보기〉에서 갑이 '진열장에 시원한 생수와 맛있는 케이크가 있'는 것을 보고 '목도 마르고 배도 고팠지만 생수를 먼저 주문해 마신' 것은 동시에 일어난 감각적 욕구 중 갈증을 해결하는 것이 더 선이라고 이해했기 때문이라고 볼 수 있다.

④ 칸트에 따르면, 갑이 을의 미소에 첫눈에 반한 것은 자연적 경향성에 이끌린 것이겠군.

> 근거: (나) **1** ²감성적 차원의 사랑은 남녀 간의 사랑같이 인간의 경향성에 근거한 사랑 + **3** ⁹칸트의 관점에서 감성적 차원의 사랑은 욕구나 자연적 경향성에 이끌리는 감정

칸트에 따르면 감성적 차원의 사랑은 남녀 간의 사랑같이 인간의 경향성에 근거한 사랑이며, 욕구나 자연적 경향성에 이끌리는 감정이다. 따라서 〈보기〉에서 갑이 '이성인 을의 미소를 보고 첫눈에 반'한 것은 자연적 경향성에 이끌린 것이라고 볼 수 있다.

> **✅ 짚고 가기** 〈보기〉에 제시된 구체적인 상황들을 (가)의 아퀴나스와 (나)의 칸트의 관점에 따라 어떻게 이해할 수 있는지를 묻는 문제였어. 이런 유형의 문제는 지문에 대한 정확한 내용 이해를 바탕으로 풀어야 해. 그런데 (가)와 (나) 모두 다소 추상적인 내용들을 다루고 있다 보니, 윗글의 내용을 〈보기〉의 구체적인 사례에 대응시키는 데 어려움을 느낀 학생들도 있었을 거야. 그럴 경우, 여러 기출 문제에서 지문의 내용을 구체적인 사례에 적용해 보는 문제만을 모아서 집중적으로 풀어 보는 게 도움이 될 수 있어. 이러한 유형의 문제에서 적절하지 않은 선지는 지문에 언급된 내용을 일부러 틀린 정보로 꼬아서 〈보기〉 분석에 적용하는 방식으로 구성되기도 해. 이 경우에는 지문과, 지문에 대해 언급한 선지의 내용을 꼼꼼하게 대조해 보는 방식으로 선지의 적절성을 판단할 수 있음을 참고하면 좋겠어.

4. (가)와 (나)에 대해 이해한 내용으로 적절하지 **않은** 것은?

정답풀이

③ (가)의 아퀴나스는 사랑을 통해 기쁨을 얻을 수 있다고 보았고, (나)의 칸트는 ~~사랑~~이 인간에게 도덕법칙을 의무로 부여한다고 보았다.

> 근거: (가) **1** ²그(아퀴나스)는 인간이 선을 추구하려는 욕구를 지닌 존재인데, 욕구를 추구하는 인간 행위의 원천이 바로 사랑이라 말한다. ³이때 선이란 자신에게 좋은 것으로 자신의 본성에 적합하거나 자신에게 기쁨을 주는 것을 뜻한다. / (나) **2** ⁶그(칸트)는 인간이 도덕적 존재가 될 수 있는 것은 이성이 인간에게 도덕법칙을 의무로 부여하기 때문이라고 말한다.

(가)의 아퀴나스는 인간은 선을 추구하려는 욕구를 지닌 존재인데 이렇듯 욕구를 추구하는 행위의 원천이 바로 '사랑'이며, 선이란 자신에게 좋은 것이자 자신에게 기쁨을 주는 것이라고 하였다. 이를 고려하면 아퀴나스는 사랑을 통해 선을 추구하는 욕구를 실현함으로써 기쁨을 얻을 수 있다고 보았을 것임을 알 수 있다. 그러나 (나)의 칸트는 인간에게 도덕법칙을 의무로 부여하는 것은 '이성'이라고 했으므로, 칸트가 인간에게 도덕법칙을 의무로 부여하는 주체를 '사랑'으로 보았다고 판단하기는 어렵다.

오답풀이

① (가)의 아퀴나스는 인간이 선악을 판단할 수 있다고 보았고, (나)의 칸트는 인간에게 그 자체로 선한 선의지가 내재되어 있다고 보았다.

> 근거: (가) **2** ⁷지적 욕구는 지성에 의해 선으로 이해된 것을 추구한다. ⁸지성은 대상이 무엇이든 이해한 바에 따라 선악 판단을 다르게 할 수 있기 때문이다. ⁹예를 들어 단맛이 나에게 기쁨을 준다면 감각적 욕구는 사탕을 추구하겠지만, 지적 욕구는 사탕이 충치를 유발할 수도 있으므로 선이 아니라고 판단한다면 추구하지 않을 수도 있다. / (나) **2** ⁴칸트에 따르면 인간은 도덕법칙을 실천하려고 하는 선의지를 지닌 존재이다.

(가)의 아퀴나스는 지성은 대상에 대해 이해한 바에 따라 선악 판단을 할 수 있으며 지적 욕구는 지성에 의해 선으로 이해된 것을 추구하여 선이 아니라고 판단한다면 추구하지 않을 수도 있다고 본다. 따라서 아퀴나스는 인간이 선악을 판단할 수 있다고 보았을 것이다. 한편 (나)의 칸트는 인간은 도덕법칙을 실천하려고 하는 선의지를 지닌 존재라고 보므로, 인간에게 그 자체로 선한 선의지가 내재되어 있다고 보았을 것이다.

② (가)의 아퀴나스는 모든 정념이 사랑을 전제한다고 보았고, (나)의 칸트는 감성적 차원의 사랑은 명령을 통해 일으킬 수 없다고 보았다.

> 근거: (가) **3** ¹¹특히, 아퀴나스는 감각적 욕구에 의한 추구 행위를 '정념'이라고 칭하며, 사랑을 전제하지 않는 정념은 없으며 선을 향한 사랑에서부터 여러 정념이 비롯된다고 하였다. / (나) **3** ⁹칸트의 관점에서 감성적 차원의 사랑은 욕구나 자연적 경향성에 이끌리는 감정이기 때문에, 의무로 강제하거나 명령을 통해 일으킬 수 있는 것이 아니다.

(가)의 아퀴나스는 감각적 욕구에 의한 추구 행위를 '정념'이라고 칭하며, 사랑을 전제하지 않는 정념은 없다고 보므로, 모든 정념이 사랑을 전제한다고 보았을 것이다. 한편 (나)의 칸트는 감성적 차원의 사랑이 의무로 강제하거나 명령을 통해 일으킬 수 있는 것이 아니라고 보므로, 감성적 차원의 사랑은 명령을 통해 일으킬 수 없다고 보았을 것이다.

④ (가)의 아퀴나스는 사랑을 욕구와의 관계에 따라 설명하였고, (나)의 칸트는 사랑을 감성적 차원과 실천적 차원으로 구분하여 설명하였다.

> 근거: (가) **1** ²그(아퀴나스)는 인간이 선을 추구하려는 욕구를 지닌 존재인데, 욕구를 추구하는 인간 행위의 원천이 바로 사랑이라 말한다. / (나) **1** ¹칸트는 감성적 차원의 사랑과 실천적 차원의 사랑이 다르다고 설명한다.

(가)의 아퀴나스는 인간이 선을 추구하려는 욕구를 지닌 존재인데, 욕구를 추구하는 인간 행위의 원천이 바로 사랑이라고 보므로, 사랑을 욕구와의 관계에 따라 설명하였다고 볼 수 있다. 한편 (나)의 칸트는 감성적 차원의 사랑과 실천적 차원의 사랑이 다르다고 설명하므로, 사랑을 감성적 차원과 실천적 차원으로 구분하여 설명하였다고 볼 수 있다.

⑤ (가)의 아퀴나스는 인간의 사랑이 자신에게 선인 것에 대한 사랑을 근본으로 한다고 보았고, (나)의 칸트는 보편적으로 적용할 수 있는 도덕법칙이 있다고 보았다.

> 근거: (가) **3** ¹⁵결국 아퀴나스가 말하는 인간의 사랑은 선에 대한 자신의 이해에 입각하기 때문에 자신에게 선인 것에 대한 사랑을 근본으로 한다. / (나) **2** ⁸이때 보편적으로 적용할 수 있는 도덕법칙은 '너는 무엇을 해야 한다'라는 명령의 형식으로 나타나며

(가)의 아퀴나스는 인간의 사랑은 선에 대한 자신의 이해에 입각하기 때문에 자신에게 선인 것에 대한 사랑을 근본으로 한다고 본다. 한편 (나)의 칸트는 보편적으로 적용할 수 있는 도덕법칙은 명령의 형식으로 나타난다고 보므로, 보편적으로 적용할 수 있는 도덕법칙이 있다고 보았을 것이다.

> **☑ 짚고 가기** 정답률이 50%를 겨우 넘을 정도로 많은 학생들이 정오 판단에 어려움을 겪은 문제였어. (가)와 (나) 모두 '사랑'을 화제로 다루면서 '욕구', '선', '도덕법칙' 등 다소 추상적인 개념들을 중심으로 설명하고 있다 보니, 윗글을 정확히 읽고 비교·정리하는 과정이 쉽지 않았던 것으로 보여. 특히 정답인 ③번은 (나)의 칸트가 '사랑이 인간에게 도덕법칙을 의무로 부여한다고 보았'는지를 물었는데, 윗글과 선지의 내용을 꼼꼼히 대조하지 않고 '도덕법칙을 의무로 부여'한다는 구절에만 집중했다면 잘못된 판단을 내리기 쉬웠을 거야. 도덕법칙을 의무로

부여하는 것은 '사랑'이 아닌 '이성'임을 놓치고 넘어갈 수 있었던 거지. 주제 복합형 지문에서는 이처럼 (가)와 (나)에 대한 종합적인 이해를 확인하는 문제가 빠지지 않고 출제되므로, 각각의 지문과 선지 내용을 꼼꼼하고 정확하게 확인하는 자세가 필수라는 점 참고하자!

5. 다음 중 ⓐ와 ⓑ의 의미로 쓰인 예가 바르게 짝지어진 것은?

정답풀이

②
- ⓐ: 그는 법에 <u>따라</u> 일을 처리했다.
- ⓑ: 우리는 의회의 결정을 <u>따르겠다</u>.

> 근거: (가) ❷ [4]아퀴나스에 ⓐ<u>따르면</u> 인간의 욕구는 감각적 욕구와 지적 욕구로 구별되는데, / (나) ❸ [10]도덕법칙을 ⓑ<u>따르려는</u> 의무로서의 사랑을 실천하는 것만이 참된 도덕적 가치를 지닌다고 보았다.
>
> ⓐ의 '따르다'는 '어떤 경우, 사실이나 기준 따위에 의거하다.'라는 의미로, ⓑ의 '따르다'는 '관례, 유행이나 명령, 의견 따위를 그대로 실행하다.'라는 의미로 사용되었다.

오답풀이

①
- ⓐ: 경찰이 범인의 뒤를 <u>따랐다</u>.
- ⓑ: 춤으로는 그를 <u>따를</u> 자가 없다.

'범인의 뒤를 따랐다.'의 '따르다'는 '다른 사람이나 동물의 뒤에서, 그가 가는 대로 같이 가다.'라는 의미로, ⓐ의 의미로 쓰인 것이 아니다. 또한 '춤으로는 그를 따를 자가 없다.'의 '따르다'는 '앞선 것을 좇아 같은 수준에 이르다.'라는 의미로, ⓑ의 의미로 쓰인 것이 아니다.

③
- ⓐ: 개발에 <u>따른</u> 공해 문제가 심각하다.
- ⓑ: 우리 집 개는 아버지를 유난히 <u>따른다</u>.

'개발에 따른 공해 문제'의 '따르다'는 '어떤 일이 다른 일과 더불어 일어나다.'라는 의미로, ⓐ의 의미로 쓰인 것이 아니다. 또한 '아버지를 유난히 따른다.'의 '따르다'는 '좋아하거나 존경하여 가까이 좇다.'라는 의미로, ⓑ의 의미로 쓰인 것이 아니다.

④
- ⓐ: 아무도 그의 솜씨를 <u>따를</u> 수 없었다.
- ⓑ: 그는 유행을 <u>따라서</u> 옷을 입었다.

'그의 솜씨를 따를 수 없었다.'의 '따르다'는 '앞선 것을 좇아 같은 수준에 이르다.'라는 의미로, ⓐ의 의미로 쓰인 것이 아니다. 한편 '유행을 따라서 옷을 입었다.'의 '따르다'는 '관례, 유행이나 명령, 의견 따위를 그대로 실행하다.'라는 의미로, ⓑ의 의미로 쓰인 것이다.

⑤
- ⓐ: 사용 목적에 <u>따라서</u> 물건을 분류했다.
- ⓑ: 나는 강을 <u>따라</u> 천천히 내려갔다.

'사용 목적에 따라서'의 '따르다'는 '어떤 경우, 사실이나 기준 따위에 의거하다.'라는 의미로, ⓐ의 의미로 쓰인 것이다. 하지만 '강을 따라 천천히 내려갔다.'의 '따르다'는 '일정한 선 따위를 그대로 밟아 움직이다.'라는 의미로, ⓑ의 의미로 쓰인 것이 아니다.

(2) (가) 이타적 행동에 대한 진화론 옹호자들의 견해
(나) 이타적 행동에 대한 진화적 게임 이론의 견해

문제 P.182

6~11 다음 글을 읽고 물음에 답하시오.

(가)

1 ¹다윈은 같은 종에 속하는 개체들이 생존 경쟁에서 살아남아 번식하면 그 형질 중 일부가 자손에게 전달돼 진화가 일어난다는 '자연 선택설'을 주장하였다. ²그런데 개체가 다른 개체들과의 생존 경쟁에서 이기기 위해서는 이기적인 행동을 할 수밖에 없지만, 자연계에서는 동물들의 이타적 행동이 자주 ⓐ관찰된다. 다윈의 '자연 선택설'과, 이기적인 행동을 해야 하는 동물들의 이타적 행동이 화제로 제시되었군. ³이에 진화론을 옹호하는 학자들은 동물의 이타적 행동을 설명하는 이론을 제시하였다. (앞으로 동물의 이타적 행동에 대한 여러 학자들의 견해가 **나열**되겠군.)

2 ⁴해밀턴은 개체들의 이타적 행동은 자신과 같은 유전자를 공유하는 친족들의 생존과 번식에 도움을 줌으로써 자신의 유전자를 후세에 많이 전달하기 위한 행동이라는 ㉮혈연 선택 가설을 제시하였다. (진화론을 옹호하는 학자들 중 첫 번째로 해밀턴의 견해를 설명하고 있어.) 해밀턴의 혈연 선택 가설: 이타적 행동은 친족의 생존과 번식에 도움을 주어 자신의 유전자를 후세에 많이 전달하기 위함 ⁵㉠해밀턴의 법칙에 의하면, 'r×b−c>0'을 만족할 때 개체의 이타적 유전자가 진화한다. ⁶이때 'r'은 유전적 근연도로 이타적 행위자와 이의 수혜자가 유전자를 공유할 확률을, 'b'는 이타적 행위의 수혜자가 얻는 이득을, 'c'는 이타적 행위자가 ⓑ감수하는 손실을 의미한다.('r×b−c>0'이라는 공식을 제시한 후, 각각의 **정의**를 설명하고 있네.) ⁷부나 모가 자식과 같은 유전자를 공유할 확률은 50%이고, 형제자매 간에 같은 유전자를 공유할 확률도 50%이다. ⁸r은 2촌인 형제자매를 기준으로 1촌이 늘어날 때마다 반씩 준다. ⁹가령,(**예시**를 통해 해밀턴의 법칙을 더 자세히 설명해 주고 있어. 이 부분을 확실히 이해하고 넘어가야겠지?) 행위자가 세 명의 형제를 구하고 죽는다면 '0.5×3−1>0'이므로 행위자의 유전자는 그의 형제들을 통해 다음 세대로 퍼지게 된다. 해밀턴의 법칙: 'r(유전적 근연도)×b(이타적 행위의 수혜자가 얻는 이득)−c(이타적 행위자가 감수하는 손실)>0'일 때 이타적 유전자가 진화함 ¹⁰이러한 해밀턴의 이론은 유전자의 개념으로 동물의 이타적 행동을 설명한 것으로, 이타적 행동의 진화에 얽힌 수수께끼를 푸는 중요한 열쇠로 평가된다. 해밀턴의 이론은 이타적 행동의 진화를 설명하는 데 도움이 된다는 점에서 의의가 있군.

3 ¹¹도킨스는 ㉯『이기적 유전자』에서 동물의 이타적인 행동은 유전자가 다른 유전자와의 생존 경쟁에서 살아남아 더 많은 자신의 복제본을 퍼뜨리기 위한 행동이라고 설명하였다. (진화론을 옹호하는 학자들 중 두 번째로 도킨스의 견해를 설명하네.) 도킨스의 『이기적 유전자』: 이타적 행동은 유전자가 타 유전자와의 생존 경쟁에서 살아남아 자신의 복제본을 퍼뜨리기 위함 ¹²그에 따르면 유전자란 다음 세대에 다른 DNA 서열로 대체될 수 있는 DNA 단편으로, 염색체상에서 임의의 어떤 DNA 단편은 그와 동일한 위치나 순서에 있는 다른 유전자들과 경쟁 관계에 있다. ¹³그는 다윈과 같은 기존의 진화론자와 **달리** 생존 경쟁의 주체를 유전자로 보고 개체는 단지 그러한 유전자를 다음 세대로 전달하는 운반체에 불과하다고 보았다. (기존의 진화론자와 **비교**하여 도킨스는 이와 **대조**되는 관점을 지녔음을 밝히고 있어.) ¹⁴그러므로 이타적으로 보이는 개체의 행동은 겉보기에만 그럴 뿐, 실은 유전자가 다른 DNA와의 생존 경쟁에서 이기기 위한 이기적인 행동인 셈이다. 도킨스의 인식: 개체는 생존 경쟁을 하는 유전자(다른 유전자와 경쟁 관계에 있음)의 운반체에 불과하므로, 개체의 이타적인 행동처럼 보이는 것은 사실 유전자의 이기적인 행동임 ¹⁵이러한 도킨스의 이론은 유전자의 이기성으로 동물의 여러 행동을 설명하여 과학계에 큰 반향을 불러일으켰으나, 개체를 단순히 유전자의 생존을 돕는 수동적 존재로 보았다는 점에서 비판을 받기도 하였다. 도킨스의 이론은 개체를 수동적 존재로 보았다는 점에서 비판받았군.

(나)

1 ¹경제학적 관점에서 이타적 행동이란 자신의 손해를 감수하면서 타인에게 이익을 주는 행동이기 때문에 이기적 사람들과 이타적 사람들이 공존할 경우 이타적 사람들은 자연히 ⓒ도태될 수밖에 없다. ²그럼에도 불구하고 우리 주변에는 여전히 이타적 행동을 하는 사람들이 존재한다. (나)에서는 경제학적 관점에서 도태될 위험에도 불구하고 이루어지는 이타적 행동을 다루려 하는군. ³이에 대해 최근 진화적 게임 이론에서는 '반복−상호성 가설'과 '집단 선택 가설'을 통해 사람들이 이타적 행동을 하는 이유 및 이타적 인간이 진화하는 이유에 대해 설명하고 있다. (이타적 행동과 관련된 진화적 게임 이론의 두 가설에 대한 설명이 **나열**되겠지?)

2 ⁴㉰반복−상호성 가설에서는 자신이 이기적으로 행동할 경우 상대방도 이기적인 행동으로 보복할 수 있

기 때문에 이를 피하기 위해 이타적 행동을 한다고 주장하는데, 반복-상호성 가설: 이기적 행동으로 인한 타인의 보복을 피하기 위해 이타적 행동을 함 이를 게임 이론 중 하나인 TFT 전략으로 설명한다. (진화적 게임 이론의 첫 번째 가설인 반복-상호성 가설을 설명하고 있어.) [5]TFT 전략이란 상대방이 협조할지 배신할지 모르고 선택이 매회 동시에 일어나는 상황에서 처음에는 무조건 상대방에게 협조하고 그다음부터는 상대방이 바로 전에 사용한 방법을 모방하는 전략이다. [6]즉 상대방이 이타적으로 행동하면 자신도 이타적으로, 상대방이 이기적으로 행동하면 자신도 이기적으로 행동하는 것이다. [7]이러한 행동이 반복되면 점점 상대방의 배신 횟수는 줄고 협조 횟수는 늘어 서로에게 이득이 되는 결과를 얻게 된다. 게임 이론의 TFT 전략: 매회 동시 선택이 이루어지는 상황에서 처음에는 무조건 상대방에게 협조 → 바로 전 상대방의 행동 양상을 모방하는 행동 반복 → 상대방의 배신↓, 협조↑ [8]반복-상호성 가설은 혈연관계가 아닌 사람들 사이의 이타적 행동을 설명하는 데 ⓓ유용하지만 반복적이지 않은 상황에서 나타나는 이타적 행동을 설명하는 데는 한계가 있다. 반복-상호성 가설의 의의와 한계를 제시하였어.

❸ [9]ⓐ집단 선택 가설에서는 이타적 구성원이 많은 집단이 그렇지 않은 집단과의 생존 경쟁에 유리하기 때문에 이타적 인간이 진화한다고 설명한다. (진화적 게임 이론의 두 번째 가설인 집단 선택 가설을 설명하네.) [10]개인 간의 생존 경쟁에서 우월한 개인이 생존하는 개인 선택에서는 이기적 인간이 살아남는 데 유리하지만, 집단 간의 생존 경쟁에서 우월한 집단이 생존하는 집단 선택에서는 이타적 구성원이 많은 집단일수록 식량을 구하거나 다른 집단과의 분쟁에 효과적으로 ⓔ대응할 수 있기 때문에 생존할 확률이 높다. [11]따라서 집단 선택에 의해 이타적인 구성원이 많은 집단이 생존하게 되면 자연히 이를 구성하는 이타적 인간도 진화하게 된다. [12]실제로 인류는 혹독한 빙하기를 거쳐 살아남은 존재라는 점에서 집단 선택 가설은 설득력을 얻는다. 집단 선택 가설: 이타적 구성원이 많은 집단이 그렇지 않은 집단과의 생존 경쟁에서 (식량 조달, 분쟁 대응 등에) 유리하기 때문에 이타적 구성원이 많은 집단이 생존 → 이타적 인간이 진화함 [13]하지만(집단 선택 가설의 설득력을 약화하는 관점이 제시되겠네.) 이타적인 구성원이 많은 집단이라 하더라도 그 안에는 이기적인 구성원도 함께 존재하기 마련이다. [14]그러므로 집단 선택에 의해서 이타적인 구성원이 진화하기 위해서는 ⓒ집단 선택이 일어나는 속도가 개

인 선택이 일어나는 속도를 압도해야 한다. [15]그러나 사회생물학에서는 집단 선택의 속도가 현저하게 느리다는 점을 들어 집단 선택 가설은 논리적으로만 가능할 뿐이라고 비판하고 있다. 집단 선택 가설에 대한 사회생물학의 비판: 집단 선택의 속도가 개인 선택의 속도보다 현저히 느리므로 집단 선택 가설은 현실성이 없음 [16]이에 대해 최근 집단 선택 가설에서는(사회생물학에서 제기한 문제를 해결·보완하려는 집단 선택 가설의 시도가 제시되겠군.) 개인 선택이 일어나는 속도를 늦추고 집단 선택의 효과를 높이는 장치로서 법과 관습과 같은 제도에 주목하면서, 집단 선택의 유효성을 높일 수 있는 방안에 대해서도 연구를 진행하고 있다. 집단 선택 가설은 개인 선택의 속도를 늦추고 집단 선택의 효과를 높이는 방안에 관심을 가지고 연구하고 있군.

📝 지문 파고들기

이 지문은 '이타적 행동'이라는 공통 화제를 공유하고 있는 (가)와 (나)로 이루어진 복합 지문이야. (가)에서는 진화론적 관점에서 '이타적 행동'에 대한 이론들이 제시되고 있고, (나)에서는 경제와 집단 구성원 간의 상호작용을 고려한 사회론적 관점에서 '이타적 행동'을 설명하는 이론들이 제시되고 있어. 즉 '과학' 분야와 '사회' 분야를 복합적으로 다루는 지문이라고 볼 수 있지. 하지만 (가)와 (나)는 모두 하나의 공통된 주제에 대한 서로 다른 견해들을 나열하는 전개 방식을 활용하고 있어서 구조적으로는 상당히 유사해. 그러니 지문의 길이가 다소 길더라도 차분하게 각 문단의 내용을 정리하며 읽는다면 어렵지 않게 문제를 해결할 수 있을 거야.

(가) 구조도

1 진화론적 관점에서의 이타적 행동
- 다윈의 **자연 선택설**: 같은 종인 개체들이 생존 경쟁에서 살아남아 번식하면 일부 형질이 자손에게 전달됨 → **진화** 발생
- 생존 경쟁 중에 이기적으로 행동해야 할 동물이 **이타적인** 행동을 하는 것이 관찰됨

2 이타적 행동에 대한 견해 ① 해밀턴
- **혈연 선택 가설**: 개체의 이타적 행동은 친족의 생존과 번식에 도움을 줌으로써 자신의 유전자를 후세에 많이 전달하기 위함임
- **해밀턴의 법칙**: 'r×b−c>0' 만족 시 개체의 이타적 유전자가 진화함

r	유전적 근연도(행위자와 수혜자가 유전자를 공유할 확률)
b	이타적 수혜자가 얻는 이득
c	이타적 행위자가 감수하는 손실

3 이타적 행동에 대한 견해 ② 도킨스
- 『이기적 유전자』: 개체의 이타적 행동은 유전자가 다른 유전자와의 생존 경쟁에서 살아남아 자신의 복제본을 퍼뜨리기 위함임
- 개체는 생존 경쟁을 하는 유전자의 운반체
- 개인의 이타적 행동 = 유전자의 이기적 행동
- 개체를 수동적 존재로 보았다는 비판을 받음

(나) 구조도

1 사회적 관점에서의 이타적 행동
- 도태의 위험에도 불구하고 자신의 손해를 감수하면서 타인에게 **이익**을 주는 이타적 행동을 하는 사람들이 존재함
- 진화적 게임 이론에서 **이타적 행동**의 이유와 **이타적 인간의 진화** 이유를 설명함

2 이타적 행동에 대한 견해 ① 반복−상호성 가설
- 이타적 행동은 자신의 이기적 행동에 상대방도 이기적 행동으로 보복할 가능성을 피하기 위함임
- **TFT 전략**: 선택이 매회 동시에 일어나는 상황 → 처음에는 상대방에게 무조건 협조 → 상대방이 바로 전에 사용한 방법을 모방하고 이를 반복 → 배신↓, 협조↑ → 서로에게 이득
- 반복적이지 않은 상황에서 나타나는 이타적 행동 설명은 어려움

3 이타적 행동에 대한 견해 ② **집단 선택 가설**
- 이타적 구성원이 많은 집단이 그렇지 않은 집단에 비해 **생존 경쟁**에 유리하므로 진화함
  → **사회생물학**의 비판: 집단 선택의 속도가 개인 선택의 속도보다 현저히 **느리므로** 해당 가설은 논리적으로만 가능함
- 법, 관습 등의 제도에 주목하면서 **집단 선택의** 유효성을 높이는 방안 연구 진행

★ (가) 어려운 문장 분석하기

[4]해밀턴은 {개체들의 이타적 행동은 ([자신과 같은 유전자를 공유하는] 친족들의 생존과 번식에 도움을 줌으로써 / 자신의 유전자를 후세에 많이 전달하기 위한) 행동이라는} 혈연 선택 가설을 제시하였다.

→ 해밀턴은 혈연 선택 가설을 제시했는데, 혈연 선택 가설의 내용이 안긴문장의 형태로 나타나고 있어. 그런데 안긴문장 속에 안긴문장이 여러 개 들어 있으므로, 바깥의 안긴문장부터 확인하여 읽으면 문장의 구조를 쉽게 파악할 수 있을 거야. 그러면 혈연 선택 가설이란 '개체들의 이타적 행동은 친족들의 생존과 번식에 도움을 줌으로써 자신의 유전자를 후세에 많이 전달하기 위한 행동'이라고 보는 견해임을 알 수 있겠지?

★ (나) 어려운 문장 분석하기

[10]{개인 간의 생존 경쟁에서 우월한 개인이 생존하는} 개인 선택에서는 / 이기적 인간이 살아남는 데 유리하지만, / {집단 간의 생존 경쟁에서 우월한 집단이 생존하는} 집단 선택에서는 / {이타적 구성원이 많은} 집단일수록 / {식량을 구하거나 / 다른 집단과의 분쟁에 효과적으로 대응할 수 있기} 때문에 (원인) / (이타적인 구성원이 많은 집단이) 생존할 확률이 높다. (결과)

→ 이 문장은 '개인 선택에서는 이기적 인간이 살아남는 데 유리하지만, 집단 선택에서는 이타적 구성원이 많은 집단이 생존할 확률이 높다.'로 요약할 수 있어.

6. (가)와 (나)의 서술상의 공통점으로 가장 적절한 것은?

정답풀이

⑤ 이타적 행동에 관한 이론과 그에 대한 평가를 제시하고 있다.

> 근거: (가) **1** ³이에 진화론을 옹호하는 학자들은 동물의 이타적 행동을 설명하는 이론을 제시하였다. + **2** ¹⁰이러한 해밀턴의 이론은~이타적 행동의 진화에 얽힌 수수께끼를 푸는 중요한 열쇠로 평가된다. + **3** ¹⁵이러한 도킨스의 이론은~비판을 받기도 하였다. / (나) **1** ³이에 대해 최근 진화적 게임 이론에서는 '반복—상호성 가설'과 '집단 선택 가설'을 통해~이타적 인간이 진화하는 이유에 대해 설명하고 있다. + **2** ⁸반복—상호성 가설은~한계가 있다. + **3** ¹⁵그러나 사회생물학에서는~집단 선택 가설은 논리적으로만 가능할 뿐이라고 비판하고 있다.
>
> (가)에서는 동물의 이타적 행동에 관한 이론으로 해밀턴의 '혈연 선택 가설'과 도킨스의 『이기적 유전자』'에 대해 설명하면서 각 이론에 대한 평가를 제시하고 있다. (나)에서는 인간의 이타적 행동에 관한 이론으로 '반복—상호성 가설'과 '집단 선택 가설'을 설명하면서 각 이론에 대한 평가를 제시하고 있다.

오답풀이

① 이타적 행동을 설명하는 대립된 이론을 ~~절충~~하고 있다.

> 근거: (가) **3** ¹³그(도킨스)는 다윈과 같은 기존의 진화론자와 달리 생존 경쟁의 주체를 유전자로 보고 개체는 단지 그러한 유전자를 다음 세대로 전달하는 운반체에 불과하다고 보았다.
>
> (가)에서 기존의 진화론자와 다른 관점을 갖는 도킨스의 견해를 제시하기는 했지만, (가)나 (나)에서 서로 대립되는 이론을 절충하고 있는 부분은 나타나지 않는다.

② 이타적 행동을 정의한 후 ~~구체적 유형을 분류~~하고 있다.

> 근거: (나) **1** ¹경제학적 관점에서 이타적 행동이란 자신의 손해를 감수하면서 타인에게 이익을 주는 행동
>
> (나)에서 경제학적 관점에서 본 이타적 행동의 정의를 제시하고는 있지만, (가)와 (나)에서 이타적 행동의 구체적 유형을 분류하고 있지는 않다.

③ 이타적 행동에 관한 이론들을 ~~통시적으로 고찰~~하고 있다.

> (가)와 (나)에서 이타적 행동에 관한 이론들을 통시적으로, 즉 시간의 흐름에 따라 고찰하고 있지는 않다.

④ 이타적 행동을 설명하는 이론의 ~~발전 방향을 전망~~하고 있다.

> 근거: (나) **3** ¹⁶이에 대해 최근 집단 선택 가설에서는~집단 선택의 유효성을 높일 수 있는 방안에 대해서도 연구를 진행하고 있다.
>
> (나)에서 집단 선택 가설이 집단 선택의 유효성을 높일 수 있는 방안에 대해서 연구를 진행하고 있다고 언급했을 뿐, (가)와 (나)에서 이타적 행동을 설명하는 이론의 발전 방향을 전망(앞날을 헤아려 내다봄)하고 있지는 않다.

7. ㉠을 이해한 내용으로 적절하지 <u>않은</u> 것은?

정답풀이

② 개체의 이기적 행동에 숨겨진 이타적 동기에 대해 설명하고 있다.

> 근거: (가) **2** [4]해밀턴은 개체들의 이타적 행동은 자신과 같은 유전자를 공유하는 친족들의 생존과 번식에 도움을 줌으로써 자신의 유전자를 후세에 많이 전달하기 위한 행동이라는 혈연 선택 가설을 제시하였다. [5]해밀턴의 법칙(㉠)에 의하면, 'r×b−c>0'을 만족할 때 개체의 이타적 유전자가 진화한다.
>
> 해밀턴은 개체들의 이타적인 행동이 친족들의 생존과 번식에 도움을 줌으로써 자신의 유전자를 후세에 많이 전달하기 위한 행동이라고 보면서, ㉠을 통해 이타적 행동이 어떻게 진화하게 되는지 설명한다. 따라서 ㉠은 개체의 이기적 행동 뒤에 숨은 이타적인 동기가 아니라, 개체의 이타적 유전자가 진화하는 조건을 설명한 것이라고 볼 수 있다.

오답풀이

① 유전적 근연도에 초점을 맞춰 이타적 행위를 설명하고 있다.

> 근거: (가) **2** [5]해밀턴의 법칙(㉠)에 의하면, 'r×b−c>0'을 만족할 때 개체의 이타적 유전자가 진화한다. [6]이때 'r'은 유전적 근연도로 이타적 행위자와 이의 수혜자가 유전자를 공유할 확률을~의미한다.
>
> ㉠은 유전적 근연도인 r을 중심으로 동물의 이타적 행동을 설명하고 있다.

③ 이타적 행위자와 그의 수혜자가 삼촌 관계일 경우 r은 0.25가 된다.

> 근거: (가) **2** [6]'r'은 유전적 근연도로 이타적 행위자와 이의 수혜자가 유전자를 공유할 확률을~의미한다. [7]부나 모가 자식과 같은 유전자를 공유할 확률은 50%이고, 형제자매 간에 같은 유전자를 공유할 확률도 50%이다. [8]r은 2촌인 형제자매를 기준으로 1촌이 늘어날 때마다 반씩 준다.
>
> r은 2촌인 형제자매 관계에서 0.5(= 50%)로 나타나고, 이를 기준으로 1촌이 늘어날 때마다 반씩 줄게 된다. 따라서 이타적 행위자와 그의 수혜자가 삼촌 관계일 때 r은 0.5 ÷ 2 = 0.25가 된다.

④ 이타적 행위자와 수혜자가 부모 자식이나 형제자매 관계일 경우 r은 같다.

> 근거: (가) **2** [6]'r'은 유전적 근연도로 이타적 행위자와 이의 수혜자가 유전자를 공유할 확률을~의미한다. [7]부나 모가 자식과 같은 유전자를 공유할 확률은 50%이고, 형제자매 간에 같은 유전자를 공유할 확률도 50%이다.

⑤ 이타적 행위자와 그의 수혜자가 혈연관계일 때, b와 c가 같으면 이타적 유전자가 진화하지 않는다.

> 근거: (가) **2** [5]해밀턴의 법칙(㉠)에 의하면, 'r×b−c>0'을 만족할 때 개체의 이타적 유전자가 진화한다. [6]이때 'r'은 유전적 근연도로 이타적 행위자와 이의 수혜자가 유전자를 공유할 확률을~의미한다. [7]부나 모가 자식과 같은 유전자를 공유할 확률은 50%이고, 형제자매 간에 같은 유전자를 공유할 확률도 50%이다.
>
> ㉠에 의하면 'r×b−c>0'을 만족하면 개체의 이타적 유전자가 진화하는데, 이타적 행위자와 그의 수혜자가 부모자식이나 형제자매와 같은 혈연관계일 때 유전적 근연도인 r은 0.5(= 50%)가 된다. 이때 b와 c의 값이 같으면 'r×b−c'의 값이 무조건 0보다 작아지게 되므로 'r×b−c>0'을 만족할 수 없다. 따라서 이타적 행위자와 그의 수혜자가 혈연관계일 때, b와 c가 같으면 이타적 유전자는 진화하지 않는다.

짚고 가기 이 문제는 계산식이 등장하는 (가)의 2문단과 관련되어 있어. 수식이 등장하면 다소 어렵게 느껴질 수 있지만, 사실 'r'의 개념을 명확하게 파악하고, 간단한 사칙연산을 할 수 있다면 선지들의 적절성을 판단하는 것은 크게 어렵지 않았을 거야. 지문에 수식이 등장하고 그에 대한 간단한 계산을 묻는 문제가 등장할 때에는, 너무 긴장하지 말고 차분하게 지문에 제시된 설명을 이해해 가면서 해당 수식이 '어떤 관점'에서 '무엇을 설명하기 위해' 제시된 것인지, 그리고 수식에 들어간 각 변수(r, b, c)가 무엇을 의미하는지 파악하는 데 집중하자.

8. (나)의 TFT 전략을 참고할 때 〈보기〉의 질문에 대한 답으로 적절한 것은?

보기

다음은 A와 B의 협조 여부에 따른 보수(편익과 비용의 합)를 행렬로 나타낸 것이다. A와 B가 상대방의 선택을 모르고 선택이 동시에 이루어지는 상황에서 A만 'TFT 전략'을 사용한다고 가정하자. B가 첫 회에만 비협조 전략을 사용한다면, B가 두 번째 회까지 얻게 되는 보수의 합은 얼마인가?

		B	
	전략	협조	비협조
A	협조	(1, 1)	(−1, 2)
	비협조	(2, −1)	(0, 0)

〈(2, −1)은 A가 비협조 전략, B가 협조 전략을 사용할 때, A의 보수가 2, B의 보수가 −1임을 나타냄.〉

정답풀이

② 1

근거: (나) ❷ ⁵TFT 전략이란 상대방이 협조할지 배신할지 모르고 선택이 매회 동시에 일어나는 상황에서 처음에는 무조건 상대방에게 협조하고 그다음부터는 상대방이 바로 전에 사용한 방법을 모방하는 전략이다.

〈보기〉에서 A는 'TFT 전략'을 사용하므로 첫 회에는 협조 전략을, 두 번째 회에는 B가 이전 회에 사용한 비협조 전략을 사용할 것이다. 그리고 B는 '첫 회에만 비협조 전략을 사용'하므로 두 번째 회에는 협조 전략을 사용할 것이다. 정리하면 첫 회에서 A는 협조, B는 비협조 전략을 사용하므로 보수는 (−1, 2)가 되고, 두 번째 회에서 A는 비협조, B는 협조 전략을 사용하면서 보수는 (2, −1)이 된다. 따라서 B가 두 번째 회까지 얻게 되는 보수의 합은 1(= 2 − 1)이 된다.

---

9. ⓒ의 이유를 추론한 내용으로 가장 적절한 것은?

정답풀이

④ 개인 선택으로 이타적인 구성원이 먼저 소멸하면, 이타적 구성원을 진화하게 하는 집단 선택이 발생할 수 없기 때문에

근거: (나) ❸ ¹⁰개인 간의 생존 경쟁에서 우월한 개인이 생존하는 개인 선택에서는 이기적 인간이 살아남는 데 유리하지만, 집단 간의 생존 경쟁에서 우월한 집단이 생존하는 집단 선택에서는 이타적 구성원이 많은 집단일수록 식량을 구하거나 다른 집단과의 분쟁에 효과적으로 대응할 수 있기 때문에 생존할 확률이 높다.~¹⁴그러므로 집단 선택에 의해서 이타적인 구성원이 진화하기 위해서는 집단 선택이 일어나는 속도가 개인 선택이 일어나는 속도를 압도해야 한다.(ⓒ)

개인 간의 생존 경쟁에서 우월한 개인이 생존하는 개인 선택에서는 이기적 인간이 살아남는 데 유리하므로, 개인 선택의 속도가 집단 선택의 속도보다 빠르면 집단 선택에 의해 이타적 구성원의 진화가 일어나기도 전에 집단 내의 이타적 구성원은 이기적 구성원과의 생존 경쟁에서 도태되어 사라지게 될 수 있다. 따라서 ⓒ의 이유는 개인 선택으로 이타적인 구성원이 먼저 소멸하면, 이타적 구성원을 진화하게 하는 집단 선택이 발생할 수 없기 때문이라고 할 수 있다.

오답풀이

① 집단 선택의 속도가 개인 선택의 속도보다 느릴 경우, 이타적 구성원의 수가 천천히 ~~증가~~하기 때문에

근거: (나) ❸ ¹⁰개인 간의 생존 경쟁에서 우월한 개인이 생존하는 개인 선택에서는 이기적 인간이 살아남는 데 유리하지만, 집단 간의 생존 경쟁에서 우월한 집단이 생존하는 집단 선택에서는 이타적 구성원이 많은 집단일수록 식량을 구하거나 다른 집단과의 분쟁에 효과적으로 대응할 수 있기 때문에 생존할 확률이 높다.

개인 선택의 속도가 집단 선택의 속도보다 빠르면, 집단 내의 이타적 구성원은 이기적인 구성원과의 생존 경쟁에서 도태되어 점차 사라지게 되므로 그 수가 증가한다고 보기는 어렵다.

② 개인 선택으로 이타적인 구성원이 먼저 소멸한 후, ~~집단 전략에 의해 이기적인 구성원이 소멸하기 때문에~~

개인 선택이 더 빠르게 이루어지면서 이타적 구성원들이 도태되어 점차 사라지게 된다고 볼 수는 있지만, 이타적 구성원들이 소멸한다면 이기적 구성원밖에 남지 않게 되므로, 이타적 구성원을 진화하게 하는 집단 선택이 발생할 수 있다고 보기 어렵다.

---

③ 집단 선택이 천천히 일어날 경우 ~~집단 간의 생존 경쟁이 발생하지 않아~~ 집단 선택이 일어나지 않기 때문에

근거: (나) **3** ¹⁰집단 간의 생존 경쟁에서 우월한 집단이 생존하는 집단 선택에서는 이타적 구성원이 많은 집단일수록 식량을 구하거나 다른 집단과의 분쟁에 효과적으로 대응할 수 있기 때문에 생존할 확률이 높다.

집단 간의 생존 경쟁에서 집단 선택에 의해 우월한 집단이 생존하게 되는 것이지, 집단 선택이 천천히 일어나게 되어 집단 간의 생존 경쟁이 발생하지 않는 것은 아니다.

⑤ 개인 선택의 속도가 집단 선택의 속도보다 빠를 경우, 이타적인 구성원이 많은 집단이 ~~개인 선택에 불리~~해지기 때문에

근거: (나) **3** ¹⁰개인 간의 생존 경쟁에서 우월한 개인이 생존하는 개인 선택에서는 이기적 인간이 살아남는 데 유리하지만, 집단 간의 생존 경쟁에서 우월한 집단이 생존하는 집단 선택에서는 이타적 구성원이 많은 집단일수록 식량을 구하거나 다른 집단과의 분쟁에 효과적으로 대응할 수 있기 때문에 생존할 확률이 높다.

개인 선택은 개인 간의 생존 경쟁에서 우월한 개인이 생존하는 것이고, 집단 선택은 집단 간의 경쟁에서 우월한 집단이 생존하는 것이다. 즉 개인 선택은 개인이 하는 것이지, 집단이 하는 것은 아니므로, 이타적 구성원이 많은 집단이 개인 선택에 불리해진다고 보기는 어렵다.

---

10. ㉮~㉱를 바탕으로 〈보기〉를 이해한 내용으로 적절하지 **않은** 것은? [3점]

> **보기**
>
> ㄱ. 개미의 경우, 수정란(2n)은 암컷이 되고, 미수정란(n)은 수컷이 된다. 여왕개미가 낳은 암컷들은 부와는 1, 모와는 0.5, 자매와는 0.75의 유전적 근연도를 갖는다. 암컷 중 여왕개미가 되지 못한 일개미들은 직접 번식을 하지 않고 여왕개미가 낳은 수많은 자신의 자매들을 돌보며 목숨을 걸고 개미 군락을 지키는 역할을 한다.
>
> ㄴ. 현재 지구상에는 390여 개의 부족이 수렵과 채취에 의존해 살아가고 있다. 이러한 부족은 대체로 몇 개의 서로 다른 친족들로 구성되어 있으며, 평등주의적 부족 질서 아래 사냥감을 서로 나누어 먹는 식량 공유 관습을 가지고 있다. 이는 개인의 사냥 성공률이 낮은 상황에서 효과적인 생존 방식이라 할 수 있다.

정답풀이

① ㄱ: ㉮에서는 일개미가 자식을 낳지 않고 자매들을 돌보는 것을 ~~부모다 모의 유전자를 후세에 더 많이 전달~~하기 위한 전략으로 보겠군.

근거: (가) **2** ⁴해밀턴은 개체들의 이타적 행동은 자신과 같은 유전자를 공유하는 친족들의 생존과 번식에 도움을 줌으로써 자신의 유전자를 후세에 많이 전달하기 위한 행동이라는 혈연 선택 가설(㉮)을 제시하였다.~⁶이때 'r'은 유전적 근연도로 이타적 행위자와 이의 수혜자가 유전자를 공유할 확률

㉮는 개체들이 친족들의 생존과 번식에 도움을 줌으로써 자신의 유전자를 후세에 많이 전달하기 위해 이타적 행동을 취한다고 본다. 〈보기〉의 ㄱ에 따르면 여왕개미와 암컷 일개미 간의 유전적 근연도는 0.5이고 일개미와 자매들 간의 유전적 근연도는 0.75이므로, ㉮에서는 일개미가 직접 번식을 하지 않고 자매들을 돌보는 이타적 행동을 하는 것은 유전적 근연도가 높은 자매들을 돌봄으로써 자신의 유전자를 후세에 더 많이 전달하기 위함이라고 볼 것이다. 따라서 이를 부모보다 모의 유전자를 후세에 더 많이 전달하기 위한 전략이라고 보지는 않을 것이다.

오답풀이

② ㄴ: ㉯에서는 일개미가 목숨을 걸고 개미 군락을 지키는 것을 다른 DNA와의 생존 경쟁에서 이기기 위한 유전자의 이기적인 행동으로 보겠군.

근거: (가) **3** ¹¹도킨스는 『이기적 유전자』(㉯)에서 동물의 이타적인 행동은 유전자가 다른 유전자와의 생존 경쟁에서 살아남아 더 많은 자신의 복제본을 퍼뜨리기 위한 행동이라고 설명하였다.~¹⁴그러므로 이타적으로 보이는 개체의 행동은 겉보기에만 그럴 뿐, 실은 유전자가 다른 DNA와의 생존 경쟁에서 이기기 위한 이기적인 행동인 셈이다.

⑭는 이타적으로 보이는 개체의 행동은 겉보기에만 그럴 뿐, 실은 다른 DNA와의 생존 경쟁에서 이겨 자신의 복제본을 더 많이 퍼뜨리고자 하는 유전자의 이기적인 행동으로 본다. 따라서 〈보기〉의 ㄱ에서 일개미가 목숨을 걸고 개미 군락을 지키는 이유를 다른 DNA와의 생존 경쟁에서 이기기 위한 유전자의 이기적인 행동으로 볼 것이다.

③ ㄴ: ⑭에서는 자신이 식량을 나눠 주지 않으면 사냥에 실패했을 때 자신도 얻어먹지 못할 수 있기 때문에 식량 공유 관습이 생긴 것으로 보겠군.

근거: (나) **2** ⁴반복─상호성 가설(⑭)에서는 자신이 이기적으로 행동할 경우 상대방도 이기적인 행동으로 보복할 수 있기 때문에 이를 피하기 위해 이타적 행동을 한다고 주장

⑭는 자신의 이기적인 행동에 상대방도 이기적인 행동으로 보복하는 것을 피하기 위해 이타적 행동을 한다고 주장한다. 따라서 〈보기〉의 ㄴ에서 식량 공유 관습이 생긴 것은 자신이 식량을 나눠 주지 않으면 사냥에 실패했을 때 자신도 얻어먹지 못할 수 있기 때문이라고 볼 것이다.

④ ㄴ: ⑭에서는 식량 공유 관습을 이기적인 구성원도 식량을 공유하게 함으로써 이타적 구성원이 사회에서 사라지지 않도록 하는 제도로 보겠군.

근거: (나) **3** ¹⁶집단 선택 가설(⑭)에서는 개인 선택이 일어나는 속도를 늦추고 집단 선택의 효과를 높이는 장치로서 법과 관습과 같은 제도에 주목하면서~연구를 진행하고 있다.

⑭는 이타적 구성원을 사회에서 도태시키는 개인 선택의 속도를 늦추고 집단 선택의 효과를 높이는 장치로서 법과 관습과 같은 제도에 주목하면서, 집단 선택의 유효성을 높이고자 한다. 따라서 〈보기〉의 ㄴ에 제시된 식량 공유 관습을 이기적인 구성원도 식량을 공유하게 함으로써 이타적 구성원이 사회에서 사라지지 않도록 하는 제도로 볼 것이다.

⑤ ㄴ: ⑰에서는 혈연관계가 없는 구성원과의 식량 공유를 설명할 수 없지만, ⑭에서는 협업을 통해 집단의 생존 확률을 높이는 행동으로 보겠군.

근거: (가) **2** ⁴해밀턴은 개체들의 이타적 행동은 자신과 같은 유전자를 공유하는 친족들의 생존과 번식에 도움을 줌으로써 자신의 유전자를 후세에 많이 전달하기 위한 행동이라는 혈연 선택 가설(⑰)을 제시하였다. / (나) **3** ⁹집단 선택 가설(⑭)에서는 이타적 구성원이 많은 집단이 그렇지 않은 집단과의 생존 경쟁에 유리하기 때문에 이타적 인간이 진화한다고 설명한다.

〈보기〉의 ㄴ에 대하여 ⑰에서는 혈연관계가 없는 구성원, 즉 유전자를 공유하는 친족이 아닌 상대와 식량을 나누는 이타적 행위를 설명할 수 없지만, ⑭에서는 협업을 통해 집단의 생존 확률을 높이는 행동으로 설명할 수 있다.

> **✅ 짚고 가기** 이 문제는 지문에 제시된 ⑰~⑭를 〈보기〉의 구체적인 사례에 적용하여 이해해야 하는 문제였어. (가)와 (나)에 제시된 네 가지 이론에 대한 사실적 정보를 정확하게 정리해서 파악했다면 크게 어렵지 않았을 거야. 지문에 제시된 특정한 '관점'이나 '이론'은 꼼꼼하게 정리해 가면서 읽고, 〈보기〉에 구체적 사례가 제시되었으면 각 이론에 어떻게 적용할 수 있는지 고려하면서 문제를 풀어보도록 하자.

11. 밑줄 친 단어가 ⓐ~ⓔ와 동음이의어인 것은?

정답풀이

② ⓑ: 이 사전은 여러 전문가가 감수하였다.

> 근거: (가) **2** ⁶ⓒ는 이타적 행위자가 ⓑ감수하는 손실을 의미한다.

'이타적 행위자가 감수하는 손실'에서 '감수하다'는 '책망이나 괴로움 따위를 달갑게 받아들이다.'라는 의미이고, '이 사전은 여러 전문가가 감수하였다.'의 '감수하다'는 '책의 저술이나 편찬 따위를 지도하고 감독하다.'라는 의미이다. 따라서 이 두 단어는 서로 동음이의어 관계에 해당한다.

오답풀이

① ⓐ: 그는 형의 모습을 유심히 관찰하였다.

근거: (가) **1** ²자연계에서는 동물들의 이타적 행동이 자주 ⓐ관찰된다.

'이타적 행동이 자주 관찰된다.'와 '그는 형의 모습을 유심히 관찰하였다.'의 '관찰하다'는 모두 '사물이나 현상을 주의하여 자세히 살펴보다.'라는 의미로 사용되었다.

③ ⓒ: 그 기업은 경쟁사에 밀려 도태되었다.

근거: (나) **1** ¹이타적 사람들은 자연히 ⓒ도태될 수밖에 없다.

'이타적 사람들은 자연히 도태될 수밖에 없다.'와 '그 기업은 경쟁사에 밀려 도태되었다.'의 '도태되다'는 모두 '여럿 중에서 불필요하거나 무능한 것이 줄어 없어지다.'라는 의미로 사용되었다.

④ ⓓ: 이것은 장소를 검색하는 데 유용하다.

근거: (나) **2** ⁸반복─상호성 가설은 혈연관계가 아닌 사람들 사이의 이타적 행동을 설명하는 데 ⓓ유용하지만

'이타적 행동을 설명하는 데 유용하지만'과 '이것은 장소를 검색하는 데 유용하다.'의 '유용하다'는 모두 '쓸모가 있다.'라는 의미로 사용되었다.

⑤ ⓔ: 우리는 적극적으로 상황에 대응하였다.

근거: (나) **3** ¹⁰다른 집단과의 분쟁에 효과적으로 ⓔ대응할 수 있기 때문에 생존할 확률이 높다.

'효과적으로 대응할 수 있기 때문에'와 '우리는 적극적으로 상황에 대응하였다.'의 '대응하다'는 모두 '어떤 일이나 사태에 맞추어 태도나 행동을 취하다.'라는 의미로 사용되었다.

(3) (가) 변증법을 바탕으로 한 헤겔의 미학
(나) 변증법을 바탕으로 한 헤겔의 미학에 대한 비판

문제 P.186

12~17 다음 글을 읽고 물음에 답하시오.

(가)

1 ¹㉠정립-반정립-종합. ²변증법의 논리적 구조를 일컫는 말이다. ³변증법에 따라 철학적 논증을 수행한 인물로는 단연 헤겔이 거명된다. 헤겔이 수행한 변증법이 이 글의 중심 화제인가 봐. ⁴변증법은 대등한 위상을 지니는 세 범주의 병렬이 아니라, 대립적인 두 범주가 조화로운 통일을 이루어 가는 수렴적 상향성을 구조적 특징으로 한다. '수렴적 상향성'이라는 변증법의 특징이 설명되었어. ⁵헤겔에게서 변증법은 논증의 방식을 넘어, 논증 대상 자체의 존재 방식이기도 하다. ⁶즉 세계의 근원적 질서인 '이념'의 내적 구조도, 이념이 시·공간적 현실로서 드러나는 방식도 변증법적이기에, 이념과 현실은 하나의 체계를 이루며, 이 두 차원의 원리를 밝히는 철학적 논증도 변증법적 체계성을 @지녀야 한다. 헤겔의 변증법: 논증의 방식 + 논증 대상 자체의 존재 방식 / 이념과 현실의 원리를 밝히는 논증은 변증법적 체계성을 지녀야 함

2 ⁷헤겔은 미학도 철저히 변증법적으로 구성된 체계 안에서 다루고자 한다. 헤겔이 어떻게 미학을 변증법적 체계 속에서 다루는지 설명해 주겠군. ⁸그에게서 미학의 대상인 예술은 종교, 철학과 마찬가지로 '절대정신'의 한 형태이다. ⁹절대정신은 절대적 진리인 '이념'을 인식하는 인간 정신의 영역을 ⓑ가리킨다. ¹⁰예술·종교·철학은 절대적 진리를 동일한 내용으로 하며, 다만 인식 형식의 차이에 따라 구분된다. 헤겔이 '미학'에 변증법을 적용한 내용을, '예술·종교·철학'과 '절대정신'의 개념을 통해서 설명하려 하네. ¹¹절대정신의 세 형태에 각각 대응하는 형식은 직관·표상·사유이다. (지금부터 '직관', '표상', '사유'의 개념을 순서대로 **나열**하며 설명해 줄 거야.) ¹²'직관'은 주어진 물질적 대상을 감각적으로 지각하는 지성이고, '표상'은 물질적 대상의 유무와 무관하게 내면에서 심상을 떠올리는 지성이며, '사유'는 대상을 개념을 통해 파악하는 순수한 논리적 지성이다. ¹³이에 세 형태는 각각 '직관하는 절대정신', '표상하는 절대정신', '사유하는 절대정신'으로 규정된다. 절대정신의 세 형태인 '예술·종교·철학'에 각각 대응하는 형식인 '직관·표상·사유'의 정의가 제시되었어. ¹⁴헤겔에 따르면 직관의 외면성과 표상의 내면성은 사유에서 종합되고, 이에 맞춰 예술의 객관성과 종교의 주관성은 철학에서 종합된다. 1문단에서 언급한 '정립-반정립-종합'이라는 변증법의 논리적 구조에 기반하여 내용을 다시 정리해

볼까? 먼저 직관의 외면성과 표상의 내면성이 사유에서 종합된다고 했으니 '직관-표상-사유'의 구조로 정리할 수 있고, 다음으로 예술의 객관성과 종교의 주관성이 철학에서 종합된다고 했으니 '예술-종교-철학'의 구조로 정리할 수 있는 변증법적 관계가 성립하겠네!

3 ¹⁵형식 간의 차이로 인해 내용의 인식 수준에는 중대한 차이가 발생한다. ¹⁶헤겔에게서 절대정신의 내용인 절대적 진리는 본질적으로 논리적이고 이성적인 것이다. ¹⁷이러한 내용을 예술은 직관하고 종교는 표상하며 철학은 사유하기에, 이 세 형태 간에는 단계적 등급이 매겨진다. ¹⁸즉 예술은 초보 단계의, 종교는 성장 단계의, 철학은 완숙 단계의 절대정신이다. 헤겔은 '절대정신'의 내용(절대적 진리)이 논리적이고 이성적인 것이어야 한다고 보았기에, '직관(예술)'하는 것-'표상(종교)'하는 것-'사유(철학)'하는 것 순으로 위상이 높아진다고 생각한 거야. ¹⁹이에 따라 ㉡예술-종교-철학 순의 진행에서 명실상부한 절대정신은 최고의 지성에 의거하는 것, 즉 철학뿐이며, 예술이 절대정신으로 기능할 수 있는 것은 인류의 보편적 지성이 미발달된 머나먼 과거로 한정된다. 헤겔의 관점에 따르면, 결국 인류의 지성이 발달된 현재에는 예술이 절대정신으로 기능할 수 없다는 것이군.

(나)

1 ¹변증법의 매력은 '종합'에 있다. ²종합의 범주는 두 대립적 범주 중 하나의 일방적 승리로 ⓒ끝나도 안 되고, 두 범주의 고유한 본질적 규정이 소멸되는 중화 상태로 나타나도 안 된다. ³종합은 양자의 본질적 규정이 유기적 조화를 이루어 질적으로 고양된 최상의 범주가 생성됨으로써 성립하는 것이다. '정립-반정립-종합'이라는 변증법의 논리적 구조 중 '종합'의 조건을 제시하면서 글을 시작하고 있네. 종합은 양자의 본질적 규정이 유기적 조화를 이루어야 성립한다고 한 점 기억하자.

2 ⁴헤겔이 강조한 변증법의 탁월성도 바로 이것이다. ⁵그러기에 변증법의 원칙에 최적화된 엄밀하고도 정합적인 학문 체계를 조탁하는 것이 바로 그의 철학적 기획이 아니었던가. ⁶그런데 그가 내놓은 성과물들은 과연 그 기획을 어떤 흠결도 없이 완수한 것으로 평가될 수 있을까? ⁷미학에 관한 한 '그렇다'는 답변은 쉽지 않을 것이다. (미학에 대한 헤겔의 견해를 **비판**적으로 바라보는 **관점**이 제시될 거야.) ⁸지성의 형식을 직관-표상-사유 순으로 구성하고 이에 맞춰 절대정신을 예술-종교-철학 순으로 편성한 전략은 외관상으로는 변증법 모

PART 2 수능 국어 독서 실전 훈련 정답과 해설 **147**

델에 따른 전형적 구성으로 보인다. [9]그러나(그러한 외관과 달리 실제로는 헤겔이 제시한 체계가 변증법적 논리에 부합하지 않는다는 대조적인 주장을 제시하겠지?) 실질적 내용을 ⓓ보면 직관으로부터 사유에 이르는 과정에서는 외면성이 점차 지워지고 내면성이 점증적으로 강화·완성되고 있음이, 예술로부터 철학에 이르는 과정에서는 객관성이 점차 지워지고 주관성이 점증적으로 강화·완성되고 있음이 확연히 드러날 뿐, 진정한 변증법적 종합은 ⓔ이루어지지 않는다. 정리하자면, '직관-표상-사유'의 과정은 직관의 외면성이 지워지고 표상의 내면성이 강화되는 방향으로, '예술-종교-철학'의 과정은 예술의 객관성이 지워지고 종교의 주관성이 강화되는 방향으로 이루어진다는 것이네. [10]직관의 외면성 및 예술의 객관성의 본질은 무엇보다도 감각적 지각성인데, 이러한 핵심 요소가 그가 말하는 종합의 단계에서는 완전히 소거되고 만다. (헤겔의 주장이 지닌 문제점이 제시되었군.) '직관-표상-사유', '예술-종교-철학'의 과정에서 '사유/철학'이라는 종합의 단계에 이르면 '직관/예술'의 본질이 완전히 소거된다는 것이군. 이는 1문단에서 말한 것처럼 '양자의 본질적 규정이 유기적 조화'를 이루는 것이라고 볼 수 없겠지?

❸ [11]변증법에 충실하려면 헤겔은 철학에서 성취된 완전한 주관성이 재객관화되는 단계의 절대정신을 추가했어야 할 것이다. [12]예술은 '철학 이후'의 자리를 차지할 수 있는 유력한 후보이다. [13]실제로 많은 예술 작품은 '사유'를 매개로 해서만 설명되지 않는가. [14]게다가 이는 누구보다도 풍부한 예술적 체험을 한 헤겔 스스로가 잘 알고 있지 않은가. [15]이 때문에 방법과 철학 체계 간의 이러한 불일치는 더욱 아쉬움을 준다. 완전한 주관성만이 남은 '철학 이후'의 자리는 주관성을 재객관화시키는 '예술'이 차지할 수 있음을 고려해야 한다는 주장이야. 현재 예술이 절대정신으로 기능할 수 없다고 본 (가)의 헤겔과 달리, (나)의 글쓴이는 예술이 '철학 이후'의 자리에서 절대정신으로 기능할 수 있다고 본 거야.

(가) 구조도

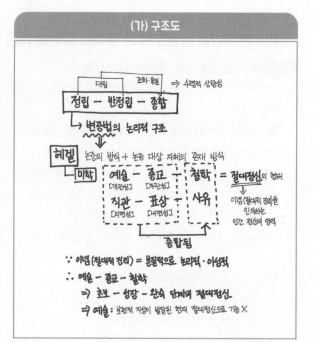

★ (가) 어려운 문장 분석하기

[4]변증법은 [대등한 위상을 지니는] 세 범주의 병렬이 아니라, / [대립적인 두 범주가 조화로운 통일을 이루어 가는] 수렴적 상향성을 구조적 특징으로 한다.

→ 이 문장은 '변증법'의 구조적 특징을 'A가 아니라 B'의 형식으로 설명하고 있어. 요약하면 이 문장의 뼈대 정보는 '변증법은 세 범주의 병렬이 아니라, 수렴적 상향성을 구조적 특징으로 한다.'가 되는데, 이때 '수렴적 상향성'은 대립적인 두 범주가 조화로운 통일을 이루어 가는 것을 뜻해.

📝 지문 파고들기

이 지문은 변증법을 미학에 적용한 헤겔의 이론을 다루는 (가)와 그러한 헤겔의 이론에 대한 비판적 견해를 다루는 (나)로 이루어져 있어. 이전까지 평가원에서 출제했던 주제 복합형 지문과 비교했을 때, 지문의 전체적인 길이가 그리 긴 편은 아니었지만 변증법과 관련된 철학적 내용을 다루고 있는 만큼 지문을 정확히 이해하기가 어려웠을 수 있어. '정립-반정립-종합', '예술·종교·철학', '직관·표상·사유' 등 낯설고 추상적인 개념이 연이어 언급되고 있기 때문이지. 이런 유형의 지문과 맞닥뜨릴 경우, 지문에 제시된 설명과 개념의 정의를 꼼꼼하게 파악하고, 서로 대응되는 개념들을 잘 연결해 가면서 읽는 것이 중요하다는 점 기억해 두자.

(나) 구조도

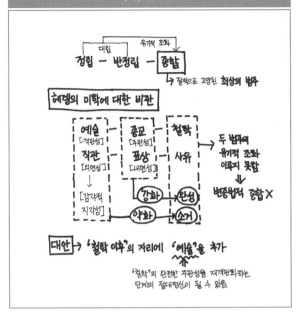

대립
유기적 조화
정립 – 반정립 – 종합
↳ 절적으로 고양된 최상의 범주

헤겔의 미학에 대한 비판

예술 [객관성] ─ 종교 [주관성] ─ 철학
직관 [외면성] ── 표상 [내면성] ── 사유
↓
[감각적 지각성] ── 강화 ── 완성
약화 ── 소거

→ 두 범주의 유기적 조화 이루지 못함
↓
변증법적 종합 X

대안 → '철학 이후'의 자리에 '예술'을 추가
↑
'철학'의 완전한 주관성을 재객관화하는 단계의 절대정신이 될 수 있음

☆ (나) 어려운 문장 분석하기

⁹그러나 실질적 내용을 보면 / {(직관으로부터 사유에 이르는) 과정에서는 / (외면성이 점차 지워지고 / 내면성이 점증적으로 강화·완성되고 있음)이, / {(예술로부터 철학에 이르는) 과정에서는 / (객관성이 점차 지워지고 / 주관성이 점증적으로 강화·완성되고 있음)이 확연히 드러날 뿐, / 진정한 변증법적 종합은 이루어지지 않는다.

→ 이 문장은 상당히 길지? 이럴 경우에는 끊어 읽는 것이 무엇보다 중요해. 먼저 '실질적 내용을 보면, ~과정에서는 ~이, ~과정에서는 ~이 확연히 드러날 뿐, 진정한 변증법적 종합은 이루어지지 않는다.'라는 뼈대 정보를 파악한 후, 여기에 세부 내용을 덧붙여 가며 의미를 파악하면 이 문장에서 말하고자 하는 바를 어렵지 않게 이해할 수 있을 거야.

12. (가)와 (나)에 대한 설명으로 가장 적절한 것은?

정답풀이

① (가)와 (나)는 모두 특정한 철학적 방법에 기반한 체계를 바탕으로 예술의 상대적 위상을 제시하고 있다.

근거: (가) ❶ ¹정립–반정립–종합. ²변증법의 논리적 구조를 일컫는 말이다. + ❷ ⁷헤겔은 미학도 철저히 변증법적으로 구성된 체계 안에서 다루고자 한다. + ❸ ¹⁸즉 예술은 초보 단계의, 종교는 성장 단계의, 철학은 완숙 단계의 절대정신이다. / (나) ❶ ¹변증법의 매력은 '종합'에 있다. + ❷ ⁴헤겔이 강조한 변증법의 탁월성도 바로 이것이다. ⁹예술로부터 철학에 이르는 과정에서는~진정한 변증법적 종합은 이루어지지 않는다. + ❸ ¹²예술은 '철학 이후'의 자리를 차지할 수 있는 유력한 후보이다.

(가)와 (나)는 모두 '변증법'이라는 특정한 철학적 방법에 기반한 체계를 미학에 적용하여, 예술–종교–철학 중 예술의 상대적 위상(어떤 사물이 다른 사물과의 관계 속에서 가지는 위치나 상태)을 어떻게 보아야 하는지에 대한 의견을 제시하고 있다.

오답풀이

② (가)와 (나)는 모두 ~~특정한 철학적 방법에 대한 상반된 평가~~를 바탕으로 ~~더 설득력 있는 미학 이론을 모색~~하고 있다.

(가)와 (나) 모두 변증법에 대한 상반된 평가를 바탕으로 논지를 전개하고 있지 않으며 더 설득력 있는 미학 이론을 모색하고 있지도 않다.

③ (가)와 달리 (나)는 ~~특정한 철학적 방법의 시대적 한계를 지적~~하고 이에 맞서는 ~~혁신적 방법을 제안~~하고 있다.

(나)에서 변증법의 시대적 한계를 지적한 부분은 찾아볼 수 없고 이에 맞서는 혁신적 방법을 제안한 부분도 찾아볼 수 없다.

④ (가)와 달리 (나)는 특정한 철학적 방법에서 파생된 미학 이론을 바탕으로 ~~예술 장르를 범주적으로 유형화~~하고 있다.

(나)에서 예술 장르를 범주적으로 유형화한 부분은 찾아볼 수 없다.

⑤ (나)와 달리 (가)는 ~~특정한 철학적 방법의 통시적인 변화 과정을 적용하여 철학사를 단계적으로 설명~~하고 있다.

(가)에서 변증법의 통시적인 변화 과정을 적용하여 철학사를 단계적으로 설명한 부분은 찾아볼 수 없다.

✓ 짚고 가기 정답인 ①번 외에 학생들이 가장 많이 고른 선지는 ③번이었어. (가)에서는 변증법을 바탕으로 한 헤겔의 미학을 설명하고, (나)에서는 이에 대한 비판적 관점을 제시하고 있기 때문에 '특정한 철학적 방법'의 '한계를 지적'하고 있다는 진술에만 초점을 맞추었다면 잘못된 판단을 했을 수도 있었을 거야. 하지만 ③번은 (나)에서 변증법의 '시대적 한계'를 지적했는지 묻고 있으므로, 단순히 헤겔의 미학 이론에 대한 비판을 제기하고 있을 뿐인 (나)와는 맞지 않는 내용이었어. 선지의 정오를 판단할 때는 특정한 단어나 표현에 너무 깊이 파고들지 말고 선지의 전체적인 맥락을 정확히 파악하는 것이 중요하다는 점 잊지 말자!

13. (가)에서 알 수 있는 헤겔의 생각으로 적절하지 <u>않은</u> 것은?

정답풀이

③ 절대정신의 세 가지 형태는 ~~지성의 세 가지 형식이 인식하는 대상~~이다.

> 근거: (가) **2** [8]그(헤겔)에게서 미학의 대상인 예술은 종교, 철학과 마찬가지로 '절대정신'의 한 형태이다. [9]절대정신은 절대적 진리인 '이념'을 인식하는 인간 정신의 영역을 가리킨다. [10]예술·종교·철학은 절대적 진리를 동일한 내용으로 하며, 다만 인식 형식의 차이에 따라 구분된다. [11]절대정신의 세 형태에 각각 대응하는 형식은 직관·표상·사유이다.
>
> 절대정신의 세 가지 형태인 '예술·종교·철학'은 인식 형식인 '직관·표상·사유'의 차이에 따라 구분되지만, 그 인식의 대상은 '절대적 진리'로 동일하다. 따라서 '예술·종교·철학'을 지성의 세 가지 형식이 인식하는 대상으로 볼 수는 없다.

오답풀이

① 예술·종교·철학 간에는 인식 내용의 동일성과 인식 형식의 상이성이 존재한다.

근거: (가) **2** [10]예술·종교·철학은 절대적 진리를 동일한 내용으로 하며, 다만 인식 형식의 차이에 따라 구분된다.

② 세계의 근원적 질서와 시·공간적 현실은 하나의 변증법적 체계를 이룬다.

근거: (가) **1** [6]즉 세계의 근원적 질서인 '이념'의 내적 구조도, 이념이 시·공간적 현실로서 드러나는 방식도 변증법적이기에, 이념과 현실은 하나의 체계를 이루며, 이 두 차원의 원리를 밝히는 철학적 논증도 변증법적 체계성을 지녀야 한다.

④ 변증법은 철학적 논증의 방법이자 논증 대상의 존재 방식이다.

근거: (가) **1** [5]헤겔에게서 변증법은 논증의 방식임을 넘어, 논증 대상 자체의 존재 방식이기도 하다.

⑤ 절대정신의 내용은 본질적으로 논리적이고 이성적인 것이다.

근거: (가) **3** [16]헤겔에게서 절대정신의 내용인 절대적 진리는 본질적으로 논리적이고 이성적인 것이다.

14. (가)에 따라 직관·표상·사유 의 개념을 적용한 것으로 적절하지 않은 것은?

정답풀이

④ 예술의 새로운 개념을 설정하는 것은 사유를 통해, 이를 바탕으로 새로운 감각을 일깨우는 작품의 창작을 기획하는 것은 ~~직관~~을 통해 이루어지겠군.

> 근거: (가) 2 12'직관'은 주어진 물질적 대상을 감각적으로 지각하는 지성이고, '표상'은 물질적 대상의 유무와 무관하게 내면에서 심상을 떠올리는 지성이며, '사유'는 대상을 개념을 통해 파악하는 순수한 논리적 지성이다.
>
> 예술의 새로운 개념을 설정하는 것은 개념을 통해 대상을 파악하는 '사유'에 의해 이루어진다고 볼 수 있다. 그러나 새로운 감각을 일깨우는 작품의 창작을 '기획'하는 것 또한 작품의 창작 방안에 대해 논리적으로 사고하는 '사유'를 통해 이루어진 것으로 볼 수 있으므로, 이것이 물질적 대상을 감각적으로 지각하는 '직관'에 의해 이루어진다고 볼 수는 없다.

오답풀이

① 먼 타향에서 밤하늘의 별들을 바라보는 것은 직관을 통해, 같은 곳에서 고향의 하늘을 상기하는 것은 표상을 통해 이루어지겠군.

> '밤하늘의 별들'이라는 물질적 대상을 시각적으로 인지하는 것은 '직관'을 통해, 먼 타향에서 현재 바라보고 있지 않은 고향의 하늘 모습을 내면에서 상기해 보는 것은 '표상'을 통해 이루어진다고 볼 수 있다.

② 타임머신을 타고 미래로 가는 자신의 모습을 상상하는 것과, 그 후 판타지 영화의 장면을 떠올려 보는 것은 모두 표상을 통해 이루어지겠군.

> 타임머신을 타고 미래로 가는 자신의 모습을 상상하고, 판타지 영화의 한 장면을 내면에서 떠올려 보는 것은 '표상'을 통해 이루어진다고 볼 수 있다.

③ 초현실적 세계가 묘사된 그림을 보는 것은 직관을 통해, 그 작품을 상상력 개념에 의거한 이론에 따라 분석하는 것은 사유를 통해 이루어지겠군.

> '초현실적 세계가 묘사된 그림'이라는 물질적 대상을 시각적으로 인지하는 것은 '직관'을 통해, 그 작품을 특정 이론에 근거하여 논리적 사고를 거쳐 분석해 보는 것은 '사유'를 통해 이루어진다고 볼 수 있다.

⑤ 도덕적 배려의 대상을 생물학적 상이성 개념에 따라 규정하는 것과, 이에 맞서 감수성 소유 여부를 새로운 기준으로 제시하는 것은 모두 사유를 통해 이루어지겠군.

> 상이성 개념을 통해 '도덕적 배려의 대상'을 파악하여 규정하는 것과, 논리적 사고를 통해 감수성 소유 여부를 새로운 기준으로 제시하는 것은 모두 '사유'를 통해 이루어진다고 볼 수 있다.

15. (나)의 글쓴이의 관점에서 ㉠과 ㉡에 대한 헤겔의 이론을 분석한 것으로 적절하지 않은 것은?

정답풀이

③ ㉠과 달리 ㉡에서는 범주 간 이행에서 첫 번째 범주의 특성이 갈수록 ~~강해진다~~.

> 근거: (나) 2 8지성의 형식을 직관-표상-사유 순으로 구성하고 이에 맞춰 절대정신을 예술-종교-철학(㉡) 순으로 편성한 전략은 외관상으로는 변증법 모델에 따른 전형적 구성으로 보인다. 9그러나~예술로부터 철학에 이르는 과정에서는 객관성이 점차 지워지고 10직관의 외면성 및 예술의 객관성의 본질은~그가 말하는 종합의 단계에서는 완전히 소거되고 만다.
>
> (나)의 글쓴이는 ㉡에서 첫 번째 범주인 '예술'이 가지고 있던 '객관성'이라는 특성이 철학에 이르는 과정에서 점차 지워진다고 하였으므로, ㉡에서 범주 간 이행에 따라 첫 번째 범주의 특성이 갈수록 약해진다고 보았을 것이다.

오답풀이

① ㉠과 ㉡ 모두에서 첫 번째와 두 번째의 범주는 서로 대립한다.

> 근거: (가) 1 1정립-반정립-종합(㉠). 2변증법의 논리적 구조를 일컫는 말이다. 4변증법은~대립적인 두 범주가 조화로운 통일을 이루어 가는 수렴적 상향성을 구조적 특징으로 한다. / (나) 1 2종합의 범주는 두 대립적 범주 중 하나의 일방적 승리로 끝나도 안 되고 + 2 8지성의 형식을 직관-표상-사유 순으로 구성하고 이에 맞춰 절대정신을 예술-종교-철학(㉡) 순으로 편성한 전략은 외관상으로는 변증법 모델에 따른 전형적 구성으로 보인다.
>
> (나)의 글쓴이는 ㉡의 편성이 외관상으로는 대립적인 두 범주가 통일을 이루어 가는 변증법의 전형적 구성을 따른 것처럼 보인다고 하였다. 즉 변증법의 논리적 구조에 따라 첫 번째와 두 번째 범주에 해당하는 ㉠의 '정립-반정립'과 ㉡의 '예술-종교'는 서로 대립한다고 보았을 것이다.

② ㉠과 ㉡ 모두에서 두 번째와 세 번째 범주 간에는 수준상의 차이가 존재한다.

> 근거: (가) 1 4변증법은~대립적인 두 범주가 조화로운 통일을 이루어 가는 수렴적 상향성을 구조적 특징으로 한다. / (나) 1 3종합은~질적으로 고양된 최상의 범주가 생성됨으로써 성립하는 것이다. + 2 9그러나 실질적 내용을 보면~예술로부터 철학에 이르는 과정에서는 객관성이 점차 지워지고 주관성이 점증적으로 강화·완성되고 있음이 확연히 드러날 뿐
>
> (나)의 글쓴이는 ㉠의 세 번째 범주는 첫 번째나 두 번째 범주보다 '질적으로 고양된 최상의 범주'를 나타낸다는 점에서 수준상의 차이가 있다고 보았을 것이다. 그리고 ㉡의 경우에는 두 번째에서 세 번째 범주로 나아가면서 주관성이 한층 더 강화·완성된다고 보았으므로 수준상의 차이가 존재한다고 보았을 것이다.

④ ㉡과 달리 ㉠에서는 세 번째 범주에서 첫 번째와 두 번째 범주의 조화로운 통일이 이루어진다.

근거: (나) **1** ³종합은 양자의 본질적 규정이 유기적 조화를 이루어 질적으로 고양된 최상의 범주가 생성됨으로써 성립하는 것이다. + **2** ⁹그러나 실질적 내용을 보면~예술로부터 철학에 이르는 과정에서는 객관성이 점차 지워지고 주관성이 점증적으로 강화·완성되고 있음이 확연히 드러날 뿐, 진정한 변증법적 종합은 이루어지지 않는다. ¹⁰직관의 외면성 및 예술의 객관성의 본질은 무엇보다도 감각적 지각성인데, 이러한 핵심 요소가 그가 말하는 종합의 단계에서는 완전히 소거되고 만다.

(나)의 글쓴이는 변증법 구조 가운데 '종합'은 서로 대립하는 양자인 '정립'과 '반정립'이 유기적으로 조화됨으로써 성립한다고 보았으므로, ㉠의 세 번째 범주에서 첫 번째와 두 번째 범주의 조화로운 통일이 이루어진다고 볼 것이다. 그러나 ㉡의 경우 첫 번째 범주인 '예술'의 객관성이 세 번째 범주에서 '완전히 소거'되면서 진정한 변증법적 종합이 이루어지지 않는다고 하였으므로, ㉡에서는 첫 번째와 두 번째 범주의 조화로운 통일이 이루어지지 않는다고 볼 것이다.

⑤ ㉡과 달리 ㉠에서는 범주 간 이행에서 수렴적 상향성이 드러난다.

근거: (가) **1** ⁴변증법은~대립적인 두 범주가 조화로운 통일을 이루어 가는 수렴적 상향성을 구조적 특징으로 한다. / (나) **1** ²종합의 범주는 두 대립적 범주 중 하나의 일방적 승리로 끝나도 안 되고~³종합은 양자의 본질적 규정이 유기적 조화를 이루어 질적으로 고양된 최상의 범주가 생성됨으로써 성립하는 것이다. + **2** ⁹그러나 실질적 내용을 보면~예술로부터 철학에 이르는 과정에서는 객관성이 점차 지워지고 주관성이 점증적으로 강화·완성되고 있음이 확연히 드러날 뿐, 진정한 변증법적 종합은 이루어지지 않는다.

(나)의 글쓴이는 ㉠과 같은 논리적 구조를 가진 변증법에서는 범주 간 이행 과정에서 대립적인 두 범주가 유기적 조화를 이루어 가는 수렴적 상향성이 나타난다고 볼 것이다. 그러나 ㉡에서는 두 범주가 조화를 이루는 것이 아니라 한 범주가 일방적으로 승리하는 방향으로 범주 간 이행이 이루어진다고 보므로, ㉡에서는 수렴적 상향성이 드러나지 않는다고 볼 것이다.

16. 〈보기〉는 헤겔과 (나)의 글쓴이가 나누는 가상의 대화의 일부이다. ㉮에 들어갈 내용으로 가장 적절한 것은? [3점]

보기

헤겔: 괴테와 실러의 문학 작품을 읽을 때 놓치지 않아야 할 점이 있네. 이 두 천재도 인생의 완숙기에 이르러서야 비로소 최고의 지성적 통찰을 진정한 예술미로 승화시킬 수 있었네. 그에 비해 초기의 작품들은 미적으로 세련되지 못해 결코 수준급이라 할 수 없었는데, 이는 그들이 아직 지적으로 미성숙했기 때문이었네.

(나)의 글쓴이: 방금 그 말씀과 선생님의 기본 논증 방법(= 헤겔의 변증법)을 연결하면 　㉮　 는 말이 됩니다.

정답풀이

② 이론에서는 외면성에 대응하는 예술이 현실에서는 내면성을 바탕으로 하는 절대정신일 수 있다

근거: (가) **2** ¹⁰예술·종교·철학은 절대적 진리를 동일한 내용으로 하며~¹⁴헤겔에 따르면 직관의 외면성과 표상의 내면성은 사유에서 종합되고, 이에 맞춰 예술의 객관성과 종교의 주관성은 철학에서 종합된다. + **3** ¹⁹이에 따라 예술–종교–철학 순의 진행에서 명실상부한 절대정신은 최고의 지성에 의거하는 것, 즉 철학뿐이며, 예술이 절대정신으로 기능할 수 있는 것은 인류의 보편적 지성이 미발달된 머나먼 과거로 한정된다. / (나) **3** ¹¹변증법에 충실하려면 헤겔은 철학에서 성취된 완전한 주관성이 재객관화되는 단계의 절대정신을 추가했어야 할 것이다.~¹³실제로 많은 예술 작품은 '사유'를 매개로 해서만 설명되지 않는가.

헤겔은 '정립–반정립–종합'이라는 변증법의 논리적 구조에 '예술–종교–철학'을 대응하였고, '예술, 종교, 철학'은 각각 '(외면성을 지닌) 직관, (내면성을 지닌) 표상, 사유'에 대응되어 '예술'과 '종교'는 '철학'에서 종합된다고 하였다. (나)의 글쓴이는 이러한 '예술–종교–철학' 순의 진행에서 외면성이 점차 지워지고 내면성이 완성되어 가는 과정이 나타나므로, 변증법에 충실하려면 '사유'를 매개로 설명되는 '예술'을 '철학 이후'의 자리를 차지하는 절대정신의 후보로 보아야 한다고 했다. 〈보기〉의 헤겔은 진정한 예술미는 '최고의 지성적 통찰', 즉 철학적 통찰을 바탕으로 이루어진다고 하였는데, 이는 헤겔의 이론에서 외면성에 대응되었던 '예술'이 현실에서는 '철학'적 사고를 통한 사유의 내면성을 바탕으로 이루어지는 절대정신이 될 수 있다는 점을 시사한다.

① 이론에서는 대립적 범주들의 종합을 이루어야 하는 세 번째 단계가 현실에서는 ~~그 범주들을 중화한다~~

근거: (가) **2** [14]헤겔에 따르면 직관의 외면성과 표상의 내면성은 사유에서 종합되고, 이에 맞춰 예술의 객관성과 종교의 주관성은 철학에서 종합된다. / (나) **1** [2]종합의 범주는 두 대립적 범주 중 하나의 일방적 승리로 끝나도 안 되고, 두 범주의 고유한 본질적 규정이 소멸되는 중화 상태로 나타나도 안 된다. + **2** [10]직관의 외면성 및 예술의 객관성의 본질은 무엇보다도 감각적 지각성인데, 이러한 핵심 요소가 그가 말하는 종합의 단계에서는 완전히 소거되고 만다.

(나)의 글쓴이가 두 대립적 범주 중 하나인 '예술의 객관성(및 직관의 외면성)'의 본질이 종합의 단계에서 완전히 소거된다고 했으나 이는 〈보기〉와 관련이 없으며, 〈보기〉에 나타난 헤겔의 말은 대립적 범주들의 종합을 이루어야 하는 세 번째 단계로부터 '예술'의 범주를 도출해낼 수 있음을 시사한다.

③ 이론에서는 ~~반정립 단계에 위치하는 예술이~~ 현실에서는 정립 단계에 있는 것으로 나타난다

근거: (가) **1** [1]정립-반정립-종합. [2]변증법의 논리적 구조를 일컫는 말이다. + **3** [19]예술-종교 철학 순의 진행

헤겔의 이론에서 '정립-반정립-종합'의 변증법 구조는 '예술-종교-철학'에 대응하므로, 이론에서 예술은 반정립이 아니라 정립 단계에 위치한다. 또한 〈보기〉에 나타난 헤겔의 말은 예술을 정립 혹은 반정립 단계에 위치시키는 것과 관련이 없다.

④ 이론에서는 객관성을 본질로 하는 예술이 현실에서는 ~~객관성이 사라진 주관성을~~ 지닌다

근거: (가) **2** [14]헤겔에 따르면 직관의 외면성과 표상의 내면성은 사유에서 종합되고, 이에 맞춰 예술의 객관성과 종교의 주관성은 철학에서 종합된다. / (나) **3** [11]변증법에 충실하려면 헤겔은 철학에서 성취된 완전한 주관성이 재객관화되는 단계의 절대정신을 추가했어야 할 것이다. [12]예술은 '철학 이후'의 자리를 차지할 수 있는 유력한 후보이다. [13]실제로 많은 예술 작품은 '사유'를 매개로 해서만 설명되지 않는가.

〈보기〉에서 헤겔은 괴테와 실러의 문학 작품은 완숙기에 이르러 '최고의 지성적 통찰을 진정한 예술미로 승화'시킬 수 있었다고 했다. 그러나 이는 예술의 미적 가치가 '최고의 지성적 통찰'의 다음 단계에 있는 절대정신이 될 수 있는 대상임을 나타낼 뿐, 예술이 가진 객관성 자체를 부정했다고 보기는 어렵다.

⑤ 이론에서는 절대정신으로 규정되는 예술이 현실에서는 ~~진리의 인식을 수행할 수 없다~~

근거: (가) **2** [9]절대정신은 절대적 진리인 '이념'을 인식하는 인간 정신의 영역을 가리킨다. [10]예술·종교·철학은 절대적 진리를 동일한 내용으로 하며, 다만 인식 형식의 차이에 따라 구분된다. [13]이에 세 형태는 각각 '직관하는 절대정신', '표상하는 절대정신', '사유하는 절대정신'으로 규정된다. + **3** [19]이에 따라 예술-종교-철학 순의 진행에서 명실상부한 절대정신은 최고의 지성에 의거하는 것, 즉 철학뿐이며, 예술이 절대정신으로 기능할 수 있는 것은 인류의 보편적 지성이 미발달된 머나먼 과거로 한정된다.

헤겔은 미학 이론에서 예술을 '직관하는 절대정신'으로 규정하고, 보편적 지성이 발달된 현 시점에서 예술이 진리를 인식하는 절대정신으로 기능할 수 없다고 보았다. 그러나 〈보기〉에 나타난 헤겔의 말은 현실에서 예술이 지성적 통찰을 바탕으로 진정한 예술미로 승화되면서 절대정신으로 기능할 수 있음을 나타내고 있다.

✓ 짚고 가기 '헤겔과 (나)의 글쓴이가 나눈 가상의 대화'라는 형식을 통해 (가)에 제시된 헤겔의 견해(이론)와 (나)에 제시된 글쓴이의 관점을 종합적으로 고려해서 풀어야 하는 문제야. 특히 〈보기〉에서 헤겔이 괴테와 실러가 '지성적 통찰을 진정한 예술미로 승화'시켰다고 한 내용에 주목하여, (가)와 (나)에서 헤겔과 글쓴이가 '예술'과 '철학'의 상대적인 위상에 대해 지닌 견해를 비교해야 했어.

이때 〈보기〉에서 헤겔은 (1)괴테와 실러의 초기 문학 작품은 지적으로 미성숙했기 때문에 미적으로 뛰어나지 않았고, (2)괴테와 실러의 후기(인생의 완숙기의) 문학 작품은 최고의 지성적 통찰을 진정한 예술미로 승화시켰다고 평가하고 있어. 즉 '예술'에서 작품의 위상이 '최고의 지성적 통찰'을 거쳤는지의 여부에 따라 달라진다고 본 것이지. 여기서 눈여겨볼 점은 (가)의 3문단에서 헤겔이 '최고의 지성에 의거'하는 것이 '철학'이라고 했다는 점이야. (가)에서 헤겔이 절대정신의 세 형태인 '예술-종교-철학' 중 객관성을 지닌 '예술'에 '초보 단계의 절대정신'이라고 등급을 매긴 것은 '예술'이 지성에 의거한다고 보기 어렵기 때문인데, 〈보기〉의 헤겔은 '최고의 지성적 통찰'에 의해 '진정한 예술미'를 실현할 수 있다고 하면서 이론상으로 '초보 단계'에 있던 객관적 성질의 '예술'이 '완숙 단계'에 해당하는 '철학'의 '다음 단계'에도 위치할 수 있다고 본 것이 되거든.

17. 문맥상 ⓐ~ⓔ와 바꾸어 쓰기에 가장 적절한 것은?

정답풀이

③ ⓒ: 귀결(歸結)되어도

> 근거: (나) **1** ²종합의 범주는 두 대립적 범주 중 하나의 일방적 승리로 ⓒ끝나도 안 되고
>
> '귀결되다'는 '어떤 결말이나 결과에 이르게 되다.'라는 의미이다. 윗글에서 ⓒ는 '일이 다 이루어지다.'라는 의미를 가지며, '두 대립적 범주'의 관계가 '하나의 일방적 승리'라는 결과로 마무리되는 상황을 제시하고 있으므로, ⓒ를 '귀결되어도'로 바꾸어 쓰는 것은 적절하다.

오답풀이

① ⓐ: 소지(所持)하여야

근거: (가) **1** ⁶이 두 차원의 원리를 밝히는 철학적 논증도 변증법적 체계성을 ⓐ지녀야 한다.

지니다: 바탕으로 갖추고 있다.
소지하다: 물건을 지니고 있다.

② ⓑ: 포착(捕捉)한다

근거: (가) **2** ⁹절대정신은 절대적 진리인 '이념'을 인식하는 인간 정신의 영역을 ⓑ가리킨다.

가리키다: 어떤 대상을 특별히 집어서 두드러지게 나타내다.
포착하다: 요점이나 요령을 얻다.

④ ⓓ: 간주(看做)하면

근거: (나) **2** ⁹그러나 실질적 내용을 ⓓ보면 직관으로부터 사유에 이르는 과정에서는

보다: 대상의 내용이나 상태를 알기 위하여 살피다.
간주하다: 상태, 모양, 성질 따위가 그와 같다고 보거나 그렇다고 여기다.

⑤ ⓔ: 결성(結成)되지

근거: (나) **2** ⁹진정한 변증법적 종합은 ⓔ이루어지지 않는다.

이루어지다: 어떤 대상에 의하여 일정한 상태나 결과가 생기거나 만들어지다.
결성되다: 조직이나 단체 따위가 짜여 만들어지다.

쉽게
읽히는

수능 국어 필수 개념서!

1 일등급을 만 드 는 국어 공 부 전 략 독서편

1 쉽고 친절하게, 꼼꼼하고 자세하게!

수능 국어 공부를 처음 시작하는 학생들도, 수능 국어의 기본 개념을 다시 한번
정리하고 싶은 고3, N수생도 편하게 볼 수 있도록 학습 내용을 쉽고 친절한
말투로, 꼼꼼하고 자세하게 설명하였습니다.

2 단계별로 차근차근!

PART 1의 STEP ❶ 에서는 구체적인 예를 들어 학습 내용을 자세하게 설명
하고 STEP ❷ 에서는 확인 문제로 학습 내용에 대한 이해를 점검합니다.
PART 2에서는 기출 문제를 통해 실전 감각을 키웁니다. PART 1의 STEP ❷ 와
PART 2에서는 고1 → 고2 → 고3 순서로 문제를 제시하여 다양한 난이도의
문제를 단계별로 풀어볼 수 있도록 구성하였습니다.

3 혼자서도 어려움 없이, 강의와 Q&A로 막힘없이!

독학용 교재로 활용이 가능하도록 구성하였으나, 보다 깊고 넓게 학습할 수
있도록 교재에 대한 강의(유료)를 제공하고 Q&A 게시판을 운영합니다.
*강의는 대성마이맥 홈페이지(www.mimacstudy.com), 교재 질문은 도서출판 홀수 홈페이지
(www.holsoo.com) Q&A 게시판을 이용해 주세요.